2023 공무원 국제법 기출지문

이종훈 편저

OX

머 리 말

7급 외무영사와 출입국 관리직, 9급 출입국 관리직 국제법 오엑스 문제집을 출간합니다.'

그동안 공무원 시험에 국제법은 기출지문이 그대로 답습되는 경향이다가, 최근 2020년 이후에는 기존 기출문제에서 다루지 않던 지문들도 많이 나오는 상황입니다. 그러나 수험생 입장에서 기존의 기출문제를 정리한다는 것은 기본 중에 기본일 것입니다.

본서는 2022년까지 7급/9급 공무원 시험과 해경간부 시험 등 국제법 객관식 지문을 망라하고 있습니다.

1. 본서는 기본강의를 수강하실 때부터 복습용 교재로 활용하셔야 합니다.
  - 교과서에 추상적인 문장들이 실제 시험장에 어떻게 구체적으로 표현되어 출제되는지 확인하셔야 합니다.
  - 그렇게 함으로써 비로소 기본서의 문장들을 살아 있는 본인 지식으로 이해할 수 있게 됩니다.
  - 이를 위해 저자의 기본교재인 수험 국제법의 편재와 기술 순서를 그대로 활용하여 지문 배열을 하였습니다.

2, 본서는 최종 마무리용으로 적절한 교재입니다.
  - 기본서와 함께 시험장에 가는 마지막 순간까지 읽고 정리할 교재입니다.
  - 문제와 함께 충실한 해설도 첨부하였으므로 해설도 꼼꼼히 읽어 본다면 방대한 기본서의 내용을 압축정리한 서브노트로도 충분히 활용될 교재입니다.

그간의 난삽한 편집을 이번 학연 출판사에서 제대로 편집이 이루어진 것에 다행스럽게 생각하고 출간에 애써주신 이인규 박사님과 편집장님께 감사드리고, 본서로 통해 합격의 영광을 더 가까이 하시기 바랍니다.

2022 12월 편저자 이종훈 씀

목 차

Part. 1 일반국제법

Part. 2 국제경제법

Part. 1

일반국제법

2023대비
공무원국제법
기출지문

제1부

국제법의 기초이론

제1장 국제공동체의 역사적 전개과정

제1절 국제법의 의의

Ⅰ 국제법의 개념

1. 'Jus gentium'이라는 용어는 현재에도 국제법의 다른 표현으로 널리 이용되고 있다. [20 9급]

해설 16세기 Vitoria가 「jus gentium」을 국제법이라는 의미로 사용하였고, 17세기 Zouche는 「jus inter gentes」라 하여 間의 의미를 살리기 위하여 inter를 삽입하였다. 그 후 현재의 용어인 「International Law」는 18세기 J. Bentham이 명명한 것이다. 답 X

2. Zouche는 국제법을 jus inter gentes 대신 jus gentium으로 호칭하자고 주장하였다. [20 7급]

해설 16세기 Vitoria가 「jus gentium」을 국제법이라는 의미로 사용하였고, 17세기 Zouche는 「jus inter gentes」라 하여 間의 의미를 살리기 위하여 inter를 삽입하였다. 답 X

3. Bentham은 jus gentium을 law of nations로 번역하여 사용한 최초의 학자이다. [20 7급]

해설 18세기 J. Bentham은 「International Law」라고 명명하였다. 「law of nations」은 Vattel이 사용하였다. 답 X

4. 만국공법(Elements of International Law)은 Woolsey의 저서이다. [12 경찰]

해설 휘튼의 「Elements of International Law」를 마틴이 「萬國公法」이라고 번역하였다. 답 X

5. 국제법 입문(Introduction to the Study of International Law)은 J. Bentham의 저서이다. [12 경찰]

해설 국제법 입문(Introduction to the Study of International Law)은 Woolsey의 저서이다. 답 X

6. 동양에서 국제법이라는 용어는 미쯔꾸리(箕作麟祥)가 명명하였다. [12 경찰]

해설 미쯔구리 린쇼가 Woolsey의 저서 Introduction to the Study of international Law를 번역하여 「국제법」이라 칭하였다. 답 O

Ⅱ 전통국제법과 현대국제법

7. 20세기 초까지 다수의 국제법 학자들은 국제기구 및 개인을 국가와 동일한 국제법 주체로 간주하였다. [20 9급]

해설 국제공동체형성 초기부터 국제무대의 등장인물이었는가 아니면 제2차 대전 이후 새로 생겨난 것인가를 기준으로 하여 전통적 주체와 신주체로 나눌 수 있다. 국제기구와 개인은 신주체이다. 답 X

Ⅲ 국제법의 특성과 구별개념

8. 국제사회는 수평적·분권적 구조로 되어 있는 국제공동체로 이루어져 있다. [21 9급]

해설 국제사회의 분권성이란 통일적인 입법기관이 없으며, 국내사회와 달리 국제법을 이행시키기 위한 초국가적인 법집행기관(세계정부)이 존재하지 않고, 국제법상 의무위반에 대한 제재나 권리구제를 위한 사법제도가 제대로 정비되어 있지 못하다.

답 ○

9. 국제사회의 재판기관은 원칙적으로 강제관할권을 갖는다. [21 9급]

해설 국제사회에서 재판기관은 원칙적으로 임의관할권을 가진다.

답 ×

10. 국제사회에서 UN 안전보장이사회는 법집행기관의 역할을 수행한다. [21 9급]

해설 안전보장이사회는 헌장 제94조 2항에 따라 필요하다고 인정하는 경우 국제사법재판소의 판결을 집행하기 위하여 권고하거나 취하여야 할 조치를 결정할 수 있지만, UN 안전보장이사회는 그 성격상 정치기관이며, 위법이 아닌 상황에서도 자신의 권한을 행사할 수 있다.

답 ×

11. 초국내법은 Jessup이 사용한 용어이다. [12 경찰]

해설 제섭(P. C. Jessup)은 외국적 요소가 포함된 모든 행위와 사건을 규율하는 법규범으로 초국내법(Transnational Law)이라는 용어를 사용하였다. 국제법, 국제사법, 상인법의 총칭개념이다.

답 ○

12. 국제사법은 국제적 규범체제 즉 국제법이 아닌 특정 국가의 국내법의 명칭에 불과하다. [20 9급]

해설 국제사법은 섭외적 사법관계에 적용될 준거법을 지정하는 국내법을 말한다. 국제법은 국제법 주체 상호간 공법관계를 규율하나 국제사법은 사인의 섭외적 사법관계를 규율한다.

답 ○

제2절 국제법학의 두 思潮

Ⅰ 서 설

Ⅱ 국제법의 타당기초

13. 의사주의는 국가주권을 절대시하여 국가들 위에 존재하는 상위법질서의 존재를 부정한다. [14 경찰]

해설 의사주의는 국가주권을 절대시하여 국가들 위에서 국가의 행동을 제한하는 상위법의 존재를 부정함으로써 국제법의 타당기초를 국가들의 동의에서 구하는 입장이다. 의사주의는 상설사법재판소(PCIJ)의 1927 *Lotus*호 사건에서 "국제법은 독립국가들 간의 관계를 규율한다. 그러므로 국가들에게 구속력 있는 법규는 조약 또는 관습으로 표현되는 그들 자신의 자유의사로부터 나온다. 따라서 국가들의 독립에 대한 제한은 추정될 수 없다."고 언급함으로써 최고조에 달하였다.

답 ○

14. **국제사회에서 법실증주의는 국익에 기반을 둔 국가 간 합의보다 보편적 국제규범을 더 중시한다.** [21 9급]

해설 법실증주의는 대개 의사주의를 따르고, 의사주의는 국가주권을 절대시하여 국가들 위에 존재하는 상위 법질서의 존재를 부정함으로써 국제법의 타당기초를 국가들의 동의에서 구하는 입장이다. 답 X

15. **보편주의에 의하면 국제법은 국제사회 구성원들의 개별 의사와는 관계없이 존재하는 객관적 법질서이다.** [14 경찰]

해설 국제공동체의 개별 구성원의 의사와 상관없이 존재하는 국제법을 긍정하는 입장이다. 이 입장은 국제법의 타당기초를 '국제공동체의 필요' 또는 '규범의 성질 자체'에서 찾고 있다. 답 O

16. **그로티우스(Grotius)는 주로 자연법에 기초한 국제법론을 주장하였다.** [21 7급]

해설 Grotius는 보편주의 입장에서 국제법이 법적 구속력을 가지는 것은 자연법의 요청에 유래한 것이라고 하였다. 답 O

17. **전쟁과 평화의 법은 네덜란드의 법학자 H. Grotius가 출판한 책이다.** [12 경찰]

해설 로마 교황이나 각국의 군주도 자연법에 입각하여 통치해야 한다고 강조한 점에서 홉스와 로크의 선구자라 하겠고, 또 그에 입각한 세계 평화를 위한 인류 재결합의 정신은 국제연맹이나 국제연합과 같은 세계적 평화 기구의 형성 원리가 되었다. 답 O

18. **Gentili는 국제법학을 신학이나 윤리학으로부터 분리하고 확립한 학자로 평가된다.** [20 7급]

해설 젠틸리(A. Gentili)는 국제법을 신학이나 윤리학으로부터 분리한 최초의 학자로서 조약, 관습 등을 중시한 실증주의적 경향을 띠고 있었지만, 역시 국제법의 근저에 자연법의 타당성을 인정하고 있었다. 답 O

19. **Bynkershoek는 자연법론에 입각한 국제법관을 주장한 대표적인 학자이다.** [20 7급]

해설 Grotius, Anzilotti, Suarez 등이 자연법설을 따른 초기의 학자이고, Pufendorf는 자연법만이 법적으로 구속력 있는 규칙을 담고 있으며, 국제법은 자연법의 일부 또는 국제법과 자연법은 완전히 동일한 것이라고 주장하여 실정법으로서의 국제법을 부정한다. 빈켈스훅은 국제법학에서 실증주의 학파의 선도적 인물이었다. 답 X

20. **의사주의에 의하면 국제법의 연원은 조약과 관습만이다.** [14 경찰]

해설 답 O

		주관주의(의사주의)	객관주의(보편주의)
구속력의 근거		국가들의 동의에 기초 (자기제한설, 공동의사설)	국가동의 이외의 것에 근거 (법적 확신설, 자연법설, 근본규범설)
국제법 주체		승인된 국가만을 주체로 봄	국가이외의 실체의 주체성 긍정
법 원		조약과 관습법만 인정	조약, 관습법, 법의 일반원칙
차이점	국가승인	창설적 효과	선언적 효과
	변경가부	국가들의 합의로 변경가능	국가의 합의로 국제법변경 불가

	입법부성	조약상대효	인 정
	국내법	이원론 또는 국내법 우위일원론	국제법 우위일원론
	관습효력	완강한 반대국가이론 긍정	완강한 반대국가이론 배척

21. 국가승인을 의사주의는 선언적 효과로, 보편주의는 창설적 효과로 본다. [14 경찰]

해설 의사주의는 창설적 효과, 보편주의는 선언적 효과로 본다. 다만 Kelsen은 보편주의 학파이나 승인에 창설적 효과를 인정한다.

답 X

22. 푸펜도르프(Pufendorf)는 실정법만이 법적으로 구속력 있는 규칙을 담고 있다고 주장하였다. [20 9급]

해설 푸펜도르프(Pufendorf)는 자연법만이 법적으로 구속력 있는 규칙을 담고 있으며, 국제법은 자연법의 일부 또는 국제법과 자연법은 완전히 동일한 것이라고 주장하여 실정법으로서의 국제법을 부정한다.

답 X

제2장 국제법의 연원

제1절 연원의 의의

I 의 의

1. **국제법은 국내법의 입법부와 같은 법창설 기관을 갖고 있지 못하지만, 국제법이 어떻게 생성되느냐에 대하여는 오늘날 일반적으로 널리 수락된 방법이 있는데, 이를 국제법의 법원이라 한다.** [15 경찰]

해설 국제법에서는 아직 범세계적인 관할권을 갖는 입법기관이나 사법기관이 없기 때문에 국제법은 누구에 의해, 언제 어떻게 만들어지는지가 국내법만큼 명확하지 않다. 이 점은 분쟁의 양상에도 영향을 미치는데, 국내법과 관련된 분쟁은 일정한 법규범의 존재를 전제로 이의 정확한 해석이나 적용에 관한 다툼이 대부분이나 국제법과 관련된 분쟁에서는 과연 그러한 법규범이 존재하느냐 여부부터 다투는 경우가 많다. 따라서 법적 구속력을 가진 국제법이 어떻게 만들어지고 이를 어떻게 확인할 수 있느냐에 관한 논의인 법원론은 국제법에서는 매우 중요한 의미를 지니며, 국내법보다 이론적으로 한층 정교하고 명확한 법원(source of law) 개념이 필요하다. 답 O

2. **형식적 법원이란 국제법을 성립시키는 방법 또는 절차를 가리킨다. 반면, 실질적 법원이란 그러한 국제법이 만들어지게 된 배경이나 요인 또는 국제법의 내용을 확인할 수 있는 자료 등을 가리킨다.** [15 경찰, 17 9급]

해설 국제법을 성립시키는 제정절차 또는 존재형식을 형식적 법원이라 한다. 즉 국제법규의 창설·변경·소멸이라는 효과를 발생시키는 국가 간의 합의가 어떠한 형식으로 표시되는가를 말하는데, 조약과 관습은 전통국제법 시절부터 형식적 법원으로 인정되고 있으며, 현대 국제법에 와서 법의 일반원칙도 형식적 법원으로 인정되고 있다. 실질적 법원이란 국제법이 만들어지게 된 배경이나 요인 또는 국제법의 내용을 확인할 수 있는 자료 내지 증거로서, 현재의 법이 존재하게 된 인과적 또는 역사적 영향요소를 말한다. 즉 인간활동으로 인한 환경오염의 확산(실질적 법원)은 국제환경조약(형식적 법원)을 탄생시킨 배경이 된다. 각국의 실행(실질적 법원)은 관습국제법(형식적 법원)을 성립시키고 그 내용을 확인할 수 있는 자료가 된다. 답 O

3. **형식적 법원의 범위와 내용은 실질적 법원의 근거가 필요하다. 반면, 실질적 법원은 형식적 법원의 성립을 촉진하거나 그 증거로 기능한다. 때문에 현실에서는 형식적 법원과 실질적 법원의 양자를 엄격하게 구별하기는 어렵다.** [15 경찰]

해설 형식적 법원과 실질적 법원의 구별은 이론적으로는 용이할지 모르나 현실에서도 항상 쉬운 것은 아니다. 예를 들어 관습국제법의 존재를 확인하기 위해서는 국제판례나 국제기구의 결의 등 여러 요소를 널리 검토하게 된다. 결국 합법성의 판단에도 양자를 종합적으로 고려하게 되지 형식적 법원만을 기준으로 판단하지 않는다. 그래서 일부 학자들은 형식적 법원과 실질적 법원의 구별론은 국제법에서 절차적 요소와 실질적 요소를 분리시키려는 잘못된 시도라고 비판한다. 답 O

4. **「국제사법재판소 규정」 제38조 제1항은 국제법의 연원을 직접 정의한 것이 아니다.** [17 9급]

해설 국제사법재판소(ICJ) 규정 제38조는 국제사법재판소의 재판준칙에 관한 예시규정이지만, 법원으로서 국제협약, 국제관습, 법의 일반원칙을 설명하고 있으며, 법칙결정의 보조수단으로 판례와 학설을 언급하고 있다.
답 O

Ⅱ 전통입법절차와 새로운 연원

5. 국제관습법은 국제법의 주요 법원(法源)이다. [07 7급]

해설 제2차 대전 이전까지는 관습이 국제법의 주된 연원이었다.
답 O

6. 국제법의 연원에는 국제협약, 국제관습법, 법의 일반원칙 등이 있다. [14 9급]

해설 일반적으로 국제법의 형식적 법원으로 인정되는 것이다.
답 O

7. 1920년 제정된 상설국제사법재판소(PCIJ) 규정 제38조 제1항은 재판의 준칙으로 조약, 국제관습법, 법의 일반원칙, 사법판결 및 학설을 제시하였다. 이 4가지 법형식은 이후 국제법의 법원을 표시하는 의미로 널리 받아들여졌다. [15 경찰]

해설 1920년 제정된 PCIJ규정 제38조 1항은 재판의 준칙으로 조약, 관습국제법, 법의 일반원칙만을 제시하고, 사법판결과 학설은 법칙 발견을 위한 보조적 역할만을 인정했다. 이 조항은 국제법의 법원을 표시하는 의미로 널리 받아들여져, 국제법의 합법성 여부는 조약과 관습국제법, 그리고 법의 일반원칙이라는 형식적 법원만을 기준으로 판단하게 되었다.
답 X

8. 분쟁국에 의하여 명백히 인정된 규칙을 확립하고 있는 일반적인 또는 특별한 국제협약은 국제사법재판소(ICJ) 규정 제38조 제1항에 규정된 재판준칙이다. [16 9급]

해설 국제사법재판소규정 제38조 제1항 a호.
답 O

9. 법으로 수락된 일반관행은 국제사법재판소(ICJ) 규정 제38조에 규정된 재판의 준칙이다. [09 · 10 · 12 · 16 9급, 16 경찰]

해설 국제사법재판소규정 제38조 1항 b호.
답 O

10. 문명국에 의하여 인정된 법의 일반원칙은 국제사법재판소(ICJ)의 재판준칙이 될 수 있다. [12 · 16 9급, 12 경찰]

해설 국제사법재판소규정 제38조 1항 c호.
답 O

11. 사법판결 역시 법규칙을 결정하는 보조수단으로서 재판준칙이 될 수 있다. [12 경찰]

해설 국제사법재판소규정 제38조 1항 d호.
답 O

12. 국내재판소의 판결도 법칙결정의 보조수단이다. [18 9급]

해설 국제사법재판소규정 제38조 1항 d호상의 판례란 권고적 의견을 포함한 국제사법재판소의 판례, 기타 국제재판소의 판례, 국내 상급재판소의 판례를 모두 포함한다.
답 O

13. **법칙결정의 보조수단으로서 UN 총회결의는 국제사법재판소(ICJ) 규정 제38조 제1항에 규정된 재판준칙이다.** [16 9급]

해설 법칙결정의 보조수단으로 판례와 학설을 규정하고 있다(제1항 d호). 답 X

14. **ICJ는 당사자가 합의하는 경우에 형평과 선에 따라(ex aequo et bono) 재판할 수 있다.** [16 경찰, 18 9급]

해설 국제사법재판소규정 제38조 2항. 답 O

15. **국제법의 연원으로 간주되는 「국제사법재판소(ICJ) 규정」 제38조 제1항에 규정된 순서는 조약과 국제관습법 사이의 상하 위계를 의미하지 않는다.** [22 7급]

해설 ICJ규정 제38조 1항의 규정 순서는 이를 적용하는 판사의 머릿속 검토순서는 될 수 있겠으나, 상하 위계를 의미하지 않는다. 답 O

제2절 관 습

Ⅰ 서 설

Ⅱ 관습의 성립요건

16. **국제관습법이 형성되기 위해서는 적어도 일반관행(general practice)이 있어야 한다.** [17 9급]

해설 관습형성에 있어 일반적 관행을 요구하고 있으므로 보편적 관행은 불필요하다. 이 점에 있어 관습은 조약과는 달리 기본적으로 타율적 성격을 지닌다고 볼 수 있다. 이러한 일반성을 판단함에 있어 양적측면과 질적측면(각각의 국가집단이 속하는 국가들의 대표적 참여)을 아울러 고려한다. 답 O

17. **국제사법법원(ICJ)규정 제38조가 규정하는 '법으로 수락된 일반관행의 증거로서의 국제관습'이 성립하기 위해서는 국제법 주체의 일관되게 반복되는 행위로 형성되는 일반관행(general practice)과 법적 확신(opinio juris)을 갖추어야 한다.** [07·10·14 9급, 07·12 7급]

해설 관습은 국가들의 일반관행과 법적 확신이라는 두 개의 요소가 결합됨으로써 성립한다. 국제사법재판소(ICJ)도 1969년 *North Sea Continental Shelf* 사건에서 "확립된 관행과 이 관행이 의무적으로 행해져야 한다는 신념의 증거"가 있어야만 관습법이 성립한다고 하였다. 답 O

18. **니카라과 사건(military and paramilitary activities on and against Nicaragua)에서 국제사법재판소는 법적 확신만을 통한 국제관습법의 성립 가능성을 부인하였다.** [14 경찰, 20 7급]

해설 국제사법재판소(ICJ)는 1986년 *Military and Paramilitary Activities in and against Nicaragua* 사건에서 국가들이 일정규칙에 대한 그들의 승인을 선언하는 단순한 사실만으로는 본 재판소가 그것을 국제관습법의 일부인 것으로 보기에 충분하지 않다고 하였다. 다만 국제현실을 고려하여 법적 확신부터 검토한 후 일반관행의 존재를 확인한 바 있다. 답 O

19. 국제관습에서 일반적 관행으로 인정되기 위해서는 해당 행위의 계속성 및 통일성 등이 요구된다. [07 9급]

해설 관행이 국가에 따라 다르지 않아야 하며, 관행에 참여한 국가들이 사건에 따라 모순된 행태를 보이지 않아야 한다.

답 O

20. 최소한 해당 문제에 특별한 이해관계가 있는 국가들의 실행이 공통적일 필요가 있다. [17 9급]

해설 관습형성에 있어 일반적 관행을 요구하고 있으므로 보편적 관행은 불필요하다. 이 점에 있어 관습은 조약과는 달리 기본적으로 타율적 성격을 지닌다고 볼 수 있다. 이러한 일반성을 판단함에 있어 양적측면과 질적측면(각각의 국가집단이 속하는 국가들의 대표적 참여)을 아울러 고려한다. 국제사법재판소(ICJ)도 1969년 *North Sea Continental Shelf* 사건에서 ⅰ) 국가관행이 광범위하고 실질적으로 일관되며, ⅱ) 관행형성에 특별히 영향 받는 국가를 포함하여 대표적인 국가들이 참여하면 단기간에도 관습성립이 가능함을 언급하였다.

답 O

21. 국제관습법은 국제사회에서 강국의 행동이나 주장에서 기원하는 경우가 많으며, 강국의 힘이 초기 성립의 배경이 되는 경우가 일반적이다. [14 경찰]

해설 관습이 창설되기 위한 관행은 일반성이 있어야 하는데, 이해관계국의 참여만으로 관습국제법이 형성되지는 않고, 최소한 그 문제에 대한 특별한 이해를 가진 국가들의 실행은 공통적일 필요가 있다(질적 대표성). 예를 들어 미국과 러시아의 참여 없이 우주법에 관련된 관습국제법이 형성되지는 않고, 핵무기사용 금지 규칙을 관습법규로 만들려는 대다수 국가들의 소망이 극소수 국가들의 완강한 반대로 인해 봉쇄되고 있는 것은 국제사회에서 강국의 행동이나 주장에서 기원하는 경우가 많다는 것은 반증하는 것이다.

답 O

22. ICJ는 North Sea Continental Shelf 사건에서 비교적 단기간에는 국제관습법이 성립될 수 없다고 판단하였다. [20 7급]

해설 관행의 지속기간은 관습형성을 위한 부차적 요소에 불과하다. 국제사법재판소(ICJ)도 1969년 *North Sea Continental Shelf* 사건에서 ⅰ) 국가관행이 광범위하고 실질적으로 일관되며, ⅱ) 관행형성에 특별히 영향 받는 국가를 포함하여 대표적인 국가들이 참여하면 단기간에도 관습성립이 가능함을 언급하였다. 이 경우의 관행은 일반적인(general) 것이 아니라 광범위한(extensive) 것이어야 하고, 또 그것은 단지 획일적인(uniform) 것이 아니라 사실상 획일적인(virtually uniform) 것이어야 하는 것으로 엄격하게 표현되고 있음에 주목해야 한다.

답 X

23. 북해대륙붕 사건에서 국제사법재판소는 인접국간의 대륙붕 경계확정에 있어서 등거리선원칙이 국제관습법으로 확립되었다고 판단하였다. [11 · 14 경찰]

해설 1969년 *North Sea Continental Shelf* 사건에서 국제사법재판소(ICJ)는 조약의 특정조항이 관습국제법화되었다고 판단하기 위해서는 ① 해당 조항이 근본적으로 규범창출적 성격을 지녀야 하며, ② 이에 의하여 이해관계가 특별히 영향 받는 국가를 포함하여 매우 폭넓은 그리고 대표적인 국가의 참여가 있어야 하며, ③ 국가의 관행이 광범위하고 실질적으로 일관되어야 하며, ④ 그러한 관행이 법적 의무라는 판단 하에서 실행되었어야 한다고 하였다. 본 사건에 있어서는 그 때까지 확보된 비준과 가입을 한 국가의 수가 충분하지 못하였으며(제소 당시 46개국이 서명, 39개국이 비준 또는 가입한 상태였다), 시간적인 요소에 있어서는 단기간의 시간이 경과하였다고 해서 단순히 협약 규칙에 근거한 새로운 국제관습법의 형성에 방해가 되는 것은 아니지만, 특별히 영향을 받는 국가를 포함한 국가관행이 광범위하고 한결같아야 하고 법규칙 또는 법적 의무가 포함되어 있는 것으로 일반적으로 승인한 것을 나타내는 방식으로 발생하여야 하는데, 특별히 영향을 받는 서독의 참여가 없었다는 이유에서 덴마크와 네덜란드의 주장을 받아들이지 않았다. 답 ×

24. 국내 법원의 판결도 국제관습법 형성에 기여할 수 있다. [17 9급]

해설 일반관행을 구성하는 국가관행은 행정·입법·사법 혹은 여타 기능의 행사이든 문제되지 않는다. 나아가 사실상 국가기관으로 기능하는 사인이나 실체의 행위도 국가관행으로 인정될 수 있다. 이와 관련하여 UN 국제법위원회는 ⅰ) 국가의 물리적 행위, ⅱ) 행정부의 행위, ⅲ) 외교행위 및 서신, ⅳ) 입법행위(The Scotia 사건. 1872. 미연방대법원), ⅴ) 국내법원의 판결, ⅵ) 국제법 분야의 공식 발간문, ⅶ) 공무원의 내부공문, ⅷ) 조약관련 관행, ⅸ) UN총회와 국제 컨퍼런스에서의 국제기구 기관들의 결의 등 9가지를 국가관행의 주요 유형으로 정리하였다. 답 ○

25. 일반관행이 국제관습법이 되기 위해서는 국가들에 의하여 법적 구속력 있는 것으로 수락되어야 한다. [14 7급]

해설 법적 확신이 결여된 관행은 아직 법으로 성립되지 못한 단순한 관례나 국제도덕규범 내지는 국제예양에 지나지 않는다. 답 ○

26. 국제인권법의 영역에서는 법적 확신보다 국가 관행이 더 중요하다. [17 9급]

해설 법적 확신만을 통해 관습의 존재를 결정하는 것은 받아들여지지 않고 있는 입장이다. 그러나 이요소를 필요로 하면서도 법적 확신을 더 중요한 요소로 인정하는 입장도 나오고 있는데, 무력사용금지원칙이나 인류 양심의 지지를 받는 국제인권법이나 국제인도법상의 주요 원칙들에 관하여는 통상적인 관습국제법보다 국가관행의 증거가 덜 엄격하게 요구되며, 법적 확신이 더욱 중요한 역할을 한다는 것이다. 나아가 국제법의 분야별로 접근방법을 달리하여 국제인권법, 국제인도법, 국제형사법 분야에서는 법적 확신만으로 관습이 성립한다는 입장도 있으나 국제법이 하나의 법체계인 점에서 문제가 있다. 답 ×

Ⅲ 국제 관습법의 효력

27. 신생독립국에 대해서는 그 국가가 수립되기 전에 형성된 국제관습법이 적용되지 않는다. [17 9급]

해설 국제관습법은 보편적 효력이 있으므로 신생독립국에도 적용되며 국제관습법을 성문화한 조약 규정은 유보의 대상이 될 수 없다. 답 ×

28. 국가 관행(state practice), 법적 확신(opinio juris), 완강한 반대국가 이론과 관련된 것은 국제관습이다. [10 7급]

해설 관행과 법적확신에 의해 관습법이 탄생하며, 관습법의 효력은 보편적이지만 이에 대한 예외가 완강한 반대국가이다. 답 ○

29. 국제관습법의 형성과정에서 명백히 또는 집요하게 반대해온 국가에 대해서는 그 관습법이 적용되지 않는다는 것이 ICJ의 입장이다. [16 경찰]

해설 집요한 불복이론이란 관습법의 보편적 구속력과 의사주의간의 양립불가를 완화하는 것으로 관습법의 형성당시부터 일관되고 명백하게 반대의 의사표시를 한 국가에 대해서는 법적 효력이 미치지 않는다는 이론이다. ICJ를 포함한 여러 사법 및 중재판례도 이 이론을 인정하고 있다(1951년 Anglo-Norwegian Fisheries 사건 ICJ).

답 O

30. 집요한 반대자이론에 대한 지지는 의사주의적 국제법관에 충실한 입장이다. [14 경찰]

해설 관습법의 보편적 구속력과 의사주의간의 양립불가를 완화하는 것으로 관습법의 형성당시부터 일관되고 명백하게 반대의 의사표시를 한 국가에 대해서는 법적 효력이 미치지 않는다는 이론이다.

답 O

31. ICJ는 Fisheries 사건에서 노르웨이의 집요한 반대자(persistent objector)론에 근거한 주장을 배척하였다. [14 경찰, 20 7급]

해설 영국과 노르웨이 간의 어업사건(Anglo-Norwegian Fisheries 1951. ICJ)에서 "灣의 10마일 봉쇄선(10 mile closing line for bays) 원칙"이 관습법상의 규칙이라는 영국의 주장을 거부하면서 비록 그러한 규칙이 관습법상의 규칙이라고 인정한다 해도 이 사건의 타당사국인 노르웨이에는 적용이 될 수 없다고 하였다. 그 이유로 노르웨이가 자국연안에 그러한 원칙을 적용하지 못하도록 그런 원칙의 적용에 항상 반대해 온 것이 사실이기 때문이라고 하였다. 즉 노르웨이의 집요한 반대자 주장을 받아들였다.

답 X

32. 반대는 국가가 어떤 관습법규가 형성되고 있는 처음부터 할 필요는 없다. [14 경찰]

해설 관습의 보편적 효력 때문에 사후불복은 허용되지 않으며, '불복'은 국가가 어떤 관습법규가 형성되고 있는 처음부터 반대하였어야 한다.

답 X

33. 집요한 반대자이론은 국제법의 발전과정 속에서 일시적 위치를 가질 뿐이지 영속적인 지위를 갖는 것은 아니라는 주장도 있다. [14 경찰]

해설 객관주의 이론의 연장선상에서 혹은 국제공동체의 구조가 예전과는 근본적으로 다르게 발전했다는 상황의 변화를 내세워, 이 이론의 타당성 자체를 완전히 부인하려는 견해로, Cassesse

답 O

Ⅳ 지역 또는 지방관습

34. 국제관습법은 보편적 성격을 갖는 것이 일반적이나 때로는 지역적 국제관습법이나 양국 간의 국제관습법도 형성될 수 있다. [07·10 9급, 14·16 경찰, 16 7급]

해설 지역적 관습법은 일부국가들 또는 오로지 2 국가 사이에서만 적용되는 국제법규를 말한다. 종래 의사주의 입장에서 관습도 국가들의 동의에 기초하므로 지역관습, 더 나아가 양자관습도 인정될 수 있다. *Right of Passage over Indian Territory* 사건(1960. ICJ)은 인도와 포르투칼 간의 양자 관습을 인정한 예이다.

답 O

35. 국제사법재판소(ICJ)는 비호권 사건(Asylum Case)에서 지역관습법의 성립 가능성을 다룬 바 있다. [11·14 9급]

해설 페루의 반정부인사가 페루주재 콜롬비아 대사관에 비호를 요청하여 이를 허락받았는데, 이로 인해 자국민에 대한 영토관할권을 침해당한 페루와 비호를 제공한 콜롬비아 사이에 발생한 사건으로 국제사법재판소는 콜롬비아가 주장하는 지역관습법규의 존재를 지지해 주는 라틴아메리카 국가들간의 충분히 획일적인 관행을 발견할 수 없다고 결론지으면서, "비록 그 같은 관습이 오로지 일부 라틴아메리카 국가들 사이에서만 존재한다고 가정할 수 있다 하더라도 그것은 페루에 대해서는 원용될 수 없을 것이다. 왜냐하면 페루는 자신의 태도를 통해 그것을 지지하기는 커녕 오히려 정반대로, 외교비호의 문제에 있어 범죄의 자격인정에 관한 규칙을 담은 최초의 조약인 1933년과 1939년의 몬테비데오 협약들을 비준하지 않음으로써 그것을 부인하였다."고 덧붙였다. 답 O

36. **Asylum사건에서 국제사법법원(ICJ)은 외교공관으로의 망명권(Diplomatic Asylum)이 국제관습법으로 인정된다고 판단하였다.** [12 7급]

해설 ICJ는 콜롬비아가 주장하는 지역관습법규의 존재를 지지해 주는 라틴아메리카 국가들간의 충분히 획일적인 관행을 발견할 수 없다고 결론지으면서, "비록 그 같은 관습이 오로지 일부 라틴아메리카 국가들 사이에서만 존재한다고 가정할 수 있다 하더라도 그것은 페루에 대해서는 원용될 수 없을 것이다. 왜냐하면 페루는 자신의 태도를 통해 그것을 지지하기는 커녕 오히려 정반대로, 외교비호의 문제에 있어 범죄의 자격인정에 관한 규칙을 담은 최초의 조약인 1933년과 1939년의 몬테비데오 협약들을 비준하지 않음으로써 그것을 부인하였다."고 덧붙였다. 답 X

37. **ICJ는 Right of Passage over Indian Territory 사건에서 두 국가 간의 국제관습법은 성립될 수 없다고 판단하였다.** [11 · 15 경찰, 17 9급, 20 7급]

해설 Right of Passage over Indian Territory 사건에서 ICJ는 이 사건에서 오로지 두 국가 간에도 관습이 형성될 수 있으며, 포르투칼의 민간인, 공무원, 일반 물품이 이 지역 인도령을 통과할 수 있는 관습국제법상의 권리가 확립되었다고 판단하였다. 나아가 그러한 특별한 관행은 그 어떤 일반적인 규칙에도 우선해야 한다고 언급하였다. 다만 군인, 경찰, 군수물자의 이 지역 통과에 관하여는 과거에도 사전허가제가 적용되었으므로 포르투칼의 주장과는 달리 통행권이 관습법상의 권리로 확립되지 못하였다고 판단하였다. 한편 인도는 1961년 12월 자국내 포르투칼령을 무력을 통하여 모두 회복하였다. 답 X

제3절 조 약

I 조약의 정의

38. **국제법의 연원에 해당하는 조약에는 국제기구가 당사자인 조약이나 구두조약이 포함되지 않는다.** [17 9급]

해설 국제기구도 조약의 능동적 주체이며, 조약의 형식에 대한 실체적 요건은 존재하지 않으므로 구두조약도 인정된다. 답 X

39. **ICJ는 분쟁 당사국간 회의의사록이 ICJ 관할권 성립에 기초가 되는 국제협정으로 판단하였다.** [16 7급]

해설 조약은 형식을 불문한다. 1994년 *Maritime Delimitation and Territorial Questions between Qatar and Bahrain*(카타르와 바레인간의 해양경계획정과 영토문제) 사건에서 회의록도 조약의 형식이 될 수 있음을 인정한 바 있다. 답 O

40. 한미행정협정(SOFA)의 합의의사록은 조약이 아니다. [15 경찰]

해설 조약법에 관한 비엔나협약상 어떤 문서가 조약인가를 결정함에 있어 문서의 명칭은 상관없으므로 협정, 규약 등의 명칭도 사용할 수 있으며, 한미행정협정(SOFA)은 미국은 약식조약형태로, 한국은 정식조약 형태로 맺은 조약이다. 답 X

Ⅱ 조약의 분류

41. 미국에서 조약과 조약에 의거하여 체결한 행정협정(executive agreement)은 의회의 비준동의를 받아야 한다. [08 7급]

해설 미국에서 발전한 행정협정은 조약에서 비준절차를 생략하고, 서명만으로 구속적 동의표시가 함께 이루어지는 간이형식의 합의로 체결된 조약이다. 답 X

제4절 국제법의 점진적 발달 및 법전화작업

Ⅰ 국제법의 법전화와 점진적 발달의 개념

Ⅱ 연 혁

42. 20세기 이후 많은 국제관습법 규범들이 성문화되었다. [07 7급]

해설 18세기에 벤담(Bentham)은 그의 저서인 '국제법의 원리'에서 국제법의 성문법전화를 주장하였으며, 1899년과 1907년의 헤이그평화회담은 성문법전화를 본격적으로 시도한 예로 평가된다. UN헌장 제13조 1항은 UN총회가 달성하여야 할 목적으로 국제법의 법전화 및 점진적 발전을 규정하고 있다. 답 O

Ⅲ UN과 국제법 법전화 작업

제5절 법의 일반원칙

Ⅰ 서 설

43. 국제사법재판소(ICJ) 규정 제38조의 '법의 일반원칙'은 국제법상의 일반원칙을 의미한다. [09 9급, 15 경찰]

해설 Oppenheim은 법의 일반원칙에 대해 "국가간에 공통적으로 인정되고 있는 '국내법의 일반원칙'으로서 '국가 간의 관계에도 적용할 수 있는 것'을 의미한다."고 하였다. 즉 법의 일반원칙이란 첫째, 그 성격에 있어 일반적이고, 둘째, 모든 문명국의 국내법에서 인정되고 있는 원칙들을 말한다. 답 X

44. 법의 일반원칙은 ICJ규정에 처음 도입된 개념이다. [13 7급]

해설 어떤 법질서에 있어서도 법원이 분쟁을 해결함에 있어 적용할 수 있는 법 또는 선례가 존재하지 않는 경우가 발생할 수 있다. 중앙집권적인 입법기관을 가지고 있지 않은 국제사회에서 이러한 입법의 불비는 결국 국가들에게 무제한의 행동의 자유를 부여하는 결과가 된다. 상설국제사법법원(Permanent Court of International Justice)규정을 기초한 국제연맹 법률가위원회(the Commission of Jurists)는 이러한 문제점을 해결하기 위해 Baron Descamps의 제안을 기초로 상설국제사법법원(PCIJ)규정 제38조 1항에서 조약, 관습과 함께 동 법원이 적용할 법의 하나로서 '문명국들에 의해 승인된 법의 일반원칙'(the general principles of law recognized by civilized nations)을 규정하였고, 국제사법법원(ICJ)규정 제38조 1항도 이를 답습하고 있다. 답 X

45. 법의 일반원칙의 예로는 의무위반에 대한 배상의무의 수반, 권리남용 금지의 원칙, 금반언의 원칙, 신의성실의 원칙, 기판력의 원칙, 후법 우선의 원칙 등이 있다. [15 경찰]

해설 모든 국가의 국내재판소에서 수락된 일반원칙들, 예컨대 의무위반에 대한 배상의무의 수반, 권리남용 금지, 금반언의 원칙, 신의성실의 원칙 등 실체법상의 원칙들과 기판력 등 소송절차법상의 원칙들을 말한다. 답 O

Ⅱ 국제법 연원으로서의 지위

46. 과거 Tunkin과 같은 대부분의 공산권 학자들은 법의 일반 원칙을 국제법의 독자적 법원으로 보지 않았다. [14 경찰]

해설 법의 일반원칙이 단지 재판준칙에 불과한 것인지 아니면 국제법의 제3의 연원인지에 관해 학설이 대립한다. Tunkin을 비롯한 엣 소련 학자들은 법의 일반원칙이 별개의 제3의 형식적 연원이 될 수 없다고 주장하나, 다수설은 법의 일반원칙을 조약과 관습국제법이 규율하고 있지 않은 분야를 보충하는 독자적인 연원으로 당사자의 동의 없이 국제사법재판소의 재판준칙이 될 수 있다. 답 O

47. 통설은 법의 일반원칙의 국제법 법원성을 인정하며, 그 내용은 각국 국내법에 공통된 원칙으로 본다. [14 경찰]

해설 Oppenheim은 법의 일반원칙에 대해 "국가간에 공통적으로 인정되고 있는 '국내법의 일반원칙'으로서 '국가 간의 관계에도 적용할 수 있는 것'을 의미한다."고 하였다. 즉 법의 일반원칙이란 첫째, 그 성격에 있어 일반적이고, 둘째, 모든 문명국의 국내법에서 인정되고 있는 원칙들을 말한다. 따라서 모든 국가의 국내재판소에서 수락된 일반원칙들, 예컨대 신의성실의 원칙 등 실체법상의 원칙들과 소송절차법상의 원칙들을 말한다. 답 O

48. 국제재판소는 법의 일반원칙을 창설할 권한을 가지지는 않으며, 법의 일반원칙을 발견하고 확인할 수 있을 뿐이다. [14 경찰]

해설 국제재판소는 국제법을 적용하는 기관이지 입법기관이 아니다. 답 O

49. ICJ는 조약이나 관습국제법에 우선하여 법의 일반원칙을 적용할 수 있다고 판단하였다. [14 경찰, 11·16 7급, 22 9급]

해설 다수설은 법의 일반원칙을 조약과 관습국제법이 규율하고 있지 않은 분야를 "보충하는 독자적인 연원"으로 인정한다. 답 X

50. 국제법의 일반원칙은 당사자의 동의 없이 국제사법재판소의 재판준칙이 될 수 있다. [10 7급]

해설 법의 일반원칙이 단지 재판준칙에 불과한 것인지 아니면 국제법의 제3의 연원인지에 관해 학설이 대립한다. 다수설은 법의 일반원칙을 조약과 관습국제법이 규율하고 있지 않은 분야를 "보충하는 독자적인 연원"으로 인정한다. 따라서 당사자의 동의 없이 국제사법재판소의 재판준칙이 될 수 있다. 답 O

51. 국제사법재판소(ICJ)는 상설국제사법재판소(PCIJ)에 비하여 법의 일반원칙을 덜 원용하고 있다. [13 7급, 15 경찰]

해설 법의 일반원칙은 1920년대에 국제법의 제3의 연원이 되었으나 국제사법재판소(ICJ)는 상설국제사법재판소(PCIJ)에 비하여 법의 일반원칙을 덜 원용하고 있으며, 점차 조약과 관습으로 흡수되어 연원으로서의 역할이 크게 감소되었다. 답 O

52. 법의 일반원칙의 내용은 점차 조약과 국제관습법으로 흡수되어 독립적인 재판의 준칙으로 자주 원용되지 않고 있다. [14 7급]

해설 국제사법법원은 *Border and Transborder Armed Actions in Congo* 사건에서 "의무의 연원이 달리 존재하지 않을 때에는 신의성실원칙 그 자체는 의무의 연원이 아니다."라고 판시함으로써 조약 또는 관습국제법상의 의무의 존재를 전제로 신의성실원칙을 적용할 수 있음을 시사하고 있다. 답 O

Ⅲ 국제법원에서 적용

53. PCIJ는 호르죠공장사건에서 "약속위반이 배상의무를 동반한다는 것은 국제법의 일반원칙이자 법의 일반개념이기도 하다."라고 판시한 바 있다. [12 경찰]

해설 1928년 *Chorzow Factory* 사건은 약속위반이 배상의무를 동반한다는 것은 국제법의 일반원칙이자 법의 일반개념이라고 하였다. 답 O

54. 프레비히어 사원 사건(Temple of Preah Vihear Case)에서 ICJ는 금반언의 원칙을 법의 일반원칙으로 원용하였다. [13 7급, 15 경찰]

해설 동부그린란드사건, *Preah Vihear* 사원 사건, *North Sea Continental Shelf* 사건, *Nuclear Tests* 사건 등에서 금반언 내지 신의성실원칙 등이 인용되었다. 답 O

55. 프랑스 핵실험 사건(1974)은 법의 일반원칙 인정 여부와 관련된 것이다. [11 경찰]

해설 1974년 *Nuclear Tests* 사건에서 ICJ는 국가 자신의 일방적 약속을 통해서도 의무가 부담될 수 있지만, 모든 일방적 선언이 법적의무를 수반하는 것은 아니므로 조약이 해석을 필요로 하는 것처럼 일방적 선언도 그것을 행한 국가의 의도를 밝히기 위한 해석을 필요로 하며 그것을 행한 국가의 의도가 법적 구속력을 의도한 것일 때에만 의무의 근거가 된다고 하였다. 답 X

Ⅳ 법의 일반원칙에 대한 비판

56. 국제사법법원(ICJ)규정 제38조가 규정하는 재판의 준칙에 대하여 '문명국에 의하여 인정된 법의 일반원칙'은 국내법의 원칙으로 보는 것이 일반적이나 국제법의 원칙도 포함된다는 입장도 있다. [12·13 7급]

해설 약속 위반이 배상의무를 수반한다는 것은 국내법의 일반원칙일 뿐만 아니라 상설국제사법법원이 *Chorzow Factory* 사건에서 지적한 바와 같이 국제법의 일반원칙이자 법의 일반개념이기도 하다.

답 O

제6절 학설과 판례

57. 학설의 경우는 국제법의 법원성은 부정되나 간접적·보조적 법원으로 원용될 수 있다. [10 7급]

해설 형식적 법원은 아니나 법칙발견의 보조수단으로서 실질적 법원에는 해당한다. 답 O

58. 국제재판소의 판결은 법칙결정을 위한 보조수단이다. [09 9급]

해설 국제사법재판소규정 제38조 1항 d호. 답 O

59. 국내법원의 사법판결(judicial decisions)은 ICJ의 재판준칙으로 사용될 수 없다. [10·12 7급, 18 9급]

해설 국제사법법원규정 제38조 1항 d호상의 판례란 권고적 의견을 포함한 국제사법법원의 판례, 기타 국제법원의 판례, 국내 상급법원의 판례를 모두 포함한다. 답 X

60. 국제법상 선례구속의 원칙이 인정되기 때문에, 국제적 법원은 분쟁처리에 있어 당연히 선례를 검토하게 되고 유사사례에 적용을 시도하게 된다는 점에서 판결의 법원(法源)적 기능을 찾을 수 있다. [11 7급, 22 9급]

해설 국제사법재판소 규정 제59조에 의해 선례구속성이 배제된다. 따라서 판례가 재판준칙으로 이용되는 경우에도 국제법의 인식자료에 불과한 것으로 국제법의 형식적 연원은 아니고 실질적 연원으로 원용될 수 있다.

답 X

61. UN의 법인격을 인정한 'UN 활동 중 입은 손해에 관한 배상사건(Reparation for injuries case)'은 판시 내용이 국제사회의 일반적인 승인을 얻게 된 사례이다. [08 7급]

해설 이를 통해 UN의 객관적 법인격성과 직무보호권이 확립되었다. 답 O

62. 개인과 청구국 사이에 국적의 '진정한 관련(genuine link)' 개념을 인정한 '노테봄 사건(Nottebohm case)'은 판시 내용이 국제사회의 일반적인 승인을 얻게 된 사례이다. [08 7급]

해설 기출에서는 맞는 지문으로 출제되었으나 문제가 있다. 2006년 외교보호초안에서 보듯이 2중 국적자의 외교적 보호권 행사국가를 정하는 기준을 넘어서 귀화자에게까지 인정되는 것에는 많은 비판이 있다.

답 O

63. 영해기준선 중 하나로 직선기선을 인정한 영국과 노르웨이간 '어업 사건(Fisheries case)'은 판시 내용이 국제사회의 일반적인 승인을 얻게 된 사례이다. [08 7급]

해설 동 판례에서 언급한 직선기선 설정 방식은 그 후 해양법협약에 그대로 도입되어 있다. 답 O

제7절 형 평

64. ICJ는 회부된 분쟁에 적용되는 국제법규를 해석할 때 형평(equity)을 고려하여 판단한 적이 없다. [16 7급]

해설 국제법원들이 자신의 결론에 정당성 부여, 분쟁해결의 한 기준, 기존 국제법을 해석하거나 결함을 보완하기 위해 형평을 사용하기도 한다. 국제법원이 이러한 형평을 사용함에 있어서는 분쟁당사국들의 명시적인 수권 내지 요청을 필요로 하지 않는다. 답 X

65. ICJ는 직권으로 '형평과 선(ex aequo et bono)'을 재판준칙으로 사용할 수 없다. [08·09·12·22 9급, 11·12·14 7급, 12 경찰]

해설 국제사법재판소는 당사국이 합의하는 경우 형평(衡平)과 선(善)에 의해 재판할 수 있다(제38조 2항). 답 O

66. 뮤즈강 수로 변경 사건은(1937) 국제 재판에서 형평원칙의 활용과 관련된 것이다. [11 경찰]

해설 *Diversion of Water from the Meuse*(1937. PCIJ) 사건은 벨기에·네덜란드 간에 체결된 뮤즈江 이용체계조약에 대한 쌍방의 위반주장에 대하여 판시하면서, 당사국이 하천수의 양·수위·속도 등에 대한 변경을 가져오지 않는 한도 내에서 해당하천을 자유로이 이용할 수 있다고 판시한 것이다. 국제재판소들은 자신의 결론에 정당성을 부여하기 위해 또는 분쟁해결의 한 기준으로서, 혹은 기존 국제법규를 해석하거나 그 결함을 보완하기 위해 형평을 원용하기도 한다. 실증국제법의 테두리를 벗어나지 않는다면 국제재판관이 이와 같은 목적으로 형평을 사용함에 있어서는 분쟁당사국들로부터의 명시적인 수권을 요하지 않는다고 한 판례의 하나가 뮤즈강 수로변경사건이다. 답 O

제8절 연 성 법

67. 연성법(Soft Law)은 조약이나 국제관습법과 같이 법적 구속력을 가진다. [15 9급]

해설 연성법은 아직 법이 아닌 것에 붙여진 명칭이다. 즉 형성 중에 있는 법 내지는 소망스런 입법으로서의 지위를 표현하기 위한 술어로서 사용되고 있다. 다만 연성법이 다자조약에서 묵시적 언급을 통해 조약의 조건으로 편입됨으로써 간접적으로 구속력을 부여받는 경우도 있다. 예를 들어 1982년 UN해양법협약이 도입한 입법기술에 의하면, 국가들은 "권한있는 국제기구나 일반외교회의를 통해 수립되어 일반적으로 수락된 국제 규칙과 기준" 혹은 "권한있는 국제기구나 일반외교회의를 통해 수립된 적용가능한 국제 규칙과 기준"을 적용할 것이 요구되거나 그렇게 하는 것이 허용된다. 이렇게 함으로써 국제해사기구(IMO)는 설립조약상 구속력 있는 결의를 채택할 일반적 권한이 없음에도 불구하고 UN해양법협약은 간접적으로 이 기구의 결의와 권고들을 구속력있는 것으로 만들 수 있는 것이다. 답 X

제9절 UN총회의 결의

Ⅰ 서 설

Ⅱ 국제법의 새로운 연원인지 여부(실질적 연원)

68. 오늘날 조약 및 관습에 이은 그 자체 독립된 제3의 국제법의 연원으로 인정되고 있다. [11 경찰]

해설 1960년대 이후 아시아·아프리카의 신생독립국들은 다수결에 의해 채택되는 새로운 법원칙이나 규칙을 내용으로 하는 결의는 국가들에 대해 법적 구속력이 인정된다고 주장하는데, 유럽국가들에 의해 형성된 전통국제법의 수정을 용이하게 하고, 서구진영국가들에 대해 그들의 지지에 관계없이 새로운 규칙의 법적 효력을 미치게 하려는 의도이다. 그러나 UN총회의 결의에 권고적 효력밖에 인정되지 않는 것에 비추어 새로운 법규범을 선언하고 있는 국제기구의 결의는 실질적 법원성은 인정할 수 있더라도 형식적 법원성은 부정하는 것이 타당하다.

답 X

Ⅲ 규범적 가치(실질적 연원)

69. 확립된 관습법규를 확인 내지 선언하는 내용을 담은 경우가 있다. [11 경찰]

해설 총회의 결의가 UN회원국을 포함한 지구상의 모든 국가에게 적용되는 '규범적' 내용을 담고 있고, 또 그것이 세 진영 모두의 컨센서스 또는 만장일치에 의해 채택된 경우라면 당해 결의는 때로 UN헌장에 대한 유권적 해석을 구성하거나, 혹은 이미 확립된 일반국제법규를 확인 또는 선언하는 것으로 간주될 수 있다 (1970년 국가간 우호관계선언).

답 O

70. 규범성을 가진 결의, 다수결로 채택된 결의, 이후에 광범위한 국가의 관행이 누적되는 결의는 후에 국제관습법이 될 수 있다. [11 경찰]

해설 1948년 세계인권선언은 1966년 국제인권규약의 체결을, 1967년 심해저원칙선언은 1982년 해양법에 관한 UN협약의 체결에 기여하였으며, 1975년 고문 및 그 밖의 잔혹한 비인도적인 또는 굴욕적인 대우나 처벌로부터 모든 사람의 보호에 관한 선언은 1984년 고문방지협약의 채택을 이루었다. 나아가 1960년 식민지독립부여선언의 경우처럼 관습법 형성을 촉진하기도 하는데, 이 경우 ⅰ) 결의가 기존의 법원칙을 선언하거나, 새로운 규칙을 창설하는 내용이어야 한다. ⅱ) 그 채택이 총의나 만장일치 또는 광범위한 국가들에 의하여 압도적인 찬성으로 이루어져야 한다. 나아가 이러한 조건을 충족하였더라도 ⅲ) 결의와 구분되는 별도의 후속적인 국가들의 관행이 필요하다.

답 O

71. 다자조약의 체결 혹은 신관습법규의 형성을 촉진하는 도덕적, 정치적 영향력을 발휘할 수 있다. [11 경찰]

해설 총회결의가 그 내용의 법적 규범화를 꾀하는 국가들의 결속에 기초하여 다수결로 채택되는 경우, 문제의 총회결의는 다자조약체결 또는 신관습법규의 형성을 촉진하는 상당한 도덕적 혹은 정치적 영향력을 발휘할 수 있다.

답 O

72. 텍사코 석유 국유화 사건(1977)은 'UN총회 결의의 법적 효력을 일반적으로 정의하기는 어렵고 결의의 유형과 채택되었던 상황, 결의의 내용에 관한 분석 등에 따라 그 법적 효력이 다르다.'고 하였다. [11 경찰]

해설 1973년과 1974년 리비아는 자국내 2개의 외국계 석유회사를 국유화했다. 석유회사들은 원래의 양허계약에 규정된 중재재판을 신청했으나, 리비아는 국유화가 주권행사라는 이유로 이 재판에 응하지 않았다. ICJ소장에 의하여 지명된 중재재판관은 *Texaco Overseas Petroleum et al. v. Libyan Arab Republic* 사건에서 국유화가 계약상의 의무위반이라고 판정했는데, 이 과정에서 리비아 측이 주장하는 UN총회 결의의 구속력과 관련하여 판단하였는데, 'UN총회 결의의 법적 효력을 일반적으로 정의하기는 어렵고 결의의 유형과 채택되었던 상황, 결의의 내용에 관한 분석 등에 따라 그 법적 효력이 다르다.'고 하였다. 즉 총회결의 제1803호의 1962년 천연자원에 대한 영구주권 선언의 경우 제3세계 국가들뿐만 아니라 미국 등 여러 서구국가들도 찬성해서 사실상 모든 경제체제의 국가들로부터 지지를 받았음을 주목한 반면, 결의 제3281호의 1974년 국가의 경제적 권리의무에 관한 헌장은 비록 압도적 다수로 채택은 되었지만, 국내법에 따른 국유화 보상과 분쟁해결조항에 대하여는 개별투표가 오구되어 모든 산업선진국들이 반대했음에 유의하였다.

답 O

제10절 일방적 행위

73. **국가원수, 정부수반, 외교장관은 법적 구속력 있는 일방적 선언을 발표할 수 있는 권한 있는 자로 인정된다.** [19 7급]

해설 2006년 ILC 법적 의무를 창설할 수 있는 국가의 일방적 선언에 적용되는 제지도원칙 제4원칙.

답 O

74. **법적 구속력을 갖는 일방적 선언은 특정 국가가 아닌 국제공동체 전체에 대해 발표되어야 한다.** [19 7급]

해설 2006년 ILC 법적 의무를 창설할 수 있는 국가의 일방적 선언에 적용되는 제지도원칙 제6원칙. 일방적 선언은 국제공동체 전체를 상대로 행할 수도 있고, 한 개 국가나 여러 국가를 상대로 행할 수도 있으며, 또한 다른 실체를 상대로 행할 수도 있다.

답 X

75. **법적 구속력 있는 일방적 선언에 포함된 의무의 범위에 의심이 발생하는 경우, 그 범위는 엄격하게 해석되어야 한다.** [19 7급]

해설 2006년 ILC 법적 의무를 창설할 수 있는 국가의 일방적 선언에 적용되는 제지도원칙 제7원칙.

답 O

76. **구두로 발표된 일방적 선언은 이를 명백히 수락한 제3국에 의무를 부과할 수 있다.** [19 7급]

해설 2006년 ILC 법적 의무를 창설할 수 있는 국가의 일방적 선언에 적용되는 제지도원칙 제9원칙.

답 O

제11절 국제법 연원의 위계

Ⅰ 조약과 관습의 관계

77. 국제관습은 국제성문법인 조약에 대해 보충적 효력만을 갖는다.
[07 · 08 · 10 · 12 · 22 9급, 07 · 10 7급, 16 경찰]

해설 전통국제법상의 사상적 기초가 되는 법실증주의는 독립국가들로 구성되는 국제사회의 구조적 특성 하에서 "의사라고 하는 법 형성 방식의 단일성과 형식적 등가성"이라는 관념에 기초하고 있다. 따라서 각 국가는 국제법의 '대등한' 입법자이기 때문에 그 의사의 표현인 조약과 관습은 원칙적으로 효력의 우열이 없다. 따라서 강행규범을 제외한 조약과 관습법의 충돌은 신법우선원칙과 특별법우선원칙에 의하여 해결하여야 한다.
답 X

78. 동일한 내용을 담은 조약의 누적적 체결을 통해서도 국제관습법이 형성될 수 있다. [16 경찰]

해설 조약 체결 당시에는 존재하는 법도 형성과정에 있는 법도 아니었지만, 조약이 발효 한 후에 그 조약의 '비당사국'들이 그들 상호관계에서 조약 규칙을 자발적으로 적용하는 경우 관습의 창설을 초래하는 국가관행을 구성할 수 있다(조약법협약 제38조 참조).
답 O

79. 북해대륙붕 사건(1969년)은 조약상의 규정이 국제관습법으로 전환되기 위한 요건과 관련되어 있다.
[13 경찰]

해설 국제사법재판소(ICJ)는 조약의 특정조항이 관습국제법화되었다고 판단하기 위해서는 ① 해당 조항이 근본적으로 규범창출적 성격을 지녀야 하며, ② 이에 의하여 이해관계가 특별히 영향 받는 국가를 포함하여 매우 폭넓은 그리고 대표적인 국가의 참여가 있어야 하며, ③ 국가의 관행이 광범위하고 실질적으로 일관되어야 하며, ④ 그러한 관행이 법적 의무라는 판단 하에서 실행되었어야 한다고 하였다. 본 사건에 있어서는 그 때까지 확보된 비준과 가입을 한 국가의 수가 충분하지 못하였으며(제소 당시 46개국이 서명, 39개국이 비준 또는 가입한 상태였다), 시간적인 요소에 있어서는 단기간의 시간이 경과하였다고 해서 단순히 협약 규칙에 근거한 새로운 국제관습법의 형성에 방해가 되는 것은 아니지만, 특별히 영향을 받는 국가를 포함한 국가관행이 광범위하고 한결같아야 하고 법규칙 또는 법적 의무가 포함되어 있는 것으로 일반적으로 승인한 것을 나타내는 방식으로 발생하여야 하는데, 특별히 영향을 받는 서독의 참여가 없었다는 이유에서 덴마크와 네덜란드의 주장을 받아들이지 않았다.
답 O

Ⅱ 특별법우선의 원칙과 신법우선의 원칙

80. 조약 상호간에는 원칙적으로 특별법우선의 원칙, 신법우선의 원칙이 적용된다. [08 9급]

해설 두 규칙 간에 1969년 조약법협약, 특히 조약의 해석에 관한 제31조 내지 제33조에 따라 최대한 조화롭게 해석을 하였음에도 양립불가능하며 선택이 요구될 정도로 두 연원이 모두 유효하고 적용 가능한 경우에 두 개의 규칙 중 어느 규칙을 따르게 되면 다른 규칙을 위반하게 되는 경우 충돌(relationships of conflict)이 존재한다. 이러한 충돌관계는 조약과 관습간의 관계에서 뿐만 아니라 조약과 조약 또는 관습과 관습 간에도 발생할 수 있는데, 이 경우 특별우선원칙과 신법우선원칙이 적용된다.
답 O

81. 국제조약과 국제관습은 특별법우선이나 신법우선의 법리에 따라 국제조약이 우선 적용될 수도 있고, 국제관습이 우선 적용될 수도 있다. [11·22 7급, 17 9급]

해설 무엇이 특별법인가를 결정함에 있어 규범의 연원이 조약인지 관습인지 또는 법의 일반원칙인지는 결정적인 것이 아니다. 즉 관습이 조약에 대해 특별법인 경우도 존재할 수 있다. 그러나 실제로는 통상 조약이 관습(적어도 조약 체결 당시에 존재하는)에 대해 특별법으로 작용한다. 예를 들면, 공해상의 선박에 대한 기국의 배타적 관할권을 인정하는 관습법에 대해 특정 국가들 간에 기국 이외의 국가에게 관할권의 행사를 인정하는 조약이 존재하는 경우 관습법에 대해 조약이 특별법의 지위에 있고, 조약당사국 간에는 이 조약이 관습법에 우선하여 적용된다. 답 O

82. 다자간조약과 지역적 국제관습법이 상충될 경우 다자간조약이 우선한다. [08 9급]

해설 지역적 관습법이 특별법의 지위를 갖는다. 답 X

Ⅲ 상위법 우선의 원칙

83. 국제법상 강행규범(jus cogens)은 일반 국제관습법보다 우월한 효력이 있다. [11·17 9급]

해설 강행규범은 국제법의 상위법 개념으로서 이로부터 어떠한 이탈도 허용하지 않는다. 따라서 강행규범은 일반 국제법보다 우월한 효력이 있다. 답 O

84. 관습법은 문명국에 의하여 인정된 법의 일반원칙에 우선한다. [16 경찰]

해설 법의 일반원칙은 조약과 관습국제법이 규율하고 있지 않은 분야를 보충하는 독자적인 연원으로 조약, 관습법과 충돌의 문제가 생기지 않는다. 답 O

85. 국제법의 법원 간에는 위계의 서열 관계가 성립하지 않는다. 때문에 조약, 국제관습법 상호 간에 상충의 문제와 우선성의 문제가 발생할 뿐이다. 이때 특별법 우선과 신법 우선이라는 법해석의 일반 원칙이 적용된다. 이러한 특징은 강행규범과의 관계에서도 유지된다. [15 경찰]

해설 특별법 우선과 신법 우선이라는 법해석의 일반 원칙은 동위법에서 적용되는 것이고, 강행법규는 국제법의 상위법이다. 답 X

제3장 일반국제법상의 강행규범

I 서 론

1. 1969년 '조약법에 관한 비엔나협약'은 실질 국제법 역사상 처음으로 일반국제법의 강행규범 개념을 명시적으로 도입하였다. [14·15 경찰, 19 9급]

해설 국제공동체가 수평적, 지방분권적 혹은 자유방임적 체제를 벗어나 국가처럼 중앙집권적 구조를 향해 나아가기 위해서는 주권이라 불리우는 국가들의 행동의 자유를 제한하여야 할 것인데, 이것은 국제공동체에도 국내법에서 발견되는 것과 유사하거나 동일한 강행규범 내지는 공공질서 혹은 공공정책의 개념을 도입하여 국제법규의 서열화·차등화를 인정함으로써 가능할 수 있을 것이다. 조약법협약 제53조는 "일반국제법의 강행규범이란 그로부터 어떠한 이탈도 허용되지 않으며 그 후에 확립되는 동일한 성질의 일반국제법규에 의해서만 수정될 수 있는 규범으로서, 국가들로 구성되는 국제공동체 전체에 의해 수락되고 승인된 규범을 말한다."고 규정하여 실질 국제법 역사상 처음으로 일반국제법의 강행규범 개념을 명시적으로 도입하였다.

답 O

2. 강행규범은 이탈이 허용되지 아니하며 또한 동일한 성질을 가진 일반 국제법의 추후의 규범에 의해서만 변경될 수 있는 규범으로 전체로서의 국제 공동사회가 수락하며 인정하는 규범이다. [10·11·14 9급, 13 7급, 15 경찰]

해설 조약법협약 제53조. 강행규범이란 이에 대한 저촉 또는 위반이 국제법질서의 본질에 영향을 미치기 때문에 국제법주체간의 특별한 합의로서도 그로부터 이탈할 수 없는 국제규범을 말한다. 그러나 강행규범은 항구불변성을 본질적 요소로 하는 자연법상의 개념이 아니다. 따라서 국가들이 합의에 의해 추후 동일 '성질'을 갖는 일반국제법상의 규범, 즉 신강행규범에 의해서는 '변경'가능한 것이다. 이 점에서 강행규범은 실정국제법상의 개념으로 도입된 것이다.

답 O

3. 조약법에 관한 비엔나협약에서는 국제법상 강행규범의 예를 구체적으로 적시하지 않고 있다. [14 9급]

해설 1969년 조약법협약에서 강행규범과 관련된 조문은 제53조, 제64조, 제66조 (a)이다. 그러나 구체적 강행규범의 목록은 규정하고 있지 않다.

답 O

4. 국제연합헌장은 집단살해, 전쟁범죄 그리고 노예제도 금지를 강행규범으로 규정하고 있다. [09 9급]

해설 강행규범은 국제공동체 전체에 의해 수락되고 승인된 규범으로서 UN헌장에 구체적 목록이 규정되어 있지 않다.

답 X

5. 국제법위원회(ILC)는 강행규범의 예를 거론한 바 있다. [14 9급]

해설 조약법협약 제53조에 부합하는 강행규범의 예로 국제법위원회(ILC)는 국제법의 파편화에 관한 연구반 작업의 결론에서 침략금지의무, 노예제도·노예무역금지의무, 집단살해금지의무, 인종차별금지의무(apartheid), 고문금지의무, 민족자결권, 무력충돌시에 적용되는 국제인도법의 기본규칙, 무력사용금지의무 등을 들었다.

답 O

6. 노예매매, 집단살해, 테러금지, 일반적 인권 보호에 관한 내용은 강행규범으로 인정되고 있다. [15 경찰]

해설 조약법협약 제53조에 부합하는 강행규범의 예로 국제법위원회(ILC)는 국제법의 파편화에 관한 연구반 작업의 결론에서 침략금지의무, 노예제도·노예무역금지의무, 집단살해금지의무, 인종차별금지의무(apartheid), 고문금지의무, 민족자결권, 무력충돌시에 적용되는 국제인도법의 기본규칙, 무력사용금지의무 등을 들었다. 국제분쟁의 평화적 해결 의무는 무력사용금지의무와 불가분의 관계에 있기 때문에 강행규범으로 보아야 한다는 견해도 있다. 국제테러금지는 강행규범의 예로 제시되고 있지 않다. 답 X

Ⅱ 강행규범의 존재를 확인하는 판례

7. 바르셀로나 전기 · 전력회사 사건에서 국제사법재판소는 강행규범의 내용을 명시적으로 확인하고 있다. [14 경찰]

해설 1970년 *Barcelona Traction Co.* 사건에서 ICJ가 이 판결에서 사용한 개념은 대세적 의무인데 이를 강행법규의 존재를 인정한 판례로 인용하는 견해가 있다. 다만 강행규범을 명시적으로 언급한 것은 아니다. 답 X

8. 국제재판소는 현재까지 판결에서 강행규범의 개념을 인정하지 않고 있다. [15 9급]

해설 유럽인권재판소는 *Al-Adsani v. UK* 사건에서 고문금지를, *Jorvic v. Germany* 사건에서 제노사이드 금지를 강행규범으로 보았다. 구유고국제형사재판소도 고문금지를 강행규범으로 선언하였으며, 미주인권재판소는 강행규범의 목록에 비차별, 고문금지, 재판소에의 접근, 강제실종 금지 등을 올리고 있다. 국제사법재판소도 제노사이드협약의 유보에 관한 권고적 의견사건, 바르셀로나 전력회사 사건 등 강행규범을 인정하고 있다. 답 X

Ⅲ 강행규범의 본질

9. 조약당사국은 합의에 의하여 특정 강행규범의 적용을 배제할 수 있다. [09 · 13 7급, 22 9급]

해설 강행규범은 그 이탈이 허용되지 않는 규범이다. 답 X

10. 1969년 조약법에 관한 비엔나협약상 강행규범(jus cogens)은 동일한 성질을 가진 추후의 강행규범에 의해서도 변경될 수 없다. [09 · 13 7급, 09 · 10 · 11 · 19 · 22 9급, 15 경찰]

해설 강행규범은 동일한 성질을 가진 추후의 일반국제법 규범에 의해서만 변경될 수 있다. 답 X

Ⅳ 강행규범 이론의 확장

11. 강행규범에 위반되는 조약, 국제관습법, 일방적 행위는 모두 무효라고 보아야 한다. [14 경찰]

해설 강행규범에 위반하는 내용의 조약은 무효를 원용할 필요 없이 당연무효이고(제53조), 기존 조약이 신규강행규범에 위반이 되면 무효가 되어 종료한다(제64조). 강행규범은 당초 실정국제법에 조약의 적법성의 판단기준, 즉 조약의 무효사유로 도입되었다. 그러나 현재에 있어 강행규범은 국제관습법과 국가 행위의 적법성의 심사기준, 즉 이들에 대한 무효사유이기도 하다. 답 O

12. 강행규범의 위반은 대세적 의무를 위반하는 국제범죄이다. [19 9급]

해설 1980년 잠정초안에서 ILC는 국가의 국제의무 위반을 범죄와 불법행위로 구분하려는 시도를 하였다. 즉, 우선 국가의 국제범죄를 '국제공동체의 근본적 이익의 보호를 위해 너무나도 중요하여 그 위반이 국제공동체 전체에 의하여 범죄라고 인정되는 국제의무의 위반에 기인하는 국제위법행위'라고 규정한 후, 범죄 이외의 위법행위는 불법행위에 해당한다는 것이다. 그러나 '범죄'라는 용어의 사용에 대한 국가들의 반발이 있어 2000년 ILC의 초안작성위원회는 잠정초안에 규정되어 있던 범죄와 불법행위의 구분을 삭제하고, 그 대신 위법행위의 결과를 다루는 장에서 '국제공동체에 대하여 본질적으로 중요한 의무의 중대한 위반'이라는 새로운 장르의 위법행위를 규정하였고, 2001년 ILC 이를 '일반국제법상의 강행규범에 속하는 의무의 중대한 위반'이라고 용어를 변경하였다. 답 X

V 강행규범 위반의 법적결과

13. 강행규범의 존재에 대한 입증책임은 이를 주장하는 측에 있다. [11 9급]

해설 1969년 조약법협약은 강행규범의 정의규정은 있지만 구체적 강행규범의 목록은 규정하고 있지 않다. 따라서 강행규범의 존재에 대한 입증책임은 이를 주장하는 측에 있다. 답 O

14. 1969년 조약법에 관한 비엔나협약상 조약은 그 체결 당시 강행규범과 충돌하는 경우에는 무효이다. [09 · 22 7급, 09 · 19 9급, 15 경찰]

해설 조약법협약 제53조에 따르면 기존 일반국제법상 강행규범에 위반되는 조약은 절대적 무효로서 처음부터 효력이 발생하지 않고, 추인에 의해서도 불법성이 치유되지 않으며, 가분성의 원칙도 적용되지 않는다. 나아가 협약 제71조 1항에 의해 일반 국제법의 절대 규범과 충돌하는 규정에 의존하여 행하여진 행위의 결과를 가능한 한 제거하며 또한 당사국의 상호관계를 일반국제법의 절대규범과 일치시키도록 한다. 답 O

15. 1969년 조약법에 관한 비엔나협약상 강행규범의 위반은 조약의 상대적 무효사유이다. [09 7급]

해설 절대적 무효이다. 답 X

16. 일반국제법의 새로운 강행규범이 출현하는 경우에 그 규범과 충돌하는 현행조약은 소급하여 무효이다. [09 · 22 9급, 13 · 22 7급, 15 경찰, 15 경찰]

해설 강행규범에 위반하는 내용의 조약은 무효를 원용할 필요 없이 당연무효이고(제53조), 기존 조약이 신규 강행규범에 위반이 되면 무효가 되어 종료한다(제64조). 답 X

제4장 조약법

제1절 조약법협약

Ⅰ 1969년 조약법협약

1. **1969년 조약법에 관한 비엔나협약은 유엔 국제법위원회의 준비를 거쳐 유엔총회에서 채택되었으므로 유엔 회원국만 당사국이 될 수 있다.** [16 경찰]

해설 조약법은 조약의 체결, 적용 그리고 종료 등의 절차를 다루는 국제법의 한 분과로서, 관습법으로 존재하여 왔으나, 1949년부터 국제법위원회(ILC)의 작업에 기초하여 1968~1969년 비엔나에서 개최된 UN조약법회의에서 채택되었고, UN 총회에서 채택된 것이 아니다. 나아가 UN 비회원국도 당사국이 될 수 있다.

답 X

2. **1969년 조약법협약에 따르면 "조약"이라 함은 단일의 문서에 또는 2 또는 그 이상의 관련 문서에 구현되고 있는가에 관계없이 또한 그 특정의 명칭에 관계없이, 서면형식으로 국가 간에 체결되며 또한 국제법에 의하여 규율되는 국제적 합의를 의미한다.** [11 7급, 12·13 9급, 15·16 경찰]

해설 제2조 1항 a호. 답 O

3. **1969년 비엔나 조약법협약상 국가와 외국 사기업 사이의 국제적 합의는 조약으로 볼 수 없다.** [14 9급]

해설 사기업은 국제법의 수동적 주체이다. 답 O

4. **1969년 비엔나 조약법협약상 조약은 하나 이상의 문서로 이루어지는 경우도 있다.** [14 9급]

해설 문서의 형식이라면 단일 문서이든 두 개 이상의 문서이든 관계없다. 답 O

5. **1969년 비엔나 조약법협약상 조약 외에 협정, 규약 등의 명칭도 사용할 수 있다.** [14 9급]

해설 조약법에 관한 비엔나협약상 어떤 문서가 조약인가를 결정함에 있어 문서의 명칭은 상관없다.

답 O

6. **1969년 조약법에 관한 비엔나협약상의 조약 개념에 의하면, 한미행정협정(SOFA)의 합의의사록(agreed minutes)도 조약으로 보아야 한다.** [08 7급]

해설 국가간 서면에 의한 것으로 조약에 해당하며, 명칭과 상관이 없다. 답 O

7. **1969년 조약법협약은 국가 간에 체결된 조약뿐만 아니라 국가와 국제기구 상호간에 체결된 조약에도 적용된다.** [11 7급, 21 9급]

해설 국가와 국제법의 다른 주체 간 또는 국제법의 그러한 다른 주체 간에 체결되는 국제적 합의에 대하여는 1969년 조약법협약이 적용되지 아니한다(제3조 참조). 답 X

8. **1969년 비엔나 조약법협약상 정식조약과 달리 약식조약의 유형으로 구두조약이 포함된다.** [08 7급, 14 9급]

해설 서면형식에 의하지 아니한 국제적 합의에 대하여는 1969년 조약법협약이 적용되지 아니한다(제3조 참조).

답 X

9. **서면 형식에 의하지 아니한 국제적 합의는 조약이 아니며 국제법적 효력이 인정되지 아니한다.** [20 9급]

해설 국가와 국제법의 다른 주체간 또는 국제법의 그러한 다른 주체 간에 체결되는 국제적 합의 또는 서면 형식에 의하지 아니한 국제적 합의에 대하여 이 협약이 적용되지 아니한다는 사실은 그러한 합의의 법적 효력에 영향을 주지 아니한다(제3조).

답 X

10. **1969년 비엔나 조약법협약에 규정되지 않은 부분에 대해서는 국제관습법이 적용된다.** [16 경찰]

해설 1969년 협약의 상당부분은 개별조약에서 별도의 규정을 하지 않는 경우에 한하여 보충적으로 적용된다. 이 협약에 규정되지 않은 부분에는 관습국제법이 적용됨은 물론이다.

답 O

11. **1969년 비엔나협약의 당사국인 B국과 동협약에 미비준국인 D국간에 조약법에 관한 비엔나협약이 적용됨을 잡칙에 규정하여 1970년 체결한 양자조약에는 비엔나협약이 적용된다.** [21 9급]

해설 이 협약과는 별도로 국제법에 따라 그러한 합의가 복종해야 하는 이 협약상의 규칙을 그러한 합의에 적용하는 것은 허용된다(제3조 b호).

답 O

12. **「1969년 조약법에 관한 비엔나협약」에 대하여 국가 간에 체결된 조약에만 적용되며 협약이 발효된 이후 성립된 합의에만 적용된다.** [12 9급, 16 경찰]

해설 이 협약과는 별도로 국제법에 따라 조약이 복종해야 하는 이 협약상의 규칙의 적용을 침해함이 없이, 이 협약은 그 발효 후에 국가에 의하여 체결되는 조약에 대해서만 그 국가에 대하여 적용된다(제4조). 이 점은 기왕에 조약법과 관련된 분쟁을 겪고 있는 국가들이 민감하게 여길 문제였다.

답 O

13. **조약의 불소급에 따라 이 협약과는 별도로 국제법에 따라 조약이 복종해야 하는 이 협약상의 규칙의 적용을 침해함이 없이, 이 협약은 그 발효 후에 국가에 의하여 체결되는 조약에 대해서만 그 국가에 대하여 적용된다.** [20 7급]

해설 조약의 불소급을 규정한 제28조가 아니라, 협약의 불소급을 규정한 제4조에 따라 1980년 1월 27일 이후 국가간 서면에 의해 체결한 조약만 규율한다.

답 X

14. **A국과 B국 간 1970년 서명되어 발효한 양자조약에 1969년 비엔나협약이 적용된다.** [21 9급]

해설 1969년 조약법 협약은 발효한 1980년 1월 27일 이후 당사국간 서면에 의하여 체결한 조약을 규율한다.

답 X

Ⅱ 기타 조약법협약

제2절 조약의 체결과 효력발생

Ⅰ 조약체결능력과 조약체결권자

15. **1969년 조약법에 관한 비엔나협약상 모든 국가는 조약을 체결하는 능력을 가진다.** [13 7급, 15 경찰]

해설 모든 국가는 조약을 체결하는 능력을 가진다(제6조). 답 O

16. **우리 헌법이 취하고 있는 국제관계에 관한 입장으로 볼 때 대통령은 조약의 체결과 비준 권한을 가진다.** [08 9급]

해설 대통령은 조약을 체결·비준하고, 외교사절을 신임·접수 또는 파견하며, 선전포고와 강화를 한다(헌법 제73조). 답 O

17. **조약의 체결권자는 조약문 교섭에 관한 권한을 전권대표에게 위임할 수 있다.** [11 9급, 15 경찰]

해설 조약체결권자는 조약의 채택, 인증 또는 구속적 동의표시에 관한 권한을 제3자에게 위임할 수 있다. 그 위임을 받은 자를 전권위임대표라 한다. 답 O

18. **누구든지 적절한 전권위임장을 제시하는 경우 조약에 대한 국가의 기속적 동의를 표시하기 위한 목적으로 그 국가를 대표하는 것으로 간주된다.** [14 7급]

해설 전권위임대표는 원칙적으로 조약 체결권한에 관한 '전권위임장'(full powers)을 제시함으로써 조약의 채택, 인증 또는 구속적 동의표시를 위한 목적으로 국가를 대표하는 것으로 간주된다(제7조 1항 a). 답 O

19. **대통령, 수상, 외무부장관 등은 직무로 인해 전권위임장을 제시하지 않아도 자국을 대표하는 것으로 간주된다.** [08·12 7급, 22 9급]

해설 제7조 2항 a호. 답 O

20. **국가원수, 정부수반, 외무부장관과 외교공관장은 전권위임장을 제시하지 않아도 조약의 체결에 관련된 모든 행위를 수행할 수 있다.** [13 7급, 22 9급]

해설 외교공관장은 채택 시에만 전권위임장이 필요 없다. 답 X

21. **특명전권대사, 법무부장관은 조약 체결에 따른 모든 행위를 수행하는데 전권위임장(full powers)이 필요 없다.** [12 7급]

해설 제7조 2항에 의하면 조약의 체결에 관련된 모든 행위를 수행할 목적으로서는 국가원수·정부수반 및 외무부장관, 파견국과 접수국간의 조약문을 채택할 목적으로서는 외교공관장, 국제회의·국제기구 또는 그 국제기구의 어느 한 기관 내에서 조약문을 채택할 목적으로서는 국가에 의하여 그 국제회의, 그 국제기구 또는 그 기구의 그 기관에 파견된 대표가 전권위임장 없이도 자국을 대표하는 것으로 간주된다. 답 X

22. 국가대표가 국제기구에서 조약문을 채택할 목적으로 파견된 경우 전권위임장이 필요 없다. [22 9급]

해설 제7조 2항 c호.

답 O

Ⅱ 일반적 성립절차

23. 교섭 → 서명에 의한 인증 → 비준 → 비준서 교환 → 등록은 국제법상 조약의 체결과정 순서이다. [13 9급]

해설 조약체결절차에 관해 확립된 규칙은 없으며, 조약을 체결할 때마다 국가들의 합의로 그 절차가 이루어진다. 그러나 교섭 → 채택 → 인증 → 구속적 동의표시 → 등록의 순서로 진행되는 것이 기본적 요소이다.

답 O

24. 체약국이라 함은 조약의 효력 발생 여부와 상관없이 그 조약에 대한 기속적 동의를 부여한 국가를 의미한다. [14 7급, 15 경찰]

해설 조약의 본문의 작성 및 채택에 참가한 국가를 교섭국(제2조 1항 e), 조약의 발효여부에 관계없이 조약에 구속되는데 대해 동의한 국가를 체약국(동 f), 조약에 의해 구속되는데 대해 동의하고 당해국에 대해 조약이 발효하고 있는 국가를 당사국(동 g)이라 한다.

답 O

25. "당사국"이라 함은 조약이 효력을 발생하였는지의 여부에 관계없이 그 조약에 대한 기속적 동의를 부여한 국가를 의미한다. [15 경찰]

해설 "당사국"이라 함은 조약에 대한 기속적 동의를 부여하였으며 또한 그에 대하여 그 조약이 발효하고 있는 국가를 의미한다(제2조 1항 g호).

답 X

26. 조약의 채택은 1969년 조약법에 관한 비엔나협약상 국가가 조약에 대해 기속적 동의를 표시하는 방법이다. [16 경찰]

해설 조약문의 채택(adoption of the text)은 '조약의 형식과 내용'에 관하여 의견의 일치가 이루어졌다는 공식적 행위이다.

답 X

27. 국제회의에서 체결되는 다자조약의 본문은 교섭에 참석한 모든 국가의 2분의 1 다수결에 의해 채택된다. [11 9급]

해설 조약문의 채택은 그 작성에 참가한 모든 국가의 동의에 의하여 이루어지나, 국제회의에서의 조약문의 채택은 출석하여 투표하는 국가의 3분의 2의 찬성에 의하여 그 국가들이 다른 규칙을 적용하기로 결정하지 아니하는 한 3분의 2의 다수결에 의하여 이루어진다. 조약 교섭에 3개국 혹은 그 보다 많은 국가가 참여하는 모임은 일반적으로 그리고 비엔나협약의 목적상 국제회의로 지칭할 수 있다. 조약법협약 제5조에 의하면, 협약은 국제기구 자체 내에서 채택되는 조약에 대해서는 기구의 관련규칙을 침해하지 않는 범위 내에서만 적용된다. 따라서 그 같은 조약의 채택과 아래의 인증 방식에 대해서는 우선 해당 기구의 내부규칙이 적용된다.

답 X

28. **조약문의 가서명은 조약문의 정본인증을 위한 절차에 해당할 수 있다.** [19 7급]

해설 인증의 방법은 서명, 가서명, 조건부 서명이 있다. 답 O

29. **비준하여야 하는 조약에 서명한 국가는 그 조약의 당사국이 되지 아니하고자 하는 의사를 명백히 표시할 때까지 그 조약의 대상과 목적을 저해하게 되는 행위를 삼가야 한다.** [12 경찰, 13 7급, 15 경찰]

해설 제18조 a호. 그 내용은 조약 발효 후 금지될 모든 행위를 삼가할 의무를 국가에게 부과하는 적극적 의무인 것이 아니라, 비준 전 그 '대상과 목적'을 훼손하는 행위를 삼가도록 하여 당해 조약의 체결 및 존재 이유 또는 추후 당해 조약을 계속적으로 이행하는 것을 무의미하게 만드는 행위를 삼가토록 하는 소극적 의무를 규정하고 있는 것이다. 답 O

30. **조약에 대한 국가의 기속적 동의의 방법으로는 서명과 비준만이 인정된다.** [11 9급, 11 · 14 7급]

해설 조약에 대한 국가의 기속적 동의는 서명, 조약을 구성하는 문서의 교환, 비준·수락·승인 또는 가입에 의하여 또는 기타의 방법에 관하여 합의하는 경우에 그러한 기타의 방법으로 표시된다(제11조). 답 X

31. **조약문의 가서명은 어떠한 경우에도 기속적 동의를 위한 서명에 해당하지 않는다.** [19 7급]

해설 조약법협약 제10조(조약문의 정본인증) 조약문은 다음의 것에 의하여 정본으로 또한 최종적으로 확정된다. (a) 조약문에 규정되어 있거나 또는 조약문의 작성에 참가한 국가가 합의하는 절차 또는, (b) 그러한 절차가 없는 경우에는 조약문의 작성에 참가한 국가의 대표에 의한 조약문 또는 조약문을 포함하는 회의의 최종의정서에의 서명, 조건부서명 또는 가서명 답 X

> 제12조 서명에 의하여 표시되는 조약에 대한 기속적 동의
> 1. 조약에 대한 국가의 기속적 동의는 다음의 경우에 국가대표에 의한 서명에 의하여 표시된다.
>   (a) 서명의 그러한 효과를 가지는 것으로 그 조약이 규정하고 있는 경우
>   (b) 서명이 그러한 효과를 가져야 하는 것으로 교섭국간에 합의되었음이 달리 확정되는 경우 또는
>   (c) 서명에 그러한 효과를 부여하고자 하는 국가의 의사가 그 대표의 전권위임장으로부터 나타나는 경우 또는 교섭 중에 표시된 경우
> 2. 상기 1항의 목적상
>   (a) 조약문의 가서명이 그 조약의 서명을 구성하는 것으로 교섭국간에 합의되었음이 확정되는 경우에 그 가서명은 그 조약문의 서명을 구성한다.
>   (b) 대표에 의한 조약의 「조건부 서명」은 대표의 본국에 의하여 확인되는 경우에 그 조약의 완전한 서명을 구성한다.

32. **조약문의 가서명은 해당 대표의 본국이 확인하는 경우에만 해당 조약의 정식 서명으로 간주된다.** [19 7급]

해설 제12조 2항 a호 답 X

33. **"비준", "수락", "승인" 및 "가입"이라 함은 국가가 국제적 측면에서 조약에 대한 국가의 기속적 동의를 확정하는 경우에 각 경우마다 그렇게 불리는 국제적 행위를 의미한다.** [15 경찰]

해설 "비준" "수락" "승인" 및 "가입"이라 함은, 국가가 국제적 측면에서 조약에 대한 국가의 기속적 동의를 확정하는 경우에, 각 경우마다 그렇게 불리는 국제적 행위를 의미한다(제2조 1항 b호). 답 O

34. **조약의 구속을 받겠다는 국가의 동의는 서명, 조약을 구성하는 문서의 교환, 비준, 수락, 승인, 가입 또는 기타 합의된 방법에 의해 표시될 수 있다.** [15 경찰]

해설 조약에 대해 구속적 동의를 표시하는 방법에는 서명, 조약을 구성하는 문서의 교환(교환문서, 교환서한), 비준(ratification), 수락(acceptance)과 인준(승인, approval), 가입(accession) 및 기타 국가들이 합의하는 방식이 있다(제11조).

답 O

Ⅲ 조약의 효력발생과 잠정적용

35. **조약은 당사국간의 합의에 관계없이 비준서를 기탁한 날에 효력을 발생하는 것이 원칙이다.** [11 9급]

해설 조약은 그 조약이 규정하거나 또는 교섭국이 합의하는 방법으로 또한 그 일자에 발효하는 것이 원칙이다(제24조 1항). 그러한 규정 또는 합의가 없는 경우에는 조약에 대한 기속적 동의가 모든 교섭국에 대하여 확정되는 대로 그 조약이 발효한다(동조 2항).

답 X

36. **조약은 그 조약에서 규정하고 있거나 교섭국들이 합의하는 방법과 일자에 효력을 발생한다.** [15 경찰]

해설 조약은 그 조약이 규정하거나 또는 교섭국이 합의하는 방법으로 또한 그 일자에 발효한다(제24조 1항).

답 O

37. **조약의 발효에 대한 규정 또는 달리 합의가 없는 경우 조약의 구속을 받겠다는 동의가 모든 교섭국에 대하여 확정되는 대로 조약이 발효한다.** [22 7급]

해설 제24조 2항

답 O

38. **조약에 대한 국가의 기속적 동의가 그 조약이 발효한 후의 일자에 확정되는 경우에는 그 조약이 달리 규정하지 아니하는 한 그 동의가 확정되는 일자에 그 조약은 그 국가에 대하여 발효한다.** [20 7급]

해설 제24조 3항

답 O

39. **교섭국이 합의하는 경우 조약은 발효 전이라도 잠정적으로 적용될 수 있으며 잠정적용국 간에는 조약을 적용할 법적 의무가 발생한다.** [22 7급]

해설 제25조

답 O

Ⅳ 등 록

40. **조약이 발효되기 위해서는 UN 사무국에 등록되어야 한다.** [11·14 7급, 12 9급]

해설 국제연맹시절에는 등록이 효력발생요건이었으나, UN체제에서는 UN의 제 기관에 대한 대항요건에 불과하다.

답 X

41. **국제연합 사무국에 등록되지 않은 조약은 무효이다.** [09 9급]

해설 조약의 미등록은 조약의 법적 효력이나 지위에 어떤 영향을 미치지 않는다. 즉 조약은 등록에 의해 비로소 조약으로 인정되거나 효력을 갖는 것이 아니며, 미등록이 어떤 문서가 조약이 아니라는 사실의 증거나 법적 구속력 결여의 증거가 되는 것은 아니다.

답 ×

42. **사무국에 등록되지 않은 조약의 당사국은 UN의 기관에 대해 그 조약을 원용할 수 없다.** [15 경찰]

해설

답 ○

> 제102조
> 1. 이 헌장이 발효한 후 국제연합회원국이 체결하는 모든 조약과 모든 국제협정은 가능한 한 신속히 사무국에 등록되고 사무국에 의하여 공표된다.
> 2. 이 조 제1항의 규정에 따라 등록되지 아니한 조약 또는 국제협정의 당사국은 국제연합의 어떠한 기관에 대하여도 그 조약 또는 협정을 원용할 수 없다.

제3절 조약의 유보

I 서 설

43. **1969년 '조약법에 관한 비엔나협약'상 유보란 자구 또는 명칭에 관계없이 조약의 서명, 비준, 수락, 승인 또는 가입 시에 국가가 그 조약의 일부 규정의 법적 효과를 배제하거나 변경시키는 일방적 행위를 의미한다.** [07 · 08 · 09 · 17 9급, 13 7급, 13 경찰]

해설 표현, 명칭 여하를 불문하고 조약의 서명·비준·수락·승인·가입시, 국가가 자국에 대하여 조약의 일부 조항의 효력을 배제 또는 변경하기 위하여 행하는 일방적 선언을 말한다(제2조 제1항 d호).

답 ○

44. **"유보"라 함은 자구 또는 명칭에 관계없이 국가가 그 조약의 일부 규정을 자국에 적용함에 있어서 그 조약의 일부 규정의 법적 효과를 배제하거나 또는 변경시키고자 의도하는 경우에 행하는 국가 간의 합의를 의미한다.** [15 · 16 경찰]

해설 "유보"라 함은, 자구 또는 명칭에 관계없이, 조약의 서명 · 비준 · 수락 · 승인 또는 가입시에, 국가가 그 조약의 일부 규정을 자국에 적용함에 있어서 그 조약의 일부 규정의 법적효과를 배제하거나 또는 변경시키고자 의도하는 경우에, 그 국가가 행하는 일방적 성명을 의미한다(제2조 1항 d호).

답 ×

45. **유보제도는 다자조약의 당사국 범위를 확대하는 효과를 갖는다.** [16 · 17 9급, 16 경찰]

해설 법규칙의 보편성을 요구하는 다자조약에서 법적용 공동체의 확대에 그 목적이 있다.

답 ○

46. **유보는 조약에 참여하는 국가의 수를 증대시키는 긍정적 측면이 있으나 조약의 통일성을 훼손하는 부정적인 측면도 있다.** [09 · 13 7급, 09 9급]

해설 유보는 조약상 법률관계가 복잡해지고, 조약의 동질성과 입법적 효력이 감소되어 법적안정성을 해치고, '양립성의 원칙'을 판단할 기관이 없어 자의적 남용의 위험이 있다.

답 ○

Ⅱ 유보의 성질

47. 유보의 의사표시는 국가의 일방적 선언이다. [07 · 08 · 09 · 16 9급]

해설 유보 자체는 일방적 선언이다. 다만, 유보의 의사표시가 효과를 발생하기 위해서는 조약의 타방당사국들의 의사에 의존한다. 즉 적어도 한 체약국 또는 당사국이라도 수락하여야만 효과가 발생된다. 답 ○

48. 국가는 조약에 서명 또는 비준할 때에 유보를 할 수 있으나, 수락, 승인 또는 가입 시에는 유보를 할 수 없다. [21 7급]

해설 조약에 서명 · 비준 · 수락승인 또는 가입할 때에 유보를 형성할 수 있다(제19조). 답 ×

49. 유보는 조약의 서명 · 비준 · 수락 · 승인 또는 가입 이후에도 형성이 가능하다. [08 · 16 9급, 09 7급, 11 · 15 경찰]

해설 유보는 구속적 동의를 표시하는 시점에서 또는 그 이전에 이루어져야 한다. 서명 이후 비준·수락·승인 등 별도의 기속적 동의를 표시해야 하는 조약의 경우, 서명시 첨부된 유보는 당사국이 후일 비준 등을 할 때 다시 공식적으로 확인해야 한다(제23조 2항). 즉 유보는 조약문의 채택 또는 인증 시에는 할 수 없고, 또한 구속적 동의표시를 표명한 이후에도 불가능하다. 그런데 일부 조약은 "때늦은 유보"를 허용하고 있다. 이에 따라 UN국제법위원회는 2011년 *Guide to Practice on Reservations to Treaties*에서 ⅰ) 때늦은 유보는 당해 조약에서 명시적으로 허용하고 있는 경우 외에는 원칙적으로 불가능하며, 또한 ⅱ) 타 체약국들 중에서 한 당사국이라도 반대하면 유보는 성립할 수 없고, 이 경우 ⅲ) 때늦은 유보에 대한 반대 시한은 12개월임을 규정하고 있다. 답 ×

Ⅲ 유보와 유보철회의 방법

50. 유보, 유보의 수락은 서면 또는 구두로 할 수 있다. [08 · 09 · 16 9급, 11 · 15 경찰, 17 7급]

해설 유보 역시 국가를 대표할 자격이 있는 자(전권위임장에 관한 규칙도 동일하게 적용)에 의하여, 서면의 형식으로 모든 체약국과 조약 당사국이 될 수 있는 권리를 가진 국가에게 통고하여야 한다(제23조 제1항). 답 ×

51. 유보는 타방 당사국의 동의가 있어야만 효력을 갖는다. [13 7급]

해설 원칙적으로는 서면에 의하여 명시적 수락이 있어야 효력이 발생하나(제23조 제1항), 조약에 의해 명시적으로 유보가 인정된 경우에는 다른 체약국에 의한 추후의 수락이 필요한 것으로 그 조약이 규정하지 아니하는 한 수락이 불필요하다(제20조 제1항). 답 ×

52. 조약이 명시적으로 유보를 허용한 경우 원칙적으로 타국의 수락을 필요로 하지 않는다. [21 7급]

해설 조약에 의해 명시적으로 유보가 인정된 경우에는 다른 체약국에 의한 추후의 수락이 필요한 것으로 그 조약이 규정하지 아니하는 한 수락이 불필요하다(제20조 제1항). 답 ○

53. **일부 다른 당사국의 반대가 있을지라도 유보 첨부국은 조약의 당사국이 될 수 있다.** [16 경찰]

해설 다자조약의 유보에 관하여 20세기 전반부까지는 대체로 다른 당사국 전원일치의 동의가 있어야만 유보부 가입이 허용되어 유보 첨부에 대하여 다른 당사국의 반대가 있으면, 유보국은 유보를 철회하든가 조약 가입을 포기하여야 했다. 이점은 국제연맹시절 만장일치에 의하여 조약이 채택되던 것과 논리적으로 일치하였던 것이다. 이에 대해 유보가 조약의 대상과 목적에 양립하고 다른 당사자 중 어느 한 국가라도 수락하면 양국 간에 유보가 유효하게 성립된다는 상호주의에 기초한 '양립성의 원칙'을 국제사법재판소(ICJ)가 1951년 *Reservations to the Convention on Genocide* 사건에서 권고한 이후 1969년 조약법협약 제19조에 규정되었으며, 오늘날 이 문제에 관한 관습국제법으로 확립되었다. 답 O

54. **유보의 통지를 받은 후 12개월이 경과하거나 또는 그 조약에 대한 자국의 기속적 동의를 표시한 일자까지 중 더 뒤늦은 시점까지 이의를 제기하지 않으면 그 유보는 수락되었다고 간주되는 것이 원칙이다.** [13 9급, 11·15 경찰, 16·17 7급]

해설 유보통고 받은 날 후 12개월이 지날 때까지 또는 구속적 동의 표시의 날 중 늦은 날까지 이의를 제기하지 않으면 수락으로 간주한다(제20조 제5항). 답 O

55. **교섭국의 한정된 수와 조약의 대상과 목적으로 보아 그 조약 전체를 모든 당사국간에 적용하는 것이 조약에 대한 각 당사국의 기속적 동의의 필수적 조건으로 보이는 경우 유보는 모든 당사국에 의한 수락을 필요로 한다.** [13 경찰]

해설 조약법협약 제20조 2항. 예를 들어 군축조약, 지역적 환경보호조약 등은 성격상 유보에 대해 모든 당사국의 동의가 필요하다고 판단된다(정인섭). 답 O

56. **1969년 조약법에 관한 비엔나협약에 의하면 조약이 국제기구의 설립문서인 경우로서 그 조약이 달리 규정하지 아니하는 한 유보는 그 기구의 권한 있는 기관에 의한 수락을 필요로 한다.** [13·15 경찰, 17·21 7급]

해설 조약이 국제기구의 성립문서인 경우로서 그 조약이 달리 규정하지 아니하는 한 유보는 그 기구의 권한 있는 기관에 의한 수락을 필요로 한다(제20조 제3항). 답 O

57. **첨부된 유보는 언제든지 자유롭게 철회될 수 있으며 그 철회를 위해서는 동 유보를 수락한 국가의 동의를 필요로 한다.** [09·13·14·16·21 7급, 12·13 9급, 11·15·16 경찰]

해설 조약이 달리 규정하지 아니한 한 유보는 언제든지 철회될 수 있으며 또한 그 철회를 위해서는 동 유보를 수락한 국가의 동의가 필요 없다(제22조 1항). 답 X

58. **조약이 달리 규정하지 않는 한, 유보에 대해 이의를 제기한 국가는 그 조약의 발효 이후에는 그 이의를 철회할 수 없다.** [13 9급]

해설 조약이 달리 규정하지 아니하는 한 유보에 대한 이의도 언제든지 철회될 수 있다(제22조 2항). 답 X

59. **유보 또는 유보에 대한 이의의 철회는 서면으로만 해야 한다.** [13 9급]

해설 철회 역시 서면에 의해 명시적으로 할 것이 요구된다(제23조 제4항). 답 O

Ⅳ 유보의 제한(조약법 제19조)

60. **'UN해양법협약'은 명시적 허용 규정이 없는 경우에 유보를 금지하고 있다.** [11 경찰]

해설 이 협약에 다른 조항에 의하여 명시적으로 허용되지 아니하는 한 이 협약에 대한 유보나 예외는 허용되지 아니한다(1982년 UN해양법협약 제309조). 답 O

61. **국제사법재판소(ICJ)에 따르면 국가는 당해 유보가 조약의 대상 및 목적과 양립하지 않는 경우에는 유보할 수 없다.** [09 · 12 9급, 13 7급]

해설 제19조 c호. 답 O

62. **첨부된 유보 내용이 조약의 '대상 및 목적'과 양립가능하다면 일부 국가의 반대가 있어도 유보국은 조약의 당사국이 될 수 있다.** [16 7급]

해설 다자조약의 유보에 관하여 20세기 전반부까지는 대체로 다른 당사국 전원일치의 동의가 있어야만 유보부 가입이 허용되었다. 즉 유보 첨부에 대하여 다른 당사국의 반대가 있으면, 유보국은 유보를 철회하든가 조약 가입을 포기하여야 했다. 이점은 국제연맹시절 만장일치에 의하여 조약이 채택되던 것과 논리적으로 일치하였던 것이다. 이에 대해 유보가 조약의 대상과 목적에 양립하고 다른 당사자 중 어느 한 국가라도 수락하면 양국간에 유보가 유효하게 성립된다는 '양립성의 원칙'이 국제사법재판소(ICJ)가 1951년 *Reservation to the Convention on Genocide* 사건에서 권고한 이후 1969년 조약법협약에 규정되었으며, 오늘날 이 문제에 관한 관습국제법으로 확립되었다. 답 O

Ⅴ 유보의 효과

63. **유보는 일방적인 선언이지만 그 효과는 상호주의적이므로 유보국과 유보수락국 간에는 유보의 범위 내에서 관련 조약규정을 변경한다.** [16 7급]

해설 유보는 원칙적으로 이를 승인한 국가에 대해서만 효력이 있으며, 유보의 범위에서 조약의 효력을 배제하거나 변경하는 효력이 있다(제21조 1항). 이러한 효력은 상호주의가 적용된다. 답 O

64. **유보의 효과는 상호주의적이다.** [16 9급]

해설 유보 자체는 일방적 선언이지만, 유보의 의사표시가 효과를 발생하기 위해서는 조약의 타방당사국들의 의사에 의존한다. 즉 적어도 한 체약국 또는 당사국이라도 수락하여야만 효과가 발생된다. 나아가 유보는 원칙적으로 이를 승인한 국가에 대해서만 효력이 있으며, 유보의 범위에서 조약의 효력을 배제하거나 변경하는 효력이 있다(제21조 1항). 이러한 효력은 상호주의가 적용된다. 답 O

65. **유보한 국가는 이 유보를 수락한 국가에 대하여 자국이 유보에 의하여 면제된 조약 상의 의무 이행을 요구할 수 없다.** [12 9급]

해설 예컨대 A국이 조약의 제10조에 대하여 유보한 경우 A국은 유보에 동의한 타방당사국에 대해 제10조가 자국에 적용되지 않음을 주장할 수 있는 반면, 그 타방당사국도 A국에 대해 제10조가 자국에 적용되지 않음을 주장할 수 있다. 답 O

66. 유보국과 유보수락국간에는 유보한대로 조약이 적용되고 유보국과 유보거절국간에는 조약이 적용되지 않는다. [13 경찰]

해설 유보 반대국가에 있어 그 조약의 효력은 전적으로 반대국의 의사에 달려있다. 반대국은 유보국과의 관계에서만 조약을 발효시키지 않을 수도 있고, 조약은 발효되나 그 규정을 유보의 범위 내에서 적용시키지 아니하는 것으로 할 수 있다(제21조 3항). 즉 유보에 대한 반대는 반드시 유보국과 유보반대국 사이에 조약이 발효하는 것을 방해하지는 않는다. 오히려 유보반대국이 자국과 유보국 사이에서 조약이 발효하는 것 자체를 반대한다고 명시적으로 밝히지 않으면, 유보에 대한 반대는 유보와 그에 대한 반대가 관련되는 조약 규정이 두 국가 사이에서 단지 적용되는 것을 막을 따름이다. 답 ×

67. 유보국과 유보반대국 간에도 조약관계는 성립되며 유보로 인한 조약관계 성립을 부인하려는 국가는 그러한 의사표시를 하여야 한다. [12 9급]

해설 유보반대국이 자국과 유보국 사이에서 조약이 발효하는 것 자체를 반대한다고 명시적으로 밝히지 않으면, 유보에 대한 반대는 유보와 그에 대한 반대가 관련되는 조약 규정이 두 국가 사이에서 단지 적용되는 것을 막을 따름이다. 답 ○

68. 조약에 대한 일국의 유보는 해당 조약의 다른 당사국들 사이의 권리·의무관계도 변동시킨다. [09 9급]

해설 비유보국 상호간에는 유보에 의하여 당연히 영향 받지 아니한다(제21조 2항). 답 ×

Ⅵ 해석선언과의 관계

69. 해석선언은 국가가 조약의 일부 규정의 법적 효과를 배제하거나 변경하겠다는 일방적 선언이다. [07 9급]

해설 해석선언(interpretative declaration)이란 그 명칭이 여하하든 국가가 자국에 대해 조약 또는 그 규정의 일부에 부여할 의미 또는 범위를 구체화하거나 명확히 하기 위한 의도로 행하는 일방적 선언을 말한다(조약의 유보에 관한 규정 지침 1.2). 답 ×

Ⅶ 허용될 수 없는 유보의 법적 결과

70. 유럽인권재판소는 Belilos 사건에서 무효인 유보를 첨부한 국가는 조약 당사자가 된다고 하였다. [17 9급]

해설 인권조약과 환경조약의 경우에는 유보가 허용될 수 없는 경우 유보를 구속적 동의표시로부터 분리하여 유보만 무효로 하고 당사자 지위는 계속 유지하여야 한다는 견해가 주장되고 있다. 유럽인권재판소는 1988년 *Belilos* 사건에서 이러한 이유에서 스위스의 유보를 무효로 하였지만 당사자 지위는 유지된다고 판결하였고, 시민적·정치적 권리에 관한 국제규약의 인권위원회도 1994년 일반적 논평 24를 통해 이를 주장한 바 있다. 또한 1999년 *R. Kennedy v. Trinidad and Tobago* 사건에서도 시민적 및 정치적 권리에 관한 국제규약 선택의정서의 당사국인 트리니다드 토바고는 탈퇴했다가 사형판결과 관련된 개인통보는 수락하지 않겠다는 유보를 첨부하여 선택의정서에 재가입하였다. 그러나 사형에 관한 개인통보가 다시 제기되자 인권위원회(HRC)는 트리니다드 토바고의 이 유보는 선택의정서의 대상 및 목적에 위배된다고 판단하여 개인통보를 수락할 권한이 있다고 판단했다. 답 ○

71. **인권조약에 대한 유보에 관하여는 상호주의 원칙이 적용된다.** [17 9급]

해설 조약법상의 유보제도는 개별 국가의 의사의 존중과 상호주의에 바탕을 둔 전통적인 조약을 대상으로 하는 것인데 비하여, 인권조약 또는 환경조약은 국제공동체의 보편적 가치인 인권과 환경의 보장 및 보호를 목적으로 하며 비상호주의에 바탕을 두고 있다. 따라서 개별국가의 의사의 존중에 기초하고 있는 1969년 조약법협약의 제19조 및 제20조, 제21조의 관계에 관한 통설은 비상호주의를 특징으로 하는 인권조약이나 환경조약의 유보와 관련하여 그대로 적용하는 것은 타당하지 않다는 비판이 제기된다. 답 X

제4절 조약의 준수와 적용범위

Ⅰ 조약의 준수

72. **1969년 조약법에 관한 비엔나협약에 의하면, 조약의 불이행을 정당화하기 위하여 자국의 국내법 규정을 원용할 수 없다.** [08·11·14 7급, 15 경찰]

해설 어느 당사국도 조약의 불이행에 대한 정당화의 방법으로 그 국내법 규정을 원용해서는 아니 된다. 이 규칙은 제46조를 침해하지 아니한다(제27조). 답 O

Ⅱ 조약의 적용범위

73. **「조약법에 관한 비엔나협약」에 1983년 서명 및 비준한 국가와 1982년 체결한 양자조약에 대해 1969년 비엔나협약이 적용된다.** [21 9급]

해설 별도의 의사가 조약으로부터 나타나지 아니하거나 또는 달리 확정되지 아니하는 한 그 조약 규정은 그 발효이전에 당사국에 관련하여 발생한 행위나 사실 또는 없어진 사태에 관하여 그 당사국을 구속하지 아니한다(제28조). 답 X

74. **조약의 발효 이전에 당사국과 관련하여 발생한 행위나 사실은 어떠한 경우에도 당사국을 구속하지 않는다.** [22 7급]

해설 별도의 의사가 조약으로부터 나타나거나 달리 확정되면 소급적용이 가능하다(제28조). 답 X

75. **국제연합(UN) 헌장은 그 회원국 사이의 관계에서는 다른 일반성문조약보다 우선한다.** [08 9급]

해설 UN헌장은 다른 특별법에 대해 우선적용된다(헌장 제103조). 답 O

Ⅲ 조약과 제3국

76. **국제사회의 조직화에 따라 제3자적 효력이 보편화되는 초국가주의 현상이 등장하고 있다.** [14 경찰]

해설 현대국제법에 있어 분권적 구조인 국제사회가 상당히 조직화되어 가는 경향에 따라 제3국에 사실적 영향을 미치는 경우가 많다. 대표적 예로 강행규범의 등장, UN헌장 제2조 6항 등을 들 수 있다. 답 O

77. 당사국이 제3국에 대한 의무의 설정을 의도하여 체결한 조약은 당해 제3국에 대하여 효력을 갖는다. [10 7급]

해설 원칙상 무효이나 제3국이 서면에 의해 명시적으로 수락하는 경우에는 가능하다.

답 ×

78. 제3국에 의무를 설정하는 조약은 당사자들이 합의하고 제3국이 서면으로 명시적으로 수락을 하는 경우에는 제3국에게 발생시킨다. [14 경찰, 17 9급]

해설 조약의 당사국이 조약규정을 제3국에 대하여 의무를 설정하는 수단으로 의도하며 또한 그 제3국이 서면으로 그 의무를 명시적으로 수락하는 경우에는 그 조약의 규정으로부터 그 제3국에 대하여 의무가 발생한다(제35조).

답 O

79. 제3국에 부과된 의무를 변경하는 경우에는 언제나 제3국의 새로운 동의가 필요하지 아니하다. [10 7급, 12 경찰, 17 9급]

해설 제35조에 따라 제3국에 대하여 의무가 발생한 때에는 조약의 당사국과 제3국이 달리 합의하였음이 확정되지 아니하는 한 그 의무는 조약의 당사국과 제3국의 동의를 얻는 경우에만 취소 또는 변경될 수 있다(제37조 1항).

답 ×

80. 조약이 제3국에 권리를 부여하는 경우, 제3국은 특정되어야 하므로 제3국이 속하는 국가의 그룹 또는 모든 국가에 대하여 권리를 부여하는 조약규칙은 무효이다. [14 경찰]

해설 조약의 당사국이 제3국 또는 제3국이 속하는 국가의 그룹 또는 모든 국가에 대하여 권리를 부여하는 조약규정을 의도하며 또한 그 제3국이 이에 동의하는 경우에는 그 조약의 규정으로부터 그 제3국에 대하여 권리가 발생한다(조약법협약 제36조 1항).

답 ×

81. 제3국에 권리를 부여하는 경우에는 제3국의 명시적 반대가 없는 한 동의가 있는 것으로 추정된다. [17 9급]

해설 과거에는 동의 없는 권리성립주장도 있었으나, 제3국이 이에 동의해야 한다. 묵시적 동의도 허용되고 반대표시가 없으면 동의가 추정되나 동의는 있어야 하는 것이다(제36조 1항).

답 O

82. 당사국이 제3국에 대한 권리 부여를 의도하여 체결한 조약은 조약에 달리 규정이 없고, 당해 제3국의 명시적 반대가 없는 한 제3국에 대하여 효력을 갖는다. [10 7급]

해설 제36조 1항 2문.

답 O

83. 제3국에 대하여 권리를 합법적으로 부여한 조약의 당사국이 제3국의 권리를 취소하고자 의도하는 경우에 제3국의 동의 없이도 취소할 수 있다. [10 7급]

해설 제37조 2항은 제3국에 대하여 권리가 발생한 때에는 그 권리가 제3국의 동의없이 취소 또는 변경되어서는 아니되는 것으로 의도되었음이 확정되는 경우에 그 권리는 당사국에 의하여 취소 또는 변경될 수 없다고 규정하고 있다. 틀린 지문으로 출제되었지만 문제가 있다.

답 ×

84. **제3국에 부여된 권리는 언제나 제3국의 동의 없이 변경될 수 있다.** [17 9급]

해설 제3국에 발생한 권리는 제3국의 동의 없이 취소·변경되어서는 아니 되는 것으로 의도된 경우에는 당사국에 의하여 취소 또는 변경될 수 없다(제37조 2항).

답 X

85. **조약 규정이 관습을 법전화한 경우 또는 조약상의 규칙이 관습으로 발전한 경우 그러한 규칙은 제3국의 동의 없이도 제3국을 법적으로 구속한다.** [13·17 9급, 12·14 경찰]

해설 조약 규정이 관습을 법전화한 경우 또는 조약상의 규칙이 관습으로 발전한 경우 그러한 규칙은 제3국의 동의 없이 제3국을 법적으로 구속한다. 따라서 동의의 원칙에서 이탈하여 일응 조약의 제3자적 효력에 대한 예외인 것처럼 보인다. 그러나 제3자에 대해 적용되는 규칙은 '조약의 자격'으로 적용되는 것이 아니라 '관습법의 자격'으로 적용되는 것이기 때문에 조약의 제3자적 효력에 대한 예외가 아닌 것이다(제38조 참조).

답 O

제5절 조약의 무효

Ⅰ 서 설

86. **조약의 무효는 '1969년 조약법에 관한 비엔나협약'에 규정된 무효사유 이외의 사유로 주장할 수 없다.** [13 경찰, 14 9급]

해설 조약법협약은 국가들이 불편한 조약상의 의무를 회피할 목적으로 조약이 무효라는 억지주장을 펼치는 것을 막기 위해, 제42조 1항을 두어 여기에 열거되어 있는 조약의 무효사유들을 예시적인 것이 아니라 완전한 목록으로 규정하고 있다.

답 O

87. **일반 국제법의 강행규범과 충돌하는 조약은 당사국 간의 합의를 통해서만 유효한 것으로 인정된다.** [15·20 9급]

해설 조약의 체결 당시 일반국제법의 강행규범과 충돌하는 조약은 무효이다(제53조). 절대적 무효사유가 있는 조약은 추인을 통해서도 유효로 할 수 없다.

답 X

88. **강행규범(jus cogens)의 위반이 있었다 하더라도 당사국의 행동으로 보아 조약의 적법성 또는 그 효력이나 시행의 존속을 묵인한 것으로 간주될 수 있으면 무효로 되지 않는다.** [11 경찰]

해설 상대적 무효사유와 상대적 종료사유가 있는 경우에 그 국가의 행동으로 보아 조약의 적법성 또는 그 효력이나 시행의 존속을 묵인한 것으로 간주되어야 하는 경우라면 무효를 원용할 수 없지만, 강행규범 위반은 조약법협약 제53조에 의해 절대적 무효사유이다.

답 X

Ⅱ 절대적 무효사유

89. **조약의 구속을 받겠다는 국가의 동의 표시가 그 국가대표에게 가해진 행동 또는 위협을 통하여 그 대표에 대한 강제에 의하여 이루어진 경우에 그 동의는 법적 효력을 갖지 않는다.** [13 9급, 14 7급, 11·13·16 경찰]

해설 제51조.

답 O

90. 교섭 당사국에 대한 무력사용 위협으로 체결된 조약은 절대 무효이다. [12 경찰, 14 9급]

해설 국제연합헌장에 구현된 국제법의 제 원칙을 위반하여 힘의 위협 또는 사용에 의하여 조약의 체결이 감행된 경우에 그 조약은 무효이다(제52조).

답 O

91. 조약이 그 체결 당시에 일반 국제법의 강행규범과 충돌하는 경우 그 효력이 인정되지 않는다. [13 9급]

해설 제53조.

답 O

Ⅲ 상대적 무효사유

92. 국가는 조약체결권 관련 국내법 규정의 위반이 명백하고 근본적으로 중요한 국내법 규칙과 관련되지 아니하는 한, 조약의 구속을 받겠다는 자국의 동의를 부적법화하기 위하여 그 동의의 표시가 그러한 국내법 규정 위반이라는 사실을 원용할 수 없다. [08·14 7급, 10·13 9급, 16 경찰]

해설 제46조 1항.

답 O

93. 조약 체결 권한에 대한 중요성이 없는 국내 규정의 사소한 위반은 조약의 무효 원용 사유로 인정되지 않을 수도 있다. [11 경찰]

해설 중요한 국내법 규칙과 관련되어 있어야 무효로 원용할 수 있다.

답 O

94. 국내법상 비준에 대한 국회의 동의를 요하는 조약에 관하여 비준동의 절차를 거치지 아니한 조약은 당연무효이다. [11 7급, 12 9급]

해설 상대적 무효사유이다.

답 X

95. 단순히 제3국에 대하여 권리를 포기하거나 의무를 수락하도록 노력할 것을 내용으로 하는 조약은 무효로 되지 않는다. [12 경찰]

해설 의사표시에 하자가 아닌 조약의 내용이 문제가 되어 무효가 되는 것은 강행법규 위반의 경우가 유일하다. 그런데 국가는 권리를 포기할 수도 있고, 의무를 수락할 수도 있는 것이어서 단순이 이러한 노력을 내용으로 하는 조약은 무효사유에 해당하지 않는다.

답 O

96. 국가의 동의표시권한에 대한 특정한 제한을 위반한 것은 무효사유이다. [16 경찰, 18 7급]

해설 제47조.

답 O

97. 자국의 담당자가 대표권을 초과하여 조약을 체결하였기 때문에 무효라는 주장은 사전통고가 없는 한 원칙적으로 수락되지 않는다. [11 경찰]

해설 어느 조약에 대한 국가의 기속적 동의를 표시하는 대표의 권한이 특정의 제한에 따를 것으로 하여 부여된 경우에 그 대표가 그 제한을 준수하지 아니한 것은 그러한 동의를 표시하기 전에 그 제한을 다른 교섭국에 통고하지 아니한 한 그 대표가 표시한 동의를 부적법화하는 것으로 원용될 수 없다(조약법협약 제47조). 답 O

98. 조약에 구속을 받겠다는 국가의 동의가 그 조약의 본질적 기초에 대한 착오에 근거하는 경우에는 그 조약은 절대적으로 무효이다. [13 9급, 14 7급]

해설 제48조의 상대적 무효사유이다. 답 X

99. 프레아 비헤어(Preah Vihear)사원 사건(1962년)은 조약의 상대적 무효사유로서의 기망(fraud)과 관련된 것이다. [13 경찰]

해설 1962년 ICJ의 조약의 무효사유로서 착오가 문제되었던 사건이다. 답 X

100. 조약문의 자구에만 관련되는 착오는 조약의 적법성에 영향을 주지 않는다. [11 경찰]

해설 조약문의 자구에만 관련되는 착오는 조약의 적법성에 영향을 주지 아니한다. 그 경우에는 제79조가 적용된다(제48조 3항). 답 O

101. 조약문의 정본인증 후 발견된 착오의 정정과 가서명은 그 착오를 정정하는 효력을 발생시키지 않는다. [19 7급]

해설 조약법협약 제79조 (조약문 또는 인증등본상의 착오 정정) 제1항. 조약문의 정본인증 후 그 속에 착오가 있다는 것에 서명국 및 체약국이 합의하는 경우에는 그들이 다른 정정방법에 관하여 결정하지 아니하는 한 착오는 다음과 같이 정정된다. (a) 착오문에 적당한 정정을 가하고 정당히 권한을 위임받은 대표가 그 정정에 가서명하는 것, (b) 합의된 정정을 기재한 1 또는 그 이상의 문서에 효력을 부여하거나 또는 이를 교환하는 것, (c) 원본의 경우와 동일한 절차에 의하여 조약 전체의 정정본을 작성하는 것 답 X

102. 상대방 당사국의 사기는 '1969년 조약법협약'에서 규정하고 있는 조약의 무효 사유에 해당한다. [10 9급, 16 경찰, 18 7급]

해설 제49조. 답 O

103. 국가대표의 부패는 '1969년 조약법협약'에서 규정하고 있는 조약의 무효 사유에 해당한다. [10 9급, 13 경찰]

해설 조약에 대한 국가의 기속적 동의의 표시가 직접적으로 또는 간접적으로 다른 교섭국에 의한 그 대표의 부정을 통하여 감행된 경우에 그 국가는 조약에 대한 자신의 기속적 동의를 부적법화하는 것으로 그 부정을 원용할 수 있다(제50조). 답 O

104. 조약의 구속을 받겠다는 국가의 동의 표시가 직접적 또는 간접적으로 그 국가대표의 부정을 통해 이루어진 경우에 그 동의는 법적 효력을 갖지 않는다. [11 경찰, 14·18 7급]

해설 상대적 무효사유이므로 원용이 있어야 무효가 된다(제50조). 답 X

Ⅳ 조약의 부적법 무효의 효과

105. **강행규범과 충돌하는 조약 규정에 근거하여 행하여진 행위의 결과는 가능한 한 제거되어야 한다.** [10 9급, 15 경찰]

해설 제71조 1항 (a). 답 O

제6절 조약의 종료와 정지 및 탈퇴

Ⅰ 서 설

106. **조약의 정지는 국가가 조약의 일부 규정의 법적 효과를 배제하거나 변경하겠다는 일방적 선언이다.** [07 9급]

해설 조약의 종료란 완전하고 유효하게 성립한 조약의 효력이 추후 발생한 일정 사실에 따라 장래에 있어 영구적으로 소멸되는 것을 말하고, 조약의 정지란 유효하게 성립한 조약이 국제법상 일정한 사유에 의해 일시적으로 실시력과 구속력이 중단되는 것을 말하며, 정지사유가 없어지면 다시 그 조약의 작용이 부활된다는 점에서 조약의 종료와 구별된다. 답 X

107. **사정의 근본적 변경, 일방 당사자의 중대한 위반, 후발적 이행 불능은 '1969년 조약법협약'에서 규정하고 있는 조약의 무효 사유에 해당한다.** [10 9급]

해설 조약의 종료사유에 해당한다. 답 X

108. **조약이 달리 규정하지 않는 한 다자조약은 그 당사국 수가 발효에 필요한 수 이하로 감소하는 경우 종료한다.** [12 9급, 13 · 22 7급, 14 경찰]

해설 제55조. 답 X

109. **외교관계나 영사관계의 단절은 외교 또는 영사 관계의 존재가 조약의 적용에 불가결한 경우를 제외하고 그 조약의 당사국간의 확립된 법적 관계에 영향을 주지 않는다.** [12 · 17 7급, 20 9급]

해설 제63조. 답 O

110. **당사국 간의 무력충돌이나 적대행위의 발발(勃發)로 조약은 당연히 종료한다.** [12 7급]

해설 이 협약의 규정은 국가의 계승·국가의 국제 책임 또는 국가간의 적대 행위의 발발로부터 조약에 관하여 발생될 수 있는 문제를 예단하지 아니한다(제73조). 답 X

Ⅱ 조약의 종료사유

111. 조약의 종료 또는 당사국의 탈퇴는 다른 체약국과 협의 후 모든 당사국의 동의를 얻는 경우 언제든지 가능하다. [12 9급]

해설 제54조 b호.

답 O

112. 조약에 탈퇴나 폐기에 관한 명문의 조항이 없어도 동맹조약, 국제기구 설립조약, 분쟁해결에 관한 조약 등은 성격상 당사국의 폐기나 탈퇴의 권한이 묵시적으로 인정된다고 평가된다. [22 7급]

해설 조약법협약 제56조 1항 b호는 폐기 또는 탈퇴의 권리가 조약의 성질상 묵시되는 경우에는 탈퇴를 허용하는데, 조약의 성질상 묵시적 탈퇴가 추론되는 대표적인 예에는 동맹조약, 국제기구 설립조약, 국제재판소에게 관할권을 부여하는 조약이 있다. 이에 반해 인권조약, 중립조약, 비무장조약, 국경선조약과 같이 객관적 체제를 창설하는 조약은 그 성질상 묵시적 탈퇴가 이루어질 수 없는 조약에 해당된다.

답 O

113. Human Rights Committee는 국가가 「시민적 및 정치적 권리에 관한 국제규약」에 가입한 이후에 자유롭게 탈퇴할 수 있다고 해석하고 있다. [21 7급]

해설 1997년 인권위원회는 시민적·정치적 권리에 관한 국제규약에서의 탈퇴는 인정되지 않는다고 하였다.

답 X

114. 전조약을 시행 정지시킨 것만이 당사국의 의사이었음이 후조약으로부터 나타나거나 또는 달리 확정되는 경우에 전조약은 그 시행이 정지된 것으로만 간주된다. [20 7급]

해설 제59조 2항

답 O

115. 조약의 대상과 목적의 달성에 필수적인 규정 위반의 경우 조약을 종료할 수 있다. [12·18 7급, 12 9급]

해설 조약의 대상과 목적의 달성에 필수적인 규정 위반은 조약에 대한 실질적 위반을 구성하는 것으로(제60조 3항 b호), 조약의 상대적 종료사유에 해당한다.

답 O

116. 양자조약에서 일방 당사국의 중대한 조약 위반이 있는 경우 타방 당사국은 조약의 종료를 주장할 수 없으며 조약은 자동적으로 종료된다. [22 7급]

해설 양자조약의 일방당사국에 의한 실질적 위반은 그 조약의 종료 또는 시행의 전부 또는 일부의 정지를 위한 사유로서 그 위반을 원용하는 권리를 타방당사국에 부여한다(제60조 1항).

답 X

117. 조약의 시행에 불가결한 대상의 영구적 소멸 또는 파괴로 그 조약의 이행이 불가능한 경우, 이는 조약의 종료 사유로서 원용될 수 있다. [12·18·22 7급, 14 경찰]

해설 제61조 1항.

답 O

118. **조약 당사국은 자국의 의무위반의 결과로 조약의 이행이 불가능하게 된 경우, 이를 조약의 이행정지의 근거로 원용할 수 있다.** [16 경찰]

해설 이행불능이 이를 원용하는 당사국에 의한 조약상의 의무나 또는 그 조약의 다른 당사국에 대하여 지고 있는 기타의 국제적 의무의 위반의 결과인 경우에 그 이행 불능은 그 조약을 종료시키거나 또는 탈퇴하거나 또는 그 시행을 정지시키기 위한 사유로서 그 당사국에 의하여 원용될 수 없다(제61조 2항). 답 X

119. **국제사회에서는 조약과 관련된 아무리 중대한 사정변경이 있을지라도 조약의 종료를 주장할 수 없다.** [11 경찰]

해설 조약법협약 제62조는 사정변경을 조약의 종료사유로 규정하고 있다. 답 X

120. **사정변경으로 조약의 종료를 원용하기 위해서는 조약의 체결 당시에 존재한 사정에 관하여 발생한 것일 것, 당사국에 의해 예견되지 아니한 사정의 근본적 변경일 것, 해당 조약에 따라 계속 이행되어야 할 의무와 범위를 급격하게 변환시키는 사정의 변경이어야 한다.** [13 · 16 경찰]

해설 제62조. 답 O

121. **사정의 근본적 변경은 원칙적으로 조약의 종료사유에 해당하기는 하나, 국경획정조약에는 적용되지 않는다.** [13 경찰, 17 · 18 · 22 7급]

해설 제62조 2항 a호 답 O

122. **강행규범(jus cogens)이 새로 출현하는 경우 그 규범과 충돌하는 현행 조약은 무효가 되어 종료한다.** [12 · 20 9급, 17 7급]

해설 제64조. 답 O

123. **조약이 새로운 강행규범(jus cogens)과 충돌하는 경우에도 당사자들 간의 합의가 없는 한 종료되지 않는다.** [14 경찰]

해설 제64조. 절대적 종료사유이다. 답 X

Ⅲ 종료·정지의 효과

124. **조약이 달리 규정하지 않는 한, 조약을 탈퇴한 국가라도 탈퇴 전 그 조약의 시행으로 발생한 그 국가의 권리 및 의무에 영향을 받지 않는다.** [13 9급]

해설 제70조 1항 b. 답 O

제7절 무효 또는 종료의 확정절차 및 분쟁해결제도

Ⅰ 기본적 절차

125. **조약법에 관한 비엔나협약상 조약의 무효에 관하여 조약의 무효를 주장하는 경우에 반드시 서면으로 다른 당사국에 통고되어야 한다.** [14 9급]

해설 제67조 1항.
답 O

126. **조약의 종료 의사가 통고된 후 12개월이 경과할 때까지 다른 당사국들로부터 이의가 제기되지 않는 경우, 그 통고를 한 국가는 그 종료를 선언할 수 있다.** [14 경찰]

해설 특별히 긴급한 경우를 제외하고 그 통고의 접수 후 3개월 이상의 기간이 경과한 후에 어느 당사국도 이의를 제기하지 아니한 경우에는 그 통고를 행한 당사국은 제67조에 규정된 방법으로 그 당사국이 제의한 조치를 실행할 수 있다(제65조 2항).
답 X

Ⅱ 분쟁해결절차

127. **조약이 강행규범과 상충되어 무효인지 여부에 관한 분쟁은 바로 국제사법법원(ICJ)의 결정에 의탁하여야 한다.** [13 9급]

해설 다른 당사국에 의하여 이의가 제기된 경우에 당사국은 국제연합헌장 제33조에 열거되어 있는 수단을 통한 해결을 도모하여야 한다(제65조 3항). 이의가 제기된 일자로부터 12개월의 기간내에 제65조 3항에 따라 해결에 도달하지 못한 경우 제53조 또는 제64조의 적용 또는 해석에 관한 분쟁의 어느 한 당사국은 제 당사국이 공동의 동의에 의하여 분쟁을 중재 재판에 부탁하기로 합의하지 아니하는 한 분쟁을 국제사법재판소에 결정을 위하여 서면 신청으로써 부탁할 수 있다(제66조 a호).
답 X

Ⅲ 조약규정의 가분성

128. **조약규정의 가분성은 조약종료 시에는 적용되지 않으며 조약무효 시에만 문제된다.** [22 7급]

해설 제44조는 전체적으로 조약의 무효와 종료 양자 모두를 규율하지만, 1항은 종료에만 관련되고, 4항과 5항은 무효에만 관련된 규정이다.
답 X

129. **어떠한 조약에서 폐기 또는 탈퇴와 관련하여 아무런 규정을 두지 않고 있음으로써 폐기 또는 탈퇴가 허용되는 경우, 그 조약을 폐기하거나 탈퇴할 권리는 당사국들이 별도로 합의하지 않는 한 그 조약 전체에 대해서만 행사될 수 있다.** [14 경찰]

해설 조약에 규정되어 있거나 또는 제56조에 따라 발생하는 조약의 폐기·탈퇴 또는 시행 정지시킬 수 있는 당사국의 권리는 조약이 달리 규정하지 아니하거나 또는 당사국이 달리 합의하지 아니하는 한 조약 전체에 관해서만 행사될 수 있다(제44조 1항).
답 O

130. **조약의 무효원인이 발생한 경우, 특별한 경우를 제외하고 일부 조항만을 무효로 할 수 없고 조약 전체에 대해서만 원용될 수 있다.** [11 경찰]

해설 이 협약에서 인정되는 조약의 부적법화·종료·탈퇴 또는 시행정지의 사유는 아래의 제 조항 또는 제60조에 규정되어 있는 것을 제외하고 조약 전체에 관해서만 원용될 수 있다(제44조 2항).

답 O

131. **다자조약의 한 당사자가 그 조약을 중대하게 위반하는 경우, 이는 그 위반된 규정에 대해서만 시행정지 사유로 원용될 수 있다.** [14 경찰]

해설 이 협약에서 인정되는 조약의 부적법화·종료·탈퇴 또는 시행정지의 사유는 아래의 제 조항 또는 제60조에 규정되어 있는 것을 제외하고 조약 전체에 관해서만 원용될 수 있다(제44조 2항). 틀린 지문으로 출제하였으나, 맞는 지문으로 보는 것이 옳다.

답 O

132. **시행정지 또는 종료의 사유가 관련된 조항이 다른 조항들과 분리 적용이 가능하다 하더라도, 해당 조약이 전체적으로 정지 또는 종료되는 것이 원칙이다.** [14 경찰]

해설 조약은 낱개 조항들의 묶음이 아니라는 점에서 조약의 완전성(불가분성 : integrity of a treaty)은 조약법의 핵심원리 중의 하나이다. 따라서 조약의 무효, 종료, 정지사유에 의해 영향을 받는 것은 조약 전체이며 문제된 개별조항만이 아니다. 조약법협약 제44조의 조약규정의 가분성은 이러한 조약의 완전성에 대한 예외에 해당한다. 즉 정지 또는 종료의 사유가 특정의 조항에만 관련되는 경우, ⅰ) 그 조항이 다른 조항과 분리가능하고, ⅱ) 본질적 기초조항이 아니며, ⅲ) 그 조약의 잔여부분의 계속적 이행이 부당하지 아니한 경우에는 가분성이 인정된다(조약법협약 제44조 3항 a호).

답 X

133. **특정 조항만을 무효로 하기 위해서는 잔여 조항의 계속적 이행이 부당하지 않아야 한다.** [14 경찰]

해설 조약법협약 제44조 3항 c호

답 O

134. **기만에 의해 체결된 조약의 무효를 원용할 권리가 있는 국가는 오직 특정 조항에 대해서만 무효원용을 주장할 수 있다.** [22 7급]

해설 제44조 4항. 임의적 분리에 해당하여 전부무효를 원용할 수도 있다.

답 O

135. **절대적 무효사유에 해당하는 경우 조약의 일부 무효는 인정되지 않는다.** [13·15 경찰, 22 9급]

해설 국가대표에 대한 강박(제51조), 국가에 대한 강박(제52조), 강행법규위반(제53조)에 해당하는 경우에는 조약규정의 분리가 허용되지 아니한다(제44조 5항).

답 O

136. **국가대표에 대한 강제를 원용할 권리가 있는 국가는 조약 전체의 무효원용 또는 특정조항에 대한 무효원용 중 선택할 수 있다.** [17·22 7급]

해설 국가대표를 강박하거나(제51조), 국가를 강박한 경우(제52조) 절대적 무효로서 가분성 법칙의 적용이 없다.

답 X

137. 일반국제법의 강행규범과 충돌하는 조약의 경우, 어떠한 경우에도 조약규정의 분리는 허용되지 않는다. [22 7급]

해설 제44조 5항

답 O

제8절 조약의 개정과 변경(수정)

Ⅰ 개 정

138. 다자조약을 개정할 경우, 모든 체약국이 이를 위한 교섭 및 합의 성립에 참가할 권리가 있다. [16 경찰]

해설 제40조 2항.

답 O

139. 조약의 당사국이 될 수 있는 권리를 가진 모든 국가는 개정되는 조약의 당사국이 될 수 있는 권리를 또한 가지며, 개정하는 합의는 개정하는 합의의 당사국이 되지 아니하는 조약의 기존 당사국인 어느 국가도 구속하지 아니한다. [20 7급]

해설 제40조 3항, 4항

답 O

140. 개정조약이 발효되면, 개정조약의 당사국과 개정에 동의하지 않은 원 조약 당사국과의 관계에서 원 조약은 폐기된다. [16 경찰]

해설 개정협정은 개정협정의 당사국이 되지 아니한 기존 조약의 당사국을 구속하지 않으며, 개정조약의 당사국과 개정에 반대한 국가 사이에는 개정 전 조약이 그들 상호간의 권리와 의무를 규율한다(제40조 4항).

답 X

Ⅱ 변경(수정)

Ⅲ 묵시적 합의에 의한 개정가부

Ⅳ 보충조약과의 구별

제9절 조약의 해석

Ⅰ 의 의

141. 조약의 해석에 관한 학설로서는 당사자의사주의, 문언주의, 목적론주의 등의 대립이 있으며 실제적인 조약의 해석에 있어서는 이러한 여러 입장들의 조화가 불가피하다. [12 경찰]

해설 조약문의 진정한 의미를 무엇으로부터 그리고 어떻게 확인하여야 하는지에 관해서는 ⅰ) 당사자의 의도(intention of parties)에 의하여야 한다는 의사주의학파, ⅱ) 조약문언(textual)에 의한다는 객관주의(문언주의)학파, iii) 조약의 대상 및 목적(object and purpose)에 의한다는 목적주의(teleological)학파의 세 가지 주요한 학설이 주장되고 있다. 그러나 이들 주장은 상호 배타적인 것이 아니며, 1969년 조약법협약도 제31조, 제32조에서 이 세 학파의 주장을 모두 반영하고 있다. 답 O

Ⅱ 해석의 주체

142. 조약에 대한 1차적 해석권한은 국제사법재판소(ICJ)에 있다는 것이 확립된 원칙이다. [15 경찰]

해설 분권적 국제사회에 있어 조약 해석에 관한 일반적·배타적 권한을 갖는 국제기관은 존재하지 않는다. '국가 자신'이 해석에 관한 1차적 권한을 갖고 있다. 그러나 주권평등원칙상 한 국가의 해석은 국제법상 타국가에 의해 승인되지 아니하는 한 국제적 효력을 갖지 않는다. 따라서 조약문의 의미는 결국 그 해석과 적용에 관한 분쟁이 발생하는 경우 국제법원에 의해 이루어질 수밖에 없다. 답 X

Ⅲ 협정규정상 해석원칙

143. 조약은 조약의 대상과 목적의 견지에서 해석되어야 한다. [18 9급]

해설 그러나 제31조 1항에 규정된 조약의 해석에 있어 대상 및 목적이 수행하는 역할은 조약의 통상적 의미 보다 크지 않다. 실제에 있어 대상 및 목적은 조약의 해석 그 자체가 아니라 그 해석을 확인하는 목적이 더 크며, 조약의 해석을 함에 있어 문언적 해석이 목적적 해석보다 우선적이다. 답 O

144. 조약은 문맥에 따라 조약의 문언에 부여하는 통상적 의미에 의거하고 그 대상 및 목적에 비추어 성실하게 해석하여야 한다. [12 경찰, 18 9급]

해설 제31조 1항. 답 O

145. 조약의 해석 목적상 문맥에는 조약의 부속서(annex)가 포함되지 않는다. [11 경찰, 18 9급]

해설 문맥이란 조약문과 전문, 부속서를 포함하며 당사국간 조약에 관한 합의, 하나 이상의 당사자가 작성하고 다른 당사자들이 그 조약에 관련되는 문서로서 수락한 일체의 문서를 포함한다(제31조 2항). 답 X

146. 조약 해석의 목적상 문맥에는 조약의 전문, 부속서 및 교섭기록을 포함한다. [19 · 22 9급]

해설 문맥은 조약문에 추가하여 조약의 전문 및 부속서와 함께 조약의 체결에 관련하여 모든 당사국간에 이루어진 그 조약에 관한 합의, 조약의 체결에 관련하여 또는 그 이상의 당사국이 작성하고 또한 다른 당사국이 그 조약이 관련되는 문서로서 수락한 문서를 포함한다(제31조 2항). 교섭기록은 보충적 해석수단이다. 답 X

147. 조약의 해석이나 적용에 관하여 조약 체결 이전에 당사국 간에 이루어진 합의를 고려한다. [12 경찰]

해설 해석의 일반원칙에 대한 제31조 3항 a호는 조약의 해석 또는 그 조약규정의 적용에 관한 당사국간의 추후의 합의를 고려한다. 답 X

148. 조약의 해석에서는 관련 당사국 간의 후속 합의와 추후 관행을 참작하여야 한다. [19 9급]

해설 문맥과 함께 조약의 해석 또는 그 조약규정의 적용에 관한 당사국간의 추후의 합의, 조약의 해석에 관한 당사국의 합의를 확정하는 그 조약 적용에 있어서의 추후의 관행, 당사국간의 관계에 적용될 수 있는 국제법의 관계규칙이 참작되어야 한다(제31조 3항).

답 O

149. 「조약법에 관한 비엔나협약」은 조약의 해석 시 당사국 간에 적용될 수 있는 국제법규를 고려해야 한다고 명시하고 있으며, 이러한 법규에 국제관습법은 포함되지 않는다. [22 7급]

해설 조약이 국제법 체제 전반과 조화를 이루도록 해석되기 위하여 당사국간에 적용될 수 있는 관련 국제법 규칙도 참작되어야 한다. 여기서의 국제법이란 조약, 관습, 법의 일반원칙을 모두 포함하는 개념이며, 1차적으로 조약 체결시의 국제법이 기준이 된다.

답 X

150. 조약의 해석에서는 조약의 특정용어에 대하여 당사국이 부여하기로 한 특별한 의미를 고려할 수 있다. [19 9급]

해설 조약은 문맥에 부여되는 통상적 의미에 따라 해석하나(제31조 1항), 당사국의 특별한 의미를 특정용어에 부여하기로 의도하였음이 확정되는 경우에는 그러한 의미가 부여된다(제31조 4항). 이 경우 객관주의가 배제되고 의사주의에 의하는 것으로 고려할 수 있는 것이 아니다.

답 X

151. 조약의 해석에서는 당사국 간의 관계에 적용될 수 있는 국제법의 관계규칙을 보충적 수단으로 이용할 수 있다. [19 9급]

해설 국제법의 관계규칙 역시 원칙적 해석수단으로, 제32조의 보충적 해석수단이 아니다.

답 X

152. 조약의 준비문서 및 조약체결 사정 등은 조약문언의 의미가 불명확하거나 명백히 불합리한 경우에 적용되는 해석의 보충적 수단에 불과하다. [12 경찰]

해설 조약법협약 제32조

답 O

제5장 국제법과 국내법의 관계

제1절 국제법과 국내법 관계 이론의 전개과정

Ⅰ 이원론

1. 이원론(dualism)은 국제법과 국내법을 서로 독립된 별개의 법체계로 보는 이론이다. [07 · 17 7급, 07 · 11 9급]

해설 이원론은 국내법에 대한 국제법의 독자성을 확보하기 위해 고안된 이론으로서, 국제법은 여러 국가의 명시적·묵시적 합의를 바탕으로 하나 국내법은 단일국가의 의사에 의해 정립되는 등 법의 주체와 적용영역 등에서 서로 다르므로 양자를 별개의 독립된 법질서로 보는 입장이다. 답 O

2. 이원론에 따르면 국내법에 의해 국제법의 효력이 좌우되지 않는다. [18 9급]

해설 양자를 별개의 독립된 법질서로 보는 입장이다. 따라서 각 법체계의 유효성은 타 법체계에 의존하지 않으며, 국제법과 국내법간 우선순위 문제가 발생하지 않는다. 답 O

3. 이원론에 따르면 국제법에 위반되는 국내법은 당연히 무효가 된다. [11 9급]

해설 국제법과 국내법을 별개의 독립된 법질서로 보는 이원론에서 각 법체계의 유효성은 타 법체계에 의존하지 않으며, 국제법과 국내법간 우선순위 문제가 발생하지 않는다. 답 X

4. 국제법과 국내법의 관계에 관하여 이원론에 의할 때 조약은 원칙적으로 직접적인 국내적 효력을 갖지 않는다. [14 7급]

해설 국제법은 국제관계에 적용되는 법규범으로 그 자체로는 국내적으로 효력을 갖지 않는다. 답 O

5. Kelsen은 국제법과 국내법과의 관계에 대하여 이원론 입장의 대표적인 학자이다. [15 경찰]

해설 H. Kelsen은 국제법과 국내법은 하나의 법체계로 존재하므로, 국제법을 국내법으로 변형시키는 것은 국제법의 관점에서 필요치 않으며, 국제법규는 그 자체로서 국내재판소에서 적용될 수 있다고 한다. 답 X

Ⅱ 일원론

6. 국내법 우위의 일원론에 따르면 국제법을 부인하는 결과가 된다. [11 9급]

해설 18~19세기 독일 학자들에 의하여 나타난 국내법우위일원론은 한 국가의 국내법을 그 규율대상 혹은 방향에 따라 대내적 국내법(internal state law)과 대외적 국내법(external state law)으로 구분하는데, 국제법은 국가들의 대외법으로 구성되어 있기 때문에 엄격한 의미에서의 국제법은 존재하지 않는다는 입장이다. 답 O

7. 오늘날 일원론은 국내법우위론을 의미한다. [16 9급]

해설 국제법우위일원론이 통설이다. 답 X

8. 일원론(monism)에 따르면 국제법과 국내법은 하나의 법체계에 속한다. [09 7급, 12 경찰, 18 9급]

해설 국제법과 국내법의 관계에 있어 한 개의 질서로 보는 입장이 일원론이다. 답 O

9. 국내법우위 일원론에 따르면 국제법은 국가의 대외적 공법에 불과하다. [12 경찰]

해설 국내법우위 일원론은 18~19세기 독일 학자들에 의하여 나타난 이론으로, 한 국가의 국내법은 그 규율대상 혹은 방향에 따라 대내적 국내법(internal state law)과 대외적 국내법(external state law)으로 구분되는데, 국제법은 국가들의 대외적 공법으로 구성되어 있기 때문에 엄격한 의미에서의 국제법은 존재하지 않는다는 입장이다. 답 O

10. 한스 켈젠(Hans Kelsen)은 국제법우위론을 주장하였다. [15 경찰]

해설 H. Kelsen은 국제법과 국내법은 하나의 법체계로 존재하므로, 국제법을 국내법으로 변형시키는 것은 국제법의 관점에서 필요치 않으며, 국제법규는 그 자체로서 국내재판소에서 적용될 수 있다고 한다. 이 단일 법체계 내에서 국제법이 국내법의 상위에 위치하며, 국내법은 국제법에 의해 위임(delegation)된 부분적 질서에 불과하다고 주장한다. 답 O

11. 국제법우위의 일원론(monism)은 국제법과 국내법의 관계를 상하관계로 보고, 국내법은 국제법에 의해 위임(delegation)된 부분적 질서에 불과하다고 주장한다. [11 7급]

해설 국제법우위 일원론은 단일 법체계 내에서 국제법이 국내법의 상위에 위치하며, 국내법은 국제법에 의해 위임(delegation)된 부분적 질서에 불과하다고 주장한다. 답 O

12. 국제법 우위론에 따르면 국내법의 유효성 및 타당성의 근거는 국제법에 있다. [07 · 17 7급, 12 경찰]

해설 국내법의 타당근거가 국제법에 있다고 보는 국제법우위론에 의하면 양자의 충돌이 있는 경우 국제법에 위배되는 국내법은 무효가 된다. 답 O

13. 켈젠(Kelsen)은 과학적인 방법에 근거한 국내법 우위론을 주장하였다. [18 9급]

해설 H. Kelsen은 국제법과 국내법은 하나의 법체계로 존재하므로, 국제법을 국내법으로 변형시키는 것은 국제법의 관점에서 필요치 않으며, 국제법규는 그 자체로서 국내재판소에서 적용될 수 있다고 한다. 이 단일 법체계 내에서 국제법이 국내법의 상위에 위치하며, 국내법은 국제법에 의해 위임(delegation)된 부분적 질서에 불과하다고 주장한다. 답 X

제2절 국제법 질서에 있어 국내법의 지위

Ⅰ 국제법의 국내법에 대한 시각

14. 상설국제사법재판소(PCIJ)는 1926년 Certain German Interests in Polish Upper Silesia 사건에서 국내법은 단순한 사실이 아니라 구속력 있는 규범이라는 점을 확인하였다. [14·16·20 9급]

해설 국내법을 국제법의 일부로 인정하는 일반국제법, 조약, 국제판례는 발견되지 않는다. 오히려 상설국제사법법원은 *Certain German Interests in Polish Upper Silesia* 사건에서 "국제법과 본 법원의 입장에서는 국내법은 판결이나 행정부 조치와 마찬가지로 국가 의사를 표현하고 있는 사실일 뿐이다."라고 판시하고 있다. 따라서 국제재판소는 국내법의 내용을 당연히 알고 있다고 간주되지 않으므로, 분쟁당사국이 관련 국내법에 대한 입증책임을 진다.

답 X

Ⅱ 국제법체제 내에서 국제법의 이행에 관한 국제규칙

15. 국제사법재판소는 국제법의 국내법에 대한 우위 원칙을 견지해 왔다. [12 9급, 15 경찰]

해설 국제재판소는 국제법의 국내법에 대한 우위 원칙을 견지해 왔다. 즉 국가는 유효하게 성립한 국제의무의 불이행 또는 위반을 정당화하기 위해 국내법규정을 원용할 수 없고(Polish Nationals in Danzig 사건, Free Zone 사건), 완화 또는 경감도 할 수 없다. 마찬가지로 국가는 유효하게 성립한 국제의무의 불이행 또는 위반을 정당화하기 위해 또는 국내법규정의 부존재 혹은 불비를 원용할 수 없다(The Alabama Claim Arbitration, 1872).

답 O

16. 국내법에 저촉되는 조약이라도 국제적으로는 유효할 수 있다. [15 경찰]

해설 국내에서 위헌조약으로 무효가 되어도 국제적 효력에는 영향이 없다.

답 O

17. 국가는 조약 및 다른 국제법에 따른 의무불이행의 정당화 사유로 자국 헌법이나 국내법 규정을 원용할 수 없다. [07 7급, 07·12·22 9급]

해설 1969년 조약법협약 제27조.

답 O

18. 국제재판소의 판례에 따르면 국가는 국제조약을 시행할 국내법의 결여를 이유로 국제법상의 의무를 거부할 수 없다. [09 7급]

해설 1969년 조약법협약 제27조.

답 O

19. 국제법상 의무이행의 방법은 원칙적으로 개별국가가 판단할 문제이다. [17 9급]

해설 국제법이 자신을 위반한 국내법을 당연무효로 하는 것은 아니며 또한 국제법원은 국내법의 국내적 무효까지 선언할 수 없다. 이것은 현재로서는 국가의 국내관할권에 유보되어 있는 영역으로서 타국가와의 관계에서 국제법상의 책임문제가 발생할 뿐이다. 나아가 국제법상 의무이행의 방법은 원칙적으로 개별국가가 판단할 문제이다.

답 O

20. **국제재판소는 국제법에 위반되는 국내법의 효력을 무효로 할 수 있다.** [22 9급]

해설 국제법이 자신을 위반한 국내법을 당연무효로 하는 것은 아니며 또한 국제재판소는 국내법의 국내적 무효까지 선언할 수 없다. 이것은 현재로서는 국가의 국내관할권에 유보되어 있는 영역이다. 답 X

21. **국제법에 저촉되는 국내법도 그 국가 내에서는 유효한 법률로 효력을 가질 수 있으나 그 국가는 타국과의 관계에서 국제법상의 책임문제가 발생하게 된다.** [11 · 17 7급]

해설 국내법이 국제법을 위반한 경우 국제법 자신이 이를 무효화시킬 수 있는 장치가 아직 존재하지 않으므로 이 이론은 논리적 일관성이 결여되어 있고 현실에 들어맞지 않지만, 국제주의와 평화애호사상에 기초하여 국제적 가치가 국내적 가치에 우선한다는 관념을 심어주는데 기여한 것은 사실이다. 답 O

제3절 국내법 질서에 있어 국제법의 도입과 지위

Ⅰ 총 설

22. **국제적으로 국제법을 국내법체계 내로 받아들이는 방법은 통일되어 있다.** [07 · 14 9급]

해설 국내법체계에 있어 국제법의 지위는 각 국가의 주권사항이다. 다시 말해, 비록 국가는 발효 중인 조약의 당사자일지라도 i) 국제법을 자신의 국내법질서에 도입할 것인지의 여부, ii) 도입방식, iii) 국제법의 국내적 효력순위를 스스로가 결정한다. 따라서 이 문제에 대한 국가들의 태도는 실로 다양하다. 답 X

23. **각국의 국내법 질서 속에서 국제법은 국내적으로 직접 적용되기도 하고 국내법으로 변형되어 실현되기도 한다.** [22 9급]

해설 국제법이 직접 적용되는 국가가 일원론 국가이고, 변형되어 실현되는 국가가 이원론 국가이다. 답 O

Ⅱ 국제법의 국내적 도입에 관한 이론

24. **이원론에 따르면 국제법을 국내법으로 변형하는 절차가 필요하다.** [12 경찰, 16 9급]

해설 이원론을 따르는 국가의 입장으로서, 국제법은 자동적으로 국내법의 일부가 될 수 없고 의회의 법률제정이나 사법부의 판결, 행정부의 공포 등 국가기관에 의해 국내법으로 변형되어야만(transformation) 비로소 국제법이 국내법 질서의 일부가 된다는 입장이다. 답 O

25. **이원론(dualism)을 취하는 국가에서는 조약이 비준되었다고 하더라도 국내적 효력을 갖기 위해서는 국제법을 국내법으로 변경하는 변형(transformation)이 필요하며, 이러한 변형의 방식으로는 입법기관이 해당 조약과 동일한 내용의 상세한 국내법을 제정하는 방식을 취하거나 해당 조약을 국내법으로 시행한다는 형식적인 법률만을 제정하여 국제법의 국내적 실현을 달성할 수도 있다.** [09 · 11 7급, 12 9급]

해설 변형이론은 이원론을 따르는 국가의 입장으로서, 국제법은 자동적으로 국내법의 일부가 될 수 없고 국내법질서에 도입하고 국내법으로 변경시키는 국가의 사전개입행위가 있어야 한다. 즉 의회의 법률제정이나 사법부의 판결, 행정부의 공포 등 국가기관에 의해 국내법으로 변형되어야만(transformation) 비로소 국제법이 국내법 질서의 일부가 된다는 입장이다. 답 O

26. 변형이란 국제법이 국제법의 자격으로 직접 국내적으로 적용되고, 사법부도 국제법에 직접 근거하여 재판을 함으로써 국제법을 실현하는 방식을 의미한다. [20 9급]

해설 국제법은 자동적으로 국내법의 일부가 될 수 없고 의회의 법률제정이나 사법부의 판결, 행정부의 공포 등 국가기관에 의해 국내법으로 변형되어야만(transformation) 비로소 국제법이 국내법 질서의 일부가 된다는 입장이다. 조약이 이행법률에 의해 변형되는 경우 조약과 동일한 내용의 상세한 국내법을 제정하는 방식을 취하거나 해당 조약을 국내법으로 시행한다는 형식적인 법률만을 제정하여 국제법의 국내적 실현을 달성할 수도 있다. 이 경우 조약이 국제법의 성질을 유지한 채 도입된 것이 아니라 새로운 국내법이 제정된 것이고, 법원은 조약이 아니라 이행법률을 적용하게 된다. 답 X

27. 일원론에 따르면 국제법은 국내법적 변형절차 없이 국내재판소가 직접 적용할 수 있다. [18 9급]

해설 일원론 국가는 국제법으로서의 법적성질을 그대로 유지한 채 그 자체로서(as such, per se) 국내법질서에 편입되는 국가이다. 답 O

Ⅲ 국제법의 국내적 도입과 효력에 관한 주요 국가의 입장

28. 영국의 경우 조약은 영국 국왕이 비준했을 때 국제법상 효력을 발생하나, 국내적 차원에서는 영국의회가 관련 조약에 국내적 효력을 주는 법률안을 통과시키기 전까지는 국내법상 효력을 갖지 못하게 된다. [11·17 9급, 11·12 경찰, 18·21 7급]

해설 영국은 의회주권주의가 적용되므로 조약의 국내적 도입에 대해 수용이론을 따르게 되면 행정부가 의회를 경유하지 않고 국가기관과 국민에 대해 구속력 있는 입법을 하게 되는 결과를 초래하게 되므로 원칙적으로 영국의회를 통하여 국내적으로 입법화 되어야 당해 조약이 국내법으로 적용될 수 있다(변형이론). 그러나 전쟁행위에 관한 조약, 영토할양조약, 국내법의 변경을 의도하지 않는 행정협정 등은 예외적으로 수용된다. 답 O

29. 영국의 판례는 일부 판례를 제외하면 국제관습법에 대하여 수용이론을 적용하고 있다. [08·14 7급, 11 경찰]

해설 영국의 판례는 전통적으로 국제관습법은 수용되어 common law의 일부를 이룬다고 판시하고 있다(mortensen vs peters 사건). 다만 의회제정법이 국제관습법에 우선함을 확인하였다. 답 O

30. 영국은 국제법과 국내법의 관계에 대해 Mortensen 대 Peters 사건을 통하여 의회제정법이 국제관습법에 우선함을 확인하였다. [14 9급, 15 경찰]

해설 고등법원은 "본 법정은 입법부의 법률이 일반적으로 승인된 국제법원칙의 위반으로 인해 불법행위를 구성하는가의 여부를 결정하는 곳이 아니다. 우리에게는 상원과 하원을 정규통과하여 국왕의 재가를 얻은 의회의 법률이 최고의 것이며, 그 조항에 효과를 부여하여야 한다."고 하여 국제관습법에 대한 국내법의 우선적 적용을 인정하였다. 답 O

31. **미국에서는 조약을 자기집행조약과 비자기집행조약으로 나누어 조약의 국내적 효력발생 절차를 달리하고 있다.** [17 7급]

해설 미국 연방대법원은 *Foster and Elam v. Neilson* 사건 이래 조약을 국내적 집행을 위한 의회의 입법조치 없이도 국내법원에서 직접 적용될 수 있는 자기집행적 조약규정(self-executing treaty)과 의회의 입법조치 없이는 법원에서 재판규범으로 직접 적용되거나 집행될 수 없는 비자기집행적 조약규정(non self executing treaty)으로 구분하고 있다. 답 O

32. **대외적 이행의무의 유무에 있어서 자기집행적조약과 비자기집행적조약은 차이가 있다.** [14 9급]

해설 조약의 자기집행성은 국내적 집행을 위한 의회의 입법조치가 필요하냐에 있으므로 대외적 이행의무의 유무에 있어서는 차이가 없다. 답 O

33. **미국 연방대법원은 Medellin v. Texas 사례에서 ICJ 판결의 법적 구속력을 인정하였다.** [22 7급]

해설 2003년 체포된 멕시코인에 대해 본국 영사접견권의 고지가 무시되었다는 이유로 멕시코는 미국을 ICJ에 제소했다. 이 사건에서 ICJ는 미국의 조약위반을 결정하고, 사건의 재심사를 명했으나 이행되지 않았다. 미국 연방정부는 ICJ 판결을 이행할 의향이었으나, 주정부는 사형을 집행했다. 2008년 Medellin v. Texas 사례에서 연방대법원 역시 ICJ 판결은 그 자체로 미국의 국내법적 구속력을 지니지 못하며, 미국 대통령도 주에 대해 ICJ 판결을 강제할 권한이 없다고 판단했다. 답 X

34. **미국은 자기집행적 조약규정에 대해서는 수용이론을 적용한다.** [14 경찰, 18 7급]

해설 미국 연방대법원은 2008년 *Medeliin* 사건에서 자기집행적 조약규정과 비자기집행적 조약규정을 정의하여 그 개념과 수용 여부를 분명히 하였다. 즉 조약 규정의 자기집행성이란 상황에 따라 다른 의미를 갖는데 비준에 의해 자동적으로 연방법으로서 국내적 효력을 갖는 것(직접적용성)을 의미하기도 하고, 이에 더하여 사적 권리 또는 사적 소권 내지 민사적으로 강제할 수 있는 권리(직접효력성)도 의미하는 경우도 있다고 판결하였다. 이에 반해 비자기집행적 조약 규정은 그 자체로서 연방법으로서의 법적 효력을 가지지 못하고 의회가 이행법률로 변형하여야 하는 것이라고 정의하였다. 따라서 자기집행적 조약 규정만이 미국 국내법질서에 수용되고 비자기집행적 조약규정은 변형되어야만 적용될 수 있다. 답 O

35. **미국법원은 범죄인인도, 영사권리, 최혜국대우 등은 자기집행적 조약이라고 보았다.** [11 경찰]

해설 이에 비해 제노사이드방지 협약, 고문방지협약, 인종차별철폐협약, 시민적 및 정치적 권리에 관한 국제규약 등과 같은 국제인권조약은 비자기집행조약으로 본다. 답 O

36. **미국은 인권조약을 대부분 자기집행적 조약으로 인정한다.** [17 9급]

해설 *United States v. Postal* 사건에서 미국 재판소는 미국 행정부 또는 입법부의 일방적 의도만으로도 자기집행성 여부를 결정할 수 있음을 인정하고 있다. 그 의도는 조약 자체에 이행을 위한 국내법 제정이 필요하다고 명기할 수도 있고, 때로는 상원이 조약 비준에 동의를 하면서 해당조약은 비자기집행적 조약이라는 선언을 첨부하기도 한다. 특히 제노사이드방지 협약, 고문방지협약, 인종차별철폐협약, 시민적 및 정치적 권리에 관한 국제규약 등과 같은 국제인권조약에 그 같은 사례가 많다. 답 X

37. 미국에서 대부분의 인권조약은 재판규범으로 인정받기 어렵다. [21 7급]

해설 *Sei Fujji v. California* 사건에서 캘리포니아 최고재판소는 외국인의 부동산소유를 금지한 캘리포니아주 외국인토지법이 주 내 모든 사람에 대한 법의 평등한 보호를 규정한 연방수정헌법 제14조에 위반되어 무효라고 판결하면서도, 원고측이 원용한 UN헌장의 인권관련 규정들은 비자기집행적이라고 보아 재판규범으로 인정하지 않았다.

답 O

38. 조약의 자기집행성 여부는 그 조약자체에 규정된다. [14 경찰]

해설 조약의 자기집행성은 1차적으로 당사국들의 의도로 판단하는데, 그 의도는 조약 자체에 이행을 위한 국내법 제정이 필요하다고 명기할 수도 있고, 때로는 상원이 조약 비준에 동의를 하면서 해당조약은 비자기집행적 조약이라는 선언을 첨부하기도 한다. 한편 의도가 불분명한 경우 조약 내용이 구체성과 명확성을 지니지 못한다거나 단순히 목표를 표시하는 데 그치는 조약은 사법적합성이 없어 비자기집행적 조약으로 판단하는 경향이다. 나아가 조약의 취급주제에 따라 예산의 지출을 필요로 하는 조약, 형법 규정과 관련된 조약, 미국의 영토나 재산의 처분에 관한 조약, 기타 종전부터 의회가 주로 규제해 오던 주제에 관한 조약은 권력분립원칙 상 비자기집행적 조약으로 판단되는 경향이다. 따라서 조약자체 규정에만 의하는 것은 아니다.

답 X

39. 동일한 조약이 그 당사자들 중 어느 국가에서는 자기집행적 조약으로 그리고 다른 국가에서는 비(非)자기집행적 조약으로 취급될 수 있다. [14 경찰]

해설 조약의 자기집행성 여부는 개별 조약단위별로 평가되지 않으며, 동일한 조약 내에서 자기집행적 조항과 비자기집행적 조항이 같이 존재할 수도 있고, 동일한 조약에 대해 어느 국가는 자기집행적 조약으로 다른 국가는 비자기집행적 조약으로 취급될 수도 있다.

답 O

40. 미국 연방헌법에 의할 때 조약은 미연방을 구성하는 각 주의 법률보다 우위이나 주의 헌법보다는 하위의 효력을 갖는다. [14 7급, 15 경찰]

해설 판례법상 연방헌법은 조약의 상위에 있으며, 연방법률과 조약과의 효력관계에 있어서 양자는 동위(주헌법이나 주법률보다 조약이 상위)이며 '신법우선의 원칙'이 적용된다. 주당국은 연방에 대해 구속력이 있는 국제관습법규에 자동적으로 구속된다. 나아가 국제관습법규는 연방법으로서 수락되는 것이기 때문에 국제관습법규의 쟁점에 대한 연방재판소의 결정은 주재판소에 대해서 구속력이 있다는 것이 일반적인 견해이다.

답 X

41. 미국은 연방의 법률과 조약간의 효력 관계에 있어서는 양자가 동위에 있으며 '후법 우선의 원칙'에 따라 나중에 발표된 것이 우선한다. 그러나 주의 제정법은 조약 후에 발표된 것이라도 조약에 위반된 것은 실시되지 못한다. [11 경찰]

해설 미국에 있어 방헌법은 조약의 상위에 있으며, 연방법률과 조약과의 효력관계에 있어서 양자는 동위(주헌법이나 주법률보다 조약이 상위)이며 '신법우선의 원칙'이 적용된다. 주당국은 연방에 대해 구속력이 있는 국제관습법규에 자동적으로 구속된다. 나아가 국제관습법규는 연방법으로서 수락되는 것이기 때문에 국제관습법규의 쟁점에 대한 연방재판소의 결정은 주재판소에 대해서 구속력이 있다는 것이 일반적인 견해이다.

답 O

42. **대부분의 국가에서 국제관습법은 변형의 방식으로 국내법적 효력을 갖는다.** [17 9급]

해설 영국처럼 조약에 대해 변형의 방식을 취하는 나라들도 관습법에 대해서는 자동적 수용의 입장을 보인다.

답 ×

43. **독일은 연방 의회의 동의법률 제정을 통해 조약에 국내법적 효력을 부여한다.** [18 7급]

해설 독일연방헌법 제59조 2항은 "연방의 정치적 관계를 규율하거나 또는 연방의 입법사항에 관계되는 조약은 연방법률의 형식으로 연방의 입법에 대하여 권한 있는 기관들의 동의 또는 협력을 필요로 한다."고 규정하고 있다. 즉 독일 의회의 동의 또는 참여를 요구하고, 그 같은 동의는 연방법률의 형식(동의법률·변형법률·조약법률·비준법률)으로 부여되어야 한다.

답 ○

44. **우리나라에서 국제법의 국내적 효력을 법률과 동위로 보는 것처럼, 다른 국가들도 모두 국제법의 국내적 효력은 법률과 동위로 보고 있다.** [07 7급]

해설 프랑스 헌법 제55조는 조약의 법률에 대한 우위를 규정하고 있다.

답 ×

45. **대한민국 헌법에서는 헌법에 의하여 체결 · 공포된 조약과 일반적으로 승인된 국제법규는 국내법과 같은 효력을 가진다고 규정하고 있다.** [07 9급]

해설 헌법 제6조 1항.

답 ○

46. **우리나라의 대법원 판례는 변형이론을 채택하고 있다.** [15 경찰]

해설 헌법 제6조 1항을 보면, "헌법에 의하여 체결·공포된 조약과 일반적으로 승인된 국제법규는 국내법과 같은 효력을 가진다."고 명시하고 있다. 이때 공포는 조약의 국내적 발효를 위한 요건이고, 헌법 제60조 제1항은 "국회는 상호원조 또는 안전보장에 관한 조약, 중요한 국제조직에 관한 조약, 우호통상항해조약, 주권의 제약에 관한 조약, 강화조약, 국가나 국민에게 중대한 재정적 부담을 주는 조약 또는 입법사항에 관한 조약의 체결·비준에 대한 동의권을 가진다."고 규정하고 있는데, 이것은 행정부의 조약체결에 대한 정치적 통제행위에 불과하므로 이를 근거로 변형이론으로 볼 수는 없다.

답 ×

47. **우리 헌법이 취하고 있는 국제관계에 관한 입장으로 볼 때 헌법에 의하여 체결 · 공포된 조약은 국내입법을 통하여만 국내법과 같은 효력을 가진다.** [08 · 22 9급, 16 경찰]

해설 한국 헌법은 대통령이 체결하는 일체의 국제협정에 대하여 조약이라는 술어를 사용하고 있으므로 정식조약, 행정협정은 물론 모조약의 실시를 위해 외무부장관의 전결로 체결하고 이를 관보에 고시하는 고시류조약인지 여부에 관계없이 모든 조약은 수용된다고 볼 것이다.

답 ×

48. **우리나라는 일원론에 의거하여 모든 조약을 변형 없이 직접 적용한다.** [18 7급]

해설 한국 헌법은 대통령이 체결하는 일체의 국제협정에 대하여 조약이라는 술어를 사용하고 있으므로 정식조약, 행정협정은 물론 모조약의 실시를 위해 외무부장관의 전결로 체결하고 이를 관보에 고시하는 고시류조약인지 여부에 관계없이 모든 조약은 수용된다고 볼 것이다. 다만 모든 조약이 직접 적용되는 것은 아니어서 조약에 따라서는 국내 입법을 통한 이행을 예정하는 경우도 있는데, 예를 들어 1970년 항공기의 불법납치 억제를 위한 조약 제2조는 "각 체약국은 범죄를 엄중한 형벌로 처벌할 수 있도록 할 의무를 진다."고 규정하고 있어, 형량을 포함한 구체적 처벌조건이 국내법으로 마련되지 않는 한 이 조항을 근거로 국내법원에서 항공기 납치범을 직접 처벌하는 것은 불가능하다. 따라서 위 조약 제2조는 비자기집행적일 수밖에 없다. 답 X

49. 한국 대법원은 자기집행적 조약과 비자기집행적 조약의 기준을 제시하고 있다. [21 7급]

해설 미국법원의 자기집행·비자기집행 조약의 구별을 한국 대법원은 아직 따르고 있지 않지만, 일부 하급심에서는 WTO협정이나 자유무역협정을 비자기집행조약으로 보아 직접효력성을 부인하는 판례도 나오고 있다. 답 X

50. 대한민국 헌법은 일반적으로 승인된 국제법규를 국내법의 일부로서 수용한다는 의사를 표명하고 있다. [12 9급, 21 7급]

해설 한국 헌법 제6조 1항은 "일반적으로 승인된 국제법규는 국내법과 같은 효력이 있다."고 규정하고 있다. 이에 대해 일반성을 갖춘 국제관습법에 대해 일원론적 입장을 표명한 것으로 본다. 답 O

51. 우리나라 헌법은 조약과는 달리 일반적으로 승인된 국제법규는 법률에 우선하는 효력을 인정하고 있다. [09 7급, 16 경찰]

해설 한국 헌법 제6조 1항은 "일반적으로 승인된 국제법규는 국내법과 같은 효력이 있다."고 규정하고 있다. 이에 대해 일반성을 갖춘 국제관습법에 대해 일원론적 입장을 표명한 것으로 본다. 답 O

52. 우리나라 헌법에서는 헌법이 조약보다 우선한다고 명시하고 있다. [16 9급]

해설 헌법 제6조 1항을 보면, "헌법에 의하여 체결·공포된 조약과 일반적으로 승인된 국제법규는 국내법과 같은 효력을 가진다."고 명시하고 있다. 조약의 국내적 효력에 대해 헌법보다는 하위의 효력을 주고 있지만 명문의 규정은 없다. 답 X

53. 우리나라에서는 헌법에 의하여 체결 · 공포된 조약은 일반적으로 국내 법률과 같은 효력을 갖는다. [08 7급]

해설 헌법 제60조에 의해 국회의 동의를 받은 조약은 국내 법률과 같은 효력을 갖는다. 답 O

54. 우리나라는 조약에 대한 위헌심사를 인정한다. [15 경찰]

해설 헌법재판소는 사립학교법 제55조 제58조 1항 4호에 관한 위헌심판사건에서 교원의 지위에 관한 국제법규의 국내법적 효력을 심사한 것을 시작으로 조약의 위헌성 심사에 관한 다수의 결정례를 확립하고 있다. 답 O

55. 대법원과 헌법재판소는 한국이 당사자인 모든 조약의 위헌성 심사를 할 수 있다. [16 경찰]

해설 대법원은 법률과 대등한 효력이 있는 조약의 위헌성을 심사할 수 없다. 답 X

56. **인접국과 해양경계를 획정하는 조약, 국제재판소의 관할을 인정하는 조약, 자국 내 화학무기 등 대량 살상무기 생산시설 통제 등을 규정하는 조약, 당사국의 핵실험 금지와 현장사찰 등을 규정하고 있는 조약은 주권의 제약에 관한 조약으로 헌법상 국회의 동의대상이다.** [21 9급]

해설 헌법 제60조 제1항은 "국회는 상호원조 또는 안전보장에 관한 조약, 중요한 국제조직에 관한 조약, 우호통상항해조약, 주권의 제약에 관한 조약, 강화조약, 국가나 국민에게 중대한 재정적 부담을 주는 조약 또는 입법사항에 관한 조약의 체결·비준에 대한 동의권을 가진다."고 규정하고 있는데, 지문은 주권의 제약에 관한 조약으로 볼 수 있다. 답 ○

57. **국제형사재판소(ICC)에 관한 로마규정은 자기집행조약인 바 국회의 비준동의 없이도 국내법과 동일한 효력을 갖는다.** [16 7급]

해설 한국은 로마규정에 대해 2000년 3월 8일 서명하고 2002년 11월 8일 국회비준동의를 완료하여 2002년 11월 13일 비준서를 기탁하였으며, 그 결과 로마규정은 한국에 대해서는 2003년 2월 1일부로 발효하였다. 이를 시행하기 위해 2011년 국제형사재판소 관할 범죄의 처벌 등에 관한 법률을 제정하였다. 답 ×

58. **대한민국은 관습국제법과 국내법률 간의 충돌이 있을 경우, 이들 간에는 특별법우선원칙이나 신법우선원칙에 의하여 해결한다.** [16 7급]

해설 일반적으로 승인된 국제법규는 국내법과 대등한 효력이 있다. 답 ○

59. **대한민국 대법원은 급식조례사건(대법원 2005. 9. 9. 선고, 2004추10판결)에서 학교급식에 우리 농산물을 사용하도록 한 조례가 관세 및 무역에 관한 일반협정(GATT) 제1조 최혜국대우 원칙에 위반된다고 하였다.** [20 9급]

해설 GATT는 1994. 12. 16. 국회의 동의를 얻어 같은 달 23. 대통령의 비준을 거쳐 같은 달 30. 공포되고 1995. 1. 1. 시행된 조약인 WTO협정의 부속 협정이고, '정부조달에 관한 협정'(Agreement on Government Procurement)은 1994. 12. 16. 국회의 동의를 얻어 1997. 1. 3. 공포·시행된 조약으로서 각 헌법 제6조 제1항에 의하여 국내법령과 동일한 효력을 가지므로 지방자치단체가 제정한 조례가 GATT나 AGP에 위반되는 경우에는 그 효력이 없다는 것에, 대법 2005. 9. 9, 2004추10 판결(전라북도 학교급식조례 재의결 무효확인의소). 이때 위반된 GATT의무는 제3조 4항 내국민대우 위반이지 최혜국대우 위반은 아니다. 답 ×

60. **대법원은 지방자치단체의 조례가 세계무역기구(WTO) 정부조달에 관한 협정(AGP)에 위반되는 경우 그 효력이 없다고 판단하였다.** [16 7급]

해설 GATT는 1994. 12. 16. 국회의 동의를 얻어 같은 달 23. 대통령의 비준을 거쳐 같은 달 30. 공포되고 1995. 1. 1. 시행된 조약인 WTO협정의 부속 협정이고, '정부조달에 관한 협정'(Agreement on Government Procurement)은 1994. 12. 16. 국회의 동의를 얻어 1997. 1. 3. 공포·시행된 조약으로서 각 헌법 제6조 제1항에 의하여 국내법령과 동일한 효력을 가지므로 지방자치단체가 제정한 조례가 GATT나 AGP에 위반되는 경우에는 그 효력이 없다고 하였다(대법 2005. 9. 9, 2004추10). 답 ○

61. **대한민국에 있어 국제관습법은 국내법과 같은 효력을 지니며, 법원은 재판에서 이를 직접 적용할 수 있다.** [16 경찰]

해설 한국 헌법 제6조 1항은 "…일반적으로 승인된 국제법규는 국내법과 같은 효력이 있다."고 규정하고 있다. 이에 대해 일반성을 갖춘 국제관습법에 대해 일원론적 입장을 표명한 것으로 본다. 답 O

62. 헌법재판소는 마라케쉬 협정에 의하여 관세법위반자의 처벌이 가중된다고 하더라도 이는 법률에 의한 형사처벌이라고 판단하였다. [16 7급]

해설 헌법재판소는 마라케쉬협정을 근거로 한 형사처벌의 적법성을 다룬 사건에서 관련 국내 법률의 개정이 없이 신법우선원칙에 의거 조약에 따라 형사처벌한 것은 적법하다고 밝혀 전도된 수직적 직접효력을 긍정한다(헌재 1998.11.26, 97헌바65). 다만 이러한 헌법재판소의 견해에 대해 몇가지 문제가 있음을 지적하는 견해가 있다. 즉 첫째, 대통령이 조약체결의 형식을 빌어 새로운 범죄를 창설하고 조세율을 올리는 것을 무한정 허용하게 될 위험이 있고, 둘째 한국의회는 독일과 같이 법률의 형식으로 비준동의를 부여하지는 않고, 셋째 조약의 전도된 수직적 직접효력은 제한적으로 인정하는 것이 개인의 인권 및 권리보호에 부합하고 국가의 권력남용에 대처할 수 있는 방안이 된다. 나아가 넷째 미국처럼 외견상 일원론을 천명하고 있는 국가의 재판소들도 특정조약의 규정들을 개별적으로 심사하여 그것이 자동적 수용여부를 결정함에 신중을 보이고 있다. 결국 헌법 제6조 1항에 의존하여 WTO협정의 국내적 편입과 효력문제를 일거에 해결하는 것이 바람직한지는 의문이라는 것이다. 답 O

Ⅳ 국제기구 결의의 국내적 도입

63. UN은 회원국에 대하여 직접적 효력을 갖는 법규범을 정립할 수 있다는 점에서 '초국가적 국제조직'(supernational organization)으로서의 지위를 가지고 있다. [13 경찰]

해설 국제법을 국내적으로 도입하는 것은 각 국가의 전속적 국내문제이다. 네덜란드 헌법 제93조는 그 내용이 모든 사람에게 구속력이 있을 수 있는 범위 내에서는 조약 규정뿐만 아니라 국제기구 결의에도 직접효력을 부여한다고 명시하고 있다. 이에 비해 엄격한 이원론을 따르는 영국은 UN헌장 제41조 하의 안전보장이사회 결의를 단지 추밀원령에 의해 집행할 수 있는 권한을 정부에 위임하는 United Nations Act를 1946년 제정한 바 있다. 2008년 Kadi case에서 유럽공동체사법재판소(CJEU)소는 "the Charter of the United Nations dose not impose the choice of a particular model for the implementation of resolutions adopted by Security Council under Chapter Ⅶ of the Charter, since they are to be given effect in accordance with the procedure applicable in that respect in the domestic legal order of each Member of the United Nations. The Charter of the United Nations leaves the Members of the United Nations a free choice among the various possible models for transposition of those resolutions into their domestic legal order." 라고 판시하여, 국제기구 역시 한 개의 조약에 기초하고 있기 때문에 국제기구의 결의를 국내적으로 이행함에 있어 자유로운 선택권이 있음을 인정하고 있다. 답 X

제6장 국제법의 주체

제1절 서 론

Ⅰ 국제법 주체의 의의

Ⅱ 국제법 주체의 분류

제2절 국 가

Ⅰ 국가의 의의

1. **1933년 '국가의 권리와 의무에 관한 몬테비데오협약'은 국가의 성립요건으로서 '항구적 인구', '일정한 영역', '정부' 및 '타국과 관계를 맺을 수 있는 능력' 등을 제시하고 있다.** [11 · 12 9급, 14 7급]

해설 동 협약 제1조.

답 O

2. **1933년 국가의 권리와 의무에 관한 몬테비데오조약에 따른 국가의 성립 요건에 대하여 국가는 실효적인 주권을 행사할 수 있는 정부를 보유하여야 한다.** [14 7급]

해설 정부는 대내적으로 그 영토와 인민에 대해 헌법 및 국내법질서를 수립하고 유지할 수 있는 능력을 갖추어야 한다. 특히 한 국가로부터 분리독립하는 경우 실효적 지배의 요건은 대체적으로 엄격하게 요구된다. 그러나 내란으로 인하여 실효적 통제를 행사하는 정부가 일시적으로 부존재하더라도 그 국가는 계속해서 존재하는 것이며, 전쟁으로 인하여 정부가 일시 국토를 비우더라도(망명정부) 여전히 그 국가는 존재하는 것으로 간주된다.

답 O

3. **1933년 국가의 권리와 의무에 관한 몬테비데오조약에 따른 국가의 성립 요건에 대하여 국가는 민족자결권에 기초하여 수립되어야 한다.** [14 7급]

해설 민족자결권에 관한 언급은 없다.

답 X

4. **국가는 그 성립요건을 충족하는 한 외국의 승인과는 무관하게 국제적 법인격이 인정된다고 보는 것이 일반적이다.** [13 경찰]

해설 1933년 국가의 권리의무에 관한 몬테비데오협약 제3조는 "국가의 정치적 존재는 타국의 승인과 무관하다."고 규정하여 선언적 효과설을 따르고 있으며, Tunkin은 "현대국제법에서 국가의 법인격은 대세적 법인격이다. 그것은 타국의 승인을 필요로 하지 않는다."고 언급한 바 있다. 결국 어떤 실체가 국가 또는 정부가 되기 위한 요건을 객관적으로 충족하고 있으면 그것은 곧 '대세적', '객관적' 국제인격을 가진 국가 또는 정부이며, 다른 국가들은 그렇게 대우할 의무가 있다.

답 O

5. **정부승인(recognition of government)은 「1933년 국가의 권리와 의무에 관한 몬테비데오협약」상 국가성립 요건이다.** [12 9급]

해설 실효적 정부와 관련하여 외국의 승인은 필요 없다. 답 X

6. **국가를 대표할 정부가 없거나 정상적인 기능을 수행하지 못하는 국가도 국제법상 법주체성을 유지한다.** [21 9급]

해설 내란으로 인하여 실효적 통제를 행사하는 정부가 일시적으로 부존재하더라도 그 국가는 계속해서 존재하는 것이며, 전쟁으로 인하여 정부가 일시 국토를 비우더라도(망명정부) 여전히 그 국가는 존재하는 것으로 간주된다. 답 O

Ⅱ 국가의 유형

7. **연방국가의 구성국들은 대외적으로 각각 하나의 독립국가로 취급된다.** [15 경찰]

해설 연방국가는 국가의 권력이 중앙 정부와 주에 동등하게 분배되어 있는 정치 형태로, 2개 이상의 주권이 결합하여 국제법상 단일적인 인격을 가지는 복합 형태의 국가이다. 1933년 몬테비데오협약 제2조는 "연방국가는 단일한 인격을 구성한다."고 규정하여 연방국가 자체가 국제법 주체임을 확인하고 있다. 연방국가가 국제법상 하나의 국가로 간주되는 이유는 국제법은 국제관계를 수행할 자격이 있는 실체만을 국가로 보기 때문이다. 답 X

8. **연방국가(federal state)의 중앙정부는 그 구성 국가에 대해서만 권한을 미칠 수 있을 뿐이며, 그 국민에게 직접 적용되는 법을 제정할 권한을 갖지 못한다.** [15 경찰]

해설 연방법과 지방법은 하나의 법질서로서 연방법은 지방법에 대해 상위법이며, 국민에 대해 직접효력을 가진다. 답 X

9. **연방국가(federal state)는 국제법상 단일의 법인격을 향유하는 국제법 주체이기 때문에 그 구성국인 주(州)의 국제의무 위반은 연방국가의 국제책임을 수반한다.** [13 경찰]

해설 1999년 *LaGrand* 사건에서 국제사법재판소(ICJ)는 애리조나 주지사가 ICJ의 잠정조치를 이행하지 않은 것에 대해 미국의 국가책임을 인정하였다. 다만 ⅰ) 연방의 구성국들에게 독자적인 조약체결권을 부여한 경우, 협정위반에 대한 책임을 구성국에게만 묻기로 합의한 경우에는 연방의 책임이 제한된다. 한편 ⅱ) "세계의 문화유산과 자연유산 보호협정"과 같이 국제협정들의 연방조항에 의해 연방의 책임을 제한시키는 경우도 있다. 답 O

10. **국가연합(confederation)은 국제법상 하나의 국가가 아니기 때문에 그 구성국들이 독립적으로 국제법 주체성을 향유한다.** [13 경찰]

해설 답 O

	연방국가	국가연합
의 의	국가의 권력이 중앙 정부와 주에 동등하게 분배되어 있는 정치 형태로, 2개 이상의 주권이 결합하여 국제법상 단일적인 인격을 가지는 복합 형태의 국가이다.	복수의 국가가 조약에 의하여 결합하고, 일정범위의 국가기능(외교능력 등)을 공통기관을 통하여 행사하는 국가결합을 말한다.
국제법 주체성	1933년 몬테비데오협약 제2조는 "연방국가는 단일한 인격을 구성한다."고 규정하여 연방국가 자체가 국제법 주체임을 확인하고 있다. 단 구성국들도 제한적 범위내에서 제3국과 조약체결이 가능하다.	회원국들이 여전히 국제법인격을 갖는 완전한 주권국가이다. 그러나 국가연합도 회원국들의 포괄적 권한을 대표하기 때문에 외교사절의 접수와 같은 일부 목적을 위해서는 국제법 주체로서 취급될 수 있다.
구성국과의 관계	연방국가와 지방국가의 관계는 국제관계가 아니라 연방 헌법에 의해 규율되는 국내관계이다.	국가연합 및 구성국간의 관계는 국제관계이다.
구성국 국민과 관계	연방법과 지방법은 하나의 법질서로서 연방법은 지방법에 대해 상위법이며, 국민에 대해 직접효력을 가진다.	구성국 국내관계는 각 구성국 국내법에 의해 규율되며 연방국가와 같이 직접효력을 갖는 것이 아니다.
존속의 안정성	연방국가는 구성국간에 내란이 발생할지라도 연방헌법이 폐지되지 않는 한 영구적 내지 반영구적으로 존재하는 국가결합이다.	본질적으로 한시적·잠정적·과도적 성격을 갖는 국가들의 결합이다.

11. 국가연합(confederation of state)은 설립조약이 부여하기로 한 범위 내에서만 국제법적 능력을 가지고, 독자적인 국제법상의 법인격을 갖지 못한다. [15 경찰]

해설 회원국들이 여전히 국제법인격을 갖는 완전한 주권국가이다. 그러나 국가연합도 회원국들의 포괄적 권한을 대표하기 때문에 외교사절의 접수와 같은 일부 목적을 위해서는 국제법 주체로서 취급될 수 있다.

답 ○

12. 피보호국(protected state)은 국제법상 국가의 자격을 상실하며 보호국이 피보호국의 영토관할권을 행사하게 된다. [15 경찰]

해설 보호국과의 조약에 의해 외교능력이 제한되는 국가를 피보호국이라 한다. 따라서 국가의 자격을 상실하는 것도 아니고 보호국이 영토관할권을 행사하는 것도 아니다.

답 ×

13. 스위스는 국제조약을 통해 영세중립국의 지위를 인정받았음에 비해 오스트리아는 국내법으로 영세중립을 다른 국가에 통고하는 형식을 취하였다. [15 경찰]

해설 스위스는 1815년 비엔나 조약에서 이해관계국이 스위스의 영세중립을 승인하고 스위스가 이 조약에 가입함으로써 영세중립국이 되었고, 2002년 UN에 가입하였다. 오스트리아는 1955년 국내법에 의해 중립 선언 후 국가들이 승인하였다.

답 ○

14. 스위스는 영세중립국의 지위와 UN 회원국의 지위가 조화되지 않는다는 이유로 지금도 UN에 가입하고 있지 않다. [16 7급]

해설 영세중립국인 스위스도 2002년 UN에 가입하였다.

답 ×

제3절 반란단체

15. 1914년 제1차 세계대전이 일어날 때까지 분리독립에 의하여 국가가 탄생한 예가 없다. [15 7급]

해설 18~20세기 초까지 "본국의 강력한 반대"에도 불구하고 일방적으로 독립을 선언한 수많은 예가 존재하였다. 답 X

16. 전쟁이나 무력항쟁을 통해 분리주의자들의 분리 독립이 성공하기도 하는데, 1993년에 에디오피아로부터 에리트리아가 독립을 얻어 냈고, 2002년에 인도네시아로부터 동티모르가 독립하였다. [12 경찰]

해설 20세기 중반 이후, 비자치지역 인민, 외국 점령하의 인민들에게 분리권을 인정하는 방향으로 자결권이 발전되었고, 더 나아가 자결권과 관련 없이도 독립이 이루어진 예가 있다. 답 O

17. 어느 국가의 중앙정부가 그 국가 영역 내 특정 지역을 통제하는 지방 조직을 국가로 승인하는 경우 그 지역에서 국가가 탄생한다. [15 7급]

해설 중앙정부로부터의 승인이 있다면 내정간섭의 문제가 없으므로 새로운 국가로서의 탄생을 인정할 수 있다. 답 O

18. 어느 국가의 영토 일부 및 그 영토상의 주민이 분리독립하는 경우 그 국가의 계속성은 소멸한다. [15 7급]

해설 분리독립이란 A국가의 존속은 유지되는 상황에서 A국의 일부 영토에서 B국가가 탄생하는 것을 말한다. 따라서 A국가의 계속성이 소멸하는 것이 아니다. 답 X

19. 1945년 제2차 세계대전이 종결된 이후 자결권 행사를 통해서 분리독립이 실현된 예가 없다. [15 7급]

해설 20세기 중반 이후, 비자치지역 인민, 외국 점령하의 인민들에게 분리권을 인정하는 방향으로 자결권이 발전되었고, 1971년 파키스탄으로부터 분리 독립한 방글라데시 등의 예가 있다. 답 X

20. 1965년 UN 안전보장이사회는 인종차별적 소수 백인국가인 로디지아를 승인하지 말 것을 요구하는 결의를 채택하였다. [12 7급]

해설 안전보장이사회는 1965년 11월 12일 결의 216에서 남로디지아의 불법적인 인종차별 소수파정권을 승인하지 말 것을 모든 국가들에게 요청하기로 결정하였으며, 같은 달 20일 결의 217에서는 이 불법당국을 승인하지 말 것과 그와는 외교 혹은 기타 관계를 맺지 말 것을 모든 국가들에게 요청한 바 있다. 답 O

제4절 국제기구

I 서 설

21. 국제법상 일반적으로 국제기구라 함은 정부간 국제기구를 의미한다. [07 7급]

해설 69년 조약법협약 제2조 1항은 국제기구라 함은 정부간기구를 의미한다고 규정하고 있다. 답 O

22. 국제법상 다국적기업 역시 국제기구에 속한다. [07 7급]

해설 국제기구란 두 개 이상의 국가가 합의를 통하여 일정한 목적을 달성하기 위하여 일정한 임무를 부여하여 설립한 상설결합체를 말한다. 흔히 정부간기구로 칭한다. 답 ×

23. 정부간 국제기구는 일반적으로 총회, 이사회(집행기구), 사무국의 조직을 갖는다. [11 9급]

해설 기구의 영속성을 상징하는 사무국, 모든 회원국으로 구성되는 총회, 일부 소수 회원국으로 구성되는 집행이사회 등 세 기관으로 구성되는 것이 보통이며, 때로 자신의 사법기관을 보유하기도 한다. 답 ○

24. 국제기구는 일반적으로 그 기구의 설립조약을 가지고 있다. [08 9급]

해설 통상 조약에 의하여 국제기구가 수립되고 있지만, 먼저 조약 없이 수립되었다가 설립조약이 나중에 체결되거나, 국가들의 회의에서 채택된 결의를 통해 수립되는 경우도 생겨나고 있다. 따라서 국내법에 의하여 규율되는 문서를 통해 설립되는 기구는 나중에 조약 또는 국제법에 의하여 규율되는 기타 문서가 채택되고 발효되기까지는 국제기구가 아니다. 답 ○

25. 국가의 포괄적 법인격에 비해 국제기구의 법인격은 상대적으로 그 범위가 제한적이다. [11 9급, 16 7급]

해설 국제기구의 법인격은 국가의 국제인격처럼 포괄적인 것이 아니라 설립조약에 명시적 혹은 묵시적으로 규정되어 있는 범위 내에서만 인정된다는 점에서 제한적이고 파생적이다. 답 ○

26. 정부간 국제기구의 회원자격은 일반적으로 국가에게만 인정된다. [11 9급]

해설 69년, 86년 비엔나협약에는 국제기구라 함은 정부 간 기구를 의미하는 것으로 되어 있어 회원자격은 국가에게만 인정되는 것이 일반적이다. 다만 2011년 ILC의 "국제기구의 책임에 관한 규정초안" 제2조는 이러한 표현을 의도적으로 회피하고 있는데 오늘날에는 국가와 더불어 비국가적 실체들도 회원으로 받아들이는 기구들이 늘어나고 있는 것을 반영한 것이다. 따라서 국가의 참여는 필수적이며 비국가적 실체를 추가회원으로 거느릴 수 있다. 답 ○

27. 국제법위원회(ILC) 국제기구의 책임에 관한 규정 초안에 의하면, 국제기구는 회원으로서 국가 이외에 다른 실체를 포함할 수 있다. [14 9급, 22 7급]

해설 국가의 참여는 필수적이며 비국가적 실체를 추가회원으로 거느릴 수 있다. 즉 국제기구들만을 회원으로 하는 국제기구는 인정되지 않는다. 이때 추가회원에는 국제기구, 영토, 사적 실체가 모두 포함되는데, 국제기구가 조약 혹은 국제법에 의하여 규율되는 기타 문서에 의하여 수립된다고 해서 그 같은 국제문서의 채택에는 참여할 능력이 없는 사적 실체가 그렇게 수립된 기구의 회원이 되는 것을 막는 것은 아니다. 답 ○

Ⅱ 국제기구의 법인격

28. 복수 국가의 합의로 설립된 모든 기구는 독자적 법인격이 자동적으로 인정된다. [19 7급]

해설 국제사회에는 국내법 질서와 달리 어떤 기구가 법인격을 가졌는가를 판정해 주거나 등록을 받는 제도가 없으므로 이는 1차적으로 각 국제기구의 헌장을 근거로 판단한다. 헌장에 법인격에 관한 명시적 조항이 없으면 기구의 목적, 기능, 권한 등을 기준으로 추정할 수밖에 없다. 복수 국가의 합의로 설립된 기구라 하여 항상 독자적 법인격을 갖지는 않는다. ICJ도 1992년 *Case concerning General Phosphate Lands in Nauru* 사건에서 호주, 뉴질랜드, 영국 3개국의 합의로 설립된 기구가 국제법상의 법인격을 갖지 않는다고 판단하였다.

답 X

29. **기구는 별도의 법적 조치나 합의 없이도 모든 회원국 내에서 국내법상 법인격을 가진다.** [17 9급, 20 7급]

해설 조약을 통하여 국내적 법인격을 약속받고 있다. UN헌장 104조를 비롯해 설립조약이나 특별조약에서 국제기구의 국내적 법인격을 명시하는 경우들이 있다. 다만 국내적 법인격을 어떻게 인정할 것인지는 각 회원국의 헌법문제이다. 나아가 어떤 국제기구가 조약에 의해 회원국 영토 내에서 법인격을 부여받았다고 해서 비회원국의 영토 내에서도 당연히 법인격을 향유하는 것은 아니며, 국제기구에 속한 회원국의 국내법상 법인격까지 인정받게 되는 것은 아니다.

답 X

30. **국제기구는 특정 국가 내에서 법인격을 인정받기 위해 많은 경우 설립헌장에 그 근거를 두고 있다.** [16 7급]

해설 국제기구가 특정국가 내에서 그 국가의 국내법상 향유하는 권리의무 능력을 가지는 것을 국내적 법인격이라고 하는데, UN헌장 104조를 비롯해 설립조약이나 특별조약에서 국제기구의 국내적 법인격을 명시하는 경우들이 있다. 다만 국내적 법인격을 어떻게 인정할 것인지는 각 회원국의 헌법문제이다. 나아가 어떤 국제기구가 조약에 의해 회원국 영토 내에서 법인격을 부여받았다고 해서 비회원국의 영토 내에서도 당연히 법인격을 향유하는 것은 아니다.

답 O

31. **국제기구가 소재지국과 조약 체결을 통해 국내법상 법인격을 부여받게 되는 경우에는 그 기구에 속한 모든 회원국의 국내법상 법인격을 인정받게 된다.** [15 7급]

해설 어떤 국제기구가 조약에 의해 회원국 영토 내에서 법인격을 부여받았다고 해서 비회원국의 영토 내에서도 당연히 법인격을 향유하는 것은 아니며, 국제기구에 속한 회원국의 국내법상 법인격까지 인정받게 되는 것은 아니다.

답 X

32. **국제기구는 법인격 보유 여부에 관계없이 그 회원국과 별개의 법적 실체로 인정된다.** [14 9급, 16 7급]

해설 국제기구가 회원국과 별개의 법적 실체로 인정되려면 법인격을 보유하여야 한다.

답 X

33. **국제법상 국제기구는 법인격을 향유할 수 있다.** [07 7급]

해설 국제기구가 국제관계에서 회원국들과는 별개로 권리의무를 담당하고 법률행위를 수행하는 국제법상 인정된 자격을 말한다.

답 O

34. **국제기구의 법인격은 기구의 목적과 기능, 실행 등을 통해 묵시적으로 인정되기도 한다.** [16 7급]

해설 국가들은 국제기구의 국제적 법인격을 인정하는 데 소극적이어서 설립조약에서 이를 명시하는 경우는 드물며, 묵시적으로 표현되는데, UN헌장 제43조, 제105조, 제25조등의 규정은 UN의 국제적 법인격을 전제한 것이다.

답 O

35. **UN 헌장에는 UN의 국제법상 법인격을 부여하는 직접적인 명문 규정이 없음에도 UN의 목적, 직무, 권한 등에 따라 UN의 국제법상 법인격이 인정되고 있다.** [15 7급]

해설 UN헌장 제43조(조약체결권), 제105조(특권과 면제), 제25조 안전보장이사회의 결정이 회원국에 구속력을 가진다는 규정 등은 UN의 국제적 법인격을 전제한 것이다. 답 O

36. **국제기구는 기구의 목적 및 기능과 충돌하는 권한을 묵시적으로 부여받은 것으로 추론될 수 없다.** [19 7급]

해설 국제기구는 그 설립조약에 명시적으로 규정되고 있는 목적의 달성과 임무수행에 필요한 범위에 한해서 조약을 체결할 수 있는 것이다. 그러나 일반국제법상 국제기구는 비록 설립조약에 명시적으로 규정되지 않아도 그 목적 달성이나 임무 수행과 관련하여 필수적인 것으로 여겨지는 권한을 갖는 것으로 인정되어야 한다. 이를 묵시적 권한의 원칙이라고 한다. 단 기구의 명시적 목적이나 기능과 충돌되는 권한이 묵시적으로 부여되었다고 해석될 수는 없다. 답 O

37. **UN 헌장 제43조의 조약체결권과 제105조의 목적달성에 필요한 특권과 면제에 대한 권한 부여는 UN의 국제법상 법인격을 전제로 한 것이다.** [15 7급]

해설 UN헌장 제43조(조약체결권), 제105조(특권과 면제), 제25조 안전보장이사회의 결정이 회원국에 구속력을 가진다는 규정 등은 UN의 국제적 법인격을 전제한 것이다. 답 O

38. **국제기구의 법인격은 고유권한설에 따르면 그 목적과 역할의 범위 내에서 당연히 인정된다.** [14 9급]

해설 객관적 법인격설은 국제기구의 법인격은 그 회원국들의 합의에 종속되는 것이 아니라 국제기구의 고유한 속성으로부터 나오는 것으로서 일반국제법상 확립된 객관적 성질을 가지는 것이므로 회원국은 물론 비회원국들에 대해서도 유효하게 원용할 수 있다는 입장이다. 답 O

39. **UN은 국제조직의 하나로서 조약인 '헌장'에 의거하여 창설되었기 때문에 '파생적' 국제법 주체이며 따라서 그 법인격은 회원국에 대해서만 인정된다고 보는 것이 일반적이다.** [13 경찰, 21 9급]

해설 국제기구의 법인격은 포괄적인 것이 아니라 설립조약에 명시되거나 또는 묵시적으로 추론되어지는 범위 내에서만 인정된다는 점에서, 국제기구는 어디까지나 그 설립조약에 참여하고 있는 국가들의 의사에 의하여 제한을 받는 파생적 인격체로서의 본질을 가지고 있다고 해야만 할 것이다. 그러나 ICJ는 1949년 *Reparation for Injuries Suffered in the service of the UN*사건에서 국제공동체의 대다수 구성원을 대표하는 국가들은 국제법에 따라, 단지 그들만에 의해 승인된 인격뿐만 아니라, 국제청구를 제기할 자격과 함께 객관적 국제인격을 보유한 하나의 실체를 창설할 권한을 가지고 있다고 하여, 적어도 UN만큼은 객관적 법인격성을 가진다. 답 X

40. **ICJ는 Certain Expenses of the United Nations 사례에서 UN의 목적을 달성하는 데 필요한 권한에 묵시적 권한의 이론을 인정하지 않았다.** [22 7급]

해설 1949년 *Reparation for Injuries Suffered in the service of the UN*에서 "UN은 헌장에 명시되어 있는 권한 이외에 그 임무수행에 필요한 묵시적 권한을 갖는다. 따라서 국가가 자국민을 위한 외교보호의 권리를 갖는다면, UN은 소속공무원을 위한 직무보호의 권리를 갖는다."고 하였다. 1962년 *Certain Expen* *ses of the United Nations* 사건에서 평화유지군(PKO)에 대해 헌장 제7장에 의거한 강제행동은 아니지만, 구체적인 법적근거에 대해 명확한 입장을 밝히지는 않으면서 총회도 PKO 결정을 할 수 있다고 하였다.

답 ×

41. UN은 자신의 직원이 입은 손해에 대하여 직무보호권을 행사할 수 있다. [13 9급, 13 경찰]

해설 UN은 헌장에 명시되어 있는 권한 이외에 그 임무수행에 필요한 묵시적 권한을 갖는다. 따라서 국가가 자국민을 위한 외교보호의 권리를 갖는다면, UN은 소속공무원을 위한 직무보호의 권리를 갖는다. 답 ○

Ⅲ 국제기구의 국제법적 지위

42. 국제기구는 국제법의 주체로서 조약 체결권 및 손해배상 청구권을 가질 수 있다. [15 경찰]

해설 국제기구는 일반적으로 조약체결권을 가지고 있는데, 국제기구의 설립조약 또는 기타 내부 규정에 의하거나, 명시적 규정이 없는 경우에도 당해 국제기구에 부여되고 있는 임무를 효율적으로 수행하기 위한 권능으로 조약체결권이 묵시적으로 인정되고 있다. 국제기구는 법인격을 향유함으로써 자신이 입은 손해에 관하여 국제적인 청구를 제기하거나 또는 위법행위에 의한 손해발생에 대하여 스스로 책임을 지는 등, 능동적 또는 수동적 당사자능력 및 적격을 인정받는다.

답 ○

43. UN은 다른 국제법주체에 대한 국제청구를 제기하여 자신의 권리를 지킬 능력을 가지고 있다. [13 경찰, 15 7급]

해설 1949년 *Reparation for Injuries Suffered in the service of the UN*사건. 답 ○

44. 정부간 국제기구는 설립목적의 범위 내에서 헌장이 명시하지 않은 권한을 행사할 수 있다. [11 9급]

해설 UN의 직무보호권이 대표적인 예이다. 답 ○

45. 국제기구는 일반적으로 그 목적달성과 임무수행에 필요한 경우 조약을 체결할 수 있다. [08 · 13 · 17 9급, 13 경찰]

해설 국제기구는 일반적으로 조약체결권을 가지고 있는데, 국제기구의 설립조약 또는 기타 내부 규정에 의하거나, 명시적 규정이 없는 경우에도 당해 국제기구에 부여되고 있는 임무를 효율적으로 수행하기 위한 권능으로 조약체결권이 묵시적으로 인정되고 있다. 답 ○

46. 1986년 국가와 국제기구간 또는 국제기구 상호간의 조약법에 관한 비엔나협약 제6조에 따라 국제기구의 조약 체결능력은 그 기구의 규칙에 따르는바, 국제기구는 설립 조약상의 명문 규정 이상으로 조약체결권을 행사할 수 없다. [20 7급]

해설 국제기구는 일반적으로 조약체결권을 가지고 있는데, 1986년 국제기구의 조약법에 관한 비엔나협약 제6조는 기구의 조약 체결능력은 "기구의 규칙(the rules of that organization)"에 따른다고 규정하고 있는데, 이때의 "rules"에는 설립협정 외에도 그에 따라 채택된 결정과 결의 및 확립된 관행까지 포함함을 의미한다(동 협약 제2조 1항 j호). 따라서 국제기구는 설립조약상의 명문의 규정 이상으로 조약체결권을 행사할 수 있다.

답 ×

47. 국제기구에게는 국제법상 특권 · 면제가 인정되지 아니한다. [08 9급]

해설 국제기구가 국제적 법인격을 가지고 국제사회에서 국가들과 유사한 기능을 수행하게 됨에 따라서 국제기구도 국가에 대하여 인정되고 있는 외교특권 및 면제에 준하는 특권·면제를 향유한다. 다만 국가의 특권·면제와 달리 특별한 조약 규정이 없는 한 국가가 이를 인정하여야 할 의무를 당연히 지는 것은 아니다. UN의 경우 제105조에 원칙적인 규정을 두고, 세부적인 사항은 「유엔의 특권·면제에 관한 협약」과 「전문기구의 특권·면제에 관한 협약」에서 규정하고 있다. 국가의 외교적 면제와 마찬가지로 국제기구의 면제도 포기될 수 있다.

답 ×

48. 기구의 특권과 면제는 기구가 회원국 공동의 이익을 위해 활동할 수 있도록 기구의 자유와 법적 안전을 보장하는 것이다. [17 9급]

해설 국제기구가 국제적 법인격을 가지고 국제사회에서 국가들과 유사한 기능을 수행하게 됨에 따라서 국제기구도 국가에 대하여 인정되고 있는 외교특권 및 면제에 준하는 특권·면제를 향유한다. 기구의 특권과 면제는 기구가 회원국 공동의 이익을 위해 활동할 수 있도록 기구의 자유와 법적 안전을 보장하는 것이다. 다만 국가의 특권·면제와 달리 특별한 조약 규정이 없는 한 국가가 이를 인정하여야 할 의무를 당연히 지는 것은 아니다. UN의 경우 제105조에 원칙적인 규정을 두고, 세부적인 사항은 「유엔의 특권·면제에 관한 협약」과 「전문기구의 특권·면제에 관한 협약」에서 규정하고 있다. 국가의 외교적 면제와 마찬가지로 국제기구의 면제도 포기될 수 있다.

답 ○

49. 국제기구가 국제적 청구능력을 가진다는 것이 국제사법재판소(ICJ)의 입장이다. [08 9급]

해설 국제기구는 법인격을 향유함으로써 자신이 입은 손해에 관하여 국제적인 청구를 제기하거나 또는 위법행위에 의한 손해발생에 대하여 스스로 책임을 지는 등, 능동적 또는 수동적 당사자능력 및 적격을 인정받는다.

답 ○

50. 국제기구도 손해배상청구권을 행사할 수 있다. [14 9급]

해설 국제기구는 법인격을 향유함으로써 자신이 입은 손해에 관하여 국제적인 청구를 제기하거나 또는 위법행위에 의한 손해발생에 대하여 스스로 책임을 지는 등, 능동적 또는 수동적 당사자능력 및 적격을 인정받는다.

답 ○

51. UN은 독립된 국제법 주체로서 그 회원국들과는 별도로 독자적인 책임능력을 갖는다. [13 경찰]

해설 국제기구가 제3자에게 끼친 손해에 대해 그 회원국은 국제기구와 별개의 법인격을 향유하므로 책임을 부담하지 않는다. 다만 설립조약에서 명시적으로 혹은 묵시적 규정이 있거나, 사건발생 후 달리 합의하거나, 혹은 국제기구를 만든 다음 이를 통해 책임을 회피하려고 의도한 경우 등이라면 책임을 부담할 수 있다.

답 ○

Ⅳ 비정부간기구

52. 국제법상 비정부간 국제기구는 설립지의 국내법에 의하여 규율된다. [07 7급]

해설 오늘날 비정부국제기구의 설립이나 법적 지위를 규율하는 국제법 규칙은 존재하지 않으며, 그것이 설립되는 국가의 국내법에 따라 규율된다. 따라서 비정부국제기구는 그들이 수행하는 국제적 역할에도 불구하고 국제인격을 향유하지 못하며, 각국의 국내법의 상이성 때문에 그 국제적 활동과 관련하여 여러 문제가 야기되고 있는 것은 사실이다. 답 O

53. 국제적십자위원회(ICRC)는 민간단체로 출발했으나, 오늘날 정부 간 국제기구에 준하는 국제법 주체성을 인정받는 독특한 존재이다. [20 7급]

해설 국제적십자위원회는 스위스에서 민간단체로 1863년 창설된 이래, 1949년 4개의 제네바협정과 1977년 2개의 추가의정서에 의하여 국제적 인격도 인정받고 국가나 국제기구들과 조약도 체결하고 있으므로 이미 국제적 법인격을 향유한다고 볼 수 있다. 한국 역시 2018년 ICRC와 조약을 체결해 한국 내에서 ICRC를 정부간 기구의 지위를 인정하기로 하고, 공관의 불가침 등 특권과 면제를 부여하기로 합의했다. 답 O

제5절 자결권을 행사하는 민족

Ⅰ 서 설

54. 국가를 구성하지 못한 일정 범주의 민족도 제한된 범위 내에서 국제인격을 갖는다. [15 경찰]

해설 민족은 조약을 체결할 수 있으며, 권리능력의 범위는 제한적인 국제법 주체이다. 답 O

Ⅱ 민족해방운동단체의 요건

Ⅲ 민족해방기구의 권리의무

Ⅳ 민족해방운동의 확대문제

제6절 소수자와 토착민

Ⅰ 서 설

Ⅱ 소수자 보호를 위한 국제규범

Ⅲ 결 어

제7절 개 인

Ⅰ 개인의 국제법상 권리

55. 국가가 자국민을 위하여 발동할 수 있는 외교보호의 권리는 개인의 국제법적 지위가 인정되지 않고 따라서 스스로 권리 구제를 청구할 수 있는 수단이 없다는 전제에서 성립된 것이다. [12·13 경찰]

해설 외교적 보호권이란 자국민이 외국에서 입은 손해를 국가가 자신의 간접손해로 인정하여, 가해국에 대해 적절한 구제를 요구할 수 있는 '국가'의 국제법상 권리이다. 개인의 국제법적 지위가 인정되지 않고 따라서 스스로 권리 구제를 청구할 수 있는 수단이 없다는 전제에서 성립된 것이다. 답 O

56. **국가의 주권을 절대적으로 인정하면 국제 사회의 문제를 해결할 수 없어 국제기구의 국제법 주체성은 점점 증대되고 있지만, 개인의 국제법 주체성은 점점 축소되고 있다.** [11 경찰]

해설 개인의 국제법 주체성도 점점 확대되고 있다. 답 X

57. **권리 측면에서 보면, 국제법 주체로서의 개인의 법적 지위는 주로 제2차 세계대전 이후 국제인권법의 발달에 따라 확립되기 시작하였으나, 개인의 국제법상 의무는 이미 전통 국제법 시기부터 인정되어 왔다.** [13 경찰]

해설 개인의 국제법상 권리가 대체로 2차대전후의 현상이지만, 의무는 전통국제법하에서부터 인정되어 왔다. 답 O

58. **개인은 제한적·능동적 주체로 인정받고 있다.** [12·15 경찰]

해설 개인은 조약을 체결할 수 없는 수동적 주체이다. 답 X

59. **국제법상 개인의 법적 구제절차는 여전히 제한적으로만 인정되고 있으나, 유럽연합사법재판소(ECJ)와 유럽인권재판소(ECHR)에서는 개인의 제소권이 인정되고 있다.** [13 경찰]

해설 국제법원에 대한 출소권은 1907년 중미사법법원이 최초 인정된 이래 혼합 중재재판소, 유럽인권재판소, 유럽사법재판소(1심에 한함), UN행정법원, ILO노동법원, 국제해양법재판소의 심해저 분쟁재판부, 국제투자분쟁해결센타(ICSID)의 중재 패널에서 인정되고 있다. 답 O

60. **국제투자분쟁해결본부(ICSID)는 개인이 권리구제를 위해 직접이용이 가능한 국제기구이다.** [16 경찰]

해설 1965년 국제부흥개발은행(IBRD)는 국가와 타국국민간의 투자분쟁해결에 관한 협약을 채택하였으며, 이 협약에 의거하여 개인과 타국정부 사이의 투자분쟁을 심리하기 위한 투자분쟁해결을 위한 국제본부(International Centre for Settlement of Investment Disputes : ICSID)가 설치되었다. 답 O

61. **국제법이 개인에게 권리를 부여한 경우 그 절차적 권리도 예외 없이 인정하고 있다.** [11 경찰]

해설 국제법상 직접제소권이나 청원권이 인정되는 경우에도 그 판결·결정의 집행의 권리는 개인에게 인정되지 아니한다. 개인의 이와 같은 제한된 절차적 권리는 단지 조약에 의해서만 허용되고 있지, 아직 관습법으로부터 나오는 권리가 아니다. 답 X

Ⅱ 개인의 의무

62. **국제법이 일정한 행위를 하지 않도록 개인에게 직접 의무를 부과하는 것은 제2차 세계대전 전에도 인정되었다.** [11·12 경찰]

해설 개인의 국제법상 권리가 대체로 2차대전후의 현상이지만, 의무는 전통국제법하에서부터 인정되어 왔다. 예컨대 해적행위금지의무, 전쟁법준수의무, 침략전쟁 및 무력사용금지의무, 집단살해금지의무, 중립 준수의무, 전시 금제품 수송금지의무 등이 있다. 답 O

63. 국가의 기관인 공무원으로 국제법을 위반한 경우에는 국가만이 국제법 위반의 책임을 지고 개인이 국제법에 의해 직접 처벌되지는 않는다. [11 경찰]

해설 전통국제법에서부터 개인도 국제법에 따라 처벌은 받아왔다. 답 X

64. 국제법을 위반한 개인에 대해 각국의 국내법원에서 처벌하도록 하는 것도 있지만 국제재판소가 직접 처벌하도록 하는 것도 있다. [11 경찰]

해설 개인을 처벌하는 임시형사재판소가 여러 번 설립되었고, 2002년 상설적인 형사재판소가 국제형사재판소(ICC)가 설립되었다. 답 O

65. 개인에 대한 국제법상의 의무 위반에 대한 처벌을 위하여 2002년 국제형사재판소(ICC)가 설치되었으며, 이 형사재판소가 개인의 국제범죄 처벌을 위한 최초의 국제재판소이다. [13 경찰]

해설 제1차세계대전이후 개인의 국제법주체성이 문제된 주된 이유는 개인의 형사책임능력의 인정 때문이었다. 제2차세계대전 후 전범의 처벌을 위한 뉘른베르크국제형사재판소, 동경극동국제형사재판소등이 그 예이다. 현재는 2002년 7월 1일 설립된 국제형사재판소(ICC : International Criminal Court)가 최초이자 유일한 상설국제형사재판소이고, 기타 안전보장이사회의 결의로 탄생한 구유고국제형사법원(ICTY), 르완다국제형사법원(ICTR), 시에라리온특별법원이 있다. 답 X

66. 중요한 국제법 규칙을 위반한 개인에게 국제책임이 성립될 수 있다는 원칙 자체는 일반적으로 수용되고 있다. [20 9급]

해설 현대국제법에 와서는 개인도 국제책임을 진다는 법리가 확립되었다. 답 O

제7장 국제법의 제 기본원칙

제1절 서 설

I UN헌장의 목적과 행동원칙

1. UN은 평화의 파괴로 이어질 우려가 있는 국제적 분쟁이나 사태의 조정 및 해결을 위하여 노력한다. [07 7급]

해설 국제평화와 안전을 유지하고, 이를 위하여 평화에 대한 위협의 방지, 제거 그리고 침략행위 또는 기타 평화의 파괴를 진압하기 위한 유효한 집단적 조치를 취하고 평화의 파괴로 이를 우려가 있는 국제적 분쟁이나 사태의 조정·해결을 평화적 수단에 의하여 또한 정의와 국제법의 원칙에 따라 실현한다(제1조 1항).

답 O

2. UN헌장 제1조상의 UN의 목적으로 사람들의 평등권 및 자결의 원칙에 대한 존중을 기초로 하여 국가간 우호관계를 발전시킨다. [07 7급]

해설 사람들의 평등권 및 자결의 원칙의 존중에 기초하여 국가간의 우호관계를 발전시키며, 세계평화를 강화하기 위한 기타 적절한 조치를 취한다(제1조 2항).

답 O

3. UN은 경제적 · 사회적 · 문화적 또는 인도적 성격의 국제문제를 해결하기 위하여 국제적 협력을 달성한다. [07 7급]

해설 경제적·사회적·문화적 또는 인도적 성격의 국제문제를 해결하고 또한 인종·성별·언어 또는 종교에 따른 차별없이 모든 사람의 인권 및 기본적 자유에 대한 존중을 촉진하고 장려함에 있어 국제적 협력을 달성한다(제1조 3항).

답 O

4. UN헌장 제1조상의 UN의 목적으로 정치적 또는 기타의 의견, 사회적 출신, 재산, 출생 등에 의한 어떠한 차별 없이 모든 사람의 인권 및 기본적 자유에 대한 존중은 촉진된다. [07 7급]

해설 인종·성별·언어 또는 종교에 따른 차별없이 모든 사람의 인권 및 기본적 자유에 대한 존중을 촉진하고 장려한다(제1조 3항).

답 X

5. 주권평등의 원칙은 UN 회원국이 준수해야 할 기본원칙으로 UN 헌장 제2조에 규정되어 있다. [07 · 12 9급, 20 경찰]

해설 제2조 1항.

답 O

6. 헌장상 의무의 성실한 이행 원칙은 UN 회원국이 준수해야 할 기본원칙으로 UN 헌장 제2조에 규정되어 있다. [07 9급]

해설 제2조 2항.

답 O

7. **분쟁의 평화적 해결 원칙은 UN 회원국이 준수해야 할 기본원칙으로 UN 헌장 제2조에 규정되어 있다.**
[07 · 12 9급, 15 · 20 경찰]

해설 제2조 3항.
답 O

8. **무력사용 금지의 원칙은 UN 회원국이 준수해야 할 기본원칙으로 UN 헌장 제2조에 규정되어 있다.**
[15 경찰]

해설 제2조 4항.
답 O

9. **국내문제 불간섭의 원칙은 「국제연합(UN)헌장」 제2조에 규정된 UN 및 그 회원국이 준수해야할 행동의 기본원칙이다.**
[12 9급, 15 · 20 경찰]

해설 UN의 불간섭은 제2조 7항, 국가의 불간섭은 제2조 1항 주권평등원칙에서 기인한다.
답 O

10. **국제환경보호의 원칙은 「국제연합(UN)헌장」 제2조에 규정된 UN 및 그 회원국이 준수해야할 행동의 기본원칙이다.**
[15 경찰]

해설
답 X

제2조
이 기구 및 그 회원국은 제1조에 명시한 목적을 추구함에 있어서 다음의 원칙에 따라 행동한다.
1. 기구는 모든 회원국의 주권평등 원칙에 기초한다.
2. 모든 회원국은 회원국의 지위에서 발생하는 권리와 이익을 그들 모두에 보장하기 위하여, 이 헌장에 따라 부과되는 의무를 성실히 이행한다.
3. 모든 회원국은 그들의 국제분쟁을 국제평화와 안전 그리고 정의를 위태롭게 하지 아니하는 방식으로 평화적 수단에 의하여 해결한다.
4. 모든 회원국은 그 국제관계에 있어서 다른 국가의 영토보전이나 정치적 독립에 대하여 또는 국제연합의 목적과 양립하지 아니하는 어떠한 기타 방식으로도 무력의 위협이나 무력행사를 삼간다.
5. 모든 회원국은 국제연합이 이 헌장에 따라 취하는 어떠한 조치에 있어서도 모든 원조를 다하며, 국제연합이 방지조치 또는 강제조치를 취하는 대상이 되는 어떠한 국가에 대하여도 원조를 삼간다.
6. 기구는 국제연합의 회원국이 아닌 국가가, 국제평화와 안전을 유지하는데 필요한 한, 이러한 원칙에 따라 행동하도록 확보한다.
7. 이 헌장의 어떠한 규정도 본질상 어떤 국가의 국내 관할권 안에 있는 사항에 간섭할 권한을 국제연합에 부여하지 아니하며, 또는 그러한 사항을 이 헌장에 의한 해결에 맡기도록 회원국에 요구하지 아니한다. 다만, 이 원칙은 제7장에 의한 강제조치의 적용을 해하지 아니한다.

Ⅱ 1970년 국가간 우호관계선언 결의

11. **인권존중 원칙은 UN 회원국이 준수해야 할 기본원칙으로 UN 헌장 제2조에 규정되어 있다.**
[07 · 12 9급, 20 경찰]

해설 헌장이나 1970년 국가간 우호관계선언 결의에서도 인권존중원칙은 규정되어 있지 않다.
답 X

Ⅲ 기본원칙의 상호관련성

제2절 주권평등원칙

Ⅰ 서 설

12. 주권면제는 국가의 주권평등 원칙에 토대를 둔 국제법 질서의 근본원칙이다. [19 9급]

해설 주권평등원칙의 논리적 귀결로 흔히 "대등한 자들은 서로에 대해 관할권을 갖지 못한다."는 격언으로 표현된다.
답 O

Ⅱ 내 용

13. IMF 총회에서의 SDR 할당은 국가평등의 원칙이 잘 반영되어 있다. [11 7급]

해설 SDR은 IMF가 창출하는 국제통화로 회원국, IMF 및 국제기구 등 공적부문에서만 사용된다. 보유국가는 국제수지 악화시 SDR을 다른 회원국으로부터 달러, 유로 등 교환성 통화로 교환할 수 있는데, 회원국들에게 지분비율에 비례해 배분된다.
답 X

14. 유럽이사회(European Council)에서의 의장선출은 국가평등의 원칙이 잘 반영되어 있다. [11 7급]

해설 유럽이사회 의장은 유럽이사회에서 가중다수결로 선출된다.
답 X

15. WTO 각료회의에서의 WTO 설립협정 제1부속서 다자간무역협정에 관한 해석결정 문제는 국가평등의 원칙이 잘 반영되어 있다. [11 7급]

해설 각료회의에서 해석에 관한 결정은 총의에 의하고 총의가 이루어지지 않은 경우 1국 1표에 따른 재적 3/4 다수결에 의한다.
답 O

16. IBRD 총회에서의 신회원국 가입승인 문제는 국가평등의 원칙이 잘 반영되어 있다. [11 7급]

해설 가중투표제가 채용되어 투표권은 출자의 규모에 따라 좌우된다.
답 X

제3절 국내문제불간섭원칙

Ⅰ 의 의

17. 국내문제불간섭 원칙은 주권평등 원칙을 보장하며 안정적인 국제질서를 유지하는 기능을 한다. [17 9급]

해설 국내문제불간섭 원칙은 주권평등 원칙을 보장하며 안정적인 국제질서를 유지하는 기능을 하는 것으로, 한 국가가 자기의 국내문제에 대하여 배타적 관할권을 가진다면, 모든 타국은 이 국가의 국내문제에 대하여 간섭하지 않을 의무를 부담한다는 것이다. 국가간 국내문제 불간섭은 UN헌장 제2조 1항의 주권평등 원칙에 기초하고, UN의 불간섭은 제2조 7항에 기초한다.
답 O

Ⅱ 국내문제의 개념

18. **국내문제는 국가의 대내적 문제와 대외적 문제를 포함하므로, 영토적 개념에 기반을 두지 않는다.** [20 9급]

해설 국가가 국내법에 의해 규율할 수 있는 사항은 영토 내로 한정되어 있는 것이 아니다. 즉 국가가 해외에서 출생하는 자국민의 자녀에게 국적을 부여하는 것처럼 영토 밖의 행위라 할지라도 국내문제가 될 수 있다. 나아가 국가가 그 영토 내에서 취하는 일체의 문제가 반드시 국내문제에 관련되는 것은 아니다. 예컨대, 외국인의 대우, 인권, 국가면제, 외교면제 등등에서 보는 바와 같이 국가에게는 자국영토 내에서라 할지라도 국제법의 규율로부터 자유롭지 못한 영역들이 있다. 답 O

19. **국내문제의 범위에 있어서 국가의 대외 문제도 포함되는가 여부에 관해 논란이 있으나 다수설은 대외 문제까지도 포함되는 것으로 본다.** [11 경찰]

해설 국가가 국내법에 의해 규율할 수 있는 사항은 영토 내로 한정되어 있는 것이 아니다. 즉 국가가 해외에서 출생하는 자국민의 자녀에게 국적을 부여하는 것처럼 영토 밖의 행위라 할지라도 국내문제가 될 수 있다. 나아가 국가가 그 영토 내에서 취하는 일체의 문제가 반드시 국내문제에 관련되는 것은 아니다. 예컨대, 외국인의 대우, 인권, 국가면제, 외교면제 등등에서 보는 바와 같이 국가에게는 자국영토 내에서라 할지라도 국제법의 규율로부터 자유롭지 못한 영역들이 있다. 답 O

20. **전통적으로 인정되어온 국내 관할 사항으로는 헌법상의 문제, 관세문제, 외국인의 출입과 이민 문제, 국적 문제 등이 있다.** [11 경찰]

해설 어떤 문제가 오로지 한 국가의 국내관할권에 속하는가는 본질적으로 상대적인 문제로서 그것은 국제관계의 발전에 따라 가변적이다(1923. PCIJ. *Nationality Decrees issued in Tunis and Moroco* 사건). 국제사회가 발전될수록 국내문제의 범위는 축소될 수밖에 없다. 전통적으로 전속적 국내문제로 인정되었던 인권, 관세, 국적 등의 문제 등에 관한 조약들이 체결되어 있는 것은 국내문제가 본질적으로 상대적 개념인 것을 대변하고 있는 증거이다. 답 O

21. **국적의 부여 요건을 정하는 것은 원칙적으로 각국의 국내문제이다.** [07 9급]

해설 1930년 국적법 충돌의 일정문제에 관한 헤이그협약 제1조는 "누가 자기 나라 국민인가는 각 국가가 자국법에 의거하여 결정한다."고 규정하고 있다. 다만 유동적이고 상대적인 개념이다. 답 O

22. **국내문제인가의 여부는 고정적이고 불변적이 아니라 유동적이고 가변적이다.** [17 9급]

해설 어떤 문제가 오로지 한 국가의 국내관할권에 속하는가는 본질적으로 상대적인 문제로서 그것은 국제관계의 발전에 따라 가변적이다(1923. PCIJ. *Nationality Decrees issued in Tunis and Moroco* 사건). 답 O

23. **상설국제사법재판소(PCIJ)는 "국내문제와 국제문제 사이의 경계설정은 본질적으로 상대적인 문제로서 그것은 국제관계의 발전에 따라 가변적이다."라고 권고적 의견을 제시한 바 있다.** [09 · 14 7급]

해설 어떤 문제가 오로지 한 국가의 국내관할권에 속하는가는 본질적으로 상대적인 문제로서 그것은 국제관계의 발전에 따라 가변적이다(1923. PCIJ. *Nationality Decrees issued in Tunis and Moroco* 사건). 답 O

24. 인권문제의 국제화는 오늘날 국제사회에서 국내문제불간섭원칙이 약화된 원인이라고 볼 수 있다. [08 9급]

해설 전통적으로 전속적 국내문제로 인정되었던 인권, 관세, 국적 등의 문제 등에 관한 조약들이 체결되어 있는 것은 국내문제가 본질적으로 상대적 개념인 것을 대변하고 있는 증거이다. 답 O

25. 세계경제의 통합과 국제화는 오늘날 국제사회에서 국내문제불간섭원칙이 약화된 원인이라고 볼 수 있다. [08 9급]

해설 전속적 국내문제는 점점 좁아지고 있다. 답 O

26. 국제기구와 비정부기구(NGOs)의 활발한 활동은 오늘날 국제사회에서 국내문제불간섭원칙이 약화된 원인이라고 볼 수 있다. [08 9급]

해설 현대국제법에서의 국제기구와 비정부기구의 활동은 각국의 국내문제에 대한 배타적 관할권을 약화시키는 현상이다. 답 O

27. 국제연합(UN)헌장 제2조 제7항의 폐기는 오늘날 국제사회에서 국내문제불간섭원칙이 약화된 원인이라고 볼 수 있다. [08 9급]

해설 UN은 국제관심사 개념의 도입으로 국제연맹시절보다 더 많은 국내문제에 간섭하고 있지만, 헌장 제2조 7항이 폐기되지는 않았다. 답 X

Ⅲ 간섭의 의의

28. 일국이 타국의 문제에 개입할 경우 그것이 강제적인 것이 아닐지라도 간섭에 해당한다. [20 9급]

해설 간섭이란 일국 또는 복수의 국가가 국제법상 근거 없이 타국의 국내 문제에 그 의사에 반해 무력적·정치적·경제적 압력의 방법으로 자국의 의사를 "강요"하는 것을 말한다. 국내문제불간섭의 원칙이 적용되는 범위에는 UN기관에 의한 연구·토의·조사권한 등은 포함되지 않는다. 답 X

29. 국제사법재판소(ICJ)의 '니카라과에 대한 군사적 및 준군사적 활동사건'은 국내문제불간섭원칙과 관련 있는 국제판례이다. [09 7급]

해설 국제사법재판소는 1986년 *Military and Paramilitary Activities in and against Nicaragua* 사건에서 "재정지원, 훈련, 무기제공, 첩보 및 병참지원을 통하여 니카라과 내 콘트라반군의 군사적·준군사적 활동에 대해 부여한 미국의 지원은 불간섭원칙의 명백한 위반을 구성한다."라고 판결하여 군사적, 준군사적 간섭뿐만 아니라 경제적 간섭도 금지된다는 점을 확인하였다. 답 O

30. 국제사법재판소(ICJ)는 1986년 Nicaragua 사건에서 미국의 니카라과에 대한 경제원조의 중단은 관습법상 동 원칙의 위반으로 볼 수 없다고 판결하였다. [14 7급, 20 9급]

해설 국제사법법원은 1986년 *Military and Paramilitary Activities in and against Nicaragua* 사건에서 미국이 니카라과 정부에 대해 취한 경제원조의 일방적 중단은 관습법상의 불간섭원칙으로 볼 수 없다고 판결하였다. 경제원조는 그 자체 "일방적이고 자발적 성격의 것"으로서, "조약이나 기타 특별의무에 의하여 요구되지 않는 한" 일방적으로 중단될 수 있기 때문이다. 답 O

31. **적법한 간섭의 예로는 자위를 위한 간섭, 조약에 기한 간섭, 권리 남용에 대한 간섭, 정통 정부의 요청에 의한 간섭 등을 들 수 있다.** [11 경찰]

해설 조약에 의한 간섭, 권리남용에 대한 간섭, 국제법위반에 대한 간섭, 정통정부의 유효한 요청에 의한 간섭, 자위권에 의한 간섭, 헌장 제7장 상의 간섭은 허용되는 간섭이다. 답 O

Ⅳ UN의 불간섭의무

32. **UN에 대해서는 불간섭원칙이 적용되지 않기 때문에 회원국의 국내문제에 언제든지 개입할 수 있다.** [13 경찰]

해설 UN헌장 제2조 7항은 UN의 회원국에 대한 불간섭의무를 두고 있다. 답 ×

33. **국내문제불간섭의 원칙은 국제연맹규약 제15조 제8항과 UN헌장 제2조 제7항에 규정되어 있다.** [09 7급, 09 9급]

해설 답 O

	국제연맹규약 제15조 8항	국제연합헌장 제2조 7항
적용범위	국가 간의 분쟁	본질적 국내문제
국내문제결정기준	국제법	규정 없음
전속관할권범위	전적인 국내문제	문언상 확대, 그러나 국제관심사 개념도입으로 좁게 해석
국내문제판단주체	1차 당사국, 2차 연맹이사회	의제로 올려진 각 기관
예외조치허부	비국제적 무력충돌에 개입불가	강제조치 가능

34. **국제연맹 규약은 전적으로 국내문제에 대한 간섭을 금지한다.** [17 9급]

해설 국제연맹규약 제15조 8항은 전적인 국내문제에 간섭할 수 없도록 함으로써 국내문제 전속관할권이 좁았다. 답 O

35. **본질적으로 국내 관할권에 속한 사항에 대하여는 UN도 간섭할 수 없다.** [09·20 9급, 14 7급]

해설 헌장 제2조 7항. 다만 국제관심사 개념으로 많은 국내문제에 간섭을 정당화하고 있다. 답 O

36. **UN헌장은 무엇이 국내문제인지에 대한 결정 권한을 안전보장이사회에 부여하고 있다.** [09 7급, 09 9급, 11 경찰]

해설 LN은 1차적으로 각 당사국이 판단하고, 2차적으로 연맹이사회가 판단한다. UN에서는 판단권이 의제로 올려진 각 기관에 있는 것으로 해석된다. 답 ×

37. **국내문제로 발생한 사건이 국제평화와 안전을 파괴하거나 위협하는 경우에는 UN의 강제조치가 적용될 수 있다.** [09 · 17 · 21 9급, 14 7급]

해설 UN 제7장의 강제조치가 발동되기 위한 평화에 대한 위협에 대해 종래 '국제'평화만을 대상으로 한정하였으나, 냉전 종식 이후에는 평화에 대한 위협의 개념을 확장하여 국제문제에 대한 자신의 개입 폭을 확대해 왔다. 무력분쟁 상황에서 민간 주민에 대한 고의적 공격이나 국제인도법과 국제인권법의 체계적이고 악의적이며 광범위한 위반도 국제평화에 대한 위협이 될 수 있다(결의 1296호). 결국 국가 간 무력충돌, 국제적으로 파급되는 일국내의 내전(결의 688호, 쿠르드족 사태), 국제적 파급이 없더라도 심각한 인권침해를 동반하는 국내적 무력사용(결의 794호, 소말리아사태)등을 평화에 대한 위협으로 결정하고 있다. 또한 민간항공기 폭파(로커비 사건, 결의 748호), 북한의 핵실험 등도 인정한 바 있다. 나아가 2007년 "에너지, 안전 그리고 기후"란 제목 하에 기후변화에 대해 처음 공개 토의를 개최한 이래, 2014년 결의 2177을 통해 아프리카에서의 전대미문 규모의 에볼라 발생이 국제평화와 안전에 대한 위협을 구성한다고 결정하였듯이 경제, 사회, 인도 및 생태 분야에서의 안정까지를 포함한다. 답 O

38. **정당성이 없거나 억압적인 체제에 대항하고, 민주적 정부체제를 지지하거나 수립하기 위한 무력개입은 국제관습법에서 인정된다.** [14 9급]

해설 한 국가의 대규모적인 인권침해는 더 이상 국내문제로 볼 수는 없지만, 인도적 개입은 그 자체로 대상국의 정치적 독립성을 침해하는 행동인데, 이 같은 행위가 UN 헌장 목적과 일치되는지 의심스럽다. 답 X

39. **어느 국가의 인도주의적 위기 사태로 인하여 발생한 다수의 실향민이나 난민에게 구호품이 안전하게 전달되도록 하기위하여 외국의 군대가 출동하는 경우 UN 안전보장이사회는 이를 불법적인 무력사용으로 간주하여 허가한 적이 없다.** [14 9급]

해설 개별국가에 의한 인도적 간섭과는 달리 UN안전보장이사회의 그 수권에 의한 회원국들의 인권보호를 위한 무력적 개입은 적법성과 정당성이 인정된다. 그 이유는 제2조 7항의 단서에 해당하며, 제1조 3항에서 UN은 인권을 보장할 의무가 있기 때문이다. 소말리아 사태 등에서 UN안보리는 가능한 한 빨리 인도적 구호 활동을 위한 안전한 환경을 확립하기 위해 강제조치를 취하였다. 답 X

제4절 신의성실 원칙

Ⅰ 서 설

Ⅱ 독자적 의무의 연원이 되는지 여부

Ⅲ 국제법에서의 신의성실 원칙

제5절 무력의 위협 또는 사용금지의 원칙

Ⅰ 서 론

40. 「UN헌장」은 무력의 행사뿐만 아니라 무력에 의한 위협도 금지하고 있다. [12 9급]

해설 헌장 제2조 4항.

답 O

41. 오늘날 무력행사금지는 「UN헌장」에 의한 것으로 UN회원국에게만 적용된다. [12 9급]

해설 동 조 무력의 위협 및 사용금지원칙은 유엔헌장 성립 당시에는 회원국에 대해서만 구속력이 인정되었으나 그 후 비회원국에 대해서도 구속력이 미치게 되어 국제관습법화 되었다. 1970년 「우호관계선언」과 1986년 *Nicaragua* 사건에서 이를 확인하였다.

답 X

Ⅱ 무력사용금지의 연혁

42. 강대국의 힘의 사용을 정당화하는 주장으로 드라고(Drago)주의가 등장하였다. [21 7급]

해설 1902년 영국·독일·이탈리아 3국이 채무국인 베네수엘라에 대하여 차관의 회수를 위해 무력공격을 개시하자, 아르헨티나의 외무장관 Drago는 미국에 외교서한을 보내어 국가는 외국이 자국민에 지고 있는 계약상의 부채상환을 보증받기 위해 군사력을 사용할 권한을 갖고 있지 않으며, 그러한 군사력의 사용은 채무국에 대한 내정간섭이라고 주장하였다.

답 X

43. 1907년 계약상의 채무회수를 위한 병력 사용의 제한에 관한 협약(Porter Convention)은 채무국이 중재 제의를 거부하거나 중재 판정을 준수하지 않을 경우에는 병력 사용을 금지하지 않는다. [18 9급]

해설 라틴아메리카 국가들은 1907년 제2차 헤이그평화회의에서 드라고 주의에 입각하여 계약상의 채무회수를 위한 무력사용을 '금지'하는 조약을 통과시키기에 진력하였으나, 미국 대표 P. Poter에 의해 약화되어 "무력사용은 채무국이 국제중재를 수락하지 않거나 또는 중재판결을 이행하지 않을 것을 조건으로 한다."는 내용으로 약화되어 채택되었다.

답 O

44. 1919년 국제연맹규약은 전쟁을 완전히 금지하지는 않고 분쟁에 대한 중재 판정이나 사법 판결 또는 연맹이사회의 심사 보고 후 3개월 이내에는 연맹 회원국이 전쟁에 호소하지 못하도록 하였다. [18 9급]

해설 국제연맹 회원국은 중재재판 사법재판의 판결 또는 연맹이사회에 보고 한 후 3개월이 경과할 때까지는 '전쟁'에 호소하지 않을 것에 동의한다고 동 조는 규정하고 있었다. 그러나 동 규정은 전쟁에 이르지 않는 무력사용은 여전히 허용된다는 해석이 가능하였고, 전쟁 또한 전면 금지 된 것이 아니라 단지 3개월의 냉각기간을 둔 것에 불과하였다. 따라서 국제연맹체제하에서는 여전히 무력사용이 허용되고 있었다.

답 O

45. 「국제연맹규약」에서는 전쟁에 이르지 않는 무력사용은 가능하다는 해석의 여지를 두고 있다. [12 9급]

해설 국제연맹 회원국은 중재재판 사법재판의 판결 또는 연맹이사회에 보고 한 후 3개월이 경과할 때까지는 '전쟁'에 호소하지 않을 것에 동의한다고 동 조는 규정하고 있었다. 그러나 동 규정은 전쟁에 이르지 않는 무력사용은 여전히 허용된다는 해석이 가능하였고, 전쟁 또한 전면 금지 된 것이 아니라 단지 3개월의 냉각 기간을 둔 것에 불과하였다. 따라서 국제연맹체제하에서는 여전히 무력사용이 허용되고 있었다. 답 O

46. **1928년 부전조약은 캐롤라인(Caroline)호 사건에서 나온 자위권 요건을 명시적으로 반영하여 무력 사용의 금지를 규정하였다.** [18 9급]

해설 체약국들은 상호간에 국가정책수단으로서의 전쟁(침략전쟁)을 금지하였다. 따라서 정당방위의 경우까지 전쟁을 금지시키는 취지는 아니며, 무력복구를 포함한 무력행사 전반에 대한 금지는 아니었다. 나아가 동 조약은 전쟁을 위법으로 선언했으나 이를 범죄로 규정하지는 못하였으며, 분쟁의 해결방법이나 조약위반시 제재에 대한 명시적 규정은 없었다. 답 X

Ⅲ 유엔헌장 제2조 4항 상의 무력의 위협 및 사용금지

47. **1945년 UN헌장은 국제관계에서 무력의 위협이나 무력 사용을 일반적으로 금지하였다.** [18 9급]

해설 전시법과 평시법의 이분법을 떠난 '무력의 위협 또는 사용'의 금지는 UN헌장 제2조 4항에서 최초로 규정되었다. 답 O

48. **UN헌장은 예외적인 경우에만 국가의 무력 사용(use of force)을 허용하고 있다.** [07 7급]

해설 강제행동 독점원칙에 따라 UN에 의해서만 무력사용이 허용되고 개별국가에 의한 무력사용은 헌장 제51조의 자위권에 해당하는 경우에만 허용된다. 답 O

49. **UN헌장 제51조의 개별적 · 집단적 정당방위, 제42조의 무력조치는 UN헌장상 허용되는 무력행사이다.** [12 경찰]

해설 개별국가의 자위권과 안전보장이사회의 7장상 조치는 허용되는 무력행사이다. 답 O

50. **식민지 인민의 해방운동을 억압하는 지배세력에 대한 무력 투쟁은 UN헌장상 허용되는 무력행사이다.** [12 경찰]

해설 자결권의 행사를 위해 투쟁하는 민족은 'UN헌장의 목적과 원칙에 따라' 외부로부터 지지를 구하고 받을 권리가 있다. 나아가 다수 국가들의 견해에 의하면, 민족을 대표하는 민족해방운동은 압제세력에 대해 무력을 사용할 권리를 갖는다. 그러나 서방국가들은 평화적 수단에 의한 독립투쟁을 허용하는 것으로 본다. 헌장에 명시적 규정은 없어 헌장상 허용된다고 하기에는 무리가 있으나 맞는 지문으로 출제되었다. 답 O

51. **내란이 발생한 국가의 요청에 의한 다른 국가의 무력개입은 UN헌장상 허용되는 무력행사이다.** [12 경찰]

해설 내란이 발생한 경우 정통정부의 요청에 따라 무력개입이 가능할 수 있지만, 헌장상 허용되는 것은 아니다. 답 X

52. **무력사용금지 원칙에는 직접적인 무력사용뿐만 아니라 간접적인 무력사용도 포함된다.** [12 9급]

해설 간접무력사용이란 타국의 반란단체를 무장시키고 훈련시키는 행위 등을 의미한다. 답 O

제6절 분쟁의 평화적 해결원칙

Ⅰ 분쟁의 평화적해결의무의 존부

Ⅱ 분쟁의 평화적 해결원칙의 내용

제7절 민족자결원칙

Ⅰ 서 설

Ⅱ 연 혁

53. 19세기 국제법은 탈식민지를 위한 이론적 도구가 되었다. [21 7급]

해설 19세기 국제법은 제국주의 입장을 반영한 것으로 탈식민지를 위한 이론적 도구인 민족자결권은 제2차대전 후 민족자결권이 국제법의 한 원칙으로 확립됨에 따라 국가를 구성하지 못한 일정 범주의 민족도 제한된 범위 내에서 국제인격을 갖는 것으로 인정되고 있다. 답 ×

54. 1960년에 UN총회는 모든 민족들은 자결권(自決權)을 가진다고 선언하면서도 국가 결속과 영토의 분열을 목적으로 한 모든 시도는 UN헌장의 목적과 원칙에 어긋난다고 하여 인민자결권을 영토 분리(分離)권으로 확대해석을 금지하였다. [12 경찰]

해설 헌장은 제1조 2항에서 민족자결은 규정하고 있으나 민족자결원칙을 즉각적으로 달성해야 할 법적 구속력 있는 의무를 수립한 것이 아니라 단지 UN의 한 목표를 밝힌 것이고, UN헌장 내에서 식민지의 자결은 대체로 독립보다는 자치를 의미하는 것으로 받아들여졌다. 나아가 자결은 국가간의 평화와 우호관계를 확보하기 위한 하나의 수단으로만 생각되었다. 그러므로 자결은 분리독립을 초래하거나 이를 허용하지 않는 범위 내에서만 지지되었다. 이것은 UN이 국가의 영토보전을 최고의 가치로 간주하고 있기 때문이다. 이러한 태도는 총회의 1960년 '식민지제국과 제민족에 대한 독립부여선언'에서도 나타난다. 답 ○

Ⅲ 내 용

55. 자결권을 갖는 민족에 대해서 압제국이 무력을 행사하는 경우 제3국이 해당 민족을 군사적으로 지원해도 이는 압제국 국내문제의 불간섭원칙을 위반하지 않는다. [21 9급]

해설 민족자결권행사를 하는 반란단체의 요청은 국제강행규범과 양립하므로 그 요청에 응하는 것은 적법한 간섭이다. 답 ○

Ⅳ 민족자결원칙의 강행법규성

제8절 인권존중원칙

제9절 국제협력원칙

제8장 국가 및 정부승인

Ⅰ 승인의 의의

1. 국가승인은 반드시 UN 헌장에 규정된 방식과 절차에 따른다. [07 9급]

해설 승인은 법과 정치가 혼합되어 있는 복합적 측면이 있으며, 승인의 국제법상 효과와 달리 국내법상 효과는 국가에 따라 다르다. 나아가 승인제도는 국가와 정부 이외의 여러 가지 사실상황에 대해서도 적용되며, 승인의 외교적인 운영방식도 국가에 따라 매우 다르다. 답 ×

Ⅱ 승인의 성질

2. 승인에는 국제정치적 요소가 고려될 수 있다. [14 경찰]

해설 미승인국에 대한 승인이 자국의 이익에 미치는 사실상의 영향을 주관적·정치적으로 판단하여 승인 여부 결정한다. 답 ○

3. 국가승인 이전의 국가는 사실상의 존재에 지나지 않는 것으로서 국제법주체성이 부정된다는 견해가 창설적 효과설이다. [11 7급, 17 9급]

해설 승인은 국제적 차원에서 관련 국가 또는 정부의 창설 또는 수립을 위한 필수적 조건이라는 입장으로, 신국가 또는 신정부는 외국의 승인을 받을 때까지는 국제법의 목적상 존재하는 것이 아니라는 입장이다. 19세기 기간 중의 국제법은 대체로 유럽문명을 가진 국가들 사이에서만 적용되는 것으로 간주되었으므로 이 클럽에 가입하기 위해서는 서구국가들에 의한 선출이 필수적이었다. 답 ○

4. 창설적 효과설에 따르면 국가 승인은 신생국가에 국제적 법인격을 부여하는 행위이다. [20 7급]

해설 창설적 효과설은 국가 승인은 국제적 차원에서 관련 국가 또는 정부의 창설 또는 수립을 위한 필수적 조건이라는 입장으로, 신국가 또는 신정부는 외국의 승인을 받을 때까지는 국제법의 목적상 존재하는 것이 아니라는 입장이다. 19세기 기간 중의 국제법은 대체로 유럽문명을 가진 국가들 사이에서만 적용되는 것으로 간주되었으므로 이 클럽에 가입하기 위해서는 서구국가들에 의한 선출이 필수적이었다. 답 ○

5. '국가의 권리와 의무에 대한 몬테비디오협약'은 "국가는 다른 국가의 승인과 상관없이 존재한다."라고 규정하여 '선언적 효과설'에 입각하고 있다. [12 7급]

해설 통설의 입장으로 승인행위를 신생국의 국제법 주체성에 관한 확인행위로 이해한다. 즉, 승인 그 자체는 새로운 실체에 권리를 부여하거나 의무를 부과하는 법적 효과를 가지지 않는다고 한다. 1933년 국가의 권리의무에 관한 몬테비데오협약 제3조는 "국가의 정치적 존재는 타국의 승인과 무관하다."고 규정하여 선언적 효과설을 따르고 있으며, Tunkin은 "현대국제법에서 국가의 법인격은 대세적 법인격이다. 그것은 타국의 승인을 필요로 하지 않는다."고 언급한 바 있다. 결국 어떤 실체가 국가 또는 정부가 되기 위한 요건을 객관적으로 충족하고 있으면 그것은 곧 '대세적', '객관적' 국제인격을 가진 국가 또는 정부이며, 다른 국가들은 그렇게 대우할 의무가 있다. 답 ○

6. **선언적 효과설에 따르면 국가성(statehood)을 갖춘 국가는 타국의 승인여부와 무관하게 국제법 주체로 인정된다.** [12 경찰. 16 7급]

해설 어떤 실체가 국가 또는 정부가 되기 위한 요건을 객관적으로 충족하고 있으면 그것은 곧 '대세적', '객관적' 국제인격을 가진 국가 또는 정부이며, 다른 국가들은 그렇게 대우할 의무가 있다. 답 O

7. **승인을 받지 않은 국가적 실체는 국제법상 권리를 향유하거나 의무를 부담하지 않는다.** [19 7급]

해설 불승인은 신국가가 기존국가들을 상대로 권리를 주장하거나 다른 기존국가들이 신국가를 상대로 국제법상 의무를 주장하는데 영향을 미칠 수는 있겠지만, 불승인으로 인하여 권리의무의 존재자체가 영향을 받는 것은 아니다. 따라서 미승인국과 국가승인을 하지 않은 국가 상호간에도 법률관계가 존재할 수 있으므로 선언적 효과설이 타당하다. 답 X

8. **A국이 B국을 승인하지 않은 경우 양 국가 사이에는 어떠한 법률관계도 존재할 수 없다.** [08 9급]

해설 불승인은 신국가가 기존국가들을 상대로 권리를 주장하거나 다른 기존국가들이 신국가를 상대로 국제법상 의무를 주장하는데 영향을 미칠 수는 있겠지만, 불승인으로 인하여 권리의무의 존재자체가 영향을 받는 것은 아니다. 따라서 미승인국과 국가승인을 하지 않은 국가 상호간에도 법률관계가 존재할 수 있다. 답 X

Ⅲ 승인의 특성

9. **국제법상 국가승인은 승인국의 단독행위이다.** [11 7급. 17 9급]

해설 1979년 미국과 중공간의 승인에서 보는 것처럼 승인이 협상의 결과일 수도 있지만, 이론상 승인하는 국가의 일방행위에 해당한다. 따라서 승인대상국가나 정부의 수락 또는 동의가 필요하지 않다. 답 O

10. **승인의 요건을 완전히 갖추지 못한 국가에 대한 승인을 '시기상조의 승인'이라고 한다.** [11 9급]

해설 아직 승인을 받을 수 있는 객관적 요건을 완전히 구비하지 못한 외견상 신국가 또는 신정부에게 승인을 부여하는 것을 말한다. 시기상조의 승인은 존재하지 않는 실체에 대해 승인을 부여하는 것으로서, 본국정부에 대한 불법간섭에 해당하여 이론상 무효로 보아야 하나, 그 예가 적지않다. 답 O

11. **1903년 콜롬비아로부터 분리한 파나마에 대한 미국의 행위, 1992년 크로아티아에 대한 유럽공동체와 그 회원국 및 오스트리아, 스위스의 행위는 시기상조의 승인과 관련된 것이다.** [11 경찰]

해설 아직 승인을 받을 수 있는 객관적 요건을 완전히 구비하지 못한 외견상 신국가 또는 신정부에게 승인을 부여하는 것을 말한다. 시기상조의 승인은 존재하지 않는 실체에 대해 승인을 부여하는 것으로서, 본국정부에 대한 불법간섭에 해당하여 이론상 무효로 보아야 하나, 그 예가 적지않다. 1903년 미국이 파나마의 콜롬비아로부터의 분리를 사주한 후 이를 즉각 승인한 것, 1988년 11월 PLO가 독립국을 선포하자 그 당시 32개국이 이를 승인한 것, 2011년 3월 리비아 반란단체 '리비아 국가평의회'에 대한 프랑스의 최초 승인 등 답 O

12. **국제연합 회원국은 무력사용으로 수립된 국가를 승인할 수 있다.** [19 7급]

해설 1970년 우호관계선언은 무력의 위협 또는 사용으로부터 초래된 어떠한 영토취득도 합법적인 것으로 승인되어서는 안된다는 것을 국제법의 한 개의 기본원칙으로 천명하고 있다. 1990년 안보리결의 662 역시 이라크의 쿠웨이트 침공과 관련하여 "이라크의 쿠웨이트 병합선언은 무효이다. 모든 국가와 국제기구는 이라크의 병합조치를 승인해서는 안되며, 병합의 간접승인으로 해석될 수 있는 일체의 행동이나 거래도 자제하여야 한다."는 내용의 결의안을 채택하였다. 이 결의는 침략의 희생당사국에서도 불승인의 의무가 있음을 시사하고 있다. 왜냐하면 무력의 위협 또는 사용은 가해국 대 피해국의 문제가 아니라 침략국 대 국제공동체 전체의 문제이기 때문이다. 국가책임에 관한 ILC초안 제41조 2항은 "그 어떤 국가도 강행규범의 중대한 위반에 의하여 창설된 사태를 합법으로 승인해서는 안된다."고 규정하고 있어 이 점을 시사하고 있다.

답 X

13. **스팀슨주의(Stimson Doctrine)란 부전조약(不戰條約)에 위반된 방법으로 성립한 국가승인을 반대하는 것이다.** [11·12 경찰, 12 9급]

해설 국제연맹규약 또는 부전조약에 위배되는 수단에 의해 초래된 그 어떠한 사태·조약·합의도 승인하여서는 안된다는 스팀슨 국무장관에 의해 천명된 미국의 외교정책으로, 1932년 미국무부장관이었던 스팀슨이 부전조약에 위반하는 방법으로 성립한 만주국을 승인하지 않을 목적으로 동 원칙을 주장하였다. 그러나 이 스팀슨 주의는 당시 미국의 외교정책에서 비롯된 것이지 일반국제법규를 구성하는 것은 아니었다.

답 O

14. **라우터팍트 독트린은 신국가 또는 신정부가 국제법위반의 결과로 생겨난 경우는 제외하되, 국가들은 사실상의 요건을 구비한 신국가나 신정부를 승인할 의무가 있다는 내용의 주장이다.** [11 경찰, 14 9급]

해설 신국가 또는 신정부가 국제법위반의 결과로 생겨난 경우는 제외하되, 국가들은 사실상의 요건을 구비한 신국가나 신정부를 승인할 의무가 있다는 주장이다. 창설적 효과설과 선언적 효과설의 중간적 입장이나 승인의 재량적·정치적 성격이나 국가들의 관행과는 어긋나는 주장이다.

답 O

Ⅳ 승인의 방법

15. **선언을 통하여 승인에 대한 의사를 전달하는 것은 신생국에 대한 국가승인으로 간주된다.** [10 7급]

해설 명시적 승인에 해당한다.

답 O

16. **승인은 조약규정 또는 국제회의의 결의나 공동선언을 통해 이루어질 수 있다.** [11 9급]

해설 명시적 승인의 방법에는 제한이 없다.

답 O

17. **국가승인의 의사는 묵시적으로도 표현될 수 있다.** [07 9급]

해설 묵시적 승인이란 국가들의 행위로부터 승인의 의사표시를 확인하는 것이다.

답 O

18. **상주 외교사절의 교환, 독립을 획득한 신국가에게 축하메시지를 보내는 것은 국가에 대한 묵시적 승인이다.** [07·13·21 7급, 16 9급]

해설 이에 비해 임시 외교사절의 파견은 묵시적 승인이 아니다. 답 O

19. **외교사절의 접수는 명시적 국가승인이다.** [08 9급, 13 경찰]

해설 묵시적 승인에 해당한다. 답 X

20. **신생국과 우호통상항해조약을 체결하는 것은 신생국에 대한 국가승인으로 간주된다.** [07·10·21 7급, 13 경찰, 16 9급]

해설 정치적이고 포괄적인 조약체결은 묵시적 승인에 해당한다. 답 O

21. **A국을 승인하지 않은 B국이 A국이 당사국인 다자조약에 가입하면 그 A국을 승인한 것으로 본다.** [08 9급, 10·21 7급]

해설 다자조약에 함께 가입한 것은 묵시적 승인으로 보지 않는다. 1963년 부분핵실험금지조약에 미국과 동독은 공동당사자였지만, 1973년까지 미국은 국가 또는 정부로서 동독을 승인한 바 없다. 답 X

22. **신생국의 영사에게 영사인가장을 부여하는 것은 신생국에 대한 국가승인으로 간주된다.** [07·10·21 7급, 13 경찰]

해설 단순 영사의 파견·접수와 달리 인가장 부여나 발급요구는 묵시적 승인에 해당한다. 답 O

23. **정식 외교관계의 수립과 UN 가입 신청에 대한 지지 등은 묵시적 승인에 해당하는 것으로 간주된다.** [15 9급]

해설 UN가입과 회원국의 승인은 별개이지만, UN은 오직 독립국가만 회원자격이 있으므로 가입에 대한 지지의사 표명은 묵시적 국가승인에 해당한다. 답 O

24. **무역사절단의 교환이나 통상교섭행위는 신생국가에 대한 묵시적 승인으로 본다.** [11·13·21 7급, 13 경찰]

해설 1984년 12월 프랑스는 북한의 통상대표부를 총대표부로 승격시킨 바 있으나, 이것은 승인을 의미하는 것은 아니다. 답 X

25. **영사관계의 수립은 일반적으로 명시적인 국가승인으로 인정된다.** [08 9급]

해설 단순 영사의 파견·접수는 국가승인이 되지 않으며, 영사인가장 발급 또는 발급요구는 묵시적 승인에 해당한다. 따라서 명시적 승인으로 볼 수는 없다. 답 X

26. **국가는 영사특권을 부여하겠다는 구상서로써 미승인국을 승인할 수 있다.** [16 7급]

해설 구상서란 외교 문서 형식의 하나로서 상대국과의 문제 또는 상대국과 협의한 사항을 제기할 때, 말로 직접 하지 않고 기록한 문서로 제시하는 것을 말한다. 자국과 상대국을 모두 제3인칭으로 표기하고, 수신인의 관직과 성명이 기재되지 않으며 서명도 하지 않는 것이 관례이다. 일본은 1952년 4월 28일 샌프란시스코 조약의 발효로 주권을 회복하게 되자 당시 연합국 총사령부의 동의하에 동경에 파견되어 있던 주일 한국대표부에 대하여 정상적인 외교관계가 개설되기 전까지 임시로 정부기관으로서의 지위와 영사 상당의 특권을 부여하겠다는 구상서를 보내왔다. 일본 정부는 이를 통하여 대한민국을 묵시적으로 승인하였다고 설명하고 있다.

답 O

27. 상대국의 여권 인정, 상주외교사절의 교환은 국가에 대한 묵시적 승인이다. [13 7급]

해설 상대국의 여권 인정은 승인으로 볼 수 없다.

답 X

28. 미승인국 국민에 대한 비자 발급은 국가의 묵시적 승인으로 볼 수 없다. [07 7급, 16 9급]

해설 외국인 입국허가에 관한 비자발급이 국가승인으로 볼 수 없다.

답 O

29. 범죄인 인도는 묵시적 승인에 해당한다. [13 경찰]

해설 범죄인 인도청구나 인도가 국가승인을 포함하는 것은 아니다.

답 X

30. 장기간의 양국회담, 독립을 획득한 신국가에게 축하메시지를 보내는 것은 국가에 대한 묵시적 승인이다. [13 · 21 7급, 16 9급]

해설 독립을 획득한 신생국에 축하메시지를 보내는 것은 묵시적 승인에 해당하지만, 장기간의 양국회담이 있다는 것만으로는 묵시적 승인으로 볼 수 없다.

답 X

31. 사실상 승인은 법적 효과를 가지지 않는다. [09 9급]

해설 법률상 승인이란 '법률상의 정부'로의 승인을 말하고, 사실상 승인이란 '사실상 또는 잠정적 정부'로의 승인을 말한다. 양자의 기본적 차이는 관련 신정부가 행사하는 통제력의 실효성의 정도에 있다. 즉 사실상의 정부란 법률상의 정부와 달리 그 통제력이 미래에도 확고히 지속될 것이라는 전망이 보이지 않는다는 의미에서 잠정적인 실체임을 뜻한다. 따라서 사실상의 승인은 상황의 전개에 따라 법률상의 승인으로 이어지거나 아니면 언제든지 철회될 수 있다. 시기상조의 승인이 국제법상 무효임에 비해 사실상 승인도 승인의 효력을 발생하는 것이다.

답 X

32. 사실상의 승인은 외교관계의 수립과 정치적 성격의 양자조약의 체결을 통해 이루어진다. [15 9급]

해설 법률상의 승인은 외교관계수립과 정치적 성격의 양자조약의 체결의 길을 열어주는데 비해, 사실상 승인은 단지 무역관계의 수립으로 이어지거나 또는 경제적·행정적 성격의 조약체결로 이어지는데 그치는 것이 보통이다.

답 X

33. 국가승인시 일정한 조건을 부과할 수 있다. [07 9급]

해설 승인은 무조건으로 행해지는 것이 보통이나 조건부 승인도 가능하다.

답 O

34. 조건부 승인에 있어서 조건의 불이행이 있다고 해서 승인이 무효가 되는 것은 아니며, 다만 의무불이행에 대한 국가책임문제가 발생할 뿐이다. [11 7급]

해설 승인은 무조건으로 행해지는 것이 보통이나 조건부 승인도 가능하다. 그러나 조건부 승인의 경우 조건을 불이행하더라도 국가책임의 문제는 발생할지라도 승인의 효력에는 영향이 없다. 승인을 선언적 효과설의 입장에서 파악한다면 객관적으로 성립한 국가가 후일 조건을 이행하지 않았다고 하여 승인이 무효가 되거나 취소할 수 없는 것이기 때문이다. 1933년 몬테비데오협약 제6조는 "승인은 무조건적이며 철회할 수 없다."고 규정하고 있다.

답 O

35. 국가승인은 일반적으로 각 국가에 의해서 개별적으로 이루어지나, 관련 국가들이 공동으로 승인을 부여하는 경우도 있다. [07 · 15 9급]

해설 개별적 승인은 개별국가가 독립하여 행하는 것으로 보통 이 방법으로 승인이 이루어지며, 집단적 승인은 복수국가가 공동으로 행하는 것으로 그 본질은 개별적 승인과 같다.

답 O

36. 국제연합(UN) 회원국으로서의 가입이 그 국가에 대한 기존 UN회원국의 집단적 승인으로 해석되지 않는다. [13 · 14 경찰, 16 · 19 7급, 17 9급]

해설 미승인국이 국제기구에 가입하는 경우 이를 국제기구 및 그 회원국들에 의한 승인으로 볼 것인가 문제되는데, 국제기구는 시원적 주체인 국가를 승인할 권리가 없다는 이유와, 다자조약에의 가입을 묵시적 국가승인으로 볼 수는 없으므로 이러한 집단적 승인은 인정되지 않는다고 보는 것이 타당하다.

답 O

Ⅴ 승인의 국제법적 효과

37. 국가승인은 승인한 국가와 승인받은 국가 사이에만 효력이 있다. [08 · 09 9급]

해설 승인은 상대적 효력만 가지는 것으로, 승인으로 성립이 확인된 피승인국은 오직 승인국과의 관계에서만 국제법주체성이 확인되어 일반국제법상 권리의무를 향유하게 된다.

답 O

38. 신생국은 자국을 승인하지 않은 국가에 있는 자국민에 대하여 외교적 보호권을 행사할 수 없다. [12 경찰]

해설 승인으로 성립이 확인된 피승인국은 오직 승인국과의 관계에서만 국제법주체성이 확인되어 일반국제법상 권리의무를 향유하게 된다.

답 O

39. 국가승인의 효과는 법률불소급의 원칙에 의해 승인을 행한 시점부터 발생한다. [09 9급]

해설 승인의 효과는 소급한다. 그러므로 승인 전에 발생한 당사국간의 관계는 유효한 것으로 인정된다.

답 X

40. 신생국이 승인을 받기 전에 시행한 법률은 승인국에 대하여 효력이 인정되지 않는다. [12 경찰]

해설 승인의 효과는 소급한다. 그러므로 승인 전에 발생한 당사국간의 관계는 유효한 것으로 인정된다.

답 X

41. 몬테비데오 조약에 따르면 승인은 무조건적이고 철회할 수 없다. [14 경찰, 20 7급]

해설 국가가 소멸하거나 정부가 새로운 체제로 대체되는 경우, 소멸된 국가 또는 정부에 대한 승인은 합법적으로 철회될 수 있다. 나아가 사실상 승인은 철회가능성이 유보된 것으로 문제가 없으나, 국가의 소멸 또는 정부의 변경이 없음에도 법률상 승인을 철회할 수 있는지 문제된다. 1933년 몬테비데오협약 제6조는 "승인은 무조건적이며 철회할 수 없다."고 규정하고 있으며 국가들의 관행도 대체로 부정적이다. 답 ○

42. 승인국과 피승인국간의 외교관계가 단절되면 승인은 취소된다. [09 9급, 12·14 경찰, 19 7급]

해설 일단 수립된 외교관계가 단절되어도 승인의 효과에는 영향을 주지 않는다. 즉 외교관계의 단절이 국내재판소에서의 제소권과 국가면제에 영향을 미치는 것은 아니다. 답 ×

43. 국가가 소멸하는 경우 소멸된 국가에 대한 승인은 합법적으로 철회될 수 있다. [15 9급]

해설 국가가 소멸하거나 정부가 새로운 체제로 대체되는 경우, 소멸된 국가 또는 정부에 대한 승인은 합법적으로 철회될 수 있다. 나아가 사실상 승인은 철회가능성이 유보된 것으로 문제가 없다. 답 ○

44. 국가가 소멸하는 경우에는 국가승인의 명시적 취소가 필요하다. [17 9급]

해설 국가가 소멸하거나 정부가 새로운 체제로 대체되는 경우, 소멸된 국가 또는 정부에 대한 승인은 합법적으로 철회될 수 있다. 이때 별달리 승인을 철회할 필요도 없다. 답 ×

Ⅵ 국가승인

Ⅶ 정부승인

45. 정부승인의 필요성은 정부가 혁명이나 쿠데타와 같이 비합헌적인 방법으로 변경되는 경우에 제기된다. [21 7급]

해설 국제법은 개별 국가의 정부 변경에 원칙적으로 관심을 표하지 않는다. 그럼에도 비합헌적 방법으로 정부가 새로 들어선 경우이거나, 망명정부의 수립과 같이 한 국가 내에 둘 이상의 정부가 탄생한 경우에는 그 실효성에 의문이 들 수 있기 때문에 타국으로 하여금 신정부 내지 특정정부가 그 국가의 대외적 대표기관으로서의 자격을 갖고 있는가를 판단케 함으로써, 1국의 내부적 변혁으로 인한 국제관계의 급격한 변동을 회피해 보려는 데 그 취지가 있다. 즉 합헌적 정권교체의 경우에는 국제법적 관점에서는 계속해서 같은 정부가 기능하는 것이기 때문에 정부승인의 대상이 아니며, 비록 쿠데타로 정권이 사실상 교체되었어도 국가원수가 변경되지 않으면 정부승인 문제는 대두되지 않는다. 답 ○

46. 정부승인의 변경은 국가승인 여부에 영향을 주지 아니한다. [17 9급]

해설 정부승인은 국가의 대표권에 관한 승인, 즉 국가간 관계에 있어 국가에 행위능력을 부여하는 기관에 관한 문제로서 국가승인과 다르다. 통상 국가승인은 정부승인을 포함하는데, 1948년 5월 14일 이스라엘이 독립국가를 선포하자 미국은 법률상 국가승인하면서 정부에 대해서는 사실상의 승인만을 부여하였다가 이듬해에 이르러 법률상 승인을 부여한 바 있다. 그러나 정부승인의 변경은 국가승인 여부에 영향을 주지 않는다. 답 ○

47. 입헌군주제인 A국가가 합법적인 헌법 개정을 통해 공화국으로 변경되었을 경우, 제3국 입장에서는 어떠한 승인도 할 필요가 없다. [16 9급]

해설 병합의 경우나 국호의 변경 또는 정부의 비합법적 변경시에는 신생국이 성립하는 것이 아니므로 국가승인의 대상이 아니며, 정부승인에 있어서도 합헌적 정권교체의 경우에는 국제법적 관점에서는 계속해서 같은 정부가 기능하는 것이기 때문에 정부승인의 대상이 아니나, 헌법 외적 수단을 통하여 권력을 잡는 과정에서 헌법의 중대한 위반 또는 정부의 기본형태의 변경이 있는 경우에는 당해 신정부를 승인하는 문제가 야기된다. 답 O

48. **국가 및 정부 승인은 합헌성의 원칙에 따라 행해지며 승인은 국가의 일방적 재량행위이다.** [20 7급]

해설 승인은 국가의 일방적 재량행위인 것은 맞다. 한편 국가승인과 관련하여 1965 안보리 결의는 국가성립이 국제법에 반하지 않아야 함을 들었고, 과거 미국의 외교정책이었던 스팀슨 주의는 현재 국제법으로 확립되어 불승인 의무화 되었다고 볼 수 있다. 그러나 정부승인의 경우에 있어서는 정통주의 입장에서 사실주의 입장으로 전환되어 합헌성의 원칙을 따르지 않고 있다. 답 X

49. **정통주의 또는 토바르주의(Tobar Doctrine)란 일단 국가승인이 있으면 정부승인행위는 불필요하다는 주장이다.** [11 9급, 11 경찰]

해설 정통주의란 혁명·쿠테타 등 헌법에 위반하여 중앙정부를 전복시키고 성립한 사실상의 정부는 합헌적 절차에 의하여 국가원수가 선출될 때까지 승인해서는 안 된다는 주의를 말한다. 답 X

50. **윌슨(Wilson) 독트린은 비합헌적 방법으로 정부를 수립한 경우에 외국정부가 체제의 합법성 판단을 하는 것은 부당하므로 정부승인 여부를 판단하지 않고 인정하겠다는 정책선언이다.** [12 경찰]

해설 혁명·쿠테타 등 헌법에 위반하여 중앙정부를 전복시키고 성립한 사실상의 정부는 합헌적 절차에 의하여 국가원수가 선출될 때까지 승인해서는 안 된다는 주의를 말한다. 정통주의는 'Tobar 주의' 또는 'Wilson 주의' 라고도 하는데 미국의 윌슨대통령이 Tobar주의를 인용하여 멕시코의 Huerta반란 정부 승인을 거부했던 예가 있다. 답 X

51. **실효적으로 정부가 만들어지면 비합법적으로 수립된 정부라도 승인하자는 주장을 제퍼슨 주의라고 한다.** [11 경찰]

해설 Jefferson주의란 정부승인의 요건을 헌법상의 정통성에 둘 것이 아니라 사실주의에 입각하여 혁명 등 비합법적으로 수립된 정부라도 이를 승인하여 외교관계를 계속해야 한다는 주의로 신정부를 자동적으로 승인케 하여 국내문제에 대한 외국의 간섭을 배제하려는데 목적이 있다. 답 O

52. **국가승인제도는 1930년의 에스트라다주의(Estrada Doctrine)로 점차 대체되었다.** [11·12 경찰, 16 7급]

해설 1980년 영국은 미국을 포함하는 많은 다른 국가들과 함께 이른바 에스트라다 선언의 채택에 참여하였는데, 이것은 영국이 정부에 대해 더 이상 공식적인 승인을 부여하는 일 따위는 하지 않겠다는 것을 의미한다. 즉 영국은 국제실행에 따라 국가승인은 계속 해나갈 것이지만, 신정부가 위헌적으로 권력을 획득하게 되면 영국은 승인 선언을 공식적으로는 하지 않을 것이라는 태도이다. 즉 에스트라다 주의는 정부승인과 관련된 것이다. 답 X

53. **코스타리카와 영국 간 정부승인과 관련된 분쟁인 티노코 사건(1923)에서 중재재판관은 창설적 효과설에 입각하여 티노코 정부의 법적 지위를 판단하였다.** [11 경찰, 17 9급]

해설 정부승인의 성질에 관하여 국가승인의 경우와 마찬가지로 선언적·확정적으로 본 것으로, 이 사건에서 코스타리카의 티노코 혁명정부에 관하여 수립과정이 비합법적인 점 및 영국을 포함한 몇몇 국가에 의하여 승인되지 않은 점은 유효한 정부의 성립과는 관계가 없다고 판시하였다. 따라서 신정부는 구 정부의 의무를 파기할 수 없다. 답 ×

Ⅷ 승인의 국내법상 효과

54. 승인이 갖는 국내적 효과는 각 국가의 국내법에 의해 결정되기 때문에 국가마다 다를 수 있다. [15 경찰]

해설 승인의 국내적 효과는 각 국가의 국내법에 의하여 결정되므로 국가마다 다르다. 구체적으로 문제가 되는 것은 미승인국의 법령의 효력을 인정할 것인지, 국내재판소에서 미승인국의 제소자격이나 국가면제를 부여할 것인지 등에 발생한다. 답 ○

55. 영국의 경우 승인은 창설적 효과를 가지므로 승인 받은 국가만이 영국 법원에 소(訴)를 제기할 수 있다. [15 경찰]

해설 영국의 재판소들은 전통적으로 엄격한 창설적 효과설에 기초하여 '무승인·무존재의 원칙'을 적용하여 왔다. 따라서 ① 승인받은 국가의 법령이나 판결만이 영국 내에서 효력이 있다. 따라서 영국의 법의 충돌규칙에 의하여 외국의 법령을 적용해야만 하는 경우에도 영국재판소는 오로지 영국정부의 승인을 받은 국가의 법령만을 적용할 수 있다. ② 승인받은 국가만이 영국재판소에 소를 제기할 수 있고, 승인받은 국가만이 국가면제를 향유할 자격이 있다. ③ 승인받은 국가만이 선임국의 재산을 승계하고, 국가승인을 받은 영토에서 설립되지 아니한 회사는 종래 영국법에서 그 법인격을 인정받을 수 없었다. ④ 승인은 기본적으로 정치적 행위이기 때문에 그것은 행정부에 유보되어야 하며 재판소가 국가 또는 정부를 승인할 수는 없고, 외무부의 사실확인서에 의존한다. 이 사실확인서를 통해 어떤 외국이 영국정부의 승인을 받았음이 증명되지 않는 한 당해 외국을 마치 존재하지 않는 것처럼 취급하였다. 답 ○

56. 국가는 원칙적으로 승인을 받아야 승인국에서 주권면제를 향유한다. [21 7급]

해설 전통적으로 승인의 국내적 효력과 관련해서는 창설적 효과설에 의하여 승인받은 국가만이 국가면제를 향유할 자격이 있다. 다만 최근 미국은 미승인국가라도 일정 상황하에서 국가면제 등을 향유할 수 있고, 국무부가 미승인 국가 또는 정부의 법령에 대해 그 효력을 인정하지 말라는 의사를 분명하게 하지 않는 한 미국법원은 당해 법령의 효력을 인정한다. 답 ○

57. 승인의 효력은 창설적 또는 선언적 효과이든 관계없이 승인시점 이후부터 발생된다. [15 경찰]

해설 1921년 루터 대 사고르 사건 영국법원의 1심에서는 영국이 소련을 승인하지 않은 상태에서 열렸으며, 미승인국의 국내법의 효력을 인정 할 수 없다는 이유로 원고승소판결을 내렸으나 2심에서는 마침 영국이 소련을 승인한 후라 승인의 효력은 소급하는 것이라고 판시하면서 원심을 파기하고 소련 국유화법의 유효성 여부를 국가행위이론에 입각하여 심리대상에서 제외함으로써 소급적으로 소련국유화법을 인정하여 피고에게 유리한 판결을 내렸다. 답 ×

58. 미국의 경우 제소권(提訴權)과 관련해서 승인은 창설적 효과를 가지나 승인 받지 못한 국가라도 일정 부분 국가면제는 향유할 수 있다. [12 7급, 15 경찰, 17 9급]

해설 제소권에 대해서는 창설적 효과설을 따르지만 그 밖의 문제에 대해서는 대체로 선언적 효과설을 따르고 있다. 따라서 미국재판소는 미국정부의 승인을 받지 못했더라도 객관적 요건을 갖추고 있는 외국정부의 지위를 가능하면 인정하는 쪽이다. 예컨대, 미승인국가라도 일정 상황하에서 국가면제 등을 향유할 수 있고, 국무부가 미승인 국가 또는 정부의 법령에 대해 그 효력을 인정하지 말라는 의사를 분명하게 하지 않는 한 미국법원은 당해 법령의 효력을 인정한다. 답 O

59. **최근 사인의 권리의무에 관하여 미승인국의 법률은 준거법으로 수락되지 않는 것이 원칙이다.** [17 9급]

해설 오늘날 각국에서는 사인(私人)의 권리의무에 관한 한 미승인국의 법률도 준거법으로 수락되고, 미승인국가 또는 정부의 법률행위의 효력도 수락되는 경향을 보이고 있다. 영국도 미승인정부가 영토를 실효적으로 지배하고 있는 경우 개인의 사권(私權)과 관련된 사항에 대하여는 미승인정부 행위의 법적 효력을 인정한 사례가 있으며, 미국 역시 국무부가 미승인 국가 또는 정부의 법령에 대해 그 효력을 인정하지 말라는 의사를 분명하게 하지 않는 한 미국법원은 당해 법령의 효력을 인정한다. 한국 법원도 1984년 소련인 남편과 미국인 처 사이의 이혼소송의 준거법으로 소련법을 적용한 예, 중국과 외교관계를 수립한 이후 대만을 주권국가로 승인하지 않고 있으나, 국내 체류 대만인에 대해서는 한중수교 이전과 같이 대만 국적을 그대로 인정하고 있으며, 대만에서 이루어진 한국인과 대만인 간의 혼인·이혼 등에 관해 대만 정부가 발행한 증서의 효력을 인정하고 있다. 나아가 북한에서의 혼인의 유효성을 인정해서 이혼을 허용한 바 있다. 국제사법재판소도 1971년 서남아프리카 사건에서 남아프리카공화국의 나미비아 위임통지가 불법이라고 해도 나미비아에서의 출생신고, 사망, 결혼 등의 사적 권리들이 함부로 박탈될 수 없다고 하였다. 답 X

60. **기존 정부와 투쟁하는 반도 세력은 본국 또는 제3국에 의하여 교전단체로 승인받음으로써 국제법상의 일반적 주체로서 행위능력을 보유하게 된다.** [12 경찰]

해설 전쟁주체로 승인하는 것이지 일반적 주체로 승인하는 것이 아니다. 답 X

61. **주권국가 내에서의 반란상태가 발생하여 중앙(합법)정부를 상대로 투쟁하고 있는 '반란단체'에 대하여 중앙정부나 제3국이 '교전단체'의 승인을 하는 경우, 이 반란단체는 '전쟁법(jus in bello)'상 권리 · 의무의 주체가 된다.** [12 · 13 경찰]

해설 국제전쟁 수준의 내란일 발생하였고, 반도가 일정지역을 점령하고 지방적 사실상 정부자격을 가진 경우, 반도를 국제법상의 전쟁주체로 인정하는 행위를 말한다. 미국의 남북 전쟁시 영국과 프랑스는 남부를 교전단체로 승인하고 중립을 선언한 바 있다. 본국정부와 교전단체 사이의 무력충돌은 국제적 무력충돌로 간주되어 포로의 대우 등 전쟁법이 적용되며, 외국은 양자에 대하여 중립국의 지위에 놓이며 반란지역에서의 행위에 대해 중앙정부에게 책임을 물을 수 없게 된다. 답 O

62. **'반란단체'가 '교전단체'로서 승인을 받기 위해서는 영역의 일정 부분에 대하여 실효적 지배를 하고 있어야 하며 반란상태가 광범위하고 그 지속성이 일정한 국제적 수준에 도달하여야 한다.** [13 경찰]

해설 반란단체란 신국가 또는 신정부를 수립할 목적으로 일정지역에 대하여 통제력을 장악하고, 또 지역주민들에 대해 실효적 통제를 행사할 수 있는 통치조직을 갖춘, 개인들의 집단을 말한다. 답 O

63. **교전자의 요건을 못 갖춘 반란조직도 전쟁포로의 규정을 적용하기 위하여 반란단체(insurgency)로 승인한다.** [12 경찰]

해설 반란단체의 승인이 있어도 ① 제3국 또는 중앙정부와의 제한된 범위 내에서의 조약체결권, ② 거주 외국인에 대한 국제적 보호의무, ③ 중앙정부와 반란단체간의 무력충돌에 대하여 전쟁포로 규정의 적용 등 국제전쟁법규가 부분적으로 적용될 수 있다. 답 O

64. 본국은 반도단체를 승인함으로써 반도세력이 행하는 국제법상의 불법행위로 인한 국가책임을 면할 수 있다. [12 경찰]

해설 본국정부는 전쟁의 참화를 방지하기 위하여 전쟁법 적용과 중앙정부의 국가책임 면제를 위해 교전단체 승인을 한다. 답 O

65. 반란 집단이 소재한 국가의 중앙정부가 아닌 제3국은 교전단체 승인을 할 수 없다. [20 7급]

해설 중앙정부에 대해 반란을 일으킨 단체가 국가영역의 일정부분을 점령해서 이곳에 사실상 정부를 수립하고 중앙정부의 권력을 배제하고 있다면 교전단체 승인문제가 대두된다. 교전단체의 승인은 중앙정부에 의해 부여될 수도 있고, 제3국에 의해 부여될 수도 있는데, 본국정부는 전쟁법 적용을 통해 전쟁의 참화를 막고, 교전단체 행위에 따른 대외적인 책임을 면할 필요가 있어 교전단체 승인을 하고, 제3국은 교전단체와 직접 교섭함으로써 반란지역에서 자국민과 자국재산을 보호하기 위하여 행하여진다. 답 X

66. 제3국은 반란지역에서의 자국민의 이익을 보호하기 위하여 교전단체 승인을 할 필요가 있다. [12 경찰, 18 9급]

해설 제3국은 교전단체를 승인하고 직접 교섭함으로써 자국민과 자국재산을 보호하기 위하여 교전단체 승인이 행하여진다. 답 O

67. 중앙정부가 반란단체에 대하여 승인을 하기 전에 제3국이 먼저 교전단체의 승인을 하는 것은 국내문제에 대한 간섭에 해당한다. [13 경찰]

해설 제3국도 자국민과 자국재산의 보호를 위해 교전단체 승인을 독자적으로 할 수 있다. 미국의 남북전쟁시 영국과 프랑스는 남부를 교전단체로 승인하고 중립을 선언한 바 있다. 답 X

68. 중앙정부에 의한 교전단체 승인의 효력은 교전단체에만 미치고 제3국에는 미치지 않는다. [18 9급]

해설 본국정부에 의한 승인의 효력은 절대적이므로 승인요건을 구비하지 못한 상태에서 외국이 상조의 승인을 하더라도 불법간섭이 되는 것은 아니다. 답 X

69. 제3국이 반란단체와 중앙정부 간의 무력충돌에 대해 중립선언을 하는 경우 교전단체 승인이 된 것으로 볼 수 있다. [18 9급]

해설 일반적으로 본국은 포로대우를 함으로써 묵시적으로 승인하며, 제3국은 중립선언을 통하여 명시적으로 승인한다. 답 O

70. 교전단체의 승인을 받은 경우, 제한된 범위에서 국제적 법인격을 획득하게 되며 능동적 국제법 주체로서의 지위를 갖게 된다. [13 경찰]

해설 교전단체도 조약을 체결할 수 있다. 답 O

71. 교전단체 승인이 있는 경우 교전단체와 중앙정부 간의 무력충돌은 국제적 무력충돌로 간주된다. [18 9급]

해설 교전단체 승인이 있으면 본국정부와 교전단체 사이의 무력충돌은 국제적 무력충돌로 간주되어 포로의 대우 등 전쟁법이 적용된다. 답 O

72. 중앙 정부가 자신을 상대로 반란을 일으킨 단체를 교전단체로 승인한 경우 생포된 교전단체 소속 전투원은 포로의 지위를 누린다. [14 9급]

해설 본국정부와 교전단체 사이의 무력충돌은 국제적 무력충돌로 간주되어 포로의 대우 등 전쟁법이 적용되며, 외국은 양자에 대하여 중립국의 지위에 놓이며 반란지역에서의 행위에 대해 중앙정부에게 책임을 물을 수 없게 된다. 답 O

73. 본국정부가 교전단체 승인을 행하였을 경우에 제3국은 본국 정부와 반도 간의 전투에 있어 중립의 의무를 지켜야 한다. [12 경찰]

해설 본국정부에 의한 승인은 창설효를 가진다. 제3국은 양자에 대하여 중립국의 지위에 놓인다. 답 O

Part. 1

일반국제법

2023대비
공무원국제법
기출지문

제2부

국가관할권과 면제

제9장 국가관할권

제1절 국가관할권의 의의

I 서 설

1. **국가관할권이란 국가가 그 국내법을 일정범위의 사람 · 재산 또는 사실에 대하여 구체적으로 적용 및 행사하는 권능을 말한다.** [14 경찰]

해설 국가관할권이란 한 국가가 국내법에 의해 사람·사물·사건에 대해 행사할 수 있는 권한의 총체를 말한다. 답 O

2. **국가관할권은 영토 내의 권한인 영토관할권 외에 외국 영토나 국제 공간에서 행사될 수 있는 인적관할권 또는 역외관할권으로 분류하기도 한다.** [11 경찰]

해설 국가의 관할권은 역내와 역외로 나눌 수 있다. 답 O

3. **영토관할권의 충만성(充滿性)이란 국가의 광범위한 기능 수행을 위한 필요한 입법, 사법, 행정의 모든 권한의 행사가 가능함을 의미한다.** [11 경찰]

해설 국가는 국제법의 제한만 없다면 자국 내에서의 모든 문제나 사람에 대해 절대적인 관할권을 행사할 수 있다. 즉 국가는 자국 영역 내에서 시행을 원하는 법률을 제정할 수 있고, 자국법을 위반한 어떠한 자도 기소할 수 있고, 범죄를 저지른 외국인을 수감할 수도 있다. 답 O

4. **외교관계의 특권과 면제는 영토관할권 충만성의 예외이다.** [11 · 12 경찰]

해설 국가는 통상적으로 자신이 제정한 법규를 자국영토 내에서 집행할 수 있는 관할권을 가지고 있다. 그러나 집행관할권은 국제법상 영토 내적으로도 제한되는 경우가 있다. 국가, 외국의 외교사절, 영사, 국제기구와 그 직원, 외국 군대는 자국이 동의하지 않는 외국의 법원에서 피고가 되지 않는다. 답 O

5. **인적관할권은 보통 국적을 근거로 인정되며 자연인만이 그 대상이다.** [11 경찰]

해설 법인도 국적에 의하여 속인주의 대상이 된다. 답 X

6. **입법관할권은 국가의 영역 내로 제한된다.** [21 7급, 22 9급]

해설 국가는 기본적으로 역외입법관할권을 행사할 수 있다. 예를 들어 국가는 해외의 자국민에게도 소득세를 부과할 수 있다. 그러나 어떤 국가가 지구의 모든 곳(타국 영토, 공해 등)의 모든 사람의 행위를 규율하는 국내법을 제정할 수 있는 역외입법관할권을 갖는다면 타국의 국내관할권 혹은 주권을 침해할 우려가 있으므로 국가의 역외입법관할권은 그 한계를 분명히 설정할 필요가 있으나, 국제법은 이 문제에 대해 만족할 만한 답변을 제공하고 있지 않다. 따라서 각국은 역외입법관할권을 정당화하기 위해 형법분야에서 속지주의·속인주의·수동적 속인주의·보호주의·보편주의 등의 개념을 발전시켜 오고 있고, 미국 등 일부 선진국은 경제분야 특히 독점금지법 분야에서 효과이론 등을 적용하고 있다. 답 X

7. 상설국제사법재판소(PCIJ)는 Lotus호 사건에서 국가가 영역 밖으로 관할권을 행사하려면 명시적인 국제법적 근거가 필요하다고 보았다. [21 7급]

해설 1927년 Lotus호 사건에서 상설사법재판소(PCIJ)는 "국제법은 국가가 그들의 법의 적용과 그들 재판소의 관할권을 그들 영토 밖의 사람·물건·행위에까지 연장해서는 안된다는 취지의 일반적 금지규칙을 수립하고 있지 않다. 오히려 국제법은 이 점에 있어 넓은 재량의 여지를 그들에게 맡겨놓고 있으며, 이 넓은 재량은 금지규칙에 의하여 몇몇 경우에 있어서만 제한된다."고 하여 국가의 역외입법관할권을 긍정한 바 있다. 이러한 PCIJ의 견해에 의하면, 한 국가의 입법관할권은 원칙적으로 그 영토내에서 행한 행위에 국한되는 것이 아니라, 국제법이 달리 규정하지 않는 한 원칙적으로 외국인이 외국에서 저지른 행위에 대해서도 관할권을 행사할 수 있게 된다. 답 X

8. 국내법의 역외적용이 인정되면 집행관할권의 역외행사도 인정된다. [14 경찰]

해설 국가는 기본적으로 역외입법관할권을 행사할 수 있으나, 집행관할권은 국가의 영토적 범위에 의해 제한된다. 이러한 제한을 보충하는 제도가 범죄인인도제도이다. 그러나 집행관할권이 관습이나 조약에 의하여 그 영토 밖에서 행사하는 것이 허용되는 경우가 있는데 공해에서 외국상선을 임검하거나, 군대지위협정에 의하여 해외 주둔지국가에서 형사재판을 하는 경우가 그 좋은 예이다. 답 X

9. 국가의 기본적인 권리인 주권의 독립성에 비추어 볼 때, 국가의 집행관할권 행사는 역내관할(intra-territorial jurisdiction)이 원칙이다. [16 경찰]

해설 1927년 *Lotus*호 사건에서 상설사법재판소(PCIJ)는 "국제법이 국가에게 부과한 첫 번째 가장 중요한 제한은, 국가는 타국의 영토에서 그 어떤 형태로도 자신의 힘을 행사해서는 안된다는 것이다. 이 점에 있어 관할권은 확실히 영토적이다. 그것은 국제관습이나 협약으로부터 나오는 허용적 규칙에 의거하지 않는 한 국가가 그 영토 밖에서 행사할 수 있는 것이 아니다."라고 언급한 바 있다. 답 O

10. 국가는 자국에서 살인을 저지르고 외국으로 도주한 자국민에 대하여 재판관할권을 가지지만 외국에서 그를 직접 체포할 권한은 없다. [19 9급]

해설 집행관할권은 국가의 영토적 범위에 의해 제한된다. 답 O

11. 국가의 집행관할권은 영토적으로 제약을 받으므로 이를 극복하기 위하여 범죄인인도조약을 체결한다. [12 경찰]

해설 집행관할권은 국가의 영토적 범위에 의해 제한되기 때문에 입법관할권이 기본적으로 무제한적임에 비하여, 집행관할권은 엄격히 제한된다. 이러한 제한을 보충하는 제도가 범죄인인도제도이다. 답 O

12. 1961년 아돌프 아이히만 사건은 재판 관할권 문제와 관련이 있다. [13 경찰]

해설 1961년 아돌프 아이히만 사건에서 이스라엘은 국가기관이 타국의 영토 내에 잠입하여 범죄인을 불법체포·납치하여 자국의 국내법원에 기소한 경우라도 재판관할권 행사를 긍정한 바 있다. 답 O

13. 미국연방대법원은 Alvarez-Machain 사건에서 동 법원은 관할권을 행사할 수 없다고 판시하였다. [20 9급]

해설 1990년 미국은 1985년 멕시코에서 발생한 미국 마약단속요원의 고문 및 살해사건의 주범으로 멕시코인 의사 Alvarez-Machain을 지목하여 그를 납치, 자국 법정에 세운 바 있다. 답 X

14. 범죄자들이 해외에서 불법적으로 납치되어 미국의 국내재판소에 기소된 경우 미국의 법원은 적법절차위반을 이유로 관할권이 없음을 선언한다. [12 경찰]

해설 국가들의 관행은 통일되어 있지 않다. 이스라엘은 Eichmann 사건에서, 미국법원은 Alvarez-Machain 사건에서 불법 체포·납치 후 재판관할권 행사를 긍정한 바 있다. 답 X

15. 어느 국가의 비밀요원들이 타국에서 범죄자를 납치하여 국내로 데리고 온 경우 타국의 주권을 침해한 것으로 국제법위반이다. [12 경찰]

해설 영토국의 동의에 의하지 않은 체포·납치는 당해 영토국의 주권을 침해하는 행위이므로 국제법의 차원에서 당연히 국가책임을 발생시킨다. 따라서 영토주권을 침해당한 국가는 그 침해국에 대하여 원상회복을 포함한 국제청구를 제기할 권리를 가진다. 답 O

Ⅱ 역외입법관할권의 이론적 기초

16. 속지주의란 범죄지국이 영토주권에 기초하여 행사하는 권력작용에 관한 원칙이다. [14 경찰]

해설 속지주의(territorial principle)는 국가는 자국 영토 내에서 발생한 범죄에 대해 범죄자, 피해자의 국적을 불문하고 관할권을 갖는다는 원칙이다. 답 O

17. 대한민국 영역 외에 있는 대한민국의 선박 또는 항공기 내에서 죄를 범한 외국인에게 우리나라 형법을 적용하도록 규정한 형법 제4조에 해당되는 관할권 원칙은 속지주의이다. [16 9급, 22 7급]

해설 형법 제4조는 본법은 대한민국영역 외에 있는 대한민국의 선박 또는 항공기내에서 죄를 범한 외국인에게 적용한다고 규정하여 대한민국 영역 외라면 공해상이건 타국의 영역이건 구별하지 않고 외국인 범죄자에게 우리 형법을 적용하고 있다. 이 경우 타국 영역상의 선박이나 항공기 내에서의 범죄는 우리나라와 타국 모두 속지주의에 의한 관할권이 성립한다. 답 O

18. 속지주의 이론에 따르면, 국가는 행위자의 국적에 상관없이 자국 영역 내에서 발생한 사건에 대해 관할권을 가지므로 범죄행위의 개시국과 범죄결과의 최종발생국 모두 관할권을 행사할 수 있다. [21 9급]

해설 속지주의(territorial principle)는 국가는 자국 영토 내에서 발생한 범죄에 대해 범죄자, 피해자의 국적을 불문하고 관할권을 갖는다는 원칙이다. 범죄행위의 개시국은 주관적 속지주의에 의해, 범죄결과 발생지국은 객관적 속지주의에 의해 관할권을 가진다. 답 O

19. A국 국민인 甲이 A국내에서 국경너머 B국에 소재하는 C국 국민인 乙에게 총격을 가해 B국에서 乙이 사망한 경우, B국이 甲에 대해 형사관할권의 행사를 주장할 수 있는 근거는 객관적 속지주의이다. [08 7급, 18 9급]

해설 객관적 속지주의란 어떤 범죄가 자국 영역 밖에서 착수되었더라도 자국 영토 내에서 범죄의 본질적 구성요소나 또는 직접적인 결과가 완료된 국가가 당해 범죄 전체에 대해 형사관할권을 행사할 수 있다는 원칙이다.
답 O

20. **속지주의에 의하면 국내에서 개시되어 외국에서 완성된 범죄에 대해서는 관할권이 성립되지 않는다.** [09 9급]

해설 주관적 속지주의란 범죄가 자국 영역 외에서 완성되더라도 그 영역 내에서 실행의 착수가 이루어진 국가가 당해 범죄 전체에 대해 형사관할권을 행사할 수 있다는 원칙이다.
답 X

21. **속인주의란 범죄실행지의 여하를 불문하고 범죄실행자의 국적에 입각하여 관할권을 결정하는 입장이다.** [09 9급, 14 경찰]

해설 속인주의는 범죄인의 국적관련성에 기초한 관할권으로서 국가가 장소에 관계없이 자국민에 대해 가지는 대인주권(personal sovereignty)으로부터 파생된다.
답 O

22. **속인주의에 의하면, 자국민이 국외에서 행한 범죄행위에 대해서도 관할권을 갖는다.** [08 7급]

해설 국가는 자국민이 자국 영역 밖에서 착수하고 완료한 범죄에 대해 형사관할권을 행사할 수 있다는 원칙이다.
답 O

23. **우리나라 형법 제3조의 "본법은 대한민국 영역 외에서 죄를 범한 내국인에게 적용한다."는 규정은 속인주의를 반영하고 있는 조항이다.** [16 경찰, 20 9급]

해설 본법은 대한민국영역외에서 죄를 범한 내국인에게 적용한다(형법 제3조). 능동적 속인주의에 대한 규정이다.
답 O

24. **속인주의는 A국 국적의 甲이 B국에서 C국 국적의 乙을 우발적으로 살해한 경우 C국이 甲에 대하여 형사관할권을 주장할 수 있는 이론적 근거이다.** [10 7급]

해설 능동적 속인주의에 의하면 A국이 관할권을 행사한다.
답 X

25. **속지주의는 A국 국적의 甲이 B국에서 C국 국적의 乙을 우발적으로 살해한 경우 C국이 甲에 대하여 형사관할권을 주장할 수 있는 이론적 근거이다.** [10 7급]

해설 속지주의에 따른 관할권은 B국이 갖는다. C국이 형사관할권을 행사하는 근거는 수동적 속인주의이다.
답 X

26. **A국 국민 甲이 B국에서 C국 국민 乙에 의해 살해되었다. 이 경우 A국이 乙에 대해 형사관할권을 행사할 수 있는 이론적 근거는 수동적 속인주의(passive nationality principle)이다.** [07 · 21 9급, 10 · 17 7급]

해설 수동적 속인주의란 국가는 자국민이 자국 영역 밖에서 외국인에 의해 착수되고 완료된 범죄의 피해자가 된 경우 형사관할권을 행사할 수 있다는 원칙이다.
답 O

27. **외국인이 대한민국 영역 밖에서 대한민국 국민에 대하여 저지른 모든 범죄에 대하여 수동적 속인주의에 따라 형사관할권을 행사한다.** [22 7급]

해설 수동적 속인주의는 해외자국민의 보호 장치로서의 의의를 가지고 있다. 그러나 행위지국의 법에 의해 적법인 행위가 피해자의 소속국내법에 의해 범죄로 규정될 가능성이 있다. 이 경우 수동적 속인주의는 국내문제에 대한 부당한 간섭이 될 뿐만 아니라 외국인은 방문국의 주권과 국내법을 존중할 의무가 있다는 일반국제법상의 원칙에도 위반될 수 있다. 수동적 속인주의 규정하고 있는 한국 형법 제6조 단서는 "행위지의 법률에 의하여 범죄를 구성하지 아니하거나 소추 또는 형의 집행을 면제한 경우에는 예외로 한다."고 규정하여 행위지법과의 조화를 꾀하고 있다. 답 X

28. **해외 테러단체가 해외에서 한국인을 상대로 저지른 범죄에 대하여 대한민국이 관할권을 행사할 수 있는 근거는 보호주의이다.** [08·21 7급, 14 경찰]

해설 수동적 속인주의에 대한 설명이다. 답 X

29. **보호주의에 근거한 관할권은 주로 중요한 국가적 이익 보호를 위해 이용된다.** [14 경찰]

해설 보호주의(protective principle)란 국가의 법익관련성에 기초하는 것으로서, 외국인에 의해 자국 영역 밖에서 착수되고 완료된 범죄에 의해 국가 안보(내란죄·외환죄 등) 또는 사활적 경제적 이익(화폐 및 유가증권의 위조 등)을 침해당한 국가는 그에 대해 형사관할권을 행사할 수 있다는 원칙이다. 답 O

30. **보호주의는 피해국가의 영토 내에서 효과 또는 결과가 발생될 것을 요구하지 않는다.** [20 9급]

해설 보호주의(protective principle)란 국가의 법익관련성에 기초하는 것으로서, 외국인에 의해 자국 영역 밖에서 착수되고 완료된 범죄에 의해 국가 안보(내란죄·외환죄 등) 또는 사활적 경제적 이익(화폐 및 유가증권의 위조 등)을 침해당한 국가는 그에 대해 형사관할권을 행사할 수 있다는 원칙이다. 자국 영토 내에서 효과 또는 결과가 발생했다면 속지주의 관할권이 인정된다. 답 O

31. **국가관할권에 대하여 보호주의에 의하면 국가안보를 위협하는 외국인의 해외활동에 대해서도 관할권이 성립할 수 있다.** [09 9급]

해설 보호주의(protective principle)란 국가의 법익관련성에 기초하는 것으로서, 외국인에 의해 자국 영역 밖에서 착수되고 완료된 범죄에 의해 국가 안보(내란죄·외환죄 등) 또는 사활적 경제적 이익(화폐 및 유가증권의 위조 등)을 침해당한 국가는 그에 대해 형사관할권을 행사할 수 있다는 원칙이다. 답 O

32. **X국 국민 갑(甲)이 Y국의 통화를 Z국의 영토 내에서 위조한 사건에 대하여 X국은 속인주의에 의해, Y국은 보호주의에 의해, Z국은 속지주의에 의해 관할권을 행사할 수 있다.** [12·22 7급, 21 9급]

해설 X국은 자국민이 저지른 범죄이므로, Y국은 국가적 법익이 침해받았음을 이유로, Z국은 영토고권에 의하여 관할권을 행사할 수 있다. 답 O

33. **Attorney-General of the Government of Israel v. Eichmann 사례에서 재판부는 Eichmann의 범죄행위 중 유태인 피해에 대하여 보호주의적 관할권이 인정된다고 판단하였다.** [22 7급]

해설 1961년 Adolf Eichmann 사건은 보편관할권 행사와 관련된 사건이다. 아이히만의 범행 당시 이스라엘이라는 국가는 존재하지 않았지만, 보편관할권은 범죄와 소추국 간의 관련성에 의존하는 것이 아니므로 보편관할권 행사에 비판하는 국가는 없었다. 또한 유태인 피해에 대한 보호주의적 관할권이 인정된다고 판단했는데, "피해를 입은 쪽에서 위반자를 벌할 권리는, 그로티우스가 설명했듯, 위반자에 의해 행해진 범죄에서 바로 도출되며, 피해를 입은 쪽이 위반자를 재판하고 처벌할 능력을 부정했던 유일한 요소는 주권의 결핍이었다. 만약 피해를 입은 단체나 사람들이 추후 어떤 영토에서건 정치적 주권체를 형성한다면, 그러한 주권을 이용하여 위반자를 처벌해 자연적인 권리를 행사할 수 있는 것"이라 하였다. 답 O

34. **외국인이 외국에서 외국인을 상대로 저지른 범죄에 대하여 대한민국이 관할권을 행사할 수 있는 근거는 보편주의이다.** [09 9급]

해설 보편주의란 개별 국가와 어떠한 직접적 관련성이 없음에도 불구하고 오직 범죄행위의 성격만을 근거로 관할권을 행사할 수 있다는 원칙을 말한다. 답 O

35. **국가관할권에 대하여 보편주의에 의하면 국제사회 전체에 대한 중대한 범죄에 대해서는 모든 국가가 관할권을 갖는다.** [09 9급]

해설 보편관할권은 국제공동체 전체에 대해 위협이 되는 개인의 중대한 범죄 내지 국제법 하의 범죄에 대해서 광범위하게 수락되고 있는데, 국제법상의 해적행위, 전쟁범죄, 평화에 대한 죄와 인도에 대한 죄, 제노사이드 등이 여기에 속하며, 그 대상범위는 점차 확대되는 경향이 있다. 답 O

36. **형사관할권 행사의 근거 중 하나로서 보편적 관할권은 주로 해적행위, 전쟁범죄, 집단살해 등 국제범죄를 비롯한 강행규범 위반을 대상으로 적용되며 발전되어 왔다.** [16 경찰, 22 7급]

해설 보편관할권은 국제공동체 전체에 대해 위협이 되는 개인의 중대한 범죄 내지 국제법 하의 범죄에 대해서 광범위하게 수락되고 있는데, 국제법상의 해적행위, 전쟁범죄, 평화에 대한 죄와 인도에 대한 죄, 제노사이드 등이 여기에 속하며, 그 대상범위는 점차 확대되는 경향이 있다. 답 O

37. **UN안전보장이사회의 결의에 위반되는 행위는 보편적 관할권의 대상이 된다.** [14 경찰]

해설 보편관할권은 국제공동체 전체에 대해 위협이 되는 개인의 중대한 범죄 내지 국제법 하의 범죄에 대해서 광범위하게 수락되고 있는데, 국제법상의 해적행위, 전쟁범죄, 평화에 대한 죄와 인도에 대한 죄, 제노사이드 등이 여기에 속하며, 그 대상범위는 점차 확대되는 경향이 있다. 구유고국제형사재판소는 1998년 Furundzija 사건에서 고문과 같은 개인의 강행법규 위반행위에 대해서 모든 국가가 보편관할권을 행사할 권리가 있음을 언급하기도 하였다. 그러나 UN안전보장이사회의 결의에 위반되는 행위가 보편관할권 행사의 대상범죄라고 할 수는 없다. 답 X

38. **보편주의는 공해상에서 A국 국적의 해적들에 의해 피랍된 B국 선박과 관련된 사건에 대하여 C국이 관할권을 행사하기 위한 근거가 될 수 있는 이론이다.** [11 9급]

해설 보편관할권은 범죄의 성격에 의하여 모든 국가가 관할권을 행사할 수 있는 이론이다. 답 O

39. **대세적 의무를 위반한 행위에 대해서는 모든 국가가 보편적 관할권을 행사할 의무를 진다.** [14 경찰]

해설 보편주의는 국가 주권과 국내문제 불간섭을 기초로 하는 현대 국제법에 의해 예외적 상황에서 원용되는 원칙이고, 그 행사가 개별국가의 재량사항이라는 속성을 가진다. UN해양법협약 제100조는 해적행위의 진압에 모든 국가는 최대한 협력한다고 규정하면서, 제105조에서 "모든 국가는 해적선 또는 해적항공기를 나포할 수 있다."고 규정하고 있다. 답 X

40. **항공기 납치나 테러 등 일정 범죄의 방지와 처벌을 다루는 조약에서는 당사국에게 기소 또는 인도 의무(aut dedere aut judicare)를 규정하기도 한다.** [19 9급]

해설 보편주의의 임의성이라는 약점을 보완하기 위해 "인도 아니면 소추"라는 공식이 규정되어 있는 조약들이 있다. 답 O

41. **범죄 용의자에 대하여 기소 또는 인도 의무를 규정하고 있는 조약들은 일종의 준보편관할권(quasi-universal jurisdiction)을 성립시키는 효과를 가져온다.** [12 7급]

해설 aut dedere aut judicare공식은 그 어떤 조약당사국도 범죄자가 자국 영토 내에 '현재'하고 있는 경우 소추하든지 아니면 관할권을 갖는 타국에게 인도하여야 할 의무가 있다는 것이다. 즉 범죄자가 관할권을 행사하는 국가의 영토 내에 존재하는 것을 전제로 하는 것으로 자국 영역 이외에서 용의자를 체포할 권한까지 부여한다고 볼 수 없기 때문에 순수한(pure) 보편관할권이라고는 할 수 없으며, 보편관할권의 한 범주로서 이해하는 견해와 보편관할권으로 보지 않는 견해(ILC, 보편관할권에 관한 작업)가 대립하고 있다. 나아가 보편관할권으로 보더라도 인도 아니면 소추공식이 규정된 조약의 당사국 사이에서만 허용된다는 점에서 준보편관할권으로 칭하기도 한다. 답 O

42. **보편주의는 제노사이드, 해적 등의 범죄에 대하여는 어느 국가나 관할권을 행사할 수 있다는 원칙으로 우리 형법이 채택하고 있는 원칙이다.** [12 경찰]

해설 한국은 「선박 및 해상구조물에 대한 위해행위의 처벌 등에 관한 법률」 제3조에서 해적행위에 대한 보편적 관할권 성립을 규정하고 있으며, 제12조 1항에 따라 공해상의 외국선박에서 외국인이 선박을 탈취할 목적으로 다른 외국인을 살해한 경우에도 처벌이 가능하다. 「공중 등 협박목적을 위한 자금조달행위의 금지에 관한 법률」 제3조 2항에서 테러자금의 모집, 운반 등에 관련된 행위에 대한 보편주의에 입각한 관할권 행사를 규정하고, 이 밖에도 「국제형사재판소 관할 범죄의 처벌 등에 관한 법률」은 대한민국 영역 밖에서 국제형사재판소 관할 범죄를 범한 외국인에 대하여도 동 법률을 적용한다고 규정하는 등 특별법에서만 보편주의에 입각한 조항이 있었으나, 2013년 4월 5일 신설된 형법의 각칙 규정 제296조 2는 약취, 유인 및 인신매매의 죄들에 대해 외국에서 외국인이 범한 경우에도 처벌할 수 있도록 세계주의를 도입하였다. 다만 그 같은 자가 대한민국 영역 안에 있을 것을 조건으로 한다. 답 O

43. **아킬레 라우로(Achille Lauro)호 사건은 1973년 외교관 등 국제적 보호인물에 대한 범죄의 예방 및 처벌에 관한 협약(The 1973 UN Convention on the Prevention and Punishment of Crimes Against Internationally Protected persons, Including Diplomatic Agents)을 채택하게 되는 배경이 된 사건이다.** [14 경찰]

해설 Achille Lauro 사건(1985)은 1985년 팔레스타인 해방전선(Palestine Liberation Front) 소속 대원 4명이 이탈리아를 출발하여 이집트로 하는 유람선 Achille Lauro호를 납치하여, 승객과 승무원 400여명을 인질로 잡고 50명의 팔레스타인 테러리스트의 석방을 요구했다. 범행 과정에서 납치범들은 승객 가운데 미국인 11명, 영국인 5명, 호주인 2명을 갑판으로 끌어내 제비뽑기로 미국인 Leon Klinhoffer를 골라 사살하였다. 미국은 협상이 결렬된 납치범들이 이집트 항공기를 이용해 팔레스타인해방기구(PLO) 본부가 있는 튀니지로 빠져나갈 것이라는 정보를 입수했다. 미국은 항공모함에서 4대의 전투기를 발진시켜 이탈리아에 있는 북대서양조약기구(NATO)군 비행장에 납치범들을 태운 비행기를 강제 착륙시키는 데 성공했다. 납치범들은 결국

이탈리아 정부에 체포돼 재판을 받았다. 미국은 라우로호 승객 중 미국인이 포함되어 있었고, 범인들에 의해 미국인 인질이 피살되었으므로 이탈리아 정부에 대하여 선박 탈취범들의 해적행위를 이유로 범죄인 인도를 요구하였으나, 이탈리아 정부는 테러범의 인도를 거부하고, 자국법원에 테러범을 기소하였지만, 주범 Abul Abbas를 증거부족으로 석방하였다. 설문의 사건으로는 1969년 과테말라 주재 서독대사가 납치되었을 때 서독정부는 접수국이 적절한 조치를 다한 것으로 인정받기 위해서는 범인들이 요구한 몸값을 지불해야 한다는 주장을 하였으나 과테말라 정부는 이를 부인하였고, 결국 살해당하고 말았다. 답 ×

44. **1979년 인질억류방비에 관한 국제협약(The 1979 UN Convention Against the Taking of Hostages)은 인질억류행위를 협약의 당사국 간에 범죄인인도의 대상이 되는 범죄로 규정하고 있다.** [14 경찰]

해설 1969년 과테말라 주재 서독대사 사건을 계기로 외교관을 포함한 국제적 인물에 대한 테러가 빈발함에 따라 이들을 보호하기 위하여 1973년 외교관을 포함해서 국제적으로 보호받는 사람에 대한 범죄의 방지 및 처벌에 관한 협약과, 1979년 인질방지협약이 채택되었는데, 전자는 인도 아니면 소추공식이 도입되어 있고, 후자는 범죄인 인도의 근거가 마련되어 있다. 답 ○

45. **국제형사재판소 관할 범죄의 처벌 등에 관한 법률은 군대의 지휘관(지휘관의 권한을 사실상 행사하는 사람을 포함한다) 또는 단체 · 기관의 상급자(상급자의 권한을 사실상 행사하는 사람을 포함한다)가 실효적인 지휘와 통제하에 있는 부하 또는 하급자가 집단살해죄등을 범하고 있거나 범하려는 것을 알고도 이를 방지하기 위하여 필요한 상당한 조치를 하지 아니하였을 때에는 그 집단살해죄등을 범한 사람을 처벌하는 외에 그 지휘관 또는 상급자도 각 해당 조문에서 정한 형으로 처벌한다.** [20 7급]

해설 제5조(지휘관과 그 밖의 상급자의 책임) 군대의 지휘관(지휘관의 권한을 사실상 행사하는 사람을 포함한다. 이하 같다) 또는 단체·기관의 상급자(상급자의 권한을 사실상 행사하는 사람을 포함한다. 이하 같다)가 실효적인 지휘와 통제하에 있는 부하 또는 하급자가 집단살해죄등을 범하고 있거나 범하려는 것을 알고도 이를 방지하기 위하여 필요한 상당한 조치를 하지 아니하였을 때에는 그 집단살해죄등을 범한 사람을 처벌하는 외에 그 지휘관 또는 상급자도 각 해당 조문에서 정한 형으로 처벌한다. 답 ○

46. **국제형사재판소 관할 범죄의 처벌 등에 관한 법률은 집단살해죄등에 대하여는 형사소송법 제249조부터 제253조까지 및 군사법원법 제291조부터 제295조까지의 규정에 따른 공소시효와 형법 제77조부터 제80조까지의 규정에 따른 형의 시효에 관한 규정을 적용하지 아니한다.** [20 7급]

해설 제6조(시효의 적용 배제) 집단살해죄등에 대하여는 「형사소송법」 제249조부터 제253조까지 및 「군사법원법」 제291조부터 제295조까지의 규정에 따른 공소시효와 「형법」 제77조부터 제80조까지의 규정에 따른 형의 시효에 관한 규정을 적용하지 아니한다. 답 ○

47. **국제형사재판소 관할 범죄의 처벌 등에 관한 법률은 집단살해죄등의 피고사건에 관하여 이미 국제형사재판소에서 유죄 또는 무죄의 확정판결이 있은 경우에는 판결로써 면소를 선고하여야 한다.** [20 7급]

해설 제7조(면소의 판결) 집단살해죄등의 피고사건에 관하여 이미 국제형사재판소에서 유죄 또는 무죄의 확정판결이 있은 경우에는 판결로써 면소(免訴)를 선고하여야 한다. 답 ○

48. **국제형사재판소 관할 범죄의 처벌 등에 관한 법률은 대한민국 영역 밖에서 대한민국 또는 대한민국 국민에 대하여 이 법으로 정한 죄를 범한 외국인에게 적용하나, 대한민국 영역 밖에서 집단살해죄등을 범하고 대한민국 영역 안에 있는 외국인에게 적용하지 아니한다.** [20 7급]

해설 제3조(적용범위) ⑤ 이 법은 대한민국 영역 밖에서 집단살해죄등을 범하고 대한민국영역 안에 있는 외국인에게 적용한다. 답 ×

49. **체포영장 사건 판결(2002)에서 국제사법재판소(ICJ)는 벨기에가 현직 외무장관의 체포영장을 발부한 것은 면제를 존중하여야 하는 국제법에 대한 위반이라고 판시하였다.** [13 경찰]

해설 벨기에의 반잔학행위법에 따라 샤론 이스라엘 총리, 부시 미국 대통령 등 수많은 전현직 주요국 국가원수와 고위 공직자가 벨기에 사직당국에 고발되었다. 미국은 벨기에가 이 법을 폐기하지 않으면 브뤼셀에 소재한 NATO 본부의 이전을 검토하겠다고 위협하였고, 2002년 체포영장 사건에서 ICJ가 국제법에 위반임을 판정하자 2003년 개정을 통해 위와 같은 국제범죄에 관해 피고가 벨기에인이거나 3년 이상 거주한 경우, 피해자가 벨기에인이거나 3년이상 거주한 경우 등에 한해서만 형사관할권을 행사하기로 제한하였다. 이로써 벨기에 법원에 의한 보편적 관할권 행사는 포기되었으며, 실제 이 법 시행 10년 동안 보편주의적 입장에서 처벌된 사례는 4명의 르완다 사건 한 건에 불과했다. 답 ○

50. **상설국제사법법원(PCIJ)의 로터스(Lotus)호(號) 사건에 대하여 이 사건에서 PCIJ는 국제법이 명시적으로 금지하지 않는 분야에 대해서는 주권국가가 행동의 자유를 갖는다는, 소위 '금지이론'을 판시하였다.** [13 9급]

해설 PCIJ는 재판장의 casting vote에 의해 터키의 관할권을 인정하고, 국제법상 금지되지 않은 행위는 모두 허용된다는 입장에서 형사재판의 근거가 무엇인지는 문제되지 아니하고 터키는 객관적 속지주의에 의해, 프랑스는 주관적 속지주의에 의해 관할권을 가지며, 프랑스의 주장과 같이 가해 국적국의 관할권 행사와 관행이 존재하는 사실은 인정하나 법적인 확신이 결여 된 것으로 판단하였다. 답 ○

51. **로터스호 사건(the S.S. Lotus case)은 공해상에서 국적을 달리 하는 선박이 충돌한 경우에 관련 국가의 형사관할권 행사 가능 여부가 주요 쟁점이 된 사건이다.** [18 9급]

해설 Lotus호 사건 (1927. PCIJ)은 1926.8.2 공해상에서 프랑스의 우편선인 로터스호와 터키의 석탄선이 충돌하여 터키선박이 침몰하고 8명의 터키인이 사망한 사고가 발생하였는데, 로터스호가 터키영토인 콘스탄티노플에 도착하자 터키당국이 충돌당시의 일직사관인 프랑스인을 형사절차에 회부하여 징역과 벌금을 부과하자 프랑스 선원들은 본국에 외교적 보호권을 요청하였고, 관할권의 분쟁문제를 가지고 터키정부가 그 스스로의 의지를 선언하였기 때문에 1926.10.26 터키와 프랑스는 특별협정을 조인하여 PCIJ에 제소하였던 사건이다. 여기서 PCIJ는 재판장의 Casting vote에 의해 터키의 관할권을 인정하고, 국제법상 금지되지 않은 행위는 모두 허용된다는 입장에서 형사재판의 근거가 무엇인지는 문제되지 아니하고 터키는 객관적 속지주의에 의해, 프랑스는 주관적 속지주의에 의해 관할권을 가지며, 프랑스의 주장과 같이 가해 국적국의 관할권 행사와 관행이 존재하는 사실은 인정하나 법적인 확신이 결여 된 것으로 판단하였다. 답 ○

52. **상설국제사법법원(PCIJ)의 로터스(Lotus)호(號) 사건에 대하여 이 사건의 판결 원칙은 그 후 마르텐스 조항(Martens Clause)으로 계승되었다.** [13 9급]

해설 전투수행에 관한 조약규정이 존재하지 않는 경우에도 교전당사국은 확립된 관행이나 양심에 기초하여 비인도적 행위를 자제해야 한다는 마르텐스조항은 1899년 육전법규협약에서 규정하였고 오늘날 국제인도법에서도 확인되는 것으로서 동 조항은 법규의 부존재를 이유로 하는 비인도적 행위를 방지하고자 한다. 따라서 금지되지 않으면 허용된다는 금지이론과는 반대되는 입장이다. 답 ×

53. **상설국제사법법원(PCIJ)의 로터스(Lotus)호(號) 사건에 대하여 능동적 속인주의(active personality principle)에 근거하여 프랑스 선원에 대한 터키법원의 재판관할권이 인정되었다.** [13 9급]

해설 객관적 속지주의에 의하여 인정하였다. 답 X

54. **Lotus 사건에서 상설국제사법재판소(PCIJ)는 주관적 속인주의 및 객관적 속인주의에 따라 프랑스 및 터키가 모두 관할권을 갖는다고 하였다.** [12 경찰]

해설 프랑스는 주관적 속지주의, 터기는 객관적 속지주의에 따라 모두 관할권을 갖는다고 하였다. 답 X

55. **상설국제사법법원(PCIJ)의 로터스(Lotus)호(號) 사건에 대하여 공해상에서 국적을 달리하는 선박 충돌의 경우에는 가해선의 국적국과 피해선의 국적국이 모두 관할권을 행사할 수 있다고 판시하였으며, 이 내용이 1982년 UN해양법협약에도 규정되었다.** [13 9급]

해설 82년 해양법협약은 가해선의 기국이나 선장의 국적국이 형사관할권을 행사하는 것으로 규정하고 있다. 답 X

56. **공해상의 선박충돌 시 피해선박 국적국의 형사재판관할권을 인정한 '로터스호 사건(Lotus case)'은 상설국제사법재판소(PCIJ) 및 국제사법재판소(ICJ)에서 판결한 사례 중 판시 내용이 국제사회의 일반적인 승인을 얻게 된 사례이다.** [08 7급, 11 9급]

해설 이 판례는 그 후 국가들의 지지를 받지 못하고, 많은 해양관련 협약은 가해선의 기국이나 선장의 국적국이 형사재판관할권을 행사하는 것으로 규정되었다. 답 X

57. **ICJ는 Arrest Warrant 사건에서 주권면제의 법리보다 강행규범의 실현이 우선되어야 한다는 다수의견을 제시하였다.** [20 7급]

해설 보편관할권원칙과 영토주권의 충돌에 관한 대표적 국제판례가 ICJ의 2002년 *Arrest Warrant* 사건이다. 이 사건에서 벨기에가 콩고외무부장관인 *Yerodia Ndombasi*에 대해 국제인도법의 중대한 위반의 처벌에 관한 법 제7조의 보편관할권에 근거하여 전쟁범죄와 인도에 반하는 죄를 이유로 체포영장을 발부하고 국제적으로 배포한 것에 대해, "국제관습법상 외무부장관에게 부여되는 면제는 개인적인 이익을 위해서 주어지는 것이 아니라 각 국가를 위해 그들의 직무를 효과적으로 수행할 수 있도록 보장하기 위한 것이며, 외무부장관의 행위는 대표하는 국가를 구속하므로 그 지위로부터 국가를 위해 행사할 수 있는 전권이 있는 것으로 추정된다(조약법에 관한 비엔나협약 제7조 2항 a). 따라서 이러한 직무수행을 위하여 필요한 경우에 외무부장관은 언제든 여행이 가능하여야 하며, 정부, 외교사절단 및 타국의 대표와 언제든 연락이 가능해야 한다. 외무부장관의 이러한 직무상 특성을 감안할 때, 외무부장관은 그 임기 중 외국에 있는 동안에는 형사관할권으로부터의 완전한 면제와 불가침성을 향유하는 것으로 결론내릴 수 있다."고 하였다. 답 X

Ⅲ 국가관할권의 경합

58. **국제법상 관할권 행사의 여러 근거로 인하여 동일 사안에서 동일인에 대해 형사관할권을 행사할 수 있는 국가가 복수로 존재할 수 있다.** [19 9급]

해설 어떤 한 범죄가 두 개 이상의 국가와 관련된 경우 그 국가들은 각기 다른 원칙에 따라 자국 형법을 적용할 수 있다. 이를 관할권의 경합이라고 한다. 답 O

59. **영토에 근거한 관할권은 영토국의 이해관계가 국적에 근거한 타국의 이해를 압도하므로 국적에 근거한 관할권보다 우월한 지위를 가진다.** [19 9급]

해설 주권평등원칙상 각 국가의 주권으로부터 파생한 입법관할권은 평등하기 때문에 어떤 국가의 형법이 우선 적용될 것인가에 관한 국제법 규칙은 존재하지 않는다. 결국 속지주의가 속인주의에 우선하는 것이 아니다. 답 X

60. **Banković et al. v. Belgium et al. 사례에서 재판부는 속지주의 관할권과 속인주의 관할권이 충돌하는 경우 속인주의가 국가의 1차적 관할권이라고 판단하였다.** [22 7급]

해설 2001년 Banković et al. v. Belgium 유럽인권재판소는 "국제법은 국가의 역외 관할권 행사를 배제하지 않지만, 이러한 관할권(국적, 국기, 외교 및 영사 관계, 효과, 보호, 피해자 보호주의 및 보편관할권 포함)의 근거로 제시된 것들은 일반적으로, 다른 관련 국가들의 영토 주권에 의해 정의되고 제한된다."고 하여 속지주의가 국가의 1차적 관할권이라고 판단한 바 있다. 답 X

61. **「시민적 및 정치적 권리에 관한 국제규약(B규약)」 제14조 제7항의 일사부재리원칙은 이중처벌을 금지하나 다른 관할권에서의 중복 처벌을 금지하는 취지는 아니다.** [22 7급]

해설 1966년 시민적·정치적 권리에 관한 국제규약은 제14조 제7항에서 "그 누구도 각국의 법과 형사절차에 따라 이미 최종적으로 유죄 선고를 받거나 석방된 범죄에 대해 다시 심리 받거나 처벌되어서는 안 된다."라고 규정하여 일사부재리를 규정하고 있다. 그러나 이러한 원칙은 어떤 한 국가에 있어서의 일사부재리원칙을 규정하고 있을 뿐이다. 답 O

Ⅳ 경쟁법의 역외적용

62. **효과주의에 의하면, 외국인이 자국 밖에서 행한 행위로 인하여 그 결과가 자국에게 실질적인 영향을 미친 경우 역외에 있는 해당 외국인에 대해서도 관할권을 갖는다.** [08 7급]

해설 외국인에 의한 영역외 행위라 할지라도 내국의 질서에 예견가능한 실질적·직접적 영향을 줄 때에는 자국법(특히 독점금지법)을 역외적용해야 한다는 이론으로 객관적 속지주의의 일종으로 보기도 한다. 답 O

63. **국외에서 이루어진 외국기업의 담합행위에 의한 자국 경쟁법 위반행위에 대해 미국의 경우, 효과이론에 의거하여 규제할 수 있다.** [18 7급, 21 9급]

해설 미국 법원은 1900년대 초 "행위의 적법성에 대한 판단은 행위지법에 의한다."는 American Bananas Co.사건에서의 정책을 포기하고 1945년 ALCOA사건에서 속지주의를 확대한 효과이론(the Effect Doctrine)의 채용하였다. 즉 미국의 법무부와 재판소들은 미국의 독점금지관련 법률들은 외국인과 외국회사들이 자국 영토 내에서 자국법에 의거하여 완전히 합법적인 행동을 했더라도 미국의 경제에 '직접적이고 실질적인' 효과를 미치는 경우에는 적용하려는 의도를 가졌다고 해석하고 있다. 답 O

64. 국외에서 이루어진 외국기업의 담합행위에 의한 자국 경쟁법 위반행위에 대해 독일의 경우, 효과이론을 채용한 경쟁제한방지법에 근거하여 규제할 수 있다. [18 7급]

해설 독일의 경쟁제한금지법 제98조 제2항 전단은 미국의 효과이론을 계수하여 명문으로 규정하고 있다.

답 O

65. EU의 경쟁법은 단일경제실체이론에 따라 자회사의 경쟁법 위반에 대하여 EU 밖에 있는 모회사에 대하여 관할권을 인정하고 있다. [12 경찰]

해설 단일경제실체이론(single economic unit theory)이란 유럽공동체 밖에서 설립된 모회사가 EU 역내에 자회사 또는 대리점을 갖고 있거나, EU 밖에서 설립된 자회사가 EU 내에서 영업활동을 수행하는 경우, 모회사는 자신의 자회사 또는 대리점과 마찬가지로 "역내의 사람"(person within the territory)으로 의제되며, 따라서 속지주의에 따라 모회사에 대해 관할권을 수립할 수 있다는 것이다. 이 이론은 유럽공동체 사법법원이 1972년 *Dyestuff* 사건에서 처음 채택하였으며, 확립된 판례이다.

답 O

66. 국외에서 이루어진 외국기업의 담합행위에 의한 자국 경쟁법 위반행위에 대해 유럽연합의 경우, 이행이론에 의거하여 규제할 수 있다. [18 7급]

해설 이행이론이란 유럽공동체 사법법원이 *Wood Pulp Cartel* 사건을 통해 제시한 것으로, 역외 기업들의 해외에서의 행위에 EU 경쟁법이 적용되는 것은 그러한 행위가 EU 역내에서 "이행"되었기 때문이라는 것이다. 즉 해외에서 가격담합의 "합의"가 이루어졌더라도 그 합의가 실제 이행된 영토국이 속지주의에 근거하여 관할권을 갖는다는 것이다. 다만 EU 집행위원회는 유럽사법재판소의 판례의 태도와는 달리 EU 설립조약 제81조와 제82조의 경쟁정책과 관련 효과이론을 지지하고 있다.

답 O

67. 국외에서 이루어진 외국기업의 담합행위에 의한 자국 경쟁법 위반행위에 대해 우리나라의 경우, 효과이론을 채용한 공정거래법에 근거하여 규제할 수 있다. [12 경찰, 18 7급]

해설 공정거래위원회는 2002년 4월 4일 일본, 미국, 독일의 6개 흑연전극봉 생산업체들이 외국에서 행한 가격담합행위에 대해 부당하게 경쟁을 제한하는 "가격을 결정, 유지 또는 변경하는 행위"를 금지한 공정거래법 제19조 제1항 1호를 적용하여 시정명령과 과징금부과처분을 내렸다. 이로써 공정거래위원회는 최초로 공정거래법의 역외적용을 인정하였다. 동 위원회는 그 법적 근거에 대해 "외국법에 의해 설립된 사업자들간의 합의가 비록 외국에서 이루어졌다고 하더라도, 합의의 '실행이 대한민국에서 이루어지고', 대한민국 시장에 '영향'을 미칠 경우에 공정거래위원회는 이들 사업자에 대해 관할권을 행사할 수 있다."고 판시하였다. 이 판시를 통해 볼 때, 공정거래위원회는 미국 법원이 취하고 있는 "효과이론"과 유럽공동체 사법법원(European Court of Justice)가 취하고 있는 "이행이론"을 모두 채택하였다고 볼 수 있다. 공정거래위원회의 결정에 대한 이의를 다룬 대법원은 2006년 3월 24일 역외 적용에 관한 명문의 규정의 유무에 관계없이 공정거래법의 역외적용을 인정하였다. 국회는 이 사건이 진행되는 중에 공정거래법을 개정, 제2조의 2에서 "국외에서 이루어진 행위라 하더라도 국내시장에 영향을 미치는 경우에는" 동법이 적용된다고 규정하여 공정거래법의 역외적용을 명문화하였으며, 이는 효과이론을 법제화한 것이라고 평가할 수 있다.

답 O

제2절 범죄인인도제도

Ⅰ 서 설

68. 범죄인인도대상은 형사소추 대상이나 유죄판결을 받은 사람이어야 한다. [12 7급]

해설 범죄인인도제도(extradition)란 개인이 범죄를 범한 후 또는 수형자가 형의 집행을 완료하기 이전에 외국으로 도피하는 경우, 조약에 근거하여 인도를 요구하는 것을 말한다. 답 O

69. 범죄인인도에 관하여 범죄인인도조약이 체결되어 있지 않은 국가 간의 범죄인인도의무는 국제관습법상 확립되어 있지 않다. [09 · 14 7급, 12 경찰, 17 · 22 9급]

해설 범죄인 인도를 의무적으로 하는 관습법규는 존재하지 않기 때문에 국가들은 범죄인인도조약의 체결을 통하여 당사국 상호간에 인도의무를 창설하는 방식에 의존하고 있다. 답 O

70. 범죄인인도는 원칙적으로 국가의 재량사항에 해당하나 조약에 의하여 의무화되기도 한다. [08 7급, 16 경찰]

해설 범죄인 인도를 의무적으로 하는 관습법규는 존재하지 않기 때문에 국가들은 범죄인인도조약의 체결을 통하여 당사국 상호간에 인도의무를 창설하는 방식에 의존하고 있다. 답 O

71. 범죄인인도에 관하여 인도 요청국과 피요청국 사이에 범죄인인도조약이 없더라도 범죄인을 인도할 수 있다. [09 · 14 7급]

해설 조약이 체결되어 있지 않아도 국제예양상 또는 국내법상(범죄인인도법 제4조) 인도할 수 있고, 비자말소, 입국거부 등의 비정규적 인도도 있다. 답 O

72. 유럽연합(EU)의 유럽체포영장제도상 범죄특정의 원칙은 상호주의 조건하에서 포괄적으로 포기 또는 제한되고 있다. [20 9급]

해설 2004년 1월 1일부터 도입된 이 제도의 기본논리는 첫째, 종래 EU 회원국가 간에 적용되어 온 범죄인인도조약들은 이제 회원국 사법당국 사이에 범죄인 체포 및 인도 절차로 대체된다. 둘째, 종래 민사판결의 자유이동에서 형사문제에 있어서도 사법결정의 자유이동 체제를 도입한다. 요컨대 유럽체포영장은 긴급한 문제로 취급되고 집행되어야 한다. 그리고 이 목적을 위해 영장발부국의 법에 의해 3년 이상의 형이 언도될 수 있는 32개의 중요 범죄에 대해서는 쌍방가벌성의 원칙은 포기되었다. 뿐만 아니라 범죄특정의 원칙도 상호주의 조건 하에 포괄적으로 포기 내지는 제한되고 있으며, 범죄인 자신이 영장발부국으로 인도된 뒤 범죄특정 원칙의 권리를 포기하는 것도 허용되고 있다. 답 O

Ⅱ 인도요건

73. 개인이나 사회단체는 범죄인인도를 청구할 권리가 없다. [16 경찰]

해설 인도주체는 인도청구국과 인도국이다. 개인이나 사회단체는 인도 청구할 수 없다. 범죄인 인도 청구국은 범죄지국, 가해자 본국, 피해자 본국, 법익이 침해된 국가 등이다. 답 O

74. 범죄인인도는 인도를 요구하는 국가와 요구받은 국가간의 외교경로를 통하여 진행한다. [13 경찰]

해설 외교채널을 통해 이루어진다. 따라서 외교부장관이 인도청구서를 접수한다. 답 O

75. 범죄인인도에서 청구국과 피청구국 쌍방에서 범죄를 구성할 것을 요구하는 원칙과 정치범을 인도하지 않는 원칙이 적용되는 예가 많다. [12 경찰, 17 9급]

해설 인도대상이 되는 범죄는 인도청구시 청구국과 피청구국 쌍방에서 범죄로 규정해야 한다. 다만 조세범과 같은 재정 관련 범죄는 나라별로 조세제도나 외환관련 법규가 복잡하여 쌍방 범죄성을 확인하기 어려우나, 국가경제에 미치는 해악을 고려하여 인도하는 추세이다. 정치범불인도의 원칙이란 보통범죄인과는 달리 정치범은 인도대상에서 제외한다는 원칙을 말한다. 거의 모든 범죄인인도조약들에서 정치범에 대해 절대적 인도거절사유로 명시하고 있다. 답 O

76. 우리나라가 체결한 범죄인 인도조약은 인도청구국의 법률상 범죄로 성립되기만 하면 그 행위를 인도대상범죄로 규정하고 있다. [17 7급]

해설 인도대상이 되는 범죄는 인도청구시 청구국과 피청구국 쌍방에서 범죄로 규정해야 한다. 답 X

77. 범죄인인도의 대상이 되는 범죄는 중대한 범죄로 한정하는 것이 일반적이다. [22 9급]

해설 최소중요성 답 O

78. 우리나라 범죄인인도법상 인도대상 범죄는 청구국과 피청구국의 법률에 의해 사형, 무기 또는 1년 이상의 징역에 해당하는 범죄에 한한다. [09 7급, 14 경찰]

해설 한국 범죄인인도법 제6조는 "대한민국과 청구국의 법률에 의하여 인도범죄가 사형·무기·장기 1년 이상의 징역 또는 금고에 해당하는 경우에 한하여 범죄인을 인도할 수 있다."고 규정하고 있다. 답 O

79. 범죄인인도제도에 대하여 인도된 범죄인 또는 피의자는 인도청구의 대상이 된 범죄행위에 한하여 기소 및 처벌된다. [12 7급, 22 9급]

해설 청구국은 범인을 인도 받아 재판함에 있어 오직 인도 청구서에 기재된 범죄로만 처벌할 수 있다. 이것은 범죄인의 인권을 보장하기 위한 것이다. 그러나 인도국이 동의한 경우에는 다른 범죄에 대해서도 처벌이 가능하다. 한국 범죄인인도법은 2005. 12. 개정을 통해 추가기소 동의요청 및 승인절차를 신설하였다. 답 O

80. 범죄특정의 원칙은 범죄인 인도조약에 명문으로 규정된 범죄에 대하여만 재판하여 처벌할 수 있다는 것이다. [12·13·14 경찰]

해설 청구국은 범인을 인도 받아 재판함에 있어 오직 인도 청구서에 기재된 범죄로만 처벌할 수 있다. 이것은 범죄인의 인권을 보장하기 위한 것이다. 답 X

81. **인도청구국의 인도청구가 범죄인이 행한 정치적 성격을 지닌 다른 범죄에 대하여 재판을 하거나 그러한 범죄에 대하여 이미 확정된 형을 집행할 목적으로 행하여진 것이라고 인정되는 경우에는 범죄인을 인도하여서는 안 된다.** [08 7급]

해설 특정성 원칙.

답 O

82. **특정성의 원칙에 의해서 범죄인 및 범죄 내용이 특정되어야 인도 절차가 개시된다.** [14 7급]

해설 범죄인 및 범죄 내용이 특정되어야 인도절차가 개시되는 것은 맞으나, 특정성 원칙이란 청구국은 범인을 인도 받아 재판함에 있어 오직 인도 청구서에 기재된 범죄로만 처벌할 수 있다는 것을 말한다.

답 X

83. **인도요청된 범죄보다 경한 다른 범죄로 처벌할 수 있다는 것이 원칙이다.** [16 경찰]

해설 청구국은 범인을 인도 받아 재판함에 있어 오직 인도 청구서에 기재된 범죄로만 처벌할 수 있다. 더 경미한 범죄라도 다른 범죄로 처벌할 수 없다.

답 X

84. **인도절차에 있어서 국제법상 유용성의 원칙이 적용되는데, 유용성의 원칙이란 범죄인인도가 범죄사실을 처벌할 수 있다는데 기초하는 것이 아니라 실제로 처벌하기 위하여 필요하다는데 기초하고 있으므로 인도가 실제로 유용해야 한다는 원칙이다. 따라서 시효에 걸렸다든지 사면을 내린 경우에는 인도를 해도 아무 소용이 없기 때문에 인도할 필요가 없다는 것이다.** [13 경찰]

해설 범죄인인도제도는 범죄인을 실제로 처벌하기 위한 것이므로 인도가 이러한 처벌의 목적에 유용하여야 한다. 따라서 시효가 완성되었거나, 집행유예의 범죄의 경우에는 인도하지 않는다. 한국범죄인인도법은 대한민국 또는 청구국의 법률에 의하여 인도범죄에 관한 공소시효 또는 형의 시효가 완성된 경우 '절대적' 인도거절사유로 규정하고 있다.

답 O

Ⅲ 인도의 제 원칙

85. **정치범 불인도의 원칙에 관하여 오늘날 대부분의 범죄인 인도조약은 정치범죄를 인도대상에서 제외시키고 있다.** [12 9급]

해설 정치범불인도의 원칙이란 보통범죄인과는 달리 정치범은 인도대상에서 제외한다는 원칙을 말한다. 거의 모든 범죄인인도조약들에서 정치범에 대해 절대적 인도거절사유로 명시하고 있다.

답 O

86. **국내법에 의해 정치범불인도원칙을 최초로 규정한 국가는 벨기에이다.** [09 7급]

해설 정치범불인도원칙은 프랑스혁명 이후 형성되었다. 그 이전까지는 오히려 정치범을 인도하는 것이 원칙이었다. 정치범불인도제도를 인정한 최초의 국내법은 1833년 벨기에 '범죄인인도법'이며, 최초의 범죄인인도조약은 1834년 벨기에와 프랑스간의 범죄인인도조약이다.

답 O

87. **정치범 불인도의 원칙에 관하여 일반적으로 피청구국이 범죄의 정치적 성격을 결정한다.** [12 9급, 16 경찰]

해설 범죄의 정치성 여부의 판단권한은 최종적으로 피청구국에 있다. 지금까지 제정된 국내법이나 범죄인인도법에서는 정치범죄에 대한 정의를 하고 있는 경우는 거의 없다. 따라서 정치범의 정의는 각국의 사법적 해석에 맡겨져 있으므로 이에 대한 결정을 개개의 사건마다 판단하고 있다. 그러한 이유는 시대와 상황에 따라 정치범의 개념이 변할 수 있으므로 국가는 미리 정의 규정을 둠으로써 여기에 구속될 필요가 없다고 생각했기 때문이다. 답 O

88. **집단살해죄, 인도에 반한 죄, 전쟁범죄, 항공기납치범죄 등은 정치범으로 인정되지 않는다.** [20 9급]

해설 무정부주의자의 범죄, 전시반역, 전쟁관련범죄, 제노사이드, 항공기납치, 테러활동, 국가원수와 그 가족에 대한 살해, 고문, 강제실종범죄, 은행강도 등은 정치범죄로 인정되지 않는다. 답 O

89. **'정치범불인도 원칙'에 대하여 집단살해에 가담한 자, 국가원수 및 그 가족을 살해하려다가 미수에 그친 자, 전쟁관련 범죄, 항공기 납치, 무정부주의자의 테러범죄 등에 대해서는 이 원칙이 적용되지 않는다.** [11·12·17 9급, 12 경찰]

해설 스위스법원에 의해 개발된 우월성이론으로서, 전체적인 범죄가 압도적으로 정치적이라면 그 범죄 전체가 정치범에 해당된다고 한다. 나아가 스위스는 범죄의 결과가 그 범행이 추구하는 목적에 비례해야 한다는 개념도 도입하고 있다. 즉 극단적으로 심각한 범죄는 통상적으로 이러한 비례성의 요건을 충족할 수 없을 것이므로 테러범죄에 적용되는 경우 법원은 통상적으로 보통범죄로 간주하게 될 것이다. 따라서 무정부주의자의 범죄, 전시반역, 전쟁관련범죄, 제노사이드, 항공기납치, 테러활동, 국가원수와 그 가족에 대한 살해, 고문, 강제실종범죄, 은행강도 등은 정치범죄로 인정되지 않는다. 답 O

90. **'정치범불인도 원칙'에 대하여 기존 정부의 전복과 새로운 정부의 수립을 목적으로 비밀정치조직을 구성한 자에 대하여는 이 원칙이 적용되지 않는다.** [11 9급]

해설 전형적인 정치범에 해당한다. 답 X

91. **서울고등법원은 중국 국적의 리우치앙(劉强)을 정치범으로 인정하여 그를 일본으로 인도하는 것을 허용하지 않았다.** [17 7급]

해설 13년 서울고등법원은 인도 대상 범죄는 일반물건 방화라는 일반범죄 성격보다 정치적 성격이 더 큰 상대적 정치범죄로서 인도조약 제3조 (다)목 본문에서 정한 '정치적 범죄'에 해당하고, 달리 범죄인을 인도하여야 할 예외사유가 존재하지 아니한다는 이유로 인도거절 결정을 하였다. 답 O

92. **영미법계 국가는 속지주의를 원칙으로 하고 속인주의는 보충적으로만 채택하고 있다.** [14 경찰, 20 9급]

해설 범죄인인도에서 자국민 인도여부와 관련하여 속인주의를 채택하고 있는 대륙법계 국가들의 경우 인도하지 않더라도 처벌할 수 있으므로 자국민불인도원칙이 관행이다. 이에 반해 속인주의를 원칙적으로 취하고 있지 않는 영미법계 국가들은 이러한 이유에서 자국민인도원칙이 관행이다. 답 O

93. **자국민불인도의 원칙은 속인주의에 근거하여 자국민을 외국으로 인도해서는 안 된다는 원칙으로 국제사회에서 일반적으로 받아들여진 원칙은 아니다.** [12 경찰]

해설 인도 대상에 자국민도 포함할 것인가에 대해 대륙법계 국가와 영미법계 국가 간에 차이가 있다. 속인주의를 채택하고 있는 대륙법계 국가들의 경우 인도하지 않더라도 처벌할 수 있으므로 자국민불인도원칙이 관행이다. 이에 반해 속인주의를 원칙적으로 취하고 있지 않는 영미법계 국가들은 이러한 이유에서 자국민인도원칙이 관행이다. 답 O

94. **일반적으로 대륙법계 국가들은 자국민을 타국에 인도하지 않지만 영미법계 국가들은 자국민도 인도한다.** [17 9급]

해설 인도 대상에 자국민도 포함할 것인가에 대해 대륙법계 국가와 영미법계 국가 간에 차이가 있다. 속인주의를 채택하고 있는 대륙법계 국가들의 경우 인도하지 않더라도 처벌할 수 있으므로 자국민불인도원칙이 관행이다. 이에 반해 속인주의를 원칙적으로 취하고 있지 않는 영미법계 국가들은 이러한 이유에서 자국민 인도원칙이 관행이다. 이에 대해 관습법은 존재하지 않는다. 답 O

95. **해외에서 범죄를 저지른 자국민을 인도하지 않는 것은 국제관습법을 위반하는 것이 아니다.** [14 7급]

해설 자국민인도여부에 대한 관습법은 존재하지 않는다. 답 O

96. **범죄인인도제도에 대하여 범죄인은 범죄행위지에서 처벌하는 것이 침해 법익(法益)과 증거수집의 관점에서 합리적이고 타당하나 자국민의 불인도 원칙을 고수하는 국가들도 있다.** [12 7급]

해설 대륙법계 국가는 자국민 불인도 원칙을 고수하고 있다. 답 O

97. **인도적 고려의 원칙은 범죄인에 대하여 인도청구서에 정한 범죄보다 중한 죄로 처벌하지 못한다는 원칙이다.** [12 경찰]

해설 범죄 특정성의 원칙과 함께 인도적 고려원칙은 범죄인의 인권보장을 위한 제도로서, 범죄인이 인도되어 사형·고문 또는 기타 비인도적 대우를 받을 것이 예견되는 경우 인도를 거절할 수 있다는 것을 말한다. 답 X

98. **인도 또는 송환되어 사형, 고문 또는 기타 비인도적 대우를 받을 것이 예견되는 경우에 인도를 거절할 수 있다.** [20 9급]

해설 인도적 고려원칙이란 범죄 특정성의 원칙과 함께 인도적 고려원칙은 범죄인의 인권보장을 위한 제도로서, 범죄인이 인도되어 사형·고문 또는 기타 비인도적 대우를 받을 것이 예견되는 경우 인도를 거절할 수 있다는 것을 말한다. 답 O

Ⅳ 대한민국 범죄인인도절차

99. **청구국의 법률에 따라 인도범죄에 관한 형의 시효가 완성된 경우는 우리나라의 범죄인 인도법에 의할 때 절대적 인도거절사유가 아니다.** [13 7급, 18 9급]

해설 제7조 1호의 절대적 인도거절사유이다. 답 X

> **제7조[절대적 인도거절 사유]** 다음 각 호의 어느 하나에 해당하는 경우에는 범죄인을 인도하여서는 아니 된다.
> 1. 대한민국 또는 청구국의 법률에 따라 인도범죄에 관한 공소시효 또는 형의 시효가 완성된 경우
> 2. 인도범죄에 관하여 대한민국 법원에서 재판이 계속(係屬) 중이거나 재판이 확정된 경우
> 3. 범죄인이 인도범죄를 범하였다고 의심할 만한 상당한 이유가 없는 경우. 다만, 인도범죄에 관하여 청구국에서 유죄의 재판이 있는 경우는 제외한다.
> 4. 범죄인이 인종, 종교, 국적, 성별, 정치적 신념 또는 특정 사회단체에 속한 것 등을 이유로 처벌되거나 그 밖의 불리한 처분을 받을 염려가 있다고 인정되는 경우

100. **대한민국 법률에 따라 인도범죄에 관한 공소시효가 완성된 경우는 우리나라의 범죄인 인도법에 의할 때 절대적 인도거절사유가 아니다.** [13 · 17 7급, 15 경찰, 18 9급]

해설 제7조 1호의 절대적 인도거절사유이다. 답 X

101. **인도범죄에 관하여 대한민국 법원에서 재판이 계속(係屬) 중이거나 재판이 확정된 경우 절대적 인도거절사유이다.** [15 경찰, 18 · 22 9급]

해설 제7조 2호 답 O

102. **인도범죄에 관하여 대한민국 법원에서 재판이 확정된 경우는 우리나라의 범죄인 인도법에 의할 때 절대적 인도거절사유가 아니다.** [13 7급]

해설 제7조 2호의 절대적 인도거절사유이다. 답 X

103. **인도범죄에 관하여 청구국에서 유죄의 재판이 있는 경우를 제외하고, 범죄인이 인도범죄를 범하였다고 의심할 만한 상당한 이유가 없는 경우는 대한민국 범죄인인도법상 임의적 인도거절 사유에 해당한다.** [13 9급]

해설 제7조 3호의 절대적 인도거절사유이다. 답 X

104. **범죄인이 인종, 종교, 국적, 성별, 정치적 신념 또는 특정 사회단체에 속한 것 등을 이유로 처벌되거나 그 밖의 불리한 처분을 받을 염려가 있다고 인정되는 경우는 우리나라 범죄인인도법상 임의적 인도거절사유에 해당된다.** [14 경찰, 15 경찰, 18 9급]

해설 제7조 4호 절대적 인도거절 사유 답 X

105. **범죄인이 대한민국 국민인 경우는 절대적 인도거절사유에 해당한다.** [08 · 13 · 17 7급, 11 경찰, 13 9급]

해설 제9조 1호의 임의적 인도거절사유이다. 답 X

106. **인도 범죄의 전부 또는 일부가 대한민국 영역 안에서 행하여진 경우 임의적 인도거절사유이다.** [11 경찰, 18 9급]

해설 제9조 2호의 임의적 인도거절사유이다. 답 O

제9조[임의적 인도거절 사유] 다음 각 호의 어느 하나에 해당하는 경우에는 범죄인을 인도하지 아니할 수 있다.
1. 범죄인이 대한민국 국민인 경우
2. 인도범죄의 전부 또는 일부가 대한민국 영역에서 범한 것인 경우
3. 범죄인의 인도범죄 외의 범죄에 관하여 대한민국 법원에 재판이 계속 중인 경우 또는 범죄인이 형을 선고받고 그 집행이 끝나지 아니하거나 면제되지 아니한 경우
4. 범죄인이 인도범죄에 관하여 제3국(청구국이 아닌 외국을 말한다. 이하 같다)에서 재판을 받고 처벌되었거나 처벌받지 아니하기로 확정된 경우
5. 인도범죄의 성격과 범죄인이 처한 환경 등에 비추어 범죄인을 인도하는 것이 비인도적(非人道的)이라고 인정되는 경우

107. **범죄인이 인도 범죄 외의 범죄에 관하여 대한민국 법원에 재판이 계속 중인 경우 또는 형의 선고를 받고 그 집행을 종료하거나 면제 받은 경우 대한민국 범죄인인도법상 임의적 인도거절 사유에 해당한다.**

[08 7급, 11 경찰, 13 9급]

해설 제9조 3호에 의해 집행이 끝나지 아니하거나, 면제되지 아니한 경우이다. 답 X

108. **범죄인이 인도범죄에 관하여 제3국(청구국이 아닌 외국을 말한다)에서 재판을 받고 처벌되었거나 처벌받지 아니하기로 확정된 경우 임의적 인도거절사유에 해당한다.** [15 경찰, 22 9급]

해설 제9조 4호의 임의적 인도거절사유이다. 답 O

109. **인도범죄의 성격에 비추어 범죄인을 인도하는 것이 비인도적이라고 인정하는 경우는 대한민국 범죄인인도법상 임의적 인도거절 사유에 해당한다.** [11 경찰, 13 9급]

해설 제9조 5호의 임의적 인도거절사유이다. 답 O

제10장 국가면제

Ⅰ 서 설

1. 국가면제(state immunity)는 주권면제(sovereign immunity)라고도 불린다. [11 경찰]

해설 state immunity 또는 sovereign immunity란 국가 또는 국가의 재산이 타국재판소의 집행관할권으로부터 면제됨을 의미한다.

답 O

2. 주권면제란 자국영역 내에서 외국정부 및 그 재산에 대하여 주권평등원칙에 입각하여 당해 외국을 당사자로 한 소송에서 자국관할권의 행사를 면제하는 것을 말한다. [09·12 7급, 15 9급, 16 경찰]

해설 국가면제(주권면제)란 국가 또는 국가의 재산이 타국재판소의 집행관할권으로부터 면제됨을 의미한다. 즉 국가는 자신이 동의하지 않는 한 타국 법원에서 피고가 되지 않는다는 것으로 집행관할권으로부터의 면제는 다시 재판관할권면제와 강제집행의 면제로 구분된다.

답 O

3. 국제법상 국가면제(state immunity)에 관하여 국가면제는 집행관할권으로부터의 면제를 포함하지 아니한다. [08 9급]

해설 집행관할권으로부터의 면제는 다시 재판관할권면제와 강제집행의 면제로 구분된다. (강사 註 : 문제에서 집행관할권은 강제집행의 면제를 말하는 것으로 보인다.)

답 X

4. 국제법상 국가면제론은 19세기 이래 영국과 미국 등에서의 판례를 바탕으로 하여 국제관습법의 형태로 발전되어 왔다. [15 9급]

해설 국제법상 국가면제이론은 19세기 이래 영국과 미국 등에서의 판례를 바탕으로 하여 관습국제법의 형태로 발전되어 왔는데, UN총회는 1991년의 ILC초안에 약간의 변경을 하여 2004년 "국가와 그 재산의 면제에 관한 UN협약"을 채택하였으나 아직 발효하고 있지 않다. UN협약에 의하여 규율되지 아니하는 문제에 대해서는 국제관습법규가 적용된다.

답 O

5. 주권면제는 구체적인 내용에 있어서 각국의 국내법과 사법실행의 영향을 받는다. [19 9급]

해설 국제법상 국가면제이론은 19세기 이래 영국과 미국 등에서의 판례를 바탕으로 하여 관습국제법의 형태로 발전되어 왔는데, 그 구체적인 내용도 나라마다 다르다. 전통적으로 절대적 면제이론을 고수해온 많은 보통법국가들이 1970년대와 80년대에 들어와 제한적 면제이론의 입법화를 추진하였는데, 미국은 Foreign Sovereign Immunities Act of 1976(1988, 개정)을 통해, 영국은 State Immunity Act 1978을 통해 제한적 면제이론을 따랐다. 우리나라는 국가면제법 또는 주권면제법을 제정하고 있지 않고, 종래의 절대적 면제이론을 1998년 제한적 면제이론으로 변경하였다.

답 O

6. 국가면제에 대하여 국가 및 그 재산의 관할권 면제에 관한 UN협약의 초안은 완성되었으나, 아직 정식 조약문으로 채택되지 못하였다. [09 7급, 11 경찰, 14 9급]

해설 UN총회는 2004년 "국가와 그 재산의 면제에 관한 UN협약"을 채택하였다. 2005년 1월 17일 뉴욕의 UN본부에서 서명을 위해 개방된 UN협약은 30번째 비준, 수락, 승인 혹은 가입문서가 UN사무총장에게 기탁된 일자 후 30일째 되는 날로부터 발효한다. 2018년 12월 기준 비준국은 22개국에 불과하다.

답 X

7. **국가면제는 주권평등원칙의 논리적 귀결로 흔히 "대등한 자들은 서로에 대해 관할권을 갖지 못한다."는 격언으로 표현된다.** [10 7급]

해설 나아가 상호주의 관점에서 정부활동에 대해 상호우대, 외국의 권위를 인정해 줌으로써 국가간 우호관계 유지, 외국정부를 상대로 승소판결을 얻어내더라도 판결을 집행하기가 실제로 곤란한 점을 들 수 있다. 2001년 유럽인권재판소의 Forgarty vs UK 사건에서도 민사소송에서 국가에게 주권면제를 부여하는 것은 타국의 주권에 대한 존중을 통해 국가간의 예양과 선린관계를 증진함으로써 국제법의 준수라는 합법적 목표를 추구하는 것이라고 판시한 바 있다.

답 O

Ⅱ 국가면제의 특징

8. **한 국가의 재판소에서 국가면제의 주장은 소송의 일방당사자가 외국이거나 또는 소송의 객체가 외국의 재산인 경우에 제기된다.** [09 7급]

해설 국가면제 주장은 소송의 일방 당사자가 외국이거나 소송의 객체가 외국의 재산이라는 점에서 언제나 외국적 요소를 지닌 초국내적 분쟁에서 제기된다.

답 O

9. **국가면제는 법정지국의 입법관할권의 면제까지 포함하고 있다.** [10 7급]

해설 국가면제는 타국의 집행관할권, 특히 사법절차에 관련된 일체의 행정적·집행적 권한을 포함한 '재판관할권'으로부터의 면제를 의미하는 것이지, 외국의 입법관할권으로부터의 면제까지 포함하는 것은 아니다. 1961년 비엔나 외교관계협약 제41조 1항에 규정된 외교관의 접수국법령존중의무는 외교관도 보통외국인과 마찬가지로 당연히 접수국의 입법관할권 하에 놓여 있음을 의미하는 것이다. 따라서 국가면제는 피해자 또는 외국이 국내법 차원에서 정당방위, 긴급피난에 호소하거나 국제법적 자위권을 행사하는 것을 금하지 않는다.

답 X

10. **주권면제는 국가의 위법행위에 대한 국제법적 책임의 면제를 포함한다.** [10 · 19 9급]

해설 국가면제는 국가책임의 면제가 아니기 때문에 위법행위에 대한 국제법 또는 국내법상의 책임이 조각되는 것은 아니므로 국제재판소 또는 본국의 재판관할권까지 면제 받는 것이 아니다. 즉 국가면제란 피해자나 법정지국가가 외국정부의 책임을 추궁할 수 있는 실효적인 방법들 중의 하나를 상실함을 의미하는데 지나지 않는다.

답 X

11. **국가면제는 국내 사법절차 및 국제재판소의 사법절차에 적용된다.** [09 7급]

해설 타국의 사법절차로부터의 면제이지 국제재판소 또는 본국의 재판관할권까지 면제 받는 것이 아니다.

답 X

12. **주권면제는 국내 재판관할권으로부터 면제된다는 것을 의미하는 것이며, 위법한 행위에 대해 국제법적으로 위법성이 전혀 없음을 의미하는 것은 아니다.** [16 경찰]

해설 국가면제는 타국의 집행관할권, 특히 사법절차에 관련된 일체의 행정적·집행적 권한을 포함한 '재판관할권'으로부터의 면제를 의미하는 것이지, 외국의 입법관할권으로부터의 면제까지 포함하는 것은 아니다. 따라서 국가면제는 피해자 또는 외국이 국내법 차원에서 정당방위, 긴급피난에 호소하거나 국제법적 자위권을 행사하는 것을 금하지 않는다. 나아가 책임의 면제가 아니기 때문에 위법행위에 대한 국제법 또는 국내법상의 책임이 조각되는 것은 아니므로 국제재판소 또는 본국의 재판관할권까지 면제 받는 것이 아니다. 즉 국가면제란 피해자나 법정지국가가 외국정부의 책임을 추궁할 수 있는 실효적인 방법들 중의 하나를 상실함을 의미하는데 지나지 않는다. 답 O

13. **주권면제는 각국 국내법원의 민사소송 외에 형사소송에서도 인정된다.** [19 9급]

해설 면제가 되는 사법절차는 민사 뿐 아니라 형사적인 것도 포함되며, 국가가 직접 피고가 된 경우 뿐 아니라, 사실상 국가의 재산·권리·이익 또는 활동에 영향을 미치려는 경우에도 포함된다. 답 O

14. **고위공무원의 직권남용 행위에 대해서도 국가면제가 적용될 수 있다.** [14 경찰]

해설 고위공무원이 인적면제를 누리는 경우라면 당연히 면제가 인정되고, 그렇지 않더라도 직권을 남용한 행위가 국가를 대리하여 수행하는 행위이거나 거래에 해당하면 행위의 성질에 초점을 맞추어 물적면제가 인정된다. 답 O

15. **국제범죄에 해당하는 행위라고 해서 국가면제의 적용을 받지 못하는 것은 아니다.** [14 경찰]

해설 ⅰ) ICJ의 *Arrest Warrant* 사건이나, 라이베리아 전국가원수인 Charles Taylor에 관한 시에라리온 특별재판소에서는 "국가면제 또는 외교면제는 주권평등원칙에서 기원되었으므로 오로지 국가 간의 관계에서만 그리고 국내법정에서만 부여되는 것이고 국제법정에서는 원용될 수 없다."는 이유로 면제를 부정한 바 있다. 그러나 ⅱ) 위 사건에서 면제가 부정되었던 이유는 특별재판소가 안전보장이사회에 의해 설립된 것으로 UN의 보편성과 안전보장이사회의 결정이 모든 UN회원국들에 대해 구속력이 있기 때문에 면제를 향유할 수 없었던 것이었으므로, 만일 국제형사재판소 규정에 공적 지위에 의한 비면제 규정이 없다면 면제를 원용하여 해당 재판소의 관할권의 부존재를 원용할 수 있게 된다. 따라서 ICC규정은 제27조 2항에서 국내법 또는 국제법상으로 개인의 공적 지위에 따르는 면제나 특별한 절차규칙은 그 자에 대한 재판소의 관할권 행사를 방해하지 아니한다는 규정을 두었다. 이점이 UN안전보장이사회의 결의로 설립된 재판소와 조약에 의하여 설립된 재판소가 구별되는 점이다. 답 O

Ⅲ 인적면제와 물적면제의 구분

16. **Pinochet 사건 판결(1999)에서 영국 대법원은 고문 피의자의 범죄인 인도절차에서는 전직 외국 원수가 그 재임 중에 한 행위라 하더라도 면제가 인정되지 않는다고 판시하였다.** [13 경찰]

해설 스페인이 영국에 대해 칠레의 전직 국가원수 피노체트를 범죄인인도하라고 요청한 1999년 *Pinochet* 사건에서 재판부는 고문은 위법행위로서 공적행위라고 할 수 없기 때문에 피노체트가 면제를 향유하지 못한다고 판단했다. 재판부는 피노체트를 스페인으로 인도하라는 결정을 내렸지만, 영국 정부는 건강문제로 인도하지 않았고 2000년 칠레로 송환했다. 칠레 법원은 2004년 건강이 회복되었다고 보아 재판을 시작하였으나 최종 판결 전에 사망하였다. 답 O

Ⅳ 국가면제에서 재판소와 국가의 정의

17. 국가면제의 주체는 국가이다. [11 경찰]

해설 국가면제의 주체는 국가이나, 이때 국가라는 의미는 국가와 중앙정부만을 말하는 것이 아니고, 국가원수·국가의 정치하부조직이나 대리·종속기관인 공법인이나 지방자치단체, 연방국가의 구성단위, 국가대표의 자격으로 행동하는 자 등을 모두 포함하는 개념이다. 답 O

18. 협약의 목적상 국가의 개념에는 주권적 권한을 부여받아 행사하는 국가의 대표가 포함된다. [22 7급]

해설 국가라 함은, 국가 및 각종 정부기관, 연방국가의 구성단위 또는 국가의 주권적 권위의 행사를 위임받아 그 자격으로 행동하는 국가의 정치적 하부조직, 국가의 주권적 권위의 행사를 위임받아 실제로 이를 수행하는 국가의 기관 또는 조직 및 기타 주체, 그리고 직무상으로 행동하는 국가의 대리인을 의미한다(제2조 1항 b.호). 답 O

19. 국가면제는 국제법에 따라 부여되는 국가 원수의 특권과 면제를 저해하지 않는다. [22 7급]

해설 본 협약은 국제법상 국가원수들에게 부여된 인적 특권과 면제를 저해하지 아니한다(제3조 2항). 답 O

20. 국제법상 국가면제의 향유 주체인 국가는 국가 또는 중앙정부만을 의미하며, 공법인 등은 제외된다. [15 9급]

해설 국가면제에서 국가라는 의미는 국가와 중앙정부만을 말하는 것이 아니고, 국가원수·국가의 정치하부조직이나 대리·종속기관, 연방국가의 구성단위, 국가대표의 자격으로 행동하는 자 등을 모두 포함하는 개념이다. 나아가 별개의 법인격체이긴 하지만 정부가 주식의 대부분을 가지고 통제하며, 상업적 활동에 종사하는 공기업에 대해서도 UN협약은 국가의 주권적 권한을 행사하는 행위를 수행할 자격이 있는 범위 내에서는 국가면제의 목적상 국가로 간주한다. 답 X

21. 국가대표의 자격으로 행동하는 자도 국가면제의 목적상 국가로 간주된다. [10 7급]

해설 국가에게로 귀속되는 행위를 하는 개인도 국가면제의 목적상 국가의 정의에 넣어 그의 공적 직무수행을 보호하여야 할 것이므로 물적 면제를 누린다. 답 O

Ⅴ 민사소송에서 물적 면제의 범위

22. 부동산은 영토주권의 객체로 절대적 주권면제론에 의하더라도 그와 관련된 소송은 그 소재지국이 배타적 관할권을 행사한다. [12·13 경찰, 16·19 7급]

해설 부동산은 특별히 영토주권의 객체이기 때문에 그에 관련한 소송은 그 소재지국 재판소의 배타적 관할하에 놓인다. 관계국들 사이에 별도의 합의가 없는 한, 국가는 타국인 법정지국에 소재하는 부동산에 대한 그 국가의 권리에 관한 소송에서 관할권 면제를 원용할 수 없다(UN협약 제13조). 답 O

23. 주권면제는 국제법상 강행규범이므로 침해할 수 없다. [19 7급]

해설 주권면제는 강행규범은 아니므로 국가가 타국 내 재판권 행사에 복종하겠다는 명시적·묵시적 동의가 존재하는 경우에는 타국재판소가 재판권을 행사할 수 있다. 답 X

24. 국제법상 국가는 국가면제를 포기할 수 있다. [15 9급]

해설 국가가 타국 내 재판권 행사에 복종하겠다는 명시적·묵시적 동의가 존재하는 경우에는 국가면제의 포기에 해당하고 타국재판소가 재판권을 행사할 수 있다. 답 O

25. 2004년 국가 및 그 재산의 관할권 면제에 관한 UN협약상 국가는 국제협정, 서면상의 계약, 특정 소송 관련 법정에서의 선언 또는 서면 상의 통고를 통하여 타국 법정이 관할권을 행사하는 것을 명시적으로 동의한 경우, 타국 법정에 제기된 소송에서 관할권 면제를 원용할 수 없다. [14·22 7급]

해설 국가면제의 포기에 해당한다(UN협약 제7조 1항 참조). 답 O

26. 외국이 국내재판소에서 소송을 제기하기 위하여는 법정지국 정부의 공식적인 허가를 얻어야 한다. [12·13 경찰]

해설 외국이 원고가 되어 소를 제기하는 것은 국가면제의 포기에 해당한다. 답 X

27. 한 국가가, 다른 국가의 법 적용에 대하여 합의한 것은 그 다른 국가 법원의 관할권 행사에 동의한 것으로 간주된다. [11·13 경찰, 14·19·20 7급]

해설 국가대표자가 증인의 자격으로 출두하거나, 피고국가가 심리에 출석하지 않은 것, 타국 법의 적용에 대한 국가의 동의를 면제의 포기로 볼 수는 없다. 답 X

28. 피고국가가 소환장을 송달받고도 아무런 답변을 하지 않거나 재판정에 모습을 나타내지 않는 경우에는 주권면제의 묵시적 포기로 해석된다. [12 경찰]

해설 국가대표자가 증인의 자격으로 출두하거나, 피고국가가 심리에 출석하지 않은 것, 타국 법의 적용에 대한 국가의 동의를 면제의 포기로 볼 수는 없다. 답 X

29. 2004년 국가 및 그 재산의 관할권 면제에 관한 UN협약상 국가의 대리인이 타국 법정에 증인으로 출석하는 경우, 이는 전자의 국가가 타국 법정의 관할권 행사에 동의하는 것으로 해석될 수 없다. [14 7급]

해설 국가대표자가 단지 증인의 자격으로 재판정에 출두하거나 피고국가가 재판정에 전혀 모습을 나타내지 않는 것은 면제의 묵시적 포기로 간주되지 않는다(UN협약 제8조 2항, 4항). 답 O

30. 본소에서 피고가 된 외국이 반소를 제기하더라도 본소에서는 주권면제를 향유한다. [12 경찰, 19 7급]

해설 국가가 타국 내 재판권 행사에 복종하겠다는 명시적·묵시적 동의가 존재하는 경우에는 타국재판소가 재판권을 행사할 수 있다. 이 같은 상황은 i) 외국이 원고로서 소를 제기하거나, 당사자의 자격으로 소송 참가를 하는 경우(다만 면제를 원용하기 위해 참가한 경우는 제외), ii) 외국이 반소를 제기당하거나 제기하는 경우를 들 수 있다. 이 밖에도 iii) 국제협정, 서면계약, 재판정에서의 선언 또는 재판소에의 서면전달 등을 통하여 외국재판소의 재판권행사에 동의하면, 이것은 면제의 명시적 포기에 해당한다. 나아가 iv) 묵시적 포기도 가능하다. 외국정부가 자진하여 피고로서 출두하여 소송상의 공격·방어행위를 한다면 이것은 당연히 면제의 묵시적 포기로 간주된다.

답 X

31. **국제법상 강행규범을 위반하는 경우에는 국가면제를 부여하지 않는 것이 각국 국내법원에 의해 통일적으로 확립된 사법관행이다.** [15 7급]

해설 미국의 재판소들은 아직 강행규범의 위반을 면제의 묵시적 포기로 수락하고 있지 않으며, 영국 역시 Al-Adsani 사건에서 영국의 국내법인 국가면제법(SIA)의 규정이 불법행위에 대한 면제를 거부하기 위해서는 영토관련성을 요구한다(territorial tort principle)는 이유로 각하한 것으로 보아, 고문금지라는 강행규범을 위반한 불법행위의 경우에도 국가면제의 묵시적 포기로 수락하지 않았다. 그러나 그리스 최고재판소는 1997년 *Prefecture of Voiotia v. Federal Republic of Germany* 사건에서 문제의 불법행위는 강행규범을 위반한 것으로 독일은 '면제를 묵시적으로 포기했음'을 이유로 관할권을 인정하였고, 이탈리아 역시 종래 일련의 판례를 통해 일반국제법상 강행규범은 국제법질서에 서열을 도입한 것으로 민간인과 포로의 강제노역금지는 분명 강행규범인데, 국가면제규칙은 임의규범이므로 강행규범 위반행위로 인한 손해배상소송에서 국가면제를 인정하는 규칙은 강행규범에 충돌하는 것으로서 국제법상 당연무효이고 따라서 국가면제는 부여될 수 없다고 하였다.

답 X

32. **이탈리아 최고법원인 Corte di Cassazione는 Ferrini 사건에서 국제범죄 행위에 대하여는 주권면제를 인정할 필요가 없다고 판시하였다.** [20 7급]

해설 이태리 국민인 Ferrini는 제2차 세계대전 중에 독일로 추방되어 강제노역에 종사한 것을 이유로 독일을 상대로 불법행위 손해배상을 구하는 소송을 제기하였다. 이태리의 1심과 2심은 문제의 행위는 권력적 행위로서 국제관습법상 면제를 향유한다고 판결하였다. 그러나 *Ferrini v. Federal Republic of Germany* 사건의 파기원은 기본적 인권의 중대한 위반은 국제공동체의 기본가치인 인권을 중대하게 침해한 것으로서 일반국제법상의 강행규범 위반이라는 전제하에서 주권면제의 이론적 근거인 주권평등원칙과의 가치의 균형에서 볼 때, 강행규범을 위반한 행위에 대해서는 관습국제법상 주권면제를 향유할 수 없다고 하였다. 즉 이 판결은 강행규범에 해당하는 국제법규칙과 원칙의 규범적 가치를 근거로 국제법질서의 체계적인 해석상 인권이 국가주권보다 상위의 가치이기 때문에 인권의 중대한 침해를 금지하는 강행규범 위반행위에 대하여는 국가주권의 존중에 기초하는 국가면제가 양보하여야 한다는 이유에서 territorial tort principle에 관계없이 면제가 제한된다고 판결하였다.

답 O

33. **미국의 재판소와 유럽인권재판소는 강행규범의 위반을 국가면제의 묵시적 포기로 해석한다.** [12 경찰]

해설 2001년 유럽인권재판소 *Al-Adsani vs UK* 사건에서 고문금지는 강행규범으로서 개인은 고문과 관련하여 형사재판으로부터의 면제를 주장할 수 없지만, 법정지국 밖에서 발생한 고문과 관련한 민사소송에 대해서까지 국가 자신의 면제를 부인해야 한다는 주장은 아직 국제법에서 수락되지 않았다고 판시하였다.

답 X

34. **유럽인권재판소(ECHR)는 알 아자니(Al Adsani) 사건에서 국내법원이 고문 관련 민사소송에서 국가면제 주장을 받아들임으로써 공정한 재판에 대한 피해자의 권리를 침해하였다고 밝혔다.** [15 · 21 7급]

해설 Al-Adsani의 손해배상청구가 영국 국내법원에서 각하되자, 유럽인권위원회를 경유하여 유럽인권재판소에 호소한 2001년 유럽인권재판소 Al-Adsani vs UK 사건에서 고문금지는 강행규범으로서 개인은 고문과 관련하여 형사재판으로부터의 면제를 주장할 수 없지만, 법정지국 밖에서 발생한 고문과 관련한 민사소송에 대해서까지 국가 자신의 면제를 부인해야 한다는 주장은 아직 국제법에서 수락되지 않았다고 판시하였다. 답 X

35. 국제사법재판소(ICJ)의 판결에 따르면 강행규범 위반으로 인한 재산상 피해를 배상받기 위한 개인의 손해배상 소송에서 국가면제는 부인된다. [14 경찰, 17 9급]

해설 ICJ는 2012년 *Jurisdictional Immunities of the State* 사건에서 국가면제규칙은 그 성격이 절차적인 것으로서 어떤 국가의 법원이 다른 국가에 대하여 관할권을 행사할 수 있는지 여부를 결정하는 것으로 한정되는 것이지 문제의 행위가 적법한지 아닌지를 결정하는 것이 아니다. 반면에 강행규범은 다른 규범과 국가행위의 적법성 여부를 결정하는 것이다. 따라서 강행규범과 국가면제규칙은 그 대상과 목적이 각기 다른 별개의 차원의 문제이기 때문에 충돌하지 않으며, 따라서 불법행위가 강행규범 위반행위라고 하여 territorial tort principle 규칙에 대한 예외가 인정될 수 없다고 판결하였다. 답 X

36. 국제사법재판소(ICJ)는 국가의 관할권 면제(Jurisdictional Immunities of the State) 사건에서 문제의 행위가 강행규범위반이더라도 국내법원에 의한 국가면제 적용 여부에 영향을 미치지 아니한다고 밝혔다. [13·14 경찰, 15·18 7급]

해설 Ferrini 사건 등 일련의 이태리 파기원의 판결에 따라 이태리 내에서 독일을 상대로 다수의 소송이 제기되자, 독일이 이탈리아의 관습법상의 국가면제 위반을 이유로 ICJ에 제기한 사건이다. 2012년 국제사법재판소는 Jurisdictional Immunities of the State 사건에서 ICJ는 국가면제규칙은 그 성격이 절차적인 것으로서 어떤 국가의 법원이 다른 국가에 대하여 관할권을 행사할 수 있는지 여부를 결정하는 것으로 한정되는 것이지 문제의 행위가 적법한지 아닌지를 결정하는 것이 아니다. 반면에 강행규범은 다른 규범과 국가행위의 적법성 여부를 결정하는 것이다. 따라서 강행규범과 국가면제규칙은 그 대상과 목적이 각기 다른 별개의 차원의 문제이기 때문에 충돌하지 않으며, 따라서 불법행위가 강행규범 위반행위라고 하여 territorial tort principle 규칙에 대한 예외가 인정될 수 없다고 판결하였다. 답 O

37. ICJ는 Jurisdictional Immunities of the State 사건에서 주권면제의 법리와 강행규범의 내용은 서로 충돌의 여지가 없다고 판단하였다. [20 7급]

해설 ICJ는 국가면제규칙은 그 성격이 절차적인 것으로서 어떤 국가의 법원이 다른 국가에 대하여 관할권을 행사할 수 있는지 여부를 결정하는 것으로 한정되는 것이지 문제의 행위가 적법한지 아닌지를 결정하는 것이 아니다. 반면에 강행규범은 다른 규범과 국가행위의 적법성 여부를 결정하는 것이다. 따라서 강행규범과 국가면제규칙은 그 대상과 목적이 각기 다른 별개의 차원의 문제이기 때문에 충돌하지 않으며, 따라서 불법행위가 강행규범 위반행위라고 하여 territorial tort principle 규칙에 대한 예외가 인정될 수 없다고 판결하였다. 답 O

38. 1812년 미국연방대법원은 "Schooner Exchange v. McFaddon" 사건에서 최초로 상대적 주권면제 이론을 적용하였다. [10 9급, 11·16 경찰]

해설 국가면제에 관한 미국 최초의 판례로, 평시관계에 있는 외국군함에 대하여 국내법원의 관할권이 면제된다는 판례이다. 즉 1810년 나폴레옹치하의 프랑스는 미국인 소유의 私船인 익스체인지호를 공해 상에서 나포하여 프랑스해군에 편입시켰는데, 다음 해 해난사고로 미국 필라델피아항에 입항하자 원소유자가 소유권 회복청구소송을 제기하였다. 이에 대해 법원은 국가면제를 인정하였다. 흔히 절대적 면제이론의 예로 들고 있으나, 본 사건에서 미국의 마샬 대법원장은 공적인 재산과 사적인 재산의 구분을 인정하였으므로 절대적 면제이론이 아닌 상대적 면제이론의 선구로 보는 것이 타당하다는 반대견해도 있다(김대순). 따라서 문제가 있는 지문이다. 답 ×

39. **Schooner Exchange호 사건 판결(1812)에서 미국 연방대법원은 자국 항구에 입항한 프랑스 군함에 대하여 국가면제를 인정하였다.** [12 · 13 경찰]

해설 국가면제에 관한 미국 최초의 판례로, 평시관계에 있는 외국군함에 대하여 국내법원의 관할권이 면제된다는 판례이다. 즉 1810년 나폴레옹치하의 프랑스는 미국인 소유의 私船인 익스체인지호를 공해 상에서 나포하여 프랑스해군에 편입시켰는데, 다음 해 해난사고로 미국 필라델피아항에 입항하자 원소유자가 소유권회복청구소송을 제기하였다. 이에 대해 법원은 국가면제를 인정하였다. 답 ○

40. **절대적 주권면제의 경향에서 점차 상대적(제한적) 주권면제의 경향으로 변하게 된 주요한 이유로는, 러시아 혁명 이후 공산국가들이 출연하여 이들이 모든 대외무역을 국가 독점체제로 운영하고 국유화를 단행한 데 따른 현실적 필요성을 들 수 있다.** [16 경찰]

해설 전통적으로 절대적 면제이론을 고수해온 많은 보통법국가들이 러시아 혁명 이후 공산국가들이 출연하여 이들이 모든 대외무역을 국가 독점체제로 운영하고 국유화를 단행한 데 따른 현실적 필요성 때문에 1970년대와 80년대에 들어와 제한적 면제이론의 입법화를 추진하였는데, 미국은 *Foreign Sovereign Immunities Act of 1976*(1988, 개정)을 통해, 영국은 *State Immunity Act 1978*을 통해 제한적 면제이론을 따랐다. 답 ○

41. **제한적 주권면제론에서는 주권면제 대상이 국가의 주권적 행위로 한정되고 상업적 행위는 배제된다.** [08 9급, 18 7급]

해설 제한적 면제이론은 국가는 한 개의 통치권력이면서 동시에 하나의 법인이라는 2중인격자로서, 외국의 행위를 주권적·권력적·공법적 행위와 비주권적·비권력적·상업적·사법적 행위로 구분하여 전자에 대해서만 국가면제를 인정하게 된다. 답 ○

42. **국제법상 국가면제(state immunity)에 관하여 초기에는 절대적 면제를 인정하였으나 오늘날에는 제한적 면제를 인정하는 방향으로 전환되었다.** [08 9급]

해설 국가면제의 범위와 관련하여 초기에는 국가는 위에서 살펴본 부동산 관련 소송과 국가 자신의 동의에 기초한 재판을 제외하고는, 모든 면에서 타국의 재판관할권으로부터 면제된다는 절대적 면제이론이 있었으나, 오늘날에는 제한적 면제를 인정하는 방향으로 전환되었다. 답 ○

43. **미국과 영국의 국가면제 관련 법률은 제한적 면제이론을 따르고 있다.** [10 9급]

해설 전통적으로 절대적 면제이론을 고수해온 많은 보통법국가들이 1970년대와 80년대에 들어와 제한적 면제이론의 입법화를 추진하였는데, 미국은 *Foreign Sovereign Immunities Act of 1976*(1988, 개정)을 통해, 영국은 *State Immunity Act 1978*을 통해 제한적 면제이론을 따랐다. 답 ○

44. **국제법상 국가면제(state immunity)에 관하여 1972년의 '유럽국가면제협약'은 제한적 면제의 입장에서 면제가 인정되지 않는 경우를 명시하고 있다.** [08 9급]

해설 제한적 면제이론은 다자조약에서도 채택되고 있는데, 1926년 4월 10일 브뤼셀에서 체결된 "국가 소유 선박의 면제에 관한 일정 규칙의 통일을 위한 국제협약"을 위시하여, 1972년의 "국가면제에 관한 유럽 협약"은 제한적 면제의 입장에서 면제가 인정되지 않는 경우를 명시하고 있으며, UN협약도 이 제한적 이론을 기초로 하고 있다. 답 O

45. 우리나라는 주권면제에 관한 국내법의 제정 없이 국제관습법의 형태로 주권면제론을 수용하고 있다. [14 9급, 18 7급]

해설 우리나라는 국가면제법 또는 주권면제법을 제정하고 있지 않다. 답 O

46. 국가의 주권적 행위와 상업적 행위를 구분할 경우 목적 개념을 기준으로 하면 제한적 주권면제론의 취지를 살리기 어렵다. [16 7급, 17 9급]

해설 목적개념에 의존하는 경우 국가의 상업적 성질의 행위가 그 궁극적인 목적은 권력적·공법적인 것이라는 이유로 결국 국가면제를 인정받게 될 가능성이 크다. 따라서 대부분의 입법례는 양자의 구분기준으로 행위의 '성질'을 선호하고 있다. 답 O

47. 국가면제에 대하여 우리 대법원의 국가면제에 관한 태도는 절대적 면제이론에서 제한적 면제이론으로 변경되어 대한민국 영토 내에서 외국의 사법(私法)적 행위에 대하여 법원이 재판권을 행사할 수 있다고 판단하였다. [14·17 9급, 16 7급]

해설 우리나라는 국가면제법 또는 주권면제법을 제정하고 있지 않지만 1998년 주한미군 식당에서 근무하다 해고된 노동자가 미국정부를 상대로 한 해고무효확인소송사건에서 기존의 절대적 면제이론을 버리고 제한적 면제이론에 따라 재판관할권을 인정한 바 있다. 답 O

48. 대한민국 법원은 주권적 행위와 상업적 행위를 구분하지 않고 국가면제를 인정하고 있다. [15 7급]

해설 1998년 주한미군 식당에서 근무하다 해고된 노동자가 미국정부를 상대로 한 해고무효확인소송사건에서 기존의 절대적 면제이론을 버리고 제한적 면제이론에 따라 재판관할권을 인정한 바 있다. 답 X

49. 원고가 법정지국에서 발생한 교통사고에 대하여 손해배상을 청구하는 경우, 주권면제는 부인된다. [21 7급]

해설 제한적 면제이론에 따라 외국의 행위를 주권적·권력적·공법적 행위와 비주권적·비권력적·상업적·사법적 행위로 구분하여 전자에 대해서만 국가면제를 인정하게 된다. 1961년 *Collision with Foreign Government Owned Motor Car* 사건에서 오스트리아 주재 미국대사관 소속의 차량이 대사관 우편물을 수송하기 위해 도로를 주행하던 중 개인승용차와 충돌한 사안에서 오스트리아 최고재판소는 "우리는 언제나 국가기관이 수행하는 행위 자체만을 보아야 하며, 그것의 동기 또는 목적을 보아서는 안된다"고 전제하면서 "피고는 차량을 운행함으로써 그리고 공공도로를 사용함으로써 사인이 움직이는 바로 그 영역 속에서 움직이고 있으며, 이 영역에서 당사자들은 평등의 기초 위에서 서로 마주치므로, 여기에는 그 어떤 우위와 종속도 없다."고 판결하면서 미국의 국가면제를 부정하였다. 답 O

Ⅵ UN협약의 개관

50. **「국가 및 그 재산의 관할권면제에 관한 국제연합협약」에 따른 국가면제는 국제법에 따라 주어지는 국가원수의 면제와 특권을 저해하지 않는다.** [18 7급]

해설 협약 제3조 2항

답 O

51. **UN국가면제협약 상 면제에서 제외되는 상업적 거래란 국가가 외국의 사인과 거래관계를 맺은 경우로서 그 거래에 대한 분쟁이 타국 법원의 관할권에 속하는 경우이다.** [12 7급]

해설 국가가 외국의 자연인 또는 법인과 상업적 거래에 관여하고 그리고 국제사법의 준거규정에 의하여 그 상사거래에 관련한 다툼이 타국재판소의 관할권 내에 속하는 경우, 그 상업적 거래로부터 야기되는 소송에서 그 타국재판소 관할권으로부터 면제를 원용할 수 없다(국가면제협약 제10조 1항).

답 O

52. **2004년 국가 및 그 재산의 관할권 면제에 관한 UN협약상 국가간의 상업적 거래와 관련된 분쟁이 타국 법정의 관할권에 속하는 경우, 국가는 그 관할권으로부터 면제를 주장할 수 있다.** [10 · 14 7급]

해설 국가가 외국의 자연인 또는 법인과 상업적 거래에 관여하고 그리고 국제사법의 준거규정에 의하여 그 상사거래에 관련한 다툼이 타국재판소의 관할권 내에 속하는 경우, 그 상업적 거래로부터 야기되는 소송에서 그 타국재판소 관할권으로부터 면제를 원용할 수 없는 것이 원칙이다(제10조 1항). 그러나 ⅰ) 상업적 거래가 국가 간에 이루어지는 경우, ⅱ) 상업적 거래의 당사자들이 명시적으로 달리 합의한 경우, ⅲ) 독립된 법인격을 갖고 있는 국영기업 혹은 기타 실체가 상업적 거래와 관련하여 소송에 연루되는 경우 이들을 설립한 당해 국가의 면제는 영향 받지 아니한다(제10조 2항, 3항).

답 O

53. **고용계약의 경우에 국가면제가 제한되지 않는다고 보는 것이 타당하다.** [11 경찰]

해설 국가는 타국의 독립과 주권을 존중하여야 하므로 타국의 내부조직에 간섭하거나 개입해서는 안된다. 그러나 한편 고용계약에 내재되어 있는 사법적 성격도 간과할 수 없으므로, 일부 국내재판소들은 외국기관과 개인 사이의 고용계약이 그들 국가의 공적·권력적 직무의 수행에 직접 관련되는 경우에는 면제를 인정하고, 여기에 해당되지 아니하는 하급직의 경우에는 고용계약이 사적 성격을 갖는 것으로 보아 면제를 부인하는 태도를 보인다. 2004년 UN협약도 관련 국가 간에 달리 합의가 없는 한, 국가는 타국의 영토에서 전부 혹은 일부 수행되었거나 혹은 수행되어야 하는 일을 위하여 자신과 개인 간에 체결된 고용계약에 관련된 소송에서 권한 있는 그 타국재판소에서 관할권면제를 원용할 수 없다고 규정하여 계약상의 '일'과 '법정지 국가'와의 사이에 영토관련성이 요구된다.

답 X

54. **고용계약에 대해서는 원칙적으로 국가면제가 인정되지 않으나 고용된 사람이 면제를 주장하는 국가의 공공업무(governmental authority)에 종사하는 경우에는 여전히 면제가 인정된다.** [12 7급, 17 9급]

해설 관련 국가간에 달리 합의가 없는 한, 국가는 타국의 영토에서 전부 혹은 일부 수행되었거나 혹은 수행되어야 하는 일을 위하여 자신과 개인간에 체결된 고용계약에 관련된 소송에서 권한 있는 그 타국재판소에서 관할권면제를 원용할 수 없다고 규정하여 계약상의 '일'과 '법정지 국가'와의 사이에 영토관련성이 요구된다(협약 제11조). 그러나 ⅰ) 법정지국에서 고용국가의 권력적 권한의 행사에 있어 특별한 직무를 수행하기 위해 채용된 경우, 특히 ⅱ) 이와 관련하여 국가의 주권작용인 외교직무나 영사직무를 수행하는 외교관,

영사의 경우, 그리고 iii) 내부조직을 구성하는 주권에 해당되는 행위로써 채용, 고용의 갱신 또는 개인의 복직에 대해서는 예외적으로 면제를 인정하고 있다. iv) 해고의 경우 고용국가의 주권에 속하는 사항이지만 법정지국의 이익과도 관련되는 문제이기 때문에 해고에 관한 소송에 대해서는 국가안전을 해치게 될 경우로 한정하여서만 예외적으로 면제를 인정하도록 하였다. 또한 v) 소송이 제기되는 당시에 고용인이 고용주 국가의 국민인 경우(단, 고용인이 법정지국가에 영주하고 있는 경우는 제외), vi) 고용주 국가와 고용인이 서면으로 달리 합의한 경우에는 면제가 인정된다. 답 ○

55. **소송의 주제가 개인의 채용, 고용의 갱신 또는 개인의 복직과 관련된 경우 국가면제를 원용할 수 있다.** [21 · 22 7급]

해설 제11조 2항 c호 답 ○

56. **명예훼손으로 인한 금전적 손해에 대한 배상을 구하는 소송에서는 외국이 법정지국 법원에서 관할권 면제를 주장할 수 있다.** [13 경찰, 21 7급]

해설 불법행위 예외에 해당하기 위해서는 사망, 신체침해 및 유체재산의 침해만을 말한다. 따라서 비유체재산의 손괴나 분실(예컨대 명예훼손)에 따른 손해배상청구라면 국가면제의 대상이다. 답 ○

Ⅶ 국가재산의 사법적 강제조치로부터의 면제

57. **국가면제에 대하여 원칙적으로 피고국가가 행한 재판관할권의 면제 포기에는 자국재산의 압류 또는 강제집행의 면제 포기까지 포함하는 것은 아니다.** [10 · 14 9급, 12 7급]

해설 재판관할권으로부터의 면제와 압류 및 강제집행의 면제를 일체로 보는지 분리해서 보는지 다툼이 있었으나, 재판관할권 면제의 포기가 압류 및 강제집행 면제의 포기까지 포함하는 것으로 이해되지는 않았다(분리설). 답 ○

58. **제한적 주권면제론에 따르면 재판관할권이 성립할 경우에 그에 따른 강제집행관할권도 성립한다.** [16 7급]

해설 제한적 면제이론의 논리에 따르면, 법정지국가에 소재하고 있는 외국재산으로서 그 성격에 있어 상업적·비권력적이거나 혹은 이같은 목적을 위하여 사용되는 것은 압류 또는 강제집행으로부터도 당연히 면제되어서는 안될 것이며 이러한 논리를 채택한 판결도 존재한다(김대순). 그러나 이같은 엄격한 논리와는 달리, 실제로 많은 국가들은 상업적 용도의 재산이라 하더라도 그에 대한 압류·강제집행에 대해서는 좀 더 엄격한 기준을 정해놓고 있다. 이것은 단순한 재판절차에의 참여문제와는 달리 외국의 이익을 직접적으로 침해함으로써 국가 간의 관계를 악화시키는 요인이 될 수 있기 때문이다. 따라서 현재 국가들의 관행에 의하면 틀린 지문이다. 답 ×

제11장 국가행위이론

Ⅰ 서 설

Ⅱ 국가행위이론의 유형

Ⅲ 협의의 국가행위이론

1. 미국은 헬름즈-버튼법에서 역외입법을 정당화하기 위하여 효과이론을 채택하였다. [12 경찰]

해설 1959년 이후 전개된 쿠바 카스트로정부의 미국인 재산권 박탈과 관련하여 또 다시 국가행위이론의 적용을 금지하는 내용의 연방법률이다. 답 X

제12장 외교면제 및 특권

제1절 외교관계에 관한 비엔나협약과 외교사절단

Ⅰ 1961년 외교관계에 관한 비엔나협약

Ⅱ 외교사절단

1. **외교사절이란 외교교섭 및 기타의 직무를 수행하기 위하여 외국에 파견되는 국가의 대외적 대표기관이다.** [08 7급]

해설 외교사절단이란 외교교섭 및 기타 직무를 수행하기 위해 상주 또는 임시로 외국에 파견되는 국가기관을 의미한다. 이에 비해 외교단이란 용어는 한국에 주재하는 각국의 외교사절단의 총체를 말한다. 답 O

2. **공관장이나 공관의 외교직원은 어떠한 국제기구에 대해서도 파견국의 대표로서 행동할 수 있다.** [15 경찰]

해설 공관장이나 공관의 외교직원은 어떠한 국제기구에 대하여서도 파견국의 대표로서 행동할 수 있다(제5조 3항). 답 O

3. **외교공관의 공관장 계급은 파견국과 접수국의 합의에 따른다.** [18 7급]

해설 공관장에게 부여되는 계급은 국가 간의 합의로 정한다(제15조). 답 O

4. **공관장의 해당 계급 내 서열은 직무를 개시한 일자와 시간의 순서에 따라 정해진다.** [18 7급]

해설 공관장은 제13조의 규정에 의거하여 그 직무를 개시한 일자와 시간의 순서로 각자의 해당 계급 내의 서열이 정하여진다(제16조 1항). 답 O

5. **공관장은 서열과 의례에 관계되는 것을 제외하고 계급에 따른 차별을 받지 아니한다.** [18 7급]

해설 공관장은 다음의 3가지 계급으로 구분된다. (a) 국가원수에게 파견된 대사 또는 교황청대사, 그리고 동등한 계급을 가진 기타의 공관장, (b) 국가원수에게 파견된 공사 또는 교황청 공사, (c) 외무부장관에게 파견된 대리공사. 다만 서열 및 의례에 관계되는 것을 제외하고는, 그들의 계급으로 인한 공관장간의 차별이 있어서는 아니된다(제14조). 답 O

6. **접수국의 반대가 없는 한, 2개국 또는 그 이상의 국가가 동일한 자를 공관장으로 파견할 수 있다.** [10 9급]

해설 파견국은 접수국들의 명시적 반대가 없으면 복수의 국가에 1인의 외교사절을 파견하거나 외교직원을 할당할 수 있는데(제5조 1항), 이 경우 파견국은 외교사절이 상주하지 아니하는 국가에는 대사대리(제19조)를 장으로 하는 외교사절단을 설치할 수 있다(제5조 2항). 2개국 또는 그 이상의 국가는, 접수국의 반대가 없는 한 동일한 자를 공관장으로 타국에 파견할 수 있다(제6조). 답 O

7. 파견국은 특정인을 공관장으로 파견하고자 할 경우, 접수국의 동의를 얻어야 한다. [10 9급]

해설 파견국은 공관장으로 파견하려는 사람에 대하여는 먼저 접수국의 명시적인 동의를 받아야만 하는데, 이것은 접수국의 '아그레망'을 받는 것으로 행해진다. 답 O

8. 아그레망의 요청이란 외교사절의 장을 정식으로 임명하기 전에 접수국의 이의여부를 문의하는 절차로 파견국의 재량행위이다. [08 7급]

해설 아그레망 요청은 재량이 아니다. 답 X

9. 파견국은 파견하고자 하는 공관장에 대한 접수국의 아그레망 부여 여부를 사전에 확인하여야 한다. [15 경찰, 17 9급]

해설 파견국은 공관장으로 파견하고자 제의한 자에 대하여 접수국의 아그레망이 부여되었음을 확인하여야 한다(외교관계비엔나협약 제4조 1항). 답 O

10. 접수국이 아그레망의 부여를 거부하려면 정당한 이유를 파견국에 서면으로 제시하여야 한다. [15 경찰, 17 9급]

해설 아그레망을 거절하려면 정당한 이유가 있어야 하나, 파견국에 거부이유를 제시할 의무는 없다(외교관계비엔나협약 제4조 2항). 답 X

11. 아그레망은 파견국이 외교사절단의 장을 파견할 때 외교사절단의 장을 통해 접수국 원수 또는 외무장관에게 보내는 것이다. [07 9급]

해설 아그레망은 파견국의 요청에 대해 접수국이 이의가 없다는 의사표시를 의미한다. 지문은 신임장에 대한 설명이다. 답 X

12. 신임장은 파견국이 외교사절단의 장을 파견할 때 외교사절단의 장을 통해 접수국 원수 또는 외무장관에게 보내는 것이다. [07 9급]

해설 신임장은 특정인을 외교사절단장으로 신임·파견한다는 공문서이다. 파견국은 아그레망을 얻으면 외교사절로 임명하고 신임장을 주어 파견한다. 접수국 도착시 외교사절은 신임장 부본을 접수국 외무부당국에 제출한다. 정본은 대사와 공사의 경우 국가원수에게, 대리공사의 경우 접수국의 외무부장관에게 제출한다. 답 O

13. 접수국은 개인적 불만사항이 없더라도 불만한 인물로 통보할 수 있다. [19 9급]

해설 반드시 당사자에 대한 개인적 불만이 아니라, 파견국에 대한 불만을 이유로도 persona non grata가 선언되기도 한다. 답 O

14. 파견국은 접수국의 불만한 인물 통보를 수용하여야 한다. [19 9급]

해설 파견국은 적절히 관계자를 소환하거나 또는 그의 공관직무를 종료시켜야 한다(제9조 1항 2문). 만약

이것을 거절하거나 합리적인 기일 내에 이 요구에 응하지 않으면 접수국은 관계자를 공관원으로 인정함을 거부할 수 있다. 답 O

15. 접수국은 불만한 인물 통보에 대한 사유를 설명할 의무가 없다. [19 9급]

해설 접수국은 파견국에 언제든지 그리고 그 결정이유를 설명할 필요 없이 공관장과 외교직원이 부적절한 인물(persona non grata)이라고 통고할 수 있다(제9조 1항 1문). 답 O

16. 접수국은 불만한 인물 통보를 그 인사의 자국 부임 전까지만 할 수 있다. [19 9급]

해설 언제든지 할 수 있으며(제9조 1항 1문), 접수국은 누구라도 접수국의 영역에 도착하기 전에 불만한 인물 또는 받아들일 수 없는 인물로 선언할 수 있다(제9조 1항 3문). 답 X

17. 외교공관의 모든 공관원은 협약상 외교관에 해당한다. [18 7급]

해설 공관원은 공관장과 공관직원을 말하며(제1조 b), "공관직원"이라 함은 공관의 외교직원, 행정 및 기능직원 그리고 노무직원을 말한다(제1조 c). 이중 "외교직원"은 외교관의 직급을 가진 공관직원을 말한다(제1조 d). "외교관"이라 함은 공관장이나 공관의 외교직원을 말한다(제1조 e). 답 X

18. 파견국은 파견하고자 하는 공관직원에 대한 접수국의 아그레망을 요청할 필요가 없다. [17 9급]

해설 파견국은 자유로이 공관직원을 임명할 수 있으며 아그레망을 요청할 필요가 없다(제7조). 답 O

19. 접수국은 파견국의 무관 임명을 승인하기 위하여 사전에 명단제출을 요구할 수 있다. [17 9급]

해설 육·해·공군의 무관인 경우에는 접수국은 그의 사전승인(아그레망이 아님)을 위하여 그들의 명단 제출을 요구할 수 있다(외교관계비엔나협약 제7조 2문). 답 O

20. 접수국은 외교사절단의 수가 지나치게 많다는 이유로 접수를 거부할 수 없다. [09 7급]

해설 사절단의 크기에 관하여 특별한 합의가 없는 경우에는 접수국은 자국의 사정과 조건 및 당해 사절단의 필요성을 감안하여 "합리적이며 정상적"이라고 생각하는 범위 내에서 사절단의 크기를 유지할 것을 요구할 수 있다(제11조 1항). 접수국은 또한 유사한 범위 내에서 그리고 무차별의 기초위에서 특정 범주에 속하는 직원의 접수를 거부할 수 있다(동조 2항). 답 X

21. 외교사절의 직무는 파견국 대표, 접수국과 외교교섭, 사정의 확인 및 보고, 자국민의 보호 · 감독, 우호촉진 등이 포함된다. [15 경찰]

해설 제3조 1항. 답 O

22. 외교관은 합법적 수단을 통해 접수국의 사정을 본국 정부에 보고한다. [21 9급]

해설 제3조 1항 d호 답 O

23. **외교관이 영사직무를 수행하는 경우에도 외교특권과 면제는 유지된다.** [22 9급]

해설 외교관은 필요에 따라 영사직무를 수행할 수 있다(제3조 2항). 실제로 외교업무와 영사업무가 잘 구별되지 않으며, 경제성과 효율성을 이유로 외교직원과 영사는 공관내 보직 개념으로 운영되어 외교관 자격으로 파견한 후 영사기능을 추가로 등록하여 영사업무를 수행토록 한다. 파견국 입장에서도 특권·면제의 범위가 넓은 외교관으로 파견하는 방안이 편리하다. 답 O

24. **외교관으로서 영사직무를 수행하는 자의 명단은 접수국 외교부에 통고되어야 한다.** [22 9급]

해설 외교공관원으로서 영사부서에 배속되거나 또는 동 공관의 영사기능의 수행을 달리 맡은 자의 명단은 접수국의 외무부 또는 동 외무부가 지정하는 당국에 통고되어야 한다(영사관계에관한비엔나협약 제70조 2항). 답 O

제2절 외교면제 · 특권 총설

Ⅰ 외교면제의 이론적 근거

25. **외교관계에 관한 비엔나협약에 대하여 외교공관은 파견국 영토의 연장이 아니며, 접수국의 치외법권지역이 아니다.** [08 7급]

해설 치외법권설은 영토주권원칙상 이제 그 의미를 상실하게 되었다. 답 O

26. **외교관계에 관한 비엔나협약에 의하면, 외교관의 특권과 면제가 인정되는 목적은 외교공관 직무의 효율적 수행을 보장하기 위해서이다.** [08 7급, 11 9급]

해설 비엔나협약의 전문에는 "이러한 특권과 면제의 목적은 개인의 이익을 위함이 아니라 국가를 대표하는 외교사절단의 직무의 효율적 수행을 보장하기 위한 것임을 인식하고"라고 규정하여 기능설을 따르고 있다. 답 O

Ⅱ 국가면제와 외교면제의 관계

27. **제3국은 외교관의 체류 목적을 불문하고 그 외교관에게 불가침권을 부여해야 한다.** [19 9급, 19 7급]

해설 이에 대해 비엔나협약은 침묵하나, 1998년 *S. v. Berlin Court of Appeal and District Court of Berlin-Tiergarten* 사건(일명, GDR Ambassador case)에서 독일 연방헌법재판소는 ⅰ) 제3국은 외교관의 활동에 동의한 바 없고, 외교면제의 남용에 대해 보호할 수단이 없는 점, ⅱ) 비엔나협약 제39조 제2항은 외교관이 공무수행 중에 행한 행위에 대한 면제는 외교관으로서 직무가 종료한 이후에도 계속된다고 규정하고 있다. 그러나 이러한 계속적 면제가 제3국에 대해 법적 구속력이 있거나 대세적 효력을 갖는다는 관습국제법은 존재하지 않는 점, ⅲ) 비엔나협약 제40조는 단지 통과외교관과 관련해서만 일정 면제를 부여할 의무를 제3국에 지우고 있는 점을 들어 제3국의 관할권으로부터 외교관이 면제되지 않음을 시사하였다. 결국 외교관이 휴가와 같은 사적인 목적으로 제3국에 체류하는 경우 제3국은 그에게 외교관의 특권과 면제를 부여할 의무가 없다. 답 X

제3절 외교사절단의 면제·특권·불가침성

Ⅰ 외교공관의 불가침과 면제

28. 외교공관 불가침의 대상은 공관의 건물 뿐 아니라 건물의 부지도 포함한다. [13 7급]

해설 "공관지역"이라 함은 소유자 여하를 불문하고, 공관장의 주거를 포함하여 공관의 목적으로 사용되는 건물과 건물의 부분 및 부속토지를 말한다(제1조 i호). 답 O

29. 불가침의 대상이 되는 공관지역은 공관 및 관저의 부속대지와 건물, 그리고 그 구성물 및 공관이 보유한 교통수단을 포함하나, 임차한 경우에는 불가침이 적용되지 않는다. [08 7급]

해설 소유와 상관없으므로 임차한 경우에도 적용된다. 답 X

30. 파견국은 접수국의 명시적인 사전 동의 없이 공관이 설립된 이외의 다른 장소에 공관의 일부를 구성하는 사무소를 설치할 수 있다. [15 경찰]

해설 파견국은 접수국의 명시적인 사전 동의가 없이는 공관이 설립된 이외의 다른 장소에 공관의 일부를 구성하는 사무소를 설치할 수 없다(제12조). 답 X

31. 접수국과 파견국 간의 무력충돌이 발생하였을 경우에도 접수국은 외교공관, 재산 및 공문서를 존중하고 보호해야 한다. [12 7급, 16·22 9급]

해설 외교관계가 단절되거나 외교사절단이 소환되어 더 이상 사용되지 않고 있는 공관은 '외교공관'으로서의 성격을 상실하므로, 제22조에 규정된 불가침성을 상실하게 된다. 다만, 접수국은 협약 제45조 (a)호에 의해 설사 무력충돌이 있는 경우라 할지라도 공관 내의 재산 및 문서와 더불어 외교공관을 존중하고 보호하여야 한다. 제22조와 제45조 (a)와의 차이점은 후자의 경우 외교사절단이 철수한 후라면 파견국 정부의 동의없이 공관의 수색이 가능하다는 점이다. 답 O

32. 외교공관이나 공관장 관저는 불가침의 대상으로 접수국의 관헌은 공관장의 동의 없이 공관이나 관저에 들어갈 수 없다. [07·09·16 9급, 12 7급]

해설 외교공관인지는 소유를 불문하며, 공관장의 개인적 주거도 외교공관에 해당한다. 접수국의 관헌은 공관장의 동의 없이 공관지역에 들어가지 못한다(제22조 1항). 답 O

33. 접수국의 관헌은 화재 등으로 인하여 진정으로 긴급을 요하는 경우에는 외교사절의 동의가 없더라도 외교공관에 출입할 수 있다. [13 7급, 14·17 9급, 14 경찰]

해설 특정상황이 예외사유에 해당할지에 대한 판단권한이 접수국에 있어 자의적 판단의 우려가 있으므로, 비엔나회의에서 화재, 전염병 기타 극단적 긴급사태 시 외교사절단장은 접수국당국과 협력할 것이 요구된다는 제안이 있었지만 채택되지 않았던 것이다. 결국 공관지역의 불가침과 관련하여 어떠한 예외도 인정하지 않는 절대적 불가침을 규정하고 있다고 해석된다. 답 X

34. **甲은 A국에 주재하는 B국 대사관 내에 피신한 상태에서 B국에 망명을 신청하였다. A국 사법경찰이 B국 공관지역에 공관장 동의 없이 진입하여 甲에 대한 체포영장을 집행하는 것은 국제법 위반이 아니다.** [15 7급]

해설 비엔나협약 제22조 1항에 위반한다.

답 ×

35. **경찰은 불법무기를 적발하기 위하여 공관장의 동의 없이도 대사관을 수색할 수 있다.** [16 경찰]

해설 공관지역은 불가침이다. 접수국의 관헌은 공관장의 동의 없이는 공관지역에 들어가지 못한다(제22조 1항). 공관지역은 수색으로부터 면제된다(제22조 3항).

답 ×

36. **1961년 외교관계에 관한 비엔나협약은 접수국당국에 의한 외교공관의 도청금지를 명시적으로 규정하고 있다.** [16 경찰]

해설 비엔나협약에 명시되어 있지 않지만 제27조의 통신의 불가침을 침해하는 행위이며, 나아가 i) 도청장치의 설치는 제22조 제2항의 '침입이나 손해에 대하여도 공관지역을 보호할 의무'에 위반이다. 또한 ii) 도청장치의 실제적 사용은 제22조 제1항의 접수국 관리에 의한 '침입'으로 볼 수 있으며, 제22조 제3항의 접수국 관리에 의한 '수색'에 해당한다. 따라서 도청장치의 설치와 사용은 협약 제22조의 위반으로 볼 수 있다.

답 ×

37. **접수국은 공관지역을 보호하기 위해 모든 적절한 조치를 취할 특별한 의무가 있다.** [09 · 11 9급]

해설 제22조 제2항은 공관의 불가침과 관련하여 "접수국은 어떠한 침입(intrusion)이나 손해에 대하여도 공관지역을 보호하며, 공관의 안녕을 교란(any disturbance of peace) 시키거나 품위의 손상(impairment of dignity)을 방지하기 위하여 모든 적절한 조치를 취할(take all appropriate steps) 특별한 의무 하에 있다."고 규정한다.

답 ○

38. **접수국은 외교사절단 구성원들의 안전을 생각하여 공관 입구 가까이에 주차공간을 제공할 국제법상 의무가 있다.** [16 경찰]

해설 접수국은 어떠한 침입(intrusion)이나 손해에 대하여도 공관지역을 보호하며, 공관의 안녕을 교란(any disturbance of peace) 시키거나 품위의 손상(impairment of dignity)을 방지하기 위하여 모든 적절한 조치를 취할(take all appropriate steps) 특별한 의무 하에 있고(제22조 2항), 제21조 2항에서 접수국은 또한 필요한 경우, 공관이 그들의 관원을 위하여 적당한 시설을 획득하는데 있어서 이를 원조하여야 하고, 제25조에서 접수국은 공관의 직무수행을 위하여 충분한 편의를 제공하여야 하지만, 주차공간을 제공할 의무까지 존재하는 것은 아니다.

답 ×

39. **공관지역, 공관내의 설비 및 기타 재산과 공관의 수송수단은 수색, 징발, 압류(차압) 또는 강제집행으로부터 면제된다.** [09 9급, 13 7급]

해설 제22조 3항.

답 ○

40. **경찰이 대사관 차량의 운전자를 차량 밖으로 강제로 끌어내는 것은 허용되지 않는다.** [16 경찰]

해설 외교공관과 공관내의 설비 기타 재산 및 수송수단은 수색·징발·압류 또는 강제집행으로부터 면제된다(제22조 3항). 이 규정은 공관 밖의 재산에는 적용되지 않는다. 그러나 수송수단은 어디에 있든지 수색·징발·

압류 또는 강제집행으로부터 면제된다. 따라서 경찰이 대사관 차량의 운전수를 강제로 끌어낸다든지, 족쇄를 채우는 것은 금지된다. 다만 교통에 장애를 야기하는 차량의 견인은 허용되고 견인으로 인한 과태료를 부과할 수 있으나, 자발적인 납부를 하지 않는다고 강제징수를 할 수는 없다. 답 O

41. **1961년 외교관계에 관한 비엔나협약은 외교공관에서의 비호가 인정되지 않음을 명시적으로 규정하고 있다.** [16 경찰]

해설 외교공관이 접수국 당국으로부터 피난해 온 자에게 부여하는 비호를 국가가 자국 영역 내에서 외국인에게 부여하는 영토적 비호와 구별하여 외교적 비호 또는 영토외적 비호라 한다. 외교비호라 함은 외교사절단이 공관 내로 들어온 자에게 피난처를 제공하는 것을 말하는데, 이에 대해 비엔나협약은 아무런 규정을 두고 있지 않다. 답 X

42. **1961년 외교관계에 관한 비엔나협약에 따르면 '인도적 동기'에서 외교공관의 비호권이 인정된다.** [09 7급, 09 9급]

해설 비엔나협약에는 명문의 규정이 없으며, 判例는 외교공관의 비호권을 부정한다. 답 X

43. **외교사절단의 공관은 불가침이며, 국제사법재판소(ICJ)는 비호(庇護)사건(Asylum Case)에서 페루 주재 콜롬비아 대사관에 피신한 페루의 야당 지도자 아야 데라 토레에 대하여 동 대사관이 외교적 비호를 부여할 권리가 있다고 판시했다.** [07·10 7급]

해설 1950년 ICJ는 콜롬비아가 주장하는 지역관습법규의 존재를 지지해 주는 라틴아메리카 국가들간의 충분히 획일적인 관행을 발견할 수 없다고 결론지으면서, "비록 그 같은 관습이 오로지 일부 라틴아메리카 국가들 사이에서만 존재한다고 가정할 수 있다 하더라도 그것은 페루에 대해서는 원용될 수 없을 것이다. 왜냐하면 페루는 자신의 태도를 통해 그것을 지지하기는 커녕 오히려 정반대로, 외교비호의 문제에 있어 범죄의 자격인정에 관한 규칙을 담은 최초의 조약인 1933년과 1939년의 몬테비데오 협약들을 비준하지 않음으로써 그것을 부인하였다."고 덧붙였다. 답 X

44. **공관의 비호권은 인정되지 않고, 예외적으로 폭도의 위해로부터 일시 비호할 수 있을 뿐이다.** [14 경찰]

해설 전통적으로 인정되어 오던 외교공관의 비호권은 치외법권설의 폐기와 함께 부정되고 있으며, 외교공관의 불가침은 사절의 능률적 직무수행을 위해 인정된 것이지, 범죄인이나 정치적 망명자를 비호하기 위해 인정된 것은 아니기 때문에 현대 국제법에서 학설과 국제관행은 외교공관의 비호권을 인정하지 않는다. 따라서 자국민인 범죄인이나 정치범을 본국에 송환할 목적으로 공관 내에 감금하는 것 역시 인정되지 않는다. 다만 예외적으로 무질서한 폭도의 위해로부터 일시 비호할 수 있을 뿐이다. 답 O

45. **甲은 A국에 주재하는 B국 대사관 내에 피신한 상태에서 B국에 망명을 신청하였다. A국 주재 B국 대사관이 체포영장이 발부된 갑을 비호하는 것은 국제법 위반이다.** [15 7급]

해설 폭도에 의한 일시적 비호를 넘어서는 외교비호는 인정되지 않으므로 국제법에 위반한다. 답 O

46. **외교관의 직무 수행에 직접 사용되는 차량은 불법주차 시에도 과태료 부과가 면제된다.** [21 9급]

해설 교통에 장애를 야기하는 차량의 견인은 허용된다. 공관 차량의 불법주차나 견인으로 인한 과태료를 부과될 수 있으나, 자발적으로 납부하지 않는다고 강제징수를 할 수는 없다. 답 X

47. **외교사절의 특권과 면제에 관해 외교관은 접수국의 중앙 및 지방정부가 부과하는 조세로부터 면제되며, 전기 및 수도요금을 포함한 각종 부과금으로부터도 면제된다.** [07 7급, 16 경찰]

해설 비엔나협약 제23조 1항은 '파견국과 공관장은 소유 또는 임차여하를 불문하고 공관지역에 대한 국가, 지방자치단체의 모든 조세와 부과금으로부터 면제된다'고 규정하고 있다. 그러나 '특정서비스의 제공에 대한 지불의 성격을 가진 것은 면제되지 않는다'고 규정하고 있다. 답 X

Ⅱ 문서·서류와 통신의 불가침

48. **공관의 문서 및 서류는 어느 때나 그리고 어느 곳에서나 불가침이다.** [14·18 9급, 14 경찰]

해설 외교사절단의 '공문서'는 언제, 어디서나 불가침성을 향유하므로(제24조), 대사관인이 없어도, 공관 밖에서 우연히 길에서 주어도 불가침성이 인정된다. 그러므로 압수의 대상이 될 수 없고, 소송에서 증거자료로 제출하도록 강제할 수도 없다. 불법으로 취득한 공문서는 증거능력이 없어 유죄의 증거로 채택될 수 없다. 그러나 사절단의 구성원이 그의 직무의 일부로서 문서를 제3자에게 전달했다면 해당 문서는 불가침성을 상실한다. 답 O

49. **외교사절단의 공문서가 압수 대상이 되지 않으려면 외교공관 내 또는 외교행낭 속에 있어야 한다.** [16 경찰]

해설 외교사절단의 '공문서'는 언제, 어디서나 불가침성을 향유하므로(제24조), 대사관인이 없어도, 공관 밖에서 우연히 길에서 주어도 불가침성이 인정된다. 답 X

50. **외교 임무에 관련된 기록문서와 재산들도 불가침성을 누린다.** [08 7급]

해설 제24조, 제22조 3항. 문서는 어느 곳에서나 불가침이므로 공관 밖에 소재한 경우는 물론, 공관원이 소지하고 있지 않은 문서도 불가침성을 지속한다. 이 점은 공관 지대 내에서만 면제를 향유하는 일반 재산과는 차이가 있다. 답 O

51. **분실이나 도난 등 어떤 이유로든 접수국 수중에 들어간 외교공관 문서는 반환되어야 하나 재판 등 사법절차 등의 목적을 위해서는 활용될 수 있다.** [22 9급]

해설 외교사절단의 '공문서'는 언제, 어디서나 불가침성을 향유하므로(제24조), ⅰ) 대사관인이 없어도, 공관밖에서 우연히 길에서 주어도 외교공관의 문서는 즉시 반환되어야 한다. 나아가 ⅱ) 압수의 대상이 될 수 없고, 재판 등 사법절차 등의 목적으로 활용될 수 없다. 답 X

52. **외교문서가 공관원에 의해 제3자에게 공식적으로 전달되었다면 그 순간부터는 불가침성을 상실한다.** [22 9급]

해설 사절단의 구성원이 그의 직무의 일부로서 문서를 제3자에게 전달했다면 해당 문서는 불가침성을 상실한다. 답 O

53. **접수국은 공용을 위한 공관의 자유로운 통신을 허용해야 하나, 무선송신기의 설치 및 사용은 동의하지 않을 수 있다.** [08 7급, 14·18 9급, 16 경찰]

해설 접수국은 '모든 공적 목적을 위한' 공관의 자유로운 통신을 허가하고 보호할 의무를 진다(제27조 1항 1문). 공관은 자국 정부 및 소재여하를 불문한 기타의 자국공관이나 영사관과 통신을 함에 있어서 외교 信書使 및 메시지를 포함한 모든 적절한 방법을 사용할 수 있다(동항 2문). 따라서 '공관과 직무에 관련된 모든 통신문'은 불가침성을 향유한다. 다만 무선송신기는 접수국의 동의를 얻어야만 설치·사용할 수 있다(제27조 1항 3문). 그러나 일단 동의를 얻으면 열람, 검열하는 등 통신의 자유를 침해할 수 없다.

답 ○

54. 외교행낭은 외부에 식별가능한 표지가 부착되어야 하며 개봉되거나 유치되지 않는다. [17 9급]

해설 외교행낭은 개봉되거나 유치되지 아니한다(제27조 3항). 외교행낭을 구성하는 포장물은 그 특성을 외부에서 식별할 수 있는 표지를 달아야 하며 공용을 목적으로 한 외교문서나 물품만을 넣을 수 있다(제27조 4항).

답 ○

55. 접수국은 외교신서사가 휴대하는 외교행낭을 개봉하거나 유치할 수 없다. [10 7급]

해설 과거에는 외교행낭을 개봉하든지 아니면 발송지로 반송할 것을 요구할 수 있었고, 특히 영사행낭은 이것이 아직도 인정되고 있다. 그러나 비엔나협약은 설사 외교행낭의 불가침성을 남용하고 있다는 명백한 혐의가 있어도 접수국은 동의 없이는 개봉하거나 유치할 수 없으며(제27조 3항), 영사 행낭과 달리 파견국이나 공관으로 반송을 요구할 수 있다는 조항도 없다(영사관계에 관한 비엔나협약 제35조 3항 참조). 따라서 타협이 이루어지지 않을 경우 접수국이 취할 수 있는 수단은 비행기에 대하여 적재를 금지시킴으로써 운송을 막는 방법밖에 없다.

답 ○

56. 외교신서사는 직무수행상 접수국의 보호를 받으며 어떠한 형태로도 체포 · 구금당하지 않는다. [10 7급]

해설 외교신서사는 그의 신분 및 외교 행낭을 구성하는 포장물의 수를 표시하는 공문서를 소지하여야 하며, 그의 직무를 수행함에 있어서 접수국의 보호를 받는다. 외교신서사는 신체의 불가침을 향유하며 어떠한 형태의 체포나 구금도 당하지 아니한다(제27조 5항).

답 ○

57. 임시외교신서사의 경우는 접수국에서 특권과 면제의 대상이 되지 않는다. [10 7급]

해설 임시외교신서사도 외교행낭을 수취인에게 인도할 때까지는 제27조 5항의 불가침성을 향유한다(제27조 6항).

답 ×

Ⅲ 외교사절의 특권

58. 접수국은 국가안보의 목적으로 그 영토 내에서 외교사절의 여행의 자유를 제한할 수 있다. [08 9급]

해설 18·19세기 서구국가들은 외교사절단의 모든 구성원에게 자유로운 이동을 허용하였으나, 제2차세계대전 후 소련은 외교관들이 모스크바 반경 40km 이상을 벗어날 때에는 사전허가를 요구했고, 서방진영도 상호주의에 따라 동등한 조치를 취하였다. 이에 비엔나 협약은 접수국은 모든 공관원에게 대하여, 접수국 영토 내에서의 이동과 여행의 자유를 보장하면서, 국가안보를 이유로 이동을 제한할 수 있는 단서를 삽입하였다(제26조).

답 ○

제4절 외교관의 불가침과 면제

59. 외교관의 신체는 불가침이며 어떠한 형태의 체포 또는 구금도 당하지 아니한다. [07 9급, 12 · 16 7급]

해설 외교관의 신체는 불가침이다. 외교관은 어떤 형태의 체포나 구금도 당하지 아니한다. 접수국은 상당한 경의 (due respect)로써 외교관을 대우해야 한다. 접수국은 외교관의 신체·자유·품위(person, freedom, or dignity)에 대한 어떠한 침해도 방지하기 위해 적절한 모든 조치를 취해야 한다(제29조). 답 O

60. 외교사절은 신체 및 명예에 대한 불가침권을 가지며 접수국은 신체 및 명예에 대한 침해를 방지하기 위하여 적절한 조치를 취하여야 한다. [08 9급]

해설 제29조. 답 O

61. 외교관의 개인주거는 공관지역과 동일한 불가침과 보호를 향유하지 못한다. [11 · 16 · 17 9급, 13 · 16 7급]

해설 외교공관장의 개인적 주거는 외교공관 자체에 해당하는데, 외교직원의 개인적 주거는 비록 외교공관은 아니지만 공관과 동일한 불가침성과 보호를 향유한다(제30조 1항). 여기서 주거란 일시적(temporary)일 수 있다. 예를 들어 임지에 도착하여 일시적으로 거주하고 있는 호텔 룸에서도 불가침성이 향유된다. 답 X

62. 외교관의 개인서류 역시 불가침성을 향유하나 상업적 활동으로 인해 접수국의 재판관할권에 복종하여야 하는 경우에는 재판에 필수적인 개인서류의 제출을 강제할 수 있다. [22 9급]

해설 외교관이 가지고 있는 공적 서류(public papers)와 마찬가지로 개인적 서류 역시 불가침권을 향유한다(제30조 2항). 외교관이 민사재판관할권으로부터 면제를 받지 않는 개인적, 직업적 또는 상업적 활동에 관하여 제소된 경우에 외교관의 재산은 불가침성을 누리지 못하나, 이 경우라도 접수국 국내법원은 외교관 개인의 서류의 제출을 강요할 수는 없다. 답 X

63. 외교관의 재판관할권 면제란 외교관에게 접수국 절차법의 적용을 면제해 주는 것이다. [07 7급]

해설 비엔나협약 제41조 1항은 접수국의 법령을 존중하는 것은 특권과 면제를 향유하는 모든 사람의 의무라고 규정하고 있으므로 실체법 내지는 책임으로부터의 면제가 아닌 접수국의 재판관할권으로부터의 면제이다. 답 O

64. '1961년 외교관계에 관한 비엔나협약'상 외교관은 파견국의 재판관할권으로부터 면제된다. [10 · 18 9급, 11 7급]

해설 외교관의 면제는 접수국의 재판관할권으로부터의 면제를 의미하는 것이지 파견국의 재판관할권으로부터도 면제되는 것은 아니다(제31조 4항). 즉 외교관에게는 집행관할권 면에서 속지주의가 배제되고 속인주의가 적용된다. 답 X

65. 외교관의 형사재판관할권의 면제는 절대적이다. [07 · 16 7급, 07 · 09 · 10 · 11 · 16 9급]

해설 외교관은 접수국의 일체의 형사재판권으로부터 면제되고(제31조 1항 1문), 어떠한 예외도 인정되지 않는다. 답 O

66. 외교관은 접수국의 모든 민사 및 행정재판관할권으로부터 면제된다. [09 · 17 9급]

해설 외교관은 원칙적으로 접수국의 민사·행정재판권으로부터도 면제된다(제31조 1항 2문). 다만 접수국의 영역 내에 있는 개인(私有)부동산에 관한 부동산 소송(제31조 1항 a), 외교관이 파견국을 대신하지 아니하고 개인으로서 유언집행인, 유산관리인, 상속인 또는 유산수취인으로서 관련된 상속에 관한 소송(제31조 1항 b), 접수국에서 외교관이 그의 공적직무 이외로 행한 직업적 또는 상업적 활동에 관한 소송(제31조 1항 c)에서는 면제되지 않는다.

답 X

67. 외교관의 재판관할권 면제는 민사 및 행정재판 관할권의 면제는 부동산, 상속, 접수국에서의 영업활동에 관한 소송에도 적용된다. [07 7급, 17 9급]

해설 개인 부동산 소송, 상속, 접수국에서의 영업활동과 관련된 민사소송에서는 외교면제가 인정되지 않는다(제31조 1항 a호 내지 c호).

답 X

68. 외교관이 사절단의 목적을 위해 파견국을 대신하여 임차한 것으로서 접수국 영역내에 소재하는 건물에 대해서 민사소송이 제기된 경우 접수국의 재판관할권으로부터 면제된다. [07 7급]

해설 접수국의 영역 내에 있는 개인(私有)부동산에 관한 부동산 소송은 면제를 누리지 못한다. 그러나 이 경우 승소하더라도 외교관이 문제의 집에 계속 살고 있는 한 판결을 집행할 수 없다. 단 외교관이 공관의 목적을 위하여 파견국을 대신하여 소유하는 경우는 외교관 자신은 면제를 향유하며(제31조 1항 a호 단서), 제22조 3항이 적용된다.

답 O

69. 외교사절의 특권 · 면제는 외교사절의 권리이므로 자유롭게 포기할 수 있다. [08 9급]

해설 외교관의 면제는 실질적으로 파견국에 속하는 것이므로 외교관 개인에 의해서 포기될 수 없고 오직 파견국이 포기할 수 있다(제32조 1항).

답 X

70. 관습법상 국가면제의 묵시적 포기가 허용되는 것과 마찬가지로 외교면제의 묵시적 포기도 가능하다. [07 · 11 7급, 09 · 14 9급]

해설 국가면제는 묵시적 포기가 가능하지만, 외교관의 면제는 실질적으로 파견국에 속하는 것이므로 외교관 개인에 의해서 포기될 수 없고 오직 파견국이 포기할 수 있다(제32조 1항). 나아가 포기는 언제나 명시적이어야 하며 묵시적이어서는 안된다(제32조 2항).

답 X

71. 민사소송에 관한 재판관할권으로부터의 면제의 포기는 동 판결의 집행에 관한 면제의 포기로 간주되지 않는다. [17 9급, 18 9급]

해설 재판관할권으로부터 면제를 포기했다 하여 외교관, 개인적 주거 또는 개인적 재산에 대해 동 판결을 집행할 수는 없다. 즉, 판결의 집행을 위하여서는 별도의 포기를 필요로 한다. 그러나 상기 제31조 1항에서 민사·행정재판관할에서의 면제가 인정되지 않는 경우, 강제집행 역시 면제받지 못한다(제31조 3항). 다만, 집행시에도 외교관의 신체와 주거의 불가침성이 존중되어야하므로 그의 영업재산은 압류할 수 있지만 그의 집에는 동의 없이 들어갈 수 없다.

답 O

72. 외교관은 민사재판의 경우 증인으로서 증언할 의무를 부담한다. [16 7급]

해설 어떠한 소송에서도 증인으로서 증언할 의무를 지지 아니한다(제31조 2항). 그러나 사건당사자로서 증언할 의무로부터는 면제되지 않는다. 답 ×

73. 외교사절의 특권과 면제의 시기는 외교사절의 직무개시 시기와 동일하다. [09 7급]

해설 특권과 면제는 부임차 들어가는 순간부터이나, 공관장은 일률적으로 적용되는 접수국의 일반적 관행에 따라 자기의 신임장을 제정하였을 때 또는 그의 도착을 통고하고 신임장을 제정하였을 때 또는 그의 도착을 통고하고 신임장의 진정등본을 접수국의 외무부 또는 합의된 기타 부처에 제출하였을 때에 접수국에서 그의 직무를 개시한 것으로 간주된다(제13조 1항). 답 ×

74. 외교관은 그가 부임한 접수국 영역에 들어간 순간부터, 또는 이미 접수국 영역 내에 있을 경우에는 그의 임명을 외무부 또는 기타 합의되는 부처에 통고한 순간부터 면제를 향유한다.
[08 · 11 7급, 13 · 14 경찰, 19 9급]

해설 외교관은 부임차 들어가는 순간부터 또는 이미 접수국 영토에 있을 때에는 임명이 통고된 때부터 특권과 면제를 향유한다(제39조 1항). 답 ○

75. 외교사절의 특권과 면제에 관해 외교관의 특권은 그 직무가 종료하여 접수국으로부터 퇴거하는 때에 소멸하며, 외교관의 재임 기간 중 직무상의 공적 행위에 대한 면제도 접수국으로부터 퇴거하는 때에 소멸한다.
[07 · 09 · 11 7급, 08 9급, 13 · 14 경찰]

해설 공관원으로서의 직무수행중에 그가 행한 행위에 관하여는 재판관할권으로부터의 면제가 계속 존속한다 그러나 개인적 행위에 관한 면제, 즉 인적면제는 신분이 있는 동안에만 면제되지만 직무종료와 동시에 종료되는 것이 아니고 접수국을 떠나는 순간 또는 접수국을 떠나는데 필요한 합리적 기간이 만료한 때 종료한다(제39조 2항). 무력충돌시에도 동일하다. 합리적 기간에 대해서는 비엔나협약이 어떠한 기준도 제시하고 있지 않다. 공관원이 사망하는 경우에 그의 가족도 접수국을 퇴거하는 데 요하는 상당한 기간이 만료할 때까지는 면제와 특권을 계속 향유한다(제39조 3항). 답 ×

76. 외교관의 가족은 그 외교관이 사망하는 경우 접수국으로부터 퇴거하는 데에 필요한 상당한 기간이 만료할 때까지 기존의 특권 · 면제를 계속 향유한다. [09 9급, 22 7급]

해설 공관원이 사망하는 경우에 그의 가족도 접수국을 퇴거하는 데 요하는 상당한 기간이 만료할 때까지는 면제와 특권을 계속 향유한다(제39조 3항). 답 ○

77. 외교관은 접수국의 내정에 개입하지 아니할 의무를 진다. [21 9급]

해설 외교관은 접수국의 내정에 개입하여서는 아니될 의무를 진다(제41조 1항 2문). 답 ○

78. 외교관은 접수국에서 개인적 영리를 위한 어떠한 직업활동도 할 수 없다. [21 9급]

해설 외교관은 접수국에서 개인적 영리를 위한 어떠한 직업적 또는 상업적 활동도 하여서는 아니된다(제42조). 답 ○

제5절 외교관의 특권

79. 외교관은 접수국의 모든 인적 및 공적 역무로부터 면제된다. [17 9급]

해설 외교관은 일체의 인적 역무와 공적 역무 그리고 징발·군사상의 기부·숙박할당과 같은 군사적 의무로부터 면제된다(제35조).

답 O

제6절 외교면제 · 특권을 향유하는 자의 인적 범위

80. 외교관 가족은 접수국 국민이 아닌 한 외교관과 동일한 특권과 면제를 인정받으며, 외교관 가족의 범위는 「외교관계에 관한 비엔나협약」상 가족의 정의 규정이 우선적으로 적용된다. [07 · 09 9급, 13 경찰, 14 · 22 7급]

해설 외교관의 가족은 접수국 국민이 아닌 한 외교관 본인과 동일한 면제·특권을 향유한다(제37조 1항). 따라서 가족이 단지 접수국의 영주자인 경우도 면제·특권을 누린다. 그러나 외교관의 세대에 속하는 가족에 대한 정의는 내려져 있지 않다.

답 X

인적 범위		면제·특권의 내용
외교관	접수국 국민·영주자 아닌 경우	• 외교면제·특권 누림
	접수국 국민·영주자인 경우	• 직무수행에 있어 행한 공적행위에 대해서만 면제불가침, 따라서 공관의 행정·기능직원보다 특권·면제가 인정되는 폭이 좁다.
	가 족	• 가족이 접수국 국민이라면 면제·특권 누리지 못하나, 영주권자라도 면제·특권 누림 • 외교관이 접수국 국민이거나 영주자라면 가족은 아무런 면제·특권 누리지 못함
행정·기술직원	접수국 국민·영주자 아닌 경우	• 외교면제·특권과 동일하나, ① 민사 및 행정재판관할권으로부터의 면제는 직무 중 행위에 대해서만 인정, 직무 중 행위란 직무를 수행함에 있어 행한 행위보다 넓은 개념. ② 처음 부임할 때에 수입한 물품에 관하여 제36조제1항에 명시된 특권을 향유한다.
	접수국 국민·영주자인 경우	• 접수국이 특별히 인정하지 않는 한 어떠한 면제·특권도 향유하지 못하며, 직무 중에 행한 행위에 대해서도 면제가 인정되지 않는다.
	가 족	• 접수국 국민·영주자가 아니라면 형사재판에서 면제되나, 민사재판은 직무하는 것이 아니므로 면제되지 않음 • 접수국 국민·영주자라면 아무런 특권·면제 없음
역무직원	접수국 국민·영주자 아닌 경우	• 직무 중에 행한 행위에 대해서만 면제가 인정된다. • 특권도 봉급에 대한 세금 면제와 사회보장규정으로부터의 면제뿐이다.
	접수국 국민·영주자인 경우	• 접수국이 특별히 인정하지 않는 한 어떠한 면제·특권도 향유하지 못하며, 근무 중에 행한 행위에 대해서도 면제가 인정되지 않는다.
	가 족	• 어떠한 면제도 향유하지 못함

개인적 사용인	접수국 국민·영주자 아닌 경우	• 그들이 취업으로 인하여 받는 보수에 대한 부과금이나 조세로부터 면제된다. 그 이외의 점에 대하여, 그들은 접수국이 인정하는 범위에서만 특권과 면제를 향유할 수 있다. • 관할권을 행사하는 경우라도 접수국은 공관의 직무수행을 부당하게 간섭하지 않는 방법으로 이러한 자에 대한 관할권을 행사하여야 한다.
	접수국 국민·영주자인 경우	• 접수국이 특별히 인정하지 않는 한 어떠한 면제·특권도 향유하지 못하며, 직무 중에 행한 행위에 대해서도 면제가 인정되지 않는다.
	가 족	• 어떠한 면제도 향유하지 못함

81. **일부다처제 국가 출신 외교관의 1명 초과의 부인에 대하여 가족의 지위가 부인되어도 국제법 위반이라고 할 수 없다.** [22 7급]

해설 동성의 배우자나 일부다처제 국가 출신 외교관의 1명 초과의 배우자에 대해 가족의 지위를 부인한다고 하여 국제법 위반이라고 할 수는 없다. 답 O

82. **외교관의 배우자가 접수국에서 직업 또는 상업활동을 하는 경우 접수국은 이에 대해 재판관할권을 행사할 수도 있다.** [22 7급]

해설 외교관이 영리를 목적으로 하는 직업이나 상업활동을 할 수 없다는 제42조는 배우자에게 적용되지 않고, 이러한 배우자의 사적 활동에 대해서는 민사·행정재판 관할권으로부터 면제가 인정되지 않으며, 소득에 대해 납세해야 한다. 답 O

83. **행정 · 기술직원의 관세 면제는 최초 부임 시 가져오는 물품에 대해서만 적용된다.** [14 7급]

해설 제37조 2항. 답 O

84. **접수국의 국민이나 영주자가 아닌 역무직원은 봉급에 대한 세금 면제와 사회보장규정의 적용에 대한 면제를 향유한다.** [14 7급]

해설 제37조 3항. 답 O

85. **접수국의 국민이 아닌 개인적 사용인은 봉급에 대한 세금에서 면제되지 않는다.** [14 7급]

해설 전통 외교관행은 대사의 개인적 사용인은 사절단 구성원으로 보고 약간의 면제와 특권을 부여했지만, 비엔나협약은 대사의 개인적 사용인과 대사 이외의 사절단 구성원의 개인적 사용인을 더 이상 차별대우하고 있지 않다. 그 대신 파견국에 의하여 고용된 경우 역무직원으로, 사절단의 구성원에 의하여 고용된 경우는 개인적 사용인으로 구분하고 있다. 접수국의 국민이나 영주자가 아닌 개인적 사용인은 봉급에 대한 세금으로부터만 면제된다(제37조 4항). 그 밖의 다른 면에서는 접수국이 허용하는 범위 내에서만 특권·면제를 향유할 수 있다. 답 X

86. **외교관은 그가 접수국 국민인 경우에도 그의 직무 수행 중에 한 공적행위에 대해서는 재판관할권으로부터 면제를 향유한다.** [13 경찰]

해설 접수국의 국민 또는 영주자인 외교관은 직무를 수행함에 있어 행한 공적 행위에 대해서만 면제 및 불가침성을 향유한다. 즉 이들은 공관의 행정 및 기능직원보다 특권·면제가 인정되는 폭이 좁다. 나아가 그러한 외교관의 가족은 어떤 면제·특권도 향유하지 못한다(제38조 1항). 답 O

제7절 통과외교관

87. **외교관의 부임과 귀국을 위해 필요한 여권사증을 부여한 제3국은 그 외교관에게 통과의 보장에 필요한 면제와 불가침권을 부여하여야 한다.** [19 9급]

해설 통과외교관에 대해서 제3국은 통과 중인 외교관에게 단지 불가침성과 그의 통과나 귀국을 보장하는 데 필요한 기타 면제를 부여할 의무가 있을 따름이다. 외교관과 동행하고 있거나 또는 외교관과 합류하거나 귀국하기 위해 별도로 여행하고 있는 외교관의 가족에게도 외교관의 경우와 동일한 불가침성 및 면제가 인정된다(제40조 1항). 결국 통과 중인 외교관과 그의 가족은 그 불가침성에 내포되어 있는 체포·구금으로부터의 자유를 포함해서 특별한 보호를 받을 권리가 있다. 그러나 체포 등 신체의 자유가 제한되지 않는 한 그에게 대해 민사소송이 제기될 수는 있다. 답 O

88. **제3국은 노무직원의 통과에 대하여 이들의 통행을 방해하지 않을 의무가 있다.** [19 7급]

해설 제40조 2항 답 O

> 제40조
> 1. 외교관이 부임, 귀임 또는 본국으로 귀국하는 도중, 여권사증이 필요한 경우 그에게 여권사증을 부여한 제3국을 통과하거나 또는 제3국의 영역내에 있을 경우에, 제3국은 그에게 불가침권과 그의 통과나 귀국을 보장함에 필요한 기타 면제를 부여하여야 한다. 동 규정은 특권이나 면제를 향유하는 외교관의 가족이 동 외교관을 동반하거나 그와 합류하거나 자국에 귀국하기 위하여 별도로 여행하는 경우에도 적용된다.
> 2. 본조 제1항에 명시된 것과 유사한 사정하에서 제3국은, 공관의 행정 및 기능직원 또는 노무직원과 그들 가족이 그 영토를 통과함을 방해하여서는 아니된다.
> 3. 제3국은 암호 또는 부호로 된 통신문을 포함하여 통과중인 공문서와 기타 공용통신에 대하여 접수국이 허여하는 동일한 자유와 보호를 부여하여야 한다. 제3국은 사증이 필요한 경우 여권사증이 부여된 외교신서사와 통과중인 외교행낭에 대하여 접수국이 부여하여야 하는 동일한 불가침권과 보호를 부여하여야 한다.
> 4. 본조제1항, 제2항, 및 제3항에 따른 제3국의 의무는 전기 각항에서 언급한 자와 공용통신 및 외교행낭이 불가항력으로 제3국의 영역내에 들어간 경우에도 적용된다.

89. **제3국은 통과 중인 통신문 및 외교행낭에 대한 불가침성을 접수국에서와 동일하게 부여해야 한다.** [19 7급]

해설 제40조 3항 답 O

90. **제3국은 불가항력으로 자국 영역에 들어온 외교관 가족의 귀국 보장에 필요한 면제를 부여해야 한다.** [19 7급]

해설 제40조 4항 답 O

제13장 기타 면제

제1절 영 사

Ⅰ 서 설

1. **외교사절은 국제법상 국가의 기관이나 영사는 그러하지 아니하다.** [08 9급]

해설 파견국의 통상 및 경제상 이익과 파견국의 국민을 보호하기 위하여 외국에 주재하는 국제법상 국가의 기관으로서 외교관계가 대표성을 띠고 있는데 비하여 영사관계는 행정·호적·사증발급 등 순전히 기능적·행정적 성격만을 띠고 있다. 답 ×

2. **영사제도는 연혁적으로 중세유럽의 길드에서 유래한 것으로서 상업상의 이익을 보호하고 상사분쟁을 중재하는 것이 주된 임무였다.** [08 9급]

해설 영사제도는 상주외교사절제도보다도 더 오랜 역사를 가지고 있다. 중세 전기 지중해 연안의 여러 도시국가간의 교역에서 발달하기 시작한 영사제도는 18·19세기 들어와 상주외교사절제도가 확립되자 사양길로 접어들었다가 산업혁명 후 해외시장 쟁탈전에 나선 서구열강들이 동양제국들을 강제로 개국시키는 과정에서 이들 지역에서의 치외법권제도를 확립하자 영사의 업무는 다시 중요성을 갖게 되었다. 답 ○

3. **외교사절의 파견에는 원칙적으로 아그레망을 요하나 영사의 파견에는 이를 요하지 않는다.** [08 9급]

해설 외교사절단장에게만 아그레망이 요청된다. 답 ○

4. **외교사절은 신임장을 제정하여야 그 업무를 개시하는데 비해 영사는 접수국의 영사인가를 받아야 그 직무를 개시할 수 있다.** [08 9급]

해설 공관장은 일률적으로 적용되는 접수국의 일반적 관행에 따라 자기의 신임장을 제정하였을 때 또는 그의 도착을 통고하고 신임장을 제정하였을 때 또는 그의 도착을 통고하고 신임장의 진정등본을 접수국의 외무부 또는 합의된 기타 부처에 제출하였을 때에 접수국에서 그의 직무를 개시한 것으로 간주된다(제13조 1항). 접수국은 국가원수 또는 외교통상부장관의 이름으로 인가장을 교부하는 것이 보통인데, 이때부터 영사는 직무를 수행할 수 있다(제12조 1항). 답 ○

Ⅱ 영사의 종류·계급 및 석차

5. **외교관이나 영사와 달리 명예영사는 가족에 대한 특권과 면제가 인정되지 않는다.** [21 7급]

해설 명예영사도 영사로서 전임영사와 동일한 직무를 수행할 수 있고, 또 전임영사에 적용되는 많은 규정은 명예영사에게도 적용된다. 가장 큰 차이점은 명예영사의 공관과 그의 신체는 불가침성이 없다는 점이다. 명예영사의 경우 공적 활동과 관련된 부분에 대하여는 특권과 면제가 인정되며, 직무수행에 관하여 증언의 의무가 없다(제58조). 접수국은 명예영사의 공관을 침입이나 손괴로부터 보호해야 한다(제59조). 명예영사관의 공문서는 언제 어디서나 불가침이다(제61조). 다만 명예영사의 사적 활동에 대하여는 특권과 면제가 인정되지 아니하며, 그의 가족에 대하여도 별다른 특권과 면제가 인정되지 않는다. 답 O

6. **명예영사관을 장으로 하는 상이한 국가내의 2개의 영사기관간의 영사행낭의 교환은 당해 2개 접수국의 동의 없이 허용되지 아니한다.** [20 7급]

해설 명예영사관을 장으로 하는 상이한 국가내의 2개의 영사기관간의 영사행낭의 교환은 당해 2개 접수국의 동의 없이 허용되지 아니한다(제58조 4항). 답 O

7. **통상대표(trade delegate)는 외교사절이 아니라 영사의 일종이다.** [08 9급]

해설 통상대표는 외교사절도 영사도 아니다. 답 X

8. **영사기관은 접수국과 파견국의 상호 합의에 의하여만 접수국의 영역 내에 설치될 수 있다.** [20 7급]

해설 국가간의 영사관계의 수립은 상호동의에 의하여 이루어지지만(제2조 1항), 영사기관은 접수국의 동의를 받는 경우에만 접수국의 영역 내에 설치될 수 있다(제4조 1항). 답 X

9. **영사관계에 관한 비엔나협약은 영사기관장의 계급을 총영사, 영사, 부영사, 영사대리의 4계급으로 나누고 있다.** [07·20 7급, 16 경찰]

해설 영사관계에 관한 비엔나협약 제9조 1항. 그러나 오늘날 영사대리제도는 거의 이용되지 않고 있다. 답 O

10. **1963년 영사관계협약에 대하여 영사기관장은 영사인가장 부여 일자에 따라 각 계급 내에서 그 석차가 정하여 진다.** [14 7급]

해설 접수국 내에서 외국의 영사관장 상호간의 석차는 우선 계급에 의하여 결정되고, 동일계급 상호간에는 인가장의 발급일자에 따른다. 다만 인가장을 받기 전에 그 임무 수행을 잠정적으로 승인받은 경우에는 잠정적 승인일자에 의한다. 명예영사관장은 전임영사관장 다음의 석차를 갖는다. 그리고 영사관장대리는 명예영사관장이든 전임영사관장이든 모든 영사관장의 다음 석차를 갖는다(제16조). 답 O

Ⅲ 파견과 접수 및 영사의 직무와 종료

11. **양국간 외교관계의 수립에 부여된 동의는 달리 의사를 표시하지 아니하는 한 영사관계의 수립에 대한 동의를 포함한다.** [14·18 7급, 22 9급]

해설 국가간의 영사관계수립은 상호간의 합의에 의한다(제2조 1항). 외교관계의 수립에 합의하면 다른 의사표시가 없는 한 영사관계의 수립에도 합의한 것으로 간주된다(동조 2항). 답 O

12. **위임장은 파견국이 외교사절단의 장을 파견할 때 외교사절단의 장을 통해 접수국 원수 또는 외무장관에게 보내는 것이다.** [07 9급]

해설 파견국은 영사기관의 장에게 영사위임장 혹은 이와 유사한 문서를 발부하고, 이를 접수국에 전달하여야 한다(영사관계에 관한 비엔나협약 제11조). 답 X

13. 인가장은 파견국이 외교사절단의 장을 파견할 때 외교사절단의 장을 통해 접수국 원수 또는 외무장관에게 보내는 것이다. [07 9급]

해설 접수국은 국가원수 또는 외교통상부장관의 이름으로 인가장을 교부하는 것이 보통인데, 이때부터 영사는 직무를 수행할 수 있다(영사관계에 관한 비엔나협약 제12조 1항).

답 X

14. 영사인가장 부여를 거절한 접수국은 그 이유를 서면으로 설명해야 한다. [19 7급]

해설 영사인가장의 부여를 거부하는 국가는 그 거부 이유를 파견국에 제시할 의무를 지지 않는다(제12조 2항).

답 X

15. 영사기능은 외교공관에 의해서도 수행될 수 있다. [18 7급]

해설 영사기능은 영사기관에 의하여 수행된다. 영사기능은 또한 이 협약의 규정에 따라 외교공관에 의하여 수행된다(제3조).

답 O

16. 본국을 대표하여 접수국 외무당국과 외교교섭을 함은 영사의 직무이다. [09 7급, 16 경찰]

해설 영사는 외교관과는 달리 파견국의 대표자적 성격을 갖지 않으며, 비정치적·상업적인 기능에 국한된다. 그러므로 영사는 공식적인 외교교섭의 채널로 볼 수는 없고, 접수국 내에서의 그의 활동은 자국 외교사절의 지휘·감독을 받으며 접수국과의 외교적인 교섭도 자국의 외교공관을 경유하지 않으면 안 된다.

답 X

17. 파견국과 접수국 간의 조약 체결은 영사의 직무이다. [13 7급]

해설 외교교섭에 해당하므로 영사의 직무가 아니다.

답 X

18. 파견국의 영사관원은 자국의 외교공관이 없고 제3국의 외교공관에 의하여 대표되지 않는 국가 내에서 그 국가에 통고한 후, 외교관으로서 외교활동을 수행할 수 있다. [16 · 19 7급]

해설 접수국에 자국의 외교공관이 없거나 또는 제3국에 의한 이익대표가 없는 경우에는 접수국의 '동의'를 얻어 그의 영사로서의 지위를 해함이 없이 외교활동의 수행을 허가받을 수 있다.

답 X

19. 파견국의 영사관원이 접수국 내에서 외교활동을 수행하는 경우, 영사관원은 접수국 내에서 외교특권과 면제를 향유한다. [14 · 16 7급, 22 9급]

해설 접수국에서 파견국 영사관원의 외교활동 수행이 허용된 경우에도 외교사절이 누리는 특권과 면제는 누릴 수 없다(제17조 1항).

답 X

20. 접수국에서 파견국 영사관원의 외교활동 수행이 허용된 경우, 영사관원이 중대한 범죄를 범하게 되면 접수국 사법부의 결정에 따라 체포될 수 있다. [16 7급]

해설 접수국에서 파견국 영사관원의 외교활동 수행이 허용된 경우에도 외교사절이 누리는 특권과 면제는 누릴 수 없다(제17조 1항). 따라서 영사관은 중죄를 범하고 관할법원의 결정이 있으면 억류 또는 구금될 수 있다.

답 O

21. 접수국 내에서 파견국 영사관원이 정부간 국제기구의 대한 파견국의 대표로서 활동하기 위해서는 접수국의 동의를 받아야 한다. [16 7급]

해설 영사는 접수국에 '통고'한 후 정부간기구에 대한 파견국의 대표로서 활동할 수 있다. 그리고 영사가 이와 같은 활동을 할 때에는 그 범위 내에서 국제관습법과 국제협정에 의하여 그러한 대표에게 부여되는 특권과 면제를 향유할 수 있다(제17조 2항).

답 ×

22. 영사는 접수국 내에서 파견국 국민의 권리를 보호하는 것이 주요 임무이다. [16 경찰]

해설 제5조 a호

답 ○

23. 영사의 직무는 자국의 이익보호, 정보수집, 여권과 사증발급, 공증호적사무, 합법적 수단에 의하여 접수국의 통상, 경제, 문화 및 과학적 생활의 상황과 발전 상태를 조사 등이다. [08 · 09 · 13 7급]

해설 기타 통상 및 우호관계의 촉진, 파견국의 국민원조, 상속권보호, 파견국국민의 대리, 사법공조, 선박·항공기의 감독이 있다(협약 제5조).

답 ○

24. 영사는 파견국에 등록된 항공기에 대하여 파견국의 법령에 따른 감독권을 행사할 수 있다. [19 7급]

해설 영사관계에 관한 비엔나협약 제5조는 파견국의 선박·항공기 및 승무원에 대하여 파견국의 법령에 의한 감독 및 검사를 행하고, 선박서류를 검사 또는 인증하며, 접수국당국의 권한을 침해하지 않는 범위 내에서 항행 중 발생한 사건을 조사하며, 파견국의 법령에 의하여 그 해결의 권한이 부여된 범위 내에서 선장과 선원간의 모든 종류의 분쟁을 해결하는 것을 영사의 기능으로 규정하고 있다.

답 ○

25. 영사관원은 특별한 사정 하에서 접수국의 허가를 받아 그의 영사관할구역외에서 그의 직무를 수행할 수 있다. [16 경찰, 20 7급]

해설 영사관할구역이라 함은 영사기능의 수행을 위하여 영사기관에 지정된 지역을 의미한다(제1조 b호). 영사관원은 특별한 사정하에서 접수국의 동의를 받아 그의 영사관할구역외에서 그의 직무를 수행할 수 있다(제6조). 즉, 허가가 아니라 동의이다.

답 ×

26. 외교관계의 단절은 영사관계의 단절을 당연히 포함하는 것은 아니다. [14 · 18 7급]

해설 파견국과 접수국간의 영사관계의 단절에 따라 영사의 직무는 종료한다. 외교관계의 단절은 영사관계의 단절을 당연히 포함하는 것은 아니다(제2조 3항).

답 ○

Ⅳ 영사특권 및 면제

27. 영사관계에 관한 비엔나 협약은 영사기관의 특권면제와 영사관의 특권면제를 구분하여 규정하고 있다. [07 7급]

해설 공관의 불가침, 문서·통신의 불가침은 영사기관의 특권면제이고, 신체의 불가침과 재판관할권의 면제 등은 영사관의 특권과 면제이다.

답 ○

28. 영사기관의 소재지와 등급은 파견국이 결정하여 접수국에 통보한 후 확정된다. [18 7급]

해설 영사기관의 소재지, 그 등급 및 영사관할구역은 파견국에 의하여 결정되며 또한 접수국의 승인을 받아야 한다(제4조 2항). 답 X

29. 영사관사라 함은 소유권에 관계없이 영사기관의 목적에만 사용되는 건물만을 의미한다. [07 7급]

해설 건물뿐만 아니라 건물의 일부와 부속토지로 정의된다(제1조 1항 j). 그러나 외교공관의 경우와는 달리 영사기관장의 개인적 주거는 영사공관에 포함되지 않는다. 답 X

30. 영사관사는 어떠한 경우에도 불가침성이 인정된다. [08 7급]

해설 영사공관은 원칙적으로 불가침이다. 따라서 영사기관장의 동의 없이 공관 내에 들어갈 수 없다(제31조). 그러나 화재 또는 기타 신속한 보호조치를 필요로 하는 재해의 경우에는 영사기관장의 동의가 있는 것으로 간주된다(동조 단서). 답 X

31. 영사기관의 공관이나 용구류, 재산은 접수국이 어떠한 경우에도 수용할 수 없다. [08 7급]

해설 공관 및 공관 내 재산 및 수송수단은 국방 또는 공익의 목적을 위한 접수국의 징발에서 원칙적으로 면제되나, 영사직무수행을 방해하지 않도록 조치를 취하고 신속·적정·실효적 보상을 할 것을 조건으로 징발될 수 있다(제31조 제4항). 답 X

32. 영사문서와 서류는 언제 어디서나 불가침이다. [21 7급]

해설 영사기관의 공문서, 서류 및 공용통신문은 일시, 장소에 관계없이 언제나 불가침이다(제32조, 제35조 2항). 단, 사문서는 불가침이 아니다. 답 O

33. 영사행낭은 절대적 불가침권을 누린다. [08 · 21 7급]

해설 영사행낭은 개봉 또는 유치할 수 없으나, 접수국은 영사행낭 속에 공용통신문, 서류 또는 물품 이외의 것이 포함되어 있다고 믿을만한 중대한 이유를 접수국의 권한 있는 당국이 가지고 있는 경우에, 동 당국은 그 입회하에 파견국이 인정한 대표가 동 행낭을 개방하도록 요청할 수 있다. 동 요청을 파견국의 당국이 거부하는 경우에 동 행낭은 발송지로 반송된다(제35조 3항). 답 X

34. 영사는 신체적 불가침성이 제한되어 중죄의 경우 체포가 가능하다. [21 7급]

해설 영사관은 중죄를 범하고 관할법원의 결정에 의한 경우를 제외하고 억류 또는 구금되지 않는다(제41조). 영사관은 기소된 경우 관할당국에 출두해야 하나, 소추절차는 직무수행을 가능한 한 방해하지 않는 방법으로 취해져야 하며, 영사관을 구금할 필요가 생긴 경우 소송절차를 가능한 한 지체 없이 개시해야 한다. 답 O

35. 영사관원에 대하여 형사소송 절차가 개시된 경우 그는 관할당국에 출두해야 한다. [07 7급]

해설 영사관은 중죄를 범하고 관할법원의 결정에 의한 경우를 제외하고 억류 또는 구금되지 않는다. 영사관은 기소된 경우 관할당국에 출두해야 하나, 소추절차는 직무수행을 가능한 한 방해하지 않는 방법으로 취해져야 하며, 영사관을 구금할 필요가 생긴 경우 소송절차를 가능한 한 지체없이 개시해야 한다. 답 O

36. **영사 면제 및 특권은 파견국의 국적을 가진 영사만이 향유한다.** [19 7급]

해설 접수국의 국민 또는 영주자인 영사관원은 그 직무 수행에서 행한 공적 행동에 관하여 관할권으로부터의 면제와 신체의 불가침만을 향유한다(제71조 1항). 답 X

Ⅴ 외교면제와 영사면제의 차이점

Ⅵ 영사원조(지원, 보호)

제2절 군 대

제3절 국제기구 직원의 특권과 면제

37. **국제기구는 보통의 경우 설립조약에서 특권 및 면제에 대한 원칙을 설정하고 상세협정을 통해 이를 구체화하는 경향이 있다.** [21 9급]

해설 국제기구의 특권과 면제에 관하여는 UN이 모델을 제공하고 있는데, 헌장 제105조는 UN이 목적 달성에 필요한 특권과 면제를 각 회원국 내에서 향유하며, UN 회원국의 대표와 기구 직원은 임무를 독립적으로 수행하기 위하여 필요한 특권과 면제를 향유한다고 규정하고 있다. 이를 구체화하기 위해 1946년 「UN의 특권과 면제에 관한 협약」과, 1947년 「전문기구의 특권과 면제에 관한 협약」을 채택하였다. 답 O

38. **1946년 UN의 특권과 면제에 관한 협약에서는 UN의 직원과 UN과 밀접한 관계를 갖는 전문기구의 직원에 대해서 특권과 면제를 인정한다.** [21 9급]

해설 1946년 「UN의 특권과 면제에 관한 협약」과 별도로, 1947년 「전문기구의 특권과 면제에 관한 협약」을 채택하였다. 답 X

39. **국제기구가 개별 국가의 국내 법원의 재판관할권으로부터 면제를 향유할지라도, 그 위법행위에 대한 국제법상의 책임까지도 면제되는 것은 아니다.** [21 9급]

해설 국제법상 법인격을 갖는 국제기구는 독자적인 책임능력을 갖는다. 국제기구가 개별국가 국내법원의 재판관할권으로부터 절대적 면제를 향유할지라도, 그 위법행위에 대한 국제법상 책임까지 면제되지 않는다. ILC는 2011년 국제기구의 책임에 관한 규정 초안을 완성해 UN 총회에 보고한 바 있다. 답 O

40. **1946년 UN의 특권과 면제에 관한 협약 상 UN의 모든 직원에게는 국제법에 따라 외교관과 동일한 재판관할권의 면제가 부여된다.** [13 7급]

해설 불가침성, 재판관할권의 면제, 강제집행의 면제라는 내용에 있어서는 외교면제와 동일하나, 특히 직원의 국적국으로부터도 면제가 인정된다는 점에 중요한 차이가 있다. 답 X

41. **국제관습법에 따르면 국가면제의 요건은 국제기구면제의 요건과 일치한다.** [14 경찰]

해설 국가면제는 타국에서의 면제이고 본국 재판소에서는 면제를 누리지 못하나, 국제기구 직원의 면제는 본국에서도 면제를 누리며, 주권을 행사할 수 없는 국제기구의 특성상 국가와 같은 차원의 제한적 주권면제론의 유추 적용은 부적절하다. 국가의 경우라면 상업적 활동에 해당하는 행위도 국제기구의 특성상 임무수행에 반드시 필요하며 면제가 부여될 필요가 있다. 이에 이탈리아 같은 일부 국가가 국제기구에 대해 제한적 면제만을 인정하려 시도했으나, 국제기구의 강력한 반발이 있었다. 결국 국제기구의 본부협정에서 공적 행위와 사적 행위를 구별해 면제의 범위를 달리 규정한 예는 없으며, 명문의 허용규정이 없는 한 국제기구에 대한 제한적 면제론의 적용이 관습국제법상 허용된다고 보기는 어렵다. 이에 국제기구가 사인과 계약을 체결할 때 분쟁해결을 위한 중재조항을 포함시키는 예가 많다. 답 X

42. **1946년 UN의 특권과 면제에 관한 협약 상 UN과 UN재산은 모든 소송으로부터 면제된다.** [13 7급]

해설 UN과 그 재산 및 자산은 어디에 소재하든 그리고 누가 보유하고 있든 관계없이 모든 소송으로부터 면제된다. 즉 국가와 국가재산에 대해 인정되는 제한적 면제이론은 적용되지 아니한다. 답 O

43. **1946년 UN의 특권과 면제에 관한 협약 상 UN의 공관, 재산, 문서는 불가침이다.** [13 7급]

해설 UN의 공관은 불가침이다. 그리고 UN의 재산과 자산은 어디에 소재하든 그리고 누가 보유하고 있건 관계없이 수색·징발·몰수·수용 및 기타 모든 형태의 간섭으로부터 면제된다(제3조). UN의 문서는 어디에 소재하든 불가침이다. 그리고 UN에 속하거나 UN이 보유하고 있는 모든 서류는 대부분의 경우 어디에 소재하든 불가침이다(제4조). 답 O

44. **1946년 UN의 특권과 면제에 관한 협약 상 UN의 출판물의 경우 관세 및 수출입상의 금지와 제한으로부터 면제된다.** [13 7급]

해설 UN은 직접세와 관세로부터 면제된다(제7조). 답 O

45. **UN의 직원은 임무수행에 있어 오직 UN과 자신의 국적국에 대해서만 책임을 진다.** [21 9급]

해설 국제기구의 직원은 기구 소재지국에 부임한 외교관이 아니다. 본국의 이익을 위해 일하는 외교관과 국제사회를 위해 일하는 기구 직원 간에는 근본적인 차이가 있다. UN의 직원은 임무수행에 있어 자신의 국적국이 아닌 오직 UN에 대해서만 책임을 진다. 따라서 국제기구의 직원에 대한 특권과 면제도 기구의 이익을 위해 부여되는 것이다. 답 X

46. **국제기구 회원국의 상주대표부 설치는 국제관습법에 따라 해당 기구 및 소재지국의 동의를 받아야 한다.** [19 7급]

해설 국제기구 회원국이 기구에 상주대표부를 설치하려는 경우 외교공관의 설치와 마찬가지로 기구의 동의를 필요로 하는지는 1차적으로 기구 설립조약의 문제이나, 회원국으로서의 기능 수행을 위한 필수적 사항이므로 국제기구의 별도 동의는 필요 없다고 해석된다. 답 X

47. **국제기구 직원의 면제와 특권은 한시적으로 제한된 임무를 수행하는 전문가에게는 인정되지 않는다.** [19 7급]

해설 국제기구에는 국적국이나 국제기구를 대표하지 않으면서 개인적 자격으로 국제기구를 위한 임무에 종사하는 비상임의 전문가들이 활동하고 있다. UN 국제법위원회 위원, UN 인권위원회의 특별보고자 등이 그러한 예이다. UN의 특권과 면제에 관한 협약 제6조는 이들에 대해, "그 직무에 관련한 여행에 소요되는 시간을 포함하여, 직무수행기간 중 직무를 독립적으로 수행하기 위해 필요한 면제를 향유하며, 특히 직무수행 중에 행한 구두 또는 서면에 의한 진술 및 행동에 관한 면제는 그 자가 UN의 직무에 더 이상 종사하지 않는 경우에도 계속 유지된다."고 규정하고 있다. 이 점에서는 개인적 자격으로 활동하는 전문가들은 UN의 직원은 아니지만, 직무수행에 종사하고 있는 동안에는 직원과 동일한 특권과 면제를 향유한다고 인정된다. 따라서 임무 수행 중에는 체포·구금될 수 없으며, 모든 관련 문서와 서류는 불가침이다(제22조). 이러한 특권과 면제는 전문가의 국적국으로부터도 인정됨은 물론이다. 답 X

Part. 1

일반국제법

2023대비
공무원국제법
기출지문

제3부

국가책임과 개인의 지위

제14장 국가책임

제1절 총 설

Ⅰ 서 설

1. **국제책임은 타국가에 대한 직접침해에 의해서도 발생할 수 있고, 타국가에 대한 간접침해에 의해서도 발생할 수 있다.** [07 9급, 12 경찰]

해설 국가의 직접손해란 일국이 국제법상 향유하는 일정한 권리를 직접 침해받은 경우로서, 피해국가가 직접 국가책임을 청구한다. 나아가 간접손해란 일국의 국민이나 기업이 향유하는 일정한 권리를 침해받은 경우로서, 간접손해는 외교적 보호권을 통하여 국가책임을 추궁한다. 답 O

Ⅱ 2001년에 '국제위법행위에 관한 국가책임 규정 초안'

2. **국가의 모든 국제위법행위는 그 국가의 국제책임을 발생시킨다.** [13 경찰, 17 9급]

해설 초안 제1조. 답 O

제2절 국가책임의 성립요건

3. **어떠한 행위에 대하여 국가의 국제책임이 성립하기 위해서는, 그 행위가 해당 국가에 귀속되며 국제의무의 위반을 구성하여야 한다.** [10 9급]

해설 초안 제2조. 답 O

4. **국가의 국제위법행위는 작위 및 부작위로부터 발생할 수 있다.** [07·11·13·18 9급]

해설 국가의 작위뿐만 아니라 부작위에 의해서도 국가책임이 성립한다(초안 제2조). 답 O

Ⅰ 주관적 요건 : 국가의 행위일 것

5. **입법·사법·행정 등 그 기능과 관계없이 국가기관의 행위는 국가의 행위로 간주된다.** [11·18 9급, 12 경찰]

해설 여하한 국가기관의 행위도 국제법상 그 국가의 행위로 간주된다. 이는 기관의 기능이 입법적인 것이든, 집행적인 것이든, 사법적인 것이든 또는 기타 여하한 것이든 불문하며, 나아가 그 기관이 그 국가의 중앙정부에 속하든 불문한다(제4조 1항). 답 O

6. 권력분립의 원칙에도 불구하고 조약이행과 관련된 입법부의 입법부작위는 국가책임을 발생시킬 수 있다. [08 · 09 9급]

해설 원칙적으로 국제의무의 이행과 관련된 국내법의 내용 자체는 문제가 되지 않지만, 국제법이 국가에 대하여 직접 특정의 법률을 유지하거나 폐지하도록 요구하는 경우가 있다. 조약이 특정의 법률을 제정하도록 요구함에도 불구하고 이를 제정하지 않거나 또는 조약이 특정의 법률을 폐기하도록 의무화하였음에도 불구하고 이를 유지하는 경우, 이는 국제위법행위를 구성할 수 있다. 답 O

7. 사법부에 의한 재판의 거절(denial of justice)이 있는 경우 국가책임이 발생할 수 있다. [08 · 13 9급]

해설 재판거부란 외국인을 부당하게 차별적으로 대우함으로써 그 권리를 침해하는 것을 말한다. 즉 외국인의 소송수리를 거부하거나, 절차보장이 미비한 경우, 명백히 부당한 판결의 경우, 집행의 거부에 해당할 때에는 국가책임이 성립한다. 그러나 단순히 증거채택을 거부한 경우나 오판의 경우, 전시 간첩에 대한 즉결처분, 재심사유의 제한은 포함되지 않는다. 답 O

8. 재판의 거부에는 불공정한 판결을 내리거나, 재판절차가 불공정하거나, 소송의 수리를 거부하거나, 오판, 판결을 집행하지 않는 것이 포함된다. [12 경찰]

해설 사법기관의 재판거부의 경우에도 국가책임이 성립한다. 재판거부란 외국인을 부당하게 차별적으로 대우함으로써 그 권리를 침해하는 것을 말한다. 즉 외국인의 소송수리를 거부하거나, 절차보장이 미비한 경우, 명백히 부당한 판결의 경우, 집행의 거부에 해당할 때에는 국가책임이 성립한다. 그러나 단순히 증거채택을 거부한 경우나 오판의 경우, 전시 간첩에 대한 즉결처분, 재심사유의 제한은 포함되지 않는다. 답 X

9. 하급공무원의 국제위법행위는 국가책임을 발생시킨다. [09 9급]

해설 하위직 공무원의 행위에 대해서도 국가책임이 성립한다. 1927년 *Massey* 사건에서 멕시코 정부는 간수가 최말단 공무원직이므로 국가책임을 야기하지 않는다고 주장하였으나 받아들여지지 않았고, 1986년 *Rainbow Warrior* 사건에서도 국가테러행위가 정부 내 고위급에서 지시된 것인지의 여부에 관계없이 프랑스는 국가책임을 부담해야 했다. 다만 1986년 *Nicaragua* 사건에서 국제사법재판소(ICJ)는 고위직의 발언 내지는 진술은 그가 대표하는 국가에게 불리한 사실이나 행위가 존재함을 인정하는 특별한 증거력을 갖는다고 언급한 바 있다. 답 O

10. 중앙정부의 기관뿐만 아니라 지방자치단체 또는 연방국가의 구성국의 행위에 의해서도 국가책임이 성립한다. [07 · 08 · 09 · 18 9급, 08 · 09 · 14 7급]

해설 중앙정부의 기관뿐만 아니라 한 국가의 영토적 단위의 기관도 역시 국가기관으로 간주된다. 지방자치단체들은 국내법상 국가와는 독립된 지위를 가지나, 이들은 법에 의하여 국가로부터 공식적으로 위임을 받아 해당 지역 내에서 권한을 행사하는 만큼, 이들의 행위는 국가의 기능행사를 구성하며 따라서 국가에 귀속되어야 한다는 것이다. 답 O

11. 국가기관의 행위가 상업적 성격을 가지는 경우에는 국가책임이 발생하지 않는다. [15 · 18 7급, 19 9급]

해설 ILC는 "국가기관의 행위가 비권력적·상업적 행위로 분류될 수 있다는 것은 국가책임법의 귀속성의 문제와는 관련이 없다."고 언급한 바 있다. 이러한 논리에 기초한 국제판례로 미국-루마니아 간의 BIT에 기초하여 제기된 2005년 *Noble Ventures, Inc v. Romania* 사건이 있다. 미국 회사 Noble Ventures는 루마니아가 기업의 민영화 합의를 위반하였고 이것은 당해 BIT의 우산조항 위반이라는 이유로 사건을 ICSID 중재재판에 회부하였다. 이 사건에서 문제의 민영화계약은 Noble Ventures와 루마니아 국유기금 사이에 체결된 것이었다. 루마니아 정부는 권력적 행위와 상업적 행위를 구분하여 상업적 행위는 자신에게 귀속될 수 없다는 주장을 하였으나, 재판소는 이 같은 구분은 국가면제법 분야에서는 중요하나 국가책임법 분야에서는 타당하지 않다고 하여 국가귀속성을 인정하였다. 따라서 국가기관이 그 자격으로 취한 모든 행위는 그 성격 여하에 관계없이 국가책임법의 목적상 국가의 행위이므로 상업적 성격의 행위도 국가에 귀속된다. 이점이 국가면제법과 다른 점이다. 답 X

12. 공권력을 행사할 권한을 부여받고 그 자격으로 행동한 개인의 행위는 국제법상 국가의 행위로 귀속될 수 있다. [19 · 22 9급]

해설 제4조에 의하여 국가기관에 해당하지 않으나 그 국가의 법에 의하여 정부권한(공권력)을 행사하도록 권한을 위임받은 개인 또는 단체의 행위는 국제법상 그 국가의 행위로 간주된다. 단, 이는 그 개인 또는 단체가 그 구체적 경우에 있어서 그러한 자격으로 행동하는 경우에 한한다(제5조). 답 O

13. 국가가 종교단체에 교도소의 운영을 위탁한 경우, 그 종교단체의 행위로 국가책임이 성립할 수 있다. [14 · 21 7급]

해설 초안 제5조. 공권력을 위임받은 개인 또는 단체가 구체적 경우에 있어서 그러한 자격으로 행동한다면 행위의 국가귀속성이 인정된다. 예를 들어 교도소를 운영하는 민간기업이나, 경찰권을 행사하는 경우의 철도회사가 그 같은 실체가 될 수 있다. 답 O

14. 국가의 위임을 받아 공항에서 출입국 업무를 수행하는 민간항공사의 행위는 국가의 행위로 귀속된다. [21 9급]

해설 제5조 답 O

15. 국가기관 또는 정부권한(공권력)을 행사하도록 권한을 위임받은 개인 또는 단체의 행위는 그 기관, 개인 또는 단체가 그 자격으로 행동한다면, 그 행위자가 자신의 권한을 넘어서거나 또는 지시를 위반한다 하더라도 국제법상 그 국가의 행위로 간주된다. [09 · 14 · 15 · 17 7급, 09 · 15 · 19 9급, 15 경찰]

해설 초안 제7조. 답 O

16. 범죄를 수사하는 공무원이 고문을 금지하는 법령을 위반하여 외국인을 고문한 경우에 이는 국가의 행위로 귀속되지 않는다. [21 7급]

해설 범죄를 수사하는 공무원은 국가기관이고 수사과정에서 고문과 같은 월권행위도 국가로 귀속된다(초안 제7조). 답 X

17. 외국에서 특수업무를 수행하도록 정부로부터 지시받은 민간인의 행위는 국가의 행위로 귀속된다. [15 · 21 9급, 15 경찰]

해설 개인 또는 개인집단의 행위는 그들이 그 행위를 수행함에 있어서 사실상 국가의 지시를 받거나 그 지휘 또는 통제 하에서 행동하는 경우 국제법상 그 국가의 행위로 간주된다(초안 제8조). 답 O

18. 1986년 Nicaragua 사건에서 미국의 일반적 통제에 따른 콘트라반군의 행위는 미국에 귀속될 수 있다고 하였다. [20 9급]

해설 1986년 *Military and Paramilitary Activities in and against Nicaragua* 사건에서 ICJ는 콘트라반군의 행위가 미국에 귀속될 것인지와 관련하여 "위반혐의의 행위가 행해지는 동안 그 국가가 군사적 혹은 준군사적 작전에 대하여 실효적 통제를 가지고 있었음을 입증하는 것이 원칙일 것이다"라고 선언하였는데 이것은 반군에 대한 전반적인 통제만으로는 국가귀속을 초래하기에 불충분할 것임을 뜻한다. 답 X

19. 국가가 외국의 반란단체에 무기를 판매한 경우에 원칙적으로 반란단체의 행위는 그 국가에 귀속되지 않는다. [21 7급]

해설 무기를 판매한 정도로는 외국이 반란단체를 지도 내지 통제했다고 보기에는 부족하다. 1986년 니카라과 사건에서의 판례에 의존하여 초안 제8조에 규정된 "그 행위를 수행함에 있어서"라는 말은 이것을 강조하고 있으며, 국제법위원회는 제8조에 대한 주석에서 "그러한 행위는 국가가 그 특정 작전을 지도 혹은 통제하였고, 문제된 행위가 그 작전의 불가분의 일부였던 경우에만 그 국가로 귀속될 것"이라고 하였다. 답 O

20. 개인 또는 개인집단이 공권력의 부재 또는 흠결시에 정부권한(공권력)의 행사가 요구되는 상황에서 사실상 그러한 권한을 행사하는 경우, 그러한 개인 또는 개인집단의 행위는 국제법상 국가의 행위로 간주된다. [08 7급, 15 경찰, 19 · 21 · 22 9급]

해설 초안 제9조. 답 O

21. 1987년 Yeager 사건에서 혁명수비대원들이 공권력 부재시 정부권한을 행사한 것을 인정하였다. [20 9급]

해설 1987년 이란과 미국 사이의 Yeager 사건(중재)에서 이란 혁명 당시 정상적인 정부가 존재하지 않았던 상태에서 이란혁명수비대의 감금 행위는 이란에 귀속된다고 판시한 바 있다. 답 O

22. 국가의 통제가 불가능한 지역에서의 조직화된 반란단체의 행위도 국가의 행위로 귀속된다. [21 9급]

해설 시작단계에서의 반란단체 구성원의 행위는 순수한 사인의 행위이다. 따라서 원칙적으로 국가에 귀속되지 않는다. 나아가 반란단체의 성립이 완전해지면 국가는 이를 실효적으로 통제할 수 있는 상태가 아니므로 마찬가지로 국가에 귀속되지 않는다. 결국 반란을 진압한 경우에는 국가행위로 귀속될 수 없다. 다만 제10조 3항에 의하여 국가는 반란단체의 행위와 관련된 자신의 의무 불이행 또는 의무위반에 대해 책임을 진다. 이것은 사인의 행위로 인한 국가책임과 동일한 논리적 귀결이다. 답 X

23. 정권장악에 성공한 반란단체의 행위는 당해 국가의 행위로 간주된다. [08 · 17 7급, 08 · 15 9급, 13 경찰]

해설 한국가의 신정부를 구성하게 되는 반도단체의 행위는 국제법상 그 국가의 행위로 간주된다(제10조 1항). 답 O

24. 국가책임의 성립요건에 관하여 국가행위로 귀속될 수 없는 행위에 대하여 국가가 자신의 행위로 승인하고 채택하는 경우 당해 행위는 그 범위 내에서 그 국가의 행위로 간주된다. [15 9급]

해설 초안 제11조. 답 O

25. **국가가 사인의 행위를 단순히 지지한 경우에도 그 행위는 국가의 행위로 귀속되어 국가책임이 발생한다.** [22 9급]

해설 초안 제11조의 '*acknowledges and adopts*'라는 표현은 양자가 중첩적 요건임을 나타내므로, 단순히 그 행위에 대한 지지, 찬성, 사실관계의 시인 등과는 구별된다. 답 ×

26. **타국에 파견된 공무원이 사인의 자격에서 하는 행위는 2001년 UN 국제법위원회(ILC)의 국제위법행위에 대한 국가책임초안에 따르면 국가의 행위로 귀속될 수 있다.** [14 7급]

해설 신분이 공무원이라도 사인의 자격에서 행한 행위는 국가에 귀속되지 않는다. 답 ×

27. **사인(私人)은 국가기관이 아니므로 어떤 경우에도 사인의 행위로 인한 국가책임은 성립하지 않는다.** [09 7급, 22 9급]

해설 순수한 私人의 행위 등 국가에 귀속되지 않는 행위와 관련하여서는 영토국이 책임을 지지 않는다. 다만 영토국이 '상당한 주의'를 다하여 이를 사전에 방지할 수 있었음에도 불구하고 이를 예방하지 않았거나 사후에 이를 적절하게 처벌하지 않는 경우, 이러한 '부작위'는 국가에 귀속된다. 답 ×

28. **시민들이 외국인을 공격하는 것을 국가가 방치하고 부추기는 경우, 그 시민들의 행위는 국가에 귀속될 수 있다.** [21 7급]

해설 영토국이 '상당한 주의'를 다하여 이를 사전에 방지할 수 있었음에도 불구하고 이를 예방하지 않은 경우, 이러한 '부작위'는 국가에 귀속된다. 답 ○

Ⅱ 객관적 요건 : 국제법 위반의 행위일 것

29. **국가의 행위의 국제위법성은 국제법에 의하여 결정된다. 그러한 결정은 그 행위의 국내법상 적법성에 의하여 영향 받지 않는다.** [12 · 13 · 15 경찰, 20 9급]

해설 국가의 행위를 국제위법으로 규정하는 것은 국제법에 의하여 규율된다. 그러한 규정은 국내법이 문제의 행위를 합법으로 규정하더라도 그에 영향받지 아니한다(제3조). 답 ○

30. **국가의 행위가 국제의무에 의하여 그에게 요구되는 것과 일치하지 않는 경우, 그 의무의 연원 또는 성질과 관계없이 그 국가의 국제의무 위반이 존재한다.** [15 경찰, 17 7급]

해설 국가의 행위가 국제의무에 의하여 그에게 요구되는 것과 일치하지 않는 경우, 그 의무의 연원 또는 성질과 관계없이, 그 국가의 국제의무 위반이 존재한다(제12조). 여기서 말하는 국제의무는 조약, 국제관습법과 같은 국제법으로부터 부여되는 것은 물론, 권한 있는 국제기구의 기관의 결정이나, ICJ나 다른 국제재판소가 두 국가 간에 내린 판결, 나아가 국가의 일방적 약속으로 기인한 의무를 말한다. 답 ○

31. **지속적인 성격의 위법행위인 경우, 국제의무의 위반은 행위가 개시된 시점에 발생한다.** [13 경찰]

해설 계속적 성격을 갖는 국가행위로 인한 국제의무의 위반은, 그 행위가 계속되고 국제의무와 합치하지 않는 상태로 남아있는 전 기간 동안에 걸쳐 연장된다(제14조 2항). 답 ×

32. **2001년 국가책임초안에 의하면 국가의 국제범죄에 대해서는 국제공동체 전체로부터의 제재가 가하여진다.** [10 9급, 18 7급]

해설 1980년 잠정초안에서 ILC는 국가의 국제의무 위반을 범죄와 불법행위로 구분하려는 시도를 하였다. 즉, 우선 국가의 국제범죄를 '국제공동체의 근본적 이익의 보호를 위해 너무나도 중요하여 그 위반이 국제공동체 전체에 의하여 범죄라고 인정되는 국제의무의 위반에 기인하는 국제위법행위'라고 규정한 후, 범죄 이외의 위법행위는 불법행위에 해당한다는 것이다. 그러나 '범죄'라는 용어의 사용에 대한 국가들의 반발이 있어 2000년 ILC의 초안작성위원회는 잠정초안에 규정되어 있던 범죄와 불법행위의 구분을 삭제하고, 그 대신 위법행위의 결과를 다루는 장에서 '국제공동체에 대하여 본질적으로 중요한 의무의 중대한 위반'이라는 새로운 장르의 위법행위를 규정하였고, 2001년 ILC 이를 '일반국제법상의 강행규범에 속하는 의무의 중대한 위반'이라고 용어를 변경하였다. 답 ×

Ⅲ 국가책임 성립요건으로서의 기타 고려 요소

33. **2001년 국제법위원회(ILC)에서 채택한 '국제위법행위에 대한 국가책임에 관한 규정 초안'은 국가책임의 성립요건으로 고의 또는 과실을 규정하고 있지 않다.** [10·11 9급, 08·15·17 7급]

해설 초안 제2조는 국제법상 국가에 귀속되며, 국가의 국제의무의 위반을 구성하는 경우 국가의 국제위법행위가 존재한다고 규정하고 있다. 1차 규범은 고의성을 요구하기도 하나(예 : 제노사이드), 때로 무과실 책임을 규정하기도 한다(예 : 지구표면에서 우주손해 발생). 따라서 국가책임의 성립에 있어서 고의·과실의 필요여부는 국가책임법의 소관이 아니고 1차 규범에 달리 문제라고 보아, 제2조에 고의 또는 과실을 규정하고 있지 않다. 답 ○

34. **국가의 고의 · 과실이 없는 경우에도 일정한 경우 국가책임을 물을 수 있다.** [07 9급]

해설 우주책임 협약의 지구표면에서 발생한 우주물체에 따른 손해가 그 예이다. 답 ○

Ⅳ 타국의 국제위법행위에 대한 일국의 관여

제3절 위법성 조각사유

Ⅰ 의 의

35. **인도적 간섭은 2001년 UN국제법위원회(ILC)가 채택한 국제위법행위에 대한 국가책임 규정초안 상 위법성 조각사유에 해당한다.** [13 7급]

해설 초안에는 여섯 개의 위법성조각사유를 열거하고 있는데, 아무런 제한적 수식어도 없는 것으로 보아 이 여섯 가지에 한정하는 것으로 본다. 답 ×

Ⅱ 위법성 조각사유의 종류

36. **만족과 원상회복은 위법성 조각사유이다.** [14 경찰]

해설 원상회복과 만족은 손해배상 방법에 해당한다. 답 ×

37. **긴급피난, 불가항력, 피해국의 동의, UN헌장에 합치되는 합법적인 자위조치는 2001년 UN국제법위원회(ILC)가 채택한 국제위법행위에 대한 국가책임 규정초안 상 위법성 조각사유에 해당한다.** [10·13 7급, 17 9급]

해설 기타 대항조치와 조난이 있다. 답 ○

38. **동의국이 상대국에게 사후 동의를 부여하는 경우, 이는 동의국의 상대국에 대한 책임추궁권을 저해하지 않는다.** [20 7급]

해설 위법성이 조각되기 위해서 동의는 행위발생 '이전 또는 최소한 동시'에 명확하게 이루어져야 한다. 따라서 행위가 발생한 이후의 동의는 이의 제기권의 포기나 묵인에 해당하여 타국의 위법성을 조각시키지 못하며, 단지 피해국으로 하여금 그 행위에 대해 책임을 추궁할 권리를 상실시킬 뿐이다(제45조 b호 참조). 답 ×

39. **외국에 소재하는 자국민의 보호를 이유로 군사적으로 개입하는 것은 해당 영토국의 동의가 있더라도 국제법상 허용되지 않는다.** [14 9급]

해설 한 국가가 타국이 일정한 행위를 취함에 대하여 부여한 유효한 동의는 그 행위가 그 동의의 범위 내에서 이루어진 한, 전자의 국가와 관련하여 그 행위의 위법성을 조각한다(제20조). 답 ×

40. **2001년 국가책임초안은 자위권 행사를 위법성조각사유로 인정한다.** [10 9급]

해설 초안 제21조. 답 ○

41. **UN국제법위원회의 2001년 국제위법행위에 대한 국가책임초안 주해에 따르면 자위권 행사가 UN헌장 제2조 제4항 의무 외 다른 국제의무의 불이행을 구성하는 경우, 그러한 불이행의 위법성은 동 항의 위반과 관련되는 한 조각된다.** [20 7급]

해설 ILC초안 제21조의 주석은 자위는 헌장 제2조 제4항의 의무 이외에 다른 의무의 불이행도 정당화시킬 수 있다고 설명하고 있다. 전통 국제법은 교전국의 권리의 범위를 규정하는 한편, 전쟁 발발시에는 교전국들 사이의 대부분의 조약의 효력을 정지시키는 별개의 전쟁법 체제를 만듦으로써 이 문제를 다루었다. 그러나 국제연합 헌장시대에는 전쟁선포가 예외적이고, 일방 또는 쌍방이 자위라고 주장하는 군사행동은 공식적으로는 평화관계인 국가간에 발생한다. 결국 2003년 Oil Platform 사건에서 미국 해군이 이란에 대하여 취한 군사적 행동에도 불구하고 1955년 우호조약이 여전히 효력을 가지고 있었으므로, 양국 모두 이에 대한 위반이 자위로 정당화되는 한도에서는 적법한 행위라는 점에 대하여 동의하였다. 답 ○

42. **2001년 국가책임초안은 위법성 조각사유로 대항조치에 대하여 규정하고 있다.** [11 9급]

해설 국가의 행위로서 타국에 대한 국제의무와 일치하지 않는 행위는 그 행위와 제3부 제2장에 따라 그 타국에 대하여 취해진 대항조치를 구성하는 경우, 그 위법성이 조각된다(초안 제22조). 답 ○

43. 위법성조각사유로서 불가항력에 해당하는 상황은 자연적 또는 물리적 상황으로 발생될 수 있으나, 인간의 행위로는 발생될 수 없다. [20 7급]

해설 불가항력이란 i) 그 국가의 통제밖에 있음으로써 ii) 그 국가로 하여금 그 상황에서 문제의 의무를 이행하는 것을 물리적으로 불가능하게 만드는 iii) 저항할 수 없는 힘 또는 예측하지 못한 사고의 발생을 말한다(초안 제23조 1항). 불가항력의 상황은 악천후에 의해 비행기가 허가 없이 타국 영공에 들어간 경우와 같이 자연현상에서 비롯할 수도 있고, 중앙정부의 실효적 통제를 완전히 벗어난 반란이나 내란처럼 통제권을 상실하여 의무의 이행이 불가능한 경우, 외국 군대의 자국 영토 점령 등과 같은 인위적 간섭에 기인할 수도 있다. 답 ×

44. 위법성 조각사유로서 불가항력(Force Majeure)의 경우는 스스로 자초한 경우에도 위법성이 조각된다. [10·21 7급]

해설 불가항력상황이 원용국의 행위로 '기인'하지 않았을 것과 예상하지 못했어야 한다(제23조 2항). 이때 기인이란(due to) 불가항력상황에 단순히 기여(contributed to) 한 것만으로는 충분하지 않다. 답 ×

45. 불법행위 주체가 자신 또는 자신에 의하여 보호를 받는 다른 사람의 생명을 구하는 데 다른 합리적인 방법이 존재하지 않을 경우, 즉 조난(distress) 행위는 그 불법성(위법성)이 조각된다. [13 9급]

해설 제24조. 답 ○

46. 불가항력과 달리 조난의 경우, 행위 주체의 측면에서 의무의 준수 여부는 선택적이라 할 수 있다. [20 7급]

해설 조난의 상황 하에 행동하는 자는 비자발적으로 행동하는 것이 아니라는 점에서 불가항력과 다르다. 답 ○

47. 조난(distress)은 개인의 생명을 보호하려는 것이고, 긴급피난(necessity)은 국가의 본질적 이익을 중대하고 급박한 위험으로부터 보호하려는 것이다. [19 7급]

해설 국제법의 준수와 국제공동체의 이익 중에서 하나를 선택하는 긴급피난과 달리 조난의 관심사는 절박한 상황을 당하여 국적에 관계없이 사람들의 생명을 구하는데 있다. 답 ○

48. 조난(distress)에 책임이 있는 국가는 이를 원용할 수 없다. [21 7급]

해설 제24조 2항 a호. 답 ○

49. 조난 행위(불법행위)가 더 중대한 위험을 초래하는 경우에도 그 불법성은 조각된다. [13 9급]

해설 제24조 2항 b호는 비례성을 요구하고 있다. 답 ×

50. 1985년 레인보우(Rainbow Warrior)호(號) 사건에 따른 뉴질랜드와 프랑스 간의 분쟁은 UN사무총장에게 맡겨져 뉴질랜드에 대한 프랑스의 손해배상과 두 프랑스 요원(Mafart, Prieur)을 남태평양 Hao섬의 프랑스 해군기지에 3년 이상 수감하는 것으로 1차적으로 해결되었다. 그러나 두 요원을 프랑스 본토로 조기 귀환시킴으로써 발생한 프랑스의 책임 문제는 중재재판에 회부되었다. [13 9급]

해설 1985년 프랑스의 남태평양에서의 핵실험에 항의하기 위하여 현지를 방문 중 뉴질랜드 항구에 정박하고 있던 그린피스 소속의 Rainbow Warrior호를 프랑스 비밀요원들이 폭파하였고, 이로 인해 배는 침몰되고, 네덜란드인 1명이 사망하였다. 동 사건에 따른 뉴질랜드와 프랑스 간의 분쟁은 UN사무총장의 중개에 맡겨져 뉴질랜드에 대한 프랑스의 손해배상과 두 프랑스 요원(Mafart, Prieur)을 남태평양 Hao섬의 프랑스 해군기지에 3년 이상 수감하는 것으로 1차적으로 해결되었다. 그러나 두 요원을 프랑스 본토로 조기 귀환시킴으로써 발생한 프랑스의 책임 문제는 1990년 중재재판에 회부되었다. 여기서 본국으로 송환한 것이 질병·임신·임종을 위한 것이라 하여도 이를 불가항력 상황으로 보지 않았다. 답 O

51. 국제위법행위가 국제공동체의 본질적 이익을 중대하게 침해하더라도 그 행위국의 본질적 이익을 보호하는 유일한 수단일 경우에는 위법성이 조각된다. [19 7급]

해설 그 행위가 그 의무상대국(들) 또는 국제공동체 전체의 본질적 이익을 중대하게 훼손하지 않는 경우에만 위법성이 조각된다(제25조 1항 b호). 답 X

52. 필요성(긴급피난)은 대응조치, 자위 등의 사유와 같이 선행되는 국제의무 위반행위를 전제로 한다. [20 7급]

해설 자위와 대응조치는 선행국의 위법성을 전제하나, 필요성은 이것이 요구되지 않는다. 답 X

53. 긴급피난(necessity) 상태는 국제의무에 부합되지 않는 행위의 위법성을 배제하기 위해 국제관습법에 의하여 승인된 한 개의 사유로서, 이것은 단지 예외적인 기초 위에서만 수락될 수 있다고 판시한 사건으로 Gabcikovo-Nagymaros Project 사건(1997년 / ICJ, 헝가리 대 슬로바키아)을 들 수 있다. [13 경찰]

해설 1997년 *Gabčikovo-Nagymaros Project* 사건은 헝가리가 중대한 환경손해를 방지하기 위하여 슬로바키아와의 조약의 폐기를 주장했던 사안인데, 긴급피난은 위법성 조각사유이지 조약을 폐기시킬 수 있는 사유가 아니며, 헝가리가 긴급피난을 원용하는 것이 인정되기 위해서는 문제가 되는 위험이 1989년 시점에 단순히 염려에 머물지 않고, 현실적으로 그 존재를 충분히 확인할 수 있어야 한다. 또한 해당 위험은 중대하고 절박한 것이어야 하며 아울러 헝가리가 취한 조치가 해당 위험에 대하여 취할 수 있는 유일한 조치라는 점이 증명되어야만 한다. 이러한 점에서 헝가리가 문제로 삼는 환경손해는 비교적 오랜 시간이 지나야 나타나는 것으로서 용이하게 평가할 수 있는 것이 아니며, 그러므로 아무리 중대한 사안이었다 하더라도 해당 손해의 위험이 절박한 것이었다고 인정하기는 어렵다고 판시한 것이다. 답 O

54. A국에 인접한 공해에서 B국 국적의 30만톤급 대형유조선이 좌초되었고, 동 선박으로부터 흘러나오는 대량의 원유가 해류를 따라 A국 연안으로 급박하게 밀려들고 있다. 이에 A국은 자국 연안 및 영해의 오염 확산을 막고자 B국과의 협의 없이 동 선박을 폭파하였다. 이 사안에서 A국이 B국의 국가책임 추궁으로부터 벗어나기 위해 원용할 수 있는 2001년 국제위법행위에 대한 국가책임에 관한 규정초안상의 위법성 조각사유는 긴급피난(necessity)이다. [16 경찰]

해설 1967년 *Torrey Canyon*호 사건에서 영국 영해 외곽에서 라이베리아 선적의 유조선이 좌초되어 대량의 원유가 인근 수역과 연안으로 유출될 위험에 생겼는데, 여러 가지 구난조치가 모두 실패하자 영국 정부는 선적국의 동의 없이 배를 폭파시켜 원유를 소각시켰으며 이를 긴급피난행위로 위법성이 조각된다고 주장하였다. 답 O

55. **1997년 Gabčikovo-Nagymaros Project 사건에서 위법성조각 사유가 문제의 의무를 종료시키는 것은 아니라고 하였다.** [20 9급]

해설 국제사법재판소(ICJ)는 1997년 *Gabčikovo-Nagymaros Project*사건에서 "설사 긴급피난상태가 존재하는 것으로 인정된다고 하더라도 이것은 조약의 종료사유가 되지 못한다. 그것은 조약을 이행하지 아니한 국가의 책임을 면제하기 위해서만 원용될 수 있을 따름이다. 긴급피난상태가 정당화되는 것으로 인정된다고 하더라도 그것은 조약을 종료시키는 것이 아니다. 그 조약은 긴급피난의 조건이 계속해서 존재하는 동안 효력이 없을 수는 있다. 즉, 그 조약은 사실상 휴면상태에 있을 수는 있겠지만, 당사자들이 상호합의에 의하여 그것을 종료시키지 않는 한 당해 조약은 계속해서 존재한다. 그리고 긴급피난상태가 없어지는 즉시 조약상의 의무에 따른 의무가 되살아난다."고 하였다. 답 O

Ⅲ 위법성 조각의 효과

56. **국제위법행위에 대한 위법성 조각사유의 존재는 해당 규범의 법적 성질에 관계없이 모든 국제법규범의 위반을 정당화한다.** [19 7급]

해설 본 장의 여하한 규정도 일반국제법의 강행규범으로부터 발생하는 의무와 일치되지 않는 여하한 국가행위에 대해서도 위법성을 조각시키지 않는다(초안 제26조). 답 X

57. **강행규범에 반하는 행위와 관련해서도 위법성조각사유를 원용할 수 있다.** [10 9급]

해설 초안 제26조. 답 X

58. **국제위법행위에 대한 위법성 조각사유의 존재는 그 행위국의 피해배상(reparation for injury)의무를 완전하게 면제시킨다.** [15 · 19 7급]

해설 초안 제27조 (b)의 규정은 위법성이 조각되더라도 보상의 문제가 제기될 수 있음을 시사하고 있는데, 상대국의 위법행위를 전제로 하지 않는 위법성 조각사유의 경우(예 : 불가항력, 조난, 필요상황)는 선의의 상대국에 대해 피해를 발생하게 되므로 보상하여야 한다. 한편 제27조 b호는 '실질적 손해'라고 규정함으로써 '간접손해'는 설사 입증된다고 하더라도 보상의 범주에는 포함되지 않음을 보여주고 있고, 정신적 피해와 간접 손해도 포함되는 손해배상과 차이가 있다. 이러한 보상의무가 이행되지 않는 경우 그 자체 하나의 독립한 위법행위를 구성하게 된다. 답 X

제4절 국제위법행위의 법적결과

59. **국제위법행위의 법적 결과에는 의무 위반 중지 및 재발방지, 계속적 의무 이행, 만족이 포함된다.** [17 9급, 18 7급]

해설 의무위반국은 위법행위가 계속되고 있다면 그것을 중지하고, 또 재발방지를 위한 적절한 확약과 보장을 제공할 의무를 진다(제30조). 국제법위법행위에 책임 있는 국가는 그 행위로 인하여 야기된 피해가 원상회복 또는 보상에 의하여 배상되지 않는 경우, 이에 대한 사죄를 제공하여야 할 의무를 부담한다(제37조 1항). 답 O

60. **국가책임 추구의 주체는 원칙적으로 국가이나 예외적으로 개인도 책임추구의 주체가 될 수 있다.** [09 7급]

해설 직접적으로 국가 이외의 사람 또는 실체에서 생길 수 있는, 국가책임에서 발생하는 그 어떤 권리도 해하지 아니한다(제33조 2항). 답 O

61. **국가책임을 해제하는 방법으로는 원상회복, 금전배상, 만족 등이 있다.** [12 경찰]

해설 가해국은 피해국에 손해배상(reparation)을 해 줌으로써 국제의무위반으로 초래된 자신의 책임을 이행하게 되는데, 여기서 손해배상이란 의무위반국이 자신의 책임을 이행하는데 사용할 수 있는 여러 방법을 나타내는 일반적 용어로서, 원상회복, 금전배상 또는 사죄의 형식으로 이행된다. 답 O

62. **국가책임의 해체방법으로는 원상회복이 원칙이고 원상회복이 불가능한 경우에 금전배상으로 한다.** [12 경찰, 20 9급, 21 7급]

해설 PCIJ도 *Chorzow Factory* 사건(1928)에서 "손해배상은 가능하면 위법행위의 모든 결과를 제거하고, 그 행위를 하지 않았다면 십중팔구 존재했을 상황을 재수립하여야 한다."고 하여 원상회복이 국가책임 해제의 원칙임을 판시하고 있다. 답 O

63. **2001년 UN 국제법위원회(ILC)가 채택한 국제위법행위에 대한 국가책임 규정초안에 따르면 외국인 재산의 위법한 수용에 대한 구제방법은 1차적으로 금전배상이다.** [16 7급]

해설 원상회복이 1차적인 손해배상 방법이다. 답 X

64. **국가의 국제위법행위에 의하여 야기된 피해에 대한 배상의 범위에는 물질적 손해뿐만 아니라 정신적 손해도 포함된다.** [21 7급]

해설 금전배상의 대상이 되는 손해의 범위는 문제의 위법행위로부터 초래되었거나 또는 그로부터 초래될 것이 분명한 모든 손해를 포함하여야 한다. 외교보호의 분야에서 '사람'이 입은 정신적 손해는 금전배상의 대상이 된다. 답 O

65. **어떠한 국가도 일반국제법의 강행규범 위반에 의해 창설된 상황을 승인하거나 지원 또는 원조해서는 아니 된다.** [21 7급]

해설 여하한 국가도 제40조에 언급된 중대한 위반에 의하여 창설된 상황을 합법적인 것으로 승인하거나 이러한 상황의 유지에 지원 또는 원조를 제공하면 안된다(제41조 2항). 답 O

제5절 국가책임의 이행

66. **유책국이 복수인 경우 각 국가는 전체 위법행위에 대하여 연대책임을 진다.** [17 9급]

해설 수개의 국가들이 동일한 국제위법행위에 대해 책임 있는 경우, 그 행위에 대하여 각각의 국가들의 책임이 개별적으로 추궁될 수 있다(제47조 1항). 답 X

67. ILC초안은 국가의 범위를 축소하기 위해 대세적 의무 내지는 당사자 간 대세적 의무의 관념을 도입하고 있다. [12 경찰]

해설 초안 제42조는 대세적 의무를 도입하고 있는데, 국가의 범위를 축소하기 위한 것은 아니다. 답 X

68. 대항조치는 그 조치를 취하는 국가가 책임국에 대한 국제의무를 당분간 불이행하는 것으로 제한된다. [09 7급]

해설 대항조치는 일시적인 의무 불이행 내지 의무 면제로서 대항조치가 취해지는 경우에도 그 의무가 소멸되는 것이 아니다. 따라서 대항조치는 가능한 한 문제의 의무의 이행의 재개를 가능하게 하는 방법으로 취해져야 한다. 답 O

69. 대응조치는 국가의 고유한 권리이기에 다자협약의 틀에서 제한될 수 없다. [20 9급]

해설 대항조치는 일반관습법상의 제도이며, 따라서 국가들은 상호간의 조약을 통해 대항조치를 아주 금지하거나, 아니면 대항조치를 취할 때 국제기구로부터 먼저 사전허가를 받기로 합의하기도 한다(예를 들어 WTO의 대항조치는 분쟁해결기구의 역총의를 필요로 함). 이 때문에 대항조치는 잔여적 구제책이라고 일컫기도 한다. 답 X

70. 대응조치로 인하여 발생한 타국(제3국)의 권리에 대한 침해는 정당화된다. [20 9급]

해설 대항조치는 피해국만이 위반국을 상대로 취하여야 한다. 위반된 의무가 대세적 의무일지라도 피해국 이외의 국가는 대항조치를 취할 수 없으며, 제3국에 대해서는 취해질 수 없다. 따라서 대항조치로 인하여 발생한 타국의 권리에 대한 침해는 정당화되지 않는다. 답 X

71. 대응조치(countermeasures)는 받은 피해에 비례하여야 한다. [18 9급]

해설 대항조치는 문제된 국제위법행위와 권리의 중대성을 고려하여, 받은 피해에 상응하는 것이어야 한다(국가책임 초안 제51조). 답 O

72. 관습국제법상의 의무 위반에 대한 대응조치로 피해국은 조약법상의 의무 이행을 거부할 수 있다. [20 9급]

해설 대항조치는 반드시 위법행위와 동일하거나 가까운 분야에서 취해야 하는 것은 아니어서 교차보복도 가능하다. 답 O

73. 대항조치(Countermeasure)가 위법성 조각사유로 원용되기 위해서는 사전에 위반국에게 의무의 이행을 요청하여야 한다. [10 7급]

해설 제52조 1항 a호. 답 O

74. 대항조치는 일방적으로 결정하여 실시할 수 있으며 분쟁상대방에 대하여 대항조치를 취하기 전에 교섭을 제의할 의무는 없다. [09 7급]

해설 제52조 1항 b호. 다만, 피해국은 자신의 권리의 보호를 위해 필요한 긴급조치는 통고나 협상 전에도 취할 수 있다(긴급대항조치). 답 X

75. **국제위법행위가 중지되고 또한 분쟁이 당사국들에게 구속력 있는 결정을 할 수 있는 재판소에 계류 중인 경우에는 대항조치를 취해서는 안 된다.** [09 7급]

해설 제52조 3항. 그러나 위반국이 분쟁해결절차를 성실하게 이행하지 않는 경우에는 중단하여야 할 의무가 없다.

답 O

76. **2001년 「국제위법행위에 대한 국가책임 규정 초안」에 의해 무력사용에 의한 대항조치는 위법성을 조각하지 않는다.** [10 · 13 7급, 16 · 17 9급]

해설 제50조 1항 a호.

답 O

77. **대항조치로서 기본적 인권의 보호 의무를 부과하고 있는 국제법을 위반할 수는 없다.** [09 7급, 16 9급]

해설 제50조 1항 b호.

답 O

78. **대항조치로서 복구가 금지되는 인도적 성격의 의무는 위반할 수는 없다.** [16 · 20 9급]

해설 제50조 1항 c호.

답 O

79. **대항조치로서 환경보호의무는 위반할 수는 없다.** [16 9급]

해설 대항조치에 의하여 영향 받지 않는 의무는 국제연합헌장에서 구현된 무력의 위협 및 사용의 금지 의무, 기본적 인권의 보호의무, 복구가 금지되는 인도적 성격의 의무, 기타 일반국제법의 강행규범상의 의무이다.

답 X

80. **대응조치를 취하는 국가는 책임국과 관계에서 적용되는 분쟁해결절차상의 의무로부터 면제된다.** [18 7급]

해설 피해국과 위반국간에 적용되는 분쟁해결절차상의 의무는 면제되지 아니한다(제50조 2항 a호).

답 X

제6절 외교적 보호권

I 서 설

81. **상설국제재판소(PCIJ)는 마브로마티스 팔레스타인 양허권(Mavrommatis Palestine Concessions)사건에서 국가만이 유일한 제소자라는 분쟁(dispute)에 대한 고전적인 정의를 내렸다.** [13 경찰]

해설 1924년 그리스와 영국의 *Mavrommatis Palestine Concessions* 사건(PCIJ)에서 "처음에는 이 분쟁이 사인과 국가사이에 발생한 것이 사실이다. 그 후 그리스 정부가 이 사건을 떠맡았다. 이로써 이 분쟁은 새로운 국면으로 접어들었다. 즉, 분쟁이 국제법의 영역으로 들어와 두 국가 간의 분쟁이 된 것이다. 일단 국가가 국제재판소에서 자국민을 위하여 사건을 떠맡게 되면, 국제재판소의 눈으로 보면 그 국가가 유일의 청구인"이라고 하여 분쟁(dispute)에 대한 고전적인 정의를 내렸다.

답 O

82. 타국의 국제위법행위로 인하여 손해를 받은 자국민을 위하여 그 타국을 상대로 손해배상을 청구할 권리는 국가가 향유하는 국제법상의 권리에 해당한다. [07 · 10 · 17 9급]

해설 외교적 보호권이란 자국민이 외국에서 입은 손해를 국가가 자신의 간접손해로 인정하여, 가해국에 대해 적절한 구제를 요구할 수 있는 '국가'의 국제법상 권리이다. 답 O

83. 외교보호권은 국가의 권리이며 의무가 아니다. [11 경찰]

해설 국민이 외교적 보호를 청구하는 경우에도 국적국은 외교적 보호를 개시할 국제법적 의무는 없으며, 외교적 보호의 요청이 없어도 국적국은 자신의 권리행사로서 외교적 보호를 개시할 수 있다. 답 O

84. 피해를 입은 자국민이 외교적 보호를 요청하지 않는 한 국가는 외교적 보호권을 행사할 수 없다. [17 7급, 17 9급]

해설 국민이 외교적 보호를 청구하는 경우에도 국적국은 외교적 보호를 개시할 국제법적 의무는 없으며, 외교적 보호의 요청이 없어도 국적국은 자신의 권리행사로서 외교적 보호를 개시할 수 있다. 답 X

85. 2006년 「외교적 보호에 관한 규정 초안」은 국가는 피해자의 피해가 특별히 중대한 경우, 외교적 보호를 할 의무가 있다고 규정하고 있다. [21 7급]

해설 외교보호 초안은 제19조에서 국가에게 중대한 침해가 발생한 경우에는 특별히 외교보호의 행사를 응당 고려할 것을 규정하고 있지만, "실행의 권고"라는 표현에서 알 수 있듯이 이러한 내용이 관습국제법에 해당하지는 않는다. 답 X

Ⅱ 외교적 보호권의 주체

86. 국가는 원칙적으로 자국민에 대하여만 외교적 보호권을 행사할 수 있다. [22 9급]

해설 청구국은 자연인 또는 법인인 외국인의 국적국가여야 한다(외교보호초안 제3조 1항). 답 O

87. 노테봄(Nottebohm) 사건에서 ICJ는 국적국이 외교보호권을 행사하기 위해서는 그 국적은 '기본적으로 소속된 사회적 사실로부터 오는 법적 유대감, 존재, 관심과 정서에 대한 진정한 관련성과 함께 국가와 국민간의 권리와 의무'를 의미하는 것이어야 한다고 하였다. [10 · 12 · 17 7급, 07 · 11 9급, 11 · 14 · 15 경찰]

해설 국적이 오로지 한 국가와 관련되어 있다면 국제법이 국적관련성에 개입할 필요가 없으나, 귀화자라든가 이중 국적자라면 그와 진정한 국적관련성이 있는 국가가 외교적 보호권을 행사하여야 한다. ICJ도 1955년 Nottebohm 사건에서 이를 확인하고 있다. 답 O

88. 2006년 UN 국제법위원회(ILC)의 외교적 보호 규정 초안에서 외교적 보호를 행사할 수 있는 국적국의 정의에 노테봄(Nottebohm) 사건에서 유래된 '진정한 유대'(genuine link)기준이 명시되었다. [15 · 21 7급]

해설 노테봄 판결과 같은 엄격한 기준이 요구된다면 수많은 사람들을 외교적 보호로부터 배제시키는 결과를 가져오리라는 점을 우려하여 2006년 외교적 보호규정 초안에서는 외교적 보호를 행사할 수 있는 국적국의 정의에서 진정한 유대의 필요성을 의도적으로 포함시키지 않았다. 답 X

89. **국제사법재판소(ICJ)는 Barcelona Traction 사건에서 법인에 대한 외교적 보호권을 행사할 경우 진정한 관련성이 요구된다고 시사하였다.** [07 9급, 20 경찰, 22 9급]

해설 국제사법재판소(ICJ)는 1970년 *Barcelona Traction Company* 사건에서 설립준거지법국가가 외교적보호권을 행사하여야 한다고 하여 자연인의 경우와 달리 진정한 관련성을 요구하지 않고 있다.

답 X

90. **법인의 국적국도 외교적 보호권의 행사가 가능하다.** [17 7급, 20 경찰]

해설 국제사법재판소(ICJ)는 1970년 *Barcelona Traction Company* 사건에서 설립준거지법국가가 외교적보호권을 행사하여야 한다고 하여 자연인의 경우와 달리 진정한 관련성을 요구하지 않고 있다.

답 O

91. **2006년 UN 국제법위원회(ILC)가 채택한 외교적 보호에 관한 규정초안(Draft Articles on Diplomatic Protection)에 의하면 기업의 경우 주주의 국적국이 외교적 보호를 행사할 수 있는 경우가 있다.** [15 9급]

해설 회사가 침해를 입은 경우 주주의 국적국가는 i) 회사가 회사에 대한 침해와 관련 없는 이유로 설립지국의 법에 따라 없어진 경우(제11조 a호), ii) 설립지 국가 자신이 회사에 침해를 가한 경우(제11조 b호)에는 주주를 위해 외교보호를 행사하는 것이 허용된다.

답 O

92. **2006년 UN 국제법위원회(ILC)의 외교적 보호 규정 초안상 회사가 등록지국법상 더 이상 존속하고 있지 않을 때는 그 회사 주주의 국적국도 외교적 보호를 행사할 수 있다.** [15 7급]

해설 회사가 회사에 대한 침해와 관련 없는 이유로 설립지국의 법에 따라 없어진 경우(제11조 a호) 주주의 국적국가에 의한 외교적 보호권 행사가 인정된다.

답 O

93. **2006년 UN 국제법위원회(ILC)의 외교적 보호 규정 초안상 위법행위가 주주의 이익을 직접적으로 침해한 경우에 주주의 국적국이 외교적 보호를 할 수 있다.** [21 7급]

해설 주주 자체의 권리가 침해된 경우에는 주주의 국적국가들은 자국민 주주를 위해 외교보호를 행사할 권리가 있다(제12조). 그러나 제12조는 어떠한 권리들이 회사와는 별개로 주주에게 속하는지 결정지어야 할 법체계에 대해서는 침묵하고 있는데, ILC는 "대부분의 경우 이것은 설립지국가의 국내법에 의해 결정지을 문제이다. 그러나 회사가 가해국에서 설립된 경우, 외국주주의 권리가 차별대우를 받지 않도록 하기 위해 회사법의 일반원칙을 원용해야 할 경우가 있을 수 있다."고 하였다.

답 O

94. **현행 국제법에 의하면 이중국적자의 국적국은 각기 제3국에 대해 외교보호권을 행사할 수 있다는 것에 다툼이 없다.** [07 9급, 11 경찰]

해설 1930년 '국적법 저촉에 과한 문제에 관한 헤이그협약' 제5조는 제3국은 이중국적자의 국적 중에서 그가 통상 거주하는 국가의 국적이나 아니면 그가 사실상 가장 긴밀한 관련을 맺고 있는 것으로 보이는 국가의 국적을 승인해야 한다고 규정하고 있다. 그러나 중재판례의 태도도 일관되어 있지 못한데, 헤이그협약의 노선에 따라 이중국적자의 국적국가 중에서도 실효적 국적의 국가만이 가해국에게 청구를 제기할 수 있다고 보는 판례도 있고, 그 같은 관련성이 요구되지 않고 침해받은 자의 국적국가들은 각기 당해 제3국에 대하여 외교적 보호권을 행사할 수 있다는 것도 있다.

답 X

95. **2006년 UN 국제법위원회(ILC)의 외교적 보호 규정 초안상 이중국적자에 대해서는 그 중 어느 국가라도 또는 공동으로 제3국에 대하여 외교적 보호를 청구할 수 있다.** [15 7급, 15·20 경찰, 17 9급]

해설 ILC 외교보호초안은 제6조 1항에서 이중국적국 어느 국가라도 외교적 보호권을 행사할 수 있음을 규정하고 있고, 이어서 2항에서 이중국적국은 공동으로 외교보호를 행사할 수 있음을 규정하고 있다.

답 O

96. **1930년 '국적법 저촉에 관한 문제에 관한 헤이그협약'은 이중국적자 소속국 상호간에는 외교적 보호를 행사할 수 없다고 규정하였다.** [15 경찰]

해설 1930년 '국적법 저촉에 과한 문제에 관한 헤이그협약' 제4조는 "국가는 자국민의 타국적국에 대해서는 외교보호를 행사할 수 없다."고 규정하고 있다. 이에 따라 전통국제법의 시각은 외교적 보호권 행사를 부정하는 것으로 보인다. 한편 ILC 외교보호 초안 제7조는 "외교보호를 행사하고자 하는 국가의 국적이 침해시에 그리고 공식청구 제기시에 모두 우세하지 않는 한, 그 국적국가는 타국적국가를 상대로 외교보호를 행사할 수 없다."고 규정하여 이중 국적국 상호간에도 외교적 보호권을 행사할 수 있는 것으로 본다.

답 O

97. **2006년 외교적 보호에 관한 규정초안(Draft Articles on Diplomatic Protection)상 이중국적자의 경우 국적국 상호간에는 외교적 보호를 행사할 수 없다.** [15 9급, 21·22 7급]

해설 ILC 외교보호 초안 제7조도 "외교보호를 행사하고자 하는 국가의 국적이 침해시에 그리고 공식청구 제기시에 모두 우세하지 않는 한, 그 국적국가는 타국적국가를 상대로 외교보호를 행사할 수 없다."고 규정하여 이중 국적국 상호간에도 외교적 보호권을 행사할 수 있는 것으로 본다. 답 X

98. **2006년 외교적 보호에 관한 규정초안(Draft Articles on Diplomatic Protection)상 국가가 무국적자에게 외교적 보호를 행사할 경우, 무국적자가 피해를 입을 시에 또한 공식적으로 청구를 제기할 시에 그 국가에 합법적으로 상주하여야 한다.** [15 9급, 22 7급]

해설 초안 제8조 1항은 국가는 피해시에 또한 공식적인 청구제기시에 그 국가에서 합법적으로 상주하고 있는 무국적자에 대해서는 이들을 위해 외교보호를 행사할 수 있음을 규정하고 있다. 답 O

99. **UN국제법위원회의 외교적보호 규정초안 제8조는 난민의 합법적인 상거주지국의 이들에 대한 외교적보호 행사를 불허한다.** [20 9급]

해설 외교보호초안 제8조 1항은 국가는 피해시에 또한 공식적인 청구제기시에 그 국가에서 합법적으로 상주하고 있는 무국적자에 대해서는 이들을 위해 외교보호를 행사할 수 있음을 규정하고 있고, 나아가 동조 2항에서 무국적자와 일부 동일 조건을 충족하는 난민에 대해서도 국가가 외교보호를 행사할 수 있다고 규정하고 있다.

답 X

Ⅲ 외교적 보호권의 행사요건

100. **2006년 UN 국제법위원회(ILC)의 외교적 보호 규정 초안에 의하면 피해자는 피해의 발생 시부터 외교적 보호권의 공식 청구 시까지 청구국의 국적을 계속 유지하고 있어야 한다.** [15 경찰, 17 7급]

해설 개인 또는 회사는 피해를 입을 당시 청구국의 국적을 가지고 있었어야 하고, 개인 또는 회사는 피해시점으로부터 이 청구에 관한 판결시점까지 청구국의 국적을 그대로 유지하여야 한다. 이것은 피해자가 강한 국력을 가진 국가로 부터 외교적 보호를 받을 목적으로 국적을 변경하는 것을 막기 위함이다. 다만 ILC 외교보호초안 제5조와 제10조는 "공식청구를 제기하는 일자"까지로 명시하고 있다. 답 O

101. **피해자인 국민은 국적계속의 원칙에 따라 출생 시부터 피해를 구제받을 때까지 청구국의 국적을 유지하여야 한다.** [17 9급]

해설 출생시가 아니라 피해의 발생시부터이다. 답 X

102. **2006년 UN 국제법위원회(ILC)의 외교적 보호 규정 초안상 피해 발생시와 외교적 보호의 청구 제기시의 국적이 동일한 경우에는 피해자 국적이 계속되었다고 추정한다.** [15 7급]

해설 청구국적이 두 일자 모두에 존재했으면 국적은 이 두 기간 중 계속된 것으로 추정된다. 답 O

103. **2006년 UN 국제법위원회(ILC)가 채택한 외교적 보호에 관한 규정초안상 피해 발생 이후 청구와 관계없는 이유로 국적이 변경된 경우, 새로운 국적 취득이 국제법에 반하지 않으면 현재의 국적국이 외교적 보호를 행사할 수 있다.** [15 9급]

해설 국가승계로 인한 국적변경의 경우처럼 국적의 변경이 국제청구의 제기와 관련이 없는 경우에는 이 원칙은 적용되지 않는다. 답 O

104. **국내구제완료원칙은 외국의 행위로 인하여 자국민에게 손해가 발생한 경우에 사인이 그 외국의 국내법상 구제방법을 동원한 후가 아니면, 본국은 외교적 보호권을 행사할 수 없다는 원칙이다.** [14 · 20 경찰]

해설 피해자의 국적국이 외교적 보호권을 행사하기 위해서는 가해국의 국내구제절차를 모두 그리고 성실하게 마쳐야 한다는 국제관습법상 원칙으로 가해국의 영토주권 존중 차원에서 인정된다. 국가책임에 관한 협약초안 제22조에도 도입하였다. 답 O

105. **국내구제완료원칙은 대륙법계에서 발전한 이론으로서 영미법계에서는 인정되지 않고 있다.** [14 경찰]

해설 국내적 구제완료의 원칙은 유럽의 중세 사적 복구 시대부터 유래하므로 연혁적으로는 외교적 보호제도 자체보다도 오랜 역사를 지닌다. Vattel의 주장이 제시될 무렵에는 이미 외교적 관례로 자리 잡고 있어서 쉽게 외교적 보호제도의 내용으로 편입될 수 있었다. 이 원칙은 관습국제법상의 원칙으로서 영미법계에서는 인정되지 않았다는 것은 잘못이다. 답 X

106. **외교적 보호는 외교관이 접수국의 국제법 위반행위에 의해 피해를 입었을 때 파견국이 행사할 수 있는 권리이다.** [15 경찰]

해설 외교적보호권의 개념상 간접침해의 경우에만 적용이 되고, 국가기관이 직접 입은 피해(ex. 외교관에 대한 공격)는 국내구제를 완료할 필요가 없다. 답 X

107. **외교적 보호권과 관련하여 외교사절이나 국가기관에 해당하는 개인 등 국가 자체가 입은 피해에 대하여는 국내구제절차를 완료하지 않아도 된다.** [08 7급, 14 경찰]

해설 외교적보호권의 개념상 간접침해의 경우에만 적용이 되고, 국가기관이 직접 입은 피해(ex. 외교관에 대한 공격)는 국내구제를 완료할 필요가 없다. 답 O

108. ICJ는 Avena and Other Mexican Nationals (Mexico v. U.S.A.) 사례에서 국가의 권리와 개인의 권리가 상호 의존적인 특별한 사정에서는 국내구제 완료의 의무는 적용되지 않는다고 판시하였다. [22 7급]

해설 국가가 자국민을 통하여 간접적으로 침해를 입은 요소와 직접침해를 입은 요소가 혼합되어 있는 청구가 제기되어 오는 경우가 문제되는데, ⅰ) ICJ는 2004년 Avena 사건에서 "국가의 권리와 개인의 권리가 상호의존적인 특별한 사정"에서는 국내구제완료의 의무는 적용되지 않는다고 판시한 바 있다. ⅱ) 외교보호 초안 제14조 3항은 '압도적(preponderantly) 우세' 기준을 제시하고 있다. 즉 국가간 청구가 압도적으로 사인에 대한 침해에 기초하여 제기되는 경우에는 국내적 구제를 완료하여야 한다는 것이다. 답 O

109. 국내적 구제수단에는 사법적 구제수단 뿐만 아니라 행정적 구제수단도 포함된다. [14 경찰, 17 9급]

해설 국내구제절차란 가해국의 국내법이 제공하는 「법적 보호의 전체계」를 말한다. 따라서 피해자 개인은 가해국의 사법적 구제절차 뿐만 아니라 행정기관의 구제절차도 모두 거칠 것이 요구되나, 권리구제가 목적이 아닌 은혜적 시혜적 조치까지 거칠 필요는 없다. 답 O

110. ICJ는 Elettronica Sicula S.p.A.(ELSI) (U.S. v. Italy) 사례에서 국적계속의 원칙은 국제관습법의 중요한 원칙이라고 인정하였다. [22 7급]

해설 1989년 *Elettronica Sicula* 사건에서 ICJ는 국적계속의 원칙이 아니라 국내구제수단완료는 국제관습법의 중요한 원칙이기 때문에 포기가 쉽게 추정되거나 묵시될 수 없음을 지적한 바 있다. 답 X

111. 외교적 보호권과 관련하여 국가는 조약을 통하여 혹은 외국인과의 계약을 통하여 국내 구제절차완료 원칙의 적용을 배제할 수 있다. [08 7급]

해설 외교보호초안 제15조 (e)호는 피고국가에 의한 포기를 동 원칙의 예외의 하나로 허용하고 있다. 즉 국가는 조약을 통하여 또는 외국인과의 계약을 통해서 국내구제완료원칙을 포기할 수 있다. 포기 시점은 분쟁이 발생하기 전이든 후이든, 절차가 진행되고 있는 도중이든 문제되지 않는다. 포기는 묵시적으로 표현되거나, 피고국가의 행동으로부터 추론될 수 있다. 답 O

112. 외교적 보호권과 관련하여 불가항력으로 외국영토에 들어가 손해를 입은 경우, 즉 외국과 개인 간에 자발적 연관(voluntary link)이 없는 경우에는 국내 구제절차완료의 원칙을 배제하고 바로 소속 국가의 외교적 보호권 행사가 가능하다. [08 7급]

해설 외교보호초안 제15조 (c)호에서도 자발적 관련성이 존재하지 않는 경우 국내구제를 완료할 필요가 없는 예외의 하나로 언급되고 있다. 자발적 관련성이 없는 경우로 크게 불가항력으로 외국영토에 들어간 경우와 관련성이 가해국정부의 위법행위에 의하여 창설되는 경우로 구분해 볼 수 있다. 답 O

113. 외교적 보호권과 관련하여 국내구제절차가 실효적 구제의 상당한 가능성을 제공하지 않는 경우에도 국내구제절차를 완료해야 한다. [08 7급]

해설 가해국의 권리구제절차가 명백히 쓸모없거나 혹은 명백히 실효성이 없는 경우 국내구제를 완료할 필요가 없다. 다만 외교보호초안 제15조 (a)호는 이를 실효적 구제를 제공할 합리적으로 이용가능한 국내구제수단이 없거나, 혹은 국내구제수단이 실효적 구제의 합리적인 가능성을 제공하지 아니하는 경우로 완화하고 있다.

답 ✕

114. **피해자가 가해국의 국내적 구제절차로부터 명백히 배제되어 있는 경우에는 그 국내적 구제절차를 완료하지 않더라도 외교적 보호권을 행사할 수 있다.** [17 7급]

해설 외교보호초안 제15조 (a)호는 이를 실효적 구제를 제공할 합리적으로 이용가능한 국내구제수단이 없거나, 혹은 국내구제수단이 실효적 구제의 합리적인 가능성을 제공하지 아니하는 경우 국내구제완료의 예외로 규정하고 있다.

답 ○

115. **인터한델사(Interhandel) 사건에서 ICJ는 국적국이 외교보호권을 행사하기 위해서는 '국내구제절차의 사전완료(prior exhaustion of local remedies)'가 필요하다.** [10 · 12 7급, 14 9급]

해설 소제기 후 9년이 지나도 진척이 없자 스위스 정부가 미국을 상대로 ICJ에 제소하였으나, ICJ에 계류 중 미국의 연방최고재판소는 이 사건에 대한 심리를 명하였고, 따라서 ICJ는 미연방대법원에 소송이 계속 중이므로 외교적 보호권을 행사할 수 없다고 판시하였다. 다만 이 판결에 대해 국내구제절차가 지나치게 느린 경우에는 완료할 필요가 없다는 비판이 제기되었고, 시민적·정치적 권리에 관한 국제규약의 선택의정서 제5조 제2항 (b)호도 국내구제수단의 적용이 부당하게 지연되는 경우에는 국내구제수단완료의 원칙은 적용되지 않는다고 규정하고 있으며, ILC 외교보호초안도 제15조 (b)호에서 피고국가에게 귀속되는 구제절차상의 부당한 지연을 국내구제원칙의 예외의 하나로 언급하고 있다.

답 ○

제7절 국제청구의 포기

116. **강대국의 외교적 보호권을 제한하기 위하여 칼보(Calvo)조항이 등장하였다.** [08 9급, 21 7급]

해설 1868년 아르헨티나의 칼보가 주장하여 라틴아메리카 국가들이 외국인과 체결하는 계약에 당해 '계약상의 분쟁'(모든 분쟁이 아니다)은 오직 국내구제수단에 의해서만 해결하고 본국의 외교적 보호를 인정하지 않는다는 조항을 삽입하였는데 이를 칼보조항이라 한다. 즉 국적국의 외교적 보호권을 배제하려는 조항으로 내국민대우의 극단적인 형태이다. 그러나 외교적보호권이 국가의 권리인 이상 개인이 포기하는 것은 불가능하기에 국제법상 당연무효이다. 다만 북미준설회사 사건에서 그 효력이 인정된 바 있다.

답 ○

제8절 국제기구의 국제책임과 국제청구권

117. **기구는 회원국의 국제위법행위로 인한 자신의 피해에 대하여 회원국을 상대로 배상청구권을 행사할 수 있다.** [17 9급]

해설 국제기구가 피해자이든 아니면 국제기구의 국제책임이 문제되든 국가 간에 적용되는 일반원칙이 그대로 적용된다.

답 ○

118. **UN국제법위원회 2011년 국제기구의 책임에 관한 규정초안에 따라 국제기구 행위의 국제위법성은 국제법에 의하여 결정된다.** [20 7급]

해설 초안 제5조는 "국제기구의 행위를 국제적으로 불법으로 규정하는 것은 국제법의 적용을 받는다."고 규정하고 있다.

답 ○

119. **UN국제법위원회 2011년 국제기구의 책임에 관한 규정초안에 따라 국제기구의 행위는 그 행위 발생 시에 그 국제기구가 문제의 의무에 구속되지 않는 한, 국제의무의 위반을 구성하지 않는다.** [20 7급]

해설 2011년 국제기구의 국제책임초안 제11조 "국제기구의 행위는 행위가 발생하는 시점에 해당 조직이 해당 의무에 구속되지 않는 한 국제적 의무의 위반을 구성하지 않는다."

답 ○

120. **유럽인권재판소는 Behrami 및 Saramati 사건에서 UN KFOR의 행위는 피고 유럽인권협약 당사국들에 귀속된다고 판결하였다.** [20 7급]

해설 2007년 *Behrami & Behrami v. France and Saramati v. France, Germany & Norway* 사건에서 유럽인권재판소는 UN 안전보장이사회 결의에 의거하여 코소보 주재 국제평화유지군(KFOR)을 허용함으로써 KFOR의 임무에 대해 최종 권한과 통제를 보유하고 있었기 때문에 KFOR의 행동은 UN에 귀속되며, 따라서 작전에 참여한 유럽인권협약 당사국들의 협약 위반 책임을 물을 권한이 동 재판소에게는 없다고 판시하였다.

답 ×

121. **네덜란드 대법원은 Nuhanović 사건에서 UN PKO 활동과정에서 비롯된 결과라도 문제의 행위에 대해 네덜란드가 실효적 통제를 하고 있었다면 그 책임은 네덜란드에 귀속된다고 판단하였다.** [20 7급]

해설 유엔은 유엔평화유지활동 중 발생한 피해에 대한 유엔의 배상책임을 원칙을 고수해왔다. 그러나 PKO 참여병력에 대해서는 군대라는 특성상 파견국도 일정한 통제권을 행사할 수 있고 PKO의 행위 중 본국의 지휘 명령에 따른 행위의 책임은 UN에 귀속되지 않는다. 2013년 네덜란드 대법원은 Nuhanović 사건에서 UN PKO 활동과정에서 비롯된 결과라도 문제의 행위에 대해 네덜란드가 실효적 통제를 하고 있었으므로 그 책임은 네덜란드에 귀속된다고 판단하였다. 1995년 구 유고 Srebrenica에서 벌어진 보스니아 무슬림계 주민 학살사건에서 가족을 잃은 원고는 당시 UN PKO의 일원으로 현장을 지휘한 네덜란드군의 잘못으로 가족이 사망했음을 이유로 네덜란드를 상대로 손해배상을 청구한 사건으로, 네덜란드는 PKO 활동에 따른 책임은 UN에 귀속된다는 주장을 하였으나, 대법원은 네덜란드 정부가 실효적 통제를 한 책임을 이유로 원고의 청구를 인용하였다. 다만 이 판례에서 UN에는 책임이 귀속되지 않는다고 판단한 것은 아니다.

답 ○

122. **UN국제법위원회 2011년 국제기구의 책임에 관한 규정초안에 규정된 위법성 조각사유에 자위는 포함된다.** [20 7급]

해설 초안은 제20조에서 동의, 제21조에서 자위, 제22조에서 대항조치, 제23조에서 불가항력, 제24조에서 조난, 제25조에서 필요성을 위법성 조각사유로 규정하고 있다. 제21조에서 "국제기구의 행위가 국제법에 따라 정당한 자위를 구성하는 경우, 그 행위의 위법성은 조각된다."고 규정하고 있다. 유엔군과 관련하여 자위는 무력공격을 그 요건으로 하는 유엔 헌장 제51조와는 다른 상황에서도 적용된다. 위협, 도전과 변화에 대한 고위급 패널 보고서인 '더 나은 세계 : 우리의 공동책임'에서는 자위가 '사절단의 방어'까지 확장되는 것으로 받아들여지고 있는 것으로 언급되었으며, 유엔 보호군과 관련한 캐나다 외교국제통상부 법률국의 메모에도 자위는 안전지역의 방어를 포함할 수 있다고 언급되어 있다. 한편 ILC는 주석을 통해 국제기구가 자위권을 행사할 수 있는 조건과 그 정도는 1차규범이 다루어야 할 문제로서, 본 초안의 규율 범위를 넘어선다고 하며 언급하지 않고 있다(안태희, 국제기구의 책임에 관한 연구).

답 ○

123. ILC 국제기구의 책임에 관한 규정 초안은 국제기구가 자신의 위법행위에 대해 배상책임을 지는 방법으로 국가의 위법행위의 경우와 같이 원상회복, 금전보상, 만족 등을 규정하고 있다. [22 7급]

해설 국제기구가 자신의 위법행위에 대해 배상책임을 지는 방법으로는 국가의 위법행위책임과 마찬가지로 원상회복, 금전배상, 만족 등이 있다(제34조). 그러나 국제기구의 책임이 확정되어도 피해자가 기구를 상대로 청구할 수 있는 제도는 제대로 발달되지 못하였다. 일단 ICJ에서 국제기구는 당사자 능력이 없다. 나아가 국내법원의 관할권으로부터 절대적 면제를 향유한다. 결국 국제기구 내부절차에 따른 자발적 책임이행이 없다면 피해자로서는 책임을 추궁할 방법이 마땅치 않은 현실이다. 답 O

124. 외교보호권이란 원칙적으로 자국민에 대한 국적국의 보호권이며 직무보호권은 국제기구의 대표와 직원에 대한 동 국제기구의 보호권이다. [11 7급, 11 경찰, 21 9급]

해설 UN은 헌장에 명시되어 있는 권한 이외에 그 임무수행에 필요한 묵시적 권한을 갖는다. 따라서 국가가 자국민을 위한 외교보호의 권리를 갖는다면, UN은 소속공무원을 위한 직무보호의 권리를 갖는다. 한편 UN은 객관적 법인격을 가지고 있기 때문에 가해국이 기구의 회원국인 경우는 물론이고 비회원국이라 하더라도 당해 공무원을 위하여 직무보호권을 행사할 수 있다. 답 O

125. 직무보호권은 국제기구 소속공무원이 공무수행 중 국제불법행위로 손해를 입은 경우, 소속 국제기구가 손해배상을 받기 위해 가해국에 대해 국제책임을 추구하는 것을 말한다. [11 7급]

해설 직무보호권은 국제기구 소속공무원이 공무수행 중 국제불법행위로 손해를 입은 경우, 소속 국제기구가 손해배상을 받기 위해 가해국에 대해 국제책임을 추구하는 것을 말한다. UN헌장에는 명시되어 있지 않지만 묵시적 권한으로 인정되고 있다. 한편 UN은 객관적 법인격을 가지고 있기 때문에 가해국이 기구의 회원국인 경우는 물론이고 비회원국이라 하더라도 당해 공무원을 위하여 직무보호권을 행사할 수 있다. 답 O

126. 국제기구는 직무보호권에 근거하여 소속공무원에게 통행권(laissez-passer)이라는 신분증을 발급한다. [11 7급]

해설 유엔 통행증은 유엔 및 그 산하 기구 또는 유럽 연합, 적십자 같은 국제 기구 소속 직원에게 발급되는 라세파세(laissez-passer : LP)라고 부르는 업무용 여행 증명서이다. 여권은 아니지만, 이 또한 여권에 준해서 취급되어 여권과 사실상 동일하다고 보면 된다. 이 '여권'으로는 무비자로 세계 모든 나라를 방문할 수 있다(일부 공산국가는 비자나 허가를 요구할 수 있다). 하지만 업무 목적으로만 사용할 수 있고 개인 여행 목적 등 업무 외 목적으로는 사용할 수 없다. 답 O

127. UN의 직원이 공무수행 중에 국제위법행위로 인하여 손해를 입은 경우 직원의 국적국이 외교적 보호권에 근거하여 가해국에 대하여 국제책임을 물을 수 있다. [11 경찰, 21 9급]

해설 직무보호권은 국제기구 소속공무원이 공무수행 중 국제불법행위로 손해를 입은 경우, 소속 국제기구가 손해배상을 받기 위해 가해국에 대해 국제책임을 추구하는 것을 말한다. 직원의 국적국도 외교적 보호권을 행사할 수 있는데, ICJ는 "이 둘 중 어느 한 쪽에 우선권을 부여하는 국제법상 법원칙은 존재하지 않지만, 헌장 제2조 5항은 회원국에게 UN에 원조할 의무를 부과하고 있다는 점이 강조되어야 한다. 이러한 경합관계는 善意와 良識(good will과 common sense)에 의해 해결을 도모할 수 있으며, 협정을 체결하여 충돌을 제거할 수 있으며, 각 사건에서 개별협정을 체결하거나 일반협약을 체결하여 이러한 경합관계를 완화할 수도 있을 것이다."라고 판단하였다. 답 O

128. **직무보호권에 대하여 1949년 벨나돗트백작 사건에서 ICJ는 외교적보호권과 직무보호권이 경합하는 경우 UN의 직무보호권이 우선한다는 권고적 의견을 주었다.** [11 7급]

해설 직원의 국적국도 외교적 보호권을 행사할 수 있는데, 이 경우는 당연히 국내구제완료의 원칙이 적용된다. 확립된 국제판례에 따라 가해국은 손해배상을 UN과 피해공무원의 국적국가 양자에게 2중으로 해줄 의무는 없다. ICJ는 "이 둘 중 어느 한 쪽에 우선권을 부여하는 국제법상 법원칙은 존재하지 않지만, 헌장 제2조 5항은 회원국에게 UN에 원조할 의무를 부과하고 있다는 점이 강조되어야 한다. 이러한 경합관계는 善意와 良識(good will과 common sense)에 의해 해결을 도모할 수 있으며, 협정을 체결하여 충돌을 제거할 수 있으며, 각 사건에서 개별협정을 체결하거나 일반협약을 체결하여 이러한 경합관계를 완화할 수도 있을 것이다."라고 판단하였다. 답 ×

제9절 국제법상 금지되지 않는 활동으로 인한 해로운 결과책임

제15장 국 적

1. **국적의 부여 박탈은 기본적으로 한 국가의 국내관할 사항이며 각국은 국제법과 충돌하지 않는 한 국내법상 국적부여의 재량권을 가진다.** [17 · 19 7급, 22 9급]

해설 누가 자기 나라 국민인가는 각 국가가 자국법에 의거하여 결정한다. 이 법은 국제조약, 국제관습법 그리고 국적에 관하여 일반적으로 인정된 법의 원칙들과 일치하는 한에서만 다른 국가들의 승인을 받는다 (1930 국적법 충돌의 일정문제에 관한 헤이그협약 제1조). 답 O

2. **1930년 국적법 저촉에 관한 헤이그협약에 따르면 둘 이상의 국적을 가진 개인은 그 각각의 국적국에 의하여 자국민으로 간주될 수 있다.** [17 7급]

해설 본 협약의 규정을 조건으로, 둘 이상의 국적을 가진 개인은 그 각각의 국가에 의하여 자국민으로 간주될 수 있다(제3조). 답 O

3. **국적은 국가의 인적 관할권 행사의 기초가 된다.** [19 7급]

해설 국적은 ① 속인주의를 통해 국가의 역외입법관할권 행사를 위한 기초로서 기능한다. 나아가 ② 국가는 자국민에 대해 외교적 보호를 제공할 수 있다. 이것은 국적이 국가주권과 불가분의 관계에 있음을 의미한다. 국제인권법은 바로 이것을 교정하기 위한 노력의 일환이다. 답 O

4. **국적법은 대한민국의 국민이 되는 요건을 정함을 목적으로 한다.** [14 경찰]

해설 국적법 제1조 답 O

5. **우리나라 「국적법」은 부계혈통주의를 원칙으로 하고 있다.** [17 · 19 7급]

해설 출생에 국적을 부여하는 방안으로 출생지주의와 혈통주의가 있는데, 후자는 다시 부계혈통주의와 부모양계혈통주의가 있다. 1979년 UN 여성차별철폐협약 제9조 2항은 부모양계혈통주의에 입각하여 "체약국은 子의 국적에 관하여, 여자에 대하여 남자와 평등한 대우를 부여한다."고 규정하고 있고, 동 협약은 1985년 우리나라에도 발효하여 대한민국 국적법 제2조는 부모양계혈통주의를 따르고 있다. 답 X

6. **부모(父母)가 모두 분명하지 아니한 경우나 국적이 없는 경우에는 대한민국에서 출생한 자는 출생과 동시에 대한민국 국적을 취득한다.** [14 경찰]

해설 국적법 제2조 1항 3호 답 O

7. **국제사법재판소(ICJ)는 1955년 4월 6일 노테봄(Nottebohm)사건 판결에서 국적부여의 결정은 임의적 행위가 아니라 '진정한 유대(genuine connection)'를 갖는 사회적 사실을 반영해야 다른 국가에 대항할 수 있다고 선언하였다.** [13 경찰]

해설 리히텐슈타인의 노테봄에 대한 국적부여는 사실상 유대관계가 희박하므로 과테말라는 이를 인정할 필요가 없으며 리히텐슈타인은 과테말라에 대해 외교적 내지 사법적 보호를 주장할 수 없다고 판시하였다.

답 O

8. **외국인의 자(子)로서 민법상 미성년인 자는 부 또는 모가 귀화 허가를 신청할 때 함께 국적 취득을 신청할 수 있다.** [14 경찰]

해설 국적법 제8조. 수반취득이라고 한다.

답 O

9. **대한민국 국적을 취득한 외국인으로서 외국 국적을 가지고 있는 자는 대한민국 국적을 취득한 날부터 6개월 내에 그 외국 국적을 포기하여야 한다.** [14 경찰]

해설 국적법 제10조. 1년 내에 그 외국 국적을 포기하여야 한다.

답 X

10. **대한민국 국민이었던 외국인은 외교부장관의 국적회복허가를 받아 다시 대한민국의 국적을 취득할 수 있다.** [14 경찰]

해설 국적법 제9조 1항. 법무부장관의 국적회복허가를 받는다.

답 X

11. **국가는 개인의 국적을 자의적으로 박탈할 수 없고, 개인은 자신의 국적을 변경할 권리를 갖지 않는다.** [19 7급]

해설 1961년 무국적감소에 관한 협약 제8조는 특정개인이 외국정부에 대해 충성을 맹세하고 본국의 사활적 이익을 중대하게 침해하는 경우 등이라면 국가가 당해 개인의 국적을 박탈하더라도 국제법의 문제가 야기되지 않는다고 하고 있다. 결국 자의적이지 않다면 개인의 국적을 박탈할 수 있다. 문제가 되는 것은 과거 독일당국에 의한 유태인 국적박탈 또는 해방 후 일본당국에 의한 재일한국인과 조선인의 국적박탈처럼 집단적인 국적박탈의 경우인데, 국제법은 아직 집단적인 국적박탈의 가능성을 제거하지 못하고 있다. 개인은 자신의 국적을 변경할 권리를 가지고 있다.

답 X

12. **자진하여 외국국적을 취득한 자국민에게 국적을 유지시켜줌으로써 이중국적의 발생을 사실상 수용, 방임하는 예가 증가하고 있다.** [20 9급]

해설 오랫동안 국제사회는 이중국적에 대해 적대적 태도를 취해 왔다. 그러나 현대에 있어 개인이 이중적 정체성을 가질 수 있는 상황이 다수 발생하고 있다. 이와 같은 상황에 있는 개인의 경우 복수의 국가에 소속감을 갖고 분할된 충성심을 가져도 무리가 아니다. 적지 않은 국가가 이중국적을 국내법으로 수용하고 있다. 우선 귀화자에게 구 국적의 상실을 요구하던 국가가 이러한 요구를 포기하거나, 자진하여 외국국적을 취득한 자국민에게 국적을 유지시켜 줌으로써 이중국적의 발생을 사실상 수용·방임하는 예가 증가하고 있다. 즉 자국민이 거주국 국적을 취득하는 편이 당사자들의 경제적 안정확보와 현지사회에서의 영향력 확대에 도움이 되며, 결국 이것이 상대국에 대한 자국의 외교력을 강화시켜 준다고 판단했다. 또한 귀화자에게 자국국적을 유지시켜 주는 방안이 본국과의 유대감을 지속시켜 본국에 대한 투자나 송금을 촉진시키고 인적 관계의 유지에 도움이 된다고 판단한 것이다.

답 O

13. **「국적법」은 후천적 복수 국적자가 국내에서 외국 국적을 행사하지 않겠다는 서약을 하는 경우 외국 국적의 유지를 허용하고 있다.** [19 7급]

해설 만 20세가 되기 전에 복수국적자가 된 자는 만 22세가 되기 전까지, 만 20세가 된 후에 복수국적자가 된 자는 그 때부터 2년 내에 제13조와 제14조에 따라 하나의 국적을 선택하여야 한다. 다만, 제10조 제2항에 따라 법무부장관에게 대한민국에서 외국 국적을 행사하지 아니하겠다는 뜻을 서약한 복수국적자는 제외한다(국적법 제12조 1항). 이에 비해 출생에 의해 이중국적을 취득한 남자도 국내에서 병역을 마치고 2년 이내에 외국국적 불행사 서약을 하면 이중국적을 유지할 수 있다. 다만 원정출산자에게는 복수국적 유지가 불허된다(제13조 3항). 답 O

14. **회사의 국적을 결정짓기 위해 일반적으로 사용되는 기준은 주된 주주의 국적을 근거로 결정하는 지배지 기준이다.** [13 경찰]

해설 법인에 대한 국적 부여는 각국의 재량이므로 법인의 관할권에 대한 경합이 발생할 수 있다. 이에 대해 ICJ는 1970년 Barcelona Traction Co. 사건에서 법인의 국적은 전통적인 국가실행에 따라 '설립준거법'과 '등기상의 주된 사무소'를 기준으로 결정해야 한다고 판시하였다. 답 X

제16장 외국인의 대우

제1절 외국인의 지위

Ⅰ 서 설

1. 외국인에는 무국적자와 외국 국적자가 포함된다. [08 9급, 15 7급]

해설 외국인이란, 자국 국적을 보유하지 않은 자를 말한다. 이에는 외국 국적을 보유한 자 뿐만 아니라 무국적자도 포함된다. 답 O

Ⅱ 외국인의 대우

2. 과거에 외국인은 곧 적국인으로서 취급되기도 하였다. [12 경찰]

해설 고대의 국가 간 관계는 전쟁상태가 일반적이었고, 따라서 외국인은 적국인과 동일시되었다. 답 O

3. 국가가 외국인의 입국을 허용한 경우에 국제법이 요구하는 일정한 기준에 따라 대우해야 한다. [09 7급]

해설 국가는 외국인을 국제법이 요구하는 일정 기준에 미달되지 않게 대우할 의무를 그 외국인의 "국적국"에 대해 부담하고 있다. 즉 개인은 국가 간에 부담하고 있는 이들 상호적 의무에 대해 반사적 이익을 향유한다. 답 O

4. 오늘날 외국인 대우의 기준에 관해 국내표준설과 국제표준설의 대립이 있다. [12 경찰]

해설 국내표준설은 내국민대우기준을 말하고, 국제표준설은 국제최소기준주의를 말한다. 답 O

5. 국제법상 외국인 보호에 있어서 국제표준주의는 국제적으로 적용되는 최소한의 보호기준을 정하고 그 이상으로 보호하라는 것이다. [08 9급]

해설 국가가 자국민을 어떻게 대우하든 외국인만은 최소한의 문명된 기준으로 대우하여야 한다는 입장이다. 답 O

6. 외국인 대우의 국제최소기준은 주로 선진국들의 입장이다. [16 경찰]

해설 국가가 자국민을 어떻게 대우하든 외국인만은 최소한의 문명된 기준으로 대우하여야 한다는 입장이다. 연혁적으로는 19세기 제국주의기간 동안 발전한 것으로서, 중재판례에서 광범위한 지지를 받았다. 그러나 19세기 기간 중 국제최소기준이 강대국의 약소국들에 대한 간섭의 수단으로 원용되는 경향이 있었는데, 관련 판례로서 *Roberts Claim*을 들 수 있다. 동 사건에서는 행형(行刑)시설에 관해 국제최소기준을 적용하여 멕시코의 국가책임을 인정한 바 있다. 동 기준은 1962년 천연자원에 대한 항구적 주권선언에서도 제시된 바 있다. 답 O

7. **국제법상 외국인 보호에 있어서 내국민대우주의는 내국민과 동등한 대우를 하라는 것이다.** [08 9급]

해설 Calvo는 자신의 한 논문에서 "한 국가에 정착하는 외국인이 내국인과 동일한 권리를 가지는 것은 분명하지만, 그들은 그보다 더 확대된 보호를 주장해서는 아니 된다."고 주장했는데, 이를 가리켜 Calvo doctrine이라 부른다. 답 O

8. **칼보조항(Calvo Clause)은 외국인의 국적국에 의한 외교적 보호권의 행사를 제한하기 위한 것이다.** [16 경찰]

해설 아르헨티나 법학자 Carlos Calvo(1824~1906)에 의하여 주장된 칼보조항은 라틴아메리카국가들이 19세기 중엽부터 외국인들과의 컨세션계약에 삽입한 것이다. Calvo조항이란 남미제국에서 외국인과 양허계약 체결시 외국인은 계약에 관한 모든 사항에서 주류국 국민으로 간주되며, 여하한 경우에도 외교적, 사법적 보호를 요구하지 않는다는 내용이다. 답 O

9. **외국인의 대우기준과 관련하여 개발도상국은 국제표준주의를 선호하는 경향이 있다.** [12 경찰]

해설 내국민대우기준을 선호한다. 답 X

10. **외국인의 모든 기본권은 내국인과 동일하게 인정되어야 한다.** [16 경찰]

해설 일부 내국민의 권리(정치적 권리나 일정한 직업의 자유 등)는 외국인에게 부여하지 않을 수 있다. 답 X

11. **재류국은 외국인에게 특별한 공법상의 권리를 인정하지 않을 수 있다.** [12 경찰]

해설 일부 내국민의 권리(정치적 권리나 일정한 직업의 자유 등)는 외국인에게 부여하지 않을 수 있다. 답 O

12. **외국인에게는 국가주권에 직접 영향을 미치는 참정권을 주지 않을 수 있다.** [09 7급]

해설 인간의 자격으로 향유하는 이른바 기본적 인권은 국적 혹은 시민권에 관계없이 영토 내의 모든 사람에게 인정된다. 그러나 일부 내국민의 권리(정치적 권리나 일정한 직업의 자유 등)는 외국인에게 부여하지 않을 수 있다. 그 밖의 사·공법상 권리(예: 소송, 청원 등)는 외국인에게도 내국민대우를 해주기도 한다. 답 O

13. **일반국제법상 재류국은 외국인에 대하여도 소송권을 인정해야 한다.** [12 경찰]

해설 인간의 자격으로 향유하는 이른바 기본적 인권은 국적 혹은 시민권에 관계없이 영토 내의 모든 사람에게 인정된다. 그러나 일부 내국민의 권리(정치적 권리나 일정한 직업의 자유 등)는 외국인에게 부여하지 않을 수 있다. 그 밖의 사·공법상 권리, 예컨대 소송, 청원 등은 외국인에게도 내국민대우를 해주기도 한다. 답 O

14. **외국인에게 병역의무와 납세의무를 부과할 수 없다.** [09 7급]

해설 외국인에게 한국에서의 병역의 의무와 교육의 의무는 없다. 한편, 특권면제를 누리는 지위에 있는 것도 아닌 외국인에게 단지 외국인이라는 이유로 면세의 혜택을 줄 이유는 없을 것이므로 외국인도 납세의 의무는 진다. 거류신고 등 국민에게 없는 의무가 부과될 수 있다. 답 X

Ⅲ 외국인의 출입국

15. 국가는 외국인의 입국을 허용해야 할 일반국제법상 의무가 없다. [09 · 22 9급, 12 · 15 · 16 경찰]

해설 외국인의 입국허용 여부는 일반국제법상 일국의 영토주권의 문제(국내문제)이므로 외국인의 입국을 허용할 의무는 없다. 오히려 일국은 입국을 거부(exclusion)할 권리가 있으며 입국사증(visa) 등을 통해 허가받지 않은 입국자라면 불법입국자로서 처벌할 수도 있다. 답 O

16. 외국인의 입국은 당해 외국인의 자유재량사항이다. [07 7급, 15 7급]

해설 국제법상 외국인의 지위에 대하여 외국인의 입국 허용 여부는, 달리 정한 조약이 없는 한, 국가의 재량에 속한다. 답 X

17. 비자(VISA)란 외국정부가 발행하는 입국사증이다. [09 7급]

해설 비자란 외국인에 대한 출입국 허가를 증명하는 여권의 배서(背書)로서, 외국으로 가려는 사람이 자기 나라나 현재 머물고 있는 나라에 있는 행선국의 대사나 공사, 영사로부터 일정한 검사를 받고 여권에 서명을 받는 것을 말한다. 답 O

18. 외국인의 출입국은 실제로 2개국 간에 체결되는 우호통상항해조약에서 당사국 국민의 상호입국을 인정하는 것이 일반적이다. [07 7급, 09 9급, 15 경찰]

해설 외국인의 입국허용 여부는 일국의 영토주권의 문제(국내문제)이므로 외국인의 입국을 허용할 의무는 없다. 오히려 일국은 입국을 거부(exclusion)할 권리가 있으며 입국사증(visa) 등을 통해 허가받지 않은 입국자라면 불법입국자로서 처벌할 수도 있다. 외국인의 출입국은 실제로 2개국 간에 체결되는 우호통상항해조약에서 당사국 국민의 상호입국을 인정하는 것이 일반적이다. 답 O

19. 국가는 적법하게 입국한 외국인의 출국을 특별한 사유가 없는 한 제한할 수 없다. [07 · 15 · 17 7급, 09 · 22 9급, 12 · 15 경찰]

해설 외국인이 자발적 의사에 의해 재류국으로부터 출국하는 것은 자유로서, 체류국은 외국인의 출국을 금지할 수 없는 것이 원칙이다. 답 O

20. 국가는 합법적으로 입국한 외국인을 자의적으로 추방할 수 없다. [12 경찰, 15 7급, 22 9급]

해설 전시에 있어서는 어느 정도 강제적인 추방의 권리가 인정된다고 보는 견해가 일반적이지만, 평시에 있어서는 정당한 이유 없이 강제적으로 추방할 수 없는 것으로 보는 견해가 일반적이다. 추방의 정당한 이유로는 국가안전·공공질서·보건 등이 예시되고 있다(1956년 정주에 관한 유럽협약). 기타 외국인의 본국 정부에 대한 보복이나 복구의 수단으로서도 추방될 수 있는지에 대해서는 일반국제법의 태도가 모호하다. 답 O

21. 외국인을 추방할 경우 반드시 외교기관을 경유하여야 한다. [07 7급]

해설 법무부의 행정적 절차로 추방할 수 있다. 답 X

22. 추방은 형벌에 해당하기 때문에 엄격한 사법심사를 거쳐 이루어져야 한다. [09 9급, 15 경찰]

해설 사법적 절차를 거치는 범죄인 인도와 달리 추방은 행정적 절차이다. 답 X

23. 일반국제법은 외국인의 집단적 추방을 금지하지 않은 것으로 보이나, 국가 간의 조약을 통해서 이를 금지시킬 수 있다. [20 · 22 9급]

해설 일반국제법은 외국인의 집단적 추방을 금지하지 않는다. 그러나 유럽인권협약 제4의정서 제4조, 모든 이주노동자와 그들의 가족구성원의 권리보호에 관한 국제협약 제22조 등에서 보는 것처럼 관련 국가간에 조약을 통하여 이를 금지시킬 수 있음은 물론이다. 답 O

제2절 외국인 재산의 수용

I 서 설

24. 국제법상 수용의 대상이 되는 재산은 동산, 부동산, 무체재산 등이 모두 포함된다. [10 7급, 22 9급]

해설 이 경우 재산에는 동산, 부동산, 무체재산(즉, 지적재산권) 등이 모두 포함된다. 계약상의 권리도 재산의 개념에 포함되는지 의견다툼이 있으나, 실제로 수용은 국가계약의 파기를 동반하는 경우가 많다. 답 O

25. 국제법상 국가는 자국영토 내 외국인의 재산을 수용하거나 국유화할 수 있는 주권적 권한을 가지나, 수용 시에는 공익의 원칙, 비차별의 원칙, 보상의 원칙 등이 충족되어야 한다. [16 7급]

해설 개인의 재산권은 절대적이 아니며, 천연자원과 부에 대해 항구적 주권을 가지는 국가는 자국영토 내 외국인의 재산을 수용하거나 국유화할 수 있는 주권적 권한을 가지나, 수용 시에는 공익의 원칙, 비차별의 원칙, 보상의 원칙 등이 충족되어야 한다. 답 O

II 수용의 적법요건

26. 국제법상 외국인 재산의 수용에 관하여 내 · 외국인간 및 외국인 상호간의 비차별은 합법적 수용 요건으로 간주되고 있다. [10 7급, 22 9급]

해설 1962년 "천연자원에 대한 영구주권결의"와 1974년 "국가의 경제적 권리의무헌장결의"에서는 비차별 원칙이 규정되어 있지는 않지만, 1981년 *Libyan American Oil Company(LIAMCO)* 사건에서 Mahmassani 중재재판관은 '차별적인 국유화'는 위법한 것임을 주장한 바 있다. 결국 내·외국인간 또는 외국인 상호간의 비차별은 적법한 수용이 되기 위한 필수요건으로 유지되고 있다는 점에 대해서는 의문의 여지가 없다. 답 O

27. Hull공식에 따르면 외국인 재산의 수용 시 신속하고 충분하고 효과적인 보상이 요구된다. [22 9급]

해설 1938년 멕시코가 포고령을 통하여 외국의 석유산업을 수용한다고 발표하자, 미국의 Hull 국무장관은 "그 어떤 정부도 신속하고 충분하고 실효적인 보상의 지급 없이는 그 목적이 무엇이건 외국인의 사유재산을 수용할 권리가 없다"는 주장을 하였다. 이때 신속이란 수용 즉시를, 충분한이란 수용대상 재산을 공정한 시장가격으로 계산하여야 함을, 실효적인 보상이란 피해 외국인이 즉시 활용할 수 있는 국제통화로 지불하여야 함을 말한다.

답 O

28. **국제법상 외국인 재산의 수용에 관하여 국유화의 경우는 보상에서 제외된다.** [10 7급]

해설 1938년 멕시코가 포고령을 통하여 외국의 석유산업을 수용한다고 발표하자, 미국의 Hull 국무장관은 "그 어떤 정부도 신속하고 충분하고 실효적인 보상의 지급 없이는 그 목적이 무엇이건 외국인의 사유재산을 수용할 권리가 없다."는 주장을 하였다.

답 X

29. **1962년 천연자원에 대한 영구주권결의는 각국의 국유화 또는 수용의 권리를 인정하며 소유주는 "국제법에 따라 적절한 보상을 지급받아야 한다."고 규정하였다.** [16 7급, 22 9급]

해설

답 O

	보 상	분쟁해결
62년 천연자원 영구주권결의	국제법에 따라 적절한 보상	중재 또는 국제재판
73년 천연자원 영구주권결의	각국이 결정	국내입법에 따라 해결
74년 국가의 권리의무 헌장	국내법과 적절한 상황고려	합의→국내법

30. **1973년 천연자원에 대한 영구주권결의는 "각국은 가능한 보상금액과 지급방법을 결정할 권리가 있다."라고 규정하였다.** [16 7급]

해설

답 O

31. **국제법상 외국인 재산의 수용에 관하여 제3세계 국가들은 수용과 관련된 분쟁은 수용국의 국내법에 따라 해결되어야 한다고 주장하고 있다.** [10 7급]

해설 UN총회 결의 등에 표현된 제3세계의 입장을 종합하면, 보상의무는 존재하지만 보상기준은 국내법이 결정할 문제이며, 수용에 따른 분쟁도 당사국간에 합의가 이루어지지 않는 한 수용국의 국내법에 따라 국내재판소에서 해결해야 한다는 것이다. 이러한 입장은 확연히 수용국의 주도권을 인정하는 것으로 다수의 서구국가들은 이러한 결의에 반대 또는 기권을 한 바 있다. 결국 오늘날 전통관습법규인 Hull공식은 서구진영의 국가들에 대해서만 구속력이 있는 특별 국제법의 지위로 강등되었으며, 위 규정에 담긴 일반 관습법규는 제3세계와 사회주의 진영에 대해서만 구속력을 가진다고 할 수 있다.

답 O

Ⅲ 국가계약의 위반과 국가책임의 성립

제3절 투자보호방법

Ⅰ 투자보호의 필요성

Ⅱ 양자간투자협정(bilateral investment treaties : BITs)

Ⅲ 투자분쟁해결을 위한 국제본부(ICSID)

32. 분쟁당사자들은 ICSID에 분쟁을 회부하기로 서면으로 부여한 동의를 일방적으로 철회할 수 없다. [18 7급]

해설 분쟁당사자들이 분쟁을 본부에 부탁하기로 서면으로 동의해야 한다. 이러한 동의는 계약서에 언급할 수도 있겠지만 체약국가들이 조약을 체결하여 외국인과의 분쟁은 ICSID에서 해결한다고 내용을 정하는 것도 된다. 이 경우 동 조약의 구속력에 근거하여 이미 타방 체약국이 본부관할을 동의했으므로, 이제 개인은 일방적으로 본부관할권을 수락만 하면 된다. 일단 동의하면 일방적으로 철회하지 못한다. 답 O

33. 분쟁당사자들은 상호 합의하에 ICSID 내에서 알선, 조정, 중재 및 재정절차를 활용할 수 있다. [18 7급]

해설 조정절차와 중재절차가 있다. 투자자나 체약국은 사무총장을 통하여 투자분쟁을 조정위원회에 부탁할 수 있지만, 중재재판소에 부탁하는 것이 일반적이다. 조정인패널과 중재인패널을 구성하기 위해, 각 체약국은 각 패널에 4명을 지명할수 있는데, 반드시 자국민일 필요는 없다. 의장은 각 패널에 10인을 지명할 수 있는데 각기 다른 국적을 가져야 한다. 패널 구성원의 임기는 6년이며 연임할 수 있다. 그리고 한 사람이 양 패널에 복무할 수 있다. 답 X

34. 중재재판 준거법의 미합의시에 중재재판부는 분쟁당사국의 국내법과 국제법 모두를 적용하여야 한다. [18 7급]

해설 우선 당사자들이 선택하는 법규칙을 적용하는데, 그와 같은 선택이 없으면 '분쟁체약당사국의 국내법'과 '국제법규'를 모두 적용한다. 따라서 국제법에 위배되는 수용을 허용하는 국내법은 중재인들에 의하여 무시된다. 합의하는 경우 형평과 선에 따라 분쟁을 해결할 수도 있다. 답 O

35. 분쟁당사국들은 ICSID 협약에 따라 내려진 판정의 구속력을 승인하고 이를 집행하여야 한다. [18 7급]

해설 중재재판에서 위법행위를 한 것으로 선언된 당사자는 판정을 준수하여야 한다. 각 체약국은 판정을 구속력 있는 것으로 승인하고, 그것이 당해 국가의 재판소의 최종판결인 것과 같이 자국영토 내에서 집행을 보장하여야 한다. 답 O

Ⅳ 다자간 투자보증기구(MIGA)

제17장 국제인권법

제1절 국제인권법의 전개과정

Ⅰ 국제인권법의 정의

1. **일반국제법상 국가는 자국 영토와 해외에서 권한을 행사할 때 인권을 존중할 의무를 부담하며, 그러한 국가의 권한 하에 있는 개인의 국적여부는 문제 되지 않는다.** [22 7급]

해설 개인은 국적을 기준으로 속인주의 관할권과 외교적 보호를 제공받았다. 이에 비해 국제인권법은 이것을 교정하기 위한 노력으로서 사람이 피해 당시 어느 국가의 국적을 가지고 있느냐를 문제 삼는 것이 아니라 그가 보호받아야 할 인간이라는 사실을 문제 삼는다.

답 O

Ⅱ 국제인권법의 전개과정

제2절 국제형법의 발전

제3절 인권의 국제적 보호체제

Ⅰ UN과 인권의 국제적 보호

2. **국제연합(UN)헌장에 따르면, 모든 UN 회원국은 제55조에 명시된 목적을 달성하기 위해서 UN과 협력할 것을 약속하고 있다.** [21 9급]

해설 UN은 제1조 3항에서 모든 사람의 인권 및 기본적 자유에 대한 존중을 촉진하고 장려함을 UN의 목적의 하나로 하였고, 그러한 목적 달성은 국가간의 평화롭고 우호적인 관계에 필요한 안정과 복지의 조건을 창조하기 위한 것임을 언급하며(제55조), 각 회원국을 이를 달성하기 위해 UN과 협력하여 공동으로 또는 개별적인 조치를 취하기로 약속하고 있다(제56조).

답 O

3. **인권위원회(Commission on Human Rights)는 경제사회이사회의 보조기관이다.** [20 7급]

해설 인권위원회(Commission on Human Rights)는 1947년 경제사회이사회 결의에 의하여 설립되었고, 경제사회이사회에서 선출되는 임기 3년의 53개 위원국으로 구성되는데, UN 내에서 정기적으로 인권문제만을 전담하는 최고위급 기관이었으나, 2006년 3월 15일 UN총회의 결의를 통해 '총회' 산하의 인권이사회로 대체되었다.

답 O

4. **인권이사회 자문위원회는 개인 자격으로 봉사하는 20인의 인권전문가로 구성된다.** [18 9급]

해설 인권이사회의 출범과 함께 종래 인권소위원회는 18명의 인권전문가로 구성되는 자문위원회로 개편

되어, 자문위원회는 연 2회 각 10일간 회의를 한다. 과거 소위원회가 사실상 독립적으로 UN내에서 인권쟁점에 관한 논의를 선도하던 것에 비하면 자문위원회의 역할이 인권이사회의 자문기구로 격하되고 독자적 활동의 재량성이 축소되었다. 답 X

5. **UN헌장에 따르면 총회는 인권 및 기본적 자유의 실현을 원조하기 위한 권고를 행한다.** [20 7급]

해설 총회는 다음의 목적을 위하여 연구를 발의하고 권고한다. 경제, 사회, 문화, 교육 및 보건 분야에 있어서 국제협력을 촉진하며 그리고 인종, 성별, 언어 또는 종교에 관한 차별 없이 모든 사람을 위하여 인권 및 기본적 자유를 실현하는데 있어 원조하는 것(UN 헌장 제13조 1항). 답 O

6. **인권이사회는 2008년 UN안전보장이사회의 결의에 의해 설립되었다.** [18 9급]

해설 2006년 3월 UN총회는 기존의 인권위원회를 폐지하고 인권이사회를 설치하기로 결의하였다. 인권이사회는 총회에서 '재적 과반수'에 의한 비밀투표를 통해 직접적이고 개별적으로 선출되는 47개 UN회원국으로 구성된다. 답 X

7. **인권이사회는 UN의 전문기구(specialized agency)로서의 지위를 가진다.** [18 9급]

해설 주요기관인 총회 산하의 기관이다. 답 X

8. **인권이사회(Human Rights Council)의 보편적 정례 인권검토제도(UPR)는 모든 회원국에게 적용된다.** [18 9급, 20 7급]

해설 인권이사회는 전세계 모든 국가의 인권상황을 매 4년마다 정기 점검하는 제도(Universal Periodic Review : UPR)를 도입하여 2008년부터 심사를 시작하였다(단, 2012년 2회째부터는 4년 6개월마다 심사). 이는 과거 인권위원회가 문제 있는 국가의 인권상황만을 검토하던 방식을 탈피한 것이다. UPR에서는 UN헌장, 세계인권선언, 해당국이 당사국인 인권조약, 해당국의 국제적 약속 등을 검토기준으로 한다. 한국은 2008년 첫 해에 심사를 받았으며, 2012년 두 번째 심사를 받았다. 답 O

9. **인권고등판무관(High Commissioner for Human Rights)은 사무총장의 동의를 얻어 총회가 임명한다.** [20 7급]

해설 현재 UN 내에서 인권문제를 총괄하는 최고위직이다. 인권최고대표는 총회의 동의를 얻어 UN사무총장이 임명하며, 임기는 4년이다. 주요임무는 UN 인권조직 강화, UN 인권사무국을 전체적으로 감독, UN 인권관련기관들의 활동을 총괄조정, 인권관련협약에의 가입과 이행을 촉진한다. 인권의 국제적 보호에 있어서 UN의 역할이 과거에는 규범설정에 중점을 두고 있었다면, 인권최고대표직의 설치는 규범을 본격적으로 실천하는 단계로 진입하게 되었음을 상징한다. 답 X

Ⅱ 지역별 인권보호체제

10. **유럽국가들 간에는 1953년 9월 '인권 및 기본적 자유의 보호를 위한 협약'이 발효하여 세계인권선언의 조약화가 처음으로 실현되었다.** [07 7급]

해설 1948년 세계인권선언이 채택된 지 2년 만인 1950년 유럽 국가들은 "유럽인권협약"을 성립시켰고

14개의 의정서가 추가되어 내용을 보충하고 있다. 세계 최초의 인권재판소도 설치했다. 이 협약은 인권을 보장하기 위한 이행방안까지 포함하는 최초의 포괄적 성격의 국제인권조약으로서, 특히 개인에게도 국제적 구제절차를 제공하여 종래 주권국가 중심의 국제법 체제의 일부를 무너뜨리는 효과를 가져왔다. 출범 당시에는 개인이 직접 인권재판소에 제소할 수 없었고, 유럽인권위원회와 각료위원회가 중심적인 기능을 했으나, 1998년 제11의정서가 발효된 후 유럽인권재판소에 개인의 직접 제소도 가능해졌다. 유럽인권재판소는 1959년 출범 이래 2015년 말까지 모두 741,014건의 사건을 접수했으며, 그 중 18,577건의 판결을 내렸다.

답 O

11. 1978년 발효한 미주인권협약은 미주인권재판소를 창설하였다. [07 7급]

해설 1969년 채택되어 1978년 발효되어, 이행기구로서는 미주인권위원회와 미주인권재판소가 설치되었다. 유럽과 달리 개인은 재판소에 직접 제소할 수 없고 위원회로 사건을 통보할 수 있을 뿐이다. 미주인권재판소에는 국가나 위원회만 제소할 수 있다.

답 O

제4절 국제인권조약

Ⅰ UN 세계인권선언

12. 세계인권선언은 UN안전보장이사회의 보조기관인 인권위원회(Commission on Human Rights)가 준비하여 UN의 제3차 총회에서 채택되었다. [07 7급]

해설 경제사회이사회 산하 인권위원회(Commission on Human Rights)의 주도로 탄생한 것이 1948년 12월 10일에 채택된 세계인권선언이다.

답 X

13. 인권의 국제적 보호에 대하여 1948년 세계인권선언은 법적 구속력이 없는 정치적 · 도덕적 문서에 불과하다. [11 · 12 7급]

해설 인권위원회는 국제인권장전을 마련함에 있어서 일단 법적 구속력은 없는 "선언"형태의 문서를 먼저 만들고, 추후 구속력을 갖는 "조약"형태의 문서를 만들기로 하여, 세계인권선언은 그 자체 단지 UN회원국들에 대한 권고사항에 불과하다.

답 O

14. 박해를 피해 피난처를 구할 권리는 1948년 세계인권선언에 명시되어 있다. [14 9급]

해설 세계인권선언 제14조 1항.

답 O

15. 국적을 가질 권리는 1948년 세계인권선언에 명시되어 있다. [14 9급]

해설 세계인권선언 제15조 1항.

답 O

16. 정보를 전달하고 접수할 권리는 1948년 세계인권선언에 명시되어 있다. [14 9급]

해설 세계인권선언 제19조.

답 O

17. 건강하고 쾌적한 환경에서 생활할 권리는 1948년 세계인권선언에 명시되어 있다. [14 9급]

해설 서구적 인권인 시민적·정치적 권리에 더 많은 지면과 중요성을 할당하였다. 총 30개 조문 중에 제1조 내지 제21조는 시민적·정치적 권리를, 제22조 내지 제27조는 경제적·사회적·문화적 권리를 다루고 있으며, 제28조는 형제애와 결속의 권리를 시사하고 있다. 반면 민족자결권, 국가간 경제적 불평등, 환경권에 대해서는 언급이 없다. 답 ✕

18. 세계인권선언은 「경제적·사회적 및 문화적 권리에 관한 국제규약」과 「시민적 및 정치적 권리에 관한 국제규약」의 기초가 되었다. [21 7급]

해설 세계인권선언은 법적 구속력이 없으나, 진영에 관계없이 모든 국가가 자국법질서 내에서 어떤 가치를 수호해야 하는가에 관하여 일단의 보편타당한 단일개념을 공식화하였으며, 이후 채택된 제반 국제인권협약의 토대가 되었다. 답 ○

19. 세계인권선언은 개인청원(통보) 제도를 인정하고 있는 국제문서이다. [15 9급]

해설 현재 9대 인권조약 중 개인통보제도를 구비하고 있는 것에는 B규약 선택의정서, A규약 선택의정서, 인종차별철폐협약, 고문방지협약, 여성차별철폐조약, 이주노동자협약, 장애인권리협약, 아동권리협약 8개이다. 다만 이주노동자협약 상의 개인통보제도는 수락국 부족으로 아직 시행되지 못하고 있다. 답 ✕

Ⅱ 국제인권규약

20. 국제인권규약은 세계인권선언의 일반원칙들을 법적 구속력이 있는 문서에 담을 필요성에 따라 채택되었다. [11 7급, 12 경찰, 15 9급]

해설 국제인권규약은 1948년의 '세계인권선언'의 법적 구속력이 결여된 한계점을 보완하기 위하여 UN 인권위원회(Commission on Human Rights)의 작업에 기초하여 1966년 UN총회에서 채택되어 35개국이 비준을 완료한 1976년 각기 발효하였다. 답 ○

21. 국제인권규약은 「경제적, 사회적 및 문화적 권리에 관한 국제규약」과 「시민적 및 정치적 권리에 관한 국제규약」을 포함한다. [19 7급]

해설 국제인권규약은 1948년의 '세계인권선언'의 법적 구속력이 결여된 한계점을 보완하기 위하여 UN 인권위원회(Commission on Human Rights)의 작업에 기초하여 1966년 UN총회에서 채택되어 35개국이 비준을 완료한 1976년 각기 발효하였다. 국제인권규약은 "경제적·사회적·문화적 권리에 관한 국제규약"(A규약)과 "시민적·정치적 권리에 관한 국제규약"(B규약) 및 "B규약 선택의정서"로 구성되어 있다. 한국은 1990년 4월 10일 이들 세 문서에 가입하였고, 동년 7월 10일 발효하였다. B규약 가입시 남녀평등조항, 결사의 자유, 상소권 보장, 일사부재리 4가지를 유보한 상태에서 가입을 하였는데, 현재는 결사의 자유만 유보한 상태이다. 또한 1989년에 추가된 "사형폐지에 관한 제2선택의정서" 그리고 2008년 채택된 "경제적·사회적·문화적 권리에 관한 국제규약 선택의정서"라는 5개의 독립된 조약으로 구성되어 있다. 세계인권선언과 국제인권규약을 합하여 국제인권장전이라 한다. 답 ○

22. **1966년 '시민적 및 정치적 권리에 관한 국제규약'에 대하여 한국도 1990년에 가입하여 당사국이 되었다.** [10 9급]

해설 한국은 1990년 4월 10일 B규약에 가입하였고, 동년 7월 10일 발효하였다. 답 O

23. **모든 민족은 자결권을 갖는다는 것은 경제적 · 사회적 · 문화적 권리에 관한 국제규약(ICESCR)과 시민적 · 정치적 권리에 관한 국제규약(ICCPR)에 동일한 내용으로 규정된 사항이다.** [08 · 16 · 19 7급, 10 9급]

해설 A규약과 B규약은 모두 제1조에서 민족자결권조항을 두고 있다. 이러한 규정은 집단적 인권인 민족자결권이 개별적 인권의 기초임을 함축하고 있다. 답 O

24. **'경제적 · 사회적 및 문화적 권리에 관한 국제규약'에는 근로의 권리와 사회보장을 받을 권리 등이 규정되어 있다.** [15 9급]

해설 근로의 권리와 사회보장을 받을 권리 등이 규정되어 있다. 구체적으로 노동의 권리(제6조), 공정하고 유리한 노동조건의 보장(제7조), 노동조합의 결성·가입 및 파업의 권리(제8조), 사회보장을 받을 권리(제9조), 가정과 임산부 및 아동의 보호받을 권리(제10조), 적당한 생활수준을 유지할 권리(제11조), 육체적·정신적 건강을 향유할 권리(제12조), 교육을 받을 권리(제13조), 초등교육의 무상의무화 계획수립(제14조), 문화생활에 참가할 권리(제15조). 답 O

25. **A규약은 노동의 권리, 사회보장권, 교육에 관한 권리 등을 보장하고 있고 체약국이 이들 권리를 점진적으로 실행할 의무를 규정하고 있다.** [12 경찰]

해설 근로의 권리와 사회보장을 받을 권리 등이 규정되어 있다. 구체적으로 노동의 권리(제6조), 공정하고 유리한 노동조건의 보장(제7조), 노동조합의 결성·가입 및 파업의 권리(제8조), 사회보장을 받을 권리(제9조), 가정과 임산부 및 아동의 보호받을 권리(제10조), 적당한 생활수준을 유지할 권리(제11조), 육체적·정신적 건강을 향유할 권리(제12조), 교육을 받을 권리(제13조), 초등교육의 무상의무화 계획수립(제14조), 문화생활에 참가할 권리(제15조). A규약은 규약상 권리실현을 점진적으로 달성함을 목표로 하고 있고, 당사국들은 목표달성에 있어서 자국의 가용자원이 허용하는 최대한도까지 조치를 취할 것을 약속하고 있다. 답 O

26. **시민적 및 정치적 권리에 관한 국제규약에는 생명권과 신체의 자유와 안전에 관한 권리 및 참정권 등이 규정되어 있고 이를 즉시 시행할 것을 규정하고 있다.** [12 경찰, 15 9급]

해설 생명권보장(제6조), 고문과 잔혹한 형벌 또는 대우의 금지(제7조), 노예무역·노예제도·강제노동의 금지(제8조), 신체의 자유와 안전에 대한 권리(제9조), 피구금자에 대한 인도적 대우(제10조), 계약상의 의무를 이행할 능력이 없음을 이유로 한 투옥의 금지(제11조), 거주·이전의 권리와 자기 나라를 포함해서 어떤 나라든지 떠날 권리 및 자기 나라에 돌아갈 권리(제12조), 합법적으로 체류하고 있는 외국인에 대한 추방은 '법률에 의거한 결정'에 의해서만 가능(제13조), 공정한 재판을 받을 권리(제14조), 형벌불소급의 원칙(제15조), 인격권(제16조), 사생활·가족·가정 및 통신에 대한 자의적 또는 불법적 간섭금지(제17조), 사상·양심·종교의 자유(제18조), 표현의 자유(제19조), 전쟁을 선전하고 민족적·인종적 또는 종교적 증오를 옹호하는 행위의 금지(제20조), 평화적 집회의 권리(제21조), 노동조합의 결성을 포함한 결사의 자유(제22조), 가족의 보호와 혼인의 권리(제23조), 아동의 보호받을 권리(제24조), 참정권(제25조), 법의 평등한 보호를 받을 권리(제26조), 소수자 구성원의 보호(제27조). B규약은 각 당사국에게 규약상의 권리를 존중하고 자국 영토 및 관할권 내의 모든 개인에게 권리를 확보할 것을 요구함으로써 규약상 권리의 즉각적이고 완전한 실현을 목표로 하고 있다. 답 O

27. **시민적 및 정치적 권리에 관한 국제규약과 경제적 · 사회적 및 문화적 권리에 관한 국제규약(선택의정서 포함)에 재산권에 관한 규정이 없는 것은 공통점이다.** [16 7급]

해설 A규약 제15조 1항에서 지적재산권보호의 초보적 관념을 전달하도록 기초된 것을 제외하면, 두 인권규약에는 재산권에 관해서는 언급이 없는데, 이것은 그 당시 외국인 재산의 수용에 관한 전통보상법규의 침식·개정의 경향과 입장을 같이한 것이었다. 답 O

28. **「경제적, 사회적 및 문화적 권리에 관한 국제규약」은 외국인의 경제적 권리 보장 정도에 대한 개발도상국의 재량을 인정하고 있어 당사국이 권리의 완전한 실현을 가용자원의 한도 내에서 점진적으로 달성하도록 명시하고 있다.** [09 7급, 15 · 17 9급]

해설 A규약은 규약상 권리실현을 점진적으로 달성함을 목표로 하고 있고, 당사국들은 목표달성에 있어서 자국의 가용자원이 허용하는 최대한도까지 조치를 취할 것을 약속하고 있다. 답 O

29. **당사국은 규약상의 권리실현을 즉시적으로 달성하기 위한 제반 조치를 취해야 한다는 것은 경제적 · 사회적 · 문화적 권리에 관한 국제규약(ICESCR)과 시민적 · 정치적 권리에 관한 국제규약(ICCPR)에 동일한 내용으로 규정된 사항이다.** [08 · 09 7급]

해설 B규약은 각 당사국에게 규약상의 권리를 존중하고 자국 영토 및 관할권 내의 모든 개인에게 권리를 확보할 것을 요구함으로써 규약상 권리의 즉각적이고 완전한 실현을 목표로 하고 있다. 답 X

30. **사회권규약은 개발도상국들에게 경제적 권리에 관한 한 외국인을 차별할 수 있는 권리를 허용하고 있다.** [09 7급]

해설 A규약 제2조 제3항은 개도국들이 외국인에 대해 특정 조건하에서 차별을 할 수 있도록 인정하고 있다. 답 O

31. **자유권규약에는 공공의 비상사태시에 당사국이 규약상의 의무를 위반하는 조치를 취하는 것을 허용하고 있지만 이 경우에도 위반할 수 없는 인권을 규정하고 있다.** [09 · 16 7급]

해설 B규약 제4조는 비상사태하에서 규약상의 인권이 제한될 수 있음을 인정하는 한편, 비상사태하에서도 위반이 허용되지 않는 인권을 적시하고 있다. 제6조의 생명권, 제7조의 고문과 잔혹한 형벌 또는 대우의 금지, 제8조의 노예무역·노예제도·강제노동의 금지, 제11조의 계약상의 의무를 이행할 능력이 없음을 이유로 한 투옥의 금지, 제15조의 형벌불소급원칙, 제16조의 인격권, 그리고 제18조의 사상·양심·종교의 자유조항이다. 답 O

32. **「경제적, 사회적 및 문화적 권리에 관한 국제규약」은 모든 당사국에게 권리의 실현을 위해 취한 조치와 발전을 보고할 의무를 부과하고 있다.** [17 9급]

해설 A규약의 모든 당사국은 규약상의 권리를 보장하기 위해 채택한 조치와 진전상황에 관해 정기적으로 UN사무총장에게 보고서를 제출하여야 한다. 이 보고서는 경제사회이사회가 검토한다. 경제사회이사회는 이 검토를 담당하기 위해 '경제적·사회적·문화적 권리에 관한 위원회'를 설치하였다. 위원회는 개인자격으로 선출되는 임기 4년의 18명의 전문가로 구성된다. 답 O

33. **「경제적, 사회적 및 문화적 권리에 관한 국제규약」은 대규모적이고 지속된 형태의 권리 침해를 조사할 수 있는 특별보고관 제도를 두고 있다.** [17 9급]

해설 과거 인권위원회 시절 수행되던 특별보고관 제도는 현재 인권이사회에서도 유사한 형태로 유지되고 있다. 즉 주제별 또는 국가별 특별절차가 계속 유지되며, 대규모적이고 믿을 만한 정도로 입증된 지속적 형태의 인권침해가 있는 경우 5인 실무위원회가 구성되어 사건을 조사한다. A규약에 존재하는 제도가 아니다.

답 ×

34. **A규약과 B규약의 이행감독장치로서 인권위원회가 설치되어 있고 개인통보제도(국가고발제도)가 마련되어 있다.** [12 경찰]

해설 A규약의 감독기관으로 '경제적·사회적·문화적 권리에 관한 위원회'가 있으며, B규약의 이행감독장치로서 인권위원회가 설치되어 있다. 2008년 12월 10일 결의에 의거하여 A규약에 관한 선택의정서를 채택하여 국가간 고발제도와 개인의 국가고발제도를 도입하였다. 여기서도 국내구제수단완료의 원칙은 적용되며, 중대하고 체계적인 위반에 대해서는 당해 국가가 동의하는 경우 영토에 대한 방문까지 포함되는 사실심사절차도 도입하고 있다. 다만, 국가간 고발 제도와 사실심사 절차는 선택의정서 체약국으로서, 이들 절차에 대한 경제적·사회적·문화적 권리에 관한 위원회의 권한을 인정한다고 선언한 국가들에 대해서만 발동이 가능하다. 체약국은 언제든지 그같이 선언할 수 있고, 언제든지 철회할 수 있다. 이점은 B규약에 대해서는 탈퇴자 폐기를 허용하는 규정이 없지만, B규약 제41조의 수락선언의 철회나, B규약 선택의정서의 폐기는 허용하는 것과 입장을 같이 하는 것이다.

답 ×

35. **인권의 국제적 보호에 대하여 1966년 시민적 및 정치적 권리에 관한 국제규약의 이행감독장치로 인권위원회(Human Rights Committee)가 설치되었다.** [11 7급]

해설 체약국들에 의하여 '개인'자격으로 선출되고, 각기 다른 국적의 임기 4년의 18명의 위원으로 구성되는 인권위원회(Human Rights Committee)가 중심적 역할을 담당하고 있다.

답 ○

36. **1966년 '시민적 및 정치적 권리에 관한 국제규약'에 대하여 각 당사국은 규약상 권리를 실현하기 위해 취한 조치와 진전상황에 관하여 UN 사무총장에게 보고서를 제출하여야 한다.** [10 9급. 21 7급]

해설 당사국은 권리실현조치 및 실현성과에 대한 보고서를 규약 발효 후 1년 이내로 최초보고서를 제출하여야 하고, 이후 인권위원회의 요청시 UN사무총장에게 제출하여야 한다. UN사무총장은 이를 인권위원회로 송부한다.

답 ○

37. **당사국은 규약상의 권리의 실현을 위한 조치 및 상태 등에 대한 보고서를 UN 인권위원회에 제출하여야 한다는 것은 경제적 · 사회적 · 문화적 권리에 관한 국제규약(ICESCR)과 시민적 · 정치적 권리에 관한 국제규약(ICCPR)에 동일한 내용으로 규정된 사항이다.** [08 7급]

해설 B규약상의 보고제도는 인권위원회에 제출하나, A규약의 보고제도는 경제적·사회적·문화적 권리에 관한 위원회가 검토한다.

답 ×

38. **1966년 '시민적 및 정치적 권리에 관한 국제규약'에 대하여 각 당사국은 동 규약을 위반한 다른 당사국을 고발할 의무가 있다.** [10 9급]

해설 B규약을 비준하는 것 외에 제41조를 수락한 당사국 상호간에 전통적인 외교보호권의 논리를 넘어 B규약상의 의무위반을 인권위원회에 제기하는 것을 말한다. 다만, 시민적·정치적 권리규약의 체약국들은 국가간의 우호관계를 해칠지 모르는 이 국가간 고발절차를 선호하지 않고 있으며, 그 결과 이 절차는 별다른 성과를 거두고 있지 못하다. 답 X

39. 인권이사회는 규약의 당사국이 이 규약상의 의무를 이행하지 않는다는 주장을 접수하여 이를 일방 당사국에게 통보한 후 해당 사안을 심리할 권한을 가지는바, 이러한 인권이사회의 권한은 당사국이 규약을 비준하면 자동으로 인정된다. [22 7급]

해설 이 규약의 당사국은 타 당사국이 이 규약상의 의무를 이행하지 아니하고 있다고 주장하는 일 당사국의 통보를 접수, 심리하는 이사회의 권한을 인정한다는 것을 이 조에 의하여 언제든지 선언할 수 있다. 이 조의 통보는 이 규약의 당사국중 자국에 대한 이사회의 그러한 권한의 인정을 선언한 당사국에 의하여 제출될 경우에만 접수, 심리될 수 있다(제41조 1항). 답 X

40. 통보를 접수한 국가가 최초의 통보를 접수한 후 6개월 이내에 당해 문제가 관련당사국 쌍방에게 만족스럽게 조정되지 아니할 경우에는, 양 당사국 중 일방에 의한 인권이사회와 타 당사국에 대한 통고로 당해 문제를 인권이사회에 회부할 권리를 가진다. [22 7급]

해설 통보를 접수한 국가가 최초의 통보를 접수한 후 6개월 이내에 당해문제가 관련당사국 쌍방에게 만족스럽게 조정되지 아니할 경우에는, 양 당사국중 일방에 의한 이사회와 타 당사국에 대한 통고로 당해문제를 이사회에 회부할 권리를 가진다(B규약 제41조 1항 b호). 답 O

41. 인권이사회에 회부된 문제가 관계당사국들에 만족스럽게 타결되지 못하는 경우, 인권이사회는 특별위원회를 임명하고 특별위원회는 당해문제를 해결하기 위하여 관계당사국에게 구속력 있는 중재 결정을 할 권리를 가진다. [22 7급]

해설 B규약 제42조에 따라 특별조정위원회의 조정에 의한다. 답 X

42. 인권이사회는 통보된 문제의 처리에 있어서 일반적으로 승인된 국제법의 원칙에 따라 고려하여야 하며 인권이사회의 절차가 시작되기에 국내적 구제절차가 완료되었음을 확인할 필요는 없다. [22 7급]

해설 이사회는, 이사회에 회부된 문제의 처리에 있어서, 일반적으로 승인된 국제법의 원칙에 따라 모든 가능한 국내적 구제절차가 원용되고 완료되었음을 확인한 다음에만 그 문제를 처리한다. 다만, 구제수단의 적용이 부당하게 지연되고 있을 경우에는 그러하지 아니한다(제41조 1항 c호). 답 X

43. 시민적 · 정치적 권리에 관한 국제규약 선택의정서는 인권침해에 대하여 개인이 인권위원회(Human Rights Committee)에 통보(Communication)할 수 있는 제도를 두고 있다. [07 7급, 15 9급]

해설 개인고발제도는 국제인권 B규약 내의 준수 감독제도가 아니라, B규약선택의정서에 규정된 제도로서 B규약 및 B규약 선택의정서 가입당사국의 관할 하에 있는 개인이 당사국의 B규약 위반에 대해 적절한 국내구제절차를 완료한 다음 인권위원회에 당사국을 고발하여 개인의 인권침해를 구제하는 절차를 의미한다. 답 O

44. 집단살해죄의 방지 및 처벌에 관한 협약과 난민의 지위에 관한 의정서는 개인청원(통보) 제도를 인정하고 있는 국제문서이다. [15 · 19 9급]

해설 A규약, B규약과 함께 ① 인종차별철폐협약, ② 여성차별철폐협약, ③ 고문방지협약, ④ 아동권리협약, ⑤ 이주노동자권리협약, ⑥ 장애인권리협약, ⑦ 강제실종방지협약을 9대 인권협약으로 본다. 이중 우리나라는 이주노동자협약과 강제실종협약에는 가입하지 않았다. 현재 9대 인권조약 중 개인통보제도를 구비하고 있는 것에는 B규약선택의정서, A규약선택의정서, 인종차별철폐협약, 고문방지협약, 여성차별철폐조약, 이주노동자협약, 장애인권리협약, 아동권리협약 8개이고, 강제실종방지협약에는 없다. 다만 이주노동자협약상의 개인통보제도는 수락국 부족으로 아직 시행되지 못하고 있다. 답 X

45. 1966년 시민적 및 정치적 권리에 관한 국제규약 선택의정서상 개인통보제도는 국내적 구제완료 원칙이 적용된다. [16 9급, 19 7급]

해설 개인통보제도의 요건은 i) B규약상에 열거되어 있는 특정권리를 침해당했다고 주장하는 제1선택의정서 당사자의 관할권 하에 있는 개인이어야 한다. ii) 국가간고발의 경우와 마찬가지로 부당하게 지연되지 않는 한 국내구제수단을 완료했어야 한다. 나아가 iii) 동일문제가 타 국제조사 또는 타해결절차에 의거하여 조사되고 있는 동안에는 개인의 진정서를 검토하지 아니한다. 답 O

46. 1966년 시민적 및 정치적 권리에 관한 국제규약 선택의정서상 개인통보제도는 자연인이 아닌 단체의 통보도 받아들여진다. [16 9급]

해설 청원적격에 있어서도 법인이나, 피해자와 무관한 사인의 청원권을 부인함으로써 청원권의 주체가 협소하다. 답 X

47. 당사국의 관할권에 복종하지 않는 외교사절의 행위는 개인통보의 대상이 되지 않는다. [16 9급]

해설 외교사절의 행위는 접수국의 인권침해행위로 볼 수 없으므로 접수국을 상대로 개인통보할 수 없다. 답 O

48. 국가에 귀속시킬 수 없는 사인(私人)에 의한 권리침해는 개인통보의 대상이 되지 않는다. [16 9급]

해설 국가에 의해 인권침해를 당한 개인의 권리구제절차이다. 답 O

49. 「시민적 및 정치적 권리에 관한 국제규약」상 Human Rights Committee의 최종 견해는 당사국에게 구속력이 인정되지 않는다. [21 7급]

해설 위원회의 견해는 관련 당사국을 법적으로 구속하지 않는 권고적 효력을 갖는데 지나지 않는다. 답 O

50. 「경제적, 사회적 및 문화적 권리에 관한 국제규약」에서 보장하는 권리를 침해받은 개인이 국제적으로 통보를 제출할 수 있는 국제진정절차가 수립되어 있다. [09 · 16 · 19 7급]

해설 2008년 12월 10일 결의에 의거하여 A규약에 관한 선택의정서를 채택하여 국가간 고발제도와 개인의 국가고발제도를 도입하였다. 따라서 현재는 공통되는 사항이다. 답 O

51. **인권의 국제적 보호에 대하여 1966년 경제적 · 사회적 및 문화적 권리에 관한 국제규약은 국가간고발제도를 도입하고 있다.** [11 7급]

해설 2008년 A규약 선택의정서를 채택하여 국가간 고발제도와 개인의 국가고발제도를 도입한 것이지 1966년 A규약에 존재하는 제도가 아니다. 답 X

52. **시민적·정치적 권리규약 인권위원회는 당사국이 책임져야 할 상황에서 당사국의 권한이나 실효적 통제 하에 있는 사람이 당사국 영토 밖에 있는 경우에도 규약상의 권리를 보장받아야 한다고 해석하였다.** [22 7급]

해설 1981년 Lopez Burgos v. Uruguay 사건에서 HRC는 우루과이 정보국 요원들이 Lopez Burgos의 권리를 침해한 행위가 설사 외국에서 발생했을지라도, 이 사건에서는 권리침해를 당한 개인이 선택의정서 제1조에서 말하는 관할권에 복종하는 자에 해당한다고 판단했다. 답 O

53. **ICJ는 Legal Consequences of the Construction of a Wall in the Occupied Palestinian Territory 사례에서 국가는 실효적으로 관할권을 행사하는 점령지에 자국이 당사국인 인권조약을 적용할 의무가 있다고 판시하였다.** [22 7급]

해설 2004년 ICJ의 *Legal Consequences of the Construction of a Wall in the Occupied Palestinian Territory* 사건의 권고적 의견에서 이스라엘이 당사국인 국제인권규약이 점령지에도 적용되는지가 문제되었는데, ICJ는 이스라엘 당국이 점령지에 대하여 실효적 관할권을 행사하고 있음을 지적하며, 이스라엘의 반대의견에도 불구하고 규약이 점령지 주민에게도 적용된다고 판단했다. 답 O

Ⅲ 기타 국제인권조약

54. **고문방지협약의 당사국은 고문자를 직접 처벌하든가 기소를 위하여 타국으로 인도해야 한다.** [21 9급]

해설 당사국은 고문자를 직접 처벌하던가, 처벌을 위하여 타국으로 인도해야 한다(제7조). 답 O

55. **직접 고문한 자뿐만 아니라 고문을 교사 · 동의 · 묵인한 자도 처벌 대상이 된다.** [21 9급]

해설 고문을 한 자는 범죄자로 처벌받아야 하며, 미수나 공범자, 가담자도 처벌대상에 포함된다(제4조). 답 O

56. **고문방지협약의 국가 간 통보제도는 동 협약 제21조를 수락한 당사국 상호 간에만 인정된다.** [21 9급]

해설 제21조는 국가간 통보권을 규정하여 이를 수락한 특정 당사국이 협약상의 의무를 위반하고 있는 경우 다른 수락국이 고문방지위원회에 이의를 제기할 수 있도록 하고 있다. 답 O

57. **고문피해자인 개인이 직접 고문방지위원회에 조사를 요청할 수는 없다.** [21 9급]

해설 제22조는 고문 등 피해를 받았다고 주장하는 개인이 직접 고문방지위원회에 조사를 요청할 수 있는 제도를 두고 있다. 답 X

58. **C국 국민인 갑은 C국에서 인도에 반한 죄를 범하고 살인죄로 기소되었다. 갑은 A국에 주재하는 B국 대사관 내에 피신한 상태에서 B국에 망명을 신청하였다. C국은 범죄수사과정에서 고문을 활용하고 있다. A국이 갑의 신병을 확보하고 C국으로 인도하는 것은 국제법위반이 아니다.** [15 7급]

해설 1984년 고문방지협약 제3조는 "귀환자가 고문을 당할 위험이 있다고 믿어지는 실질적인 근거가 있는 국가로 강제송환해서는 안된다. 그러한 근거가 있는지를 결정하기 위하여 권한있는 기관은 관련국의 명백한 또는 대규모의 인권침해가 지속적으로 존재하는지를 포함한 모든 관련사항을 고려해야 한다."고 규정하고 있다. 답 X

59. **1948년 집단살해죄의 방지와 처벌에 관한 협약의 내용에 대하여 집단살해는 평시가 아닌 전시에 적용되는 국제법상 범죄이다.** [15 7급]

해설 체약국은 집단살해가 평시에 행하여졌든가 전시에 행하여졌든가를 불문하고 이것을 방지하고 처벌할 것을 약속하는 국제법상의 범죄임을 확인한다(제1조). 답 X

60. **1948년 집단살해죄의 방지와 처벌에 관한 협약의 내용에 대하여 집단살해가 성립되기 위해서는 국민적, 인종적, 민족적 또는 종교적 집단을 전부 또는 일부 파괴할 의도로서 그 구성원의 살해 등이 행하여져야 한다.** [15 7급]

해설 제노사이드를 흔히 집단살해하고 번역하고 있지만 이 협약 제2조에서 말하는 제노사이드란 "국민적·인종적·민족적 또는 종교적 집단"의 전부 또는 일부를 파괴할 의도 하에 ⅰ) 집단 구성원의 살해, ⅱ) 집단 구성원에 대한 중대한 정신적·육체적 위해, ⅲ) 집단을 파괴할 목적의 생활조건의 강제, ⅳ) 집단의 출생을 방지하기 위한 조치, ⅴ) 집단의 아동을 강제적으로 타집단으로 이주시키는 행위 등을 모두 포괄하는 개념으로 반드시 직접적인 대량살해만을 가리키지는 않는다. 나아가 동 협약 제3조는 집단살해, 집단살해를 범하기 위한 공모, 집단살해를 범하기 위한 직접 또는 공연한 교사, 미수범, 공범을 처벌한다. 범죄자와 관련하여 집단살해 또는 제3조에 열거된 기타 행위의 어떤 것이라도 이를 범하는 자는 헌법상으로 책임 있는 통치자이거나 또는 사인이거나를 불문하고 처벌하며(제4조), 체약국은 각자의 헌법에 따라서 본 협약의 규정을 실시하기 위하여 특히 집단살해 또는 제3조에 열거된 기타의 행위의 어떤 것에 대하여도 죄가 있는 자에 대한 유효한 형벌을 규정하기 위하여 필요한 입법을 제정할 것을 약속한다(제5조). 집단살해 또는 제3조에 열거된 기타 행위는 범죄인 인도의 목적으로 정치적 범죄로 인정치 않는다. 체약국은 이러한 경우에 실시중인 법률 또는 조약에 따라서 범죄인 인도를 허가할 것을 서약한다(제7조). 답 O

61. **1948년 집단살해죄의 방지와 처벌에 관한 협약의 내용에 대하여 집단의 아동을 강제적으로 타 집단으로 이동시키는 것은 집단살해에 해당한다.** [15 7급]

해설 위 해설 참조 답 O

62. **ICJ는 Application of the Convention on the Prevention and Punishment of the Crime of Genocide (Bosnia and Herzegovina v. Serbia and Montenegro) 사례에서 제노사이드로 기소된 자의 재판은 해당범죄의 본질상 모든 국가에서 재판이 가능하다고 언급하였다.** [22 7급]

해설 인권조약이 국가들에게 부과한 실체적 의무는 역외에서도 준수해야 하지만, 인권조약을 침해한 개인들을 누가 재판할 수 있는지의 문제는 구분되어야 한다. 2007년 *Application of the Convention on the*

Prevention and Punishment of the Crime of Genocide (Bosnia and Herzegovina v. Serbia and Montenegro) 사건에서 ICJ는 "제노사이드협약 제1조와 제3조에서 나오는 실체적 의무는 외견상 영토에 의하여 제한되지 아니하지만", "제6조에 의하여 부과된 소추의무는 이와는 대조적으로 명시적인 영토적 제한을 받고 있다. 즉, 제노사이드로 기소된 자에 대한 재판은 그 영토에서 그 행위가 행해진 국가의 권한있는 재판소에서 수행하거나, 아니면 관할권을 가진 국제형사재판소에서 수행하여야 한다."고 언급한 바 있다. 답 ×

63. **1948년 집단살해죄의 방지와 처벌에 관한 협약의 내용에 대하여 협약의 해석, 적용 또는 이행에 관한 체약국간의 분쟁은 분쟁당사국의 요구에 의하여 국제사법재판소(ICJ)에 부탁되어야 한다.** [15 7급]

해설 집단살해 또는 제3조에 열거된 기타 행위의 어떤 것이라도 이로 인하여 고소된 자는 행위가 그 영토내에서 범행된 국가의 당해재판소에 의하여 또는 국제형사재판소의 관할권을 수락하는 체약국에 관하여 관할권을 가지는 동재판소에 의하여 심리된다(제6조). 본 협약의 해석 적용 또는 이행에 관한 체약국간의 분쟁은 집단살해 또는 제3조에 열거된 기타 행위의 어떤 것이라도 이에 대한 국가책임에 관한 분쟁을 포함하여 분쟁 당사국 요구에 의하여 국제사법재판소에 부탁한다(동 협약 제9조). 답 ○

제5절 인권의 보편성과 문화상대주의

제18장 난민의 보호

Ⅰ 서 설

Ⅱ 난민의 정의

1. **난민협약은 난민을 '인종, 종교, 국적, 특정사회 집단의 구성원 신분 또는 정치적 의견을 이유로 박해를 받게 될 우려가 있는 충분한 근거가 있는 공포 때문에 자기 국적국 밖에 있는 자'라고 정의하고 있다.** [10 7급, 12 경찰]

해설 제1조 난민의 용어정의 A (2). 답 O

2. **한국 법원은 성적 지향으로 인한 박해의 피해자를 특정 사회집단의 구성원 신분에 해당하는 난민으로 본다.** [21 7급]

해설 이때 '특정 사회집단'이란 한 집단의 구성원들이 선천적 특성, 바뀔 수 없는 공통적인 역사, 개인의 정체성 및 양심의 핵심을 구성하는 특성 또는 신앙으로서 이를 포기하도록 요구해서는 아니 될 부분을 공유하고 있고, 이들이 사회환경 속에서 다른 집단과 다르다고 인식되고 있는 것을 말한다. 동성애라는 성적 지향이 난민신청자의 출신국 사회의 도덕규범이나 법규범에 어긋나고 그것이 외부로 드러날 경우 그로 인해 박해에 노출되기 쉬우며, 이에 대해 출신국 정부에서 보호를 거부하거나 보호가 불가능한 경우에는 특정 사회집단에 해당한다고 볼 수 있다는 것에, 대법원 2017. 12. 22. 선고 2017두51020 답 O

3. **궁핍은 1951년 난민지위협약상 박해의 사유에 해당한다.** [10 7급, 15 경찰]

해설 박해사유는 인종, 종교, 국적, 특정사회집단에 소속, 정치적 의견의 다섯 가지 사유에 근거하여야 한다. 답 X

4. **경제적 사유나 자연재해로 인한 난민도 1951년 난민지위협약의 적용대상에 포함된다.** [16 9급]

해설 인종, 종교, 국적, 특정사회집단에 소속, 정치적 의견의 다섯 가지 사유에 근거하여야 한다. 답 X

5. **환경난민은 협약에 의하여 보호된다.** [21 7급]

해설 국제문서에서 말하는 난민의 정의에 부합되는지에 관계없이 본국 밖에서 보호를 구하는 사람들을 가리켜 흔히 유민, 피난민 혹은 실향민(the displaced person)이라 부른다. 협약은 경제적 사유나 자연재해로 인한 현대적 형태의 난민을 인정하지 않는데, 난민 개념의 확대경향으로 인하여 난민과 피난민의 전통적인 개념구분이 모호해져 가고 있다. 그러므로 1951년 제네바난민협약을 채택한 전권대표회의의 최종의정서에 포함된 권고는 모든 국가들이 이 협약상의 난민의 정의기준을 완전히 충족시키지 못하는 사람에 대해서도 가능하면 난민으로 취급해 줄 것을 희망하고 있다. 답 X

6. **1951년 '난민의 지위에 관한 협약'상 난민은 소속국으로부터 정치적 박해 또는 경제적 곤란을 피하여 외국으로 탈출한 자를 말한다.** [08 · 12 9급]

해설 경제적 곤란은 난민 사유가 아니다. 답 ×

7. **무국적자도 난민에 해당될 수 있다.** [17 9급, 20 경찰]

해설 국적이 없고 상주하던 국가 밖에 있는 자로서 그 상주국으로 돌아갈 수 없거나, 또는 상주국으로 돌아가기를 원하지 아니하는 경우에도 난민이 될 수 있다(난민협약 제1조 A (2)). 답 ○

8. **난민지위협약 상 난민신청자는 박해받을 공포가 있음을 객관적인 증거에 의하여 주장사실 전체를 증명해야 한다.** [21 9급]

해설 대법원 2008.09.25, 2007두6526은 판결은 충분한 근거 있는 공포는 난민인정의 신청을 하는 외국인이 증명하여야 할 것이나, 난민의 특수한 사정을 고려하여 그 외국인에게 객관적인 증거에 의하여 주장사실 전체를 증명하도록 요구할 수는 없고, 그 진술에 일관성과 설득력이 있고, 입국 경로, 입국 후 난민신청까지의 기간, 난민 신청 경위, 국적국의 상황, 주관적으로 느끼는 공포의 정도, 신청인이 거주하던 지역의 정치·사회·문화적 환경, 그 지역의 통상인이 같은 상황에서 느끼는 공포의 정도 등에 비추어 전체적인 진술의 신빙성에 의하여 그 주장사실을 인정하는 것이 합리적인 경우에는 그 증명이 있다고 하였다. 답 ×

9. **UN난민협약상 평화에 대한 죄, 전쟁범죄와 인도에 반하는 범죄를 저지른 자도 난민으로 인정받을 수 있다.** [12 · 20 경찰, 17 7급]

해설 제1조 F 난민적용배제조항에서 난민의 정의에 부합하더라도 다음의 경우에는 난민으로 인정되지 아니한다(난민지위협약 제1조 F). ① 평화에 대한 죄, 전쟁범죄 또는 인도에 대한 죄를 범한 자, ② 난민으로 입국이 허가되기 전에 영토국 밖에서 비정치적 범죄를 범한 자, ③ UN목적과 원칙에 반하는 행위를 한 자. 답 ×

10. **입국 전에 중대한 비정치적 범죄를 범한 자도 난민의 보호를 받을 수 있다는 것은 1951년 '난민의 지위에 관한 협약'에서 규정하는 내용에 부합한다.** [08 9급]

해설 난민지위협약 제1조 F 답 ×

11. **난민지위협약 상 난민에는 내전으로 인한 국내적 실향민(internally displaced people)도 포함된다.** [17 · 21 9급]

해설 지금까지 자신이 살던 거주지에서 쫓겨나긴 했지만 국제적으로 승인된 국경선을 넘지는 않는 사람들을 지칭하기 위해 고안된 개념인 국내피난민(internally displaced person)은 난민협약의 적용대상이 아니지만 국제공동체의 관심과 염려가 고조되고 있다. UNHCR은 국내피난민들에게 보호와 지원을 제공할 일반적 권한은 갖고 있지 않으나 UN총회 결의를 통해 국내피난민의 일부 집단에 대해서는 제한된 범위 내에서 점차 책임을 떠맡고 있다. 그리고 이 같은 활동은 UN사무총장이나 총회의 요청에 따라, 관련 국가의 동의를 얻어 개시된다. 2005년 UN본부에서 개최된 세계정상회담에서 국가/정부 수반들은 30개의 원칙으로 구성된 '국내피난에 관한 지도원칙'을 채택하였는데 그 자체 구속력 없는 문서이다. 답 ×

12. 난민은 비호를 신청할 국가에 입국한 시점에 난민 요건을 충족해야 한다. [21 7급]

해설 난민은 현재 국적국이나 상주국 밖에 있는 사람이긴 하지만 그러나 이들이 국가를 떠날 때 이미 난민이 되는 것이 요구되지는 않는데, 이처럼 개인이 국적국이나 상주국을 떠난 뒤 외국 땅에서 나중에 난민이 되는 경우를 특별히 현장난민(refugees sur place)으로 부르기도 한다. 답 X

13. 1951년 난민협약과 난민지위에 관한 의정서는 난민지위의 확인 및 결정절차를 회원국의 국내법에 위임하고 있다. [14·16·17 9급, 16 경찰]

해설 난민협약 당사국에 있어 난민지위 심사는 국가 자신이다. 특별히 마련된 절차에 따라 권한있는 정부기관이 담당한다. 한국은 출입국관리법에 근거 법무부장관에게 권한이 있다. UNHCR은 이러한 절차에 단지 참여할 뿐이다. 답 O

14. 난민신청자가 난민으로서의 법적 요건을 갖는지 여부에 대한 판정권은 UN 난민고등판무관(UNHCR)에 있다. [21 9급]

해설 난민협약 당사국에 있어 난민지위 심사는 국가 자신이다. 난민지위협약에는 국제적으로 통일적인 난민 판정절차가 마련되어 있지 않으며 개별국가는 난민으로 대우하기를 원하지 않는 자에 대해 그가 난민이 아니라고 주장함으로써 협약상의 의무를 회피할 수 있다. UNHCR은 이러한 절차에 단지 참여할 뿐이며, UNHCR측이 난민이라고 판정해도 이는 개별 당사국에 대해 구속력을 갖지 못한다. 답 X

15. 우리나라는 난민을 인정한 경우가 없다. [14 9급, 16 경찰]

해설 한국은 출입국관리법에 근거 법무부장관에게 권한이 있으며 2001년 최초로 난민이 인정되어 2019년 12월 31일 기준 누적 난민 인정자는 1,022명이며, 인도적 체류자는 2,203명이다. 답 X

Ⅲ 1951년 난민지위협약과 난민의 보호

16. 난민은 '난민지위협약'에 따라 입국할 권리가 보장된다. [15 경찰]

해설 일반국제법상 그리고 난민협약의 당사국이라도 국가는 난민의 입국을 허가할 의무가 없으며, 보호할 의무도 없다. 답 X

17. 국가는 생명이 위협되는 영역으로부터 직접 온 난민에게 즉시 합법적 입국을 허용하여야 한다. [16 9급, 17 7급]

해설 일반국제법상 그리고 난민협약의 당사국이라도 국가는 난민의 입국을 허가할 의무가 없으며 보호할 의무도 없다. 그러므로 국가가 국경선에서 외국인의 입국을 거부하거나, 불법입국한 난민을 영토에서 추방하는 것을 법적으로 비난할 수는 없다. 답 X

18. 불법적으로 입국한 난민은 불법입국에 따른 형벌을 받는다. [15 경찰]

해설 체약국은 그 생명 또는 자유가 제1조의 의미에 있어서 위협되고 있는 영역으로부터 직접 온 난민으로서 허가 없이 그 영역에 입국하거나 또는 그 영역 내에 있는 자에 대하여 불법으로 입국하거나 또는 불법으로 있는 것을 이유로 형벌을 과하여서는 아니 된다. 다만, 그 난민이 지체 없이 당국에 출두하고 또한 불법으로 입국하거나 또는 불법으로 있는 것에 대한 상당한 이유를 제시할 것을 조건으로 한다(제31조 1항).

답 X

19. **제네바난민협약은 세계인권선언과 마찬가지로 체약국의 난민비호 의무를 규정하고 있다.** [14 9급, 16 경찰]

해설 비호권은 외국인에게 그 영토 내에서 보호와 피난처를 제공할 국가의 권리이지 개인의 인권(망명권)이 아니다. 세계인권선언 제14조 제1항에서 "모든 사람은 박해를 피해 타국에서 비호를 구하고 그리고 이를 향유할 권리가 있다."고 규정하지만 "비호를 구할 권리"의 의미는 "다른 나라로 달아날 권리"를 그리고 "비호를 향유할 권리"는 A국이 난민에 대해 부여하는 비호를 B국이 존중하여야 한다는 의미일 뿐이다.

답 X

20. **비호권은 국가의 권리로서 개인이 외국에 요구할 수는 없다.** [08 7급]

해설 세계인권선언 제14조 제1항에서 "모든 사람은 박해를 피해 타국에서 비호를 구하고 그리고 이를 향유할 권리가 있다."고 규정하지만 "비호를 구할 권리"의 의미는 "다른 나라로 달아날 권리"를 그리고 "비호를 향유할 권리"는 국가가 난민에 대해 부여하는 비호를 타국이 존중하여야 한다는 의미일 뿐이다.

답 O

21. **갑은 A국에 주재하는 B국 대사관 내에 피신한 상태에서 B국에 망명을 신청하였다. B국이 갑에게 협약상 난민지위를 부여하지 않는 것은 1951년 난민지위협약의 위반이다.** [15 7급]

해설 B국 대사관은 B국의 영토가 아니다. 개인이 자국 주재 외교공관에 진입하여 외교비호를 제공받고 있는 경우라 해도 그는 접수국이나 파견국에 대하여 난민의 지위를 주장할 수 없다.

답 X

22. **난민지위협약의 체약국은 난민에게 원칙적으로 외국인에게 부여하는 대우와 동등한 대우를 부여하여야 한다.** [21 9급]

해설 체약국은 난민에게 이 협약이 더 유리한 규정을 두고 있는 경우를 제외하고, 일반적으로 외국인에게 부여하는 대우와 동등한 대우를 부여한다(제7조 1항).

답 O

23. **체약국은 인종, 종교 또는 출신국에 의거하여 난민을 차별해서는 아니 된다.** [18 7급]

해설 체약국은 난민에게 인종, 종교 또는 출신국에 의한 차별없이 이 협약의 규정을 적용한다(제3조).

답 O

24. **체약국은 난민의 귀화를 장려하는 정책을 실시하여서는 아니 된다.** [18 7급]

해설 체약국은 난민의 동화 및 귀화를 가능한 한 장려한다. 체약국은 특히 귀화 절차를 신속히 행하기 위하여 또한 이러한 절차에 따른 수수료 및 비용을 가능한 한 경감시키기 위하여 모든 노력을 다한다(제34조).

답 X

25. **정치적 난민에게 망명을 허용한 경우 본국에의 인도를 거절할 수 있다.** [08 7급]

해설 영토국은 합법 또는 불법체류를 불문하고 '어떠한 방법으로도' 인종·종교·국적·특정사회집단의 구성원 또는 정치적 이유로 그 생명이나 자유가 위협받을 우려가 있는 영역의 국경으로 추방하거나 송환하여서는 안된다(난민협약 제33조 1항).

답 O

26. 합법적 난민은 국가안보 또는 공공질서를 이유로 하는 경우를 제외하고, 적법절차 없이 추방되지 아니한다. [15 · 20 경찰]

해설 체약국은 국가안보 또는 공공질서를 이유로 하는 경우를 제외하고 합법적으로 그 영역에 있는 난민을 추방하여서는 아니된다(제32조 1항). 이러한 난민의 추방은 법률에 정하여진 절차에 따라 이루어진 결정에 의하여서만 행하여진다. 국가안보를 위하여 불가피한 이유가 있는 경우를 제외하고 그 난민은 추방될 이유가 없다는 것을 밝히는 증거를 제출하고, 또한 권한 있는 기관 또는 그 기관이 특별히 지명하는 자에게 이의를 신청하고 이 목적을 위한 대리인을 세우는 것이 인정된다(동조 2항). 답 O

27. 국가는 국가안보, 공공질서 또는 경제 상황을 이유로 합법적으로 그 영역에 있는 난민을 추방할 수 있다. [17 · 18 7급]

해설 체약국은 국가안보 또는 공공질서를 이유로 하는 경우를 제외하고 합법적으로 그 영역에 있는 난민을 추방하여서는 아니된다(난민협약 제32조 1항). 경제 상황을 이유로는 추방할 수 없다. 답 X

28. 난민은 생명이나 자유가 위협받을 우려가 있는 영역의 국경으로 송환되지 않는다. [17 9급]

해설 난민협약 제33조 1항 답 O

29. 1951년 UN난민협약에서 가장 중요한 원칙은 강제송환금지원칙이다. [12 경찰]

해설 난민협약 제33조의 강제송환금지의 원칙은 '국제관습법상'의 원칙으로서 난민지위협약 당사국뿐만 아니라 완강한 반대국가를 제외하고는 모든 국가에 대한 의무이며, 또한 난민의 권리이다. 답 O

30. 국제법상 난민에 대하여 강제송환금지원칙은 불법 입국한 난민에게는 적용되지 않는다. [14 9급, 16 경찰, 21 7급]

해설 강제송환금지원칙의 인적 적용범위는 난민자격을 인정받은 자를 포함하여 합법적으로 체류하고 있는 자, 불법적으로 체류하고 있는 자, 비호신청을 한 자 모두에 대해 적용된다. 답 X

31. 체약국은 생명이 위협받을 우려가 있는 국가로 난민을 추방하여서는 아니 된다. [08 · 18 7급]

해설 영토국은 합법 또는 불법체류를 불문하고 '어떠한 방법으로도' 인종·종교·국적·특정사회집단의 구성원 또는 정치적 이유로 그 생명이나 자유가 위협받을 우려가 있는 영역의 국경으로 추방하거나 송환하여서는 안된다(제33조 1항). 답 O

32. 난민의 비호에 관하여 국제사법재판소는 1950년 비호권사건(Asylum case)에서 외교공관의 외교적 비호권을 인정하였다. [08 7급]

해설 외교공관의 비호권은 인정되지 않는다. 답 X

33. 「1951년 난민의 지위에 관한 협약」에 대하여 강제송환금지 규정은 국제관습법 상 확립된 원칙을 명문화한 것이다. [12 9급]

해설 기존 관습법을 성문화한 것은 아니나, 현재는 국제관습법화 되었다. 답 X

34. **「1951년 난민의 지위에 관한 협약」에 대하여 난민의 개인적 지위는 1차적으로 거소지 국가의 법률에 의하여 규율된다.** [12 9급, 15 경찰]

해설 난민에게 적용되는 법은 주소지국의 법률이며, 주소가 없는 경우 거류지국의 법률이다(12조 1항).

답 X

35. **난민은 자신이 체재하는 국가의 법령을 준수할 의무가 없다는 것은 1951년 '난민의 지위에 관한 협약'에서 규정하는 내용에 부합한다.** [08 9급]

해설 난민은 거류지국의 법령준수의무와 공공질서유지조치에 복종할 의무가 있으며(2조), 납세의 의무도 있으나, 공과금의 부과는 자국민에 대한 부과율보다 높지 않아야 한다. 답 X

36. **「1951년 난민의 지위에 관한 협약」에 대하여 난민은 체약국 내에서 재판을 받을 권리, 공공교육, 사회보장제도에 대하여 내국민대우를 받는다.** [12 9급, 20 경찰]

해설 난민은 종교의 자유(4조), 공업소유권 및 문학·예술 및 과학분야의 저작권의 보호(14조), 소송능력(16조), 배급제도혜택(20조), 초등교육(22조 1항), 공적구호혜택(23조), 노동법상의 권리와 사회보장(24조)에 있어서 거류지국의 국민과 동등한 대우를 받는다. 답 O

37. **공급이 부족한 물자의 배급에 있어서 난민은 내국인과 동일한 대우를 부여받는다는 것은 1951년 '난민의 지위에 관한 협약'에서 규정하는 내용에 부합한다.** [08 9급]

해설 공급이 부족한 물자의 분배를 규제하는 것으로서 주민전체에 적용되는 배급제도가 존재하는 경우, 난민은 그 배급제도의 적용에 있어서 내국민에게 부여되는 대우와 동일한 대우를 부여받는다(제20조).

답 O

38. **1951년 난민지위협약에 국제이행절차로서 개인통보제도와 국가간통보제도가 도입되었다.** [16 9급]

해설 현재 9대 인권조약 중 개인통보제도를 구비하고 있는 것에는 국제인권B규약, 국제인권A규약, 인종차별철폐협약, 고문방지협약, 여성차별철폐조약, 이주노동자협약, 장애인권리협약, 아동권리협약 8개이다. 다만 이주노동자협약 상의 개인통보제도는 수락국 부족으로 아직 시행되지 못하고 있다. 답 X

Ⅳ UNHCR과 난민의 보호

39. **난민에 대한 국제적 원조의 중앙기구는 UNHCR이다.** [12 경찰]

해설 UNHCR의 임무는 전적으로 비정치적 성격을 가지며, 또한 인도적이고 사회적인 목적에 봉사하여야 한다(UNHCR규정 제2조). UNHCR의 업무는 난민의 '집단과 부류'에 관련되어야 하므로 개별 난민을 돌보는 문제에 대해서는 일차적인 책임을 지고 있지 않다. 그러나 이것은 어디까지나 '일반적으로' 그렇다는 것일 뿐, UNHCR이 필요한 경우 특정개인을 위하여 관련 정부의 의사결정에 개입할 권리를 갖고 있지 않음을 의미하는 것은 아니다. 답 O

Part. 1

일반국제법

2023대비
공무원국제법
기출지문

제4부

국가의 관할영역

제19장 국가의 영토취득

제1절 국가 영역

Ⅰ 국가영역

1. **오늘날 해양에서의 국가 영역주권은 배타적경제수역(EEZ)에까지 미친다고 보는 것이 일반적이다.** [13 경찰]

해설 영해까지가 영역에 해당한다. 배타적 경제수역은 관할권이 미치는 지역이다. 답 X

Ⅱ 영역의 외측한계

2. **국경선의 경계획정 방법과 관련하여 국제법상 일반적으로 인정되고 있는 기준으로, 국가 간의 합의, Thalweg 이론, Uti Possidetis 원칙, 국제판결을 들 수 있다.** [11 경찰]

해설 국경선은 국가간 합의에 의해 국경선이 정해짐이 원칙이고, 국경하천에서의 국경선 결정은 19세기 초 선박의 항행이 가능한 하천의 경우 가항수로의 중앙선을 국경선으로 한다는 Thalweg 원칙으로 수정되었다. Uti Possidetis 원칙이란 현재 점유하고 있는 자가 계속 점유할 수 있다는 로마법상의 원칙으로, 현지 주민의 실정과는 무관하게 구 식민세력이 편의적으로 그린 경계를 독립 이후에도 그대로 수용한다는 점에서 서구적 시각의 연장이라는 한계를 갖지만 국경분쟁과 혼란을 어느 정도 방지할 수 있었으며, 비록 사실상의 지배가 없던 지역이라도 법적으로는 통치권이 미치고 있었다는 주장을 가능하게 함으로써 중남미 오지에 대한 제3국의 선점 주장이 불가능하도록 하였다. 국경획정에 합의가 이루어지지 않으면 국제재판소의 판결을 통해 경계선을 정할 수 있다. 답 O

3. **국경선의 경계획정 방법과 관련하여 국제법상 일반적으로 인정되고 있는 기준으로, 사전주의 원칙, Hallstein Doctrine, Genuine link 이론을 들 수 있다.** [11 경찰]

해설 기존의 국제환경법원칙은 대체로 '과학적 확실성'(scientific certainty)에 기초하고 있으나, 과학적 인과관계가 명확하지는 않으나, 미리 예방적 조치를 취하지 않는 경우 대재앙적 환경재앙을 초래할 수도 있다는 반성이 제기되었다. 이러한 인식에 기초한 국제환경법원칙이 이른바 '사전주의 원칙'(precautionary principle)이다. Hallstein Doctrine은 1955년 9월 소련과 서독간 정식국교 수립이래의 서독 외교정책의 기본원칙이다. 서독만이 자유선거에 의한 정부를 가진 유일한 독일의 합법국가이므로 서독은 동독을 승인하는 나라와는 외교관계를 단절(대독전승국인 소련만은 이 원칙에서 예외)하겠다는 것이다. 당시 외무장관 W.할슈타인이 작성한 것이었기 때문에 이렇게 불렀다. Genuine link 이론은 국가의 외교적 보호권 행사와 관련하여 진정한 국적관련성이 있는 국가가 행사한다는 이론이다. 답 X

4. **탈베그(Talweg) 원칙에 따르면, 가항 하천에 교량이 없는 경우 국경선을 이루는 하천의 중간선이 국경선이 된다.** [21 9급]

해설 대부분의 국경은 오랜 역사 속에서 인구분포와 지형지물에 따라 자연스럽게 형성되었다. 즉 국경에 대한 별다른 합의가 없는 경우 산맥은 분수령, 교량은 중간선, 하천은 중앙선이 경계가 되었다. 가항하천의 경우 중심수류를 경계로 삼는 Talweg의 법칙이 일반적으로 적용된다. 한편 국경을 형성하는 가항하천 위에 교량이 있는 경우에는 다리의 경계는 단지 그 중간지점으로 하여야 된다는 견해와 다리의 경계는 하천의 경계와 수직으로 일치시키는 것이 바람직하다는 견해의 다툼이 있다. 국제사법재판소는 2005년 the Frontier Dispute(Benin/Niger) 사건에서 후설을 따랐다. 설문에서 정확히 맞는 지문이 되려면 가항수로의 중간선이라고 해야 하므로 문제가 있는 출제로 보인다. 답 O

5. 국제법상 uti possidetis 원칙은 현재의 점유자가 계속 점유한다는 로마법에서 유래하였다. [17 9급]

해설 Uti Possidetis 원칙이란 현재 점유하고 있는 자가 계속 점유할 수 있다는 로마법상의 원칙으로, 현지 주민의 실정과는 무관하게 구 식민세력이 편의적으로 그린 경계를 독립 이후에도 그대로 수용한다는 점에서 서구적 시각의 연장이라는 한계를 갖지만 국경분쟁과 혼란을 어느 정도 방지할 수 있었으며, 비록 사실상의 지배가 없던 지역이라도 법적으로는 통치권이 미치고 있었다는 주장을 가능하게 함으로써 중남미 오지에 대한 제3국의 선점 주장이 불가능하도록 하였다. 답 O

6. 국제법상 uti possidetis 원칙은 식민지 독립 후의 국경분쟁을 방지하는 이론이다. [15 경찰]

해설 현지 주민의 실정과는 무관하게 구 식민세력이 편의적으로 그린 경계를 독립 이후에도 그대로 수용한다는 점에서 서구적 시각의 연장이라는 한계를 갖지만 국경분쟁과 혼란을 어느 정도 방지할 수 있었다. 답 O

7. uti possidetis 원칙은 원래 아시아 식민지의 행정구역상 경계가 독립 이후의 국경이 된다는 원칙이다. [15 경찰, 17 9급]

해설 과거 스페인 식민통치하의 남미 국가들은 원래의 국가간 경계라는 개념이 존재하지 않았고 행정구역상의 경계가 있을 뿐으로 남미의 경우 1810년, 중미의 경우 1821년이 기준이 되어 독립시 국경획정에 이용된 例가 있다. 이 원칙은 해양에도 적용이 가능하다. 1964년 아프리카 통일(단결) 기구(Organisation of African Unity : OAU)는 아프리카 국가들이 독립 당시의 국경을 존중하기로 결의하였다. 따라서 원래는 남미국가들의 경계에 활용된 이론이다. 답 X

8. 아프리카단결기구(OAU)는 자결권에 의거하여 uti possidetis 원칙의 적용을 반대하는 결의를 채택하였다. [17 9급]

해설 1964년 아프리카 통일(단결) 기구(Organisation of African Unity : OAU)는 아프리카 국가들이 독립 당시의 국경을 존중하기로 결의하였다. 답 X

9. 1986년 부르키나 파소 대 말리 사건은 사정변경의 원칙과 관련이 있다. [13 경찰]

해설 1986년 부르키나 파소 대 말리 사건은 흑인 아프리카 국가간의 분쟁으로는 ICJ에 제소된 첫 번째 사건으로, 재판부는 제시된 모든 증거를 검토한 끝에 분쟁 지역을 8개 구역으로 나누고 일련의 직선으로 경계를 획정하였다. 이 판결은 탈식민과정에서는 Uti Possidetis 원칙의 적용이 국제법상의 일반 원칙의 하나라고 자리매김하였다. 특히 이 원칙은 민족자결 원칙과 충돌될 수 있음에도 불구하고, 재판부가 아프리카 탈식민과정의 특성상 이의 적용은 불가피하다고 판단하였다. 즉 독립 이후 안정적 국가발전을 달성하고자 하는 입장에서는 구 식민시대의 경계를 수용하지 않았을 때 예상되는 혼란을 경계한 것이다. 답 X

10. 국제사법재판소는 uti possidetis 원칙을 독립국의 수립 시에 어디서나 적용되는 일반원칙이라고 밝혔다. [15 경찰, 17 9급]

해설 *Uti Possidetis* 원칙이 국제법의 일반규범으로서의 성격을 지니고 있는지 문제되는데, ICJ는 *Burkina Faso / Mali* 사건에서 동 원칙은 독립국 수립시 어디서나 적용되는 일반원칙이라고 평가했다. 중남미라는 특수한 상황에서 적용되기 시작한 동 원칙은 근대국가의 관념이 민족국가에서 새로이 영토국가라는 개념으로 대체되는 추세와 부합된다고 평가할 수 있다. 답 O

11. 국제법상 uti possidetis 원칙은 민족자결원칙과 충돌할 수 있는 이론이다. [15 경찰]

해설 이 원칙은 현재 실효적 지배를 확립하지 못한 지역에 대하여도 영토주권을 인정하며, 당장 점유만 하고 있다면 그 기원을 따지지 않고 영토주권을 인정하는 결과를 가져오므로 영토취득에 관한 국제법상의 일반 원칙으로부터 일탈된 것이라는 비판이 가능하다. 나아가 오늘날 국제법상의 중요 원리로 확립된 민족자결원칙과 충돌되기도 한다. 이는 곧 인민이 영토를 결정하는가, 영토가 인민을 결정하는가의 질문과도 관련되는데, ICJ는 *Burkina Faso / Mali* 사건에서 Uti Possidetis 원칙을 민족자결권보다 중요시하였다. 답 O

12. 국제사법재판소(ICJ)가 신생독립국의 국경은 과거 식민지배제국들이 정하고 관리하였던 경계선을 따라야 한다는 uti possidietis juris(과거에 네가 소유한 대로 소유)원칙을 UN헌장상의 민족자결원칙에 우선하는 것으로 본 것은 새로운 국가의 독립과 안정이 지배 세력의 철수에 따른 골육상잔의 국경분쟁으로 위협받는 것을 방지하기 위한 것이다. [12 경찰]

해설 1986년 부르키나파소 대 말리 Frontier Dispute 사건에서 ICJ는 "이른바 '국경선신성의 원칙'이 현상유지원칙(uti possidetis)으로 표현되든지 그렇지 않든 간에 국가승계시 국가간 기존경계선을 존중할 의무가 일반국제법으로부터 도출된다."고 판시하였다. ICJ의 이러한 판결은 민족자결 원칙과 외견상 모순되는 것처럼 보이지만 사실은 민족자결권의 행사를 통해 탄생한 국가들의 국경선의 안정성을 보장하여 그들이 생존하는 것을 가능하게 함으로써 민족자결 원칙과 정확히 동일한 목표에 봉사하였고, 민족자결이란 더 넓은 원칙의 해석에도 영향을 미쳤다고 보았다. 답 O

제2절 영역취득과 방법

Ⅰ 총 설

Ⅱ 자연작용(첨부)

13. 국가의 영토 취득사유로서 첨부는 인공적 또는 자연적 사실에 의한 영토의 취득사유이다. [10 · 11 9급]

해설 간척사업과 같이 인공적인 경우도 있지만 주로는 자연적 현상에 의한 국가 영역 증대를 말한다. 답 O

Ⅲ 선 점

14. 선점에 의한 영토취득에 대하여 국가가 영토취득의 의사를 가지고 무주지를 실효적으로 지배함으로써 완성되는 권원이다. [10 · 14 · 15 9급, 15 경찰]

해설 '무주지'에 대해 국가가 영유의사를 가지고 다른 국가보다 먼저 실효적으로 지배함으로써 영토를 취득하는 것을 말한다. 답 O

15. 서부 사하라(Western Sahara) 사건에서 국제사법재판소(ICJ)는 정치적으로나 사회적으로 조직화된 부족들의 거주지는 무주지로 볼 수 없다고 판단하였다. [14 · 15 · 21 9급, 15 경찰]

해설 1975년 국제사법재판소는 권고적 의견을 통해 선점의 대상이 되는 지역은 무주지여야 하는바, 사회적 및 정치적 조직을 갖는 원주민이 거주하고 그들의 유권적 대표자가 존재하면, 그 지역은 원시취득의 대상 요건을 결여한다고 판시하였다. 답 O

16. 팔마스섬(Island of Palmas) 사건에서 Huber 중재재판관은 선점은 실효적이어야 한다는 것을 확인한 바 있다. [11 · 15 9급]

해설 "19세기 이후 지배적인 견해에 따르면 발견은 불완전한 권원으로서 합리적인 기간 내에 실효적인 점유에 의하여 완성되어야 하는데, 스페인은 팔마스를 실제로 점유하거나 그곳에서 주권을 행사한 적이 없었다." 그리고 "설사 이 섬에 대한 스페인의 권원이 1898년에 불완전한 것으로서 존재했었고 따라서 평화조약에 의하여 할양대상에 포함된 것으로 간주되어야 함을 인정한다고 하더라도, 불완전한 권원은 타국의 계속적이고 평온한 권능행사에 우선할 수 없다. 왜냐하면 그러한 권능의 행사는 타국에 의하여 제시되는 그 이전의 확정적 권원에 대해서까지도 우선할 수 있기 때문이다." 중재재판관은 이상의 논리에 의거하여 문제의 섬은 완전히 네덜란드 영토에 속한다고 판결하였다. 답 O

17. 영토취득에 있어 선점은 일회적 점유를 통해 완성이 가능하다. [20 9급]

해설 주요판례에 의하면 실효적 지배는 i) 평화적이고, ii) 실제적이며, iii) 주권에 대한 적법한 권원을 갖기에 충분하여야 하며, iv) 계속적이어야 한다. 팔마스섬 사건(1928. PCA)에서 중재재판소는 발견만으로는 선점을 인정하기에 불충분하고, 그러한 미성숙한 점유는 타국에 의한 계속적이고 평온한 주권행사에 의해 배제된다고 하면서, 비록 스페인의 발견 후이긴 하지만, 결정적 기일 직전 수십년간 네덜란드의 주권행사에 대한 항의가 존재하지 않았다는 점에서 네덜란드의 주권행사는 평화적이었으며, 지난 2세기 동안 팔마스섬에 대한 타국의 주권표현에 해당하는 조치가 없었다는 점에서 네덜란드의 주권은 배타적으로 표시되었으며, 네덜란드의 주권행사는 공개적이었다는 점 등을 이유로 네덜란드의 영유권을 인정했다. 답 X

18. 선점에 의한 영토취득에 대하여 실효적 지배의 개념은 대상지역에 따라 다를 수 있는 상대적인 개념이다. [14 9급]

해설 실효적 지배의 요건은 국제정치환경의 변화에 따라 점점 엄격해져 가고 있지만, 현대에 있어서도 지배의 실효성 정도는 대상지에 따라 달라질 수 있다. 답 O

19. **본토로부터 멀리 떨어져 있는 무인도에 대하여는 비교적 약한 정도의 실효적 지배로 선점을 하기에 충분하다.** [15 경찰]

해설 Clipperton섬 사건에서 중재재판소는 무인도의 실효적인 점유를 위해 어떠한 실제적인 정주와 통치행위도 요구되는 않는다고 하여, 프랑스의 주권천명만으로 동 섬에 대한 주권을 취득하기에 충분하다고 판결하였다. 이 견해는 "작고, 본토로부터 멀리 떨어져있고, 사람이 살지 않는" Clipperton섬 같은 상황에 대해서는 이론 없이 적용될 수 있을 것이다. 답 O

20. **선점에 의한 영토취득에 대하여 국가행정기구의 설치는 실효적 지배 완성의 필수요소이다.** [14 9급]

해설 1933년 *Legal Status of Eastern Greenland* 사건에서 ICJ는 특히 인구가 별로 없거나 살지 않는 지역에 대하여 주권이 주장되는 경우에는 타국가가 상대적으로 우월한 주장을 입증하지 못하는 한 주권적 권리의 실제적 행사가 크게 요구되지 아니한다는 점을 들었다. 즉 극지와 같이 인간이 거주하기 힘든 곳에서는 상징적인 지배만으로도 실효적 지배를 인정할 수 있다. Clipperton섬 사건에서 중재재판소 역시 무인도의 실효적인 점유를 위해 어떠한 실제적인 정주와 통치행위도 요구되는 않는다고 하여, 프랑스의 주권천명만으로 동 섬에 대한 주권을 취득하기에 충분하다고 판결하였다. 답 X

21. **페드라 블랑카 섬 영유권 사건(Case concerning Sovereignty over Pedra Branca/Pulau Batu Puteh, Middle Rocks and South Ledge)에서 국제사법재판소(ICJ)는 선점 사실을 이해관계국에 통고하여야 한다는 입장을 취하였다.** [15 9급]

해설 이해관계국에 대한 통고가 요구되는지에 대해 그러한 실례가 없는 것은 아니나 일반국제법상 확립된 요건으로 보기는 어렵다. 2008년 *Sovereignty over Pedra Branca/Pulau Batu Puteh, Middle Rocks and South Ledge* 사건에서도 *Pedra Branca/Pulau Batu Puteh*섬의 경우 19세기 초반에는 말레이시아(당시 조호르 왕국)가 분명히 시원적 권원을 가지고 있었으나, 싱가포르 당국이 조호르 정부로부터 *Pedra Branca*에 대한 소유권을 주장하지 않는다는 답변을 들을 후 주권자의 자격으로 행한 행위들에 대해 반응을 보이지 않음으로 인하여 분쟁이 구체화된 1980년에 이르러서는 이 섬은 이미 싱가포르로 넘어간 뒤였다고 판시한 바 있다. 답 X

22. **선점에 관한 판례로 Western Sahara 사건, Chamizal 사건, Clipperton Island 사건, Island of Palmas 사건을 들 수 있다.** [15 경찰]

해설 Chamizal 사건은 시효와 관련된 판례이다. 답 X

Ⅳ 시 효

23. **시효의 대상은 무주지인 반면 선점의 대상은 타국의 영토이다.** [11·20 9급, 15 경찰]

해설 '타국 영토'의 일부를 상당기간 영유의사로서 실효적으로 지배하고 있는 경우 그 사실상황을 정당한 권원으로서 인정하는 취득사유이다. 답 X

24. **선점과 시효 모두 실효적 지배와 국가의 영토취득 의사를 필요로 한다.** [20 9급]

해설 선점과 시효 모두 주권자로서 행동하려는 의사가 있어야 하고, 실효적 지배가 필요하다. 답 O

25. 원소유국의 묵인은 시효를 완성시키기 위해 필요하지 아니하다. [20 9급]

해설 1962 *Preah Vihear사원* 사건(ICJ)에서 태국이 지도를 교부받던 당시 항의 대신 사본을 요구하였고, 1930년 태국의 왕자가 동 지역을 방문했을 때 동 사원에 게양된 프랑스 국기에 대해 아무런 항의를 하지 않았다는 것은 적절한 시한 내에 이의를 제기하지 않은 것으로 금반언과 같은 효과를 가진다고 판시하였다. 답 X

Ⅴ 기 타

26. 할양이란 국가 간 합의에 근거한 영토주권의 이전이다. [21 9급]

해설 할양과 병합은 국가의 일방적 의사에 의하여 이루어질 수 없고, 국가간 합의에 의한 영토주권의 이전을 말한다. 답 O

27. 할양(cession)은 오늘날 국제법상 국가의 영역권 취득 사유로 인정된다. [10 9급]

해설 조약에 의해 영토의 일부를 이전하는 할양은 현재에도 허용된다. 답 O

28. 정복(conquest)은 과거에는 국가가 영토를 획득할 수 있는 방법의 하나였으나, 1928년 켈로그 브리앙(Kellog-Briand)조약이나 현재 UN헌장 제2조 제4항의 규정에 반하여 영토 획득의 방법으로서 타당성을 잃은 것이다. [10 · 11 · 13 9급]

해설 합법적인 무력의 위협 또는 사용이라도, 일체의 무력사용은 영토취득을 무효로 만든다. 답 O

29. 점령(occupation)은 과거에는 국가가 영토를 획득할 수 있는 방법의 하나였으나, 1928년 켈로그 브리앙(Kellog-Briand)조약이나 현재 UN헌장 제2조 제4항의 규정에 반하여 영토 획득의 방법으로서 타당성을 잃은 것이다. [13 9급]

해설 점령은 영유의사가 없는 것을 말하고 설문은 정복에 대한 설명이다. 답 X

Ⅵ 상대적 권원(relative title)

Ⅶ 기 타

Ⅷ 영토분쟁에 해결에 관한 절차규칙

30. 섬의 영유권 판단과 주변 해양경계 판단 시 동일 사건에서는 각기 다른 '결정적 기일(critical date)'이 적용될 수 없다. [21 9급]

해설 결정적 시점이란 영토주권의 존재가 결정적으로 확인되는 시점 또는 분쟁이 발생한 시점을 의미한다고 정의할 수 있다. 결정적 기일의 개념은 1928년 *Palmas Island* 사건에서 지적된 이후 PCIJ의 1933년 *Legal Status of Eastern Greenland* 사건, ICJ의 1953년 *Minquier and Ecrehos* 사건에서 활용된 이래 일반화되었다. 2007년 *Territorial and Maritime Dispute between Nicaragua and Honduras in the Caribbean Sea* 사건에서 국제사법재판소는 같은 사건에서 섬의 영유권 판단과 주변 해양경계 판단에 있어서 각기 다른 결정적 기일의 적용도 가능하다고 하였다. 답 X

Ⅸ 독도 영유권

31. 신한일어업협정은 이른바 Disclaimer 조항이 존재한다. [12 경찰]

해설 신한일어업협정은 "이 협정의 어떠한 규정도 어업에 관한 사항 외의 국제법상 문제에 관한 각 체약국의 입장을 해하는 것으로 간주되어서는 아니된다."라고 규정하고 있다(제15조). 이 배제조항(disclaimer)은 한국의 독도의 영유권(영토관할권)을 해하지 아니하는 조항으로 보이나, 일본 측에서 보면 일본의 다케시마에 대한 영유권을 해하지 아니한다는 혹은 일본이 다케시마를 자기 땅이라 주장해도 이에 이의를 제기할 수 없다는 의미로 해석되기도 하여 결국 이 조항은 독도를 실효적으로 지배하고 있는 한국의 독도에 대한 영유권(영토관할권)을 훼손하는 결과를 가져오게 한 것으로 볼 수도 있다. 답 ○

Ⅹ 국제하천

32. 하몬주의(Harmon Doctrine)는 자국 내의 활동으로 인하여 발생한 인접국의 오염피해에 대하여 그 국가가 책임을 부담하여야 하는 근거가 될 수 있다. [08 9급]

해설 1895년 미국과 멕시코간의 국경을 이루고 있는 리오그란데강의 취수와 관련하여 미국의 당시 법무장관 하몬에 의하여 제시된 이론으로, 국가는 자국영토 내의 하천에 대하여 절대적 주권을 가지며, 따라서 인접국이나 하류국의 물공급이나 사용에 끼치는 영향을 생각함이 없이 수질을 변경시키거나 필요한 만큼 취수하는 등 물을 가지고 자신이 원하는 대로 할 자유가 있다는 것이다. 답 ×

33. 중재법원은 Lanoux호 사건에서 국가는 자국의 관할권 내 국제하천을 이용하기 위하여 타국의 동의를 얻어야 한다는 국제관습법상 협의의무를 확인하였다. [20 7급]

해설 국제하천의 이용에 관한 전통국제법의 하몬주의는 오늘날 '형평한 배분의 원칙'으로 대체되었다. 상류하안국은 하류하안국의 이익을 고려하지 않고 국제하천의 물줄기를 전환시키거나 중대하게 오염시킬 권리가 없으며, 각 하안국의 하천 물사용은 하안국들간에 '형평한 이용'에 따라 이루어져야 한다. 그러나 이 원칙은 Lanoux호 중재재판에서 보는 것처럼 상류국이 물을 사용하기 위해서는 하류국의 사전동의를 구해야 함을 의미하는 것은 아니다. 답 ×

Ⅺ 인류의 공동유산

34. 인류공동유산(common heritage of mankind) 개념에 대하여 동 개념은 특정국가에 의하여 독점되지 않고 인류 전체의 이익을 위한 활용이 예정된 지역으로 개별국가의 접근은 보장될 수 있으나, 독점적 이익추구는 배제된다. [11 7급]

해설 특정국가에 의하여 독점되지 않고 인류 전체의 이익을 위한 활용이 예정된 지역으로 개별국가의 접근은 보장될 수 있으나, 독점적 이익추구는 배제되는 곳을 말한다. 답 ○

35. 달과 기타 천체에서의 국가 활동에 관한 협약은 인류공동유산(common heritage of mankind)의 개념이 최초로 명문화된 국제조약이다. [08·11·16·19 7급, 21 9급]

해설 1979년 달조약 제11조는 1967년의 우주조약 제1조와 제2조를 보충하여 "달과 달의 천연자원은 인류의 공동유산이기 때문에 국가영유의 대상이 되지 않으며, 그 개발을 위해 국제체제를 수립한다."고 규정하고 있다.
답 O

36. 1982년 해양법협약 상 심해저와 그 자원에 대한 모든 권리는 인류 전체에게 부여된 인류공동유산이다. [09 · 21 9급, 11 7급]

해설 1982년의 UN해양법협약은 이 원칙을 조약화하여, 심해저와 심해저의 천연자원은 인류의 공동유산이며(제136조), 따라서 이들에 대해서는 어떠한 주권 혹은 주권적 주장도 인정되지 않으며, 심해저의 개발을 위해 국제기구를 설립한다고 규정하고 있다(제137조).
답 O

XII 극지(polar regions)

37. 남극조약 전문에서는 남극지역은 특정 국가의 전용 대상이 아닌 인류공동유산이라고 명시하고 있다. [08 · 11 7급]

해설 1980년대 초반부터 남극에 대해서도 인류의 공동유산 개념을 적용하려는 시도가 말레이시아 정부의 주도로 일부 국가들에 의해 제기되고 있으나, 남극은 천연자원의 개발보다는 환경보호가 우선해야 한다는 여론을 이기지 못하고 있다.
답 X

38. 1959년 남극조약의 적용대상은 남위 60도 이남의 남극대륙으로서 빙산은 적용 대상이 아니다. [14 7급]

해설 남극조약은 남위 60도 이남의 지역으로 모든 빙붕을 포함하여 적용된다.
답 X

39. 1959년 남극조약에 따라 남극에 대한 각국의 영유권 주장은 동결되었다. [16 7급, 21 9급]

해설 1959년 남극조약에 의하면 남위 60도 이남의 남극지역에 대해서는 동 조약의 발효 중에는 어떤 국가도 새로운 영유권 주장을 할 수 없다.
답 O

40. 1959년 남극조약은 남극에서 기존 영토주권에 대한 청구권(claim)확대 주장을 허용한다. [14 7급]

해설 남극조약은 제4조 1항에서 체약국이 종전에 내세운 바 있는 남극지역에서의 영토주권의 권리 또는 영토주권에 대한 요구를 포기하는 것으로 해석되어서는 안 되며, 남극지역에서의 체약국 혹은 그 국민의 활동의 결과로서, 혹은 딴 방법으로, 가지고 있을 수 있는 남극지역에서의 영토주권에 대한 요구의 기초까지도 이를 포기 혹은 감소시키는 것으로 해석되어서는 안 된다고 규정하고 있다. 다만 남극조약 발효 중에 발생하는 그 어떤 행위나 활동도 남극지역에서의 영토주권에 대한 요구를 주장, 지지 혹은 부인하기 위한 기초를 구성하지 못하며, 남극지역에서의 주권의 권리를 창설하지도 못한다. 그리고 남극조약 발효 중에는 남극지역에서의 영토주권에 대한 새로운 요구 혹은 기존 요구의 확대를 주장할 수 없다(제4조 2항).
답 X

41. 1959년 남극조약은 남극에 군사기지 설치를 허용한다. [14 7급]

해설 남극은 평화적 목적을 위해서만 이용되어야 하며, 군사기지의 설치, 군사연습 및 무기실험은 금지된다(제1조 1항).
답 X

42. **1959년 남극조약은 과학적 연구나 평화적 목적을 위한 군의 요원 또는 장비 사용을 허용한다.** [14 7급]

해설 제1조 2항

답 O

43. **1959년 남극조약의 당사국이 아닌 1980년 남극해양생물자원보존에 관한 협약의 체약당사국은 남극조약 지역의 환경보호 및 보존을 위한 남극조약 협의당사국의 특별한 의무와 책임을 인정한다.** [20 7급]

해설 남극 생물자원의 보호와 관련하여, 1972년 남극물개 보존협약이 있고, 1980년 남극 해양생물자원 보존협약이 체결되었는데 체약당사국은 남극조약의 당사국인지 여부에 관계없이 남극조약의 원칙과 목적에 반하는 남극조약 지역에서의 어떠한 활동에도 관여하지 않을 것이며 서로의 관계에서 남극조약 제1조 및 제5조에 포함된 의무에 구속된다(남극 해양생물자원 보존협약 제3조). 또한 1991년 남극조약 환경보호의정서가 채택되어 남극지역에서 과학적 연구를 제외하고는 광물자원과 관련된 일체의 활동을 전면 금지하고 남극 환경보호를 위해 상호협력한다는 것을 주요내용으로 하고 있다(1998년 발효).

답 O

44. **1991년 남극조약 환경보호의정서는 남극환경보호를 위해 상호협력하는 것을 주요 내용으로 하며, 남극조약 지역에서 과학적 연구를 제외하고는 광물자원과 관련된 어떠한 활동도 금지한다.** [20 7급]

해설 1991년 남극조약 환경보호의정서가 채택되어 남극지역에서 과학적 연구를 제외하고는 광물자원과 관련된 일체의 활동을 전면 금지하고 남극 환경보호를 위해 상호협력하는 것을 주요 내용으로 하고 있다 (1998년 발효).

답 O

45. **북극지역의 원주민을 대표하는 일부 민간단체는 오타와 선언으로 설립된 북극이사회에 영구참여자의 자격으로 참여하며, 북극이사회의 의사결정은 절대 다수결에 의한다.** [20 7급]

해설 북극지역 영토에 대해 주권을 가지고 있는 자칭 북극국가는 1996년 오타와 선언을 통해 북극이사회 (Arctic Council)를 설립하였다. 북극의 환경보호와 지속가능한 개발을 목표로 하는 북극이사회는 국제기구로 의도된 것은 아니며, 한 개의 높은 차원의 포럼으로 설립된 것이다. 토착민을 대표하는 일부 민간단체(NGO)는 영구참여자의 자격으로 북극이사회의 모든 업무에 참여한다. 다만 토착민들은 일반 국제법 하에서 민족들의 권리들에 관하여 그 어떤 관련을 갖는 것으로 해석되지는 않는다. 북극이사회의 의사결정은 회원국들의 컨센서스에 의하여 이루어지며, 영구참여자들은 투표권이 없다.

답 X

46. **비북극 국가들, 세계적 및 지역적 차원의 정부 간 및 의회 간 기구, 그리고 비정부기구는 북극이사회로부터 옵서버 지위를 부여받을 수 있다.** [20 7급]

해설 비북극국가들, 세계적 및 지역적 차원의 정부간 및 의회간 기구, 그리고 비정부기구는 북극이사회로부터 옵서버의 지위를 부여받을 수 있다. 한국도 2013년 영구 옵서버 지위를 획득하였다.

답 O

47. **2018년 중앙 북극해 비규제어업 방지협정 상 북극해의 해양 생물자원은 국가의 주권 또는 주권적 주장이 인정되지 않거나 주권 분쟁을 동결한 영역 또는 대상에 해당한다.** [21 9급]

해설 2018년 중앙북극해 비규제어업방지협정이 채택되었는데, 동 협정은 북극해 연안 5개국 배타적경제수역(EEZ)으로 둘러싸인 중앙 북극해 공해지역 해양생물자원의 보존 및 지속가능한 이용을 위해 '한시적' 사전예방 조치 도입을 위한 것이다.

답 X

제20장 국가승계

Ⅰ 국가승계의 의의

1. 국가승계란 영토의 국제관계 관련 책임이 한 국가로부터 다른 국가로 이전되는 것을 말한다. [18 7급]

해설 국가승계란 영토주권의 변경이 어떠한 법적 결과를 초래하게 되는가를 다루는 국제법의 한 분야로서, 한 국가의 영토(일부 또는 전부)가 타국으로 이전될 때, 당해 영토를 상실하는 국가가 영토와 관련하여 가지고 있던 권리와 의무들(예컨대, 조약·국유재산·국가문서·국가부채·국민의 국적·개인의 권리·국제기구의 회원국의 지위·국제위법행위에 대한 국가책임 등)이 어느 범위 내에서 당해 영토를 새로 획득하는 국가에게 이전되는가의 문제를 말한다.

답 O

Ⅱ 조약의 국가승계이론 : 1978년 조약법협약

2. 조약에 의해 수립된 국경은 국가승계의 영향을 받지 않는다. [18 7급, 19 9급]

해설 협약 제11조는 조약에 의하여 수립된 국경선 그리고 국경선체제와 관련하여 조약에 의하여 수립된 권리·의무는 승계의 영향을 받지 않는다고 규정하고 있다. 동조는 국경선은 당사국간에 합의가 없는 한 변경되지 않는다는 국경선신성의 원칙에 기초한 국제관행을 확인하는 것이다. 1986년 부르키나파소 대 말리 *Frontier Dispute* 사건에서 ICJ는 "이른바 '국경선신성의 원칙'이 현상유지원칙(uti possidetis)으로 표현되든지 그렇지 않든간에 국가승계시 국가간 기존경계선을 존중할 의무가 일반국제법으로부터 도출된다."고 판시하였다.

답 O

3. 승계국은 선임국이 당사국인 기본적 인권과 권리에 관한 조약을 자동적으로 승계한다. [19 9급]

해설 처분적 조약은 영토 자체에 부착되어 당해 조약을 뛰어 넘는 특별한 레짐을 수립한다는 점 때문에 승계국을 자동 구속하는 것으로 인식되면서 비슷한 논리를 인권조약에 적용하려는 견해가 제시되고 있다. 즉 처분적 조약이 영토에 부착되는 것이라면 인권조약은 전임국가의 영토 내의 사람들에게 부착되는 것이다. 또한 인권조약은 단지 주관적이고 상호적인 권리를 창설하는 것이 아니라, 인권을 보호할 객관적 의무를 동반하는 특별한 법질서 내지는 당사자 간 대세적 의무를 창설한다. 이러한 사실들을 고려하면 인권조약은 국가승계에도 불구하고 전임국가의 영토 내에서 계속 적용되는 것으로 보아야 한다는 것이다. 1996년 보스니아 헤르체고비나와 유고 간 '제노사이드협약 적용사건'에서 동 협약과 같은 주요한 인권협약은 국제법상 자동승계가 인정되어야 한다는 별개의견이 있었으나, 아직 국제인권조약의 자동승계에 대해서는 확립된 원칙이 없으며, 78년 조약법협약은 명문의 규정이 없다.

답 X

4. 승계국이 선임국의 영역 일부를 승계한 경우에는 선임국의 비(非)국경조약이 해당 영역에 계속 적용된다. [19 9급]

해설 영토의 일부 이전시 '움직이는 조약경계선의 원칙'이 적용된다. 즉 승계시에 발효중이던 전임국가의 조약들은 상실한 영토부분에 대해서는 더 이상 효력이 없다. 승계시에 발효 중이던 승계국의 조약들은 새로

이 취득한 영토에까지 연장 적용된다. 다만, 조약의 신영토에 대한 적용이 조약의 객체·목적과 양립할 수 없거나 또는 그 운용조건을 근본적으로 변경시키게 됨이 그 조약으로부터 혹은 다른 방법으로 입증되는 경우에는 그러하지 아니한다.

답 X

5. **신생국은 해당 영역에 적용되던 선임국의 비(非)국경조약을 계속 인정할 의무가 없다.** [19 9급]

해설 식민지 상태에서 독립한 신생독립국은 식민모국의 조약으로부터 완전히 이탈한다. 즉, '백지출발주의'(clean slate rule)가 적용된다(제16조). 다만 처분적조약과 일반국제법이 성문화된 조약은 예외이다. 식민지가 독립 전에 제한된 조약체결권을 가지기도 하는데, 이러한 조약은 독립으로 영향을 받지 않는다.

답 O

6. **새로 독립한 국가는 승계통고에 의해 기존 다자조약의 당사자로 될 수 있다.** [18 7급]

해설 식민지 상태에서 독립한 신생독립국은 식민모국의 조약으로부터 완전히 이탈한다. 즉, '백지출발주의'(clean slate rule)가 적용된다. 신생독립국은 조약승계의 취지를 문제된 조약의 기탁소에 '통고'함으로써 전임국가가 체결해 놓은 식민지 관련 다자조약을 승계할 수 있다.

답 O

7. **국가의 일부 분리에 있어서 선행국 영토 전체에 유효한 조약은 각 승계국의 승계통고에 의해 효력을 가진다.** [18 7급]

해설 분리독립과 분열 구분 없이 승계 시에 전임국가의 영토 전체에서 발효 중이던 조약은 신국가들에게 효력을 지속한다. 신국가로 된 영토 부분에 대해서만 발효 중이던 전임국가의 조약은 오로지 당해 신국가에 대해서만 효력을 지속한다. 다만, 관련 당사국들이 달리 합의하거나, 또는 신국가에 대한 조약의 적용이 조약의 객체·목적과 양립할 수 없거나, 또는 그 운용을 위한 조건을 근본적으로 변경시킨다는 것이 그 조약으로부터 혹은 다른 방법으로 입증되는 경우에는 그러하지 아니하다(제34조). 즉 조약을 승계토록 규정하고 있어 통고에 의해 효력을 가진다는 표현은 잘못된 것이다. 그러나 국가의 영토 일부가 분리 독립하여 새로 국가가 탄생하는 경우, 신생독립국과 마찬가지로 백지출발주의가 적용된다는 것이 통설과 국제관행이다.

답 X

Ⅲ 국가재산·국가문서·국가부채의 승계 : 1983년 비엔나협약

Ⅳ 기타의 승계

Ⅴ 여 론

제21장 해 양 법

제1절 해양법의 성문화와 82년 해양법협약의 개요

1. **군도수역, 심해저, 배타적 경제수역제도는 「1982년 UN해양법협약」에 의하여 처음 보편적 국제법상의 제도로 공식화된 해양법상의 제도이다.** [11 · 12 9급]

해설 UN은 1973년 제3차 해양법회의를 소집하였으며 이 회의는 1982년까지 계속되었는데, 다음과 같은 특징이 있다. ① 내수·영해·공해의 전통적 3분법을 수정하여 군도수역과 EEZ 같은 혼혈적 성격의 특수수역을 인정하였다. ② 신국제경제질서 개념의 비호 아래 인류의 공동유산 개념을 심해저에 도입하는 데 성공하였다. ③ 영해의 최대가능한 폭에 관하여 합의를 보았고, 통과통항권을 신설하였다. ④ 대륙붕의 법적 정의를 명확히 하였다. ⑤ 바다관련 법규를 하나의 법전으로 통괄하였다. ⑥ 바다관련 분쟁의 평화적 해결을 위한 강제관할권을 창설하였다. ⑦ 국가뿐 아니라 국제기구와 자치지역도 당사자가 될 수 있도록 하였다. 답 O

2. **1982년 UN해양법협약」은 내수 · 영해 · 공해의 전통적 삼분법을 수정하여 혼혈적 성격의 특수수역을 인정하였다.** [15 경찰]

해설 내수·영해·공해의 전통적 3분법을 수정하여 군도수역과 EEZ 같은 혼혈적 성격의 특수수역을 인정하였다. 답 O

3. **「1982년 UN해양법협약」은 영해 범위를 확정하였다.** [12 9급]

해설 1982년 해양법 협약 제3조에서 최대 12해리를 넘지 않는 범위로 규정되었다. 답 O

4. **「1982년 UN해양법협약」은 접속수역 제도를 신설하였다.** [12 9급]

해설 1차 해양법협약의 영해 및 접속수역협약에 존재한 제도이다. 답 X

5. **대륙붕제도는 1982년 UN해양법협약에 의하여 처음 보편적 국제법상의 제도로 공식화된 해양법상의 제도이다.** [11 9급]

해설 대륙붕제도는 제1차 해양법협약에 존재한다. 답 X

6. **「1982년 UN해양법협약」은 대륙붕 기준을 변경하였다.** [12 9급, 15 경찰]

해설 58년 대륙붕협약의 기준을 법적 개념으로 명확히 하였다. 답 O

7. **「1982년 UN해양법협약」은 인류의 공동유산 개념을 대륙붕에 도입하는데 성공했다.** [11 9급]

해설 신국제경제질서 개념의 비호 아래 인류의 공동유산 개념을 심해저에 도입하는 데 성공하였다. 답 X

제2절 기선과 내수

Ⅰ 기선의 의의

8. '1982년 UN 해양법협약'상 영해(territorial sea)에 관하여 영해의 기선은 통상기선과 직선기선으로 구분된다. [10 9급]

해설 기선에는 통상기선과 직선기선이 있으며 연안국은 서로 다른 조건에 적합하도록 앞의 각 조에 규정된 방법을 교대로 사용하여 기선을 결정할 수 있다. 답 ○

9. 통상기선은 연안국이 공인하는 대축척해도에 표시된 해안의 저조선을 기준으로 하여 작성된다. [15 경찰]

해설 제5조. 답 ○

10. 영해의 폭을 측정하기 위한 통상기선은 달리 규정된 경우를 제외하고 만조시 연안국의 해안선이다. [12 경찰]

해설 간조시의 해안선이다. 답 ×

11. 국제사법재판소(ICJ)는 영국-노르웨이 어업분쟁사건(1951년)에서 통상기선이 원칙이지만, 노르웨이 해안의 지형적 특징을 고려할 때 직선기선 방법을 택할 수 있다고 판시하였다. [10 7급, 14·15 경찰]

해설 1935년 노르웨이가 최초로 채택하여 1951년 *Anglo-Norwegian Fisheries(ICJ)* 사건에서 그 적법성이 인정된 이래, 58년 영해 및 접속수역에 관한협약 제4조와 82년 협약에서 ICJ의 입장을 받아들여 판례와 유사하게 규정하였다. 답 ○

12. 1982년 '해양법에 관한 국제연합협약'은 통상적인 연안에는 통상기선을, 해안선이 복잡하게 굴곡되거나 해안선 가까이 일련의 섬들이 산재한 지역에는 직선기선을 적용할 수 있도록 하고 있으나 자의적 직선기선 설정으로 인한 문제가 나타나고 있다. [09·13 7급, 15 9급, 15 경찰]

해설 해안선이 깊게 굴곡이 지거나 잘려들어간 지역, 또는 해안을 따라 아주 가까이 섬이 흩어져 있는 지역에서는 영해기선을 설정함에 있어서 적절한 지점을 연결하는 직선기선의 방법이 사용될 수 있다(제7조 1항). 답 ○

13. 삼각주가 있거나 그 밖의 자연조건으로 인하여 해안선이 매우 불안정한 곳에서는 바다쪽 가장 바깥 저조선을 따라 적절한 지점을 선택할 수 있으나, 그 후 저조선이 후퇴하게 되면 직선기선도 따라서 후퇴하게 된다. [14 경찰]

해설 삼각주가 있거나 그 밖의 자연조건으로 인하여 해안선이 매우 불안정한 곳에서는, 바다쪽 가장 바깥 저조선을 따라 적절한 지점을 선택할 수 있으며, 그 후 저조선이 후퇴하더라도 직선기선은 이 협약에 따라 연안국에 의하여 수정될 때까지 유효하다(제7조 2항). 답 ×

14. 직선기선은 해안의 일반적 방향으로부터 현저히 벗어나게 설정할 수 없다. [15 9급]

해설 직선기선은 해안의 일반적 방향으로부터 현저히 벗어나게 설정할 수 없으며, 직선기선 안에 있는 해역은 내수제도에 의하여 규율될 수 있을 만큼 육지와 충분히 밀접하게 관련되어야 한다(제7조 3항).

답 O

15. 원칙적으로 간조노출지까지 또는 간조노출지로부터 직선기선을 설정할 수 있다. [14 경찰, 15 9급]

해설 직선기선은 간조노출지까지 또는 간조노출지로부터 설정할 수 없다. 다만, 영구적으로 해면위에 있는 등대나 이와 유사한 시설이 간조노출지에 세워진 경우 또는 간조노출지 사이의 기선설정이 일반적으로 국제적인 승인을 받은 경우에는 그러하지 아니하다(제7조 4항).

답 X

16. 특정한 기선을 결정함에 있어서 그 지역에 특유한 경제적 이익이 있다는 사실과 그 중요성이 오랜 관행에 의하여 명백히 증명된 경우 그 경제적 이익을 고려할 수 있다. [14 경찰, 19 7급]

해설 제1항의 직선기선의 방법을 적용하는 경우, 특정한 기선을 결정함에 있어서 그 지역에 특유한 경제적 이익이 있다는 사실과 그 중요성이 오랜 관행에 의하여 명백히 증명된 경우 그 경제적 이익을 고려할 수 있다(제7조 5항).

답 O

17. 어떠한 국가도 다른 국가의 영해를 공해나 배타적 경제수역으로부터 격리시키는 방식으로 직선기선 제도를 적용할 수 없다. [15 9급, 19 7급]

해설 어떠한 국가도 다른 국가의 영해를 공해나 배타적경제수역으로부터 격리시키는 방식으로 직선기선 제도를 적용할 수 없다(제7조 6항).

답 O

Ⅱ 기선의 구체적 설정방법

18. 1982년 UN해양법협약상 만의 자연적 입구 양쪽의 저조지점간의 최대 거리(단, 역사적 만은 제외)는 24해리이다. [12 7급]

해설 만의 자연적 입구 양쪽의 저조지점간의 거리가 24해리를 넘지 아니하는 경우, 폐쇄선을 두 저조지점간에 그을 수 있다(제10조 4항).

답 O

19. 만의 입구를 직선으로 연결하여 기선으로 삼을 경우, 만 폐쇄선 안쪽의 수역은 영해로 본다. [19 7급]

해설 만의 자연적 입구 양쪽의 저조지점간의 거리가 24해리를 넘지 아니하는 경우, 폐쇄선을 두 저조지점간에 그을 수 있으며, 이 안에 포함된 수역은 내수로 본다(제10조 4항).

답 X

20. 1982년 UN 해양법협약에 관하여 영해의 경계를 획정할 때 항만체계와 불가분의 일체를 이루는 가장 바깥의 영구적인 항만시설은 해안의 일부를 구성한다. [14 7급]

해설 영해의 경계를 획정함에 있어서, 항만체계의 불가분의 일부를 구성하는 가장 바깥의 영구적인 항만시설은 해안의 일부를 구성하는 것으로 본다. 근해시설과 인공섬은 영구적인 항만시설로 보지 아니한다(제11조).

답 O

Ⅲ 내 수

21. 항만, 하천, 만, 직선기선의 내측 수역은 내수에 포함된다. [19 9급]

해설 내수란 영해의 측정기준이 되는 기선의 육지측 수역을 말하며, 이는 호소·하천·운하·항·만·내해로 구분된다.

답 ○

22. 내륙국의 국기를 게양한 선박은 해항에서 다른 외국선박에 부여된 것과 동등한 대우를 받지 않는다. [20 7급]

해설 내륙국의 국기를 게양한 선박은 해항에서 다른 외국선박에 부여된 것과 동등한 대우를 받는다(해양법 제131조).

답 ×

23. 연안국은 내수로 진입한 외국 민간선박의 내부사항에 대하여 자국의 이해가 관련되어 있지 않는 한 관할권을 행사하지 않는 것이 관례이다. [19 9급]

해설 연안국은 내수로 진입한 외국 민간선박의 내부사항에 대하여 자국의 이해가 관련되어 있지 않는 한 관할권을 행사하지 않는 것이 관례이다. 선장이나 기국 영사의 요청이 없는 경우 항만국은 선박 내부에서 발생한 승무원 범죄가 항만국의 안전이나 공공질서에 영향을 미치지 않는 한 관할권의 행사를 자제한다. 그러나 승무원이 아닌 자의 범죄에 대하여는 항만국이 적극적으로 관할권을 행사하는 경향이다. 또한 불가항력으로 외국 항구에 입항하게 된 선박에 대해서만은 항만국이 원칙적으로 관할권을 행사하지 않는다.

답 ○

24. Chung Chi Cheung v. The King 사건에서 영국 추밀원은 정부선박의 치외법권을 인정하였다. [20 9급]

해설 영국의 Chung Chi Cheung v. The King 사건에서 추밀원은 중국 공선은 객관적 치외법권을 향유하는 것이 아니라, 단지 외국의 자격 있는 대표자에 의해 포기될 수도 있는 일정 면제만을 향유하는 것이라고 판결하였다.

답 ×

25. 운하는 연안국의 내수에 해당되지만 국제적으로 중요한 국제운하는 조약을 통하여 이용이 개방되어 있다. [19 9급]

해설 운하는 내수에 속하나 국제적으로 중요한 국제운하의 이용에 관하여는 별도의 조약이 성립되어 있다. 1977년 미국-파나마간 조약을 통해 파나마 운하가, 1888년 콘스탄티노플 조약과 1957년 이집트 정부의 선언을 통하여 수에즈 운하가 모든 국가에게 이용이 개방되고 있다.

답 ○

26. UN 해양법협약에 관하여 원칙적으로 연안국은 내수에서 외국선박에 대해 무해통항권을 보장할 의무가 없다. [10 7급, 19 9급]

해설 육지영토와 동일하게 완벽하고 배타적인 영토주권을 누린다. 따라서 외국선박의 무해통항이 허용되지 않는다.

답 ○

27. 직선기선을 설치함으로써 국내수역으로 새롭게 편입되는 수역에는 무해통행권이 인정되지 아니한다. [14 · 15 경찰]

해설 다만 직선기선을 설정함으로써 종래 영해이던 부분이 내수로 편입되었다면, 외국선에 대하여 무해통항권이 인정되고(제8조 제2항), 국제해협에 있어서도 종래 통과통항권이 인정되던 영해부분이 직선기선 설정으로 내수로 편입되었더라도 기존의 통과통항권이 계속 인정된다(제35조 a호). 답 X

제3절 영 해

Ⅰ 서 설

28. 영해란 연안국의 기선 외곽에 설정된 일정 폭의 바다로서 유엔해양법협약(1982년)은 그 폭을 12해리까지 설정할 수 있도록 하였다. [08 · 10 · 18 9급, 11 경찰, 12 · 13 7급]

해설 제3조. 답 O

29. 영해의 폭에 관한 12해리의 규정은 영해의 폭이 예외 없이 12해리여야 한다는 것을 의미하지는 않는다. [12 경찰]

해설 12해리를 넘지 않는 범위 내에서 영해의 폭을 설정할 수 있다. 한국도 대한해협의 경우는 3해리 영해만을 설정하여 일본 대마도와의 사이에 공해대를 남겨두었다. 답 O

Ⅱ 영해에 있어 연안국의 국권

30. 연안국의 주권은 영해의 상공 · 해저 및 하층토에까지 미친다. [10 9급]

해설 답 O

Ⅲ 영해에서 연안국의 국권의 제한

31. 1982년 '해양법협약'상 연안국은 영해를 항해하는 외국 선박에 대하여 일정한 경우 형사관할권을 가질 수 있다. [08 9급]

해설 제27조에 의하여 외국선박이 내수로 들어가지 않고 단순히 영해를 통과하는 경우 ⅰ) 범죄의 결과가 연안국에 미치는 경우, ⅱ) 범죄가 연안국의 평화 또는 영해질서를 교란하는 경우, ⅲ) 선장 또는 기국의 영사의 요청이 있는 경우, ⅳ) 마약 또는 향정신성 물질의 불법거래의 경우에는 연안국이 형사재판관할권을 가지며, 외국선박이 연안국 내수를 떠나 영해를 통항 중인 경우에는 연안국의 관할권이 행사된다. 나아가 해양환경오염, EEZ법위반의 경우도 연안국이 행사한다. 답 O

32. 연안국은 영해를 통항하고 있는 외국 선박 내에서 발생한 범죄의 결과가 자국에 미치는 경우 해당 범죄자를 체포하기 위하여 그 선박 내에서 형사관할권을 행사할 수 있다. [15 경찰]

해설 제27조 1항 답 O

33. **선박 일반승무원의 긴급한 연안국 지원 요청이 있는 경우 영해를 항행 중인 외국 상선에서 발생한 범죄에 대해 연안국이 형사관할권 행사할 수 있다.** [17 9급]

해설 선장 또는 기국의 영사의 요청이 있어야 한다. 답 X

34. **영해를 통항 중인 외국 선박 내에서 발생한 범죄와 관련하여 그 선박의 선장이 현지 당국에 지원을 요청한 경우 연안국은 형사관할권을 행사할 수 있다.** [18 9급]

해설 해양법협약 제27조 1항 c호 답 O

35. **연안국의 내수를 떠나 영해를 통과중인 외국선박에서 범죄가 발생한 경우 연안국은 형사재판관할권을 행사할 수 있다.** [15 경찰, 19 7급]

해설 외국선박이 연안국 내수를 떠나 영해를 통항 중인 경우에는 연안국이 형사재판관할권을 행사한다(제27조 2항). 답 O

36. **연안국은 영해를 통항 중인 외국 선박 내에 있는 사람에 대한 민사관할권을 행사하기 위하여 그 선박을 정지시킬 수 있다.** [15 경찰, 19 7급]

해설 연안국은 영해를 통항중인 외국선박내에 있는 사람에 대한 민사관할권을 행사하기 위하여 그 선박을 정지시키거나 항로를 변경시킬 수 없다(제28조 1항). 답 X

37. **영해를 통과중인 외국선박에 대한 민사소송 차원의 강제집행이 가능하다.** [15 경찰]

해설 연안국은 외국선박이 연안국 수역을 항행하는 동안이나 그 수역을 항행하기 위하여 선박 스스로 부담하거나 초래한 의무 또는 책임에 관한 경우를 제외하고는 민사소송절차를 위하여 그 선박에 대한 강제집행이나 나포를 할 수 없다(제28조 2항). 답 X

38. **불가항력 등 합리적 사유 없이 영해에 정박하고 있거나 내수를 떠나 영해를 통항 중인 외국선박에 대하여 연안국은 민사관할권을 행사할 수 있다.** [20 9급]

해설 상선내 '사람'에 대한 민사관할권 행사목적으로 영해 통과중인 상선을 정지시키거나 항로를 변경할 수 없다. 마찬가지로 영해통과중인 '선박자체'에 대해 민사소송의 목적을 위해 나포나 강제집행 등을 하지 않을 법적 의무가 있다. 그러나 선박충돌이나 해난구조 등 영해통과중에 스스로 부담한 채무나 책임이 발생한 경우 민사관할권 행사가 가능하며, 합리적 사유없이 영해에 정박 중이거나 내수에서 나와 통과 중인 선박에 대해 자국법령에 따라 강제집행 또는 압류가 가능하다. 답 O

39. **외국군함이 연안국의 영해 내에서 향유하는 면제에는 연안국이 무해하지 아니한 통항을 방지하기 위하여 영해 내에서 채택하는 필요한 조치로부터의 면제도 포함된다.** [20 9급]

해설 해양법협약 제30조는 "군함이 영해 통항에 관한 연안국의 법령을 준수하지 아니하고 그 군함에 대한 연안국의 법령 준수 요구를 무시하는 경우, 연안국은 그 군함에 대하여 영해에서 즉시 퇴거할 것을 요구할 수 있다."고 규정하고 있다. 답 X

40. 연안국은 영해통항에 관한 연안국의 법령을 준수하지 않고 연안국의 법령준수 요구를 무시한 외국군함을 나포할 수 있다. [15 7급, 16 경찰]

해설 군함 및 비상업용 정부선박도 연안국의 법령을 준수하여야 할 의무를 지나, 그 위반이 있다 하여도 연안국의 국내법 집행으로부터 면제된다.

답 X

41. UN 해양법협약상 군함이 영해의 통항에 관한 연안국의 법령을 준수하지 않고, 연안국의 준수요청도 무시하는 경우에 연안국은 그 군함을 영해로부터 즉각 퇴거하도록 요구할 수 있다. [10 7급]

해설 협약 제30조는 "군함이 영해 통항에 관한 연안국의 법령을 준수하지 아니하고 그 군함에 대한 연안국의 법령 준수 요구를 무시하는 경우, 연안국은 그 군함에 대하여 영해에서 즉시 퇴거할 것을 요구할 수 있다."고 규정하고 있다.

답 O

42. 1982년 UN해양법협약상 연안국이거나 내륙국이거나 관계없이 모든 국가의 선박은 영해에서 자유통항권을 향유한다. [09 7급, 15 경찰, 20 9급]

해설 해양법협약 제17조. 무해통항권을 향유한다.

답 X

43. 무해통항권이란 선박이 연안국의 사전허가나 연안국에 대한 사전통고 없이도 외국영해를 무해하게 통과할 수 있는 권리를 의미한다. [14 경찰]

해설 제17조

답 O

44. 내륙국의 선박도 타국 영해상에서 무해통항권을 향유한다. [15 경찰]

해설 연안국이거나 내륙국이거나 관계없이 모든 국가의 선박은 이 협약에 따라, 영해에서 무해통항권을 향유한다(제17조).

답 O

45. 특수한 지리적 위치를 이유로 하여 내륙국의 권리와 편의를 설정하고 있는 이 협약의 규정과 해양출입권의 행사에 관한 특별협정은 최혜국대우조항의 적용에 포함된다. [20 7급]

해설 해양법협약 제10부는 내륙국의 해양출입권을 규정하고 있는데, 내륙국은 공해의 자유와 인류의 공동유산에 관한 권리를 비롯하여 이 협약에 규정된 권리를 행사하기 위한 해양출입권을 가진다. 이를 위하여 내륙국은 모든 수송수단에 의하여 통과국의 영토를 지나는 통과의 자유를 향유한다(제125조 1항). 통과의 자유를 행사하기 위한 조건과 방식은 내륙국과 관련통과국 사이의 양자협정이나 소지역적·지역적 협정을 통하여 합의된다(제125조 2항). 특수한 지리적 위치를 이유로 하여 내륙국의 권리와 편의를 설정하고 있는 이 협약의 규정과 해양출입권의 행사에 관한 특별협정은 최혜국대우조항의 적용으로부터 제외된다(제126조).

답 X

46. '1982년 UN 해양법협약'상 모든 국가의 선박과 항공기는 연안국의 영해에서 무해통항권을 향유한다. [10·13 9급, 19 7급]

해설 항공기는 무해통항권을 누리지 못한다.

답 X

47. **연안국은 무해통항권을 행사하는 외국선박이라 하더라도 유조선, 핵추진선박 그리고 핵물질 또는 그 밖의 유해한 물질을 운반하는 선박에 대해서는 지정된 항로대만을 통항하도록 요구할 수 있다.** [14 경찰]

해설 제22조 2항. 답 O

48. **1982년 UN 해양법협약상 타국의 영해를 통항하는 핵물질 또는 유독 물질을 운반 중인 선박은 무해통항권 자체가 인정되지 않는다.** [14 7급]

해설 영해에서 무해통항권을 행사하는 핵추진 선박이나 핵물질 또는 본래 위험하거나 유독한 그 밖의 물질을 운반 중인 선박은 국제협정이 이러한 선박에 대하여 정한 서류를 휴대하고 또한 국제협정에 의하여 확립된 특별사전주의조치를 준수하여야 한다(제23조). 요컨대, 이들 위험한 선박에 대해서도 무해통항 자체가 거부되지는 않는다. 답 X

49. **핵물질 또는 유독한 물질을 운반 중인 외국선박은 연안국의 영해에서 무해통항권을 행사하는 경우, 국제협정에 의한 특별예방조치를 준수한다.** [22 7급]

해설 제23조 답 O

50. **영해의 무해통항권에서 통항이란 타국의 영해를 횡단하거나 내수로 출입하기 위하여 그 영해를 지나는 것이다.** [11 9급]

해설 제18조 1항. 답 O

51. **영해의 무해통항권에서 무해란 연안국의 평화와 질서 또는 안전을 해하지 않는 것을 의미한다.** [07 · 11 · 15 9급, 15 7급]

해설 제19조 1항. 답 O

52. **1982년 '해양법협약'상 영해 내에서의 외국어선의 어로행위는 연안국의 평화, 공공질서 또는 안전을 해치지 않는 것으로 인정된다.** [08 · 15 9급, 22 7급]

해설 제19조 2항 i호의 유해통항에 해당한다. 답 X

53. **조사활동이나 측량활동을 수행하는 외국선박의 통항은 연안국의 평화, 공공질서 또는 안전을 해치는 것으로 본다.** [20 9급]

해설 제19조 2항 j호의 유해통항이다.. 답 O

54. **1982년 UN해양법협약상 연안국 영해에서 외국 선박의 평화적인 조사 활동은 무해통항으로 인정된다.** [13 9급]

해설 평화적인 조사활동 역시 제19조 2항 j호의 유해통항에 해당한다. 답 X

55. **1982년 UN해양법협약은 군함의 무해통항권을 인정하지 않으며 외국 군함이 연안국의 영해에 들어올 때는 그 연안국의 사전 허가를 얻어야 한다고 명시적으로 규정하고 있다.** [13 7급, 18 9급]

해설 군함에 대해 관행상 무해통항권을 인정하는 국가도 있으나 대부분의 국가는 사전통고제나 사전허가제를 취하고 있는 실정이다. 제3차 해양법회의에서도 군함의 무해통항권은 연안국에 대한 사전허가제나 사전통고제를 요건으로 인정하는 최종수정안이 제의된 바 있으나 채택되지 못하였다. 답 X

56. **군함의 무해통항권에 대한 규정이 없으며, 우리나라의 경우 외국 군함의 무해통항에 대해 외무부장관에게 사전에 허가를 구하는 사전허가제를 시행하고 있다.** [11 · 15 경찰]

해설 1958년 '영해 및 접속수역 협약'과 1982년 해양법협약은 명시적으로 군함의 무해통항권을 부정하거나 인정하는 규정을 두지 않았다. 우리나라 영해및접속수역법시행령 제4조는 군함과 비상업용 정부선박의 경우 통항 3일전까지 외교부장관에게 당해 선박의 선명·종류 및 번호, 통항목적, 통항항로 및 일정을 통고하도록 하고 있다. 다만 통과하는 수역이 국제항행에 이용되는 해협으로서 동 수역에 공해대가 없을 경우에는 그러하지 아니하다. 답 X

57. **1958년 영해협약과 1982년 UN해양법협약에서 전자는 잠수함에 대하여, 후자는 잠수함과 기타 잠수항행기기에 대해서만 영해에서 물 위로 떠올라 국기를 게양할 것을 조건으로 무해통항을 허용하고 있다.** [07 · 11 · 15 9급, 13 7급, 14 경찰]

해설 잠수함과 그 밖의 잠수항행기기는 영해에서 해면 위로 국기를 게양하고 항행한다(제20조). 답 O

58. **1982년 '해양법협약'상 영해를 항해하는 외국선박에 대해서는 일정한 조건에서 무해통항권이 인정된다.** [08 9급]

해설 무해통항에 관한 국내법의 제정 및 집행권을 갖는다(제21조). 연안국은 항로지정 및 통항분리제도를 사용할 권리가 있다(제22조). 연안국은 무기를 사용하는 훈련을 포함하여 자국의 안전보호상 긴요한 경우에는 영해의 지정된 수역에서 외국선박을 형식상 또는 실질상 차별하지 아니하고 무해통항권을 일시적으로 정지시킬 수 있다. 이러한 정지조치는 적절히 공표한 후에만 효력을 가진다(제25조 3항). 답 O

59. **연안국은 해양생물자원의 보존을 위해 영해에서의 무해통항에 관한 법령을 제정할 수 있다.** [11 9급, 22 7급]

해설 연안국은 항행의 안전과 해상교통의 규제, 항행보조수단과 설비 및 그 밖의 설비나 시설의 보호, 해저전선과 관선의 보호, 해양생물자원의 보존, 연안국의 어업법령 위반방지, 연안국의 환경보전과 연안국 환경오염의 방지, 경감 및 통제, 해양과학조사와 수로측량, 연안국의 관세·재정·출입국관리 또는 위생에 관한 법령의 위반방지에 대하여 영해에서의 무해통항에 관한 법령을 제정할 수 있다. 답 O

60. **연안국은 핵추진 유조선에 대하여는 영해 내에서 지정된 항로대만을 통항하도록 요구할 수 있다.** [18 9급]

해설 연안국은 항로지정 및 통항분리제도를 사용할 권리가 있다(제22조 1항). 특히 유조선, 핵추진선박 및 핵물질 또는 본래 위험하거나 유독한 그 밖의 물질이나 재료를 운반중인 선박에 대하여서는 이러한 항로대만을 통항하도록 요구할 수 있다(제22조 2항). 답 O

61. **연안국은 무해하지 아니한 통항을 방지하기 위하여 필요한 조치를 자국 영해에서 취할 수 있다.** [18 9급]

해설 해양법협약 제25조 1항. 답 O

62. **연안국이 무기를 사용하는 훈련을 하는 경우, 연안국은 영해의 지정된 수역에서 외국선박을 일시적으로 정지시킬 수 있으며 이러한 조치는 즉시 효력을 가진다.** [07 · 15 9급, 13 · 22 7급]

해설 이러한 정지조치는 적절히 공표된 후에만 효력을 가진다(제25조 3항). 답 ×

63. **영해에서 연안국은 주권적 권리를 행사하고 외국선박에 대해 통항만을 이유로 수수료를 부과할 수 있다.** [13 7급, 18 9급]

해설 주권적 권리가 아닌 주권을 가지며, 무해통항하는 외국선박에 대해 통항만을 이유로 수수료를 부과할 수 없다(제26조 1항). 답 ×

64. **연안국은 영해를 무해통항하는 선박을 국적에 따라 차별할 수 있으며, 필요 시 통행세를 부과할 수 있다.** [11 경찰]

해설 특정국의 선박, 또는 특정국으로 화물을 반입·반출하거나 특정국을 위하여 화물을 운반하는 선박에 대한 형식상 또는 실질상의 차별은 금지된다(제24조 1항 b호). 나아가 단순히 영해통항만을 이유로 외국선박에 대하여 어떠한 비용도 부과할 수 없다(제26조 1항). 답 ×

65. **연안국은 영해를 통항하는 외국선박에 제공된 특별한 용역에 대한 대가로서 수수료를 부과할 수 없다.** [20 9급]

해설 수수료는 영해를 통항하는 외국선박에 제공된 특별한 용역에 대한 대가로서만 그 선박에 대하여 부과할 수 있다. 이러한 수수료는 차별없이 부과된다(제26조 2항). 답 ×

66. **영해에서의 무해통항권에 관해 연안국은 자국이 인지하고 있는 자국 영해에서의 통항에 관한 위험을 적절히 공표한다.** [07 9급]

해설 연안국은 자국이 인지하고 있는 자국 영해에서의 통항에 관한 위험을 적절히 공표할 의무가 있다(제24조 2항, 1949년 Corfu Channel 사건, ICJ). 답 ○

67. **연안국은 군사훈련을 포함하여 자국 안보에 필요한 경우 외국선박의 무해통항을 일시적으로 정지시킬 수 있다.** [20 9급]

해설 연안국은 무기를 사용하는 훈련을 포함하여 자국의 안전보호상 긴요한 경우에는 영해의 지정된 수역에서 외국선박을 형식상 또는 실질상 차별하지 아니하고 무해통항권을 일시적으로 정지시킬 수 있다. 이러한 정지조치는 적절히 공표한 후에만 효력을 가진다(제25조 3항). 답 ○

68. **연안국은 영해에서 무해통항을 무차별원칙에 근거하여 일시적으로 정지할 수 있으며 위험사실이 있는 경우 이를 공시할 의무가 있다.** [15 경찰]

해설 연안국은 자국이 인지하고 있는 자국 영해에서의 통항에 관한 위험을 적절히 공표할 의무가 있다(제24조 2항, 1949년 Corfu Channel 사건, ICJ). 답 ○

69. 영국-알바니아 코르푸해협(Corfu Channel) 사건은 국제사법재판소가 무해통항권 침해 문제를 다룬 것이다. [13 · 17 9급]

해설 Corfu Channel 사건(1948)에서 국제사법재판소는 공해와 공해로 연결된 해협에서의 통항의 제한은 공해의 자유를 제한한다는 이유에서 군함의 무해통항권을 인정하였다. 답 O

70. ICJ는 코퓨(Corfu)해협 사건에서 알바니아 영해 내에서 동 해역에 부설된 기뢰를 제거하기 위해 영국 군함들이 실시한 소해 작전은 국제법 위반이라고 판시했다. [07 7급]

해설 영국은 자신의 알바니아 영해 내에서의 기뢰의 소해행위가 알바니아의 영토적 일체성이나 정치적 독립성에 대한 어떠한 위협도 아니었으므로 UN헌장 제2조 4항에 위반되지 않는다고 주장하였으나, ICJ는 영국의 행위가 영토주권 존중 원칙을 침해하였다고 판단하였다. 다만 이 같은 ICJ의 판정이 그 자체로 알바니아에 대한 만족을 준다고 평가하였다. 답 O

Ⅳ 국제해협

71. UN해양법협약이 공해 또는 경제수역과 다른 공해 또는 경제수역을 연결하는 국제항해에 사용되는 해협에 적용하기 위하여 채택한 해협통항 방법은 통과통항이다. [07 · 15 7급, 16 경찰]

해설 통과통항이란 국제항행용 해협의 일방수역인 공해 또는 배타적 경제수역과 타방수역인 공해 또는 배타적 경제수역 사이를 오로지 계속적이고 신속하게 통과하기 위한 목적으로 방해받지 않고 항행 또는 상공비행하는 것을 말한다. 답 O

72. 「1982년 UN해양법협약」 상 국제해협의 통과방법에 대하여 통과통항은 모든 선박과 항공기가 향유할 수 있으므로 군함에게도 인정된다. [10 7급, 10 · 12 9급]

해설 통과통항은 모든 선박과 항공기가 향유할 수 있다. 모든 선박이 향유하는 권리이므로 군함도 통과통항을 할 수 있으며, 전투기를 포함한 모든 항공기도 통과통항을 할 수 있다. 잠수함에 대해서 무해통항과 같은 일정 요건을 준수할 것을 명시적으로 요구하지 않으므로 잠항이 가능하다. 답 O

73. 「해양법에 관한 국제연합협약」상 국제해협의 통과통행이 적용되는 상부 공간에 대해서는 연안국이 완전하고 배타적인 주권을 행사할 수 없다. [19 7급]

해설 통과통항은 모든 선박과 항공기가 향유할 수 있다. 따라서 전투기를 포함한 모든 항공기가 통과통항을 할 수 있으므로 배타적인 주권을 행사할 수 없다. 답 O

74. 잠수함의 경우 통과통항이 인정되는 수역에서 수면 아래로 잠수하여 항행할 수 있으나, 무해통항이 허용되는 수역에서는 상부수역으로 부상하여 기국의 국기를 게양하고 항행하여야 한다. [10 · 12 · 13 9급, 16 경찰]

해설 무해통항권의 경우 잠수함과 그 밖의 잠수항행기기는 영해에서 해면 위로 국기를 게양하고 항행한다(제20조). 통과통항권의 경우 잠수함에 대해서 무해통항과 같은 일정 요건을 준수할 것을 명시적으로 요구하지 않으므로 잠항이 가능하다. 답 O

75. 통과통항은 무해통항의 경우와 마찬가지로 계속적이고 신속해야 한다. [10·12 9급]

해설 통과통항이란 국제항행용 해협의 일방수역인 공해 또는 배타적 경제수역과 타방수역인 공해 또는 배타적 경제수역 사이를 오로지 계속적이고 신속하게 통과하기 위한 목적으로 방해받지 않고 항행 또는 상공 비행하는 것을 말한다. 답 O

76. 해양과학조사선과 수로측량선을 포함한 외국 선박은 통과통항 중 해협연안국의 사전허가 없이 어떠한 조사활동이나 측량활동도 수행할 수 없다. [13 7급]

해설 무해통항에 관한 제19조 2항이 준용될 수 있을 것이다. 답 O

77. 국제해협의 경우 영해의 폭은 영해기선으로부터 3해리를 초과할 수 없다. [09 9급, 12 경찰]

해설 해협이라도 3해리로 제한해야 하는 규정은 없다. 답 X

78. '1982년 UN 해양법협약'상 통과통항권에 대하여 해협연안국은 필요한 경우 해협 내에 항로대를 지정하고, 통항분리방식을 설정할 수 있다. [10 9급]

해설 해협연안국은 선박의 안전통항을 촉진하기 위하여 필요한 경우, 해협 내에 항로대를 지정하고, 또한 통항분리방식을 설정할 수 있다. 이 경우 선박은 항로대와 통항분리방식을 준수하여야 한다. 그러나 통과통항 체제 하에서 해협연안국은 항로대나 통항분리방식을 일방적으로 지정하거나 설정할 수 있는 것은 아니며, 연안국은 자신의 제안이 권한 있는 국제기구에 의하여 채택된 이후라야 항로대나 통항분리방식을 지정하거나 설정할 수 있다. 이점이 무해통항 체제 하에서 연안국에게 권한 있는 국제기구의 권고를 단지 고려에 넣을 것이 요구되는 것과 대조를 이룬다. 답 O

79. 해협연안국은 해협의 통과통항에 관한 법령을 제정할 수 없다. [13 7급]

해설 연안국은 항행의 안전과 해상교통의 규제를 포함한 일정 사항에 관하여 해협의 통과통항에 관한 법령을 제정할 수 있으며, 면제를 향유하는 선박의 기국이나 국가항공기의 등록국은 이러한 법령을 위반하거나 해양법협약을 위반한 경우 국제책임을 진다. 답 X

80. 연안국은 외국군함의 통과통항을 방해하거나 정지시킬 수 없기 때문에 해협 내에 기뢰부설 등의 위험이 있더라도 요청이 없는 한 이를 공표할 의무까지는 없다. [15 7급, 16 경찰]

해설 연안국은 통과통항을 방해해서는 안되며, 자국이 알고 있는 해협 또는 해협상공 내의 위험사실을 적절히 공시하여야 한다. 답 X

81. 「공해 또는 배타적경제수역의 일부와 외국 영해와의 사이에 있는 국제항행에 이용되는 해협에는 무해통항이 적용된다. [12 9급, 15 7급]

해설 정지불가능한 무해통항권이 인정된다. 답 O

82. 3면이 바다로 둘러싸인 우리나라는 영일만과 울산만을 제외한 동해에서는 직선기선을 적용하고 있고, 해안선이 복잡하고 도서가 많은 서남 해안 전체에 대해서는 통상기선을 적용하고 있다. [11 경찰]

해설 영일만과 울산만을 제외한 동해에서는 통상기선을 적용하고 있고, 해안선이 복잡하고 도서가 많은 서남 해안 전체에 대해서는 직선기선을 적용하고 있다.
답 ×

83. 영해는 기선으로부터 12해리 폭으로 설정되었으나, 대한해협의 경우는 3해리 영해만을 설정하여 일본 대마도와의 사이에 공해대를 남겨두었다. [11 경찰]

해설 통과통항을 방지하기 위한 조치이다.
답 ○

제4절 접속수역

I 서 설

84. 영해를 10해리로 선포한 경우 그 외측 14해리의 범위 내에서 접속수역을 설정할 수 있다. [12 경찰]

해설 접속수역은 기선으로부터 24해리 범위 내에서 영해를 제외한 수역이다.
답 ○

85. 연안국의 접속수역은 내수를 포함하며 관세 · 재정 · 출입국관리 · 위생 및 군사적 목적의 관할권을 행사하기 위한 수역이다. [19 7급]

해설 접속수역은 기선으로부터 24해리 범위 내에서 영해를 제외한 수역이며, 군사적 목적의 관할권은 행사할 수 없다.
답 ×

86. 접속수역은 연안국이 당연히 갖게 되는 수역이 아니라 연안국의 선포를 요한다. [09 9급]

해설 접속수역이란 영해에 접속되어 있는 일정 바다지역(공해 또는 EEZ)에서 연안국이 관세, 위생 등의 일정 제한된 목적을 위해 관할권을 행사할 수 있는 수역을 말한다. 연안국이 당연히 갖게 되는 수역이 아니라 연안국의 선포를 요한다.
답 ○

87. 접속수역은 해양자원이용과 해양과학조사를 위하여 국가관할권을 확장한 수역이다. [09 9급]

해설 접속수역이란 영해에 접속되어 있는 일정 바다지역(공해 또는 EEZ)에서 연안국이 관세, 위생 등의 일정 제한된 목적을 위해 관할권을 행사할 수 있는 수역을 말한다.
답 ×

88. 접속수역의 해저로부터 역사적 유물을 반출하는 행위는 연안국의 영토나 영해에서의 법령위반행위로 추정될 수 있다. [09 9급]

해설 제303조 2항.
답 ○

89. 1982년 해양법협약상 접속수역은 영해기선으로부터 24해리 범위 내에서 설정할 수 있다. [09 9급, 12 7급]

해설 기선으로부터 24해리를 초과할 수 없고(제33조 2항), 경계획정은 중간선 등거리선을 유추하여 정한다.
답 ○

Ⅱ 연안국의 관할권

90. **연안국은 관세 · 재정 · 출입국관리 또는 위생에 관한 자국법령의 위반을 방지하기 위하여 접속수역을 설정할 수 있다.** [09 7급]

해설 제33조 1항 a호. 답 O

91. **접속수역에서 행하여진 외국선박의 밀입국 조력행위에 대해 관할권을 행사할 수 있다.** [15 경찰]

해설 제33조 1항 a호. 답 O

제5절 군도국가

Ⅰ 서 설

Ⅱ 군도기선

92. **1982년 UN해양법협약의 내용에 대하여 군도국가의 영해, 접속수역, 배타적 경제수역(EEZ)과 대륙붕의 폭은 군도기선을 설정한 경우 이로부터 측정한다.** [09 · 22 7급]

해설 군도국가는 군도직선기선을 설정할 수 있다. 즉 군도국가는 군도의 최외곽도서 및 암초의 최외곽점을 연결하는 군도기선을 설정할 수 있다. 군도국가가 군도기선을 그을 의무가 있는 것은 아니다. 군도국가의 영해, 접속수역, 배타적 경제수역(EEZ)과 대륙붕의 폭은 군도기선을 설정한 경우 이로부터 측정한다. 답 O

93. **1982년 UN해양법협약군도수역에 있어서 직선군도기선의 최장 길이는 100해리이다.** [12 7급]

해설 육지와 바다의 비율은 1:1에서 1:9 이내여야 한다. 기선의 길이는 100해리를 초과할 수 없다. 단 군도를 둘러싼 전체 기선의 3%까지는 125해리까지 확장될 수 있다. 원칙적으로 간출지를 연결하여 그을 수 없다. 그러나 등대나 항상 해면 위에 있는 유사한 시설물이 간출지에 설치되어 있는 경우와 간출지가 전체적으로 또는 부분적으로 가장 가까운 섬으로부터 영해폭을 초과하지 않는 거리에 있는 경우 그러하지 아니하다. 주도, 즉 군도 중에 지리학적으로 가장 큰 섬 및 정치·경제적으로 가장 중요한 섬은 군도직선기선의 내측에 위치하고 있어야 한다. 군도기선은 군도의 일반적 형태로부터 현저히 이탈해서는 안된다. 군도기선은 타국의 영해를 공해 또는 EEZ로부터 격리시키는 방법으로 설정될 수 없다. 군도국가는 이러한 해도나 지리적 좌표목록을 적절히 공표하고, 그 사본은 UN 사무총장에게 기탁한다(제47조). 답 O

Ⅲ 군도국가의 국권 및 제한

94. **군도국가의 주권은 군도수역의 상공·해저와 하층토 및 이에 포함된 자원에까지 미친다.** [22 7급]

해설 군도국가의 국권은 수심과 연안으로부터의 거리에 관계없이 군도기선 내에 포함된 모든 수역에 미친다. 군도국가는 군도수역 내의 수역·상부공역·해저 및 하층토 및 이에 포함된 자원에 대하여 주권을 행사한다. 답 O

95. **군도국가가 정지조치를 적절히 공표하지 않은 경우 군도수역의 특정수역에서 외국선박의 무해통항을 일시적으로 정지시킬 수 없다.** [22 7급]

해설 군도국가는 자국의 안전을 보장하기 위하여 불가피한 경우에는 외국선박간에 형식상 또는 실질상 차별하지 아니하고 군도수역의 특정수역에서 외국선박의 무해통항을 일시적으로 정지시킬 수 있다. 이러한 정지조치는 적절히 공표한 후에만 효력을 가진다(제52조 2항). 답 O

96. **군도국가가 항로대를 지정하는 경우 그러한 항로대 안의 좁은 수로에서 선박의 안전통항을 위하여 통항분리방식을 설정할 수 없다.** [22 7급]

해설 이 조에 따라 항로대를 지정하는 군도국가는 그러한 항로대 안의 좁은 수로에서 선박의 안전통항을 위하여 통항분리방식을 설정할 수 있다(제53조 6항). 답 X

제6절 배타적 경제수역

I 서 설

97. **1982년 UN해양법협약 상 EEZ은 영해의 외측한계로부터 200해리까지의 수역을 말한다.** [07 · 12 · 15 7급, 07 · 08 9급]

해설 기선으로부터 200해리까지이다. 답 X

98. **배타적경제수역은 연안국의 영역에 포함되지 않는다.** [09 9급]

해설 영해까지가 영역에 해당한다. 답 O

99. **배타적경제수역은 연안국의 주권적 권리 및 관할권과 공해자유의 일부가 병존하는 제3의 특별수역으로서 영해와 공해의 중간적 법제도이다.** [11 7급]

해설 해양법협약은 제55조에서 EEZ를 특별한 법제도로 규정함으로써 이것이 영해와 공해의 성격을 함께 가진, 즉 그 어느 한쪽으로 편입시킬 수 없는 혼혈적 성격의 수역임을 시사하고 있다. 답 O

100. **1982년 UN 해양법협약상 배타적 경제수역은 1951년 노르웨이와 영국 간의 어업권 사건(Fisheries case)에서 관습법으로 인정된 내용으로 해양법협약에서 처음 성문화되었다.** [14 9급]

해설 ICJ는 1974년의 영국과 아이슬랜드간 어업관할권 사건에서 기선으로부터 12마일까지의 배타적 어업수역이 관습법화 되었음을 인정하였다. 답 X

101. **배타적 경제수역(EEZ)제도는 1958년의 UN해양법협약에서 처음으로 성문화되었다.** [09 7급]

해설 1945년 미국 트루만 선언을 시작으로 남미 국가들의 Santiago 선언(1952), 몬테비데오 선언과 리마 선언(1970)을 거쳐 1982년 해양법협약에 혼혈적 성격의 수역으로 규정되었다. 답 X

Ⅱ 연안국의 권리

102. 1982년 UN 해양법협약상 배타적 경제수역에서 연안국은 해저의 상부수역, 해저 및 그 하층토의 생물이나 무생물 등 천연자원의 탐사, 개발, 보존 및 관리를 목적으로 하는 주권적 권리를 갖는다.
[07·10·14 9급, 11·17·21 7급, 11·15 경찰]

해설 제56조 1항 a호. 답 O

103. 배타적경제수역(EEZ)에 대하여 연안국은 EEZ의 해저와 그 지하자원에 대해서만 관할권을 행사한다.
[12 7급]

해설 해저의 상부수역, 해저 및 그 하층토의 생물이나 무생물 등 천연자원의 탐사, 개발, 보존 및 관리를 목적으로 하는 주권적 권리를 가진다. 답 X

104. 연안국은 배타적 경제수역에서 해저와 하층토는 물론 상부수역과 상공에 대해서도 주권을 행사할 수 있다.
[08 9급, 12 경찰]

해설 상공은 제외되며, 주권이 아니라 주권적 권리를 가진다. 답 X

105. 연안국은 해수·해류 및 해풍을 이용한 에너지 생산과 같은 경제적 개발과 탐사를 위한 활동에 관한 주권적 권리를 가진다. [11 경찰]

해설 제56조 1항 a호. 답 O

106. 1982년 UN 해양법협약상 연안국은 배타적 경제수역에서의 인공섬, 시설 및 구조물의 설치와 사용, 해양과학조사 및 해양환경보호에 대한 관할권을 갖는다. [11·12 경찰, 14 9급, 07·09·14·15·17·18·21 7급]

해설 제56조 1항 b호. 답 O

107. 배타적 경제수역(EEZ)에 관하여 연안국은 필요한 경우 인공섬과 시설물 및 구조물의 주위에 안전수역을 설치할 수 있다. [09·17·18 7급, 22 9급]

해설 제60조 4항. 답 O

108. 연안국은 배타적경제수역의 생물자원을 관리하는 주권적 권리를 행사함에 있어서 자국법령을 준수하도록 보장하기 위하여 승선·검색·나포 및 사법절차를 포함하여 필요한 조치를 취할 수 있다. [14 경찰, 18 9급]

해설 제73조 1항. 답 O

109. 나포된 선박과 승무원은 적절한 보석금이나 그 밖의 보증금을 예치한 뒤에는 즉시 석방된다. [14 경찰]

해설 제73조 2항. 답 O

110. **배타적 경제수역(EEZ)에서 어업법령 위반에 대한 연안국의 처벌에는 관련국간 달리 합의하지 않는 한 금고 또는 다른 형태의 체형이 포함되지 아니한다.** [09 7급, 14 경찰]

해설 제73조 3항. 답 ○

111. **외국 선박을 나포하거나 억류한 경우 그 연안국은 적절한 경로를 통하여 취하여진 조치와 그 이후 부과된 처벌에 관하여 기국(旗國)에 신속히 통고하여야 한다.** [14 경찰]

해설 제73조 4항. 답 ○

112. **The M/V Saiga호 사건에서 국제해양법재판소(ITLOS)는 연안국이 배타적 경제수역 내의 외국선박에 대하여 자국의 관세법을 강제할 권리를 가진다고 판결하였다.** [20 9급]

해설 1997년 기니 정부는 자국 EEZ에서 어선들에게 연료를 공급하고 있던 세인트빈센트-그레나딘 소속의 Saiga호를 관세법률 위반하고 관세납부를 회피하였다는 이유로 나포하고 선장을 소추하였다. 이에 대해 세인트빈센트-그레나딘은 선박에 대한 연료공급은 EEZ의 항행의 자유에 속하는 행위라는 주장을 하였다. 이 사건에서 국제해양법재판소는 "EEZ에서 연안국은 인공섬과 시설 및 구조물에 대해 세관법령을 적용할 관할권이 있다는 해양법협약 제60조 2항에 비추어 협약은 연안국에게 위에 언급되지 아니한 EEZ의 다른 부분들에 대해서는 그 국가의 관세법률을 적용할 권한을 부여하지 않고 있다"고 하면서 기니가 협약을 위반하였다고 판결하였다. 이와 구별할 것이 2014년 The M/V Virginia G호 사건(Panama/Guinea-Bissau, ITLOS)으로 기니 비사우는 자국 EEZ 내에서 어로활동을 하는 모리타니아 선박에게 연료 공급업무를 담당한 파나마 선적의 M/V Virginia G호를 나포해 선박과 연료를 몰수했다. 재판부는 어선에 대한 연료 공급이 어업관련 활동이라고 판단하고, 연안국은 생물자원의 보전·관리를 위해 자국 EEZ 내의 외국 어선에게 연료를 공급하는 선박을 규제할 수 있다고 평가했다. 단 이 상황에서 선박의 몰수 조치는 해양법 협약 위반이라고 판단했다. 이 사건에서의 쟁점은 Saiga호 사건에서와 같은 관세법률 위반에 따른 관할권을 행사한 것이 아니라 어선에 대한 급유를 통해 바다에서 방해받지 않고 어획활동을 하게 한다는 서비스에 대한 것으로 기니 비사우가 관세법률을 적용하려는 것이 아닌 제56조 상의 생물자원에 대한 관할권 행사로 본 것이다. 답 ×

Ⅲ 연안국의 의무

113. **1982년 '해양법협약'상 배타적 경제수역에서 모든 국가는 일정한 제한에 따를 것을 조건으로 항행 · 상공비행의 자유 등을 향유한다.** [07 · 11 · 17 7급, 08 · 17 9급, 11 경찰]

해설 배타적 경제수역제도에 배치되지 않는 한 공해의 규칙이 적용되므로, 항해의 자유·상공비행의 자유·해저전선 및 관선부설의 자유를 침해하지 못한다. 답 ○

114. **모든 국가는 타국의 배타적 경제수역에서 일정한 조건하에 해저전선 · 관선을 부설할 수 있다.** [07 9급]

해설 공해의 자유에 포함된다. 답 ○

115. **연안국은 배타적경제수역의 생물자원에 관한 자국의 어획능력을 결정한다.** [18 9급]

해설 해양법협약 제61조 1항 답 ○

116. **1982년 UN해양법협약 상 배타적경제수역(EEZ)에서 내륙국은 연안국의 EEZ의 잉여생물자원에 대해 어떠한 권리도 갖지 않는다.** [12 7급]

해설 연안국이 전체 허용어획량을 어획할 능력이 없는 경우, 협정이나 그 밖의 약정을 통하여 그리고 제62조 4항에 언급된 조건과 법령에 따라 허용어획량의 잉여량에 관한 다른 국가의 입어를 허용해야 한다. 이 경우 연안국은 제69조(내륙국) 및 제70조(지리적 불리국)의 규정, 특히 이러한 규정이 언급한 개발도상국들에 대해 특별히 고려해야 한다(제62조). 내륙국, 지리적 불리국의 이러한 권리는 양도할 수 없다. 답 X

Ⅳ 경계획정

117. **서로 마주보고 있거나 인접한 연안국간의 배타적경제수역경계획정은 중간선의 원칙 또는 형평의 원칙에 의해 해결한다.** [11 7급]

해설 서로 마주보고 있거나 인접한 연안을 가진 국가간의 EEZ경계획정은 '형평한 해결'에 이르기 위하여, ICJ규정 제38조에 언급된 국제법을 기초로 하여 합의에 의하여 이루어져야 한다. 답 X

118. **서로 마주보고 있거나 인접한 연안을 가진 국가간의 배타적경제수역 경계확정은 공평한 해결에 이르기 위하여 국제사법재판소규정 제38조에 언급된 국제법을 기초로 하는 합의에 의하여 이루어진다.** [08 7급, 10 9급, 13 경찰]

해설 제74조 1항 답 O

119. **관련국 간에 발효 중인 협정이 있는 경우, EEZ의 경계획정에 관련된 사항은 그 협정의 규정에 따라 결정된다.** [21 7급]

해설 관련국간에 발효중인 협정이 있는 경우, 배타적경제수역의 경계획정에 관련된 사항은 그 협정의 규정에 따라 결정된다(제74조 4항). 답 O

120. **한국은 배타적 경제수역(EEZ)과 관련하여 일본과는 중간수역, 중국과는 잠정조치수역을 설정한 바 있다.** [17 9급]

해설 한국은 1996년 8월 8일 "배타적 경제수역법"과 "배타적 경제수역에서의 외국인어업등에 관한 주권적 권리의 행사에 관한 법률"을 공포하고 동년 9월 10일부터 시행하고 있다. 일본과는 1998년 신 어업협정에서 동해에 중간수역을 설정하고 제주 남부수역에도 유사한 공동관리수역을 설정하여 이들 수역에서는 배타적 경제수역제도를 상호 적용하지 않기로 하였다. 중국과는 중간선을 주장하는 우리와 모든 상황을 고려한 공평하고 합리적인 경계를 주장하는 중국과의 이견이 커서 배타적 경제수역의 경계획정을 미루고 한중어업협정을 2001년 6월 발효시켰다. 양국의 주장이 중첩될 수 있는 서해 중간에 잠정조치수역을 설정하여 여기서는 기존 어업질서를 그대로 유지하고 각국 어선은 기국의 관할권에만 복종하기로 하였다. 답 O

121. **신한일어업협정은 약 2년여에 걸친 교섭 후 1998년 11월 서명되었다.** [12 경찰]

해설 2년여에 걸친 교섭 후 1998년 11월 28일 서명을 거쳐 1999년 1월 22일부터 공식 발효하였다. 답 O

122. **신한일어업협정상의 중간수역은 동해 한 곳에 설정되었다.** [12 경찰]

해설 독도 인근과 제주도 남단에 일본과의 중간수역이 존재한다. 답 X

123. **신한일어업협정상의 중간수역에서 불법조업어선에 대한 단속은 기국주의가 적용된다.** [12 경찰]

해설 이 중간수역에서는 단속 및 재판 관할권은 기국주의원칙을 따르며, 양국은 상대국의 국민과 어선에 대해 자국의 법령을 적용하지 않는다. 답 O

제7절 대륙붕

I 서 설

124. **대륙붕에 관한 국제법적 법리가 발달된 계기는 1945년 미국의 트루먼 대통령의 대륙붕 선언에서 비롯된다.** [21 9급]

해설 1945년 9월 28일 미국의 트루먼 대통령은 미국 연안 대륙붕의 하층토와 해저의 자연자원은 미국에 귀속되며, 미국의 관할과 통제하에 있다는 선언을 발표했다. 답 O

125. **대륙붕에 관한 최초의 일반적 다자조약은 1958년 대륙붕협약으로 본다.** [21 9급]

해설 트루먼선언 이래 국제사회에서는 유사한 권리 주장이 뒤를 이어 나오게 됨으로써, 국가실행이 통일적이지 않았던 대륙붕의 정의와 대륙붕에 대한 연안국 권리는 대륙붕에 관한 최초의 일반적 다자조약인 1958년 대륙붕협약의 교섭과정과 채택을 통해 형성단계에 있는 법을 관습으로 결정화한 것으로 간주되었다. 답 O

126. **대륙붕의 범위는 대륙변계의 외측한계가 200해리에 미달하면 영해측정기선으로부터 200해리까지로 한다.** [12 경찰, 21 7급]

해설 제76조 1항 답 O

127. **해양법에 관한 국제연합협약상 대륙붕의 외측한계는 영해기선으로부터 200 해리를 초과할 수도 있으나, 배타적 경제수역은 영해기선으로부터 200 해리를 초과할 수 없다.** [08 7급, 09·17 9급]

해설 1982년 해양법협약 제76조 1항에 의하면 대륙붕은 육지영토의 자연적 연장을 따라 영해 밖으로 뻗친 대륙변계의 바깥 끝까지(350해리 혹은 2,500m 등심선으로부터 100해리), 또는 이것이 200마일에 미치지 아니하는 경우에는 기선으로부터 200마일까지의 해저지대의 해상(海床)과 下層土를 말한다. 답 O

128. **200해리의 범위 내에서는 대륙붕과 배타적 경제수역이 겹친다.** [12 경찰]

해설 200해리 범위 내에서는 대륙붕과 배타적 경제수역이 겹치므로 대륙붕의 중요성은 감소되었다고 할 수 있다. 답 O

129. **1982년 해양법에 관한 국제연합협약에 따르면 대륙붕한계위원회는 영해기선으로부터 200해리 이원의 대륙붕 경계에 대해서 권고를 행한다.** [21 9급]

해설 대륙붕이 영해기선으로부터 200해리를 넘어 남용되는 것을 방지하기 위하여 대륙붕의 한계에 관한 정보는 연안국에 의하여 대륙붕한계위원회에 제출되어야 하며, 그 후 위원회는 대륙붕외측한계설정에 관련된 사항에 관하여 연안국에 권고를 해 주어야 한다. 이러한 권고를 기초로 연안국이 확정한 대륙붕의 한계는 최종적이며 구속력이 있다(제76조 8항). 연안국의 대륙붕이 200해리 밖으로 확장되는 것을 인정하는 것은 대륙붕이 육지영토의 자연적 연장이라는 개념에서 출발한 것이다. 답 O

130. **대륙변계가 영해기선으로부터 200해리 밖으로 확장되는 경우, 대륙붕의 외측한계는 100해리를 넘을 수 없다.** [16 경찰]

해설 2500미터 수심을 연결하는 선인 2500미터 등심선으로부터 100해리를 넘을 수 없다(제76조 5항). 답 O

131. **연안국은 측지자료를 비롯하여 항구적으로 자국 대륙붕의 바깥한계를 표시하는 해도와 관련 정보를 UN사무총장에게 기탁한다.** [21 7급]

해설 해양법 제76조 9항 답 O

132. **UN 해양법협약상 대륙붕의 최대 범위에서 상부수역에는 영해, 접속수역, 배타적 경제수역, 공해가 포함될 수 있다.** [10 7급]

해설 대륙붕은 최대 350해리까지 인정되며, 그 상부수역은 12해리까지는 영해, 24해리까지는 접속수역, 200해리까지는 EEZ, 200해리를 넘는 부분은 공해를 이루고 있다. 답 O

Ⅱ 대륙붕에서의 연안국의 권리

133. **해양법에 관한 국제연합협약상 대륙붕과 배타적 경제수역제도 모두 천연자원에 대한 연안국의 주권적 권리를 인정한다.** [08 7급, 16 경찰]

해설 제77조 1항 답 O

134. **모든 국가는 연안국의 동의 없이 연안국의 대륙붕에서 정착성어종을 수확할 수 있다.** [21 7급]

해설 연안국은 천연자원의 탐사, 개발을 위해 대륙붕을 시추 또는 굴착할 주권적 권리를 갖는다(제77조 1항). 이러한 주권적 권리는 대륙붕을 탐사하지 않거나 그 천연자원을 개발하지 않더라도 다른 국가는 연안국의 명시적 동의 없이는 이러한 활동을 할 수 없다는 의미에서 배타적 권리이다(제77조 2항). 해저와 하층토의 광물, 그 밖의 무생물자원과 수확가능 단계에서 해저표면 또는 그 아래에서 움직이지 아니하거나 또는 해저나 하층토에 항상 밀착하지 아니하고는 움직일 수 없는 정착성 어종에 속하는 생물체를 말한다(제77조 4항). 답 X

135. **연안국은 대륙붕에서 모든 목적의 시추를 허가하고 규제할 배타적 권리를 가진다.** [21 7급]

해설 해양법 제81조 답 O

136. **배타적경제수역과 중첩되지 아니하는 대륙붕 수역에서 외국 선박의 꽁치잡이 조업은 허용된다.** [15 경찰]

해설 대륙붕 상부수역이 EEZ가 아니라면 공해에 해당하고 공해에서는 어업의 자유가 인정되어 연안국이 관할권을 행사할 수 있는 것이 아니다.

답 O

137. **연안국이 자원개발을 수행하고 있는 지점의 반경 12해리 이내에서는 제3국 선박들의 항행이 금지된다.** [16 경찰]

해설 제80조, 제60조 5항 반경 500m의 안전구역을 가진다.

답 X

Ⅲ 대륙붕에서의 연안국의 의무

138. **국가는 타국의 대륙붕에서 일정한 조건하에 해저전선 및 관선을 부설할 수 있다.** [16 경찰]

해설 모든 국가는 이 조의 규정에 따라 대륙붕에서 해저전선과 관선을 부설할 자격을 가진다(제79조 1항).

답 O

Ⅳ 대향국·인접국간 대륙붕경계획정

139. **1969년 북해 대륙붕 사건 판결에서 국제사법재판소(ICJ)는 지리적 인접성을 대륙붕 경계획정의 핵심 개념으로 보았다.** [21 9급]

해설 ICJ는 58년 협약 제6조의 등거리선 원칙의 관습법 성립을 부인하고, 형평한 원칙들에 따라 모든 관련 사정을 고려하여 합의에 의해 이루어져야 하며, 당사국들은 합의에 이르기 위해 교섭에 들어갈 의무가 있으며, 교섭이 의미 있는 것으로 되도록 행동할 의무를 진다는 점을 강조하면서, 대륙붕경계획정의 본질은 공유물이나 무주지를 배분하는 과정이 아니고, 이미 관련국들에게 잠재적으로 속하는 지역 간의 경계선을 분명히 하는 과정이라는 점을 지적하였다. 즉 대륙붕은 육지의 자연적 연장이어야 하며, 타국의 자연적 연장을 침해하지 말아야 한다고 보았다. 이어 형평의 원칙을 달성하기 위해서는 경계획정시 해안선의 일반적 형상, 특별한 사정의 존재 여부, 대륙붕의 외형적 및 지질학적 구조와 천연자원의 존재, 연안선의 길이 등이 고려되어야 한다고 제시하였다.

답 X

140. **북해 대륙붕 사건은 형평한 배분의 원칙과 관련이 있다.** [14 9급]

해설 ICJ는 58년 협약 제6조의 등거리선 원칙의 관습법 성립을 부인하고, 형평한 원칙들에 따라 모든 관련 사정을 고려하여 합의에 의해 이루어져야 하며, 당사국들은 합의에 이르기 위해 교섭에 들어갈 의무가 있으며, 교섭이 의미 있는 것으로 되도록 행동할 의무를 진다는 점을 강조하면서, 연안형태, 물리적·지질학적 구조, 천연자원 등을 고려한 형평의 원칙이 적용되어야 한다고 판시하였다.

답 O

141. **'1982년 UN 해양법협약'상 대향국 또는 인접국간 배타적 경제수역과 대륙붕의 경계획정에 대하여 중간선(median line) 또는 등거리선(equidistance line) 원칙을 적용한다.** [10 9급]

해설 협약 제83조는 "인접 또는 대향국간의 대륙붕간의 대륙붕의 경계측정은 '형평한 해결'에 도달하기 위하여 국제사법재판소 규정 제38조에 규정된 국제법을 기초로 합의에 의해 성립되어야 한다. 상당한 기간 내에 합의에 도달할 수 없는 경우 관계국은 제15부에 규정된 강제절차에 부탁하여야 한다."고 규정하고 있다.

답 X

142. **상당한 기간 내에 합의에 이르지 못할 경우 관련국은 유엔 사무총장에게 해결을 부탁한다.** [13 경찰]

해설 상당한 기간내에 합의에 이르지 못할 경우 관련국은 제15부에 규정된 절차에 회부한다(제74조 2항).

답 X

143. **합의에 이르는 동안 관련국은 이해와 상호협력의 정신으로 실질적인 잠정약정을 체결할 수 있도록 모든 노력을 다한다.** [13 경찰]

해설 제74조 3항.

답 O

144. **관련국은 과도기간 동안 최종적인 합의에 이르는 것을 위태롭게 하거나 방해하지 말아야 한다.** [13 경찰]

해설 제74조 3항.

답 O

145. **'1982년 UN 해양법협약'상 대향국 또는 인접국간 배타적 경제수역과 대륙붕의 경계획정에 대하여 해양자원의 공평한 배분이 이루어지도록 한다.** [10 9급]

해설 ICJ는 형평한 해결을 구하기 위하여 3단계 방법론을 주창하였는데, 재판소는 제1단계로 해양경계획정에 대한 법적 합의가 없는 한 잠정 등거리선을 긋고, 제2단계로 잠정등거리선을 조정해야 할 관련 사정이 있는지를 확인한 다음, 제3단계로 이렇게 조정된 선의 결과로 각 당사국에게 할당되는 관련 해역의 몫과 각 당사국의 관련 해안선의 길이 사이에 현저한 불균형이 생기지는 않는지를 평가하게 된다. 3단계에서 이루어지는 것은 현저한 불균형이 있는지의 테스트이지 균형 검사가 아니다.

답 X

146. **1982년 UN 해양법협약 체제의 분쟁해결에 대하여 2012년 방글라데시와 미얀마 간 벵골만사건은 국제해양법재판소가 판결한 첫 번째 해양경계획정 사례이다.** [14 9급, 15 경찰]

해설 국제해양법재판소가 판결한 첫 번째 해양경계획정 사례로서, ITLOS는 잠정등거리선을 획정한 후 형평에 맞는 해결을 위하여 그 선의 조정을 요구하는 관련 상황이 존재하는지 검토하였다. 방글라데시는 벵갈만에는 잠정등거리선의 조정을 필요로 하는 관련 상황으로 3가지 지리적·지질학적 특징을 제시하였다. 그것은 서쪽 인도와의 육상경계선으로부터 동쪽 미얀마와의 육상경계선에 이르는 자국해안의 '오목한 모양'(concave shape), St. Martin's 섬의 존재, 방글라데시 본토에서 벵갈 만까지 하나로 연결된 벵갈 만의 퇴적체계(depositional system)이다.

답 O

147. **'1982년 UN 해양법협약'상 대향국 또는 인접국간 배타적 경제수역과 대륙붕의 경계획정에 대하여 육지의 자연적 연장(natural prolongation)을 최대한 존중한다.** [10 9급]

해설 2012년 *Delimitation of Maritime Boundary between Bangladsh and Myanmar in the Bay of Bengal* 사건에서 ICJ는 방글라데시는 자국의 하천들이 벵갈만에 더 큰 퇴적물을 가라앉히기 때문에 더 많은 해역을 인정받아야 한다고 주장하였으나, 국제해양법재판소는 200마일 이내건 그 이원에서건 불문하고 EEZ/대륙붕 단일경계획정은 당사자들의 서로에 대한 관계에 있어서의 '연안의 지리'를 기초로 판단할 문제이지, 경계획정지역의 '해저의 지질이나 지형학적 특질'을 기초로 판단할 문제가 아니라는 이유로 이 주장을 배척하면서, 형평한 해결을 강조하였다.

답 X

제8절 공 해

Ⅰ 서 설

148. 공해는 어떤 국가의 내수 · 영해 · 군도수역 · 배타적 경제수역에도 속하지 아니하는 바다이다. [11 9급. 13 경찰]

해설 UN해양법협약의 목적상 공해라 함은 내수, 군도수역, 영해 또는 EEZ에 포함되지 아니하는 바다의 모든 부분을 지칭한다(제86조). 답 O

149. 협약은 연안국이 관할권을 행사할 수 있는 수역 이외를 공해로 보는 소극적 방식으로 규정하였다. [19 9급]

해설 UN해양법협약의 목적상 공해라 함은 내수, 군도수역, 영해 또는 EEZ에 포함되지 아니하는 바다의 모든 부분이라고 하여 소극적으로 규정하고 있다(제86조). 공해는 전통적으로 수면 및 수중을 포함하여, 그 해저지대와 수면위의 상부 하늘공간으로 구성된다. 그러나 82년 해양법협약은 해저지대에 대해서는 "인류의 공동유산"이란 이름의 특별한 제도를 도입함으로써 전통적인 공해개념에서 배제하였다. 답 O

Ⅱ 공해자유의 원칙

150. 국가는 공해의 일부를 자국의 주권 하에 둘 수 없다. [17 9급]

해설 어떠한 국가라도 유효하게 공해의 어느 부분을 자국의 주권아래 둘 수 없다(해양법협약 제89조). 답 O

151. 공해의 자유에는 항행의 자유, 상공비행의 자유, 해저전선과 관선 부설의 자유 등이 포함된다. [17 9급]

해설 공해는 연안국이거나 내륙국이거나 관계없이 모든 국가에 개방된다. 공해의 자유는 이 협약과 그 밖의 국제법 규칙이 정하는 조건에 따라 행사된다. 연안국과 내륙국이 향유하는 공해의 자유는 특히 다음의 자유를 포함한다. (a) 항행의 자유, (b) 상공비행의 자유, (c) 제6부에 따른 해저전선과 관선부설의 자유, (d) 제6부에 따라 국제법상 허용되는 인공섬과 그 밖의 시설 건설의 자유, (e) 제2절에 정하여진 조건에 따른 어로의 자유, (f) 제6부와 제13부에 따른 과학조사의 자유(제87조 1항) 답 O

152. 해양과학조사활동은 해양환경이나 그 자원의 어느 한 부분에 대한 어떠한 권리 주장의 법적 근거도 될 수 없다. [20 7급]

해설 해양과학조사활동은 해양환경이나 그 자원의 어느 한 부분에 대한 어떠한 권리 주장의 법적 근거도 될 수 없다(해양법 제241조). 답 O

Ⅲ 공해에서의 기국주의

153. 모든 국가는 공해상에서 자국기를 게양한 선박을 자유롭게 항행시킬 권리가 보장된다. [11 9급. 19 9급]

해설 연안국이거나 내륙국이거나 관계없이 모든 국가는 공해에서 자국국기를 게양한 선박을 항행시킬 권리가 있다(제90조). 답 O

154. 1982년 UN 해양법협약상 배타적경제수역과 공해에서 선박은 어느 한 국가의 국기만을 게양하고 항행하며 공해에서 그 국가의 배타적 관할권에 속한다. [15 · 17 7급, 17 9급]

해설 국제조약이나 이 협약에 명시적으로 규정된 예외적인 경우를 제외하고는 선박은 어느 한 국가의 국기만을 게양하고 항행하며 공해에서 그 국가의 배타적인 관할권에 속한다(제92조 1항). 답 O

155. 공해상 선박의 관할권에 대하여 2개국 이상의 국기를 게양하고 항행하는 선박은 기국 모두가 관할권을 가진다. [14 9급]

해설 선박은 어느 한 국가의 국기만을 게양하여야 한다(제92조 1항 1문). 어떤 국가에도 등록되지 않거나, 혹은 2개국 이상의 국기를 동시에 또는 편의에 따라 선택적으로 게양하는 선박은 무국적선으로 취급되며, 따라서 그 어떤 국가도 이를 위해 외교적 보호권을 행사할 수 없다(제92조 2항). 답 X

156. 기국 외의 어떠한 국가도 공해상의 군함에 대해 관할권을 주장할 수 없다. [11 · 14 9급, 13 경찰]

해설 제95조. 답 O

157. 기국 외의 어떠한 국가도 공해상의 비상업용 업무에만 사용되는 국가소유의 선박에 대해 관할권을 주장할 수 없다. [13 경찰, 14 9급]

해설 제96조. 그러나 상업용 정부선박은 상선과 동일하게 취급된다. 답 O

158. 공해상에서 모든 국가는 자국기를 게양한 선박에 대하여 행정적 · 기술적 · 사회적 사항에 관하여 관할권을 행사한다. [14 9급]

해설 제94조 1항. 답 O

Ⅳ 기국주의의 예외

159. UN해양법협약상 해적행위의 주체에는 사선(私船)은 물론 사항공기(私航空機)의 승무원과 승객도 포함되는 것으로 규정하고 있다. [07 7급]

해설 제101조 a호. 답 O

160. UN해양법협약은 공해 또는 국가관할권 밖의 장소에서 행해진 해적행위에 대하여 적용된다. [07 7급]

해설 제101조 a호. 답 O

161. 해적행위에 대한 국가관할권 행사에 대하여 보편주의원칙에 기초하여 모든 국가가 관할권을 행사할 수 있다. [07 · 11 7급]

해설 UN해양법협약 제100조는 해적행위의 진압에 모든 국가는 최대한 협력한다고 규정하면서, 제105조에서 "모든 국가는 해적선 또는 해적항공기를 나포할 수 있다."고 규정하여 그 행사여부는 개별국가의 재량사항이다. 답 O

162. **해적행위에 대한 국가관할권 행사에 대하여 UN 해양법협약상 해적을 체포한 국가는 해적을 '인도하거나 소추'(aut dedere, aut juricare)하여야 한다.** [11 · 14 7급]

해설 임의적 보편관할권이다.

답 ×

163. **모든 국가는 보편주의에 따라 해적선, 해적항공기의 재산을 반드시 압수해야 한다.** [14 · 17 7급, 20 9급]

해설 제105조에서 모든 국가는 공해 또는 국가 관할권 밖의 어떠한 곳에서라도, 해적선·해적항공기 또는 해적행위에 의하여 탈취되어 해적의 지배하에 있는 선박·항공기를 나포하고, 그 선박과 항공기내에 있는 사람을 체포하고, 재산을 압수할 수 있다고 규정하여 그 행사여부는 개별국가의 재량사항이다.

답 ×

164. **UN해양법협약상 해적행위의 실효적 진압을 위하여 죄형법정주의 원칙을 충족하도록 각국의 관련 국내형사법을 완비할 의무를 규정하고 있다.** [07 7급]

해설 이러한 의무가 부과되어 있지 않고, 나포를 행한 국가의 법원은 부과될 형벌을 결정하며, 선의의 제3자의 권리를 존중할 것을 조건으로 그 선박·항공기 또는 재산에 대하여 취할 조치를 결정할 수 있다고 규정하고 있다(제105조). 기존 국제관습법규를 법전화한 이 규정은 해적행위에 대한 나포군함 기국의 보편관할권 행사를 허용하는 것에 그치고 있으며, 실제로 그 같은 재판이 국내에서 행해질 수 있기 위해서는 다시 해당 국가의 국내법이 이를 허용해야만 할 것이다. 국제법이 그 이행을 국내법에 의존하고 있는 사례의 하나이다.

답 ×

165. **해적 선박을 나포한 국가의 법원은 부과될 형벌을 결정할 수 있다.** [14 7급]

해설 제105조. 기존 국제관습법규를 법전화한 이 규정은 해적행위에 대한 나포군함 기국의 보편관할권 행사를 허용하는 것에 그치고 있으며, 실제로 그 같은 재판이 국내에서 행해질 수 있기 위해서는 다시 해당 국가의 국내법이 이를 허용해야만 할 것이다. 국제법이 그 이행을 국내법에 의존하고 있는 사례의 하나이다.

답 ○

166. **해적행위에 대한 국가관할권 행사에 대하여 해적행위의 혐의가 있는 선박의 나포가 충분한 근거없이 행하여진 경우, 나포를 행한 국가는 그 선박의 국적국에 대하여 나포로 인하여 발생한 손실 또는 손해에 대한 책임을 진다.** [11 7급]

해설 제106조.

답 ○

167. **해적행위에 대한 국가관할권 행사에 대하여 해적행위를 이유로 한 나포는 군함 · 군용항공기 또는 정부업무를 수행중인 것으로 명백히 표시되고 식별이 가능하며 그러한 권한이 부여된 그 밖의 선박이나 항공기만이 행할 수 있다.** [11 7급]

해설 제107조.

답 ○

168. **1982년 UN해양법협약 상 공해상의 위법행위를 방지하기 위하여 군함은 일정한 범죄혐의의 외국 선박을 검문할 수 있다.** [13 · 17 7급]

해설 제110조 임검권이란 외국선박에 대해 협약 제110조에 규정된 범죄의 '혐의'가 있으면 검문 하고(right of approach), 방문수색(right of visit and search) 할 수 있으며, 경우에 따라 나포와 재판권을 행사할 수 있는 권리를 말한다. 답 O

169. **공해에서 군함이 해적행위에 대한 합리적 근거를 가지고 타국의 사(私)선박에 대하여 행하는 검문행위는 정당행위로 인정된다.** [12 7급]

해설 제110조 1항 a호. 해적행위의 경우 임검한 군함의 기국이 나포와 재판도 할 수 있다. 답 O

170. **공해상에서 군함은 해적행위, 노예무역과 무국적선의 혐의가 있는 외국 선박을 임검과 수색할 수 있다.** [13 7급]

해설 제110조 1항 a호, b호, d호. 답 O

171. **모든 국가의 군함은 무허가방송에 종사하는 선박에 대해 임검권을 갖는다.** [11 경찰, 17 9급, 18 7급]

해설 임검권을 행사할 수 있는 국가는 선박의 기국, 시설의 등록국, 무허가방송종사자의 국적국, 송신이 수신될 수 있는 국가, 그리고 허가된 무선통신이 방해받는 국가만이 체포, 압류, 재판관할권을 갖는다. 답 X

172. **해적방송이 수신되지만 허가된 무선통신이 방해받지 않는 국가는 무허가방송 종사자를 자국 법원에 기소할 수 없다.** [18 7급]

해설 수신될 수 있는 국가는 임검권을 행사할 수 있다. 답 X

173. **군함의 임검권에 대하여 선박은 혐의의 근거가 없고 그 혐의를 입증할 어떠한 행위도 행하지 아니한 경우 입은 손실이나 피해에 대해 보상을 받는다.** [13 7급]

해설 임검권행사 후 혐의가 근거 없는 것으로 밝혀지면 그에 따른 모든 손실과 피해를 보상해야 한다(제110조 3항). 답 O

174. **군함 이외의 군용항공기와 정부 공용선박은 임검권을 행사할 수 없다.** [13 7급, 13 경찰]

해설 군함, 군용항공기, 정부업무에 사용 중인 것으로 명백히 표시되어 식별이 가능하며 권한이 부여된 기타 선박, 항공기도 임검권을 행사할 수 있다(제110조 4항, 5항). 답 X

175. **모든 국가는 공해상에서 선박에 의하여 국제협약을 위반하여 행하여지는 마약과 향정신성물질의 불법거래를 진압하기 위하여 협력한다.** [13 경찰]

해설 제108조. 답 O

176. **모든 군함은 공해상에서 핵무기 부품을 운송하는 혐의가 있는 선박에 대한 임검권을 행사할 수 있다.** [15 경찰]

해설 임검의 대상이 아니다. 답 X

177. 공해상의 임검권 행사 이후 방문수색의 결과 혐의가 없으면 그 군함은 손해배상의 책임을 지도록 하고 있다. [15 경찰]

해설 임검권행사 후 혐의가 근거 없는 것으로 밝혀지면 그에 따른 모든 손실과 피해를 보상해야 한다(제110조 3항).

답 O

178. 추적권 행사의 요건에 대하여 외국선박이 추적국의 내수, 군도수역, 영해, 접속수역에 있어야 추적을 개시할 수 있다. [12 9급]

해설 외국선박에 대한 추적은 연안국의 권한있는 당국이 그 선박이 자국의 법령을 위반한 것으로 믿을 만한 충분한 이유가 있을 때 행사할 수 있다. 이러한 추적은 외국선박이나 그 선박의 보조선이 추적국의 내수·군도수역·영해 또는 접속수역에 있을 때 시작되고 또한 추적이 중단되지 아니한 경우에 한하여 영해나 접속수역 밖으로 계속될 수 있다. 영해나 접속수역에 있는 외국선박이 정선명령을 받았을 때 정선명령을 한 선박은 반드시 영해나 접속수역에 있어야 할 필요는 없다. 외국선박이 제33조에 정의된 접속수역에 있을 경우 추적은 그 수역을 설정함으로써 보호하려는 권리가 침해되는 경우에 한하여 행할 수 있다(제111조 1항).

답 O

179. 추적권과 관련 사건으로는 '아임 얼론(I'm Alone)호 사건'을 들 수 있다. [15 경찰]

해설 1935년 *I' m Alone*호 사건에 의하면 추적권을 행사하는 선박은 혐의선박에 올라타 수색하고 나포하고 항구로 예인하는 등의 목적을 달성하기 위하여 필요하고도 합리적인 무력을 사용할 수 있고, 격침이 그러한 목적을 위해 필요하고도 합리적인 무력을 행사한 결과로서 우발적으로 발생한 것이라면 비난의 여지가 없다고 하였다.

답 O

180. 추적권은 공해자유 원칙을 제한하여 인정하는 예외적 권리이므로 법령위반으로 믿을만한 충분한 이유가 있을 때 인정된다. [13 경찰, 19 9급]

해설 외국선박에 대한 추적은 연안국의 권한 있는 당국이 그 선박이 자국의 법령을 위반한 것으로 믿을 만한 충분한 이유가 있을 때 행사할 수 있다(제111조 1항).

답 O

181. 추적권은 군함·군용항공기 또는 정부업무에 사용 중인 것으로 명백히 표시되어 식별이 가능하며, 그러한 권한이 부여된 그 밖의 선박이나 항공기에 의해서만 행사될 수 있다. [13·14·15 경찰, 21 7급]

해설 추적권은 군함·군용항공기 또는 정부업무에 사용중인 것으로 명백히 표시되어 식별이 가능하며 그러한 권한이 부여된 그 밖의 선박이나 항공기에 의하여서만 행사될 수 있다(제111조 5항).

답 O

182. 외국선박에 대한 추적은 외국선박이나 그 선박의 보조선이 추적국의 내수·군도수역·영해 또는 접속수역에 있을 때 시작되고 또한 추적이 중단되지 아니한 경우에 한하여 영해나 접속수역 밖으로 계속될 수 있다. [14 경찰]

해설 추적은 외국선박이나 그 선박의 보조선이 추적국의 내수·군도수역·영해 또는 접속수역에 있을 때 시작되고 또한 추적이 중단되지 아니한 경우에 한하여 영해나 접속수역 밖으로 계속될 수 있다(제111조 1항).

답 O

183. **추적권의 행사는 추적선과 피추적선 및 그 보조선이 모두 연안국의 관할수역 내에 있을 때 개시되어야 한다.** [17 7급]

해설 피추적선은 추적국의 관할수역에서 해당 법령을 위반하였다는 믿을만한 사유가 있어야 한다. 이 경우 모선은 공해상에 있고 자선이 연안국의 관련수역 내에 있는 경우 자선은 물론이고 모선도 추적의 대상이 될 수 있다. 정선명령 내릴 때 '추적선'은 반드시 관할 수역 내에 있음을 요하지 않는다. 답 X

184. **추적권 행사의 요건에 대하여 추적은 중단 없이 계속되어야 하며, 정선명령을 한 선박은 영해 또는 접속수역에 있어야 할 필요는 없다.** [12 7급, 12 9급]

해설 제111조 1항. 답 O

185. **자국의 EEZ에서 불법 조업을 하던 타국 어선을 해양경찰선박이 추적하여 공해상에서 나포한 것은 정당한 추적권의 행사이다.** [14 7급]

해설 추적권은 배타적경제수역이나 대륙붕(대륙붕시설 주변의 안전수역 포함)에서 이 협약에 따라 배타적경제수역이나 대륙붕(이러한 안전수역 포함)에 적용될 수 있는 연안국의 법령을 위반한 경우에 준용한다(제111조 2항). 답 O

186. **연안국의 추적권(right of hot pursuit)은 추적당하는 선박이 그 국적국 또는 제3국의 영해에 들어가면 소멸한다.** [12·21 7급, 12 9급, 13·14·15 경찰, 15 경찰]

해설 제111조 3항. 답 O

187. **정선명령은 보고 들을 수 있는 거리에서 시각신호와 청각신호로 해야 하며, 불가피할 경우 무선에 의한 통고만으로도 가능하다.** [12 9급, 14·15 경찰, 21 7급]

해설 추적은 정선명령을 내린 후 아니면 개시될 수 없다. 즉 외국선박이 보거나 들을 수 있는 거리에서 시각, 청각신호를 통한 정지명령을 발하여야 하므로 무선에 의한 통고는 허용되지 않는다(제111조 4항). 답 X

188. **추적권의 행사가 정당화되지 아니하는 상황에서 선박이 영해 밖에서 정지되거나 나포된 경우 그 선박은 이로 인하여 받은 모든 손실이나 피해를 보상받는다.** [13 경찰]

해설 제111조 8항 답 O

189. **국제해양법재판소는 M/V Saiga호 사건(1999)에서 기니 정부의 추적권 행사가 위법하다고 판단하였다.** [21 7급]

해설 추적권을 행사하기 위해서는 협약 제111조의 모든 조건은 누적적으로 충족하여야 하므로, 정선을 요구하는 음성 또는 시각신호의 전달 없이 추적이 개시되었으며, 추적이 계속적이지 않아 위법한 추적으로 보았다. 나아가 무력사용의 요건으로 ⅰ) 추적권의 목적달성을 위해 필요한 한도 내에서, ⅱ) 최후의 수단으로 사용가능하며, ⅲ) 어떠한 경우에도 생명의 침해는 금지를 들었다. 답 O

190. 공해상에서의 선박 충돌사고의 경우 피해 선박의 기국이 형사재판관할권을 행사한다. [11 9급]

해설 1982년 해양법협약은 공해상 충돌 등 항행사고에 관한 형사소송에서, '가해선의 기국'이나 '선장의 국적국'에만 소를 제기할 수 있고, 기국 이외에는 선박자체에 대해 나포 또는 압류할 수 없음을 명시하고 있다.

답 X

191. 공해에서 선박 충돌로 인하여 가해선박 선장의 형사책임이 발생한 경우 형사절차는 그 선장의 국적국에 의해서도 제기될 수 있다. [12 7급, 13·15 경찰]

해설 가해선의 기국이나 선장의 국적국이 행사한다.

답 O

V 공해에서의 의무

제9절 섬

I 서 설

192. 1982년 UN 해양법협약상 섬은 바닷물로 둘러싸여 있으며, 밀물일 때에도 수면 위에 있는, 자연적으로 형성된 육지지역이다. [15 9급]

해설 제121조 1항.

답 O

193. 섬과 간조노출지는 모두 자연적으로 형성되는 것을 조건으로 하며, 간조노출지는 국제법상 섬에 해당된다. [22 9급]

해설 밀물일 때에는 해수면에 잠몰하는 간출지는 섬이 아니다.

답 X

194. 본토로부터 영해의 폭을 넘는 거리에 위치한 간조노출지(low-tide elevation)는 영해기선으로 사용될 수 없다. [13 9급, 19 7급]

해설 간조노출지란 간조시에만 수면에 출현하고 만조시 수중에 잠몰하는 자연적으로 형성된 육지를 말한다. 간조노출지의 전부 또는 일부가 본토나 섬으로부터 영해의 폭을 넘지 아니하는 거리에 위치하는 경우, 그 간조노출지의 저조선을 영해기선으로 사용할 수 있다(제13조 1항). 간조노출지 전부가 본토나 섬으로부터 영해의 폭을 넘는 거리에 위치하는 경우, 그 간조노출지는 자체의 영해를 가지지 아니한다(제13조 2항).

답 O

195. 간조노출지 전부가 본토나 섬으로부터 영해의 폭을 넘는 거리에 위치하는 경우, 그 간조 노출지는 자체의 영해를 가지지 아니한다. [12 경찰]

해설 간조노출지 전부가 본토나 섬으로부터 영해의 폭을 넘는 거리에 위치하는 경우, 그 간조노출지는 자체의 영해를 가지지 아니한다(제13조 2항).

답 O

196. **배타적 경제수역 내의 인공섬 · 시설 및 구조물은 섬의 지위를 가지지 아니한다.** [07 9급]

해설 자연적으로 형성된 것이 아니므로 섬이 아니다. 답 O

Ⅱ 섬의 법적 지위

197. **섬은 원칙적으로 자신의 영해를 가질 수 있지만 접속수역은 설정할 수 없다.** [15 · 22 9급]

해설 섬은 독자적인 영해, 접속수역, EEZ 및 대륙붕을 가지면 그 범위는 육지영토와 동일하다. 그러나 섬이 영해기선의 내측에 있을 경우 독자적 수역을 설정할 수 없다. 답 X

198. **본토로부터 30해리 떨어진, 인간이 거주할 수 없거나 독자적인 경제 활동을 유지할 수 없는 돌섬(rocks)도 그 자체의 영해를 가진다.** [10 7급, 13 9급]

해설 인간의 거주 내지는 독자적인 경제생활을 지탱할 수 없는 암도는 영해나 접속수역은 설정할 수 있어도 독자적인 EEZ나 대륙붕을 설정할 수 없다(제121조 3항). 답 O

199. **해양법에 관한 국제연합협약상 인간이 거주할 수 없거나 독자적인 경제활동을 유지할 수 없는 암석은 대륙붕은 가질 수 있으나, 배타적 경제수역을 가질 수는 없다.** [08 · 15 · 17 · 22 9급, 08 · 12 · 17 7급]

해설 암석은 영해와 접속수역만 설정할 수 있다(제121조 3항 참조). 답 X

200. **1982년 UN 해양법협약상 연안국의 영해 밖에 존재하는 인공섬이나 그 외의 해양구조물도 독자적으로 영해를 가질 수 있다.** [13 · 15 9급]

해설 도서가 아니므로 독자적인 관할수역을 가질 수 없고, 이들의 존재는 영해, EEZ 또는 대륙붕의 경계획정에 영향을 미치지 아니한다. 다만 반경 500m 내외의 합리적 범위 내에서 안전수역을 설정할 수 있다. 답 X

Ⅲ 해양경계획정과 섬의 존재

201. **ICJ는 우크라이나와 루마니아 간 흑해해양경계획정 사건에서 섬의 존재를 반영하여 EEZ 경계를 획정하였다.** [21 7급]

해설 ICJ는 본토에서 홀로 떨어진 이 섬을 우크라이나 연안을 구성하는 섬으로 보지 않아 일단 이 섬의 존재를 무시한 잠정 등거리선을 그었고, 관련사정과 관련하여 이 섬의 존재, 해안선의 길이, 흑해의 성격, 여러 경제활동의 양상, 안보적 상황 등을 종합적으로 고려한 결과 잠정 등거리선을 조정할 필요가 없다고 하였다. 답 X

Ⅳ 기타 관련문제

제10절 심해저

Ⅰ 서 설

202. **공해와 독립된 법체제를 형성하고 있는 심해저의 한계설정은 대륙붕의 바깥한계를 결정한다.** [19 9급]

해설 심해저가 공해와 독립된 법체제를 형성하는 것을 옳으나, 해양법협약 제134조 4항은 "이 조의 규정은 제6부에 따른 대륙붕의 바깥한계 설정이나 해안을 마주하거나 해안이 인접한 국가 간의 경계획정에 관한 협정의 효력에 영향을 미치지 아니한다."고 하여 대륙붕의 한계가 정해짐으로써 심해저가 밝혀지는 것이지 심해저의 한계설정으로 대륙붕의 바깥한계가 결정되는 것은 아니다. 답 X

Ⅱ 심해저의 법적지위

203. **국제해저기구 이사회는 중대하고도 계속적으로 제11부의 규정을 위반한 당사국에 대하여는 총회의 권고에 따라 회원국으로서의 권리와 특권의 행사를 정지시킬 수 있다.** [20 7급]

해설 총회는 중대하고도 계속적으로 이 부의 규정을 위반한 당사국에 대하여는 이사회의 권고에 따라 회원국으로서의 권리와 특권의 행사를 정지시킬 수 있다(해양법 제185조). 답 X

Ⅲ 심해저 개발주체

204. **1982년 UN 해양법협약 체제하에서 심해저 개발은 심해저공사(Enterprise)의 배타적 개발체제에 따른다.** [16 7급]

해설 개발주체에 대해 개도국들은 심해저기업의 단독개발체제를 주장하였으나, 선진국들은 심해저기업외에 협약당사국 및 그 국민도 개발에 참여하는 '병행개발체제'를 주장하였다. 협약은 선진국의 자본과 기술이 개발에 필요하다는 현실적 고려에서 병행개발체제를 채택하였다. 따라서 심해저 기업 외에 해저기구와의 제휴하에 협약당사국, 국가기업, 당사국이 보증하는 당사국 국적의 자연인이나 법인도 개발주체로 참여할 수 있다. 답 X

Ⅳ 제11부 이행협정의 내용

205. **1982년 UN 해양법협약 제11부의 이행에 관한 협정이 체결된 것은 인류의 공동유산 개념의 현실화가 어렵다는 점을 보여준다.** [16 7급]

해설 UN총회는 1994년 찬성 121국의 표결로 UN해양법협약 제11부를 사실상 개정하기 위한 이른바 이행협정을 채택하였다. 이로써 UN해양법협약의 심해저체제는 선진산업국들을 포함한 국제공동체 전체의 보편적 참여를 확보할 수 있게 되었으나 그 원래의 의도는 훼손되고 말았다. 답 O

Ⅴ 분쟁해결

제11절 분쟁해결

206. **분쟁당사국은 이 협약과 관계없이 언제라도 이 협약의 해석이나 적용에 관한 당사국간의 분쟁을 스스로 선택하는 평화적 수단에 의하여 해결하기로 합의할 수 있다.** [18 9급, 22 7급]

해설 해양법협약 제280조. 답 ○

207. **해양분쟁의 해결을 위한 기본원칙은 분쟁을 UN 헌장 제33조 제1항에 의해 평화적으로 해결한다는 것이다.** [16 7급]

해설 당사국은 이 협약의 해석이나 적용에 관한 당사국간의 모든 분쟁을 국제연합헌장 제2조 제3항의 규정에 따라 평화적 수단에 의하여 해결하여야 하고, 이를 위하여 헌장 제33조 제1항에 제시된 수단에 의한 해결을 추구한다(제279조). 답 ○

208. **당사국 스스로가 선택한 평화적 분쟁해결수단이 우선 적용된다.** [17 9급]

해설 이 부의 어떠한 규정도 당사국이 언제라도 이 협약의 해석이나 적용에 관한 당사국간의 분쟁을 스스로 선택하는 평화적 수단에 의하여 해결하기로 합의할 수 있는 권리를 침해하지 아니한다(제280조). 답 ○

209. **국가는 협약의 가입시 또는 그 이후 언제라도 국제해양법재판소, 국제사법재판소, 제7부속서 중재재판소, 제8부속서 중재재판소 중 하나 또는 그 이상을 분쟁해결절차로 선택할 수 있다.** [16 7급, 17 9급]

해설 협약당사국은 제287조에 의거하여, 협약의 서명·비준·가입할 때 또는 그 이후 언제라도, UN사무총장에게 기탁되는 분쟁해결을 위하여 ⅰ) 제6부속서에 따라 수립된 국제해양법재판소, ⅱ) 국제사법재판소(ICJ), ⅲ) 제7부속서에 따라 구성된 중재재판소, ⅳ) 제8부속서에 의거하여 구성된 특별중재재판소 중 어느 하나 또는 그 이상을 자유롭게 선택할 수 있다. 답 ○

210. **1982년 UN 해양법협약(이하 해양법협약) 체제의 분쟁해결에 대하여 분쟁당사자들이 동일한 분쟁해결절차로써 분쟁을 해결하기로 합의하지 않았다면 달리 합의하지 않는 한 해당 분쟁은 자동적으로 국제해양법재판소에 회부된다.** [14 9급, 15 경찰, 16 7급]

해설 분쟁당사자들이 동일한 절차를 수락하지 않았다면, 당사자들이 달리 합의하지 않는 한, 그 분쟁은 제7부속서에 따른 중재에만 회부될 수 있다(제287조 5항). 답 X

211. **분쟁 당사국이 제287조의 재판소를 선택하지 않은 경우 제7부속서에 따른 중재를 수락한 것으로 본다.** [17 9급, 22 7급]

해설 분쟁당사자들이 동일한 절차를 수락하지 않았다면, 당사자들이 달리 합의하지 않는 한, 그 분쟁은 제7부속서에 따른 중재에만 회부될 수 있다(제287조 5항). 답 ○

212. **연안국은 배타적 경제수역의 생물자원에 대한 연안국의 주권적 권리와 행사에 관련된 분쟁을 협약상의 강제절차에 회부할 것을 수락할 의무를 지지 않는다.** [22 7급]

해설 구속력 있는 결정을 수반하는 상기 강제절차는 연안국의 주권적 권리 또는 관할권 행사로 규정된 사항에 대하여는 원칙적으로 적용되지 않는다. 즉 i) EEZ와 대륙붕에서 해양과학조사에 관련한 연안국의 권리나 재량권의 행사나, EEZ와 대륙붕에서의 해양과학조사의 정지나 중지를 명령하는 연안국의 결정(제297조 2항), ii) EEZ의 생물자원에 대한 연안국의 주권적 권리 및 행사에 관련한 분쟁(제297조 3항), 예컨대, 허용어획량, 자국의 어획능력, 다른 국가에 대한 잉여량 할당 및 자국의 보존관리법에서 정하는 조건을 결정할 재량권 등에 대해 연안국은 강제절차를 수락할 의무를 부담하지 않는다. 이를 자동적 예외라고도 한다.

답 O

213. 당사국은 해양경계획정과 관련된 분쟁에 대하여 강제절차의 적용 배제를 선언할 수 없다. [17 9급, 22 7급]

해설 국가는 i) 해양경계획정과 관련된 제15조, 제74조, 제83조의 해석이나 적용에 관한 분쟁 또는 역사적 만 및 역사적 권리과 관련된 분쟁, ii) 군사 활동에 관한 분쟁, iii) 해양과학조사 및 어업에 대한 연안국의 법집행활동에 관한 분쟁, iv) UN 안전보장이사회에서 다루고 있는 분쟁 등 네 가지 사항의 어느 하나 이상에 관하여 UN해양법협약의 서명·비준·가입 시에 또는 그 이후 어느 때라도 구속력 있는 강제절차들 중 어느 하나 또는 그 이상을 수락하지 아니한다는 것을 서면으로 선언할 수 있다(제298조). 이를 선택적 배제라 한다. 단, '해양경계획정과 역사적 만 또는 권원'에 대한 분쟁에 선택적 배제가 있는 경우 제5부속서 제2절의 강제적 조정절차가 적용되나, 육지나 섬에 대한 주권이나 기타 권리에 관한 미해결분쟁이 반드시 함께 검토되어야 하는 혼합분쟁(mixed disputes)은 강제적 조정절차로부터도 면제된다.

답 X

214. 해양분쟁과 도서 영토에 관한 분쟁이 함께 검토되어야 하는 경우 의무적 조정절차로부터 면제된다. [16 7급]

해설 '해양경계획정과 역사적 만 또는 권원'에 대한 분쟁은 선택적 배제가 있는 경우 의무적 조정절차가 적용되나, 육지나 섬에 대한 주권이나 기타 권리에 관한 미해결분쟁이 반드시 함께 검토되어야 하는 혼합분쟁(mixed disputes)은 의무적 조정절차로부터도 면제된다(제298조 1항 가 i).

답 O

215. 해양법재판소의 재판관은 당사국 회의에서 2/3 이상의 다수결로 선임된다. [16 경찰]

해설 판사는 유엔사무총장이 소집하는 당사국회의에서 2/3출석과 2/3의 다수결로 결정된다. 판사는 재선될 수 있다.

답 O

216. 해양법재판소는 UN총회가 설정한 각 지리적 그룹에서 최소한 3인이 선출되도록 지리적 안배를 하고 으며, 9년 임기의 21명의 채판관으로 구성되어 있다. [16 경찰]

해설 ITLOS는 공정하고 성실하다는 훌륭한 평판을 갖고, 해양법 분야에 공인된 권위와 능력이 있는 인사 중에서 선발된 독립된 자격의 21명의 판사로 구성된다(제2조). 2인 이상이 동일 국적일 수 없고, UN총회가 설정한 각 지리적 그룹에서 최소한 3인이 선출되도록 지리적 안배를 고려해야 한다(제3조).

답 O

217. 국제해양법재판소는 해양법협약과 관련된 사항이라면 인권에 관한 사항에 대해서도 재판권을 행사할 수 있다. [14 9급]

해설 국제해양법법원은 해양법협약에 따라 법원에 부탁되는 모든 분쟁과 신청사건에 대하여 관할권을 행사하며, 법원에 관할권을 부여하는 다른 협정에 규정되어 있는 분쟁을 다룬다. 해양법과 관련된 다른 조약의 모든 당사국이 동의하는 경우, 그 조약의 해석 또는 적용에 관한 분쟁도 재판소로 회부될 수 있다. 결국 반드시 UN해양법 협약에 관한 사항에 대하여만 관할권을 행사하는 것은 아니다.

답 O

218. **해양법재판소의 판결은 최종적이며, 모든 분쟁당사자를 구속한다.** [16 경찰]

해설 판결은 최종적이며, 모든 당사자를 구속한다(제33조).

답 O

219. **1982년 UN 해양법협약 체제의 분쟁해결에 대하여 국제해양법재판소는 권고적 의견을 내릴 수 있는 권한이 있다.** [14 9급, 15 경찰]

해설 UN해양법협약은 해저분쟁재판부에게는 일정한 경우 권고적 의견을 발할 수 있는 권한을 부여하고 있으나, 정작 국제해양법재판소의 그같은 권한에 관하여는 아무런 언급이 없다. 그럼에도 불구하고 국제해양법재판소는 자신도 일정 권고적 의견을 부여할 수 있는 근거조항을 재판소규칙 제138조에 포함하였다.

답 O

제22장 영 공 법

Ⅰ 서 설

Ⅱ 영공의 범위

1. 영해와 접속수역 상공까지 연안국의 완전하고 배타적인 주권이 미친다. [19 9급]

해설 영해 밖의 접속수역이나 EEZ 등의 보충수역의 상부공간에는 주권이 미치지 아니한다. 답 ×

2. 자국의 접속수역 상공을 비행 중인 항공기에 대해 해당 연안국은 자국의 접속수역에서의 선박에 대해 행하는 것과 동일한 목적의 규제를 실시할 수 있다. [20 9급]

해설 접속수역에서 관세·재정·출입국관리·위생관리 등을 목적으로 한 법령을 시행할 수 있고, 영토나 영해에서 이를 위반한 자를 처벌할 수 있으므로 접속수역의 상공을 비행중인 항공기에 대하여도 이상과 같은 목적의 규제를 실시할 수 있고, 경우에 따라서는 위법 혐의의 항공기를 인근 공항에 착륙하도록 요구할 수 있다. 답 O

3. 방공식별구역(Air Defense Identification Zone)은 연안국의 주권이 인정되는 공역(空域)이다. [19 7급]

해설 일부 국가는 접속수역이나 EEZ 등의 보충수역의 상공에 대해 국가안보의 목적상 항공기의 용이한 식별, 위치확인, 통제 등을 위해 방공식별구역이란 이름의 일종의 접속영공을 설정하고(air defence identification zone : ADIZ), 이곳에 진입하는 모든 항공기에 대해 연안국의 비행통제센터에 보고할 것을 요구하고 있다. 영공 주권은 항공기의 침입에 매우 취약하기 때문에 영공 밖에서의 일정 관할권 행사가 불가피하다는데 그 필요성이 있다. 공역(空域)으로서 주권이 인정되는 것은 아니다. 답 ×

4. 방공식별구역(ADIZ)은 대부분의 국가가 실시하고 있는 제도는 아니며, 그 운영 폭이 제각각이고 통일된 기준도 없으므로 일반적 관행이 수립되었다고 할 수 없다. [20 9급]

해설 현재 방공식별구역은 대부분의 국가가 실시하는 것도 아니고, 그 운영 폭이 제각각이며 통일된 기준도 없으므로 일반적 관행이 수립되었다고 할 수는 없다. 방공식별구역의 운영은 어디까지나 자발적 협조를 근거로 하고 있다. 답 O

5. 비행정보구역(Flight Information Region)은 항공교통관제서비스를 제공하는 구역으로 국제법상 주권적 성격을 가지는 영공으로 간주된다. [19 7급]

해설 비행정보구역(flight information region : FIR)이란 민간항공기의 안전하고도 효율적인 비행에 관련된 정보를 제공하고, 항공기가 조난을 당하면 관계 당국에 경보를 발하기 위해 세분화한 공역(空域)을 지칭한다. 따라서 영공으로 간주되는 것이 아니다. 영공을 포함한 대기권의 모든 부분은 특정 비행정보구역에 속하여, 상대적으로 작은 국가의 영공은 단일 비행정보구역에 포섭되지만, 상대적으로 큰 국가의 영공은 둘 이상의 지역비행정보구역으로 구분된다. 이 때문에 비행정보구역에는 국명을 사용하지 않으며, 예컨대 한국의 단일 비행정보구역은 인천 FIR로 지칭된다. 대양(大洋)의 상공은 몇 개의 대양정보구역으로 구분되어 인접한 관제당국에 위임된다. 비행정보구역의 표준 크기는 없으며, 관련 국가의 행정적 편의의 문제이다. 이러한 비행정보구역의 구획은 ICAO를 통해 국제합의로 이루어지기 때문에 국가별로 중첩의 문제는 없다. 답 ×

6. **비행정보구역(FIR)은 민간항공의 안전과 효율을 도모하기 위한 제도이며 영공 주권의 인정과는 무관하지만 공해 상공으로는 펼쳐질 수 없다.** [20 9급]

해설 영공을 포함한 대기권의 모든 부분은 특정 비행정보구역에 속하여, 상대적으로 작은 국가의 영공은 단일 비행정보구역에 포섭되지만, 상대적으로 큰 국가의 영공은 둘 이상의 지역비행정보구역으로 구분된다. 이 때문에 비행정보구역에는 국명을 사용하지 않으며, 예컨대 한국의 단일 비행정보구역은 인천 FIR로 지칭된다. 대양(大洋)의 상공은 몇 개의 대양정보구역으로 구분되어 인접한 관제당국에 위임된다. 비행정보구역의 표준 크기는 없으며, 관련 국가의 행정적 편의의 문제이다. 이러한 비행정보구역의 구획은 ICAO를 통해 국제합의로 이루어지기 때문에 국가별로 중첩의 문제는 없다. 답 ×

7. **영공의 상방한계는 국제민간항공협약에서 정하고 있다.** [19 9급]

해설 영공의 수직적 범위에 대해 현행 조약이나 국제관행 또는 유력한 학설이 존재하지 않는다. 답 ×

Ⅲ 영토국의 국권

8. **어떠한 체약국의 국가 항공기도 특별협정 또는 기타 방법에 의한 허가를 받고 또한 그 조건에 따르지 아니하고는 타국의 영역의 상공을 비행하거나 또는 그 영역에 착륙하여서는 아니 된다.** [19 9급, 22 7급]

해설 어떠한 체약국의 국가 항공기도 특별협정 또는 기타방법에 의한 허가를 받고 또한 그 조건에 따르지 아니하고는 타국의 영역의 상공을 비행하거나 또는 그 영역에 착륙하여서는 아니된다(시카고협약 제3조 c호). 답 ○

Ⅳ 조약에 의한 영공개방

9. **'1944년 국제민간항공에 관한 시카고 협약'에 의하면, 항공기는 그 등록국가의 국적을 가지게 된다.** [13 경찰]

해설 1944년 국제민간항공에 관한 시카고협약에 의하면 항공기는 등록된 국가의 국적을 갖는다(제17조). 오로지 한 국가에만 유효하게 등록될 수 있지만, 한 국가에서 다른 국가로의 등록변경은 가능하다(제18조). 항공기의 등록과 등록변경은 등록국의 국내법령에 따라 시행한다(제19조). 항공기의 등록에 진정한 관련성을 요구하는 명문규정은 없다. 답 ○

10. **1944년 국제민간항공협약은 군, 세관 및 경찰업무에 사용되는 항공기, 국가원수와 기타 고위 공직자들을 위해 준비되는 항공기에는 적용되지 않는다.** [20 9급]

해설 양자간 또는 다자간 기초 위에서 민간항공기에 대하여 영공을 상호 개방하는 조약이 많이 체결되고 있다. 다자간 체제의 기초를 이루고 있는 것이 1944년 시카고협약으로, 이에 의하여 국제민간항공기구

(ICAO)가 설립되었다. 항공기는 민간항공기(civil aircraft) 내지 사용항공기(private aircraft)와 국가항공기(State aircraft) 또는 공용항공기(public aircraft)로 구분된다. 이는 선박과 마찬가지로 소유자의 자격을 기준으로 하는 것이 아니라 항공기의 용도 내지 기능을 기준으로 한다. 따라서 군, 세관 및 경찰 업무에 사용되는 항공기는 국가항공기로 간주된다. 답 O

11. 민간항공기는 제3국의 영공에서 완전한 상공비행의 자유를 향유한다. [19 9급]

해설 양자간 또는 다자간 기초 위에서 민간항공기에 대하여 영공을 상호 개방하는 조약이 많이 체결되고 있다. 다자간 체제의 기초를 이루고 있는 것이 1944년 시카고협약으로, 이에 의하여 국제민간항공기구(ICAO)가 설립되었다. 답 X

12. 부정기항공기는 반드시 사전의 허가를 받아 피비행국의 착륙요구권에 따를 것을 조건으로 체약국의 영역 내에서 비행할 권리를 가진다. [22 7급]

해설 각 체약국은 타체약국의 모든 항공기로서 정기국제항공업무에 종사하지 아니하는 항공기가 사전의 허가를 받을 필요없이 피비행국의 착륙요구권에 따를 것을 조건으로, 체약국의 영역 내에서 비행 또는 그 영역을 무착륙으로 횡단비행하는 권리와 또 운송 이외의 목적으로서 착륙하는 권리를 본협약의 조항을 준수하는 것을 조건으로 향유하는 것에 동의한다(시카고협약 제5조). 답 X

Ⅴ 배타적 영공원칙에 대한 국제관습법상의 제한

13. 체약국은 민간항공기가 조난으로 영공을 침범한 경우 이 항공기에 대해 구호조치를 취할 의무를 부담하지 않는다. [22 7급]

해설 각 체약국은 그 영역 내에서 조난한 항공기에 대하여 실행 가능하다고 인정되는 구호조치를 취할 것을 약속하고 또 동 항공기의 소유자 또는 동항공기의 등록국의 관헌이 상황에 따라 필요한 구호조치를 취하는 것을, 그 체약국의 관헌의 감독에 따르는 것을 조건으로, 허가할 것을 약속한다. 각 체약국은 행방불명의 항공기의 수색에 종사하는 경우에 있어서는 본 협약에 따라 수시 권고되는 공동조치에 협력한다(시카고협약 제25조). 답 X

Ⅵ 분쟁의 해결

14. 협약 및 부속서의 해석 또는 적용에 관하여 체약국간 의견이 일치하지 않는 경우 관계국은 1차적으로 조정위원회에서 사안을 해결해야 한다. [22 7급]

해설 본 협약과 부속서의 해석 또는 적용에 관하여 둘 이상의 채약국간의 의견의 상위가 교섭에 의하여 해결되지 아니하는 경우에는, 그 의견의 상위는 관계 국가의 신청이 있을 때 이사회가 해결한다. 이사회의 구성원은 자국이 당사국이 되는 분쟁에 관하여 이사회의 심리중에는 투표하여서는 아니된다. 어느 체약국도 제85조에 의할 것을 조건으로, 이사회의 결정에 대하여 타의 분쟁 당사국과 합의한 중재재판 또는 상설국제사법재판소에 제소할 수 있다. 그 제소는 이사회의 결정통고의 접수로부터 60일 이내에 이사회에 통고한다(시카고협약 제84조). 답 X

Ⅶ 항공범죄의 국제법적 규제

15. **1963년 '항공기 내에서 범한 범죄 및 기타 행위에 관한 협약'(도쿄협약)은 항공기의 불법납치를 명시적으로 규정하지 않고, 항공기 내부의 질서교란행위자를 대상을 규율하는 데 그치고 있다.** [15 경찰]

해설 동경협약은 항공기에 탑승한 자에 의한 ① 형법에 위반하는 범죄, ② 범죄의 성립여부를 불문하고 항공기와 기내의 인명 및 재산의 안전을 위태롭게 할 수 있거나 위태롭게 하는 행위 또는 기내의 질서 및 규율을 위협하는 행위에 대해 적용된다. 항공기의 불법탈취행위는 대상으로 하지 않고 제11조에서 일반적 협조의무만을 언급하고 있다.

답 O

16. **1963년 「항공기내에서 행한 범죄 및 기타 행위에 관한 협약(동경협약)」에 따르면 각 체약국은 자국에 등록된 항공기 내에서 범하여진 범죄에 대하여 재판관할권을 확립하기 위하여 필요한 조치를 취하여야 한다.** [21 7급]

해설 보편관할권은 창설되지 않았고, 항공기의 등록국은 동 항공기 내에서 발생한 범죄나 행위에 대한 재판관할권을 행사할 권한을 갖는다. 각 체약국은 자국에 등록된 항공기 내에서 행하여진 범죄에 대하여 재판관할권을 확립하기 위해 필요한 조치를 취해야 한다.

답 O

17. **1963년 항공기내 범죄 및 기타 행위에 관한 협약(일명 1963년 동경협약)은 범죄인 인도 의무를 규정하고 있다.** [15 7급]

해설 동경협약은 범죄인인도조약을 체결할 의무를 과하고 있지 않고 또한 직접 인도의무를 규정하고 있지 않다.

답 X

18. **1970년 '항공기 불법납치 억제를 위한 협약'(헤이그협약)상 항공기의 불법납치는 비행 중(in flight)인 항공기 내에서 행하여져야 한다.** [15 경찰]

해설 "비행중에 있는 항공기에 탑승한 자에 의해 행해지는 폭력, 위협 또는 기타 협박에 의해 불법적으로 항공기를 납치 또는 점거하거나 이 같은 행위를 시도하는 경우"에 적용된다.

답 O

19. **1970년 '항공기 불법납치 억제를 위한 협약'(헤이그협약)상 공항시설에 대한 공격은 이 협약의 범위에 들지 않는다.** [14·15 경찰]

해설 항공기에 탑승하지 않은 자에 의한 항공기의 불법탈취행위, 착륙중인 항공기의 납치 및 항공기에 대한 공격이나 항공시설을 파괴하는 행위는 동 협약이 규율하지 않는다. 이러한 범죄는 1971 민간항공의 안전에 대한 불법행위 억제를 위한 몬트리올 협약 및 2010년 북경협약이 규율한다.

답 O

20. **1970년 항공기의 불법납치 억제를 위한 협약(일명 1970년 헤이그협약)은 범죄인의 인도 또는 소추를 명시하고 있다.** [14 경찰, 15·21 7급]

해설

답 O

〈인도 또는 소추공식이 포함된 조약〉
① 1937 테러리즘 방지 및 처벌을 위한 협약, ② 1949 4개 적십자협약상의 중대한 위반, ③ 1970 항공기 불법납치 억제를 위한 헤이그협약, ④ 1971 민간항공의 안전에 대한 불법행위 억제를 위한 몬트리올 협약 및 2010년 북경협약, ⑤ 1973 외교관 등 국제적으로 보호받는 인물에 대한 범죄의 방지와 처벌에 관한 협약, ⑥ 1984년 고문반대협약, ⑦ 1994 유엔 및 관련요원의 안전에 관한 협약, ⑧ 1999 테러자금조달의 억제를 위한 국제협약, ⑨ 2005 핵 테러행위의 억제를 위한 국제협약, ⑩ 2006 모든 사람을 강제실종으로부터 보호하기 위한 국제협약 등을 들 수 있다. 이중 1949년 4개 적십자협약의 경우에는 범죄혐의자를 국적에 관계없이 자국 재판소에 소추할 의무가 있으나, 나머지의 경우에는 소추를 목적으로 권한 있는 당국에 사건을 회부할 것을 내용으로 한다.

21. 1971년 민간항공의 안전에 대한 불법적 행위의 억제를 위한 협약(일명 1971년 몬트리올협약)은 비행중인 항공기 및 운항중인 항공기와 그 탑승자의 안전에 대한 불법적 행위의 억제를 목적으로 한다. [15 7급]

해설 탑승한 자의 행위에 국한하지 않고, 불법적이고 고의적인 다음과 같은 행위에 적용된다. ① 비행중인 항공기에 탑승한 자에 대해 폭력을 행사하고 그 행위가 항공기의 안전에 위해를 가할 가능성이 있는 경우, ② 운항중인 항공기를 파괴하거나 그러한 항공기에 침해를 가하여 비행을 불가능하게 하거나 비행의 안전을 위태롭게 할 가능성이 있는 경우, ③ 방법을 불문하고, 항공기를 파괴할 가능성이 있거나, 비행을 불가능하게 할 가능성이 있는 장치나 물질을 운항중인 항공기상에 설치하거나 또는 설치되도록 하는 경우, ④ 항공시설을 파괴 혹은 손상하거나 그 운영을 방해하고 그러한 행위가 비행중인 항공기의 안전에 위해를 줄 가능성이 있는 경우, ⑤ 허위임을 아는 정보를 교신하여 비행 중인 항공기의 안전을 위태롭게 하는 경우

답 O

22. 1971년 「민간항공의 안전에 대한 불법적 행위의 억제를 위한 협약(몬트리올협약)」은 군사, 세관, 경찰 업무에 이용되는 항공기에는 적용되지 아니한다. [21 7급]

해설 동 협약은 민간항공의 안전에 관한 협약으로 군사, 세관, 경찰 업무에 이용되는 항공기에는 적용되지 않는다. 항공기는 민간항공기(civil aircraft) 내지 사용항공기(private aircraft)와 국가항공기(State aircraft) 또는 공용항공기(public aircraft)로 구분된다. 이는 선박과 마찬가지로 소유자의 자격을 기준으로 하는 것이 아니라 항공기의 용도 내지 기능을 기준으로 한다. 따라서 군, 세관 및 경찰 업무에 사용되는 항공기는 국가항공기로 간주된다.

답 O

23. 1971년 「민간항공의 안전에 대한 불법적 행위의 억제를 위한 협약(몬트리올협약)」은 인도 아니면 소추의 원칙(aut dedere aut judicare)을 규정하고 있지 않다. [21 7급]

해설 인도 아니면 소추의 공식, 즉 강제적 보편관할권이 창설되어 있다.

답 X

24. 2010년 '국제민간한공에 관련된 불법적 행위의 억제에 관한 협약'(베이징협약)은 범죄에 적용되는 형량을 구체적으로 규정하였다. [15 경찰]

해설 범죄에 적용될 수 있는 형량에 대해 구체적으로 언급함이 없이 단지 "엄중한 형벌"로 처벌해야 한다고만 규정하고 있다.

답 X

25. 2010년 국제민간항공에 관련된 불법행위 억제에 관한 협약(일명 2010년 북경협약)은 적용 대상 범죄들을 정치범죄로 간주하지 않는다고 명시하고 있다. [15 7급]

해설 몬트리올협약에 새로 4개의 주요범죄를 추가하였다. i) 사망, 중대한 육체적 침해, 혹은 재산이나 환경에 대한 중대한 손해를 초래하기 위해 민간항공기를 사용하는 것, ii) 위 손해를 초래하거나 초래할 가능성이 있는 방식으로 생물, 화학 혹은 핵무기 혹은 폭발성, 방사성 혹은 그 비슷한 물질을 운항중인 항공기로부터 방출하거나 발사하는 것, iii) 두 번째 범죄에 명시된 그 같은 물질을 운항중인 항공기에 대하여 혹은 운항중인 항공기 내에서 사용하는 것, iv) 폭발성 혹은 방사성 무기 등을 운송하거나 운송되게 하거나 운송을 용이하게 하는 것이다. 북경협약과 북경의정서는 적용대상 범죄들을 정치범죄로 간주하지 아니한다고 명시하고 있다.

답 ○

	1963 동경협약	1970 헤이그협약	1971 몬트리올협약	북경협약, 의정서
대상 범죄	일반형법 위반, 범죄성립 불문하고 인명과 재산의 안전에 대한 위협	항공기에 탑승한 자에 의해 행해지는 폭력, 위협 또는 기타 협박에 의해 불법적으로 항공기를 납치 또는 점거하거나 이 같은 행위를 시도하는 경우	항공기 탑승불문, 비행중인 항공기에 탑승한 자에 대한 폭력행사로 안전에 위해, 운항중인 항공기 파괴하거나 비행불가능하게 하거나 안전위해, 위험물질 설치, 항공시설 파괴 혹은 손상, 허위정보 교신	북경협약(몬트리올협약 대체), 북경의정서(헤이그협약 보충의정서) 민간항공기 사용, 방출, 항공기내 사용, 운송 정치범으로 인정 불가
시 간	비행 중(시동~착륙)	비행 중(폐문~개방)	비행중(폐문~개방) 운항중(준비~착륙 24H)	몬트리올과 동일
공 간	비행중이거나, 공해나 어느 국가의 영토에 속하지 않는 지역의 표면에 있는 경우	항공기의 이륙장소 또는 착륙장소가 등록국가 영토 밖에 있는 경우	항공기의 이륙장소 또는 착륙장소가 등록국가 영토 밖에 있는 경우, 범죄가 등록국 외에서 범해진 때	몬트리올과 동일
관할 국가	등록국+역외관할권 행사 규칙에 따른 국가	등록국+착륙국+항공기 임차인 영업활동국+범인소재 체약국+역외관할권 행사 규칙에 따른 국가	左+범죄행위지	左와 동일 범죄인 국적국(必) 수동적속인주의+무국적자의 상거주국(任意)
인도 의무	×	○	○	○

제23장 국제우주법

Ⅰ 서 설

1. **1967년의 달과 기타 천체를 포함한 외기권의 탐색과 이용에 있어서의 국가활동을 규율하는 원칙에 관한 조약의 목적은 우주이용을 법으로 규제하고 우주에서의 법질서를 창설·유지하는데 있다.** [11 7급]

해설 우주조약은 제1조와 제2조에서 우주활동 자유의 원칙과 영유금지의 원칙 등을 기본원칙으로 하면서 제4조에서 외기권의 비군사화를 규정하고 있다.

답 O

2. **1967년의 달과 기타 천체를 포함한 외기권의 탐색과 이용에 있어서의 국가활동을 규율하는 원칙에 관한 조약은 우주질서의 창설을 위한 기본법과 우주군축실현을 위한 군축조약으로서의 양면성을 가지고 있다.** [11 7급]

해설 제4조

답 O

3. **평화적 이용의 원칙은 우주공간 이용에 적용되는 법질서에 해당한다.** [10 7급]

해설 우주는 자유로이 평화적 목적에 이용될 수 있도록 개방되어야 하고, 국제평화와 안정의 유지를 위해 우주공간에서의 활동을 국제적으로 관리해야 한다.

답 O

Ⅱ 우주법의 기본원칙

4. **우주공간에 대해서도 국가의 관할권이 인정된다.** [16 경찰]

해설 우주공간은 어떤 특정국가의 주권에도 종속되지 않을 뿐 아니라 어떤 특정국가도 이를 배타적으로 사용·수익·처분할 수 없으며, 우주는 자유로이 평화적 목적에 이용될 수 있도록 개방되어야 하고, 국제평화와 안정의 유지를 위해 우주공간에서의 활동을 국제적으로 관리해야 한다.

답 X

5. **1967년 우주조약은 우주 공간 이용 자유, 영유 금지, 인류의 공동 유산, 평화적 이용을 그 내용으로 한다.** [11 경찰]

해설 인류의 공동 유산은 79년 달조약의 내용이다.

답 X

6. **1967년의 달과 기타 천체를 포함한 외기권의 탐색과 이용에 있어서의 국가활동을 규율하는 원칙에 관한 조약에 의하면 달과 기타 천체를 포함한 외기권은 영유가 금지되어 있다.** [10 · 11 7급]

해설 1967년 우주협약 제2조는 "달 기타 천체를 포함한 우주공간은 주권의 주장에 의하여 또는 이용과 점유에 의하여 또는 기타 모든 수단에 의하여 국가전용의 대상이 되지 않는다."라고 하여, 영유금지원칙을 규정하고 있다.

답 O

7. **우주활동자유의 원칙은 우주공간 이용에 적용되는 법질서에 해당한다.** [10 7급]

해설 모든 국가는 차별 없이 평등하게 달과 기타 천체를 포함한 우주를 국제법에 의거하여 자유로이 탐사하고 이용할 수 있다(우주조약 제1조 2단). '탐사'는 조사와 관찰을 의미하고, '이용'은 점유나 사용으로부터 나오는 재산상의 이익으로서 여기에는 자원의 채취가 포함된다. 답 O

Ⅲ 우주물체와 우주비행사의 법적 지위

8. **우주물체 등록자유의 원칙은 우주공간 이용에 적용되는 법질서에 해당한다.** [10 7급]

해설 1975년의 우주물체등록협약은 등록을 의무적인 사항으로 규정하고 있는데, 우주물체가 외기권에 발사되면 발사국은 자국의 적절한 등록부에 동 우주물체를 등록하고, UN사무총장에게 동 물체의 정보를 제공하면 UN사무국의 우주과가 보관하는 등록부에 기록한다. 답 X

9. **1975년 외기권에 발사된 물체의 등록에 관한 협약에 따라 각 등록국은 때때로 등록이 행해진 우주물체에 관련된 추가 정보를 UN사무총장에게 제공할 수 있다.** [20 7급]

해설 각 등록국은 때때로 등록이 행해진 우주 물체에 관련된 추가 정보를 국제연합 사무총장에게 제공할 수 있다(동 협약 제4조 2항). 답 O

10. **1967년 달과 기타 천체를 포함한 외기권의 탐색과 이용에 있어서의 국가 활동을 규율하는 원칙에 관한 조약에 따라 외기권에 발사된 물체 또는 구성 부분이 그 등록국인 본 조약의 당사국의 영역 밖에서 발견된 것은 동 당사국에 반환되어야 한다.** [20 7급]

해설 우주물체가 등록국의 영토 밖에서 발견되더라도 그 소유권은 언제나 등록국에 있으므로, 이 물체에 대해 발사국의 요청이 있는 경우, 발사국에 반환하여야 하며, 회수·반환에 소요되는 경비는 발사국이 부담한다. 답 O

Ⅳ 외기권의 비군사화

11. **1967년의 달과 기타 천체를 포함한 외기권의 탐색과 이용에 있어서의 국가활동을 규율하는 원칙에 관한 조약에 의하면 비록 과학적 조사의 목적일지라도 군인을 이용하는 것은 금지된다.** [11 7급, 20 7급]

해설 천체에 군사기지·군사시설 또는 군사요새를 설치해서는 안되며, 무기실험을 하거나 군사연습을 할 수 없다. 이 점이 공해와 다른 점이다. 다만 과학적 조사 또는 기타 모든 평화적 목적을 위하여 군인을 이용하는 것은 금지되지 아니하며, 천체의 평화적 탐색에 필요한 어떠한 장비 또는 시설의 사용도 금지되지 않는다(우주조약 제4조 2단). 답 X

Ⅴ 우주활동에 대한 국제책임

12. **국제책임은 우주물체의 발사를 의뢰한 국가가 부담하고 그 발사를 실시한 국가는 면책된다.** [18 7급]

해설 72년 책임협약은 발사국의 개념을 우주물체의 발사를 실시 또는 조직하는 국가와 우주물체가 발사되는 영토 또는 시설의 소속국으로 정의하고 있다. 의뢰한 국가는 발사를 조직하는 국가로 볼 수 있다. 답 X

13. **비정부주체가 우주물체를 소유하고 발사한 경우에 대해서도 소속국이 국제책임을 져야 한다.** [18 7급]

해설 달과 기타 천체를 포함한 외기권에서의 활동에 대해서는, 그것이 정부기구에 의하여 수행되건 아니면 비정부실체에 의하여 수행되건 관계없이, 소속국가가 국제책임을 진다. 이것은 사인의 행위는 원칙적으로 국가책임을 야기시키지 않는다는 일반국제법의 원칙이 우주활동에 대해서는 수정된 것인데, 비정부실체의 우주활동에 대해서는 소속국의 허가와 계속적인 감독이 요구되고(우주조약 제6조), 그 결과에 대해서는 국가가 직접 책임을 지기로 하였다.

답 O

14. **손해에 대한 배상청구 이전에 청구국은 국내적 구제를 완료하지 않아도 된다.** [21 9급]

해설 자발적 관련성이 없어 국내적 구제절차를 거칠 필요는 없는데, 이것이 청구국이나 자연인 또는 법인이 발사국의 재판소에 배상청구를 제기하는 것을 막는 것은 아니고, 이러한 국내구제절차가 진행중이라면 책임협약에 의거하여 청구를 제기할 권리를 갖지 못한다.

답 O

15. **1972년 우주 물체에 의하여 발생한 손해에 대한 국제책임에 관한 협약에 따른 책임문제에 관하여 손해는 달과 기타 천체를 포함한 외기권, 대기권에서 발생한 손해를 의미하고 지구 표면에서 일어난 손해는 제외한다.** [14 7급]

해설 손해발생의 장소는 달과 기타 천체를 포함한 외기권, 대기권, 지구표면 등 일체의 장소를 포함한다.

답 X

16. **타국의 지구 표면이나 비행 중인 항공기에 손해를 입히는 경우에는 과실이 있을 때에만 책임이 발생한다.** [18 7급]

해설 1972년 책임협약 제2조에 의하면 우주물체가 지구표면의 사람이나 재산에 또는 비행 중의 항공기에 끼친 손해에 대해서는 고의·과실 여부를 묻지 않고 발사국이 절대책임을 진다.

답 X

17. **1972년 우주 물체에 의하여 발생한 손해에 대한 국제책임에 관한 협약에 따른 책임문제에 관하여 우주 물체가 지구 표면의 사람에 끼친 손해에 대해서 발사국은 피해자의 중대한 과실 유무의 입증에 관계없이 절대책임을 진다.** [14 7급, 21 9급]

해설 1972년 책임협약 제2조에 의하면 우주물체가 지구표면의 사람이나 재산에 또는 비행 중의 항공기에 끼친 손해에 대해서는 고의·과실 여부를 묻지 않고 발사국이 절대책임을 진다. 다만, 피해를 입은 국가 또는 개인의 중대한 과실로 손해가 발생했다고 입증할 수 있는 범위까지는 절대책임이 면제된다(책임협약 제6조 1항).

답 X

18. **1972년 우주 물체에 의하여 발생한 손해에 대한 국제책임에 관한 협약에 따른 책임문제에 관하여 UN 헌장과 1967년의 우주조약을 포함한 국제법과 일치하지 않는 발사국의 활동 결과로 야기된 손해에 대해서는 피해국의 과실 여부에 관계없이 발사국이 절대책임을 진다.** [14 7급, 21 9급]

해설 손해가 UN헌장과 1967년 우주조약을 포함한 국제법과 일치하지 않는 발사국의 활동의 결과로 야기된 경우에는 피해국의 과실 때문이라 하더라도 발사국은 책임을 면제받을 수 없다(책임협약 제6조 2항).

답 O

19. 1972년 우주 물체에 의하여 발생한 손해에 대한 국제책임에 관한 협약에 따른 책임문제에 관하여 지구 표면 이외의 영역에서 발사국의 우주 물체가 다른 발사국의 우주 물체에 대해 손해를 끼친 경우에 발사국은 피해국의 과실 유무에 상관없이 배상책임을 진다. [14 · 18 7급, 21 9급]

해설 지구표면 이외의 영역에서 한 발사국의 우주물체가 다른 발사국의 우주물체에 손해를 끼친 경우에는 과실이 있는 경우에만 책임을 진다(책임협약 제3조). 답 X

Ⅵ 인공위성 사용과 관련한 문제

20. 1986년 '외기권으로부터 지구의 원격탐사에 관한 원칙' 제13의 해석상 탐사국은 피탐사국의 사전동의를 의무적으로 구해야 한다. [20 7급]

해설 외기권의 위성을 통한 지구자원의 원격탐사 결과는 상업적으로 판매되기도 한다. 영토나 배타적 경제수역, 대륙붕 지역에 대한 통상적인 자원탐사는 당사국의 동의 없이 수행할 수 없으므로 문제가 된다. 개발도상국들은 외국계 기업이 사전 원격탐사로 자국의 자원 부존에 대해 많은 정보를 알고 있다면 균형있는 협상을 할 수 없을 것으로 우려하였고, 이에 1986년 UN총회는 "외기권으로부터 지구의 원격탐사에 관한 원칙"을 만장일치로 채택하였다. 이 결의는 원격탐사가 모든 국가의 천연자원에 대한 영구주권을 존중하는 기반에서 진행되어야 하며, 원격탐사는 피탐사국의 합법적 권리와 이익을 침해하지 않아야 한다고 전제하고 있다. 다만 피탐사국의 요청이 있는 경우에만 탐사국은 협의해야 한다고 규정하여 반드시 피탐사국의 사전동의를 요구하지 않았고 피탐사국은 합리적 비용지불을 조건으로 탐사자료에 접근할 수 있다. 답 X

제24장 국제환경법

제1절 총 설

1. **국제환경법의 이행과 준수는 주로 상호주의에 의해 뒷받침되고 있다.** [15 7급]

해설 전통 국제법에서는 상호주의적 보장을 통하여 그 이행이 확보되는 분야가 많다. 그러나 해양오염 방지를 위한 의무를 특정 국가가 해태하였다고 하여, 다른 국가들도 오염방지를 포기하는 상호주의적 대처는 환경 분야에서는 문제해결방법으로 볼 수 없으며, 최초 의무위반국에게 의무이행을 복귀하도록 강제하는 효과도 거둘 수 없다. 즉 상호주의적 이행보장의 적용이 불가능하다. 답 ×

2. **국제환경조약의 체결에 있어서는 먼저 기본협약을 만들고 그 후에 의정서를 추가하는 방식의 유용성이 크다.** [15 7급]

해설 국제환경협약은 기본조약과 의정서의 단계적 형식으로 체결되는 경우가 많다. 기본조약은 일반적 추상적 내용을 규정하고, 의정서는 기본조약에서 규정한 내용을 구체화하여 조약이행을 위한 보호조치와 기준을 설정한다. 답 O

3. **환경보호를 위한 법은 국제법이 먼저 정립되고 이를 국내법이 수용하여 이행하는 방식으로 발전하였다.** [15 7급]

해설 국제법 중에는 각국 국내법에서의 실행이 축적되어 점차 국제법으로 발전된 내용이 적지 않다. 그러나 범세계적 규제설정을 주요 내용으로 하는 국제환경법은 국제법이 우선 정립되고, 각국에 대하여는 이러한 국제규범의 국내적 이행이 요구되는 형상으로 발전하였다. 답 O

4. **국제환경조약의 체결과정에서는 상대적으로 비국가행위자(non-state actor)의 참여가 활발하다.** [15 7급]

해설 국제인권법과 더불어 국제환경법에 관하여는 NGO의 활약이 활발하다(예 : 그린피스). 나아가 국제환경분쟁은 상업적 이해와 관련이 깊으므로, 각국의 거대 기업들은 직접 국제환경규범을 정립할 수는 없으나 자국 정부에 대한 영향을 통하여 국제환경규범의 정립에 적극적으로 참여하려 하고 있다. 답 O

제2절 국제환경법의 생성과 발전

Ⅰ 1972년 스톡홀름 UN 인간환경회의

5. **1972년에 개최된 유엔인간환경회의를 통해 인간환경선언과 행동계획 등 많은 법적 구속력 있는 문서가 채택되었다.** [13 경찰]

해설 1968년 UN총회결의에 따라 1972년 스톡홀름에서 개최된 UN 인간환경회의에는 113개국 대표와 주요 국제기구로부터 총 1,200여 명이 참석하여 인간환경선언과 인간환경행동계획을 심의·채택하고, i) UN환경계획의 설립결의, ii) 세계환경일 지정결의, iii) 제2차 UN인간환경회의 개최결의, iv) 핵실험금지결의 등 4개의 결의를 채택하였다. 스톡홀름 회의가 법적 구속력 있는 문서를 생산하지는 못했으나, 인류에 대해 국제환경문제의 중요성을 일깨우는 전기를 제공했다. 답 X

Ⅱ 1992년 UN환경개발회의

6. **1992년 리우데자네이루서 유엔환경개발회의가 개최되었으며, 이를 계기로 환경 관련 조약의 채택이 가속화 되었다.** [13 경찰]

해설 1972년 UN 인간환경회의 개최 이후 지구환경의 계속적 악화로 지구를 더 이상 방치할 수 없으며 인류의 보다 나은 환경의 조성을 위해 지구환경보전을 위한 국제적 제도를 창출할 필요가 있다는 인식이 확산됨에 따라, 1989년 UN총회결의에 의거하여 1992년 리우데자네이로에서 UN환경개발회의가 개최되어 115개국의 국가정상 및 정부수반을 비롯한 178개국 정부대표가 참가하는 역사상 최대규모의 국제회의가 열렸다. 여기에서 지구환경보전을 위한 방안과 대책을 논의한 결과, i) 리우선언과 ii) 의제 21 및 iii) 산림원칙을 채택하였다. 또한 이를 계기로 환경관련 조약의 채택이 가속화 되어 동 회의기간 중 서명을 위해 개방된 iv) UN기후변화협약과 v) 생물다양성협약에는 각각 156개국 및 158개국이 서명함으로써 지구환경문제에 대한 국제적 관심을 나타냈다. 답 O

7. **1992년 환경과 개발에 대한 리우선언(Rio Declaration)은 성립당시 그 자체로서 국제법상 법적 구속력을 갖는 문서이다.** [12 7급]

해설 1992년 채택된 이 선언은 전문과 27개 원칙으로 구성되어 있으며, 비록 법적 구속력은 없으나 환경과 개발의 조화에 입각한 21세기 지구환경보전을 위한 대장전이라 할 수 있다. 답 X

8. **의제21(Agenda 21), 기후변화협약(Framework Convention on Climate Change), 생물다양성협약(Convention on Biological Diversity)은 1992년 UN 환경개발회의에서 채택되었다.** [07 9급]

해설 1989년 UN총회결의에 의거하여 1992년 리우데자네이로에서 UN환경개발회의가 개최되어 115개국의 국가정상 및 정부수반을 비롯한 178개국 정부대표가 참가하는 역사상 최대규모의 국제회의에서 지구환경보전을 위한 방안과 대책을 논의한 결과, i) 리우선언과 ii) 의제 21 및 iii) 산림원칙을 채택하였다. 또한 동 회의기간중 서명을 위해 개방된 iv) UN기후변화협약과 v) 생물다양성협약에는 각각 156개국 및 158개국이 서명함으로써 지구환경문제에 대한 국제적 관심을 나타냈다. 답 O

9. **리우선언은 기본적으로 스톡홀름선언의 정신을 계승하고 있으며, 국가가 자원을 개발할 때 자원 개발이 지속 가능하게 수행되어야 함을 선언하고 있다.** [17 7급]

해설 형식적으로는 스톡홀름선언의 정신을 계승했으나, 내용면으로는 매우 다른 개념과 환경 및 개발에 관한 포괄적 원칙을 도입하고 있다. 스톡홀름선언이 인간환경을 중시하고 특정 환경분야에 대한 원칙을 열거하고 있는 반면, 리우선언은 지구 동반자적 관계의 정신 아래 환경과 개발을 다 같이 조화시키고 지속적 개발을 추진해 나가는 데 필요한 정치적·철학적 지침을 제공하고 있으며, 분야별 환경행동지침은 의제 21에 맡겨졌다. 답 O

10. 리우선언의 시행을 위해 법적 구속력을 갖춘 구체적 행동지침으로서 의제 21(Agenda 21)과 기후변화협약, 생물다양성협약이 함께 채택되었다. [17 7급]

해설 의제 21(Agenda 21)은 1992년 6월 브라질 리우데자네이로에서 채택된 지속가능한 개발을 실현하기 위한 국제적 지침으로 지구보전을 위한 규범을 각론에 들어가 실현시키기 위한 '행동계획'이다. 각국의 환경 및 개발계획에 반영되기를 기대한다. 의제21의 구성은 총40개의 장으로 성립되어 있다. 조약과 같은 구속력은 없지만 리우선언이 모법이라면 Agenda21은 시행령에 해당한다.

답 X

11. 리우선언은 선진국과 개발도상국의 '공동의 그러나 차별적인(common but differentiated)' 책임을 인정하고 있다. [17 7급]

해설 원칙 7에서 공동의 차별적 책임과 선진국의 주도적 역할의무규정을 두고 있다.

답 O

12. 리우선언은 환경목적을 위한 무역정책조치가 국제무역상 자의적 또는 부당한 차별조치나 위장된 규제수단이 되어서는 안 된다는 점을 선언하였다. [17 7급]

해설 각 국가는 환경 악화 문제에 적절히 대처하기 위하여, 모든 국가의 경제 성장과 지속 가능한 개발을 도모함에 있어 도움이 되고 개방적인 국제 경제 체제를 증진시키도록 협력해야 한다. 환경적 목적을 위한 무역 정책 수단은 국제 무역에 대하여 자의적 또는 부당한 차별적 조치나 위장된 제한을 포함해서는 아니 된다. 수입국의 관할지 역 밖의 환경적 문제에 대응하기 위한 일방적 조치는 회피되어야 한다. 국경을 초월하거나 지구적 차원의 환경 문제에 대처하는 환경적 조치는 가능한 한 국제적 합의에 기초해야 한다(원칙 12).

답 O

13. 1992년 환경과 개발에 관한 리우 선언에서 각 국가는 개별 능력에 따라 사전주의적 접근법을 도입하도록 요구되었다. [17 9급]

해설 리우선언은 환경보호를 위하여 국가들은 그들의 능력에 맞게 사전주의적 접근(precautionary principle)을 광범위하게 적용할 것을 요구하고, 심대하거나(significant) 회복할 수 없는(irreversible) 손상의 우려가 있는 경우 완전한 과학적 확실성이 없다는 이유로 환경악화를 방지하는 비용대비 효과적 조치를 지연시켜서는 안된다고 밝히고 있다(제15원칙).

답 O

14. 1992년 환경과 개발에 관한 리우 선언에서 오염자부담의 원칙에서는 다른 원칙들에 비해 법적 강제성이 강화된 용어를 사용하여 법적 규범성을 강조하였다. [17 9급]

해설 오염자 부담의 원칙(제16원칙)이란 환경오염을 유발한 책임이 있는 자가 오염의 방지와 제거를 위한 비용을 담당하여야 한다는 의미이다. 동 원칙은 오염통제를 위한 비용의 배분에 관한 원칙이지, 환경오염이 발생한 경우 그에 대한 원인을 규명하여 책임자에게 배상을 추구하려는 원칙은 아니다. 리우선언은 법적 구속력은 없으나 환경과 개발의 조화에 입각한 21세기 지구환경보전을 위한 대장전이라 할 수 있다.

답 X

15. 1992년 환경과 개발에 관한 리우 선언에서 협력의무의 원칙에 따르면 환경에 해로운 효과를 초래할 긴급사태 발생시 즉각 다른 국가들에게 이를 통고해야 한다. [17 9급]

해설 제19원칙

답 O

16. **1992년 환경과 개발에 관한 리우 선언에서 '공동의 그러나 차별화된' 책임 원칙은 지속가능한 개발과 관련하여 선진국에게 더 많은 부담을 부여하였다.** [17 9급]

해설 제7원칙 답 O

Ⅲ 지속가능한 발전 세계정상회의

17. **2002년 요하네스버그에서 지속가능한 발전을 주제로 지구환경 정상회의가 개최되었다.** [13 경찰]

해설 '인간, 지구 그리고 번영'의 주제 아래 193개국과 16개 UN전문기구, 67개 국제기구 등이 참가하여 2002년 8월 26일부터 9월 4일까지 남아프리카공화국 요하네스버그에서 개최된 회의로서, 1992년 UN환경개발회의에서 채택된 Agenda 21의 이행을 점검하고 향후 지속가능발전의 실질적인 이행을 위한 국제협력 방안을 도출하는 것을 목적으로 하였다. 답 O

제3절 국제환경법의 이념과 원칙

Ⅰ 국제환경법의 이념 : 지속가능한 개발

18. **지속가능한 개발은 국제환경법의 주요 원칙이다.** [12 7급]

해설 지속가능개발이란 "미래 세대의 필요를 충족시킬 수 있는 미래세대의 능력을 위태롭게 하지 않는 범위 내에서 현재의 필요를 충족시키는 개발"을 말한다(1987년 세계환경개발위원회 보고서). 지속가능한 개발은 국제환경법의 이념 또는 가치로서, 1970년대 신국제경제질서를 수립하려고 시도했던 제3세계국가들은 개발의 환경에 대한 충격에 대해서는 신경을 쓸 겨를이 없었으며, 이에 1980년대에 들어 절충적 개념으로 일차적으로 환경보호를 목표로 하면서도 개발 혹은 발전의 필요성을 고려에 넣어 지속가능한 개발이라는 개념이 구체화되었다. 답 O

19. **지속가능개발의 개념은 1987년 브룬트란드(Brundtland) 보고서를 계기로 국제사회에서 일반화되었다.** [17 9급, 18 7급]

해설 1987년 브룬트란드(세계환경개발위원회) 보고서를 계기로 국제사회에서 일반화되었다. 답 O

20. **지속가능개발 원칙은 개발의 권리가 현세대와 미래세대의 요구를 공평하게 충족할 수 있도록 실현될 것을 포함한다.** [17 9급]

해설 지속가능개발이란 "미래 세대의 필요를 충족시킬 수 있는 미래세대의 능력을 위태롭게 하지 않는 범위 내에서 현재의 필요를 충족시키는 개발"을 말한다. 답 O

21. **'지속가능한 개발'은 환경보존을 위하여 경제개발을 우선시 하려는 개념이다.** [10 7급]

해설 1970년대 신국제경제질서를 수립하려고 시도했던 제3세계국가들은 개발의 환경에 대한 충격에 대해서는 신경을 쓸 겨를이 없었으며, 이에 1980년대에 들어 절충적 개념으로 일차적으로 환경보호를 목표로 하면서도 개발 혹은 발전의 필요성을 고려에 넣어 지속가능한 개발이라는 개념이 구체화되었다. 답 X

22. 지속가능개발 원칙은 환경보호가 개발과정의 중요한 일부이고 개발과정과 분리해서는 아니 된다는 것을 포함한다. [17 9급]

해설 지속가능한 개발은 국제환경법의 이념 또는 가치로서, 1970년대 신국제경제질서를 수립하려고 시도했던 제3세계국가들은 개발의 환경에 대한 충격에 대해서는 신경을 쓸 겨를이 없었으며, 이에 1980년대에 들어 절충적 개념으로 일차적으로 환경보호를 목표로 하면서도 개발 혹은 발전의 필요성을 고려에 넣어 지속가능한 개발이라는 개념이 구체화되었다. 답 O

23. 지속가능한 개발의 원칙은 세대간 형평의 원칙, 지속가능한 사용의 원칙, 형평한 이용의 원칙 또는 세대 내 형평의 원칙, 환경과 개발의 통합원칙 등을 포함한 개념이다. [11 7급, 13 9급]

해설 지속가능한 개발은 국제환경법의 이념 또는 가치로서, 1970년대 신국제경제질서를 수립하려고 시도했던 제3세계국가들은 개발의 환경에 대한 충격에 대해서는 신경을 쓸 겨를이 없었으며, 이에 1980년대에 들어 절충적 개념으로 일차적으로 환경보호를 목표로 하면서도 개발 혹은 발전의 필요성을 고려에 넣어 지속가능한 개발이라는 개념이 구체화되었다. 지속가능한 개발의 원칙은 ⅰ) 세대간 형평의 원칙, ⅱ) 지속가능한 사용의 원칙, ⅲ) 형평한 이용의 원칙 또는 세대 내 형평의 원칙, ⅳ) 환경과 개발의 통합원칙 등을 포함한 개념이다. 답 O

24. 지속가능한 발전의 세부원칙에는 세대간 형평(inter-generational equity), 지속가능한 이용(sustainable use), 공정한 이용(fair use) 등이 포함된다. [20 9급]

해설 공정한 이용이 아니라 형평한 이용이다. 세대간 형평(inter-generational equity)이란 현재의 세대는 지구의 환경을 일정한 상태로 유지하여 미래 세대에 물려줄 의무가 있으며, 자연자원은 현 세대의 필요뿐만 아니라 미래 세대의 이익을 위하여도 형평성 있게 보존되어야 한다는 것이다. 지속가능한 이용(sustainable use)이란 자연자원은 재생가능한 범위에서 이용하고 개발되어야 한다는 것이다. 형평한 이용(equitable use)이란 자연자원의 이용은 개별 국가의 경제적 사정, 환경오염을 유발한 역사적 책임, 발전에 대한 상이한 필요성 등을 고려하여 각국에게 공평한 몫이 돌아가도록 해야 한다. 답 X

25. ICJ는 Gabčíkovo-Nagymaros Project 사례에서 지속가능한 개발의 개념에 경제개발과 환경보호를 조화시킬 필요성이 포함된다고 언급하였다. [22 7급]

해설 1997년 *Gabčíkovo-Nagymaros Project* 사례에서 ICJ는 경제발전을 환경보호와 조화시킬 필요가 있는 것은 지속가능한 발전이라는 개념으로 적절히 표현할 수 있다고 하였다. 답 O

26. Iron Rhine Railway (Belgium/Netherlands) 사례에서 중재재판부는 예방(방지)의무는 일반국제법의 한 원칙이 되었다고 하였다. [22 7급]

해설 2005년 *Iron Rhine Railway Arbitration* 사건에서 PCA는 환경법과 개발법은 대체적인 것이 아니라 상호보완적이고 통합된 개념으로서, 개발이 환경에 중대한 해를 끼칠 수 있는 경우에는 그러한 피해를 예방하거나 최소한 완화해야 할 의무가 있다고 하였다. 답 O

27. 국제사법재판소는 가비치코브-나지마로스(Gabčikovo-Nagymaros) 사건에서 지속가능개발 원칙이 일반 국제관습법임을 확인하였다. [17 9급]

해설 동 판례에서 지속가능개발 개념을 새로운 규범과 표준(new norms and standards)으로 언급하고 있지만 일반 관습법임을 확인하지는 않았다. 다만 지속가능한 개발 개념은 현실에 적용하기에는 구체성이 떨어진다는 비판도 있지만 이제는 관습국제법으로 고양되어 있다고 판단하는 견해가 유력하다. 답 X

Ⅱ 환경법의 일반원칙

28. **협력의 원칙은 UN해양법협약 제198조, 생물다양성협약 제5조 등에서 중요하게 다루어지고 있다.** [20·22 9급]

해설 해양환경이 오염에 의하여 피해를 입을 급박한 위험에 처하거나 피해를 입은 것을 알게된 국가는 권한있는 국제기구뿐만 아니라, 그러한 피해에 의하여 영향을 받을 것으로 생각되는 다른 국가에 신속히 통고해야 한다(해양법협약 제198조). 각 체약당사자는 생물다양성의 보전과 지속가능한 이용을 위하여 국가관할권 이원지역 및 그 밖의 공동 관심사에 대하여 다른 체약당사자와 직접 또는 적절한 경우 권한있는 국제기구를 통하여 가능한 한 그리고 적절히 협력한다(생물다양성협약 제5조). 답 O

29. **어느 국가도 자신의 관할권 내에서의 활동으로 다른 국가 또는 자국 관할권 바깥 지역에 환경피해를 야기하지 말아야 한다.** [13 9급, 16 7급]

해설 국가가 자국의 관할권 또는 통제하에 있는 활동으로 인해 다른 국가 또는 국가관할권 밖에 있는 지역의 환경에 손해를 가하지 않도록 보장해야 할 책임을 말한다. 답 O

30. **국가는 자국의 관할권이나 통제 하의 활동이 다른 국가의 환경에 오염 피해를 야기하지 않게 수행되도록 보장한다는 것은 1982년 해양법에 관한 국제연합 협약에 규정되어 있다.** [22 9급]

해설 월경피해방지의무. 각국은 자국의 관할권이나 통제하의 활동이 다른 국가와 자국의 환경에 대하여 오염으로 인한 손해를 주지 않게 수행되도록 보장하고, 또한 자국의 관할권이나 통제하의 사고나 활동으로부터 발생하는 오염이 이 협약에 따라 자국이 주권적 권리를 행사하는 지역 밖으로 확산되지 아니하도록 보장하는 데 필요한 모든 조치를 취한다(제194조 2항). 답 O

31. **트레일 제련소 사건(Trail Smelter Case)은 국가가 자국의 영토이용으로 인하여 타국에 환경적 피해를 주지 말아야 한다는 월경피해방지의 원칙을 확인한 국제판례이다.** [13·22 7급, 14 9급]

해설 1941년 Trail Smelter Arbitration (U.S.A. v. Canada) 사례는 캐나다가 자국 영토 내에서 건설하여 가동 중인 제련소에서 나온 매연으로 인접국인 미국의 워싱턴주 주민이 피해를 입어 발생한 사건으로, 중재재판부는 국제재판소로서는 최초로 어느 국가도 타국의 영토 또는 그 안의 재산이나 사람에게 피해를 주는 방식으로 자국의 영토를 사용하거나 그러한 사용을 허용할 수 없다는 결론을 내렸다. 나아가 캐나다에게 이미 발생한 환경피해에 대한 책임뿐만 아니라 미래에 환경피해가 발생하지 않도록 방지할 의무를 부과하였다. 답 O

32. **코르푸해협 사건(Corfu Channel Case)은 자국 내의 활동으로 인하여 발생한 인접국의 오염피해에 대하여 그 국가가 책임을 부담하여야 하는 근거가 될 수 있다.** [08 9급]

해설 직접 환경문제를 다룬 사건은 아니나, 국제사법재판소는 "모든 국가는 다른 국가의 권리에 반하게 자국 영토가 고의적으로 다른 국가에 해를 가하는 방식으로 사용되는 것을 허용하지 않을 의무가 있다."고 선언하였다. 답 O

33. **핵무기의 위협/사용의 적법성 사건(Legality of the Threat or Use of Nuclear Weapons Case)은 자국 내의 활동으로 인하여 발생한 인접국의 오염피해에 대하여 그 국가가 책임을 부담하여야 하는 근거가 될 수 있다.** [08 9급]

해설 동사건에서 자국관할권 및 통제 하에 있는 활동이 다른 국가 또는 국가관할권 범위 밖의 환경을 존중하도록 보장할 국가의 의무가 환경에 관한 국제법의 일부가 되었다고 최초로 공식 확인하였다. 답 O

34. **1972년 스톡홀름선언(Stockholm Declaration) 원칙(Principle) 21은 자국 내의 활동으로 인하여 발생한 인접국의 오염피해에 대하여 그 국가가 책임을 부담하여야 하는 근거가 될 수 있다.** [08 9급, 18 7급]

해설 스톡흘름 환경선언 원칙 21은 "국가는 유엔헌장과 국제법원칙에 따라 자국의 환경정책에 입각하여 자원을 이용할 주권적 권리를 가지며 자국관할권 또는 통제 내의 활동이 다른 국가 또는 국가 관할권 범위 밖이 지역의 환경에 손해를 야기하지 않도록 보장할 책임을 진다." 동 원칙은 자국관할권 범위 밖의 지역, 즉 공해, 우주공간, 천체 및 심해저 등에 대해서까지 환경침해방지책임을 부과한 점, 오염방지의 책임과 국토이용에 대한 주권적 권한을 대응시켜 무제한적 주권행사를 제한하고 있는 점이 특징이다. 답 O

35. **핵연료의 재처리문제로 인하여 발생한 국제사건으로 2001년 MOX 제조공장(The MOX Plant)사건을 들 수 있다.** [17 7급]

해설 MOX는 복합산화물연료로서(mixed oxide fuel) 사용한 핵연료를 재처리하여 만드는 새로운 연료를 지칭한다. 영국정부가 서부지역에 새로운 MOX 생산설비의 가동을 허락하자, 이로 인해 특히 아일랜드해에 방사성 물질이 유입되는 것을 우려한 아일랜드가 영국을 상대로 해양법협약 제7부속서에 따른 중재재판소에 MOX 생산운영을 중단하고 핵폐기물 운송을 중단하도록 신청하였다. 해양법협약 제190조 5항에 따른 잠정조치신청에 대해 해양법재판소는 양측에 MOX Plant 운영에 따른 다양한 영향에 대한 정보를 교환하고, 핵폐기물 오염으로부터 보호하기 정책수립에 협력하도록 명하였다. 답 O

36. **오염자부담 원칙(polluter-pays principle)은 '1992년 환경과 개발에 관한 리우선언(Rio Declaration of the UN Conference on Environment and Development)'에 제시된 국제환경법의 원칙에 해당한다.** [10·13·15 9급, 12 7급]

해설 오염자 부담의 원칙이란 환경오염을 유발한 책임이 있는 자가 오염의 방지와 제거를 위한 비용을 담당하여야 한다는 의미이다. 1990년의 유류오염대비협약 및 1992년 국제수로와 국제호수의 보호와 사용에 관한 협약 등의 조약에서는 오염자비용부담원칙이 국제환경법의 일반원칙이라고 언급하고 있지만 아직 관습법적 원칙으로는 성숙되지 못하였다는 것이 일반적인 평가이며, 2004년 Rhine강 염화물 오염방지협약에 관한 중재재판(네델란드/프랑스)에서도 오염자 부담의 원칙이 국제법의 일부가 아니라고 판단하였다. 결국 오염자 부담 원칙은 본질적으로 법원칙이라기보다는 오염 비용을 배분하기 위한 경제정책의 한 원리이다. 그러나 많은 국제법문서와 국제관행을 통해 이 원칙이 국제환경법상의 한 기본원칙으로 성숙해 가고 있음은 부인할 수 없다. 답 O

37. **오염자부담의 원칙에서는 다른 원칙들에 비해 법적 강제성이 강화된 용어를 사용하여 법적 규범성을 강조하였다.** [17 7급]

해설 오염자 부담의 원칙은 1972년 OECD에서 처음 논의되었는데, i) 이 원칙이 국내법상 원칙이라는 점, ii) 경제적 성격이 강하다는 점, iii) 법규성을 인정하더라도 유럽국가간 지역국제법규에 불과하다는 점에 기초하여 일반적 법규성은 부인된다. 리우선언 제16원칙은 "국가는 원칙적으로 오염자가 오염비용을 부담해야 한다는 접근방법(approach)을 고려하여 환경비용의 내재화(internalization)에 노력해야 한다."고 하여 이를 원칙이 아닌 접근방법이라고 표현하고 있으며, 각국은 원칙적으로 이의 적용에 노력하라고 규정함과 동시에 공공이익에 대한 고려와 국제무역과 투자의 왜곡 방지라는 추가적 배제상황까지 덧붙이고 있다. 답 ×

38. **1992년 국경을 넘는 수로와 국제호수의 보호와 이용에 관한 협약은 환경오염을 유발한 책임이 있는 자가 오염의 방지와 제거를 위한 비용을 담당해야 한다는 오염자부담 원칙을 수용하였다.** [21 9급]

해설 1990년의 유류오염대비협약 및 1992년 국제수로와 국제호수의 보호와 사용에 관한 협약 등의 조약에서 오염자비용부담원칙이 국제환경법의 일반원칙이라고 언급하고 있지만 아직 관습법적 원칙으로는 성숙되지 못하였다는 것이 일반적인 평가이다. 답 ○

39. **환경오염을 유발한 책임이 있는 자와 오염발생지역을 관할하는 국가기관이 공동으로 오염처리비용을 부담한다.** [16 7급]

해설 오염자는 일차적으로 오염을 야기하는 기업들을 지칭하는 것이다. 답 ×

40. **제환경법의 원칙에 대하여 오염자부담원칙은 오염방제의 비용에 관한 원칙으로서 법적인 측면보다는 경제정책적인 측면이 강한 원칙이다.** [11 7급]

해설 상품이나 용역의 가격에 환경보호에 관한 비용을 포함시켜야 한다는 이른바 환경비용의 내부화를 핵심으로 한다. 답 ○

41. **국제환경법상 차별적 공동책임은 인류의 공동유산 또는 공동책임의 개념으로부터 발전한 것이다.** [11 9급]

해설 "공동의 그러나 차별적 책임원칙"은 환경을 보호할 책임은 인류의 공동유산 또는 공동책임의 개념으로부터 발전한 것으로, 부담해야 할 구체적인 책임의 정도는 환경의 상태악화에 기여한 정도와 국가가 가지고 있는 능력을 고려하여 차별적으로 정한다는 원칙이다. 답 ○

42. **국제환경법상 '차별적 공동책임'(common but differentiated responsibility)은 선진국과 개발도상국의 환경오염에 대한 책임의 차이를 인정한 것이다.** [11 9급]

해설 선진국은 환경오염이 전 지구적 문제이므로 당장 모든 국가가 같이 노력하여야 한다고 주장한 반면, 개도국들은 지구환경의 악화에 대하여 선진국들이 역사적으로 누적적 책임이 있으며 따라서 개선의 의무도 이들이 주로 부담하여야 한다고 주장한다. 나아가 선진국들이 제시하는 환경보호의 기준도 개도국으로서는 과중한 사회적 부담이라고 주장한다. 따라서 선진국들은 지구환경문제 해결을 위하여 개도국보다 더 많은 비용을 부담하고, 개도국에 대하여 필요한 기술이전과 재정지원을 하라고 요구한다. 이러한 양측의 대립을 조화시키는 개념이 "공동의 그러나 차별적 책임"이다. 답 ○

43. **국제환경법상 '차별적 공동책임'(common but differentiated responsibility)은 선진국은 개도국에 대하여 환경오염해결에 필요한 기술이전과 재정지원을 하여야 한다는 것이다.** [11 9급]

해설 차별적 책임에 의해 선진국은 기술이전과 재정지원을 하여야 한다. 답 ○

44. **공동의 그러나 차별화된 책임 원칙(common but differentiated responsibility principle)은 '1992년 환경과 개발에 관한 리우선언(Rio Declaration of the UN Conference on Environment and Development)'에 제시된 국제환경법의 원칙에 해당한다.** [10·15 9급, 12 7급]

해설 공동이지만 차별적인 책임의 원칙이 합성된 형태로 규정된 것은 리우선언(제7원칙)을 통해서이지만 이 원칙의 내용은 그 이전의 국제법문서에서도 규정되어 왔다. 답 O

45. **비차별적인 공동책임원칙에 근거한 국제협력은 국제환경법의 일반원칙에 해당한다.** [13 9급]

해설 공동의 차별적 책임원칙이 일반원칙에 해당한다. 답 X

46. **환경보호에 관하여 모든 국가가 공동의 책임을 지니, 각국은 경제적·기술적 상황을 고려하여 차별화된 책임을 부담한다.** [16 7급]

해설 공동의 그러나 차별적 책임원칙(*Principle of Common but Differentiated Responsibility*) 답 O

47. **인간환경에 관한 스톡홀름 원칙 21, 우주조약, 생물다양성협약 등은 차별적 공동책임(common but differentiated responsibility)원칙과 관련이 있다.** [11 7급]

해설 공동이지만 차별적인 책임원칙은 1992년 리우선언에서 처음으로 공동책임원칙과 차별책임원칙이 합성된 형태로 규정되었으나 공동책임과 차별책임 각각은 이전 문서에도 규정되어 왔다. 공동책임원칙은 우주조약, 해양법협약, 생물다양성보존조약 등에서 규정되었다. 한편 차별적 책임원칙도 스톡홀름환경선언, 유해폐기물의 해양투기의 금지에 관한 협약, 오존층 보존을 위한 비엔나협약 및 몬트리올 의정서등에서 규정하고 있다. 답 X

48. **국제환경법상 '차별적 공동책임'(common but differentiated responsibility)은 인간환경에 관한 스톡홀름회의에서 처음으로 공식 선언되었다.** [11 9급, 18 7급]

해설 공동이지만 차별적인 책임의 원칙이 합성된 형태로 규정된 것은 리우선언이다(제7원칙). 스톡홀름 환경선언은 원칙 23에서 가장 발달된 국가에는 유용하지만, 개발도상국에는 부적절하고 보장없는 사회적 비용을 부담시킬 수 있는 기준의 적용에는 신중을 기할 필요성이 있음을 강조하여 차별적 책임에 관한 내용을 두고 있다. 답 X

49. **환경영향평가는 1969년 유럽에서 최초로 도입되었으며, 전 세계적으로 보편적인 제도로 자리 잡아가고 있다.** [14 경찰]

해설 환경영향평가제도는 1969년 미국의 "국가환경정책법"에서 최초로 도입된 것이다. 이후 1976년 프랑스의 자연보호법에 도입된 이후 1985년 EU준칙에 도입되어 유럽공동체 전체에 걸쳐 적용되었다. 답 X

50. **1991년 월경 차원의 환경영향평가에 관한 협약은 당사국은 사업계획으로부터 국경을 넘어선 환경에 대한 심각한 악영향을 방지·경감·통제하기 위하여 모든 적절하고도 실효성 있는 조치를 취해야 한다는 예방원칙을 규정하고 있다.** [21 9급]

해설 국경을 넘어 악영향을 미칠 개연성이 있는 활동에 관해서 사전에 환경영향평가 실시를 의무화 하고 있는 것이 1991년 환경영향평가협약(Espoo협약)이다. 답 O

51. **리우선언 제17원칙은 환경에 심각한 악영향을 끼칠 것이 우려되는 사업계획에 대하여는 각국이 환경영향평가를 실시하도록 요구하고 있다.** [14 경찰, 21 7급]

해설 환경에 심각한 악영향을 초래할 가능성이 있는 것으로서 관할 국가 당국의 의사결정에 따르는 활동계획에 대해서는 환경영향평가가 국가적 제도로서 실시되어야 한다(리우 17원칙). 답 O

52. **환경영향평가를 명시적으로 언급하고 있는 협약은 1982년 UN해양법협약, 1985년 아세안 자연보전협정, 1991년 초국경적 환경영향평가에 관한 협약, 1992년 생물다양성협약 등이 있다.** [14 경찰, 22 9급]

해설 조약으로는 1982년 해양법협약, 1985년 아세안 자연보전협정, 1989년 바젤협약, 1991년 환경영향평가협약(Espoo협약), 1992년 기후변화협약, 1992년 생물다양성협약 등에서 규정되어 있다. 답 O

53. **환경영향평가는 많은 국가가 시행하고 있지만, 국가별로 이 제도가 다양한 형태를 띠고 있기 때문에 이를 조화 · 통합하기는 쉽지 않다.** [14 경찰]

해설 많은 국제법 문서에서의 언급과 국가관행의 축적으로 환경영향평가원칙이 국제환경법의 한 법규로 확립되어 가고 있는 것으로 평가된다. 그러나 여전히 국가들은 자국이 불필요한 것으로 간주하는 환경영향평가에 미온적이며, 다양한 형태를 띠고 있기 때문에 이를 조화·통합하기는 쉽지 않다. 답 O

54. **ICJ는 Gabčikovo-Nagymaros Project 사건에서 환경영향평가의무를 관습국제법의 하나로 인정하였다.** [21 7급]

해설 국제사법재판소는 *Gabčíkovo-Nagymaros* 사건에서 재판소는 사건의 당사국인 헝가리와 체코슬로바키아가 Gabcikovo 발전소의 운영이 환경에 미치는 영향을 계속 새롭게 평가해야 한다고 판결하여 이 원칙의 인식을 보여주었으나, 관습법으로서 인정한 것은 아니다. 답 X

55. **국제사법재판소(ICJ)는 우루과이와 아르헨티나 간 Pulp Mills 사건에서 환경영향평가는 사업시행 전에 수행되어야 한다고 판시하였다.** [19 9급, 21 7급]

해설 2010년 *Pulp Mills on River Uruguay* 사건에서 국제사법재판소 첫째, 계획된 산업활동이 월경차원에서, 특히 공유자원에 대해 심각한 악영향을 초래할 위험이 존재하는 경우 환경영향평가를 실시하는 것은 이제는 일반국제법 하의 한 요건으로 볼 수 있다. 둘째, 일반국제법은 환경영향평가의 범위와 내용에 대해 명시하지 않고 있다. 따라서 각국은 계획된 개발의 성격과 규모 및 그것의 환경에 대한 가능한 역효과 그리고 그러한 평가를 수행함에 있어 상당한 주의를 행사할 필요성에 유념하면서 각 경우에 요구되는 환경영향평가의 구체적인 내용을 국내입법에서 혹은 사업의 허가과정에서 결정하여야 한다. 셋째, 환경영향평가는 사업 시행 전에 수행되어야 한다. 넷째, 일단 사업이 시작되었더라도 필요한 경우 사업의 전 과정을 통해 사업의 환경에 대한 효과를 계속적으로 주시하여야 한다고 하였다. 답 O

56. **ICJ는 Construction of a Road in Costa Rica along the San Juan River 사건에서 심각한 월경침해의 위험이 존재하는 경우에는 환경영향평가를 실시할 것이 요구된다는 취지의 판결을 하였다.** [21 7급]

해설 2015년 *Certain Activities carried out by Nicaragua in the Border Area*와 *Construction of a Road in Costa Rica along the San Juan River* 사건에서 국제사법재판소는 심각한 월경침해의 위험이 존재하지 않는 경우에는 환경영향평가를 실시할 것이 요구되지 아니한다고 하였다. 답 O

57. **ICJ는 Certain Activities carried out by Nicaragua in the Border Area 사례에서 심각한 월경침해의 위험이 존재하지 않는 경우에도 사업을 실시하려고 계획하는 국가는 환경영향평가를 실시할 것이 요구된다고 하였다.** [22 7급]

해설 첫째, 중대한 초국경적환경 피해를 막기 위해 상당한 주의를 다할 의무를 이행하기 위해서 국가는 다른 국가의 환경에 악영향을 미칠 수 있는 활동을 시작하기 전에 중대한 초국경적 피해의 위험이 있는지를 먼저 확인해야 한다. 둘째, 그런 위험이 있으면 환경영향평가 의무가 발동된다. 심각한 월경침해의 위험이 존재하지 않는 경우에는 환경영향평가를 실시할 것이 요구되지 아니한다. 셋째, 환경영향평가를 실시한 결과 심각한 월경침해의 위험이 존재한다는 것이 확인되면 사업을 실시하려고 계획하는 국가는 상당한 주의 의무에 따라 잠재적으로 영향 받는 국가에게 이를 통지하고 또 이 국가와 성실히 협의할 것이 요구된다. 답 X

58. **상설국제사법재판소(PCIJ)는 Meuse강 사건에서 국가는 월경피해금지의무를 부담하며 이는 사전배려의 원칙에 의거한 피해예방의무로 발전하였다고 인정하였다.** [20 7급]

해설 1941년 미국-캐나다 간의 Trail Smelter 사건에서 중재재판소는 캐나다에 대해 미래의 침해를 방지하기 위한 조치를 취할 것을 명한 바 있는데, 그것이 바로 심각한 환경피해의 우려가 있는 경우 과학적 확실성이 다소 부족해도 환경 훼손에 관한 방지조치를 우선 취해야 한다는 '사전주의 원칙'(*precautionary principle*)이다. *Diversion of Water from the Meuse*(1937. PCIJ)는 국제하천에 있어 형평 개념을 인정한 판례이다. 답 X

59. **국제환경법의 원칙에 대하여 사전주의원칙은 환경훼손의 위험성이 농후하나 그 과학적 확실성을 확신할 수 없는 경우에 적용하기 위하여 등장한 것이다.** [11·16 7급, 12 경찰]

해설 기존의 국제환경법원칙은 대체로 '과학적 확실성'(scientific certainty)에 기초하고 있으나, 과학적 인과관계가 명확하지는 않으나, 미리 예방적 조치를 취하지 않는 경우 대재앙적 환경재앙을 초래할 수도 있다는 반성이 제기되었다. 이러한 인식에 기초한 국제환경법원칙이 이른바 '사전주의 원칙'(precautionary principle)이다. 답 O

60. **사전주의의 개념은 독일 임미시온방지법 제5조에 규정된 Vorsorge-prinzip에서 유래되었다.** [20 9급]

해설 사전주의원칙은 1960년대 중반 독일에서 "Vorsorge-prinzip"의 개념으로 제시되어 1970년대 초 서독의 국내법에 도입되었다. 답 O

61. **1941년 Trail Smelter사건에서도 중재법원은 캐나다에 대해 미래의 침해를 방지하기 위한 조치를 취할 것을 결정하였는데 이는 사전주의 원칙의 개념이 반영된 것으로 해석할 수 있다.** [12 경찰]

해설 이미 1941년 미국-캐나다 간의 Trail Smelter 사건에서 중재재판소는 캐나다에 대해 미래의 침해를 방지하기 위한 조치를 취할 것을 명한 바 있는데, 사실 이것은 국제위법행위 성립과 관련한 사전예방원칙과 관련된 것으로 보는 것이 더 정확하다. 답 O

62. **국가는 해양환경에 심각하거나 회복 불가능한 피해가 우려되는 경우, 과학적 불확실성을 이유로 환경 악화를 막기 위한 비용효과적인 조치를 지연시켜서는 아니된다는 것은 1982년 해양법에 관한 국제연합 협약에 규정된 내용이다.** [22 9급]

해설 사전주의원칙은 1985년 오존층보호를 위한 비엔나협약과 1987년 오존층 파괴물질에 관한 몬트리올 의정서, 1992년 생물다양성협약, 1992년 기후변화협약, 1991년 Bamako협약, 1994년 마스트리히트 조약, 1996년 런던덤핑의정서, 2000년 바이오 안전성에 관한 의정서에 규정되어 있으나, 해양법협약에는 없다.

답 X

63. 사후주의는 국제환경법의 주요 원칙이다. [12 7급]

해설 사전주의원칙이 환경법의 주요원칙이다.

답 X

64. 1992년 '환경과 개발에 관한 리우선언' 제15원칙에서는 사전주의 원칙을 적용한 예방조치는 각국의 능력에 따라 실시되어야 한다고 규정하고 있다. [10 · 13 · 15 9급, 12 경찰, 18 7급]

해설 1992년 리오선언은 환경보호를 위하여 국가들은 그들의 능력에 맞게 사전주의적 접근(precautionary principle)을 광범위하게 적용할 것을 요구하고, 심대하거나(significant) 회복할 수 없는(irreversible) 손상의 우려가 있는 경우 완전한 과학적 확실성이 없다는 이유로 환경악화를 방지하는 비용대비 효과적 조치를 지연시켜서는 안된다고 밝히고 있다(제15원칙).

답 O

65. 사전주의 원칙의 법적 성격에 대해서는 국제관습법으로 확립되었다는 주장과 아직 내용상 불확실한 부분이 많아 국제관습법으로 인정되지 않는다는 주장이 대립되고 있다. [12 경찰]

해설 국제공동체는 환경보호와 관련하여 사전주의원칙을 국제환경법의 일반원칙으로 도입하는 것에 대해서는 의견이 일치되어 있으나. 국제관습법규성을 인정할 것인가에 대해서는 다툼이 있다.

답 O

66. 무과실책임의 원칙(liability principle)은 '1992년 환경과 개발에 관한 리우선언(Rio Declaration of the UN Conference on Environment and Development)'에 제시된 국제환경법의 원칙에 해당한다. [10 9급]

해설 무과실책임원칙(결과책임원칙)이 환경법의 원칙으로 주장되고 있으나, 리우선언에서는 명시적으로 규정하고 있지 않다.

답 X

67. 분쟁의 강제적 해결 원칙은 1992년 UN 환경개발회의에서 채택된 리우선언(The Rio Declaration on Environment and Development)에 규정되어 있다. [15 9급]

해설 환경분쟁에 강제적 해결은 도입되어 있지 않다.

답 X

제4절 대기오염방지를 위한 국제입법

I 1979년 제네바 장거리월경대기오염협약

68. 1979년 장거리 월경 대기오염협약은 오존층 보호를 위해 각국이 오염에 기여한 정도와 능력에 따라 차별적인 책임을 진다는 공동의 그러나 차별화된 책임 원칙을 규정하고 있다. [21 9급]

해설 1979년 제네바 장거리월경대기오염협약은 대기환경을 다룬 최초의 다자협약으로 1979.11.13. 채택되어 1983. 3.16. 발효하였다. 대상범위가 유럽지역에 국한되어 있고, 당사국에게 구체적 의무를 부과하고 있지는 않지만, 관련 과학·기술정보의 교환을 촉진하고 대기오염물질의 방출을 감소하기 위한 기반을 마련한 데에 그 의의가 있다. 기후변화협약과 오존층 보호를 위한 몬트리올 의정서가 공동의 차별적 책임을 규정하고 있다.
답 X

Ⅱ 오존층 보호

69. 오존층보호협약(Convention for the Protection of the Ozone Layer)은 1992년 UN 환경개발회의에서 채택되었다. [07 9급]

해설 염화불화탄소(CFC)생산량의 감소에 대해 소극적으로 30% 감소를 주장한 EC국가군과 적극적으로 95% 감소를 주장한 미국·북유럽국가의 대립으로 수차의 수정을 거친 후 1985년 유엔환경계획(UNEP) 주최로 빈에서 개최된 회의에서 채택되었다.
답 X

70. 1985년 오존층보호협약에 따르면 협약 당사국은 개도국에 대체 기술을 신속히 이전할 의무를 부담한다. [14 7급]

해설 이 협약은 미국과 EC의 첨예한 입장대립으로 오존층파괴물질의 생산·소비에 관한 규제조치에는 합의하지 못했고, 당사국은 특히 개도국들에게로 기술과 지식, 특히 대체기술을 이전하기 위해 협력할 의무가 있지만, 이것도 자국의 법령과 관행에 따른 협력일 뿐이다. 결국 오존층의 관측 및 연구와 향후 국제협약의 필요성에 대한 일반적 규정에만 합의했다.
답 X

71. 1987년 오존층 파괴물질에 관한 의정서는 비당사국들과 통제물질을 교역하는 것을 금지함으로써 환경과 무역을 연계시키고 있다. [12 경찰, 14 7급]

해설 당사국간에 있어 동 의정서상 규제물질의 이전무역을 허용하나, 동 의정서상 규제물질의 생산 및 소비를 규제일정에 따라 감축해 나가야 하기 때문에 사실상 당사국간의 무역규제가 이루어지는 결과가 발생한다. 당사국은 비당사국에 대하여 규제물질을 수출하거나 수입할 수 없고, 규제물질이 포함된 제품을 수입하는 것 역시 금지할 뿐만 아니라 규제물질이 포함되어 있지 않으나 이를 허용하여 제조된 제품을 비당사국으로부터 수입하지 못하도록 하는 등 직접적인 무역제한조치를 규정하고 있다. 또한 당사국은 규제물질의 생산기술을 비당사국에 이전하여서는 아니 되고, 당사국은 규제물질의 생산을 촉진시킬 수 있는 제품, 시설 또는 기술을 비당사국에 수출하기 위하여 보조금, 원조, 금융 또는 보험상의 지원을 삼가도록 하는 등의 비무역적인 규제도 동시에 부과하고 있다.
답 O

Ⅲ 기후변화협약

72. 「기후변화에 관한 국제연합 기본협약」은 선진국이 배정받은 쿼터보다 적게 배출한 온실가스의 차이분을 다른 국가에 매각할 수 있는 거래 제도를 도입하였다. [19 7급]

해설 배출권거래제는 1992년 기후변화에 관한 UN협약이 아니라 1997년 기후변화에 관한 UN협약에 대한 교토의정서이다. 교토의정서 제17조에 정의되어 있는 배출권거래제는 국제환경보호에 관하여 시장지향적 개념으로 도입된 제도로서, 온실가스 감축의무 국가가 의무감축량을 초과하여 달성하였을 경우, 이 초과분을 다른 온실가스 감축의무 국가와 거래할 수 있도록 하는 제도이다. 반대로 의무를 달성하지 못한 온실가스 감축의무 국가는 부족분을 다른 온실가스 감축의무국가로부터 구입할 수 있다.
답 X

73. 미국은 교토의정서에 비준하지 않았으며 현재 동 의정서는 발효하지 않은 상태이다. [10 7급]

해설 교토의정서는 1998년 3월 16일부터 1999년 3월 15일까지 뉴욕의 유엔본부에서 서명을 받아 채택되었고, 그 이후 각 협약 당사국들은 의정서가 발효될 수 있도록 자국의 비준을 위해 노력해왔다. 그러나 2001년 3월 최대 온실가스 배출국인 미국의 부시대통령이 의정서가 자국의 경제에 심각한 피해를 줄 수 있고, 중국·인도 등 개발도상국들이 의무감축대상에서 제외되어 있다는 이유를 내세워 반대입장을 표명하여 비준을 거부하였지만, EU과 일본 등이 중심이 되어 협상을 지속하였고, 2004년 11월 러시아가 비준서를 제출함에 따라 2005년 2월 16일 발효되었다. 답 X

74. 「기후변화에 관한 국제연합 기본협약에 대한 교토의정서」는 모든 당사국에 온실가스를 감축할 의무를 공통으로 부과하면서도 감축치를 차등적으로 정하였다. [19 7급]

해설 교토의정서는 기후변화협약의 목적을 달성하기 위하여 누가, 얼마만큼, 어떻게 줄이는가에 대한 절차와 온실가스 감축에 대한 법적 구속력이 있는 문서이다. 교토의정서는 선진국들의 감축대상인 온실가스 배출량을 2008년부터 2012년까지 1990년에 비해 최소 5%를 감축시키기로 하고, 각국별로 차등적 목표치를 부과했다(제3조). 이에 따르면 미국은 7%, EU는 8%, 일본은 6%를 감축시켜야 했다. 개발도상국은 의무대상국에서 제외되었고, 부속서 I 국가만 감축의무가 있다. 답 X

75. 교토의정서는 「기후변화협약」에 따른 후속 합의로서 주요 국가들의 온실가스배출 감축 의무를 규정하고 있는 것이다. [12 9급]

해설 기후변화협약은 전 세계 국가들이 기후변화방지를 위한 노력을 하겠다는 일반적인 원칙을 담고 있는 문서라면, 교토의정서는 기후변화협약의 목적을 달성하기 위하여 누가, 얼마만큼, 어떻게 줄이는가에 대한 절차와 온실가스 감축에 대한 법적 구속력이 있는 문서이다. 답 O

76. 1997년 UN기후변화협약 교토의정서와 관련하여 협약 제1부속서에 포함되지 않은 당사국들도 2008년 ~ 2012년 사이에 일정한 비율로 온실가스 배출량을 감소시킬 의무를 진다. [09 · 10 7급, 14 9급]

해설 교토의정서 체제에서는 2008년 ~ 2012년 사이 1차공약기간 일부국가만이 온실 가스 감축의무를 부담하였고, 우리나라를 포함한 개발도상국은 감축의무에서 면제되었다. 답 X

77. 교토의정서상 우리나라는 의무감축국 명단에 포함되지 않았다. [15 경찰]

해설 개발도상국은 의무대상국에서 제외되었고, 한국은 개도국으로 분류되었다. 답 O

78. 교토의정서상 온실가스 감축의무를 부담하는 국가들은 1990년 배출량 대비 최소 5%를 감축하도록 하였다. [15 경찰]

해설 교토의정서는 선진국들의 감축대상인 온실가스 배출량을 2008년부터 2012년까지 1990년에 비해 최소 5%를 감축시키기로 하고, 각국별로 차등적 목표치를 부과했다(제3조). 답 O

79. 1997년 UN기후변화협약 교토의정서상 온실가스에는 이산화탄소 외에도 메탄, 이산화질소, 수소불화탄소 등도 포함된다. [09 7급, 15 경찰]

해설 의정서가 규제하는 가스는 부속서 A에 열거된 이산화탄소(CO2), 메탄(CH4), 이산화질소(N2O), 수소불화탄소(HFCs), 과불화탄소(PFCs), 6불화황(SF6)이다. 답 O

80. 배출권거래(emissions trading)는 1997년 교토의정서에 규정된 3대 신축성 체제, 즉 교토 메카니즘(mechanism)에 해당한다. [08 · 09 7급, 09 · 14 9급]

해설 교토 메카니즘은 의무감축국가의 부담을 완화하고 온실가스 감축의무 달성에 소요되는 비용을 최소화하기 위해 도입된 시장경제 제도이다. 배출권거래제, 청정개발체제, 공동이행체제, 배출권 적립제 등이 여기에 해당한다. 답 O

81. 교토의정서는 배출권거래, 환경영향평가, 공동이행, 청청개발체제를 교토메카니즘으로 제시하였다. [09 9급, 15 경찰]

해설 1992년 기후변화협약에 환경영향평가가 도입되어 있고, 1997년 교토의정서에는 없으며, 교토메카니즘은 배출권적립, 배출권거래, 공동이행체제, 청정개발체제를 말한다. 답 X

82. 국제환경 보호에 관하여 시장 지향적 개념으로 도입된 제도가 배출권거래이다. [10 7급]

해설 교토의정서 제17조에 정의되어 있는 배출권거래제는 국제환경보호에 관하여 시장지향적 개념으로 되입된 제도로서, 온실가스 감축의무 국가가 의무감축량을 초과하여 달성하였을 경우, 이 초과분을 다른 온실가스 감축의무 국가와 거래할 수 있도록 하는 제도이다. 반대로 의무를 달성하지 못한 온실가스 감축의무 국가는 부족분을 다른 온실가스 감축의무국가로부터 구입할 수 있다. 답 O

83. 청정개발체제(clean development mechanism)은 1997년 교토의정서에 규정된 3대 신축성 체제, 즉 교토 메카니즘(mechanism)에 해당한다. [08 7급, 09 9급]

해설 교토의정서 제12조에 정의되어 있는 청정개발체제는 부속서 I 국가가 비부속서 I 국가에서 온실가스 감축을 수행하여 달성한 실적을 부속서 I 국의 감축목표 달성에 활용할 수 있도록 하는 제도이다. 즉 '마라케쉬 합의문'의 세부절차 및 관련기구 역할 규정에 따라 온실가스 발생을 줄이고 그 감축량을 UN에 등록하여 감축실적을 탄소배출권(CER; Certified Emission Reduction)으로 획득할 수 있는 제도로서, CDM 사업을 통하여 선진국은 감축목표 달성에 사용할 수 있는 온실가스 감축량을 얻고, 개발도상국은 선진국으로부터 기술과 재정지원을 받음으로써 자국의 지속가능한 개발에 기여할 수 있을 것이다. 답 O

84. 공동이행(joint implementation)은 1997년 교토의정서에 규정된 3대 신축성 체제, 즉 교토 메카니즘(mechanism)에 해당한다. [08 · 09 7급, 09 · 14 9급]

해설 교토의정서 제6조에 명기되어 있는 공동이행제도는 부속서 I 국가들 사이에서 온실가스 감축사업을 공동으로 수행하는 것을 인정하는 것으로 한 국가가 다른 국가에 투자하여 감축한 온실가스 감축량의 일정분을 투자국의 감축실적으로 인정하는 제도이다. 답 O

85. 교토 의정서는 온실가스 배출량 감축의무를 이행하는 데 있어 소위 배출적립제도를 두었다. [14 9급]

해설 의정서 제3조 13항은 이른바 배출적립을 허용하고 있는데, 이 방식에 의하면 협약 제1부속서에 포함된 국가가 이행기간 동안 실제로 배출한 온실가스의 양이 할당받은 양보다 적을 경우, 그 차이는 당해 국가의 요청이 있으면 그 국가의 차기 이행기간의 할당량에 추가된다. 답 O

86. **규제물질거래금지(trading control of regulated substance)은 1997년 교토의정서에 규정된 3대 신축성 체제, 즉 교토 메카니즘(mechanism)에 해당한다.** [08 7급]

해설 교토의정서는 배출권거래제, 청정개발, 공동이행 등 시장경제방식에 의한 온실가스 감축 메커니즘이다.

답 X

87. **녹색기후기금(Green Climate Fund)은 기후변화에 대처하기 위해 국제사회가 정한 목표를 달성하려는 지구적 노력에 기여하기 위하여 설립되었다.** [17 7급]

해설 녹색기후기금은 기후변화협약 제11조 재정지원체제의 운영을 위한 국제기구로 2013년 인천 송도에 소재하고 있다.

답 O

88. **「파리협정」은 기온 상승 폭을 산업화 이전에 비해 섭씨 2도보다 낮은 수준으로 유지하고자 역사적 누적 책임이 있는 선진국에 한정하여 감축의무를 부과하였다.** [19 7급]

해설 지구 평균기온 상승억제를 위하여 당초 합의문 초안에는 목표치를 산업화 이전에 비해 2도보다 낮게, 2도보다 훨씬 낮게, 1.5도 보다 낮게 등의 세 가지 안이 제시되었는데, 회원국들은 '산업화 이전 대비 지구 평균기온 상승을 2도 보다 상당히 낮은 수준으로 유지하고, 1.5도 이하로 제한하기 위해 노력한다'는 최종 합의가 이뤄졌다. 또한 선진국만 온실가스 감축 의무가 있었던 1997년 교토의정서에서 탈피해 사상 처음으로 196개 협약 당사국 모두가 준수해야 하는 전세계적 기후 합의가 만들어졌다는 데 의의가 있다.

답 X

89. **「파리협정」에 따라 국가별 감축은 개별 국가가 5년 단위로 제출하는 자발적 기여 방안에 따라 이행하기로 하고, 별도의 등록부를 통해 관리하기로 하였다.** [19 7급]

해설 파리협정은 그 이행방안으로 당사국들은 앞으로 5년 마다 상향된 온실가스 배출량 감축목표를 제출하도록 했고, 차기 목표 제출 시 이전보다 진전된 목표를 제시한다는 원칙에 합의했다. 감축유형은 선진국은 절대량 방식을 유지하고, 개도국은 국별 여건감안, 경제 전반을 포괄하는 감축 목표를 점진적으로 채택 독려키로 했다. 장기전략에 있어서는 모든 국가가 2020년까지 장기 저탄소 개발전략을 제출하되, 공통의 그러나 차별화된 책임 원칙을 부여했으며, 국별 여건 등도 감안키로 했다. 결국 교토의정서의 top-down 방식이 bottom-up 방식으로 대체되었다.

답 O

제5절 해양오염의 규제

90. **1950년대부터 1969년 초반까지 유류의 유출로 인한 해양 오염이 국제사회의 관심대상이 되었다.** [13 경찰]

해설 해양오염은 비교적 일찍부터 인류의 주목을 받았던 현상이다. 1950년대부터 선박에 의한 오염의 통제 문제에 상당한 관심이 두어졌다. 1969년 유류오염시 공해상 개입에 관한 협약이 채택되어 1975년 발효하였다. 동 협약은 연안국으로 하여금 공해상에서 해양사고로 인하여 기름에 의한 오염으로부터 자국연안 또는 관련 이익에 대한 위험 또는 그로 인한 위협을 방지, 완화 또는 제거하기 위하여 필요한 조치를 할 권리를 확인하는 것을 목적으로 한다. 그러나 연안국은 적절한 이해당사자 특히 기국, 선박의 소유자, 화주 등과 자문한 후 필요한 범위까지의 자구 조치만을 행하여야 하며, 필요한 범위를 넘어서 조치를 취한 경우 연안국은 그로 인한 손해를 배상하여야 한다.

답 O

91. **1969년 유류오염에 대한 민사책임에 관한 국제협약의 규정은 군함 또는 국가에 의하여 소유되거나 운영되는 선박으로서 당분간 정부의 비상업적 역무에 사용되는 것에 대하여 적용된다.** [20 7급]

해설 1950년대부터 1969년 초반까지 유류의 유출로 인한 해양 오염이 국제사회의 관심대상이 되었다. 특히 1967년 리베리아 선적 유조선인 Torrey canyon 호가 영국 연안에서 좌초된 사고이후, 1969년 유류오염 손해에 대한 민사책임에 관한 국제협약과 유류오염시 공해상 개입에 관한 협약이 채택되어 1975년 발효하였다. 동 협약은 연안국으로 하여금 공해상에서 해양사고로 인하여 기름에 의한 오염으로부터 자국연안 또는 관련 이익에 대한 위험 또는 그로 인한 위협을 방지, 완화 또는 제거하기 위하여 필요한 조치를 할 권리를 확인하는 것을 목적으로 한다. 그러나 연안국은 적절한 이해당사자 특히 기국, 선박의 소유자, 화주 등과 자문한 후 필요한 범위까지의 자구 조치만을 행하여야 하며, 필요한 범위를 넘어서 조치를 취한 경우 연안국은 그로 인한 손해를 배상하여야 한다. 다만 국가면제를 누리며 공해상에서 기국주의의 어떠한 예외도 인정되지 않는 공선에 대해서는 적용이 없다. 답 X

92. **1982년 UN해양법협약에 따르면 육상오염규제에 관한 관련 국제규칙보다 국내 법령에서 완화된 오염규제 기준을 채택할 수 있다.** [18 9급]

해설 UN해양법협약은 육상오염원(제207조, 제213조), 국가관할권 하의 해저활동(제208조, 제214조), 심해저활동(제209조, 제215조), 투기(제210조, 제216조), 선박(제211조, 제217조 내지 제221조), 대기(제212조, 제222조) 등 모두 6가지 해양오염원에 관한 개별규정을 두고 있고, 이 밖에 결빙해역(제234조)에 관하여도 특별규정을 두고 있다. 다른 오염원과 관련하여 예를 들어 제208조는 3항에서 "이러한 법령과 조치는 적어도 국제규칙, 기준 및 권고관행과 절차와 동등한 효력을 갖도록 한다."는 규정이 있으나 육상오염원에 대해서는 이에 상응하는 조문이 없어 국내 법령에서 완화된 오염규제기준을 채택할 수 있다고 해석된다. 답 O

93. **1972년 런던덤핑협약은 지구온난화 방지를 위한 온실가스배출권의 거래를 제한하고 있다.** [14 7급]

해설 스톡홀름회의의 준비위원회에서는 해양환경을 보호하기 위한 노력의 일환으로 정부간 해양오염 작업그룹(Inter-Governmental Working Group on Marine Pollution: IWGMP)을 설립하였다. 이 작업그룹에서 폐기물의 해양투기를 규제할 국제협약의 필요성을 강조함에 따라 정부간 해양덤핑모임(Inter-Governmental Meeting on Ocean Dumping)을 주축으로 협약안이 추진되어, 1972년에 폐기물 기타 물질의 투기에 의한 해양오염 방지협약이 체결되었다. 답 X

94. **1996년 런던덤핑의정서는 해양환경에 유입되는 폐기물 또는 그 밖의 물질이 그 영향과의 인과관계를 증명하는 단정적인 증거가 없더라도 피해를 발생시킨다고 믿을 만한 이유가 있으면 동 물질을 해양에 투기하여서는 아니된다고 규정함으로써 사전배려의 원칙을 채택하였다.** [20 7급]

해설 런던협약은 1996년 개정의정서를 통해 크게 강화되었는데, 종전의 일정 투기금지물질을 지정하는 방식에서 7가지 지정물질을 제외한 모든 물질의 해양투기가 전면 금지되는 방식으로 전환했으며, 폐기물 등의 해양소각도 금지된다. 의정서의 가장 중요한 개혁은 UN환경개발회의 노선에 따라 사전주의 접근법과 오염자 부담 접근법을 법전화하였다는 것이다. 답 O

제6절 자연 생태계의 보전

95. 생물다양성협약(Convention on Biological Diversity)의 목적은 생물다양성의 보존, 그 구성요소의 지속 가능한 이용, 유전자원의 공정하고 공평한 이익의 공유이다. [07·17 7급, 13 경찰]

해설 1992년 리우 국제환경회의에서 채택되어, 자연자원의 유한성과 생물종 보존의 필요성을 처음으로 확인하고, 지속가능한 환경자원의 이용을 위해서는 국제적 협력이 필요하다는 점을 명기한 최초의 조약이다. 그 내용은 생물다양성을 보전하고, 그 구성요소를 지속가능하게 하며, 유전자원의 이용으로부터 발생되는 이익을 공평하게 공유하는 것을 목적으로 한다(제1조). 각 당사국은 생물다양성의 보전과 지속가능한 이용을 위해 협력해야 하며(제5조), 생물다양성의 보전 및 지속가능한 이용을 위해 국가전략·계획 및 프로그램을 개발해야 하고(제6조), 관련 정보를 조사·확인해야 하며, 생물다양성에 부정적 영향을 미치는 활동을 감시해야 한다(제7조). 그러나 이 협약은 목표만 제시하고 있을 뿐, 이를 달성하기 위한 실질적 수단을 마련하지 못한 기본조약에 불과하다. 답 O

96. 멸종위기야생동식물의 국제교역 규제는 1992년 생물다양성협약의 목적과 직접적인 관련이 없다. [07 7급]

해설 1992년 생물다양성협약은 교역을 제한할 수 있는 법적 기초는 제공하고 있지만, 구체적 조치는 각 당사국의 재량에 일임하고 있고 비당사국에 대한 무역조치에 대해서는 달리 규정하고 있지 않다. 답 O

97. 생물다양성협약은 포괄적 일반조약으로 협약의 구체적 목적달성을 위한 실질적 수단이 마련되지 못하였다는 단점이 제기된다. [12 경찰]

해설 1992년 리우 국제환경회의에서 채택되어, 자연자원의 유한성과 생물종 보존의 필요성을 처음으로 확인하고, 지속가능한 환경자원의 이용을 위해서는 국제적 협력이 필요하다는 점을 명기한 최초의 조약이다. 그 내용은 생물다양성을 보전하고, 그 구성요소를 지속가능하게 하며, 유전자원의 이용으로부터 발생되는 이익을 공평하게 공유하는 것을 목적으로 한다(제1조). 각 당사국은 생물다양성의 보전과 지속가능한 이용을 위해 협력해야 하며(제5조), 생물다양성의 보전 및 지속가능한 이용을 위해 국가전략·계획 및 프로그램을 개발해야 하고(제6조), 관련 정보를 조사·확인해야 하며, 생물다양성에 부정적 영향을 미치는 활동을 감시해야 한다(제7조). 그러나 이 협약은 목표만 제시하고 있을 뿐, 이를 달성하기 위한 실질적 수단을 마련하지 못한 기본조약에 불과하다. 답 O

98. 2000년 '바이오 안전성에 관한 의정서'는 생물다양성협약의 구체적 이행을 확보하기 위한 수단으로 체결되었다. [12 경찰]

해설 생물다양성에 관한 협약의 구체적 이행을 위한 의정서로 2000년 "바이오 안전성에 관한 의정서(카르타헤나 의정서)"가 채택되었다. 이 의정서는 현대 생명공학기술의 산물인 유전자 변형생명체가 생물다양성의 보전과 지속가능한 이용에 부정적 영향을 미치지 않도록 보장함을 목적으로 한다(제1조). 답 O

99. 멸종위기에 처한 야생 동식물종의 국제거래에 관한 협약(CITES)은 3개의 부속서(Appendix)에 열거된 종의 표본에 대한 국제거래를 규제하고 있다. [13 경찰, 17 7급]

해설 CITES의 목적은 야생동식물종의 국제적인 거래가 동식물의 생존을 위협하지 않도록 하고 여러 보호단계를 적용하여 약 33,000 생물 종의 보호를 보장하는 데 있다. 종이 위협받는 정도에 따라 상이한 보호수준을 수립하고 있는데, 부속서 Ⅰ은 멸종 위기에 처한 모든 종, 부속서 Ⅱ는 멸종 위기에 처할 수 있는,

부속서 Ⅲ은 각 당사국에 의해 일방적으로 올라와 있는 생물종으로 반드시 국제적인 멸종위기에 놓인 것은 아니지만 어느 한 국가가 CITES 당사국들을 대상으로 무역단속 협조를 요청하면 수입을 위해서는 수출 증명서와 원산지 증명서가 필요하다. 답 O

100. **1973년 CITES 제 1부속서에 포함된 멸종위기에 처한 종들에 대해서는 어떤 형태의 국제적 교역도 금지되고 있다.** [12 경찰]

해설 무역이 중지되지 않으면 멸종될 생물종이다. 특별히 허가된 경우가 아니면 야생에서 포획·수집된 종을 거래하는 것은 불법이다. 수출국의 관리기관은 야생동물 군집에 손상이 없다는 사실인정(non-detriment finding)을 해야 하고 수입자가 불법적인 영향을 생물군집에 끼치지 않았음을 보증해야한다. 부속서 I에 명시된 종의 거래는 수출·수입 허가가 필요하고 수출국의 관리기관은 수입허가가 보증된 것인지 수입국이 야생동식물을 적절하게 돌볼 수 있는지 여부를 확인해야한다. 답 X

101. **1973년 CITES에 대해서는 필요 이상의 규제가 가해지고 있다는 비판도 있으나 멸종위기 동식물의 보전이 개선되었다는 평가도 있다.** [12 경찰]

해설 이 협약에 대해 필요 이상의 규제가 가해지고 있다는 비판도 없지 않으나, 이 협약의 시행을 통해 멸종위기에 있던 야생 동식물의 보전이 크게 개선되었다는 평을 받고 있다. 다만 멸종위기의 동식물의 국제 교역만을 규제하고 있을 뿐이므로 각국의 경제활동으로 인한 야생 동식물의 서식지 파괴에 따른 멸종위기의 문제는 다루지 못하여 근본적인 해결책이 되지 못하고 있다. 한국은 1993년 가입했으며, 국내적 이행을 위해 「자연환경보전법」을 제정하였다가 현재는 「야생생물 보호 및 관리에 관한 법률」로 개정하여 시행하고 있다. 답 O

102. **물새의 서식지로서 국제적 중요성이 있는 습지에 관한 협약(Ramsar Convention)은 생태계보존을 위한 습지의 중요성을 인식한 국제사회가 1975년 이라크의 람사르에서 채택하였다.** [13 경찰, 17 7급]

해설 71년 채택되어 75년 발효된 협약으로 이란의 람사르에서 채택되었다. 답 X

103. **세계자연보전연맹(IUCN)은 국가, 정부 기관, NGO, 연구소 등에 회원자격을 개방하고 있다.** [20 9급]

해설 국제자연보전연맹(International Union for Conservation of Nature and Natural Resources; IUCN)은 전 세계 자원 및 자연 보호를 위하여 유엔의 지원을 받아 1948년에 국제기구로 설립하였다. 현재는 국가, 정부 기관 및 NGO의 연합체 형태로 발전한 세계 최대규모의 환경단체이다. 자원과 자연의 관리 및 동식물 멸종 방지를 위한 국제간의 협력 증진을 도모하며, 야생동물과 야생식물의 서식지나 자생지 또는 학술적 연구대상이 되는 자연을 보호하기 위해 자연보호 전략을 마련하여 회원국에 배포하고 있다. 답 O

제7절 유해 물질 이동의 규제

104. **1989년 유해폐기물의 월경이동 및 처리의 통제에 관한 바젤협약은 유해폐기물 또는 그 밖의 폐기물의 국가간 이동에서 사고가 발생한 경우, 이를 알게 되는 즉시 해당 국가들에게 통보하여야 한다는 국가간 협력의무를 규정하고 있다.** [21 9급]

해설 1989년 유해폐기물 월경이동 및 처리의 통제에 관한 바젤협약 제13조는 "당사국들은 다른 국가의 인간건강과 환경에 위험을 초래할 것으로 보이는 유해폐기물 또는 기타 폐기물의 국가간 이동 혹은 처리과정에서 사고가 발생한 경우, 이를 알게되는 즉시 그 다른 국가들에게 통보하여야 한다."고 규정하고 있다.

답 O

105. 1999년 바젤책임배상의정서는 국경을 넘는 대기오염에 있어서의 지역적 협력을 의무화하고 있다.

[13 경찰, 14 7급]

해설 1993년 9월부터 법률기술전문가회의가 매년 1회 개최되어 1999년 8월 의정서 초안을 확정하고, 1999년 12월 스위스 바젤에서 열린 제5차 당사국총회에서 책임배상의정서를 채택하였다. 의정서의 주요 내용은 i) 유해폐기물의 국가간 이동 및 처리로부터 발생하는 손해의 책임과 보상 규정, ii) 사고발생시 손해 책임 주체는 수출자 및 처리자로 지정, iii) 과실에 의해 발생한 피해에 대해서는 무한책임배상의무, iv) 무과실에 의해 발생한 피해에 대해서도 배상의무 부과, v) 손해배상을 위한 보험 및 재정적 보증의무 규정 등으로 되어 있다.

답 X

제8절 핵 에너지와 환경

제9절 국제환경법의 이행확보

제10절 환경보호와 통상규제

Part. 1

일반국제법

2023대비
공무원국제법
기출지문

제5부

전쟁과 평화

제25장 국제연합

제1절 총 설

I 국제연합의 탄생과 국제연맹과의 비교

1. UN은 임무 수행과 목적 달성을 위하여 필요한 법적 능력과 특권 및 면제를 회원국의 영토 내에서 향유할 수 있다. [13 9급, 22 7급]

해설 제105조 1항.

답 O

2. UN은 주요기관, 표결방식, 국제평화와 안전에 관한 결의의 구속력 등에서 과거의 국제연맹과 차이가 있다. [11 경찰]

해설

답 O

	국제연맹(LN)	국제연합(UN)
가입국	식민지·속령도 가입 가능. 미국은 가입 안함. 소련은 가입후에 제명됨[1]	독립국가만 가입 가능. 미국, 소련 가입.
탈퇴규정	명문규정 있음	없음(그러나 탈퇴 가능)
본부소재지	제네바	뉴욕
표결방식	만장일치제	다수결원칙(컨센서스 가능) 상임이사국 거부권 인정
사법기관	PCIJ(국제연맹의 외곽기관)	ICJ(국제연합의 주요기관)
구속력	경제제재에 대한 회원국 의무 규정은 있으나, 군사행동에 대해서 연맹이사회는 권고적 권한 밖에 없었음.	안전보장이사회는 구속력 있는 결의를 행할 수 있다.
성립	종전 후 평화회의의 산물	전쟁 중에 성립
이사국 선출	영국, 프랑스, 이탈리아, 일본으로 이루어지는 상임이사국과 3년의 임기로 선출되는 비상임이사국	미국, 러시아, 중국, 프랑스, 영국으로 이루어지는 상임이사국과 2년 임기로 선출되는 10개의 비상임이사국
무력행사	전쟁에 대한 3개월의 냉각기간 설정.	원칙적으로 금지되며 예외적으로 ① 7장상, ② 지역협정, ③ 자위권, ④ 구적국조항

3. UN헌장은 UN자체의 국제 법인격성에 대해서는 명시적으로 규정하고 있지 않으나, 국내법인격성에 대해서는 명시적인 근거규정을 두고 있다. [11 경찰]

해설 UN은 국가로 구성되는 보편적인 국제기구로서 헌장 제104조에 의해 회원국 내에서 국내적 법인격이 인정되고, 국제적법인격과 관련하여서는 1949년 Reparation for Injuries Suffered in the service of the UN 사건에서 확인되었다.

답 O

1) 1934년 소련이 가입하였으나 1939년 발트 3국 병합과 함께 제명당하였다.

Ⅱ UN의 목적과 기본 원칙

4. **국제평화와 안전 유지는 UN헌장 제2조에 규정된 기본행동원칙이다.** [11 경찰]

해설 제1조 1항의 목적에 해당한다. 답 X

5. **UN헌장은 국내문제불간섭의 원칙을 제6장(분쟁의 평화적 해결)에서 규정하고 있다.** [15 경찰]

해설 목적과 원칙인 제1장 제2조 7항에 규정하고 있다. 답 X

6. **UN헌장상 헌장 제7장에 의한 강제조치의 경우에는 국내문제불간섭원칙이 적용되지 않는다.** [11 경찰]

해설 답 O

> 제2조
> 이 기구 및 그 회원국은 제1조에 명시한 목적을 추구함에 있어서 다음의 원칙에 따라 행동한다.
> 7. 이 헌장의 어떠한 규정도 본질상 어떤 국가의 국내 관할권 안에 있는 사항에 간섭할 권한을 국제연합에 부여하지 아니하며, 또는 그러한 사항을 이 헌장에 의한 해결에 맡기도록 회원국에 요구하지 아니한다. 다만, 이 원칙은 제7장에 의한 강제조치의 적용을 해하지 아니한다.

Ⅲ UN헌장과 기타 조약 간의 충돌 방지

7. **회원국의 헌장상 의무와 회원국의 다른 국제협정상 의무가 상충되는 경우 헌장상의 의무가 우선한다.** [15 경찰]

해설 헌장 제103조. 답 O

8. **로커비(Lockerbie) 사건(1992년)은 UN 내 정치적 기관의 행위에 대한 사법적 심사(judicial review)와 관련된 것이다.** [13 경찰]

해설 헌장상 총회는 안보리가 임무를 수행하는 중에는 같은 분쟁에 대하여 권고를 할 수 없다(헌장 제12조). 그러나 안보리와 재판소의 관계는 기능을 달리하므로 양자는 동일한 사태에 대하여 개별적이고 보완적인 임무를 수행하는 것이다. 그러나 로커비(Lockerbie) 사건(1992년)에서 안보리는 재판의 주요쟁점인 피의자 인도문제에 대하여 먼저 결정을 내렸다(결의 748). 안보리가 계류 중인 재판주제의 영역에까지 관여할 수 있는지 여부, 이것이 병행적 수행원칙을 훼손하는 것인지 여부, UN의 주요한 사법기관으로서의 재판소의 지위를 손상하는 것은 아닌지 여부가 문제되는 것이었으나, 이 사건의 소는 취하되어 명확한 판시가 나오지는 않았다. 답 O

9. **ICJ는 UN 헌장에 따라 채택된 UN 안전보장이사회의 결의에 따른 의무가 UN 회원국들이 체결한 조약상의 의무에 우선한다고 판단하였다.** [16·21 7급]

해설 Lockerbie 사건에서 ICJ는 안보리 결의 748이 구속력을 가지는 의무적 결정이기 때문에 UN헌장 제103조에 의하여 이 결의가 몬트리올협약에 우선한다고 하였다. 답 O

제2절 UN회원국의 지위

Ⅰ 회원국의 자격과 가입절차

10. 국제연합의 원회원국은, 샌프란시스코에서 국제기구에 관한 연합국 회의에 참가한 국가 또는 1942년 1월 1일의 연합국 선언에 서명한 국가로서, 이 헌장에 서명하고 제110조에 따라 이를 비준한 국가이다. [11 경찰]

해설 UN헌장 제3조.

답 O

11. UN헌장 상 UN의 원회원국은 모두 51개국이다. [11 경찰]

해설 샌프란시스코 회의에 참석한 국가는 50개국이나, 연합국이었던 폴란드 역시 원회원국의 지위를 부여받았다.

답 O

12. 새로운 회원국의 가입승인은 안전보장이사회의 권고에 따라 총회가 결정하며, 안전보장이사회의 권고 시에는 상임이사국의 거부권이 인정된다. [08 7급, 12 · 17 · 19 · 22 9급, 13 경찰]

해설 이사회의장은 사무총장이 의뢰한 가입신청서를 회원국가입심사위원회(안보리보조기관)에 회부하고 위원회에서 가입권고결의안 초안을 작성하여 이사회에 제출하면 실질사항의결정족수로 이사회권고결의를 성립시킨다.

답 O

Ⅱ 회원국의 지위

13. 강제조치의 대상이 되는 회원국에 대해서는 회원국으로서의 특권과 권리의 행사를 정지시킬 수 있다. [09 9급]

해설 안전보장이사회에 의하여 취하여지는 방지조치 또는 강제조치의 대상이 되는 국제연합회원국에 대하여는 총회가 안전보장이사회의 권고에 따라 회원국으로서의 권리와 특권의 행사를 정지시킬 수 있다. 이러한 권리와 특권의 행사는 안전보장이사회에 의하여 회복될 수 있다(제5조).

답 O

14. 회원국의 권리와 특권의 행사 정지는 국제연합(UN) 총회의 권한 중 안전보장이사회의 권고 없이 단독으로 처리할 수 있다. [12 9급, 15 경찰]

해설 제5조 참조. 안전보장이사회의 실질사항 권고로 총회의 중요문제로 결정한다.

답 X

15. UN 헌장상 안전보장이사회만의 전속적 권한은 정지된 회원국의 권리와 특권의 회복이다. [13 경찰, 14 9급]

해설 제5조 2문. 안전보장이사회 단독으로 정지된 회원국의 권리와 특권을 회복시킨다.

답 O

16. 국제연합헌장의 원칙을 지속적으로 위반하는 회원국은 제명될 수 있다. [09 · 17 9급]

해설 제6조.

답 O

17. 국제연합에서 제명된 회원국은 국제연합 전문기구의 회원국 자격도 박탈된다. [17 9급]

해설 중대하더라도 단 1회의 의무 위반만으로는 제명대상이 되지 않는다. 제명의 예는 없지만 제명된 이후 재가입이 금지되는 것은 아니며, 제명으로 UN전문기구 회원국의 자격까지 자동적으로 박탈되지 않는다.

답 X

18. UN 헌장상 안전보장이사회만의 전속적 권한은 회원국의 가입 및 제명이다. [13 경찰, 14 9급]

해설 가입 및 제명은 안전보장이사회의 권고로 총회가 결정한다. 답 X

19. 국제연합헌장상의 의무 위반에 대한 제재수단에 관하여 분담금 체납액이 만 2년간 지불하였어야 할 분담금액 이상인 회원국은 총회에서 투표권을 가지지 못한다. [09 9급]

해설 제19조 1문. 답 O

20. 투표권이 정지된 분담금 미납 국제연합 회원국의 투표 허용은 총회의 단독결정사항이다. [09 7급]

해설 기구에 대한 재정적 분담금의 지불을 연체한 국제연합회원국은 그 연체금액이 그때까지의 만 2년간 그 나라가 지불하였어야 할 분담금의 금액과 같거나 또는 초과하는 경우 총회에서 투표권을 가지지 못한다. 그럼에도 총회는 지불의 불이행이 그 회원국이 제어할 수 없는 사정에 의한 것임이 인정되는 경우 그 회원국의 투표를 허용할 수 있다(제19조). 답 O

21. 회원국의 제명은 해당 조항이 실제 적용된 사례가 있고, 탈퇴는 관련 명문 조항이 없으나 실제 제기된 사례가 있다. [19 9급]

해설 국제연맹시절인 1934년 소련은 발트 3국 병합으로 제명당한 바 있고 제명사례로 유일하다. 이에 비해 UN체제에서 헌장 제6조에 따른 제명의 예는 없다. 나아가 UN헌장에는 탈퇴의 명문규정은 없지만 탈퇴가 허용되고, 1965년 인도네시아가 탈퇴하였다가 1966년 UN에 참여를 재개한 사례가 있다. 다만 인도네시아의 예를 탈퇴로 보기에는 어렵다. 답 X

22. UN헌장은 UN의 약화를 우려하여 회원국의 가입규정만을 두고 탈퇴규정은 두고 있지 않으며, 일단 가입 이후 탈퇴는 실질적으로 불가능하다. [11 경찰, 15 경찰]

해설 탈퇴에 관한 명문 규정은 없으나, 1945 센프란시스코회의에서 ① UN이 평화를 유지할 수 없는 것으로 드러나거나, 법과 정의를 희생해야만 평화를 유지할 수 있는 경우, ② 회원국의 권리와 의무 그 자체가 당해 회원국이 동의하지 아니하였고, 그리고 회원국이 수락할 수 없는 것으로 인정하는 헌장개정에 의하여 변경되는 경우, ③ 총회나 일반회의에서 필요한 다수결에 의하여 정당하게 수락된 개정안이 그러한 개정을 발효시키는데 필요한 비준을 확보하지 못하는 경우에는 탈퇴가 허용됨을 합의하였다. 답 X

23. UN의 옵저버 지위는 UN 총회의 결의에 의해서 부여되며 결의 이행에 필요한 행동은 사무총장에게 일임되고 있다. [21 9급]

해설 옵저버의 지위는 UN총회 결의에 의해 부여되며, 정족수는 헌장 제18조 3항이 적용되어 출석하여 투표하는 회원국의 과반수가 요구된다. 결의 이행에 필요한 행동은 UN사무총장에게 일임되고 있다. 답 O

24. UN의 상주 옵저버국 대표는 총회에서 발언권을 행사할 수 있으나 투표는 할 수 없다. [22 9급]

해설 사무국은 옵저버 국가에 대하여도 회원국과 거의 동일한 기준으로 자료 배포나 연락을 유지하고 있고, 옵저버 국가의 대표들에게는 그 임무 수행을 위한 기본적인 권리나 특권이 인정되었다. 그러나 옵저버 국가는 회원국이 아니므로 총회에 참석하여 때로 발언권을 행사하여도 표결권은 없다. 답 O

제3절 국제연합의 기관과 임무

I 총 설

25. 국제연맹 체제 하에 창설된 상설국제사법재판소(PCIJ)는 법적으로 국제연맹으로부터 독립된 기관이었지만, 국제연합(UN) 체제 하에 설립된 ICJ는 UN의 주요기관에 해당된다. [22 9급]

해설 PCIJ는 국제연맹의 외곽기관이었으나, ICJ는 헌장 제7조 1항에 의해 UN의 주요기관이다. 답 O

26. 총회는 그 임무의 수행에 필요하다고 인정되는 보조기관을 설치할 수 있다. [10 9급, 14 경찰]

해설 제22조. 총회의 활동범위가 넓어질수록 보조기관의 수도 증가하고 있으며, 사회·경제적 문제나 인도적 문제와 관련된 보조기관이 많다. 답 O

27. UN안전보장이사회는 필요시 보조기관을 설치할 수 있으며, 설치된 보조기관은 UN안전보장이사회 결의를 통하여 해체된다. [07·15·20 9급, 16 경찰]

해설 제29조. 가입심사위원회, 군사참모위원회, 군축위원회, 원자력위원회 같은 보조기관을 두고 있다. 답 O

28. UN헌장 제7조제2항에 따르면 전문기구는 필요시 동 헌장에 따라 창설될 수 있다. [20 9급]

해설 제7조 2항은 보조기관의 설치근거이다. 전문기구란 UN의 부속기관이 아니라 경제, 사회, 문화, 보건 등 국제사회의 전문분야별로 설립헌장이라는 독립된 국제조약에 의하여 설립된 법인격을 갖춘 국제기구로서, 헌장 제57조에 따라 경제사회이사회와 협정을 체결하여 UN과 관계를 맺은 국제기구로 정의된다. 답 X

29. 전문기구의 활동분야는 군사, 경제, 사회, 문화, 교육, 보건이다. [20 9급]

해설 전문기구란 UN의 부속기관이 아니라 경제, 사회, 문화, 보건 등 국제사회의 전문분야별로 설립헌장이라는 독립된 국제조약에 의하여 설립된 법인격을 갖춘 국제기구로서, 헌장 제57조에 따라 경제사회이사회와 협정을 체결하여 UN과 관계를 맺은 국제기구로 정의된다. 국제원자력위원회(IAEA)와 경제협력개발기구(OECD), 세계무역기구(WTO)는 유엔의 전문기구가 아니다. 군사분야는 강제행동 독점 원칙에 의해 안전보장이사회의 권한이다. 답 X

30. UN과 각종 전문기구의 제휴관계를 설정하는 조건을 정하는 협정의 경우, 총회의 승인을 얻어 경제사회이사회가 전문기구와 협정을 체결할 수 있다. [07 9급, 22 7급]

해설 경제사회이사회는 제57조에 규정된 어떠한 기구와도, 동 기구가 국제연합과 제휴관계를 설정하는 조건을 규정하는 협정을 체결할 수 있다. 그러한 협정은 총회의 승인을 받아야 한다(제63조 1항). 답 O

31. UN경제사회이사회는 전문기구로부터 정기보고를 받기 위한 적절한 조치를 취할 수 있다. [20 9급]

해설 경제사회이사회는 전문기구로부터 정기보고를 받기 위한 적절한 조치를 취할 수 있다. 이사회는, 이사회의 권고와 이사회의 권한에 속하는 사항에 관한 총회의 권고를 실시하기 위하여 취하여진 조치에 관하여 보고를 받기 위하여, 국제연합회원국 및 전문기구와 약정을 체결할 수 있다(제64조 1항). 답 O

32. UN의 전문기구에는 세계보건기구(WHO), 국제통화기금(IMF), 국제법위원회(ILC), 국제개발협회(IDA) 등이 있다. [12 경찰]

해설 국제법위원회는 총회의 보조기관이다. 답 X

> UN의 전문기구
> 국제노동기구(ILO), 식량농업기구(FAO), 유엔교육과학문화기구(UNESCO), 세계보건기구(WHO), 국제부흥개발은행(IBRD), 국제금융공사(IFC), 국제개발협회(IDA), 다자간투자보증기구(MIGA), 국제투자분쟁해결센터(ICSID), 국제통화기금(IMF), 국제민간항공기구(ICAO), 만국우편연합(UPU), 국제전기통신연합(ITU), 세계기상기구(WMO), 국제해사기구(IMO), 세계지적재산권기구(WIPO), 국제농업개발기금(IFAD), 유엔공업개발기구(UNIDO), 세계관광기구(UNWTO)

33. 세계지적재산권기구(WIPO)는 유엔의 전문기구이다. [16 경찰]

해설 지식재산권의 국제적 보호의 촉진과 국제협력을 위하여 설립된 국제기구로 유엔의 전문기구이다. 답 O

34. 세계기상기구(WMO)는 유엔의 전문기구로 기상관측 및 이용에 관한 세계 각국의 협력을 도모하고 있다. [16 경찰]

해설 세계기상기구(World Meteorological Organization, WMO)는 1950년 기상 관측을 위한 세계의 협력을 목적으로 설립된 유엔의 기상학(날씨와 기후) 전문기구이다. 본부는 스위스 제네바에 있다. 답 O

35. 국제해사기구(IMO)는 유엔의 전문기구로 해양환경의 보존과 보호를 위한 활동을 하고 있다. [16 경찰]

해설 국제해사기구(International Maritime Organization, IMO)는 해운과 조선에 관한 국제적인 문제들을 다루기 위해 설립된 국제기구로, 유엔의 전문기구이다. 1948년 설립 당시의 명칭은 정부간 해사자문기구(Inter-Governmental Maritime Consultative Organization, IMCO)였으나, 1982년에 현재의 명칭으로 바꾸었다. 답 O

36. 세계보건기구(WHO)는 유엔의 전문기구로 인간의 건강증진을 목적으로 하는 활동을 하고 있다. [16 경찰]

해설 세계보건기구(World Health Organization, WHO)는 유엔의 전문 기구이다. 2009년까지 193개 회원국이 WHO에 가맹되었으며, 그 목적은 세계 인류가 가능한 한 최고의 건강 수준에 도달하는 것이다. 답 O

37. 국제원자력기구(IAEA)는 유엔의 전문기구로 핵시설 및 핵물질의 안전, 방사능 오염방지 등에 관련된 활동을 하고 있다. [16 경찰]

해설 국제원자력위원회(IAEA)와 경제협력개발기구(OECD), 세계무역기구(WTO)는 유엔의 전문기구가 아니다. 답 ×

38. 국제통화기금(IMF)와 세계무역기구(WTO)는 유엔의 전문기구이다. [16 경찰]

해설 IMF는 전문기구가 맞으나 세계무역기구(WTO)는 유엔의 전문기구가 아니다. 답 ×

39. 국제사법재판소(ICJ)는 유엔의 전문기구이다. [16 경찰]

해설 유엔의 주요기관의 하나이다. 답 ×

40. UN국제법위원회는 UN헌장 제13조의 목적을 위해 설치된 UN총회의 전문기구이다. [20 9급]

해설 국제법 법전화작업은 UN설립 이후 본격화되었다. UN헌장 제13조 제1항은 UN총회가 달성하여야 할 임무로써 국제법의 법전화 및 점진적 발전을 규정하고 있다. UN총회는 이를 위한 보조기관으로 국제법위원회(International Law Commission)를 1947년에 설립하였다. 답 ×

Ⅱ UN 총회

41. UN총회는 국제연합의 모든 회원국으로 구성되며, 각 회원국은 총회에 5명 이하의 대표를 출석시킬 수 있다. [16 경찰]

해설 답 ○

제9조[구성]
1. 총회는 모든 국제연합회원국으로 구성된다.
2. 각 회원국은 총회에 5인 이하의 대표를 가진다.

42. 총회는 헌장에 규정된 어떠한 기관의 권한 및 임무에 관한 모든 문제에 대한 토의할 수 있다. [13 경찰]

해설 총회는 이 헌장의 범위안에 있거나 또는 이 헌장에 규정된 어떠한 기관의 권한 및 임무에 관한 어떠한 문제 또는 어떠한 사항도 토의할 수 있으며, 그리고 제12조에 규정된 경우를 제외하고는, 그러한 문제 또는 사항에 관하여 국제연합회원국 또는 안전보장이사회 또는 이 양자에 대하여 권고할 수 있다(제10조). 답 ○

43. 국제연합의 신속하고 효과적인 조치를 확보하기 위하여, 국제연합 회원국은 국제 평화와 안전의 유지를 위한 일차적 책임을 총회에 부여하고 있다. [11 경찰, 17·20 9급]

해설 국제연합의 신속하고 효과적인 조치를 확보하기 위하여, 국제연합회원국은 국제평화와 안전의 유지를 위한 일차적 책임을 안전보장이사회에 부여하며, 또한 안전보장이사회가 그 책임하에 의무를 이행함에 있어 회원국을 대신하여 활동하는 것에 동의한다(제24조 1항). 답 ×

44. UN총회는 국제평화와 안전의 유지에 있어서의 협력의 일반원칙을, 군비 축소 및 군비규제를 규율하는 원칙을 포함하여 심의하고, 그러한 원칙과 관련하여 안전보장이사회에 권고할 수 있다. [16 경찰]

해설 제11조 1항. 답 O

> 제11조
> 1. 총회는 국제평화와 안전의 유지에 있어서의 협력의 일반원칙을, 군비축소 및 군비규제를 규율하는 원칙을 포함하여 심의하고, 그러한 원칙과 관련하여 회원국이나 안전보장이사회 또는 이 양자에 대하여 권고할 수 있다.
> 2. 총회는 국제연합회원국이나 안전보장이사회 또는 제35조 제2항에 따라 국제연합회원국이 아닌 국가에 의하여 총회에 회부된 국제평화와 안전의 유지에 관한 어떠한 문제도 토의할 수 있으며, 제12조에 규정된 경우를 제외하고는 그러한 문제와 관련하여 1 또는 그 이상의 관계국이나 안전보장이사회 또는 이 양자에 대하여 권고할 수 있다. 그러한 문제로서 조치를 필요로 하는 것은 토의의 전 또는 후에 총회에 의하여 안전보장이사회에 회부된다.
> 3. 총회는 국제평화와 안전을 위태롭게 할 우려가 있는 사태에 대하여 안전보장이사회의 주의를 환기할 수 있다.
> 4. 이 조에 규정된 총회의 권한은 제10조의 일반적 범위를 제한하지 아니한다.

45. **UN총회는 회부된 국제평화와 안전의 유지에 관한 문제를 토의할 수 있다.** [21 7급]

해설 제11조 2항. 답 O

46. **총회는 국제평화에 관한 어떠한 문제도 토의할 수 있지만 조치를 필요로 하는 문제는 안전보장이사회에 회부되어야 한다.** [22 9급]

해설 총회는 국제연합회원국이나 안전보장이사회 또는 제35조 제2항에 따라 국제연합회원국이 아닌 국가에 의하여 총회에 회부된 국제평화와 안전의 유지에 관한 어떠한 문제도 토의할 수 있으며, 제12조에 규정된 경우를 제외하고는 그러한 문제와 관련하여 1 또는 그 이상의 관계국이나 안전보장이사회 또는 이 양자에 대하여 권고할 수 있다. 그러한 문제로서 조치를 필요로 하는 것은 토의의 전 또는 후에 총회에 의하여 안전보장이사회에 회부된다(헌장 제11조 2항). 답 O

47. **총회는 국제평화와 안전을 위태롭게 할 우려가 있는 사태에 대하여 안전보장이사회의 주의를 환기할 수 있다.** [15 7급]

해설 제11조 3항. 답 O

48. **안전보장이사회가 어떠한 분쟁 또는 사태에 대하여 헌장 상의 임무를 수행하고 있는 동안에는 총회는 어떤 경우에도 이들 문제와 관련하여 여하한 권고도 할 수 없다.** [10 · 22 9급, 13 · 15 · 21 7급, 13 · 16 경찰]

해설 안전보장이사회가 어떠한 분쟁 또는 사태에 관하여 헌장에서 부여된 임무를 수행하는 동안에는 총회는 안전보장이사회가 요청하지 않는 한 이에 대하여 어떤 권고도 할 수 없다(제12조 1항). 답 X

49. **안전보장이사회는 정치적 분야에 있어서 국제협력을 촉진하고, 국제법의 점진적 발달 및 그 법전화를 장려하기 위하여 연구를 발의하고 권고한다.** [08 7급]

해설 총회의 권한이다(제13조 1항 참조). 답 X

50. **총회는 안전보장이사회로부터 연례보고와 특별보고를 받아 심의한다.** [10 9급, 16 경찰]

해설 제15조 1항. 답 O

51. 안전보장이사회는 UN의 예산을 심의하고 승인하며 UN의 다른 기관으로부터 보고를 받아 심의한다. [08 7급, 14 9급]

해설 총회는 기구의 예산을 심의하고 승인한다(제17조 1항). 총회는 국제연합의 다른 기관으로부터 보고를 받아 심의한다(제15조 1항).

답 X

52. 총회의 각 구성국은 1개의 투표권을 가진다. [10 9급]

해설 각 회원국은 총회에서 1개의 투표권을 가진다(제18조 1항).

답 O

53. 총회에서의 표결은 출석하여 투표하는 회원국의 2/3 이상의 찬성으로 결정되는 '중요문제'와 출석하여 투표하는 회원국의 과반수의 찬성으로 결정되는 '기타문제'로 나누어진다. [11 경찰]

해설

답 O

> 제18조
> 1. 총회의 각 구성국은 1개의 투표권을 가진다.
> 2. 중요문제에 관한 총회의 결정은 출석하여 투표하는 구성국의 3분의 2의 다수로 한다. 이러한 문제는 국제평화와 안전의 유지에 관한 권고, 안전보장이사회의 비상임이사국의 선출, 경제사회 이사회의 이사국의 선출, 제86조제1항다호에 의한 신탁통치이사회의 이사국의 선출, 신회원국의 국제연합 가입의 승인, 회원국으로서의 권리 및 특권의 정치, 회원국의 제명, 신탁통치제도의 운영에 관한 문제 및 예산문제를 포함한다.
> 3. 기타 문제에 관한 결정은 3분의 2의 다수로 결정될 문제의 추가적 부문의 결정을 포함하여 출석하여 투표하는 구성국의 과반수로 한다.

54. 중요한 문제에 관한 총회의 결정은 출석하여 투표하는 구성국의 3분의 2의 다수로 한다. [13 7급]

해설 출석하여 투표하는 구성국의 3분의 2의 다수 찬성으로 채택되는 사항으로 이러한 중요문제는 헌장 제18조에 ① 국제평화와 안전의 유지에 관한 권고, ② 안보리 비상임이사국, 경제사회이사회이사국, 신통리이사국 선거, ③ 회원국의 가입 승인, 회원국의 권리 특권 정지, 회원국의 제명, ④ 신탁통치제도의 적용에 관한 문제, ⑤ 예산문제가 예시되어 있다.

답 O

55. 총회는 출석하여 투표하는 국가의 과반수로 국제평화와 안전의 유지에 관한 권고 여부를 결정한다. [17 9급]

해설 헌장 제18조에 중요문제로 예시되어 있어 출석 투표하는 구성국의 3분의 2의 찬성이 필요하다.

답 X

56. UN 총회에서 결정되는 사항 중 안전보장이사회의 비상임이사국의 선출과 경제사회이사회의 이사국의 선출은 출석하여 투표하는 회원국의 3분의 2의 다수로 결정되는 사항이다. [12 9급, 15 9급, 15 경찰]

해설 제18조.

답 O

57. 국제연합 안전보장이사회 상임이사국 선출은 총회의 단독결정 사항이다. [13·15 경찰, 19 7급]

해설 상임이사국은 헌장 제23조 1항에 의해 고정되어 있다. 비상임이사국 선출이 단독결정사항이다.

답 X

58. 국제연합 예산안의 심의 및 승인은 총회의 단독결정 사항이다. [13·15 경찰, 19 7급, 19 9급]

해설 제17조. 답 O

59. 신회원국의 UN 가입의 승인은 중요문제로서 그 문제에 관한 총회의 결정은 출석하여 투표하는 회원국의 3분의 2의 다수로 한다. [18 9급]

해설 제18조. 답 O

60. UN 총회에서 결정되는 사항 중 회원국의 UN으로부터의 제명은 출석하여 투표하는 회원국의 3분의 2의 다수로 결정되는 사항이다. [15 9급]

해설 중요문제이다(제18조). 답 O

61. UN 총회에서 결정되는 사항 중 UN 헌장의 개정은 출석하여 투표하는 회원국의 3분의 2의 다수로 결정되는 사항이다. [15 9급, 16 경찰]

해설 총회 구성국의 3분의 2의 투표에 의하여 채택되고, 안전보장이사회의 모든 상임이사국을 포함한 국제연합회원국의 3분의 2에 의하여 각자의 헌법상 절차에 따라 비준되었을 때, 모든 국제연합회원국에 대하여 발효한다(제108조). 답 X

62. 총회는 매 회기마다 의장을 선출한다. [16 경찰]

해설 총회는 그 자체의 의사규칙을 채택한다. 총회는 매회기마다 의장을 선출한다(제21조). 답 O

63. 안전보장이사회의 요청이 있는 경우 UN 사무총장은 총회의 특별회기를 소집한다. [15 7급]

해설 특별총회는 안보리 요청 또는 재적과반수 요청이 있을 때 사무총장이 소집한다(제20조). 답 O

64. UN 총회에서 만장일치로 채택된 결의는 성립당시 그 자체로서 국제법 상 법적 구속력을 갖는 문서이다. [12 7급]

해설 총회는 회원국들에 대하여 단지 권고 할 수 있는 권한을 가지고 있을 뿐이지만, UN의 내부조직 운영에 관련된 문제들에 대해서는 구속력 있는 결정을 할 수 있다. 답 X

Ⅲ 안전보장이사회

65. 안전보장이사회는 20개 국제연합 회원국으로 구성된다. [07 9급, 07·17 7급, 15 경찰]

해설 안전보장이사회는 15개 국제연합회원국으로 구성된다. 중화민국, 불란서, 소비에트사회주의공화국연방, 영국 및 미합중국은 안전보장 이사회의 상임이사국이다. 총회는 먼저 국제평화와 안전의 유지 및 기구의 기타 목적에 대한 국제연합회원국의 공헌과 또한 공평한 지리적 배분을 특별히 고려하여 그 외 10개의 국제연합회원국을 안전보장이사회의 비상임이사국으로 선출한다(제23조 1항). 답 X

66. 안전보장이사회 비상임이사국의 임기는 2년이며 연이어 재선될 수 있다. [07 7급. 13・14・15 경찰]

해설 안전보장이사회의 비상임이사국은 2년의 임기로 선출된다. 안전보장이사회의 이사국이 11개국에서 15개국으로 증가된 후 최초의 비상임이사국 선출에서는, 추가된 4개이사국 중 2개이사국은 1년의 임기로 선출된다. 퇴임이사국은 연이어 재선될 자격을 가지지 아니한다(제23조 2항). 답 X

67. 안전보장이사회의 각 이사국은 1인의 대표를 가진다. [07 7급]

해설 제23조 3항. 답 O

68. 안전보장이사회는 계속적으로 임무를 수행할 수 있도록 조직되며 이를 위해 각 이사국은 기구의 소재지에 항상 대표를 둔다. [13・15 경찰. 18 7급]

해설 제28조 1항 답 O

69. 안전보장이사회는 자체 의사규칙을 채택한다. [18 7급]

해설 안전보장이사회는 의장선출방식을 포함한 그 자체의 의사규칙을 채택한다(헌장 제30조). 답 O

70. 국제평화와 안전에 대한 일차적인 책임(primary responsibility)은 안전보장이사회가 지나, 안전보장이사회가 자신의 기능을 수행하지 못할 경우 이차적으로 총회가 개입할 수 있다. [11・14・17 7급. 07・08・10・15・17 9급]

해설 국제연합의 신속하고 효과적인 조치를 확보하기 위하여, 국제연합회원국은 국제평화와 안전의 유지를 위한 일차적 책임을 안전보장이사회에 부여하며, 또한 안전보장이사회가 그 책임하에 의무를 이행함에 있어 회원국을 대신하여 활동하는 것에 동의한다(제24조 1항). 답 O

71. UN 회원국은 안전보장이사회의 결정을 UN 헌장에 따라 수락하고 이행할 것을 동의한다. [08・15 9급. 14・18 7급]

해설 안전보장이사회만이 회원국에 대하여 구속력 있는 결정을 할 수 있다(제25조). 그러나 헌장 제7장에 근거한 결정 이외의 결의는 권고적 효력만을 지닌다. 답 O

72. UN헌장 제7장에 따라 국제평화와 안전의 유지에 관하여 안전보장이사회가 채택한 결정은 회원국에 대하여 구속력을 가진다. [18 9급]

해설 안전보장이사회는 국제평화와 안전에 관한 1차적 책임이 있으며, 이 임무를 수행하기 위하여 안전보장이사회에 부여된 구체적인 권한은 헌장 제6장(분쟁의 평화적 해결), 제7장(평화에 대한 위협, 평화의 파괴 및 침략행위에 관한 행동), 제8장(지역적 협정) 및 제12장(국제신탁통치제도)에 규정되어 있다. 안전보장이사회만이 회원국에 대하여 구속력 있는 결정을 할 수 있다(제25조). 그러나 헌장 제7장에 근거한 결정 이외의 결의는 권고적 효력만을 지닌다. 답 O

73. UN안전보장이사회가 어떤 분쟁 또는 사태와 관련하여 임무를 수행하는 중일지라도 UN총회는 ICJ의 권고적 의견을 구할 수 있다. [22 7급]

해설 안보리가 다루는 사안이라도 ICJ가 헌장 제96조와 ICJ규정 제654조 1항에 따라 안보리나 다른 기구/기관에 권고적 의견을 부여함에 있어서는 충돌의 문제는 발생하지 않는다. 답 O

74. ICJ가 사건을 심리하는 동안 UN안전보장이사회는 당해 사태의 해결을 모색할 수 없다. [22 7급]

해설 1986년 *Military and Paramilitary Activities in and against Nicaragua* 사건에서 "어떤 문제가 안보리 앞에 놓여져 있다는 사실로 인해 그 문제가 본 재판소에서 다루어지는 것을 방해 받아서는 안되며, 이들 두 절차는 같은 보조로 수행될 수 있는 것으로 생각된다."고 언급하였다. 답 X

75. 안전보장이사회 각 이사국은 1개의 투표권을 갖는다. [09 · 13 7급]

해설 제27조 1항. 답 O

76. 절차사항에 관한 안전보장이사회의 결정은 9개 이사국의 찬성투표로 한다. [08 9급, 11 · 13 7급, 11 · 15 경찰]

해설 절차사항에 관한 안전보장이사회의 결정은 9개 이사국의 찬성투표로써 한다(제27조 2항). 답 O

77. 안전보장이사회의 절차사항에 대한 의사결정에 있어서는 상임이사국의 거부권이 행사될 수 있다. [09 · 12 7급, 10 · 19 9급, 12 경찰]

해설 실질사항에 거부권이 인정된다. 답 X

78. 새로운 의제의 삽입, 회의의 정지와 휴회 등 절차사항에 관한 UN안전보장이사회의 결정은 9개 이사국의 찬성투표로써 한다. [20 9급]

해설 단순 9개국의 찬성으로 채택되는 것을 말한다. 정기회의의 기한, 임시회의 소집, 회의의 정지와 휴회, 새로운 의제의 삽입, 의장 선임, 회의의 공개여부, 보조기관의 설치와 해체 등 절차적 문제에 관한 것들이 해당된다. 답 O

79. 절차사항 외 모든 사항에 관한 안전보장이사회의 결정은 상임이사국의 동의투표를 포함한 9개 이사국의 찬성투표로 한다. [09 · 17 7급, 10 9급, 11 · 13 · 14 경찰]

해설 그 외 모든 사항에 관한 안전보장이사회의 결정은 상임이사국의 동의 투표를 포함한 9개 이사국의 찬성투표로써 한다. 다만, 제6장 및 제52조 제3항에 의한 결정에 있어서는 분쟁당사국은 투표를 기권한다(제27조 3항). 답 O

80. UN 안전보장이사회 상임이사국의 거부권에 대하여 해당 사항이 절차사항(procedural matters)인지 아니면 그 외의 모든 사항(all other matters)인지를 결정하는 표결에서 거부권을 행사할 수 있다. [12 7급]

해설 이를 이중거부권이라 한다. 답 O

81. 안전보장이사회가 UN헌장 제6장에 의한 결정을 하는 경우 분쟁 당사국인 이사국은 기권을 해야 한다. [13 경찰, 17 7급]

해설 제6장 분쟁의 평화적 해결 및 제52조 3항 지역적 약정 또는 지역적 기관에 의한 지역적 분쟁의 평화적 해결의 촉진에 의한 결정에 있어서는 분쟁당사국은 투표를 기권한다(헌장 제27조 3항). 답 O

82. UN 안전보장이사회 상임이사국의 거부권에 대하여 평화에 대한 위협의 존재에 대한 결정에 대하여 거부권을 행사할 수 있다. [12 7급]

해설 실질사항에 해당한다. 답 O

83. UN관행상 안전보장이사회의 상임이사국의 거부권(veto)이 적용되는 문제에 대해서 기권은 거부권의 행사로 간주되지 않는다. [11 경찰]

해설 한국전쟁 당시 안전보장이사회에 소련이 결석한 것과 관련하여 헌장 제28조 1항에 의하면 "안보리는 계속하여 기능할 수 있도록 조직해야 한다. 이를 위하여 각 이사국은 UN 소재지에 상주대표를 두어야 한다."고 규정되어 있어 소련이 이 의무를 위반한 것으로 보아 결석 및 기권을 거부권 행사로 보지 않는 관행이 확립되었다. 답 O

84. 이사국이 아닌 국가는 안전보장이사회의 토의에 참가할 수 없다. [08 9급, 15 경찰]

해설 안전보장이사회의 이사국이 아닌 어떠한 국제연합회원국도 안전보장 이사회가 그 회원국의 이해에 특히 영향이 있다고 인정하는 때에는 언제든지 안전보장이사회에 회부된 어떠한 문제의 토의에도 투표권 없이 참가할 수 있다(제31조). 안전보장이사회의 이사국이 아닌 국제연합회원국 또는 국제연합 회원국이 아닌 어떠한 국가도 안전보장이사회에서 심의중인 분쟁의 당사자인 경우에는 이 분쟁에 관한 토의에 투표권없이 참가하도록 초청된다(제32조). 답 X

85. 안전보장이사회 이사국이 아닌 UN회원국은 안전보장이사회의 결의내용에 특별한 이해관계가 인정되는 경우 안전보장이사회에서 투표권을 가질 수 있다. [09 · 18 7급, 15 경찰]

해설 헌장 제31조에 의해 이해관계국은 참가할 수 있으나 투표할 수 없으며, 제32조 분쟁당사국은 분쟁에 관한 토의에 투표권 없이 참가하도록 초청된다. 답 X

86. UN 헌장상 안전보장이사회만의 전속적 권한은 국제사법재판소 재판관의 선출이다. [12 경찰, 14 9급]

해설 총회와 안전보장이사회에서 절대다수표를 얻어야 재판관으로 선출된다. 답 X

87. 국제연합 비회원국의 국제사법재판소규정 당사국으로의 결정, 안전보장이사회 비상임이사국의 선출은 총회가 안전보장이사회의 권고 없이 단독으로 처리할 수 있다. [19 9급]

해설 UN 비회원국은 총회가 안보리의 권고에 기하여 결정하는 조건에 따라 ICJ 규정 자체의 당사자가 될 수 있다(제93조 2항). 안전보장이사회의 비상임이사국 선출은 총회의 단독권한이다. 답 X

88. 회원국의 권리와 특권의 정지는 총회가 안전보장이사회의 권고 없이 단독으로 처리할 수 있다. [19 9급]

해설 제5조에 따라 안보리권고로 총회가 결정한다. 답 X

89. 안전보장이사회의 의장 성명은 표결 없이 총의를 통해 채택되며 의장 성명 자체는 법적 구속력이 없다. [22 9급]

해설 안보리의 의사표시 방법으로 결의와는 별도의 안보리 의장 성명이 자주 활용된다. 이는 헌장이나 안보리 운영규칙에는 언급되지 않은 것이나, 결의보다 한 단계 낮은 차원의 의사표시의 방법으로 인식된다. 정치적으로 민감한 문제에 대하여 거부권의 적용을 피하기 위하여도 활용된다. 의장성명의 내용은 표결에 붙여지지 않으며, 총의로써 채택되며 의장 성명 자체는 법적 구속력이 없다. 답 O

Ⅳ 경제사회이사회

90. 경제사회이사회는 모든 사람을 위한 인권 및 기본적 자유의 존중과 준수를 촉진하는 권고를 할 수 있으며, 이사회의 권한에 속하는 사항에 관하여 국제회의를 소집할 수 있다. [22 7급]

해설 제62조 1항, 3항 답 O

91. 경제사회이사회는 총회의 권고를 이행하기 위해 이사회의 권한에 속하는 임무를 수행해야 하며, UN회원국의 요청이 있는 경우에 한하여 총회의 승인을 얻어 용역을 제공할 수 있다. [22 7급]

해설 이사회는 국제연합회원국의 요청이 있을 때와 전문기구의 요청이 있을 때에는 총회의 승인을 얻어 용역을 제공할 수 있다(제66조 2항). 답 X

92. 총회, 안전보장이사회, 경제사회이사회에서의 표결에는 모두 1국1표의 원칙이 적용된다. [11 경찰]

해설 총회(제18조 1항), 안보리(제27조 1항), 경사리(제67조 1항) 답 O

93. 경제사회이사회에서의 결정은 출석하여 투표하는 이사국의 과반수 찬성에 의한다. [11 경찰]

해설 제67조 2항. 답 O

94. 경제사회이사회가 특정 UN회원국과 특별한 관계가 있는 사항에 관하여 심의하는 경우, 해당 회원국을 투표권 없이 참여하도록 초청한다. [22 7급]

해설 제69조 답 O

95. UN 경제사회이사회가 자신의 권한사항에 관하여 행하는 결정은 구속력이 없는 권고적 효력만이 인정된다. [11 경찰]

해설 경제사회이사회의 각 이사국은 1개의 투표권을 갖는다. 이사회의 결정은 출석하여 투표하는 이사국의 과반수에 의하여 행한다. 여기서 결정이란 표현이 사용되고 있긴 하지만, 단지 권고적 권한을 갖고 있을 뿐이다. 답 O

Ⅴ 신탁통치이사회

96. 신탁통치이사회는 신탁통치지역 주민의 정치, 경제, 사회 및 교육 분야의 발전에 관하여 총회에 매년 보고를 하고 있다. [19 9급]

해설 신탁통치이사회는 각 신탁통치지역 주민의 정치적·경제적·사회적 및 교육적 발전에 질문서를 작성하며, 또한 총회의 권능안에 있는 각 신탁통치지역의 시정권자는 그러한 질문서에 기초하여 총회에 연례보고를 행한다(헌장 제88조).

답 X

Ⅵ 사무국

97. 사무국은 국제연합의 주요 기관이다. [14 경찰]

해설

답 O

제7조

1. 국제연합의 주요기관으로서 총회·안전보장이사회·경제사회 이사회·신탁통치이사회·국제사법법원 및 사무국을 설치한다.
2. 필요하다고 인정되는 보조기관은 이 헌장에 따라 설치될 수 있다.

98. UN헌장상 UN의 주요기관의 하나로 규정되어 있는 것은 사무총장으로서, 사실상 1인의 독자적인 의사결정기관으로서의 지위를 갖는다. [11 경찰]

해설 사무국은 1인의 사무총장과 기구가 필요로 하는 직원으로 구성한다. 사무총장은 안전보장이사회의 권고로 총회가 임명한다. 사무총장은 기구의 수석행정직원이다(제97조).

답 X

99. 사무국을 구성하는 사무총장과 그 직원은 국제공무원으로서 일정한 특권·면제를 향유하며, 직무 수행에 있어서 UN이외의 정부나 당국에 구속되지 않고 오로지 UN에 대해서만 책임을 진다. [11 경찰]

해설

답 O

제100조

1. 사무총장과 직원은 그들의 임무수행에 있어서 어떠한 정부 또는 기구외의 어떠한 다른 당국으로부터도 지시를 구하거나 받지 아니한다. 사무총장과 직원은 기구에 대하여만 책임을 지는 국제공무원으로서의 지위를 손상할 우려가 있는 어떠한 행동도 삼간다.
2. 각 국제연합회원국은 사무총장 및 직원의 책임의 전적으로 국제적인 성격을 존중할 것과 그들의 책임수행에 있어서 그들에게 영향을 행사하려 하지 아니할 것을 약속한다.

제105조

1. 기구는 그 목적의 달성에 필요한 특권 및 면제를 각 회원국의 영역 안에서 향유한다.
2. 국제연합회원국의 대표 및 기구의 직원은 기구와 관련된 그들의 임무를 독립적으로 수행하기 위하여 필요한 특권과 면제를 마찬가지로 향유한다.
3. 총회는 이 조 제1항 및 제2항의 적용세칙을 결정하기 위하여 권고하거나 이 목적을 위하여 국제연합회원국에게 협약을 제안할 수 있다.

100. **사무국은 UN의 주요기관으로서 1명의 사무총장과 UN이 필요로 하는 직원으로 구성된다.** [07 · 18 9급]

해설 제97조. 답 O

101. **사무총장은 모든 상임이사국의 동의를 포함하는 안전보장이사회의 권고와 출석하여 투표 하는 회원국의 과반 수 찬성에 의해 총회가 임명한다.** [07 · 12 · 18 · 19 9급, 12 · 19 7급, 11 · 15 · 16 경찰]

해설 사무총장은 안보리(실질사항) 권고로 총회(기타사항)가 임명한다. 답 O

102. **UN헌장상 사무총장은 사무직 · 행정적 기능뿐만 아니라 국제 평화와 안전의 유지를 위협할 수 있다고 생각되는 모든 사항에 대해서 안전보장이사회의 주의를 환기할 수 있는 정치적 기능도 수행한다.** [11 경찰, 12 7급, 17 9급]

해설 제99조. 답 O

103. **UN 사무총장은 최고행정책임자로서 총회가 정한 규칙에 따라 직원을 임명한다.** [12 7급]

해설 제101조 1항. 답 O

제26장 분쟁의 평화적 해결수단

제1절 분쟁의 의의

1. UN헌장은 분쟁의 평화적 해결을 UN의 기본 원칙의 하나로 규정하고 있다. [13 경찰]

해설 UN헌장 제2조 3항.

답 O

2. 분쟁의 계속이 국제평화와 안전의 유지를 위태롭게 하는 경우, 분쟁의 당사자들은 우선 교섭, 심사, 중개, 조정, 중재재판, 사법적 해결, 지역적 기관 또는 지역적 약정의 이용 또는 당사자가 선택하는 다른 평화적 수단에 의해 해결을 구한다. [13 9급, 15 7급]

해설 제33조.

답 O

제2절 국제분쟁의 비사법적(정치적) 해결

3. 국제분쟁의 평화적 해결방법에 대하여 직접교섭(negotiation)은 국제분쟁의 일차적 해결방법이라 할 수 있다. [11 7급, 21 9급]

해설 교섭은 국제분쟁의 일차적 해결방법으로 당사국 사이에 직접 외교교섭을 하는 것을 말한다. 교섭은 일체의 부당한 압력이나 간섭 없이 당사국들 간 해결을 구할 수 있다는 장점이 있는 반면, 힘의 우열이 존재하는 경우는 강한 쪽이 약한 쪽에 압력을 행사할 수 있는 단점이 있다.

답 O

4. 국제분쟁의 해결방법에 대하여 주선 및 중개는 제3자가 간접적으로 분쟁에 개입하여 분쟁해결을 촉진하는 제도이다. [11 9급]

해설 주선이란 제3자(저명인사, 국제기구, 제3국)가 교섭의 기회와 장소를 제공하거나 통신수단의 편의를 제공하는 등 분쟁당사국간의 직접교섭을 개시하게 하거나 촉진하는 작용을 하는 것을 말한다. 분쟁당사자들이 일단 교섭에 임하면 주선의 임무는 종료한다. 러·일 전쟁 후에 미국의 주선으로 포츠머쓰조약을 체결한 것을 들 수 있다. 중개는 주선에 그치지 않고 교섭내용에 관여하여 분쟁당사국 주장의 조정을 도모하거나 교섭의 기초와 분쟁의 해결안을 제공하는 것이다.

답 O

5. 국제분쟁의 평화적 해결방법에 대하여 주선(good offices)과 중개(mediation)는 국가는 물론 개인도 할 수 있다. [11 7급]

해설 주선이란 제3자(저명인사, 국제기구, 제3국)가 교섭의 기회와 장소를 제공하거나 통신수단의 편의를 제공하는 등 분쟁당사국간의 직접교섭을 개시하게 하거나 촉진하는 작용을 하는 것을 말한다. 중개는 주선에 그치지 않고 교섭내용에 관여하여 분쟁당사국 주장의 조정을 도모하거나 교섭의 기초와 분쟁의 해결안을 제공하는 것이다.

답 O

6. **제3자가 분쟁의 내용에는 개입하지 않고 당사자 간의 외교교섭 타결에 조력하는 방법이 주선(good offices)이다.** [16 9급]

해설 주선이란 제3자(저명인사, 국제기구, 제3국)가 교섭의 기회와 장소를 제공하거나 통신수단의 편의를 제공하는 등 분쟁당사국간의 직접교섭을 개시하게 하거나 촉진하는 작용을 하는 것을 말한다. 답 O

7. **주선(알선)은 제3자가 분쟁의 내용에 개입하여 분쟁당사국의 의견을 조율하거나 스스로 해결책을 제시하지만, 중개는 제3자가 분쟁의 내용에는 개입하지 않고 당사국간의 교섭에 의해 분쟁이 해결될 수 있도록 돕는 역할만 한다.** [13 경찰]

해설 주선이란 제3자(저명인사, 국제기구, 제3국)가 교섭의 기회와 장소를 제공하거나 통신수단의 편의를 제공하는 등 분쟁당사국간의 직접교섭을 개시하게 하거나 촉진하는 작용을 하는 것을 말한다. 중개는 주선에 그치지 않고 교섭내용에 관여하여 분쟁당사국 주장의 조정을 도모하거나 교섭의 기초와 분쟁의 해결안을 제공하는 것이다. 답 X

8. **국제분쟁의 해결방법에 대하여 사실심사는 제3자가 분쟁의 원인이 된 사실을 명확히 하여 분쟁해결을 촉진하는 제도이다.** [11·16 9급]

해설 심사란 분쟁당사국 합의에 의하여 구성된 비정치적이고 중립적인 심사위원회가 분쟁의 사실관계를 조사하여 분쟁사실에 대한 오해를 풀어 분쟁을 해결하는 방법이다. 답 O

9. **국제분쟁의 평화적 해결방법에 대하여 사실심사(inquiry)를 위한 국제사실심사위원회는 분쟁당사국 간의 특별한 합의에 의해 설치된다.** [11 7급]

해설 심사위원회가 채택하는 최종보고서는 단순히 사실의 확인에 불과하며, 국제심사에 의한 사실 인정에 어떤 효과를 부여할 것인지는 당사국들의 의사에 달려 있다. 대표적 예로 1904년 *Dogger Bank* 사건을 들 수 있다. 답 O

10. **사실심사(inquiry)에 의한 국제분쟁해결의 대표적 사례로 도거 뱅크(Dogger Bank) 사건(1904)이 있다.** [15 경찰]

해설 1904년 *Dogger Bank* 사건은 러시아의 발틱함대가 러일전쟁에 가담하기 위해 태평양으로 가던 도중 영국 북해의 유명한 어장인 도거에서 조업 중이던 영국어선들에게 발포하였다. 러시아는 이 사건이 일본 어뢰정들에 의해 도발된 것이라고 주장하였으나, 영국·러시아·미국·프랑스·오스트리아 출신의 해군장성들로 구성된 심사위원회의 판정에 의해 러시아가 영국에 배상하였던 사건이다. 답 O

11. **국제 조정(conciliation)은 제3자가 분쟁의 내용을 심사하고 그 해결방안을 제시하여 분쟁을 비사법적으로 해결하는 방법이다.** [08·21 9급, 15 경찰]

해설 조정이란 사실심사와 중개의 결합형태로, 원칙적으로 비정치적이고 중립적인 국제위원회가 분쟁의 사실관계를 심사함과 동시에, 분쟁의 모든 측면을 고려하여 분쟁당사국 주장의 조정과 그 우호적 해결을 도모하고 나아가 스스로 해결안을 제시하는 비사법적 절차이다. 답 O

12. 사실심사(inquiry)와 중개(mediation)의 요소를 모두 가지고 있으며 준사법적 측면을 가지는 분쟁해결 방식은 조정(conciliation)이다. [07 · 08 9급]

해설 조정을 도모하여 해결안 제시에 이르는데 있어서 정치적 측면과 법률적 측면의 중시정도에 따라 중개에 가까운 성격을 갖는 것도 있고, 재판절차에 가까운 것도 있다. 답 O

13. 제3자에게 사실심사를 맡기는 데 그치지 않고 제3자가 구속력 있는 해결조건까지 제시하는 방법이 조정(conciliation)이다. [16 9급]

해설 제3자가 최종적으로 제시하는 해결책, 즉 조정보고서는 분쟁당사국들에 대한 제안에 불과하여, 그 자체는 구속력 있는 결정이 아니다. 그러나 최근 일부 조약에서는 이러한 관행에서 벗어나 구속력을 부여하는 경우도 있다. 답 X

14. 국제분쟁의 해결방법에 대하여 조정은 제3자의 사실조사 및 법적 구속력 있는 조정안의 제시로 분쟁을 해결하는 제도이다. [08 · 11 9급, 11 7급, 13 경찰]

해설 법적 구속력이 없다. 답 X

15. 조정에 회부할 것을 조약에 의하여 사전에 합의할 수 있다. [08 9급]

해설 조정에 회부할 것을 조약에 의하여 사전에 합의할 수 있으며, 일부 조약에서는 이러한 관행에서 벗어나 구속력을 부여하는 경우도 있다. 답 O

제3절 국제중재재판

16. 중재재판이란 분쟁당사국이 스스로 선정한 재판관에 의하여 법에 대한 존중을 바탕으로 분쟁을 구속력 있는 판정으로 해결함을 목적으로 하는 제도이다. [15 경찰, 20 · 21 9급]

해설 중재재판(arbitration)이란 당사국 사이에 합의만 성립되면 어떠한 분쟁도 중재재판에 회부될 수 있으며 분쟁 당사국이 스스로 선정한 재판관에 의하여 법에 대한 존중을 바탕으로 분쟁을 구속력 있는 판정으로 해결함을 목적으로 하는 제도이다. 답 O

17. 중재는 그 결과가 분쟁당사국에 대해 구속력을 지닌다는 점에서 조정과 다르고 중개와 같다. [13 · 15 경찰, 19 7급]

해설 중재는 사법적 해결로 분쟁당사국에 대해 구속력을 가지나, 조정과 중개는 정치적 해결방법으로 구속력이 없다. 답 X

18. 중재가 국가간 분쟁해결수단으로 본격적으로 활용된 것은 알라바마(Alabama)호 중재(1872) 이후이다. [13 경찰]

해설 알라바마호 중재재판(1872)은 미국의 남북전쟁시 영국이 중립법위반 여부가 문제된 사건으로, 1871년 워싱턴조약에 의하여 재판준칙을 정하고 동수가 아닌 영국, 미국, 스위스, 이탈리아, 브라질의 5개국 대표로 구성된 중재재판소가 구성되어 1872년 판결이 이루어진 것으로 국제관계에 큰 영향을 끼쳤다. 답 O

19. 미국의 남북전쟁 이후 미국과 영국 사이의 Alabama호 청구사건은 중재재판(arbitration)에 의하여 해결되었다. [16 9급]

해설 1872년 Alabama호 청구사건은 미국의 남북전쟁시 영국이 중립법위반 여부가 문제된 사건으로, 1871년 워싱턴조약에 의하여 재판준칙을 정하고 동수가 아닌 영국, 미국, 스위스, 이탈리아, 브라질의 5개국 대표로 구성된 중재재판소가 구성되어 1872년 판결이 이루어진 것으로 국제관계에 큰 영향을 끼쳤다.

답 O

20. 중재재판의 당사국 사이에 합의만 성립되면 어떠한 분쟁도 중재재판에 회부될 수 있다. [14 7급]

해설 중재재판(arbitration)이란 당사국 사이에 합의만 성립되면 어떠한 분쟁도 중재재판에 회부될 수 있다.

답 O

21. 국제분쟁의 해결방법에 대하여 중재는 분쟁당사국이 합의하여 선정한 재판관에 의한 판정으로 분쟁을 해결하는 제도이다. [10 9급, 11 9급]

해설 분쟁 당사국이 스스로 선정한 재판관에 의하여 법에 대한 존중을 바탕으로 분쟁을 구속력 있는 판정으로 해결함을 목적으로 하는 제도이다.

답 O

22. PCA는 1899년에 체결된 '국제분쟁의 평화적 해결에 관한 헤이그 협약'에 의거, 설치되어 현재 헤이그에 소재하고 있다. [11 경찰]

해설 상설중재법원(The Permanent Court of Arbitration : PCA)은 국제분쟁을 재판하기 위하여 1899년에 체결된 '국제분쟁의 평화적 해결에 관한 헤이그협약'에 의해, 1901년에 설치된 헤이그 소재 상설의 중재법원을 의미한다. 법관명부를 상시 비치하여 분쟁 발생 시 분쟁당사국이 이 명부 중에서 중재법관을 선임하여 법정을 용이하게 구성하도록 하였다.

답 O

23. PCA에 실제로 상설적으로 설치된 것은 '재판소'가 아니라 '중재재판관명부'이다. [11 경찰]

해설 법관명부를 상시 비치하여 분쟁 발생 시 분쟁당사국이 이 명부 중에서 중재법관을 선임하여 법정을 용이하게 구성하도록 하였다.

답 O

24. 각 체약국은 중재재판관의 임무를 수락할 법률가를 5인까지 임명하는데, 이를 국별재판관단이라고 한다. [11 경찰]

해설 중재법원은 당사국이 임명한 각각 4명 이내의 법관 전원으로 구성된다. 동일한 법관이 수 개국으로부터 임명될 수 있으며, 임기는 6년이고 재임될 수 있다. 분쟁당사국 사이에 구체적 사건을 재판할 재판정은 법원의 법관명부에서 일정수의 법관을 선정하여 구성한다. 실제 당사국은 명단 이외의 사람을 재판관으로 선임할 수 있다.

답 X

25. 중재재판부의 구성과 재판의 준칙은 국제사법재판소(ICJ)와 달리 당사자의 합의로 결정한다. [13 경찰, 14 7급]

해설 재판준칙이나 재판절차는 분쟁당사국들이 중재약정에서 별도로 정한다.

답 O

26. **중재재판소는 대체로 3명 또는 5명의 재판관으로 구성되지만 단독재판관에 맡기는 경우도 있다.** [13 경찰]

해설 특별중재법원은 분쟁당사국의 합의에 의해 구성되므로 일정한 바는 없다. 재판부의 구성은 대개 3명 또는 5명이 기준이 되나, 단독재판관에 맡기는 경우도 있다. 단독 중재재판관을 선임하는 경우 특정 국가의 왕 등 특별한 인물에게 중재재판이 회부되기도 하는데, 이 경우 국제법 전문가에게 실질적인 판단을 맡기게 된다. 답 O

27. **중재에서 재판준칙은 당사국이 합의하여 결정하지만, 특정 국가의 국내법을 재판준칙으로 삼을 수 없다.** [19 7급, 20 9급]

해설 재판준칙이나 재판절차는 분쟁당사국들이 중재약정에서 별도로 정한다. 일반국제법의 원칙, 형평과 선 등을 재판준칙으로 설정할 수 있으며, 필요하다면 국내법도 준칙으로 활용될 수 있다. 이에 관한 합의가 없으면 재판부가 준칙을 결정하며, 통상 국제법에 의한 판정을 내린다. 답 X

28. **중재재판에는 국제사법재판소(ICJ) 재판과 달리 상급심에 상소가 인정된다.** [10 · 20 9급, 14 7급]

해설 중재판정(재정, award)은 확정적이며 최종적이다. 재정의 해석 또는 집행에 관해 당사국간 일어나는 분쟁은 반대가 없는 한 그 재정을 내린 중재법원에 다시 제기된다. 답 X

29. **중재재판의 판정과 사법재판의 판결은 분쟁당사국에 대하여 구속력을 갖는다.** [10 9급, 14 7급]

해설 재정은 분쟁당사국에만 법적 구속력이 있다. 사법재판의 판결도 당사자 사이와 그 특정사건에 관하여서만 구속력을 가진다(ICJ규정 제59조). 답 O

30. **중재판정의 부존재 내지는 무효를 구하는 소송이 국제사법재판소(ICJ)에 제기되기도 한다.** [20 9급]

해설 국제법의 일반규칙상, 중재판정은 구속력이 있으며 상소의 대상이 되지 않는다. 그러나 당사국은 합의를 통해 ICJ와 같은 국제재판소의 사법적 심사에 맡길 수 있다. 이때 합의의 형태로 양자조약으로 또는, 중재판정의 승인과 집행에 관한 유엔협약, 중재절차에 관한 유엔모델규칙 같은 다자조약도 있다. 답 O

31. **UN 안전보장이사회는 중재결정의 이행을 확보하기 위하여 필요한 권고 또는 강제조치를 취할 수 있다.** [10 9급]

해설 사법재판의 판결의 효력과 중재재판의 재정의 효력은 모두 구속력이 있으나 사법재판에서는 판결의 이행이 확보되지 않는 경우 당사국은 사안을 안보리에 회부할 수 있고 안보리는 이행을 보장하기 위한 권고나 조치를 취할 수 있다. 중재재판에서는 이러한 제도가 없다. 답 X

32. **국제사법재판소(ICJ), 국제해양법재판소(ITLOS)등 상설재판소의 활성화에 따라 그 역할이 크게 위축되었다.** [13 경찰]

해설 상설중재재판소는 2차 대전 이후에 활용도가 급격히 떨어졌다가 근래에 다시 활용도가 높아졌다. 혼합중재란 중재가 오로지 국가간 혹은 사인간에 행해지는 것이 아니고, 일방 국가와 타방 비국가적 실체(특히, 회사를 포함한 개인) 사이에 행해지는 것으로서, 이 때문에 국가간 중재와 사인간 중재의 특징을 겸비한 경우를 지칭하기 위해 사용되는 술어이다. 현재 가동 중인 혼합중재의 대표적인 예가 "투자분쟁해결을 위한 국제본부"와 "이란-미국 청구재판소"가 있으며, PCA 역시 국가간의 분쟁뿐만 아니라, 국제기구·국가기관·개인 등이 관련된 국제적 분쟁해결에 대하여도 서비스를 제공한다. 답 X

33. PCA는 현재도 존재하며 분쟁의 평화적 해결을 위해 여러 서비스를 제공 중이다. [11 경찰]

해설 한국은 2000년 헤이그협약에 가입하면서 4명의 중재재판관을 임명하고 있고, 현재 PCA는 국가간의 분쟁뿐만 아니라, 국제기구·국가기관·개인 등이 관련된 국제적 분쟁해결에 대하여도 서비스를 제공한다.

답 O

34. 중재는 오로지 국가 간 혹은 사인 간에 행해지고, 일방의 국가와 타방의 비국가적 실체 사이에는 행해지지 않는다. [19 7급]

해설 상설중재법원(The Permanent Court of Arbitration : PCA)은 국제분쟁을 재판하기 위하여 1899년에 체결된 '국제분쟁의 평화적 해결에 관한 헤이그협약'에 의해, 1901년에 설치된 헤이그 소재 상설의 중재법원으로 법관명부를 상시 비치하여 분쟁 발생 시 분쟁당사국이 이 명부 중에서 중재법관을 선임하여 법정을 용이하게 구성하도록 하였다. PCA는 제1차 대전 이후 상설국제사법재판소(PCIJ)가 설립되는 가교 역할을 하였는데, 현재는 국가 간의 분쟁뿐만 아니라, 국제기구·국가기관·개인 등이 관련된 국제적 분쟁해결에 대하여도 서비스를 제공한다. 답 X

제4절 국제사법재판소

Ⅰ 국제사법재판소의 지위

35. ICJ 규정은 UN 헌장의 불가분의 일부를 구성하며, 모든 UN회원국은 ICJ 규정의 당사국이 된다. [13 7급, 15 9급]

해설 국제사법재판소는 국가간의 법적 분쟁인 재판사건의 해결 기능을 하는 UN의 주요기관으로서, ICJ 규정은 UN 헌장의 불가분의 일부를 구성하며(헌장 제92조), 모든 UN회원국은 ICJ 규정의 당사국이 된다.

답 O

36. 국제사법재판소는 국제연합(UN)의 주요 사법기관이다. [07·08 9급, 11 경찰]

해설 국제연합의 주요한 사법기관으로서 국제연합헌장에 의하여 설립되는 국제사법재판소는 재판소규정의 규정들에 따라 조직되며 임무를 수행한다(ICJ규정 제1조). 답 O

37. 국제사법재판소규정 제38조 제1항에 규정된 바에 의하면 국제사법재판소는 부탁받은 분쟁을 조약과 국제관습법규에 따라 재판하는 것을 임무로 한다. [11 경찰]

해설 조약과 관습만 재판준칙이 되는 것은 아니다. 답 X

Ⅱ 국제사법재판소의 조직

38. **ICJ는 15명의 재판관으로 구성되며 동일한 국가의 국민 2인 이상이 동시에 재판관이 될 수 있다.**
[07 9급, 11 · 15 경찰]

해설 재판소는 15인의 재판관으로 구성된다. 다만, 2인 이상이 동일국의 국민이어서는 아니된다(제3조 1항). 답 X

39. **ICJ 재판관은 동일한 국가의 국민이 2인 이상이 될 수 없으며, 재판관단의 구성은 세계 주요 문명 형태 및 주요 법체계를 대표하여 안배되도록 한다.** [15 경찰, 17 7급]

해설 2인 이상의 동일국가 국민이 총회 및 안전보장이사회의 투표에서 모두 절대다수표를 얻은 경우에는 그중 최연장자만이 당선된 것으로 본다(제10조 3항). 모든 선거에 있어서 선거인은 피선거인이 개인적으로 필요한 자격을 가져야 할뿐만 아니라 전체적으로 재판관단이 세계의 주요문명형태 및 주요법체계를 대표하여야 함에 유념한다(제9조). 답 O

40. **재판소의 재판관은 정치적 또는 행정적인 어떠한 임무도 수행할 수 없으나 전문적 성질을 가지는 다른 직업에는 종사할 수 있다.** [15 경찰]

해설 재판관은 정치적 혹은 행정적인 직무를 수행해서는 안되며, 전문적 성질을 가지는 다른 어떠한 직업에도 종사할 수 없다(제16조). 답 X

41. **ICJ는 재판관 중에서 3년 임기로 재판소장 및 재판소부소장을 선출하며, 그들은 재선될 수 없다.**
[07 9급, 17 7급]

해설 임기는 9년이고 3년마다 5명씩 개선한다. 재선될 수 있다(제13조 1항). 답 X

42. **ICJ의 재판관은 ICJ의 업무에 종사하는 동안 외교특권과 면제를 향유한다.** [13 7급, 15 9급]

해설 재판직무에 종사하는 동안 독립적 기능수행을 위하여 필요한 정도의 외교특권과 면제를 향유한다(제19조). 답 O

43. **국제사법재판소(ICJ)에 대하여 총회와 안전보장이사회는 각각 독자적으로 재판관 선출절차를 진행한다.**
[09 9급]

해설 총회 및 안전보장이사회는 각각 독자적으로 재판소의 재판관을 선출한다(제8조). 답 O

44. **재판소 규정의 당사국이지만 국제연합의 비회원국인 국가가 재판소의 재판관 선거에 참가할 수 있는 조건은, 특별한 협정이 없는 경우에는, 안전보장이사회의 권고에 따라 총회가 정한다.** [15 경찰]

해설 재판소규정의 당사국이지만 국제연합의 비회원국인 국가가 재판소의 재판관 선거에 참가할 수 있는 조건은, 특별한 협정이 없는 경우에는, 안전보장 이사회의 권고에 따라 총회가 정한다(제4조 3항). 답 O

45. **ICJ 재판관 선출과정에서 UN회원국은 아니지만 「ICJ규정」의 당사국인 국가도 UN총회에서 투표권을 가질 수 있으며, UN안전보장이사회 상임이사국의 거부권은 인정되지 않는다.** [22 7급]

해설 제4조 3항, 제10조 2항 답 O

46. **총회와 안전보장이사회에서 각각 절대다수표를 얻은 재판관 후보자는 당선된 것으로 본다.** [13 경찰]

해설 ICJ규정 제10조 1항. 사전적 의미로는 투표총수의 과반수로 해석하는 것이 타당하나, UN총회와 안보리는 이것을 재적과반수로 해석하여 행동하고 있다. 답 O

47. **국제사법재판소(ICJ)에 대하여 재판관 선출과정에서 안전보장이사회 상임이사국의 거부권은 인정되지 않는다.** [09 9급, 12 7급]

해설 안전보장이사회의 투표는, 재판관의 선거를 위한 것이든지 또는 제12조에 규정된 협의회의 구성원의 임명을 위한 것이든지, 안전보장 이사회의 상임이사국과 비상임이사국간에 구별없이 이루어진다(제10조 2항). 답 O

48. **임기가 종료되지 아니한 재판관을 교체하기 위하여 선출된 재판소의 재판관은 전임자의 잔임기간 동안 재직한다.** [13 · 15 경찰]

해설 임기가 종료되지 아니한 재판관을 교체하기 위하여 선출된 재판소의 재판관은 전임자의 잔임기간 동안 재직한다(제15조). 답 O

49. **재판관은 후임자가 충원될 때까지 계속 직무를 수행하며 충원 후에도 재판관은 이미 착수한 사건을 완결한다.** [13 경찰]

해설 재판소의 재판관은 후임자가 충원될 때까지 계속 직무를 수행한다. 충원 후에도 재판관은 이미 착수한 사건을 완결한다(제13조 3항). 답 O

50. **ICJ는 일부 제한된 숫자의 재판관만 참여하는 소재판부에 의해 판결이 가능하며 소재판부의 판결은 전원재판부의 판결과 동일한 구속력을 갖는다.** [09 · 13 · 22 9급]

해설 제26조 및 제29조에 규정된 소재판부가 선고한 판결은 재판소가 선고한 것으로 본다(제27조). 답 O

51. **재판의 공정성을 기하기 위하여 ICJ는 분쟁 당사국 국적을 가진 재판관, ICC는 피고인의 국적국의 국적을 가진 재판관을 당해 사건에서 배제하여야 한다.** [07 · 13 9급]

해설 각 당사자의 국적재판관은 재판소에 제기된 사건에 출석할 권리를 가진다(제31조 1항). 답 X

52. **ICJ 재판관은 자국이 재판당사국인 재판에 참여할 수 있으며, 재판소의 업무에 종사하는 동안 외교 특권 및 면제를 향유한다.** [17 7급]

해설 소송당사자 어느 일방의 국적을 가진 재판관, 즉 이른바 국적재판관도 ICJ의 심리에 참여할 수 있다(제31조 1항). 재판직무에 종사하는 동안 독립적 기능수행을 위하여 필요한 정도의 외교특권과 면제를 향유한다(제19조). 답 O

53. 자국 국적의 ICJ 재판관이 없는 재판당사국은 임시재판관(judge ad hoc)을 선정할 수 있다. [17 7급]

해설 임시법관이란 특정사건에서 ICJ에 국적재판관이 없는 당사자 일방 혹은 쌍방이 오로지 당해 사건의 심리에 참여시킬 목적으로 선임하는 재판관을 말한다(제31조 2항, 3항).

답 O

54. ICJ에 자국 출신의 재판관이 없는 분쟁 당사국은 임시재판관(judge ad hoc)을 지명할 수 있으며, 그 재판관은 선임국의 국적을 가지고 있을 것을 요건으로 한다. [22 9급]

해설 특정사건에서 ICJ에 국적재판관이 없는 당사자 일방 혹은 쌍방이 오로지 당해 사건의 심리에 참여시킬 목적으로 선임하는 재판관을 말한다. 실제로 정규국적재판관보다 덜 독립적이다. 이때 분쟁당사국 국민을 선정해야 하는 것은 아니고 제3국인을 선정하여도 무방하다. 임시재판관 선임은 의무적인 것이 아니다.

답 X

55. 재판소는 노동사건과 통과 및 운수 통신에 관한 사건을 처리하기 위하여 재판소가 결정하는 바에 따라 소재판부를 수시로 설치할 수 있다. [22 7급]

해설 재판소는 특정한 부류의 사건, 예컨대 노동사건과 통과 및 운수 통신에 관한 사건을 처리하기 위하여 재판소가 결정하는 바에 따라 3인 또는 그 이상의 재판관으로 구성되는 1 또는 그 이상의 소재판부를 수시로 설치할 수 있다(제26조 1항).

답 O

56. 분쟁이 소재판부에 회부되는 경우에는 국적재판관(judge ad hoc)제도가 적용되지 않는다. [21 7급]

해설 소법정에서도 마찬가지로 적용되나, 재판소장은 당해 소법정을 구성하고 있는 1인 또는 필요하다면 2인의 재판관에 대하여 관련 당사자의 국적을 가진 ICJ재판관들을 위하여 그리고 그러한 재판관들이 없거나 출석할 수 없는 경우에는 당사자들이 특별히 선정하는 임시재판관들을 위하여 자리를 양보할 것을 요구하여야 한다(제31조 4항).

답 X

Ⅲ ICJ 사물 관할권 : 법적분쟁

57. ICJ는 계쟁사건 관할권(contentious jurisdiction), 권고적 관할권(advisory jurisdiction), 부수적 관할권(incidental jurisdiction)을 행사할 수 있다. [15 경찰]

해설 계쟁관할권이란 "사건을 결정짓기 위해 재판소에 부여된 권한"을 의미하는데, ICJ규정 제38조 1항에 의하면 재판소의 임무는 부탁되어 오는 분쟁을 국제법에 따라 재판하는 것이다. 즉 국제법을 적용함으로써 해결될 수 있는 법적 분쟁이 재판소의 관할 하에 있음을 분명히 하고 있으며, 동시에 국제법과 무관한 분쟁은 재판소의 관할에 들지 않음을 시사하고 있다. 나아가 계쟁관할권에 부수한 부수적 관할권과 권고적 관할권을 가진다.

답 O

58. 중재판정의 부존재 내지는 무효를 구하는 소송이 제기되는 경우 ICJ는 중재판정의 법적 구속력을 인정하여 이러한 사안에 대해 판단할 수 없다. [22 7급]

해설 1991년 기니-비사우 v. 세네갈의 *Arbitral Award of 31 July 1989* 사건에서 ICJ는 관할권의 일탈, 불충분한 이유, 중재재판소의 진정한 과반수의 결여 등 세 가지 무효 사유를 심판대상으로 인정한 바 있다.

답 X

Ⅳ 인적(당사자) 관할권

59. 국제사법재판소(ICJ)에 대하여 국가만이 소송을 제기할 수 있고, 개인은 당사자능력이 인정되지 않는다.
[09 9급, 11·12 7급, 15 경찰]

해설 ICJ 규정 제34조에 의하면 오로지 국가만이 재판소의 쟁송사건의 당사자가 될 수 있다. 답 ○

60. UN 회원국은 당연히 ICJ 규정의 당사국이 되며, 회원국이 아닌 국가는 소송당사국이 될 수 없다.
[10 9급, 11 7급, 14 경찰]

해설 국제사법재판소는 국가간의 법적 분쟁인 재판사건의 해결 기능을 하는 UN의 주요기관으로서, ICJ 규정은 UN 헌장의 불가분의 일부를 구성하며, 모든 UN회원국은 ICJ 규정의 당사국이 된다(헌장 제92조). ICJ규정 제35조에 의하면 ICJ는 규정의 당사자인 국가 뿐 아니라 규정의 당사자가 아닌 국가, 즉, UN 비회원국에 대해서도 개방되고 있다. 답 ×

61. 국제연합 회원국이 아닌 국가는 총회의 권고에 의해 안전보장이사회가 결정하여 국제사법재판소 규정의 당사국이 된다.
[11 9급, 14 경찰]

해설 UN 헌장 제93조 제2항에 의하면 UN 비회원국은 총회가 안보리의 권고에 기하여 결정하는 조건에 따라 '규정자체'의 당사자가 될 수 있다. 답 ×

62. 국제기구는 ICJ에서 재판사건의 당사자 능력을 갖는다. [07 7급, 08·10·11·13·15·18 9급]

해설 국제조직은 당사자가 될 수 없다. 따라서 국가와 국제조직 간의 분쟁은 모두 재판소의 관할에서 제외된다. 특정 국제조직은 권고적 관할의 대상이 될 수 있을 따름이다. 단, 재판소는 국제기구들에 대해 사건에 관계되는 정보제공을 부탁할 수 있으며, 이들 기구가 자발적으로 제공하는 정보를 받아야 한다. 또한 국제기구 설립문서 또는 그에 기하여 채택된 국제협약의 해석이 재판소에 계류 중인 사건에서 문제되는 때에는 재판소 행정처장은 당해 기구에 그 사실을 통고해야 하며, 또 모든 서면절차의 사본을 송부해야 한다. 답 ×

63. 국가만이 ICJ에 제기되는 사건의 당사자가 될 수 있고, ICJ의 관할은 당사자가 ICJ에 회부하는 모든 사건과 국제연합헌장 또는 현행의 제조약 및 협약에서 특별히 규정된 모든 사항에 미친다. [07 7급, 15 경찰]

해설 제36조 1항. 답 ○

64. UN회원국인 B국과 UN회원국은 아니지만 국제사법재판소(ICJ)의 당사국인 C국 사이에 발생한 분쟁에 관한 사건으로서, 양국이 이를 ICJ에 회부하기로 하는 특별협정을 체결하여 이를 ICJ에 송부한 경우 ICJ가 관할권을 가진다.
[08 7급]

해설 재판소의 관할은 당사자가 재판소에 회부하는 모든 사건과 국제연합헌장 또는 현행의 제조약 및 협약에서 특별히 규정된 모든 사항에 미친다(제36조 1항). 답 ○

65. 모든 UN회원국은 자동적으로 ICJ규정의 당사국이 되므로, ICJ는 UN회원국 간의 분쟁에 대하여 강제관할권을 갖는다.
[11·13 9급, 17 7급]

해설 ICJ규정 제36조 제1항은 "본 재판소의 관할권은 당사자들이 재판에 회부하는 모든 사건 및 UN헌장에 또는 발효 중인 조약이나 협약에 특별히 규정된 모든 문제에 미친다."라고 규정하고 있다. 이는 재판소 관할권의 성립에 있어서 '당사자들의 동의'가 선결요건임을 규정한 것으로서 ICJ규정의 당사국이라고 하여 ICJ에 강제관할권이 성립하는 것은 아니다. 답 X

66. **당사국은 특정사항을 조약에 규정함으로써 ICJ가 당해 특정사항에 대하여 자국에게 강제적 관할권을 갖도록 할 수 있다.** [07 7급]

해설 국가들이 사전에 재판조약을 체결하거나, 조약 내에 '분쟁회부조항 또는 재판관할권 조항'(compromissory or jurisdictional clause)을 규정하여 분쟁 발생시 ICJ에 회부하여 사법적 해결을 추구하는 방식이다. 분쟁 발생시 '일방적 신청 또는 제소'(unilateral application)에 따라 ICJ가 분쟁에 대해 관할권을 행사할 수 있도록 한다. 답 O

67. **UN회원국인 A와, UN회원국은 아니지만 국제사법재판소(ICJ)의 당사국인 C국이 모두 당사국인 현행 조약의 해석에 관한 양국간의 분쟁을 C국이 제소한 사건으로서, 동 조약에 "이 조약의 해석에 관한 분쟁은 그 일방 당사국이 ICJ에 제소한다."고 규정한 경우 ICJ가 관할권을 가진다.** [08 7급]

해설 사전적 분쟁회부 합의가 있는 경우이다. 답 O

68. **규정 당사국은 모든 법률적 분쟁에 대한 재판소의 관할을 인정하는 선택조항의 수락을 언제든지 선언할 수 있다.** [19 9급]

해설 재판소규정의 당사국은 다음 사항에 관한 모든 법률적 분쟁에 대하여 재판소의 관할을, 동일한 의무를 수락하는 모든 다른 국가와의 관계에 있어서 당연히 또한 특별한 합의 없이도, 강제적인 것으로 인정한다는 것을 언제든지 선언할 수 있다(제36조 2항 본문). 답 O

69. **ICJ는 당사국이 소위 선택조항(ICJ규정 제36조 제2항)을 수락한 경우, 수락국간에 이에 해당되는 사항에 대하여 강제관할권을 갖는다.** [07 · 12 7급, 11 · 13 · 17 · 19 9급]

해설 ICJ의 강제관할권은 ICJ 규정 제36조 제2항을 수락한 당사국 상호간에 분쟁 당사국들 모두가 그 계쟁사안(subject matter)에 관해 ICJ의 강제관할권을 수락하는 선언을 한 경우 성립한다. ICJ 규정 제36조 제2항을 '선택조항'(optional clause)이라고 하는 바, 동 규정은 그 수락여부가 ICJ 규정 당사국의 결정에 유보되어 있음을 의미한다. 답 O

70. **국제사법법원(ICJ) 규정 제36조 2항(선택조항)에 대하여 선택조항을 수락한 국가는 모든 국가에 대하여 ICJ의 강제적 관할권을 주장할 수 있다.** [12 · 13 7급]

해설 수락국간에 강제관할권이 성립한다. 답 X

71. **조약의 해석, 국제법상의 문제, 국제의무위반이 되는 사실의 존재, 국제의무위반에 대한 배상의 성질 및 범위의 네 가지 사항 중 일부만 선택하여 수락을 선언할 수도 있다.** [12 7급, 19 9급]

해설 당사국이 일방적 선언을 통해 수락하는 대상은 i) 조약의 해석, ii) 국제법상의 문제, iii) 입증되면 국제의무위반을 구성하게 될 사실의 존재, iv) 국제의무위반에 대하여 행하여 질 손해배상의 성질 및 범위에 관한 모든 법적 분쟁에 대한 것이며, 일부만 선택하여 수락할 수 없다. 답 X

72. UN회원국인 B국과 UN 회원국이 아니며 ICJ규정 당사국도 아닌 D국 사이에 법적 분쟁이 발생하여 D국이 제소한 사건으로서, "아무런 조건 없이 ICJ규정 제36조 제2항에 따른 ICJ의 관할권을 수락한다."는 양국의 선언이 있는 경우 ICJ가 관할권을 가진다. [08 7급]

해설 ICJ규정 비당사국은 선택조항을 수락할 수 없다.

답 X

73. 선택조항의 수락은 다른 당사국과의 합의에 의해 이루어져야 한다. [21 7급]

해설 ICJ의 강제관할권을 수락하는 국가의 일방적 선언은 국가의 일방적 행위(unilateral act)에 해당된다.

답 X

74. 선택조항 수락선언은 UN사무총장에게 기탁되어야 하고 기탁을 받은 UN사무총장은 그 사본을 ICJ규정 당사국들과 ICJ행정처장에게 송부하여야 하며, ICJ는 Right of Passage over Indian Territory 사건에서 기탁의 법적 효력은 UN사무총장의 송부 행위에 의존한다고 판단하였다. [09·19 9급, 20 7급]

해설 선택조항 수락은 재판소규정의 당사국만 할 수 있으며, ICJ 규정 제36조 제4항에 의하면 수락선언은 UN 사무총장에게 기탁해야 한다. 사무총장은 그 사본을 본 규정 당사국들과 재판소 서기에게 송부해야 한다. 수락의 의사표시는 수락선언서가 사무총장에게 도달하는 즉시 효력이 발생한다. 1960년 *Right of Passage over Indian Territory* 사건에서 선택조항 수락의 효과는 타 국가에게 '통고'되어야 효력을 발생한다는 주장은 받아들여지지 않았다.

답 X

75. 국제사법법원(ICJ) 규정 제36조 2항(선택조항)에 대하여 상설국제사법법원(PCIJ)의 강제관할권 수락의 효력이 지속되는(still in force) 경우 별도의 선언 없이 ICJ의 선택조항을 수락한 것으로 본다. [12 7급, 18 9급]

해설 PCIJ규정 제36조에 의하여 행해진 선언으로서 아직 효력을 가진 것은 본 규정 당사국간에 있어서는, 선언이 여전히 존속하는 기간 동안 그리고 당해 선언의 조건에 따라, ICJ의 의무적 관할권을 수락한 것으로 간주된다(제36조 제5항).

답 O

76. UN회원국은 ICJ규정 제36조제2항의 선택조항(optional clause)을 수락하는 경우 유보를 첨부할 수 있다. [17 7급]

해설 ICJ규정에는 선택조항의 수락과 관련된 유보에 관한 규정은 없지만 전통국제법 시절부터 국가는 선택조항의 수락에 유보를 붙여왔고, 국제연맹총회도 1924년과 1928년에 선택조항 수락을 촉구하는 결의를 채택하면서 각국의 유보를 명시적으로 허용하였다. 나아가 PCIJ 및 ICJ 역시 수락선언에 부가된 유보를 승인하는 입장을 취하고 있었으며, 특히 ICJ는 1986년 *Military and Paramilitary Activities in and against Nicaragua* 사건에서 선택조항을 수락함에 있어 조건이나 유보를 붙이는 것은 '국가의 자유'라고 함으로써 수락선언에 유보를 붙일 수 있음을 인정하고 있다.

답 O

77. ICJ규정 제36조제2항의 선택조항에 따른 ICJ관할권은 분쟁 당사국들이 공통적으로 수락한 범위 내에서만 성립되므로, 분쟁의 피소국은 자신이 첨부한 유보뿐만 아니라 제소국이 첨부한 유보를 근거로도 ICJ관할권의 성립을 부인할 수 있다. [17 7급]

해설 유보의 상호주의(reciprocity)란 재판의 어느 한 당사자가 선택조항의 수락선언에 붙인 유보는 다른 쪽 당사자에 의하여 원용될 수 있다는 것을 말한다. ICJ는 "인터한델사건"에서 "한 당사국으로 하여금 자국의 선언에서는 표명하지 않았지만, 다른 당사국의 선언에는 표명된 유보를 원용할 수 있도록 하는 것"으로 정의하였다. 유보의 상호주의의 법적 근거는 ICJ 규정 제36조 제2항의 "동일한 의무를 수락하는 모든 다른 국가와의 관계에 있어서" 라고 하는 문언이다. 답 O

78. **ICJ는 Certain Norwegian Loans 사건에서, 원고국이 일정한 유보를 첨부하여 선택조항을 수락한 경우 피고국은 수락선언의 성격에 따라 원고국의 유보를 원용할 수 없다고 하였다.** [20 7급]

해설 ICJ는 "노르웨이 공채사건"에서 자동유보의 유효성에 대해서는 판단을 유보한 채, 피고 노르웨이가 상호주의에 근거하여 프랑스의 '자동유보'를 원용한 것을 받아들임으로써, 사건에 대한 관할권이 없다는 결정을 내렸다. 이는 결과적으로 자동유보가 재판소의 관할권에 대한 항변으로 원용될 수 있다는 것을 인정한 것이다. 답 X

79. **ICJ는 Anglo-Iranian Oil Co. 사건에서, 피고국의 선택조항 수락범위가 원고국의 선택조항 수락범위보다 제한적인 경우라 할지라도, ICJ의 관할권은 수락선언의 상호 원용 가능성에 따라 원고국의 선택조항 수락범위에 기초할 수 있다고 하였다.** [20 7급]

해설 ICJ는 *Anglo-Iranian Oil Co.* 사건에서 피고국의 선택조항 수락 범위가 원고국의 그것보다 제한적이라면 재판소의 관할권은 피고국의 선택조항 수락선언에 기초해야 한다고 했다. 답 X

80. **ICJ는 Military and Paramilitary Activities in and against Nicaragua 사건에서, 선택조항에 따른 상호주의는 동 조항하에서 부담한 약속의 범위와 실질에 적용되는 것이지 약속의 종료를 위한 조건과 같은 형식적 조건에는 적용되지 않는다고 하였다.** [20 7급]

해설 1986년 *Military and Paramilitary Activities in and against Nicaragua* 사건에서 미국은 수락선언이 종료되기 6개월 전에 미리 그 종료를 통지하겠다고 수락선언에 규정한 바 있고, 니카라과는 이와 유사한 규정이 없었다. 미국은 상호주의 원칙을 근거로 바로 수락선언을 종료시킬 수 있다고 주장했으나, ICJ는 "상호주의의 관념은 유보를 포함하여 발효한 의무의 범위와 내용에 관한 것이며 그러한 의무의 창설, 존속 또는 소멸에 관한 형식적 조건에 관한 것은 아니"라고 하였다. 즉 상호주의란 사건의 타방 당사자의 선언에 담겨져 있는 명시적 제약과 조건을 원용함을 의미하는 것이지, 국가가 자신의 선언에서 부가했던 조건으로부터 벗어남을 정당화하기 위해 원용할 수 있는 것이 아니다. 답 O

81. **다같이 UN회원국인 A국이 B국을 상대로 제소한 사건으로서, B국이 ICJ의 관할권을 다투지 않은 채 응소한 경우라면 ICJ가 관할권을 가진다.** [08 7급]

해설 2006년 *Armed Activities on the Territory of the Congo* 사건에서 ICJ는 확대관할권을 발생시키는 피고국가의 태도는 '자발적이고 반박의 여지가 없는 방식으로 재판소의 관할권을 수락한다는 욕구를 모호하지 않게 표시한 것으로 간주될 수 있는 정도'가 되어야 한다고 하였다. 요컨대 피고국가가 단지 재판소에 모습을 드러내거나 절차에 참여하였다는 사실만으로 확대관할권이 성립되는 것은 아니라는 것이다. ICJ규정에 확대관할권에 관한 명문의 규정은 없지만, ICJ는 이 확대관할권의 관행을 1978년에 채택한 재판소 규칙 제38조 5항에서 명문화하였다. 답 O

82. **소위 확대관할권(forum prorogatum)은 ICJ규정에 명시되지는 않았으나 ICJ 실행을 통해 인정된다.** [18 9급]

해설 확대관할권은 재판소의 관할권에 대하여 국가가 비공식적 또는 정식절차가 아닌 방법을 통해서 동의를 표현하여 재판소의 관할권이 성립되는 것을 말한다. 1949년 *Corfu Channel* 사건에서 ICJ도 관할권을 부여하는 분쟁당사국의 동의 표명에 있어서 ICJ 규정 및 규칙은 특별한 형태를 요하지 않는다고 보고, 두 개의 개별적이고 연속적인 행위에 의해 관할권이 성립되는 것은 금지되지 않는다고 판시하였다. 답 O

83. **피소국이 관할권 부인만을 목적으로 소송에 참여하는 경우에는 확대관할권이 성립되지 아니한다.** [18 7급]

해설 2006년 *Armed Activities on the Territory of the Congo* 사건에서 ICJ는 확대관할권을 발생시키는 피고국가의 태도는 '자발적이고 반박의 여지가 없는 방식으로 재판소의 관할권을 수락한다는 욕구를 모호하지 않게 표시한 것으로 간주될 수 있는 정도'가 되어야 한다고 하였다. 요컨대 피고국가가 단지 재판소에 모습을 드러내거나 절차에 참여하였다는 사실만으로 확대관할권이 성립되는 것은 아니라는 것이다. ICJ규정에 확대관할권에 관한 명문의 규정은 없지만, ICJ는 이 확대관할권의 관행을 1978년에 채택한 재판소규칙 제38조 5항에서 명문화하였다. 답 O

Ⅴ 시간적 관할권

Ⅵ 관할권의 존부 판단

84. **특정 분쟁에 대하여 ICJ가 관할권을 가지는지에 대한 최종결정은 UN안전보장이사회가 행한다.** [10 · 12 · 13 7급]

해설 ICJ가 관할권을 가지는지의 여부에 관하여 분쟁이 있는 경우에는, 그 문제는 재판소의 결정에 의하여 해결된다(제36조 6항). 답 X

Ⅶ ICJ 부수적 관할권

85. **재판과 관련되어 제기되는 부수적 문제 중 관할권의 존부에 관한 본안전 항변, 소송참가에 관한 결정, 보전조치의 청구는 그 사건을 담당하는 재판부가 아니라 별도의 전심재판부에서 결정한다.** [15 경찰]

해설 계쟁관할권을 담당하는 재판부가 한다. 답 X

86. **국제사법재판소(ICJ)의 판결에 대하여 ICJ가 판결의 의미를 해석하기 위해서는 분쟁당사자들의 합의가 필요하다.** [09 9급]

해설 계쟁 관할권 이외에, 규정은 재판소에 부수적 관할권을 부여하고 있으며, 재판소는 이것에 의거하여 대체로 부차적이거나 절차적 성격의 매우 다양한 관할권을 행사할 권리가 있다. 예를 들어 ① 재판관할권의 존재에 대한 항변을 결정짓고, ② 반소를 허용하고, ③ 임시조치를 발하고, ④ 소송참가를 허용하고, ⑤ 자신의 판결을 해석하고, ⑥ 재심할 수 있는 관할을 갖는다. 부수적 관할권은 직접 ICJ규정 및 규칙으로부터 나오는 것이기 때문에 재판소가 이 권한을 행사함에 있어서 당사자들의 동의를 요하지 아니한다. 답 X

87. **선결적 항변이란 대체로 원고국가가 피고국가의 동의 없이 일방적으로 제기하는 소송에서 피고측이 재판관할권이나 '청구의 허용성'(admissibility of claim)을 다투기 위하여 제기하는 항변을 말한다.** [09 · 10 7급]

해설 ICJ규칙 제79조에 의하면 당사국은 ICJ가 본안심리에 들어가기 전에 일정 사항을 청구함으로써 ICJ의 본안심리를 배제할 수 있는데, 이를 선결적 항변(preliminary objection)이라 한다. 답 O

88. ICJ는 '재판관할권이 있다고 인정되는 경우에만 청구의 허용성문제를 다루는 것이 재판소의 확립된 판례'라고 언급한 바 있다. [09 7급]

해설 그리스와 영국의 *Ambatielos* 사건에서 ICJ는 두 분쟁당사국간 합의에 의하면 상설중재재판소에 재판관할권이 있다고 판단하였고, 상설중재재판소에서 청구의 허용성 문제를 검토하였다. 답 O

89. 재판소는 선결적 항변 절차상 관련 당사자들이 제기하지 아니한 선결적 쟁점을 자발적으로 검토할 수 없다. [18 · 21 7급]

해설 ICJ규칙 제79조에 의하면 당사국은 ICJ가 본안심리에 들어가기 전에 일정 사항을 청구함으로써 ICJ의 본안심리를 배제할 수 있는데, 이를 선결적 항변(preliminary objection)이라 한다. 국제사법재판소는 선결적 항변의 개념을 확장시켜 재판부 직권으로 재판관할권이나 수리 가능성 문제를 다루는 경우와 본안절차가 진행되는 과정에서 뒤늦게 문제제기가 이루어지는 경우도 선결적 항변의 개념에 포함시키고 있다. 답 X

90. 선결적 항변이 제기되더라도 재판의 신속한 진행을 보장하기 위하여 본안심리가 계속되면서 관할권 문제에 대한 심리가 이루어진다. [09 7급]

해설 선결적 항변이 제기되면 일단 본안절차가 중단되고, 재판내의 재판이 시작된다. 다만, 항변이 유효하더라도 완전히 선결적 성격이 아니고 본안과도 관련이 있는 경우 쟁점을 본안 심리에서 함께 검토하기로 결정할 수 있고, 당사자들이 선결적 항변의 문제를 본안의 테두리 내에서 심리하기로 합의하면 재판소는 거기에 따른다(재판소규칙 제79조 제9항, 제10항). 답 X

91. ICJ는 선결적 항변을 인정하여 당해 사건을 소송명부에서 지울 수 있다. [09 7급]

해설 재판소가 선결적 항변 중 최소한 하나를 지지하면 당해 사건은 소송명부에서 지워지며 사건은 종료된다. 답 O

92. 관할권에 대한 선결적 항변(preliminary objection)이 ICJ에 의해 거절되면, ICJ는 추가 소송절차를 위한 기한(time-limits)을 정한다. [17 7급]

해설 재판소가 선결적 항변을 모두 배척한다면 그 동안 중단되었던 본안심리가 재개된다(ICJ규칙 제79조 9항). 답 O

93. ICJ는 사정에 의하여 필요하다고 인정하는 때에는 각 당사자의 각각의 권리를 보전하기 위하여 취하여져야 할 잠정조치를 제시할 권한을 가진다. [13 7급]

해설 제41조 1항. 답 O

94. ICJ는 당사국의 요청 없이 직권으로 잠정조치를 지시할 수 없다. [16 9급]

해설 잠정조치는 당사국의 신청에 의해서 뿐만 아니라 법원의 직권에 의해서도(proprio motu) 지시될 수 있다(규칙 제75조 제1항). 답 X

95. **ICJ는 LaGrand 사례에서 「UN헌장」 제94조제1항에 규정된 ICJ결정은 재판소에 의해 내려진 최종 판결만을 지칭한다고 판단하였다.** [22 7급]

해설 국제사법재판소는 라그랑(LaGrand) 사건에서, 규정 제41조는 물론 규정의 대상과 목적으로부터 잠정조치를 명하는 권한은 법원이 종국판결에 의해서 결정되는 당사국의 권리는 보호하고 편견을 피하기 위한 필요성에 기초하는 한 구속력이 있어야 한다는 것을 알 수 있다고 하여 목적적 해석에 따라 법적 구속력을 인정하였다. 답 X

96. **ICJ는 라그랑(LaGrand) 사건에서 ICJ의 가보전조치(provisional measure)가 분쟁 당사국을 법적으로 구속한다고 판단하였다.** [13 · 17 9급]

해설 국제사법재판소는 라그랑(LaGrand) 사건에서 ICJ규정의 대상과 목적은 법원이 제59조에 따라서 구속력 있는 결정에 의해 국제분쟁의 사법적 해결의 기본적 기능을 이행하는 것으로서, 규정 제41조의 문맥상의 의미는 법원에 제기된 분쟁당사국의 각각의 권리를 보존하므로써, 판결의 집행이 방해받지 않토록 하는 것에 있다고 하였다. 이에 따라 규정 제41조는 물론 규정의 대상과 목적으로부터 잠정조치를 명하는 권한은 법원이 종국판결에 의해서 결정되는 당사국의 권리는 보호하고 편견을 피하기 위한 필요성에 기초하는 한 구속력이 있어야 한다는 것을 알 수 있다고 하였다. 답 O

97. **소송참가를 하고자 하는 제3국은 소송참가의 필요성을 입증해야 하며 서면으로 신청해야 한다.** [16 7급]

해설 소송참가(Intervention)란 국제소송의 당사자가 아닌 제3국이 자신의 법률상의 이익을 보호하기 위해 소송에 개입하는 것을 말한다. 소송참가를 하고자 하는 제3국은 소송참가의 필요성을 입증해야 하며 서면으로 신청해야 한다. 답 O

98. **제63조에 따른 소송참가는 그 요건과 효과가 비교적 분명하게 규정되어 있어 제62조에 따른 소송참가보다 논란이 적다.** [13 경찰]

해설 답 O

> 제63조
> 1. 사건에 관련된 국가 이외의 다른 국가가 당사국으로 있는 협약의 해석이 문제가 된 경우에는 재판소서기는 즉시 그러한 모든 국가에게 통고한다.
> 2. 그렇게 통고를 받은 모든 국가는 그 소송절차에 참가할 권리를 가진다. 다만, 이 권리를 행사한 경우에는 판결에 의하여 부여된 해석은 그 국가에 대하여도 동일한 구속력을 가진다.

99. **국제공기구(public international organizations)가 당사자인 조약의 해석이 문제되는 ICJ 소송에서 그 국제공기구는 소송참가를 할 수 없고 단지 의견제출만 가능하다.** [16 7급]

해설 제63조에 따라 소송참가가 권리로서 인정되는 인적범위는 '문제가 된 조약의 체약국'에 국한된다. ICJ 규정 제34조 제3항은 국제기구의 설립협정의 해석이 문제가 된 경우 법원은 해당 국제기구에 통고할 의무를 규정하고 있으나, 국제기구는 소송 참가할 권한을 갖지 않는다. 답 O

100. **협약의 해석이 문제가 되는 소송에서 기존 소송 당사국이 아닌 그 협약의 당사국이 소송에 참가할 경우, 그 국가는 판결에 구속되지 않는다.** [16 7급]

해설 이 권리를 행사한 경우에는 판결에 의하여 부여된 해석은 그 국가에 대하여도 동일한 구속력을 가진다(제63조 2항).

답 X

101. **재판소에서 진행 중인 사건의 결과로 법적 이익에 영향을 받는 제3국은 재판소의 허가결정 없이 소송에 참가할 수 있다.** [16 7급, 17 9급]

해설 ICJ 규정 제62조에 의하면 어떤 국가가 계쟁사건의 판결에 의해 영향을 받는 법적 이익을 가지고 있다고 생각하는 경우 ICJ에 소송참가를 신청할 수 있고(제1항), ICJ는 이 신청에 대해 결정한다(제2항). 이는 제63조와 달리 법원의 허가에 기초한 소송참가를 의미한다.

답 X

102. **ICJ가 제62조에 의한 소송참가를 최초로 허용한 사건은 엘살바도르/온두라스 간 육지, 도서 및 해양 경계 사건이다.** [13 경찰]

해설 1992년 *Land, Island and Maritime Frontier Dispute, El Salvador / Honduras: Nicaragua Intervening* 사건에서 국제사법재판소(ICJ)는 니카라과에게 비당사자참가를 처음으로 허용하여, 폰세카만의 3해리 바깥 수역이 니카라과, 엘살바도르, 온두라스 연안 3개국의 공동 주권에 속하는 역사적 수역이라고 인정한 바 있다.

답 O

103. **ICJ에 의하면 제62조에 따른 소송참가를 위해서는 기존의 분쟁당사국과 소송참가국 간에도 ICJ의 관할권 성립근거가 있어야 한다.** [13 경찰]

해설 소송에 법률적 성질의 이해관계를 갖는 국가가 소송의 당사국은 아닌 자격에서 제62조의 소송참가를 하는 경우를 감안한 지문이다. 그 사건의 결정에 의해 "영향을 받을 수 있는" 이해관계를 제시하면 되므로, 반드시 영향을 받게 될 것임을 증명할 필요까지는 없다. 비당사자 참가를 위해서 당사국들과 참가국 사이에 ICJ의 재판관할권이 성립될 근거는 필요 없으며, 이 같은 소송참가를 수락할 ICJ의 권한은 당사국의 동의가 아닌 규정 제62조에 근거하므로 분쟁당사국이 반대하더라도 참가를 허용할 수 있다. 참가국은 당사국으로서의 권리·의무를 갖지 못하며, 판결도 참가국에게 구속력을 갖지 않는다. 반대로 참가국 역시 판결결과를 원 소송당사국들에게 법적 권리로 요구할 수 없다. 그러나 아직 허용한 예가 없지만, 제62조는 당사자로 참가하는 것도 허용하는 바 이 경우는 원 소송 당사국과 소송참가국간에도 ICJ 재판관할권 성립의 근거가 필요하며, 당사자 참가국은 소송과정에서 본안사건 당사국과 동일한 권한을 행사할 수 있으며, 본안 판결의 구속력을 받는다. 따라서 부주의한 출제이다.

답 X

104. **제62조에 따른 소송참가의 경우 ICJ판결은 참가국에 대하여 구속력을 갖지 못한다.** [13 경찰]

해설 제63조의 해석적 소송참가와 달리 제62조는 참가국에 구속력을 갖는 조문이 없다.

답 O

105. **ICJ는 Request for Interpretation of the Judgment in the Case concerning the Land and Maritime Boundary between Cameroon and Nigeria 사례에서 선결적 항변에 대한 판결은 해석신청의 대상이 될 수 있다고 하였다.** [22 7급]

해설 제60조의 판결이라 함은 본안판결 뿐만 아니라 선결적 항변에 대한 판결도 포함하는 것으로 해석된다.

답 O

Ⅷ 재판절차

106. 재판소는 일방당사국의 요청이 있는 경우에만 증거 수집을 위해 관련 현장을 방문할 수 있다. [17 9급]

해설 재판소는 판결에 필요한 증거를 획득하기 위해 다양한 수단을 사용할 수 있는데, 소송대리인에게 서류의 제출이나 필요한 설명을 요구할 수 있고(제49조), 증인이나 감정인을 활용하며(제43조 5항), 개인·단체·각종 기관에 대해 조사나 감정을 위탁할 수 있다(제50조). 나아가 관계국의 동의를 얻어 현장을 방문하기도 한다. 답 X

107. 재판소의 관할권이 성립하더라도 일방 당사국이 불참하는 경우에는 소송이 진행되지 않는다. [17 9급]

해설 ICJ의 관할권이 성립된다면 일방 당사국이 불참하더라도 소송은 진행된다(ICJ규정 제53조 1항 참조). 불참 역시 당사국의 계산된 입장표명의 방법으로서 불참이 타방 당사국의 자동적 승소를 의미하지는 않는다. 불참국은 ICJ 소송절차에 직접 참여하지 않을 뿐 제기된 쟁점에 대한 자국측 주장을 여러 경로로 표시하는 것이 보통이다. 재판소는 이러한 주장까지 포함하여 나름의 자료와 증거를 바탕으로 판결을 내린다(동조 2항 참조). 답 X

Ⅸ ICJ 판결의 효력과 집행

108. 모든 문제는 출석한 재판관의 과반수로 결정되며 가부동수의 경우 결정투표권(casting vote)은 인정되지 않는다. [13 경찰]

해설 판결은 출석한 재판관 과반수에 의한다. 가부동수인 경우에 재판소장 또는 그를 대리하는 재판관이 결정투표권(casting vote)을 행사한다(제55조). 답 X

109. 국제사법재판소(ICJ)의 판결에는 판결이 기초하고 있는 이유를 기재하여야 한다. [09 9급]

해설 판결에는 판결이유를 적시하고, 재판에 참여한 재판관의 성명을 기재한다(제56조). 답 O

110. 국제사법재판소의 판결은 법적구속력은 없고 권고적 효력만 있다. [08·17 9급]

해설 재판소의 결정은 당사자 사이와 그 특정사건에 관하여서만 구속력을 가진다(제59조). 답 X

111. 국제사법법원(ICJ) 판결의 효력에 대하여 UN안전보장이사회의 이행보장 결의가 있을 때만 법적구속력을 가진다. [13 9급]

해설 판결은 당사자 사이와 특정사건에 구속력을 가지는 것이고, 이를 이행하지 않으면 안전보장이사회에 의한 집행이 예정되어 있는 것이다. 답 X

112. ICJ의 결정은 당사자 사이와 그 특정사건에 관하여서만 구속력을 가진다. [09·15 9급, 12·16 경찰]

해설 재판소의 결정은 당사자사이와 그 특정사건에 관하여서만 구속력을 가진다(ICJ규정 제59조). 답 O

113. 국제사법법원(ICJ) 판결의 효력에 대하여 선례구속성(stare decisis)의 원칙이 적용된다. [13 · 16 9급]

해설 판결은 당해 사건에 관해 분쟁당사국에 대해서만 법적으로 구속력이 있다(제59조). 즉, 선례구속의 원칙(principle of stare decisis)이 인정되지 않는다. 답 X

114. ICJ의 판결은 종국적이며 상소할 수 없다. [09 9급, 12 7급]

해설 제60조. 답 O

115. ICJ의 판결에 대한 재심청구는 판결의 선고시 분쟁 당사자와 재판소가 알지 못하였던 결정적 요소가 되는 사실의 발견에 근거하여야 한다. [10 · 13 · 22 9급, 11 경찰]

해설 판결의 재심청구는 재판소 및 재심을 청구하는 당사자가 판결이 선고되었을 당시에는 알지 못하였던 결정적 요소로 될 성질을 가진 어떤 사실의 발견에 근거하는 때에 한하여 할 수 있다. 다만, 그러한 사실을 알지 못한 것이 과실에 의한 것이 아니었어야 한다(제60조 1항). 답 O

116. 재판소의 판결일자로부터 10년이 지난 후에는 어떠한 경우에도 재심을 청구할 수 없다. [10 · 17 9급]

해설 재심청구는 새로운 사실이 발견된 때로부터 늦어도 6개월 이내에 하여야 한다. 뿐만 아니라 판결일자로부터 10년이 지난 후에는 전혀 재심을 청구할 수 없다(ICJ규정 제61조 5항). 답 O

117. 사건의 당사자가 ICJ의 판결을 이행하지 않은 경우에 타방당사자는 이를 안전보장이사회에 제소할 수 있다. [11 · 21 7급, 14 경찰]

해설 사건의 당사자가 재판소가 내린 판결(judgement)에 따라 자국이 부담하는 의무를 이행하지 아니하는 경우에는 타방의 당사자는 안전보장이사회에 제소할 수 있다. 안전보장이사회는 필요하다고 인정하는 경우 판결을 집행하기 위하여 권고하거나 취하여야 할 조치를 결정할 수 있다(제94조 2항 1문). 답 O

118. 안전보장이사회는 필요하다고 인정하는 경우 국제사법재판소(ICJ)의 판결을 집행하기 위하여 권고하거나 취하여야 할 조치를 결정할 수 있다. [11 7급, 15 9급]

해설 제94조 2항 2문. 답 O

X ICJ의 권고적 관할권

119. ICJ는 UN 총회로부터 허락받은 UN 전문기구에 대하여 법적 자문을 제공하기 위해 권고적 의견을 줄 수 있다. [13 경찰, 14 7급]

해설 총회와 안전보장이사회 이외의 국제연합의 기관과 전문기관은 총회의 허가를 조건으로 권고적 의견을 재판소에 요청할 수 있다(헌장 제96조 제2항). 총회의 허가는 구체적인 경우마다 권고적으로 부여될 수도 있고, 구체적인 경우와 관계없이 일반적·포괄적으로 부여될 수도 있다. 경제사회이사회와 신탁통치이사회에 대해서는 총회의 결의에 의해 일반적인 허가가 부여되었으나, 사무총장은 아직 허가가 부여되지 않았다. 답 O

120. 국제사법재판소(ICJ)에 권고적 의견을 요청할 권리는 국가가 향유하는 국제법상의 권리에 해당한다. [10 · 21 9급, 14 7급, 15 경찰]

해설 국가는 비록 소송자격이 있는 국가라 할지라도 재판소에 권고적 의견을 요청할 수 없다. 개인도 권고적 의견을 재판소에 요청할 수 없다.

답 X

121. 권고적 의견 제도는 계쟁관할권 미수락 국가의 사건을 재판소에 맡기기 위한 우회방법으로 이용될 수 있다. [18 7급]

해설 권고적 의견부여가 당사국의 합의를 통해서만 진행될 수 있는 재판사건에 대한 일종의 우회적 제소로 활용되어서는 아니 된다(정인섭). 권고적 의견의 요청이 현재 국가들 간에 계쟁중인 법률문제에 관계된 것인가 여부를 검토하도록 되어 있고(규칙 제102조 2항), 당초 PCIJ는 국가간 분쟁의 핵심적 쟁점과 관련된 권고적 의견의 부여는 주저했었다. 그러나 국가의 권리가 문제되는 경우에도 ICJ는 의견 부여의 요청을 거절하지 않고 점차 적극적으로 의견을 부여하는 방향으로 선회했다. 즉 권고적 의견 제도는 계쟁관할권 미수락 국가의 사건을 재판소에 맡기기 위한 우회방법으로 이용될 수 있는 것이다.

답 O

122. 권고적 의견(Advisory Opinion)은 오로지 법적 문제에 대해서만 요청될 수 있다. [10 9급, 12 경찰]

해설 국제사법재판소는 사법기관이므로 정치적 문제가 아닌 법적 문제에 한해서 권고적 의견이 요청될 수 있다.

답 O

123. 추상적 성격의 질문은 권고적 의견 대상이 될 수 없다. [14 9급]

해설 국제사법재판소가 부여할 수 있는 권고적 의견은 '법적문제'(legal question)에 한정되어 있으며, 법적 문제란 국제법상의 문제, 즉 국제관습법의 해석, 국제조약의 해석을 말하며, 그것은 구체적·특정적 분쟁을 반드시 전제한 것만을 의미하지는 않는다.

답 X

124. UN 총회와 UN 안전보장이사회는 어떠한 법적 문제에 관하여도 권고적 의견을 요청할 수 있다. [13 · 14 7급, 14 · 21 9급, 11 · 14 경찰]

해설 총회와 안전보장이사회는 '여하한 법적문제'(any legal question)에 관해서도 권고적 의견을 요청할 수 있다(헌장 제96조 제1항).

답 O

125. UN총회와 안전보장이사회의 권고적 의견 요청 범위와 UN전문기관의 동 범위는 일치한다. [12 경찰]

해설 총회와 안전보장이사회는 '여하한 법적문제'(any legal question)에 관해서도 권고적 의견을 요청할 수 있다(헌장 제96조 제1항). 그러나 기타 유엔기관과 전문기관은 '그 활동범위 내에서 발생하는 법적문제'(legal questions arising within the scope of their activities)에 관해서 권고적 의견을 요청할 수 있다(제96조 제2항).

답 X

126. ICJ는 핵무기의 위협과 사용의 합법성에 관한 사건(The Legalty of the Threat or Use of Nuclear Weapons Case)에서 권고적 의견의 관할권이 인정되기 위해서는 해당 전문기관이 권고적 의견을 요청할 수 있도록 총회로부터 적법한 권한을 인정받아야 하고, 요청대상은 법률문제여야 하며, 요청이 된 문제는 요청기관의 활동범위 내에서 발생한 것이어야 한다고 하였다. [11 · 12 7급, 15 경찰, 18 · 21 9급]

해설 국제사법재판소가 부여할 수 있는 권고적 의견은 '법적문제'(legal question)에 한정되어 있으며, 정치적 문제 또는 사실문제에 대해서는 권고적 의견을 부여할 수 없다. 총회와 안전보장이사회는 '여하한 법적문제'(any legal question)에 관해서도 권고적 의견을 요청할 수 있다(헌장 제96조 제1항). 그러나 기타 유엔기관과 전문기관은 '그 활동범위 내에서 발생하는 법적문제'(legal questions arising within the scope of their activities)에 관해서 권고적 의견을 요청할 수 있다(제96조 제2항). 답 O

127. UN기관 중 권고적 의견 요청권은 UN총회와 안전보장이사회 그리고 전문기관에 한정되지 않는다. [12 경찰]

해설 총회와 안전보장이사회 이외의 국제연합의 기관과 전문기관은 총회의 허가를 조건으로 권고적 의견을 재판소에 요청할 수 있다(헌장 제96조 제2항). 총회의 허가는 구체적인 경우마다 권고적으로 부여될 수도 있고, 구체적인 경우와 관계없이 일반적·포괄적으로 부여될 수도 있다. 경제사회이사회와 신탁통치이사회에 대해서는 총회의 결의에 의해 일반적인 허가가 부여되었고, 15개 전문기구와 관련기구인 IAEA가 권고적 의견을 요청할 자격을 인정받았다. 사무총장은 아직 허가가 부여되지 않았다. 답 O

128. UN 총회에 의해 자격이 부여된 사무총장은 UN 활동 전반에 속하는 법률문제에 대해 권고적 의견을 요청할 수 있다. [21 9급]

해설 사무총장은 아직 허가가 부여되지 않았다. 답 X

129. 권고적 의견의 부여는 국제사법재판소의 재량에 따른다. [12 경찰, 14·16 9급]

해설 국제사법재판소는 권고적 의견의 요청에 구속되어 반드시 권고적 의견을 부여해야 하는 것이 아니며, 권고적 의견의 요청을 거절할 수 있으며, 권고적 의견을 부여할 것인가는 재판소의 자유재량이다. 재판소 규정은 '권고적 의견을 부여할 수 있다'(may give an advisory opinion)고 규정하여(제65조 제1항) '권한'을 부여한 것이지 '의무'를 부과한 것이 아니기 때문이다. 답 O

130. 국가는 권고적 의견 절차에서 의견을 개진할 수 있다. [14 9급]

해설 권고적 의견은 국가에게 직, 간접적으로 영향을 미칠 수 있으므로 재판소 서기는 권고적 의견의 요청을 재판소에서 재판을 받을 수 있는 모든 국가에 통고해야 한다(제66조 제1항). 또한 재판소 서기는 재판장이 결정한 기한 내에 진술서를 수령하고 공개법정에서 구두진술을 청취할 용의가 있다는 취지를 특별하고도 직접적인 통신수단에 의해 국가에 통고해야 한다(제66조 제2항). 답 O

131. 국제기구가 ICJ의 권고적 의견을 요청하는 사안이 특정 국가와 관계되는 경우 그 국가의 동의가 필요하다. [13 9급]

해설 재판소가 권고적 의견을 부여함에 있어서 이해관계국의 동의를 요하지 않는다. 평화조약사건에서 재판소는 그 이유를 열거하였는바, 우선, 권고적 의견은 구속력이 없다는 점, 둘째, 어떤 국가도 재판소가 의견을 부여하는 것을 막을 수 없다는 점, 셋째, 재판소는 국제연합의 기관이므로 국제연합의 활동을 위해 요청된 의견의 부여를 거절할 수 없다는 점 때문이다. 답 X

132. ICJ는 권고적 관할권을 행사함에 있어 계쟁사건에 적용되는 ICJ 규정과 규칙의 관련 사항을 따르지 않을 수 있다. [14 7급]

해설 권고적 임무를 수행함에 있어서 재판소는 재판소가 적용할 수 있다고 인정하는 범위 안에서 쟁송사건에 적용되는 재판소규정의 규정들에 또한 따른다(제68조). 답 X

133. 재판소는 권고적 관할권을 행사하는 경우에도 임시재판관을 임명할 수 있다. [18 7급]

해설 권고적 임무를 수행함에 있어서 재판소는 재판소가 적용할 수 있다고 인정하는 범위 안에서 쟁송사건에 적용되는 재판소규정의 규정들에 또한 따른다(제68조). 따라서 권고적 관할권을 행사하는 경우에도 임시재판관을 임명할 수 있다. 답 O

134. 국제사법재판소의 판결에 대해서는 재심절차가 있지만 권고적 의견에는 재심절차가 없다. [19 7급]

해설 국제사법재판소의 판결에 대해서는 상소제도는 없고 재심제도는 있지만, 권고적 의견에 대해서는 상소도 재심도 허용되지 않는다. 답 O

제5절 UN에 의한 분쟁의 평화적 해결

Ⅰ 서 설

Ⅱ 안전보장이사회에 의한 분쟁의 평화적 해결

135. 안전보장이사회는 어떠한 분쟁에 관하여도, 또는 국제적 마찰이 되거나 분쟁을 발생하게 할 우려가 있는 어떠한 상태에 관하여도, 그 분쟁 또는 사태의 계속이 국제평화와 완전의 유지를 위태롭게 할 우려가 있는지 여부를 결정하기 위하여 조사할 수 있다. [11 경찰]

해설 헌장 제34조. 답 O

136. 국제연합 회원국은 어떠한 분쟁에 관하여도 안전보장이사회 또는 총회의 주의를 환기할 수 있다. [11 경찰, 17 9급]

해설 국제연합회원국은 어떠한 분쟁에 관하여도, 또는 제34조에 규정된 성격의 어떠한 사태에 관하여도, 안전보장이사회 또는 총회의 주의를 환기할 수 있다(제35조 제1항). 답 O

137. 회원국은 타 회원국들 간의 분쟁에 대해서는 안전보장이사회의 주의를 환기할 수 없다. [18 9급]

해설 모든 유엔 회원국은 국제평화와 안전을 위태롭게 할 모든 분쟁 또는 사태에 대하여 안전보장이사회에 주의를 환기할 수 있다(제35조 제1항). 답 X

138. UN 회원국만이 자국이 당사자인 분쟁에 관하여 안전보장이사회의 주의를 환기할 수 있다. [10 9급]

해설 국제연합의 회원국이 아닌 분쟁당사국은 헌장에 규정된 평화적 해결 의무를 수락할 것을 조건으로 일체의 분쟁을 안보리에 회부할 수 있다(제35조 제2항). 답 X

139. **분쟁의 당사자인 UN 비회원국은 UN 헌장에 규정된 평화적 해결의무를 관련 분쟁에 관하여 미리 수락한 경우에는 안전보장이사회 및 총회의 주의를 환기할 수 있다.** [11 경찰, 15 7급]

해설 국제연합의 회원국이 아닌 분쟁당사국은 헌장에 규정된 평화적 해결 의무를 수락할 것을 조건으로 일체의 분쟁을 안보리에 회부할 수 있다(제35조 제2항). 총회의 경우 제11조 2항. 답 O

140. **총회는 국제 평화와 안전을 위태롭게 할 우려가 있는 사태에 대하여 안전보장이사회의 주의를 환기할 수 있다.** [11 경찰]

해설 제11조 3항. 답 O

141. **안전보장이사회는 분쟁의 계속이 국제평화와 안전의 유지를 위태롭게 할 우려가 실제로 있다고 인정하는 경우 적절하다고 인정되는 해결 조건을 권고할 것인지를 결정한다.** [15 7급]

해설 안전보장이사회는 제33조에 규정된 성격의 분쟁 또는 유사한 성격의 사태의 어떠한 단계에 있어서도 적절한 조정절차 또는 조정방법을 권고할 수 있다(제36조 1항). 안전보장이사회는 분쟁의 계속이 국제평화와 안전의 유지를 위태롭게 할 우려가 실제로 있다고 인정하는 경우 제36조에 의하여 조치를 취할 것인지 또는 적절하다고 인정되는 해결조건을 권고할 것인지를 결정한다(제37조 2항). 답 O

142. **안전보장이사회는 어떠한 분쟁에 관하여 분쟁당사국의 요청여부와 관계없이 분쟁당사국에 그 분쟁의 평화적 해결을 위한 권고를 할 수 있다.** [14 7급]

해설 안전보장이사회는 어떠한 분쟁에 관하여도 모든 당사자가 요청하는 경우, 그 분쟁의 평화적 해결을 위하여 그 당사자에게 권고할 수 있다(제38조). 답 X

Ⅲ 총회에 의한 분쟁의 평화적 해결

143. **UN안전보장이사회, 분쟁 당사국인 회원국, 분쟁 당사국이 아닌 회원국, 분쟁 당사국인 비회원국, 사무총장은 분쟁의 해결을 위하여 UN총회에 주의를 환기시키거나 회부할 수 있다.** [12 경찰]

해설 사무총장은 안전보장이사회에 주의를 환기할 수 있다(제99조). 답 X

144. **총회가 어떠한 분쟁 또는 사태와 관련하여 현장에서 부여된 임무를 수행하고 있는 동안에는 안보리는 총회의 요청이 없는 한, 이 분쟁 또는 사태와 관련하여 어떠한 권고도 할 수 없다.** [11 경찰]

해설 안전보장이사회가 어떠한 분쟁 또는 사태와 관련하여 이 헌장에서 부여된 임무를 수행하고 있는 동안에는 총회는 이 분쟁 또는 사태에 관하여 안전보장이사회가 요청하지 아니하는 한 어떠한 권고도 하지 아니한다(헌장 제12조 1항). 답 X

Ⅳ 국제연합에 의한 분쟁의 평화적 해결의 한계

제27장 국가의 무력사용

제1절 1945년 이전까지 국가의 무력사용

제2절 1945년 이후 국가의 무력사용

Ⅰ 총 설

Ⅱ 자위권

1. UN헌장은 무력의 위협이나 무력 사용을 금지하고 있으므로 회원국은 무력공격에 대하여 자위권을 행사할 수 없다. [12·18 9급]

해설 안전보장이사회의 수권에 의한 무력사용과 별도로 헌장 하에서 유일한 합법적 무력사용인 자위권은 정당방위라고도 하며, 급박 또는 현존하는 위법한 무력공격에 대하여 국가 또는 국민을 보호하기 위하여 부득이 필요한 한도 내에서 비례적 불법조치를 행할 수 있는 국가의 기본권리이다. 답 X

2. UN헌장 제51조는 국가의 자연권(inherent right)이라고 규정하고 있고 흔히 자위권이라고도 부른다. [10 7급, 11 경찰, 15 9급]

해설 이 헌장의 어떠한 규정도 국제연합회원국에 대하여 무력공격이 발생한 경우, 안전보장이사회가 국제평화와 안전을 유지하기 위하여 필요한 조치를 취할 때까지 개별적 또는 집단적 자위의 고유한 권리를 침해하지 아니한다(제51조). 헌장은 자위권을 국가의 inherent right로 표현하고 있으나, 이것은 자연법상의 권리로 인정하는 것이 아니라 실정 국제법상의 권리이다. 답 O

3. 타국으로부터 침략을 받은 경우 무력으로 대응할 권리는 국가가 향유하는 국제법상의 권리에 해당한다. [10 9급]

해설 헌장 제51조. 답 O

4. UN 헌장에 의하면 개별적 자위권은 국가의 고유한 권리이지만, 집단적 자위권은 국가의 고유한 권리가 아니다. [10·11 7급, 12·15 9급]

해설 UN 헌장 제51조상의 자위권에 대하여 자위권은 개별적 또는 집단적으로 행사될 수 있다. 답 X

5. 국제사법재판소는 니카라과 사건에서 「국제연합헌장」 제51조의 자위권이 기존의 국제관습법상 자위권 개념을 모두 포섭하고 있다고 보았다. [18 7급, 19 9급]

해설 ICJ는 1986년 *Military and Paramilitary Activities in and against Nicaragua* 사건에서 유엔헌장 제51조의 자위권이 국제관습법상 자위권을 포함하는 것이 아니라 양자가 병존하며 그 내용이 상이하며, 유엔헌장 제51조는 골격조항이기 때문에 이에 명시하지 않은 사항은 국제관습법상의 규칙이 보충한다고 판시한 바 있다. 답 X

6. **ICJ는 Military and Paramilitary Activities in and against Nicaragua 사례에서 자위권에 관해 「UN헌장」 제51조가 규정하고 있지 않은 나머지 부분은 여전히 국제관습법에 의해 보완되어야 한다고 하였다.** [19·22 7급]

해설 ICJ는 1986년 *Military and Paramilitary Activities in and against Nicaragua* 사건에서 유엔헌장 제51조의 자위권이 국제관습법상 자위권을 포함하는 것이 아니라 양자가 병존하며 그 내용이 상이하며, 유엔헌장 제51조는 골격조항이기 때문에 이에 명시하지 않은 사항은 국제관습법상의 규칙이 보충한다고 판시한 바 있다. 답 O

7. **국제법상 자위권에 관하여 자위권 행사의 요건은 '무력공격'의 발생에 한정된다.** [10 7급, 11 경찰, 12 9급]

해설 제51조. 답 O

8. **UN 헌장과 1974년 UN 총회의 침략정의 결의에 따르면 무력공격의 주체는 국가에 국한된다.** [14 9급]

해설 1974년 침략정의 결의 제1조는 침략을 "국가가 타국의 주권, 영토보전 혹은 정치적 독립에 대하여, 혹은 본 정의에 명시된 것처럼 UN헌장과 일치하지 않는 방법으로 무력을 사용하는 것"으로 정의하고 있다. 그러나 자위권을 규정하는 헌장 제51조는 무력공격의 대상이 회원국(즉, 국가)임을 명시하고 있으나, 그 주체에 대해서는 침묵하고 있다. 답 X

9. **국제사법재판소(ICJ)는 「Legal Consequences of the Construction of a Wall in the Occupied Palestinian Territory」 사건에서 비국가행위자에 대한 자위권의 발동을 명시적으로 인정하였다.** [21 7급]

해설 2001년 유엔안전보장이사회 결의 1368은 그 전문에서 "테러행위로 야기된 국제평화와 안전에 대한 위협에 모든 수단을 다해 대처할 것을 결의"하고 동시에 "UN헌장에 따른 고유의 개별적 또는 집단적 자위권을 인정"하였으며, 그해 9월 28일 결의 1373에서 국제테러에 대처하기 위한 자위권의 존재를 재확인하였다. 그러나 ICJ는 2004년 *Legal Consequences of the Construction of a Wall in the Occupied Palestine Territory* 사건의 권고적 의견에서 "헌장 제51조는 국가가 타국을 무력으로 공격하는 경우에 고유의 자위권이 존재함을 승인한다."라고 언급함으로써 자위권이 '국가'들 사이에서만 적용되는 권리임을 시사하고 있다. 다만 이스라엘이 팔레스타인 점령지역에 건설 중인 장벽을 정당화하기 위해 안보리 결의 1368과 1373을 원용한 것에 대해 ICJ는 이스라엘이 주장하는 테러위협은 이스라엘 자신이 말한 바와 같이, 이 지역 내부에서 오는 것이지 그 외부에서 오는 것이 아니기 때문에 이스라엘은 이들 안보리 결의를 원용할 수 없다고 판시함으로써, 테러위협이 9/11의 경우처럼 영토 '밖'에서 오는 경우에는 자위권이 인정될 수 있다는 여운을 남겨두고 있는 것으로 보인다. 답 X

10. **ICJ는 콩고민주공화국과 우간다 간의 Armed Activities on the Territory of the Congo 사건에서 콩고령에 주둔하는 비정규군 조직이 우간다를 공격한 행위에 대하여 우간다는 자위권을 행사할 수 있는 상황은 아니라고 판단하였다.** [20 7급]

해설 2005년 *Armed Activities on the Territory of the Congo* 사건에서 ICJ는 콩고령에 주둔하는 비정규군 조직이 우간다를 공격한 행위에 대하여 비국가행위자의 무력공격에 대해서는 자위권 행사가 허용되지 않는다고 명시적으로 밝히지는 않았다. 다만 ADF 반군에 의한 무력공격이 콩고민주공화국(DRC)에 귀속되지 않으므로 재판소가 비정규군의 무력공격에 대해 우간다가 자위권을 행사할 수 있는지 여부의 문제는 대답할 필요가 없다고 하였다. 답 O

11. 비정규군이나 무장단체, 용병의 무력행사도 그 규모와 효과에 따라 자위권의 행사대상인 무력공격에 해당할 수 있다. [16 경찰, 19 9급]

해설 무력공격의 구체적 의미에 대해서는 유엔 헌장에 명시된 규정이 없으나 일반적으로 무력공격이란 육·해·공의 정규군에 의한 조직적 군사행동을 의미하며, '침략'과 유사한 개념으로 이해되고 있다. 나아가 비정규군이나 무장단체, 용병의 무력행사도 그 규모와 효과에 따라서는 무력공격이 될 수 있다. 국제사법재판소는 1986년 *Military and Paramilitary Activities in and against Nicaragua* 사건에서 그 규모와 효과에 있어 상당한 수준 이상의 무력사용(the most grave forms of the use of force)을 무력공격으로 보고 있다.
답 O

12. 반군에 대한 단순한 무기·병참지원은 자위권의 대상인 무력공격에는 해당되지 않는다. [19 9급]

해설 반군에 대한 단순한 무기·병참지원은 무력사용금지원칙에 위반이기는 해도 자위권의 대상인 무력공격을 이루는 것은 아니다.
답 O

13. 자위권 발동 여부는 1차적으로 개별 국가가 판단하며, 국제사법재판소는 Oil Platforms 사건에서 자위권을 행사하기 위한 무력공격의 존재 여부에 대한 입증책임이 피침국에 있다고 확인하였다. [18 · 19 7급]

해설 2003년 *Oil Platforms case*에서 ICJ는 "자위로 행하는 무력사용이 정당한 것으로 되기 위해서는 무력사용을 하는 국가가 자신이 무력공격의 피해자임을 입증해야 한다."고 했다. 개별적 자위권을 주장하는 미국으로서는 자국이 이들 공격의 고의적인 피해국임을 입증하여야 하는데 여러 정황으로 볼 때 공격이 특별히 미국을 겨냥한 것으로 볼 수는 없기 때문에 미국은 입증에 실패하였다고 판시하였다.
답 O

14. UN 헌장은 명시적으로 예방적 자위권에 대해서 규정하고 있다. [14 9급]

해설 예방적 자위권은 무력공격이 현존하지는 않으나 '임박'한 경우 대응조치를 취하는 것을 말한다. 헌장의 명문의 규정이 없어 문제되는데, 예방적 자위권의 남용을 우려하여 부정하는 입장과 핵무기 등 새로운 무기체계의 도입에 따라 제한적으로 예방적 자위권을 긍정하는 입장이 대립하고 있다.
답 X

15. UN은 상대방으로부터 위법한 무력공격이 없더라도 그 징후가 뚜렷하다면 미리 이를 타격할 수 있다는 예방적(anticipatory) 자위권의 행사가 허용된다는 논리를 지지하고 있다. [16 경찰]

해설 예방적 자위권의 인정여부에 대해 견해의 대립이 있으나, 제51조의 문언(if an armed attack occurs)에 비추어 예방적 자위권의 행사를 지지하고 있다고 볼 수 없다.
답 X

16. 이미 종료된 공격에 대항한 무력공격은 국제법상 금지된 무력복구에 해당한다. [19 7급]

해설 자위권은 적의 공격이 진행 중이거나 또는 종료 직후에 행사되어야 한다. 그런 의미에서 자위권의 행사는 즉각성을 지녀야 한다. 적의 공격이 이미 종료하고 병력도 모두 철수했는데 일정 기간 이후의 보복적 성격의 군사적 대응은 자위권의 행사라기보다는 무력복구에 해당한다. 이때는 침략의 격퇴를 위한 자위권의 행사가 더 이상 필요한 상황이 아니기 때문이다. 따라서 적의 공격 이후 대응까지의 시간적 간격은 그 조치가 자위권에 해당하느냐를 판단하는 기준의 하나가 된다.
답 O

17. 국제법상 자위권의 행사는 무력 공격에 비례하고 또한 대응에 필요한 조치의 범위 내에서만 정당화될 수 있다. [11 · 21 7급, 15 · 17 9급]

해설 헌장의 명문의 규정은 없으나, 침략을 격퇴 또는 저지하기 위한 다른 평화적 방법이 없는 경우에 한해(필요성), 자위권행사로서 이루어지는 무력행사는 침략의 저지 또는 격퇴라는 '목적'에 비례해야 한다.

답 O

18. 자위권 행사에 요구되는 비례성 원칙은 최초공격의 방식과 대응방식 간 대칭을 의미하는 것은 아니다. [22 7급]

해설 헌장의 명문의 규정은 없으나 자위권 행사로서 이루어지는 무력행사는 침략의 저지 또는 격퇴라는 '목적'에 비례해야 한다. 즉 피침략국이 침략에 상응하는 정도로 공격을 가할 수 있다는 양적 비례의 개념이 아니다.

답 O

19. 국제사법재판소는 Oil Platforms 사건에서 사망자가 없는 함정피격에 대응하여 순양함을 포함한 여러 척의 해군 함정과 비행기를 공격한 행위가 자위권 행사의 비례성 요건을 위반하였다고 판단하였다. [18 7급]

해설 2003년 *Oil Platforms case*에서 ICJ는 미국의 이란 석유 플랫폼에 대한 공격은 비례에 맞지 않으며, 사망자가 없는 함정피격에 대응하여 순양함을 포함한 여러 척의 해군 함정과 비행기를 공격한 행위가 자위권 행사의 비례성 요건을 위반한 것으로 보았다.

답 O

20. 「국제연합헌장」 제51조는 개별적 자위권뿐만 아니라 집단적 자위권도 국가의 고유한 권리로 인정하고 있다. [15 · 16 경찰, 18 · 21 7급]

해설 집단적 자위권(right of collective self-defense)이란 UN회원국이 다른 회원국에 무력공격이 가해질 경우 자국의 독립과 안전이 당해 타 회원국의 그것과 동일시될 만큼 밀접한 관계에 있는 경우 그 무력공격에 대하여 반격조치를 취할 수 있는 권리를 의미한다. 집단적 자위의 개념은 UN헌장의 모체인 덤바턴오크스제안에는 없었으나, 샌프란시스코회의의 헌장심의과정에서 인정되었다. 미주제국은 채플테팩협정(Act of Chapultepec)에서 집단안전보장제도의 도입에 합의하였으나, 강제조치의 발동에 안보리의 동의를 요하는 헌장규정이 채택되는 경우 집단안전보장제도가 마비될 가능성이 있다고 생각했다. 따라서 헌장을 저해하지 않고도 지역적 협정에 의거한 강제조치가 가능하도록 하기 위해 집단적 자위권을 도입하게 되었다.

답 O

21. UN헌장상 집단적 자위권의 경우에는 그 행사에 있어 UN안전보장이사회의 사전승인을 얻어야 한다. [15 경찰]

해설 집단적 자위권 행사도 국가의 고유한 권리로서 안전보장이사회의 사전허가를 받을 필요가 없다.

답 X

22. 「UN헌장」 제51조의 집단적 자위권은 국가 고유의 권리인바, 피침국의 명시적 요청이나 상호방위조약과 같은 사전합의가 없어도 제3국은 독자적 판단만으로 집단적 자위권을 행사할 수 있다. [17 · 19 9급, 22 7급]

해설 1986년 *Military and Paramilitary Activities in and against Nicaragua* 사건에서 ICJ는 집단적 자위권의 행사는 ① 무력공격이 발생한 것을 전제로 하고 있으며, ② 무력공격을 받고 있는 희생국이 그러한 사실을 선언해야 하고, 또한 ③ 희생국이 다른 나라에 집단적 자위권의 행사에 의한 도움을 원하면 통상 그러한 취지를 명시적으로 요청해야 한다고 보았다. 결국 집단적 자위권을 행사하기 위해서는 피침국의 요청이나 방위조약과 같은 사전합의가 있어야 한다. 답 X

23. 뉘른베르크 국제군사재판소는 자위권 행사의 합법성 여부는 궁극적으로 조사 및 재판의 대상이 된다고 판결하였다. [20 7급]

해설 자위권행사의 필요성에 관한 판단권이 자위권을 행사한 국가 자신에 있다는 것이 전통적 입장이었으나, 제2차세계대전 후 뉘른베르크국제군사재판소·극동군사법원의 판결을 통해 자위권의 발동요건에 관한 해석판정권이 비록 1차적으로 자위권을 행사하는 국가에게 있으나, 최종적으로는 국제적인 객관적 판정에 복종해야 된다는 것을 선언하여 판단권이 제3자에 있다는 새로운 규칙이 성립되었다. 답 O

24. 자위권의 행사로 회원국이 취한 조치는 즉각 안전보장이사회에 보고되어야 하며, 이러한 회원국의 조치는 안전보장이사회의 사후 심사대상이 된다. [11 · 21 7급, 15 9급, 11 · 15 경찰]

해설 회원국은 자위권행사로서 취해진 조치를 즉각 안보리에 보고해야 한다. 이는 이미 취해진 자위로서의 무력행사의 정당성을 안보리로 하여금 판단하도록 하고 안보리가 그 후속조치를 취함에 있어 참고가 되도록 하기 위함이다. 보고의무는 자위권행사의 실질적 요건은 아니고 절차적 의무에 불과하다. 따라서 침략의 발생이라는 사실과 필요성·즉각성·비례성원칙이 충족되면 무력행사는 자위권 발동으로 정당화되며, 보고의무의 위반에 의해 자위권행사로서 취해진 무력행사의 정당성이 박탈되는 것은 아니다. 답 O

25. 자위권 행사의 시간적 한계는 안전보장이사회가 국제평화와 안전의 유지를 위하여 필요한 조치를 취할 때까지이다. [10 7급, 11 경찰, 15 9급]

해설 회원국의 자위권행사기간은 '안전보장이사회가 국제평화 및 안전의 유지에 필요한 조치를 취할 때까지'로 제한되어 있다(제51조 참조). 답 O

26. 침략국에 대한 안전보장이사회의 경제제재 중에는 피침략국이 영토 침범 상태하에 놓여 있더라도 개별적 자위권을 행사할 수 없다. [19 7급, 19 9급]

해설 회원국의 자위권행사기간은 '안전보장이사회가 국제평화 및 안전의 유지에 필요한 조치를 취할 때까지'로 제한되어 있다. 즉 안보리가 단순히 무력공격을 중지하라는 결의를 통과시키는 것만으로는 필요한 조치라고 보기 어렵고, 실제 무력공격이 중지될 필요가 있다. 한편 안보리가 경제제재와 같은 대응조치를 취했다 하여도 침략국의 영토 점령이 계속 중이라면 자위권 행사는 계속될 수 있다. 답 X

27. UN안전보장이사회가 침략국에 대해 경제제재와 같은 조치를 취했더라도, 침략국의 영토점령이 지속되고 있다면 개별국가의 자위권 행사는 계속될 수 있다. [22 7급]

해설 회원국의 자위권행사기간은 '안전보장이사회가 국제평화 및 안전의 유지에 필요한 조치를 취할 때까지'로 제한되어 있다. 이때 안보리가 단순히 무력공격을 중지하라는 결의를 통과시켰다거나, 안보리가 경제제재와 같은 대응조치를 취했다 하여도 침략국의 영토 점령이 계속 중이라면 자위권 행사는 계속될 수 있다. 즉 실제 무력공격이 중지될 필요가 있다. 답 O

28. 자위권은 UN안보리의 통제를 받는 보조적 · 임시적인 국가의 조치에 불과하다고 볼 수 있다. [11 경찰]

해설 자위권 발동을 정당화시키는 사유가 발생하였는가의 여부에 대한 1차적 판단권은 개별국가에게 있기 때문에 개별적 자위권의 발동의 남용을 통제해야 한다. 따라서 UN헌장 제51조는 자위권의 발동을 통제하기 위한 제도를 규정하고 있다. 따라서 자위권은 UN안보리의 통제를 받는 보조적·임시적인 국가의 조치에 불과하다고 볼 수 있다. 답 O

29. 자위권의 행사와 UN 헌장 제7장에 따른 안전보장이사회의 권한은 서로 배타적이다. [17 9급]

해설 회원국의 자위권행사기간은 '안전보장이사회가 국제평화 및 안전의 유지에 필요한 조치를 취할 때까지'로 제한되어 있다. 반면 국가가 자위권을 행사하고 있어도 안전보장이사회는 필요한 조치를 취할 수 있다. 따라서 '서로' 배타적인 것은 아니다. 답 X

30. 사법절차상 자위권을 이유로 자신의 무력사용이 정당하다고 주장하는 국가가 관련 사실관계를 입증해야 한다. [14 9급]

해설 자위권은 위법성 조각사유로서 이를 주장하는 국가가 정당성을 입증하여야 한다. 답 O

31. 타국으로부터 무력 공격(armed attack)을 받은 국가는 자위권 행사의 수단으로 무력을 사용할 수 있으나, 그것은 UN헌장상의 권리일 뿐이고 국제관습법상 그러한 권리는 인정되지 않는다. [07 7급]

해설 국제관습법상의 자위권과 UN헌장상의 자위권의 관계에 관하여 ICJ는 1986년 니카라과 사건에서 'UN헌장 제51조의 자위권이 국제관습법상의 자위권을 포함하는 것이 아니라 양자가 병존하며 그 내용이 상이하다'고 유권적 판단을 하였다. 답 X

32. 1837년 12월 29일, 영국군 장교의 지휘를 받는 대략 45인의 캐나다인 민병대원들이 캐나다 측의 항구를 떠나 미국 측의 강변에 정박 중인 상선을 급습하여 당해 선박에 승선해 있는 선원을 상해 및 살해하고 선박에 방화하여 침몰시켰으며 침몰한 선박의 잔해는 나이아가라 폭포로 휩쓸려 떨어진 캐롤라인(The Caroline)호 사건은 자위권과 관련된 것이다. [12 경찰]

해설 1837년 영국 군인들이 캐나다에서 미국영토 내로 진입하여 캐나다 반도들에게 도움을 주고 있던 미국의 Caroline 선박에 불을 질러 나이아가라 폭포 속으로 던져 넣은 사건으로, 미국 국무장관 Webster는 자위권 행사의 요건으로 그 필요성이 급박하고 압도적이며 다른 수단을 선택할 여지가 없고 숙고할 여유가 전혀 없는 경우에만 자위권행사 할 수 있다고 하여, 평시법에서 전시법으로 이행하려는 의사가 없는 한 매우 제한된 범위 내에서만 무력사용이 허용됨을 주장하였다. 영국정부는 1842년 미국정부의 이러한 주장에 완전한 동의를 표시하였으며, 그 후 Webster공식은 국제관습법의 일부로 수락되었다. 답 O

33. 1834년 'Caroline호 사건'을 통해 미국의 국무장관 Daniel Webster는 자위권을 행사할 필요성은 "급박하고, 압도적이며, 다른 수단을 택할 여지가 없고, 숙고할 여지가 없으며, 그 내용이 비합리적이거나 과도한 행사가 아닌 경우"에 인정됨을 주장하였다. [12 9급, 16 경찰]

해설 전통적인 국제법상의 자위권은 1841년 Caroline호 사건에서 확립된 바와 같이 행사의 '필요성'(자위의 필요가 급박하고, 압도적이며 다른 수단을 선택할 여지가 없고, 숙고할 여유도 없는 경우)과 대응조치의 '비례성'을 합법성의 요건으로 하였다. 답 O

34. 아직 임박하지 않은 추정적 공격에 대한 자위권 행사는 UN 헌장이 아닌 Caroline 공식에 의하면 수락될 가능성이 크다. [20 7급]

해설 전통적인 국제법상의 자위권은 1841년 *Caroline*호 사건에서 확립된 바와 같이 행사의 '필요성'(자위의 필요가 급박하고, 압도적이며 다른 수단을 선택할 여지가 없고, 숙고할 여유도 없는 경우)과 대응조치의 '비례성'을 합법성의 요건으로 하였다. 따라서 임박하지 않은 추정적 공격에 대한 자위권 행사가 정당화될 수 없다.

답 X

35. **1986년 Nicaragua 대 미국 사건은 무력공격의 개념과 관련된 판례이다.** [13 경찰]

해설 국제사법재판소는 1986년 *Military and Paramilitary Activities in and against Nicaragua* 사건에서 그 규모와 효과에 있어 상당한 수준 이상의 무력사용(the most grave forms of the use of force)을 자위권의 대상인 무력공격으로 보고 있다.

답 O

36. **국제사법재판소(ICJ)는 니카라과 사건에서 타국으로부터 무력공격을 받은 국가를 위하여 제3국이 집단적 자위권을 행사하려면 그 무력공격을 받은 국가의 요청이 있어야 한다고 판시했다.** [07 7급, 13 경찰]

해설 1986년 니카라과사건에서 국제사법재판소는 엘살바도르, 온두라스 등의 요청이 없었음을 이유로 니카라과에 대한 무력공격이 집단적 자위권에 해당한다는 미국의 항변을 배척하였다.

답 O

Ⅲ 기타 개별국가에 의한 무력행사

37. **이라크의 쿠웨이트 침공 당시 집단적 자위권 및 안전보장이사회의 결의가 다국적군의 무력행사의 근거가 되었다.** [17 9급]

해설 냉전종식 후 헌장 제7장상의 평화집행에 해당하는 군사조치가 필요한 경우, 강대국들의 주도로 다국적군(multilateral forces)을 구성하는 방식이 적용되고 있다. 다국적군은 일반적으로 평화를 회복시켜 PKO가 가능한 상황을 조성함으로써 그 임무를 완수한다. 다국적군은 통상 유엔 안전보장이사회의 승인 하에 구성되지만, 유엔의 직접적인 지휘·통제 하에 있지 않고 유엔예산으로 운용되지 않는다는 점에서 평화유지활동과 구분된다. 1990년 이라크가 쿠웨이트를 침공하자 안보리는 헌장 제7장에 의한 강제조치임을 전제로 개별 회원국들에게 국제평화와 안전의 유지 또는 회복을 위해 무력 사용을 허용하는 방식을 취했다.

답 O

38. **국제형사재판소(ICC)의 관할 대상 범죄 중 보호책임(responsibility to protect: R2P)과 관련이 없는 국제범죄는 침략범죄(crime of aggression)이다.** [22 9급]

해설 2005년 9월 14-16일, UN본부에서 개최된 세계정상회담으로 개최된 UN 총회의 결의에서 보호책임란, "주민들을 제노사이드, 전쟁범죄, 인종청소 및 인도에 대한 죄로부터 보호할 책임"으로 표현하여, 인도적 간섭이 권리에서 보호 또는 개입의무로 전환하는 것을 의도한 개념이다.

답 O

39. **2011년 리비아 사태는 보호책임(R2P)과 관련이 있다.** [13 경찰]

해설 2010년 말~2011년 초 튀니지에서의 자스민 혁명 이후 촉발된 민주화 불꽃이 리비아로 옮겨 붙었고, 이 과정에서 가다피 정부가 용병과 군사무기까지 동원하여 체제에 저항하는 자국민들에게 공격을 자행하자 안보리는 결의 1970을 통해 "2011년 2월 15일 이후의 리비아 내에서의 사태를 ICC에 회부"하기로 결정하고, 속칭 날카로운 제재를 부과하였는데 보호책임에 대한 실행으로 간주된다.

답 O

Ⅳ 침략 정의 결의

제3절 UN에 의한 집단적 안전보장을 위한 무력행사

Ⅰ 안전보장이사회

40. **안전보장이사회는 국제평화와 안전을 유지하기 위하여 헌장 제7장을 발동할 수 있다.** [21 7급]

해설 안전보장이사회는 평화에 대한 위협, 평화의 파괴 또는 침략행위의 존재를 결정하고, 국제평화와 안전을 유지하거나 이를 회복하기 위하여 권고하거나, 또는 제41조 및 제42조에 따라 어떠한 조치를 취할 것인지를 결정한다(헌장 제39조).

답 O

41. **강제조치의 발동요건으로서 평화에 대한 위협, 평화의 파괴 또는 침략행위의 존재가 결정되어야 한다.** [16 9급, 16 7급]

해설 안보리가 강제조치를 취하려면, 우선 평화에 대한 위협, 평화의 파괴, 침략행위가 존재하는지 결정해야 한다. 안보리 결정에 의해 동 상황의 존재는 법적으로 존재하는 것이며, 강제조치가 발동될 수 있다. 이 경우 평화에 대한 위협이나 파괴가 반드시 국제법의 위반을 내포하는 것은 아니다. 안전보장이사회의 기능은 국제평화와 안전을 유지하거나 회복하는 것이지 국제법위반을 처벌하는 것이 아니기 때문이다. 따라서 국제법상 적법한 행위도 그것에 의하여 초래되는 상황이 안보리가 보기에 평화에 대한 위협이 될 수 있다.

답 O

42. **냉전이 종식된 이후에 안전보장이사회는 '평화의 파괴' 개념을 확대하여 헌장 제7장을 발동하고 있다.** [21 7급]

해설 냉전 종식 이후에는 평화에 대한 '위협'의 개념을 확장하여 국제문제에 대한 자신의 개입 폭을 확대해 왔다.

답 X

43. **안전보장이사회는 국제인도법과 국제인권법의 중대한 위반이 평화에 대한 위협이 될 수 있다고 해석한다.** [21 7급]

해설 무력분쟁 상황에서 민간 주민에 대한 고의적 공격이나 국제인도법과 국제인권법의 체계적이고 악의적이며 광범위한 위반도 국제평화에 대한 위협이 될 수 있다. 결국 국가 간 무력충돌, 국제적으로 파급되는 일국내의 내전(결의 688호, 쿠르드족 사태), 국제적 파급이 없더라도 심각한 인권침해를 동반하는 국내적 무력사용(결의 794호, 소말리아사태)등을 평화에 대한 위협으로 결정하고 있다. 또한 민간항공기 폭파(로커비 사건, 결의 748호), 북한의 핵실험 등도 인정한 바 있다. 나아가 2007년 "에너지, 안전 그리고 기후"란 제목 하에 기후변화에 대해 처음 공개 토의를 개최한 이래, 2014년 결의 2177을 통해 아프리카에서의 전대미문 규모의 에볼라 발생이 국제평화와 안전에 대한 위협을 구성한다고 결정하였듯이 경제, 사회, 인도 및 생태 분야에서의 안정까지를 포함한다.

답 O

44. **평화파괴국에 대한 비군사적 강제조치는 UN의 권한으로 UN 헌장에 명시되어 있다.** [14 7급]

해설 제41조.

답 O

45. **UN 헌장상 분쟁해결에 대하여 총회는 평화에 대한 위협, 평화의 파괴 또는 침략행위의 존재를 결정하고, 국제평화와 안전의 유지 또는 회복을 위하여 권고하거나 비군사적 또는 군사적 제재조치를 취할 수 있다.** [07 9급, 15 7급]

해설 제39조. 답 X

46. **UN안전보장이사회는 강제조치를 취하기 전에 잠정조치에 따르도록 당사국에게 요청할 수 있다.** [11 9급]

해설 제40조. 답 O

47. **UN헌장 제7장에 의하여 안전보장이사회가 국제평화와 안전의 유지 또는 회복을 위한 조치를 결정하기 위해서는 사전에 총회의 동의를 얻어야 한다.** [12 경찰]

해설 안전보장이사회의 단독권한이다. 답 X

48. **비무력적 강제조치에는 경제관계의 중단, 교통 및 통신수단의 중단, 외교관계의 단절 등이 포함된다.** [11·18 9급]

해설 안보리는 그의 결정을 집행하기 위해 병력의 사용을 수반하지 아니하는 조치를 결정할 수 있으며, 회원국에 대해 동 조치를 적용하도록 요청할 수 있다. 제41조의 요청은 법적 구속력이 있다. 그러한 조치에는 경제관계 및 철도, 항해, 우편, 전신, 무선통신 및 다른 교통통신수단의 전부 또는 일부의 중단과 외교관계의 단절을 포함할 수 있다. 이러한 방안은 예시에 불과하다. 이때 모든 물자와 상품의 대상국가 출입을 금지하는 포괄적 제재로부터 제재의 범위 혹은 객체가 한정된 표적제재에 이르기까지 다양한 방식이 강구될 수 있다. 안보리는 이사국으로 구성된 감시위원회를 설립하여 자신의 결정이 효과적으로 이행되고 있는가를 조사한다. 구 유고와 르완다 사태의 책임자를 처벌하기 위한 국제적 형사재판소의 설립도 제41조를 근거로 한다. 답 O

49. **최근에 안전보장이사회는 포괄적 제재조치보다는 특정한 개인이나 단체를 대상으로 하는 이른바 '표적제재(smart sanctions)'를 채택하는 경향이 있다.** [16 9급, 21 7급]

해설 안보리는 제41조의 비군사적 강제조치의 결정을 집행하기 위해 병력의 사용을 수반하지 아니하는 조치를 결정할 수 있으며, 회원국에 대해 동 조치를 적용하도록 요청할 수 있다. 그러한 조치에는 모든 물자와 상품의 대상국가 출입을 금지하는 포괄적 제재로부터 제재의 범위 혹은 객체가 한정된 표적제재에 이르기까지 다양한 방식이 강구될 수 있다. 답 O

50. **비군사적인 강제조치로서 구 유고국제형사재판소를 설치한 바 있다.** [17 9급]

해설 구 유고와 르완다 사태의 책임자를 처벌하기 위한 국제적 형사재판소의 설립도 제41조를 근거로 한다. 답 O

51. **침략국에 대한 군사적 강제조치는 UN의 권한으로 UN 헌장에 명시되어 있다.** [14 7급]

해설 제42조. 답 O

52. 군사적 조치를 취하기 전에 반드시 비군사적 조치가 선행되어야 하는 것은 아니다.
[16 · 17 · 20 9급, 16 7급]

해설 제42조에 호소하기 전에 먼저 제41조의 조치로는 불충분하거나 아니면 불충분했다는 공식적인 결정을 내려야 하는지에 관해 안보리는 제42조를 원용함으로써 자기 판단에 제41조의 조치가 불충분하거나 혹은 불충분했음을 암묵적으로 말할 수도 있는 것이기 때문에 그 같은 요건은 부정하는 것이 타당하다(김대순).

답 O

53. 안전보장이사회가 국제평화와 안전의 유지 또는 회복에 필요한 공군, 해군 또는 육군에 의한 조치를 취하려 할 때는 총회의 사전 동의를 얻어야 한다. [15 7급]

해설 안전보장이사회의 단독권한이다.

답 X

54. 안전보장이사회가 군사적 조치를 취하는 경우, 그러한 조치는 회원국의 병력에 의한 봉쇄 등을 포함할 수 있다. [18 9급]

해설 안전보장이사회는 제41조에 규정된 조치가 불충분할 것으로 인정하거나 또는 불충분한 것으로 판명되었다고 인정하는 경우에는, 국제평화와 안전의 유지 또는 회복에 필요한 공군, 해군 또는 육군에 의한 조치를 취할 수 있다. 그러한 조치는 국제연합회원국의 공군, 해군 또는 육군에 의한 시위, 봉쇄 및 다른 작전을 포함할 수 있다.

답 O

55. 일반적으로 군사적 조치는 회원국에게 무력의 사용을 허가하는 방식이 이용된다. [21 7급]

해설 1966년 로디지아의 일방적 독립선언 사태 때에는 석유 금수조치를 이행하기 위해 연고국인 영국에게 필요하면 무력을 사용해도 좋다고 허용했고, 1990년 이라크가 쿠웨이트를 침공하자 안보리는 헌장 제7장에 의한 강제조치임을 전제로 개별 회원국들에게 국제평화와 안전의 유지 또는 회복을 위해 무력 사용을 허용하는 방식을 취했다. 이후 이러한 무력사용 허가가 관행화 되었는데, 다만 안보리는 무력사용을 직접적으로 허가하는 것이 아닌, 제7장에 의한 조치임을 명시하고 회원국들에게 "필요한 모든 수단의 사용을 허가한다."는 표현을 사용한다.

답 O

56. UN헌장 제7장의 강제조치를 결정(the decision)한 안전보장이사회의 결의는 성립당시 그 자체로서 국제법상 법적 구속력을 갖는 문서이다. [12 7급]

해설 제25조.

답 O

57. UN 안전보장이사회의 권한에 대하여 평화에 대한 위협과 관련한 안전보장이사회의 결의에 따른 의무는 회원국에 대하여 다른 조약상의 의무보다 우선한다. [14 7급]

해설 제103조.

답 O

58. 안전보장이사회의 군사적 강제조치 결정은 표적국가를 포함한 모든 회원국에게 법적 의무를 부과한다.
[11 · 16 7급]

해설 안전보장이사회의 결정은 동 결정의 표적이 된 국가에 대해서는 구속력이 있으며, 제41조 비군사적 강제조치 결정은 국제연합회원국에게 구속력이 있다. 제42조 군사적 강제조치는 제43조의 특별협정에 기초하여 발동되며, 동 협정 체결국에 대해서만 구속력을 갖는다. 답 X

59. UN 회원국과의 특별협정에서 병력의 수 및 종류를 규율한다. [16 7급]

해설 제43조 2항. 답 O

60. 「국제연합(UN)헌장」에 따른 강제조치에 대하여 무력적 강제조치를 취하기 위한 군대의 파병을 위해 UN과 회원국간에 특별협정을 체결한 사례는 없다. [11 · 22 9급]

해설 현재까지 특별협정이 체결된 적이 없으며, 유엔 관행상 안보리는 제7장에 근거하여 개별회원국들에게 평화유지 회복을 위한 무력사용의 권한을 부여하고 있다. 안보리의 이러한 결정은 논리적으로 회원국들에게 대해서는 단지 한 개의 권고가 될 수 있을 따름이다. 결국 안보리는 회원국들의 동의 없이는 그들에게 군사적 조치를 담은 안보리결의를 실천에 옮기도록 구속할 수 없다. 답 O

61. 한국전쟁 당시 UN군은 군사참모위원회(Military Staff Committee)의 지휘를 받았다. [16 7급]

해설 한국전쟁에 참전한 UN군은 엄밀한 의미의 UN군이 아니라 안전보장이사회 결의에 임의로 응한 군대였으며, 미국의 사령관의 지휘 하에 있었다. 답 X

62. 강제조치의 대상이 된 국가는 강제조치로 인한 피해에 대하여 배상을 청구할 수 있다. [11 9급]

해설 안전보장이사회의 결정은 동 결정의 표적이 된 국가에 대해서는 구속력이 있으며, 그 결과 동 국가는 헌장 제51조에 의거하여 자위권을 원용하거나 무력사용에 이르지 않는 복구에 호소하거나 혹은 안보리의 수권에 의거한 회원국의 무력사용에 대해 나중에 배상을 청구하는 것이 금지된다. 나아가 헌장 제2조 5항에 의해 모든 유엔 회원국들은 대상국에 대해 지원과 원조제공이 금지된다. 답 X

63. 강제조치를 위하여 적절한 경우 지역적 약정이나 지역적 기관을 이용할 수 있다. [14 7급, 17 9급]

해설 UN은 보편주의에 입각한 국제평화체제이나 지역적 성격의 분쟁이나 문제는 지역적인 고려에 따른 해결이 더 효과적일 수 있기 때문에 고립주의적 전통이 강했던 미주국가들의 요구에 따라 헌장 제8장은 국제평화와 안전의 유지에 있어서 지역적 조치에 적합한 사항을 처리하기 위해 지역적 협정이나 기관의 존재를 인정하고 있다(제52조 1항). 안전보장이사회는 그 권위 하에 취하여지는 강제조치를 위하여 적절한 경우에는 그러한 지역적 약정 또는 지역적 기관을 이용한다(제53조 1항). 답 O

64. 지역적 약정의 회원국은 해당 지역의 분쟁을 안전보장이사회에 회부하기 전에 지역적 약정을 통한 해결에 노력해야 하며, 안전보장이사회의 허가 없이는 지역적 약정에 의해 강제조치(enforcement action)를 실시할 수 없다. [22 9급]

해설 그러한 약정을 체결하거나 그러한 기관을 구성하는 국제연합 회원국은 지역적 분쟁을 안전보장이사회에 회부하기 전에 이 지역적 약정 또는 지역적 기관에 의하여 그 분쟁의 평화적 해결을 성취하기 위하여 모든 노력을 다한다(제52조 2항). 안전보장이사회의 허가없이는 어떠한 강제조치도 지역적 약정 또는 지역적 기관에 의하여 취하여져서는 아니된다(제53조 1항). 답 O

65. **지역적 기관은 안전보장이사회의 허가 없이는 어떠한 경우에도 강제조치를 취할 수 없다.** [08 7급]

해설 적국에 대한 조치나, 제107조에 따라 규정된 것 또는 적국에 의한 침략 정책의 재현에 대비한 지역적 약정에 규정된 것은 관계정부의 요청에 따라 기구가 그 적국에 의한 새로운 침략을 방지할 책임을 질 때까지는 예외로 한다(제53조). 답 X

Ⅱ 총 회

66. **안전보장이사회가 국제평화와 안전을 위한 1차적 책임을 다하지 못할 경우 총회는 집단적 조치를 권고할 수 있다.** [19 · 22 9급]

해설 소련이 안보리에 복귀한 후 한국전 관련 결의가 소련의 거부권 행사로 전혀 채택되지 못하자, 1950년 11월 3일 미국은 당시 자신이 다수파였던 총회에서 '평화를 위한 단결결의'를 통과시켰는데, 동 결의의 핵심은 "안전보장이사회가 상임이사국들의 만장일치의 결여로 인하여 평화에 대한 위협·평화의 파괴 또는 침략행위에 대처하기 위한 자신의 1차적 책임을 수행하지 못하는 경우 필요하면 회원국들에게 무력사용을 포함한 집단조치를 권고할 수 있다"는 것이다. 이 권고의 헌장상의 근거는 헌장 제10조로 보고 있다. 답 O

제4절 평화유지활동

Ⅰ 서 설

67. **UN헌장은 평화유지작전(PKO)을 UN의 비(非)강제적 행위로 규정하고 있다.** [12 경찰, 14 7급]

해설 PKO는 헌장에 명문 규정이 없다. 답 X

68. **군사적 조치에 관한 국제연합헌장 제42조는 안전보장이사회의 평화유지군 창설을 규정하고 있다.** [09 9급, 14 7급, 14 경찰]

해설 국제사법재판소는 1962년 *Certain Expenses of the United Nations* 사건에서 헌장 제7장에 의거한 강제행동은 아니지만, 구체적인 법적근거에 대해 명확한 입장을 밝히지는 않으면서 총회도 PKO 결정을 할 수 있다고 하였다. 현재는 특정한 조항보다는 국제평화와 안전에 관한 UN의 광범위한 일반적 권한을 바탕으로 평화유지활동이 설치·운영되고 있다고 보는 입장이며, 오랜 세월 동안의 활동실적에 주목하여 더 이상 설치 근거에 대한 이의는 제기되고 있지 않다. 평화유지군의 설치는 UN이 결정하나, 실제 배치의 근본적인 법적 근거는 당사국의 동의이다. 답 X

69. **UN평화유지활동은 UN헌장 제7장에서 규정하고 있는 집단적 강제조치가 강대국간의 갈등과 대립으로 실효를 거둘 수 없게 되면서 UN차원의 집단안전보장 개념의 변형된 형태로 UN의 관행에 의거하여 형성되어 온 것이다.** [13 · 14 경찰]

해설 평화유지활동은 유엔의 집단안전보장체제에 내재된 제도적 흠결을 보완하기 위해 유엔의 관행으로 발전되어오고 있다. 즉, 헌장 제6장에서 예정된 분쟁의 평화적 해결을 위한 방안이 무력화되고 분쟁이 국제평화와 안전의 유지를 위태롭게 할 우려가 있는 단계가 이미 지났음에도, 안전보장이사회 상임이사국간

의견불일치 등의 이유로 헌장 제7장에 의거한 행동이 발동되지 못하는 경우 이를 대체할 대안으로 마련한 것이 UN 평화유지활동이다. 답 O

70. **최초의 평화유지군은 1956년 수에즈분쟁시 국제연합 총회에 의해 창설된 UNEF이다.** [09 9급, 14 경찰, 16 7급]

해설 1956년 7월 26일 이집트의 나세르 대통령이 수에즈운하의 국유화를 선언하자 그로부터 석 달 뒤인 10월 말에 영국, 프랑스 그리고 이스라엘이 이집트를 침공하였다. 그러나 수일 내에 관련 국가들은 휴전하기로 합의하였으며, 11월 5일 UN총회는 "적대행위의 중지를 확보하고 감시하기 위하여" UNEF를 창설하였다. 그 후 이들 3국이 군대를 철수시킨 후, UNEF는 이집트-이스라엘 휴전선에 파견되었다. 최초의 평화유지군인 UNEF는 군대제공국들과 사무총장간의 협정에 의거하여 일부 국가가 파견한 군인들로 구성되었다. 총회는 UNEF사령관을 임명하였으며, 또한 사무총장에게는 UNEF에 근무하는 군인들의 권리와 의무를 명시한 규칙을 제정할 수 있는 권한을 부여하였다. 답 O

71. **UN평화유지 활동이 1960~1970년대에는 냉전의 영향으로 UN총회결의에 의거하여 결성된 사례가 다수였으나, 1956년 이집트 수에즈 위기 때 파견된 UN 긴급군은 안전보장이사회의 결의에 따라 설립된 것이었다.** [13 경찰]

해설 최초의 평화유지군이었던 1956년 UNEF은 총회의 결정으로 설치되었는데, 그러나 이후 평화유지군의 설치권은 사실상 안전보장이사회가 독점적으로 행사하고 있다. 답 X

72. **평화유지군이 구성된 예로는 UN한국방어군, UN비상군, UN이라크감시단 등이 있다.** [13 경찰]

해설 UN 한국방어군은 PKO가 아니라 안보리 결의에 UN회원국들이 임의로 응한 군대였다. 답 X

73. **UN평화유지활동은 예방외교의 차원에서 대체로 휴전감시나 국내치안유지 등의 임무를 수행하도록 하기 위하여 파견되는 경우가 다수이다.** [13 경찰]

해설 PKO의 가장 전통적이고 기본적인 기능으로서 통상 경무장한 평화유지군이 분쟁지역에 완충지대를 설정하고, 순찰 등을 통하여 휴전 또는 정전의 이행상황을 감시한다. 답 O

74. **평화유지군은 중립의 원칙을 지켜야 한다,** [17 9급]

해설 평화유지활동은 분쟁당사자 사이에서 중립성을 유지해야 하며, 분쟁당사자들의 입장이나 주장에 대해 편견을 갖지 않고 객관적이며 공정한 기준 하에서 임무를 수행해야 한다. 그러나 최근에는 중립성 원칙이 보다 탄력적으로 해석되는 관행도 있다. 분쟁당사자중 일방은 평화유지활동에 협조적이나, 타방이 이를 방해하는 경우 쌍방에 대해 중립과 공평을 유지하는 것은 형평에 어긋난다고 평가되기 때문이다. 답 O

75. **평화유지군은 주재국(host State)이 주둔동의를 철회하면 철수하여야 한다.** [09 · 17 9급]

해설 평화유지활동은 원칙적으로 분쟁당사자들의 동의(consent)가 있을 경우에만 설립·배치될 수 있고, 실제로 분쟁당사자들로부터 지속적인 동의와 협력을 받아야만 임무를 성공적으로 수행할 수 있다. 당사자들의 비지속적(sporadic)동의나 부분적(partial)동의의 경우 평화유지활동의 목적 달성 가능성이 낮다. 단, 당사자 동의의 원칙은 분쟁당사자의 확인이 어렵거나 다수의 분쟁당사자가 존재하는 경우에는 당사자 대부분의 동의하에 평화유지군이 배치되기도 한다(구유고슬라비아 또는 소말리아). 답 O

76. **평화유지군에게는 원칙적으로 자위를 위한 무기사용만 허용된다.** [09 · 17 9급, 14 경찰]

해설 평화유지활동에서 무력사용은 자위(self-defence)를 위하여 필요한 최소한 수준으로 한정된다. 이는 원칙적으로 분쟁당사자의 동의 속에 중립성을 유지하는 가운데 임무를 수행하므로 무력사용의 필요가 거의 없다는 전제에서 경무장한 상태로 활동하기 때문이다. 그러나 냉전종식 이후 평화유지군의 활동이 인도적 구호활동이나 무장해제와 같은 역할로 확대되고, 부분적 동의에 기초해서도 활동하게 됨에 따라 무력불사용 원칙이 보다 탄력적으로 적용되고 있다. 무장 세력이 인도적 구호활동을 방해하는 경우 사실상 활동이 불가능하기 때문이다. 유엔사무국은 "자위목적의 경우 또한 무장한 자가 평화유지군의 임무수행을 저지하는 경우 최소한의 무력을 사용할 수 있다."고 보고 있다. 답 O

77. **UN 안전보장이사회는 유고슬라비아와 소말리아 사태에서 평화유지군 설치를 위한 결의를 채택하였지만, 개별 국가의 무력사용은 허용하지 않았다.** [16 7급]

해설 안전보장이사회는 UN헌장 제7장에 의거하여 사무총장과 회원국들에게 가능한 한 속히 소말리아에서 인도적 구호활동을 위한 안전한 환경을 확립하기 위하여 필요한 모든 수단을 사용할 권한을 수여한 바 있다. 답 X

78. **PKO는 파병국이 지휘하는 것이 원칙이다.** [17 9급]

해설 각국이 제공한 평화유지군은 UN의 지휘 하에 활동하며, 이들의 행동은 UN의 행동으로 되고 원칙적으로 UN이 책임진다. 평화유지활동은 UN의 경비로 운영되며 UN회원국은 일반 분담금 외에 평화유지활동 분담금을 별도로 납부한다. 답 X

제28장 전 쟁 법

제1절 전쟁법의 개념

1. 제네바 제II 협약은 국제적 무력 충돌의 희생자 보호에 대한 협약이다. [12 경찰]

해설 전쟁법의 기본이 되는 조약은 1907년 "육전의 법규 및 관습에 관한 헤이그협약" 및 부속규칙, 1949년 i) 육전에 있어서의 군부상자 및 병자의 상태개선에 관한 협약(제1협약), ii) 해상에 있어서의 군부상자·병자 및 조난자의 상태개선에 관한 협약(제2협약), iii) 포로의 대우에 관한 협약(제3협약), iv) 전시에 있어서의 민간인의 보호에 관한 협약(제4협약) 등 4개의 제네바협약과 1977년 제1, 제2 추가의정서 및 2005년 제3추가의정서이다. 4개의 제네바협약은 2015년 현재 193개 UN의 모든 회원국 외에도 3개 UN비회원국인 쿡제도, 로마교황청, 팔레스타인국을 당사자로 거느린 보편적 조약이다. 여기에는 국제적 무력충돌의 희생자 보호에 관한 제1의정서, 비국제적 무력충돌의 희생자 보호에 관한 제2의정서, 추가 식별표장 채택에 관한 제3추가의정서가 있다. 답 X

2. 교전조리 또는 전수이론은 공공양심의 요구를 강조하는 입장으로 국제인도법상 무기의 제한에 크게 공헌하였다. [20 7급]

해설 19세기 독일 학자들은 교전조리(交戰條理) 또는 전수이론(戰數理論)의 이름하에 전쟁수행을 위해 필요한 행위는 무엇이든 허용된다고 주장하였다. 답 X

3. 1868년 St. Petersburg 선언에 따라 400g 이하의 폭발탄(explosive projectiles) 사용은 금지되었다. [20 7급]

해설 1868년의 *Saint Petersburg Declaration*은 400그램 이하의 작열탄*(exploding bullets)*과 소이탄*(incendiary bullets)*의 사용을 금지시켰다. 답 O

4. 1899년 확장탄환(expanding bullets)에 관한 Hague 선언에 따라 덤덤탄의 사용은 금지되었다. [20 7급]

해설 헤이그 평화회의는 제1차 세계대전이 발발하기 이전인 1899년과 1907년 러시아 황제 니콜라이 2세의 제창으로 개최된 회의다. 제1차 평화 회의에서는 '국제분쟁평화처리조약', '육전조약', '적십자조약의 원칙을 해전에 적용하는 조약' 등의 세가지 조약이 채택되었고, 경기구(balloon)로부터의 투사물의 금지, 독가스의 사용금지, 덤덤탄의 사용금지 등의 내용이 체결되었다. 답 O

5. 2008년 집속탄에 관한 협약은 금지대상인 무기의 객관적 특징을 구체적으로 적시하는 조약의 대표적인 예이다. [20 7급]

해설 신무기들의 등장으로 오늘날에는 인류의 주목을 받는 특정한 무기만을 대상으로 이의 사용을 금지하는 조약이 자주 활용된다. 이는 금지대상인 무기의 객관적 특징을 구체적으로 적시하는 조약을 채택하는 방식으로 무기규제에 있어서 보다 효과적인 방법이라고 평가되고 있다. 1997년 채택된 대인지뢰 금지협약이나 2008년 채택된 집속탄금지 협약이 최근의 대표적인 예이다. 답 O

6. 적대행위에 능동적으로 참여하지 않는 자는 어떠한 경우에도 차별 없이 인도적인 대우를 받아야 한다. [19 7급]

해설 무기를 버린 군대의 구성원 및 질병, 부상, 억류 또는 기타 사유로 전투외에 놓여진 자를 포함하여 적대행위에 직접 가담하지 않는 자는 인종, 색, 종교 또는 신앙, 성, 가문 또는 재산 또는 기타 이와 유사한 기준에 근거한 불리한 차별을 받지 않고, 모든 경우에 있어서 인도적으로 대우하여야 한다(1949년 제네바 제4협약 제3조 1항).

답 O

7. 전시 점령국은 어떠한 경우에도 점령지의 현행 법령을 존중해야 한다. [19 7급]

해설 피점령국의 형벌법령은 그것이 점령국의 안전을 위협하거나 또는 본 협약의 적용을 방해한 때에 점령국이 이를 폐지 또는 정지시키는 경우를 제외하고는 계속하여 효력을 가진다(1949년 제네바 제4협약 제64조).

답 X

8. 피보호자로부터 정보를 얻기 위해 육체적 또는 정신적으로 강제할 수 없다. [19 7급]

해설 피보호자 또는 제삼자로부터 특히 정보를 얻기 위하여 피보호자들에게 육체적 또는 정신적 강제를 가하여서는 안된다(1949년 제네바 제4협약 제31조).

답 O

9. 피보호자들은 어떠한 경우에도 타국 영역으로 강제 이송하거나 추방되어서는 아니 된다. [19 7급]

해설 피보호자들을 점령지역으로부터 점령국의 영역 또는 피 점령 여부를 불문하고 타국의 영역으로 개인적 또는 집단적으로 강제 이송 또는 추방하는 것은 그 이유의 여하를 불문하고 금지된다(1949년 제네바 제4협약 제49조).

답 O

10. 특정한 군사목표물을 표적으로 하지 아니하는 공격은 금지된다. [17 7급]

해설 제1추가의정서는 "충돌당사국은 항시 민간주민과 전투원, 민간물자와 군사목표물을 구별"하고, "작전은 군사목표물에 대해서만 행하여지도록 한다."는 원칙을 제48조에서 천명하고 있다. 군사목표물이 아닌 모든 물건은 민간물자에 속하며, "민간물자는 공격이나 복구의 대상이 되지 아니한다(제52조 1항)."

답 O

11. 민간주민 사이에 테러를 만연시킴을 주목적으로 하는 폭력행위 및 위협은 금지된다. [17 7급]

해설 제1추가의정서 제51조 2항.

답 O

12. 민간인인지의 여부가 의심스러운 경우에는 민간인으로 간주한다. [17 7급]

해설 제1추가의정서 제50조 1항.

답 O

13. 비정규군이나 조직적인 저항단체의 구성원은 일정한 경우, 적의 수중에 들어가면 포로의 지위를 갖는다. [21 7급]

해설 제1추가의정서는 정규군과 비정규군을 구별하지 않고 충돌 당사국의 군대 구성원인 전투원이 적대국의 권력에 장악된 경우 포로가 된다(제44조 1항). 단 전투원은 공격이나 공격준비에 참여하는 동안 자신들을 민간인과 구별되도록 해야 하며, 특히 공공연히 무기를 휴대하면 포로가 될 자격이 유지되나, 이를 위반하면 포로가 될 자격을 상실한다. 답 O

14. 무력충돌 당사국의 상선 승무원이나 민간 항공기 승무원은 일정한 경우, 적의 수중에 들어가면 포로의 지위를 갖는다. [17 · 21 7급]

해설 군대의 구성원은 아니나 군대를 수행하는 자, 예를 들어 군용기의 민간인 승무원·종군기자·납품업자·노무대원 또는 군대의 복지담당 부대 구성원과 충돌 당사국의 상선 승무원이나 민간 항공기 승무원의 경우 적의 수중에 장악되면 포로자격을 갖는다(제1추가의정서 제44조 6항 참조). 답 O

15. 교전행위를 행하여 적의 수중에 들어간 자가 포로의 지위가 명확하지 않은 경우, 관할 재판소가 결정을 내릴 때까지 포로의 지위를 갖는다. [21 7급]

해설 전쟁포로로서의 자격여부에 관하여 의문이 있을 때에도 그는 그러한 자격을 계속 보유하며 따라서 그의 자격이 권한있는 재판정에 의하여 결정될 때까지 제3협약 및 본 의정서에 의하여 계속 보호된다(제1추가의정서 제45조 1항). 답 O

16. 간첩행위에 종사하는 동안 적대당사국의 권력 내에 들어간 충돌당사국 군대의 구성원은 포로의 지위를 갖는다. [21 7급]

해설 간첩활동을 하다가 적의 수중에 들어간 군대 구성원은 포로가 될 자격이 없다(제1추가의정서 제46조 1항). 용병 또한 포로 자격을 인정받지 못한다(제47조). 답 X

17. 포로는 특히 폭행, 협박, 모욕 및 대중의 호기심으로부터 항상 보호되어야 한다. [20 9급]

해설 포로는 특히 폭행, 협박, 모욕 및 대중의 호기심으로부터 항상 보호되어야 한다(제12조). 답 O

18. 포로는 그들이 포로가 될 때에 향유하던 완전한 사법상의 행위 능력을 보유한다. [20 9급]

해설 포로는 그들이 포로가 될 때에 향유하던 완전한 사법상의 행위 능력을 보유한다(제12조). 답 O

19. 포로들 자신의 이익이 된다고 인정되는 특별한 경우를 제외하고는 포로들을 형무소에 억류하지 못한다. [20 9급]

해설 포로들 자신의 이익이 된다고 인정되는 특별한 경우를 제외하고는 포로들을 형무소에 억류하지 못한다(제22조). 답 O

20. 포로에게는 군사적 성질 또는 목적을 가지는 공익사업에 관련되는 노동을 강제할 수 있다. [20 9급]

해설 장교에게는 노동을 강제할 수 없고, 부사관은 감독직만 요구될 수 있지만, 포로에게 일정 노동을 부과할 수 있다. 다만 군사작전과 직접 관계되는 노동이 요구되어서는 안 되며, 포로 노동에는 임금이 지불되어야 한다(제50조). 답 X

제2절 핵무기

Ⅰ 서 설

Ⅱ 핵확산방지

21. **핵무기 비보유국인 조약 당사국의 수평적 의무(핵무기 및 핵폭발 장치의 제조, 획득, 원조, 인수금지등)가 법적으로 구속력 있고 강하게 요구되고 있다.** [11 경찰]

해설 비핵국은 핵무기와 그 밖의 이에 관련된 어떠한 것도 수령할 수 없고 스스로 제조할 수도 없다(제2조).

답 ○

22. **핵무기 비보유국 당사국들은 국제원자력기구(IAEA)와 안전조치 협정을 체결하여야 한다.** [11 경찰]

해설 비핵국은 원자력이용을 평화적 목적에 한정하고 원자력의 군사적 목적에의 전용을 방지하기 위한 국제원자력기구의 보장조치를 수락해야 한다(제3조).

답 ○

23. **핵무기 보유국들은 비보유국이 핵무기 수평적 의무준수의 대가로서 '핵군축 협상을 성실히 추구할 것'을 선언적으로 약속하였다.** [11 경찰]

해설 핵보유국에 대해서는 군축을 직접 요구하지 않고 단순히 핵군축에의 노력을 목표로 부과하고 있다.

답 ○

24. **NPT조약의 탈퇴 국가는 모든 당사국과 UN안보리에 대하여 3개월 이전에 조약의 탈퇴를 통고하여야 한다. 이 통고에는 특별한 사유서 기재를 포함하지 않아도 된다.** [11 경찰]

해설

답 ×

제10조

1. 각 당사국은, 당사국의 주권을 행사함에 있어서, 본 조약상의 문제에 관련되는 비상사태가 자국의 지상이익을 위태롭게 하고 있음을 결정하는 경우에는 본 조약으로부터 탈퇴할 수 있는 권리를 가진다. 각 당사국은 동 탈퇴 통고를 3개월 전에 모든 조약당사국과 국제연합 안전보장이사회에 행한다. 동 통고에는 동 국가의 지상이익을 위태롭게 하고 있는 것으로 그 국가가 간주하는 비상사태에 관한 설명이 포함되어야 한다.
2. 본 조약의 발효일로부터 25년이 경과한 후에 본 조약이 무기한으로 효력을 지속할 것인가 또는 추후의 일정기간동안 연장될 것인가를 결정하기 위하여 회의를 소집한다. 동 결정은 조약당사국 과반수의 찬성에 의한다.

Ⅲ 핵실험규제

Ⅳ 핵무기 사용의 통제

25. **'마르텐스 조항'(Martens clause)은 1899년 헤이그 평화회의 러시아측 대표인 마르텐스의 요청으로 헤이그 육전협약에 삽입된 전쟁법의 기본정신에 관한 것이다.** [15 7급]

해설 마르텐스조항은 1899년 육전법규협약에서 규정하였고 오늘날 국제인도법에서도 확인되는 것으로 오늘날 전쟁법의 기본정신이다.

답 ○

26. **'마르텐스 조항'(Martens clause)은 조약 혹은 관습에 의하여 금지되지 않는 것은 합법이라는 전통국제법의 기본사상을 전쟁법에 관한 한 부인하는 것이다.** [15 7급]

해설 과거 의사주의 입장인 금지되지 않는 것은 허용된다는 명제와 반대로 법규의 부존재를 이유로 하는 비인도적 행위를 방지하고자 한다. 답 O

27. **'마르텐스 조항'(Martens clause)은 어떤 무기 또는 전쟁방식이 구체적 혹은 명시적으로 금지되지 않았더라도 군사필요원칙의 요구가 적용된다는 의미이다.** [15 7급]

해설 법규의 부존재를 이유로 하는 비인도적 행위를 방지하고자 한다. 답 X

28. **'마르텐스 조항'(Martens clause)은 핵무기 사용 또는 위협의 적법성(Legality of the Threat or Use of Nuclear Weapons) 사건에 관한 국제사법재판소(ICJ)의 권고적 의견에서 언급되었다.** [15 7급]

해설 ICJ는 핵무기 사용 또는 위협의 적법성(Legality of the Threat or Use of Nuclear Weapons) 사건에서 전투수행에 관한 조약규정이 존재하지 않는 경우에도 교전당사국은 확립된 관행이나 양심에 기초하여 비인도적 행위를 자제해야 한다는 마르텐스조항에 비추어 핵무기사용은 불법이나, 특정한 경우, 즉, 국가의 존립이 위태로운 상황에서 자위의 수단으로써 사용되는 경우에 대한 판단은 유보하였다. 답 O

Ⅴ 핵무기에 대한 국제규제의 한계

제3절 군 축

Ⅰ 서 설

Ⅱ 군축을 위한 국제적 노력

Ⅲ 군축관련 국제규범(조약/신사협정/결의)

제29장 국제형사재판소

Ⅰ 서 설

1. ICC는 전범과 대량학살범을 처벌하기 위한 최초의 국제사법기관이다. [07 7급, 16 경찰]

해설 종래 임시형사재판소는 여러 차례 존재하였지만 전범과 대량학살범을 처벌하기 위한 최초의 상설적인 국제사법기관이다.

답 X

2. ICC는 UN과 별개의 국제법인격을 갖는 독립된 국제기구이다. [14 7급]

해설 ICC가 UN과 관계를 맺기는 하지만 ICJ처럼 UN에 부속된 한 개의 사법기관이 아니라 그 자체로서 국제법인격을 향유하는 독립된 한 개의 상설기관임을 의미한다.

답 O

3. ICC의 재판관은 18명이며, 선출의 방식은 ICJ의 재판관을 선출하는 방식과 같다. [16 7급]

해설 재판관은 임기 9년의 18명으로 구성되고, 당사국회의에서 선출된다. 재판관은 재선될 수 없다.

답 X

Ⅱ ICC의 관할권

4. ICC의 재판관할권에 포함되는 범죄는 집단살해죄, 인도에 대한 죄, 전쟁범죄 및 침략범죄이다. [11 · 16 7급]

해설 제5조 1항.

답 O

5. 국제테러범죄, 마약범죄, 해적행위는 ICC가 관할하는 범죄에 해당한다. [17 9급]

해설 제5조 1항. ICC의 재판관할권에 포함되는 범죄는 집단살해죄, 인도에 대한 죄, 전쟁범죄 및 침략범죄이다.

답 X

6. ICC 설립규정은 형사실체규범도 포함하고 있다. [07 7급]

해설 제6조 집단살해죄, 제7조 인도에 반한 죄, 제8조 전쟁범죄, 제8조 2 침략범죄의 형사실체규범이 있다.

답 O

7. 국민적·민족적·인종적·종교적 집단의 전부 또는 일부를 파괴할 의도로 집단의 아동을 타 집단으로 강제로 이주시키는 것은 집단살해죄에 해당한다. [21 7급]

해설 "집단살해죄"라 함은 국민적, 민족적, 인종적 또는 종교적 집단의 전부 또는 일부를 그 자체로서 파괴할 의도를 가지고 범하여진 다음의 행위를 말한다. 가) 집단 구성원의 살해, 나) 집단 구성원에 대한 중대한 신체적 또는 정신적 위해의 야기, 다) 전부 또는 부분적인 육체적 파괴를 초래할 목적으로 계산된 생활조건을 집단에게 고의적으로 부과, 라) 집단내의 출생을 방지하기 위하여 의도된 조치의 부과, 마) 집단의 아동을 타집단으로 강제 이주(제6조) 답 O

8. **'인도에 반한 범죄(crimes against humanity)'는 공격에 대해 인식을 가지고 광범위하거나 체계적인 공격으로 민간인에 대해서 취해진 범죄를 말한다.** [13 경찰, 21 7급]

해설 인도에 반하는 죄가 성립되기 위해서는 범행자가 진행되는 "공격에 대한 인식을 가지고" 행위를 행하여야 한다. 특히 자신의 행위가 광범위하거나 체계적인 공격의 일부라는 사실을 인식하고 있어야 한다. 다만 개별 행위자가 국가나 조직이 취하는 공격의 모든 성격과 계획을 상세하게 알 필요는 없으며, 상황의 전반적 맥락을 이해하는 것으로 충분하다. 이러한 인식이 없으면 일반범죄나 전범이 될 가능성이 있다. 답 O

9. **인도에 반하는 죄를 구성하는 체계적인 공격은 반드시 국가의 공식적인 정책일 필요는 없다.** [18 7급]

해설 체계적 공격이란 공통의 정책기반 위에서 조직화되고 규칙적인 패턴을 따르는 공격을 의미하며, 그 정책이 반드시 국가의 공식적인 정책일 필요는 없으나 계획적이었는가가 중요한 고려요소이다. 답 O

10. **인도에 반하는 죄는 무력분쟁 상황 등 전시에 이루어지는 것을 전제로 한다.** [13 경찰, 18 7급]

해설 민간인이라는 용어는 인도에 반하는 죄가 성립하기 위해서 무력충돌 관련성을 요구하는 것처럼 해석될 수 있지만, 평시·국제적 무력충돌 또는 비국제적 무력충돌 그 어느 때라도 발생할 수 있다. 답 X

11. **인도에 반하는 죄를 구성하는 공격은 폭력적 형태로 자행된 행위만을 포함한다.** [18 7급]

해설 반드시 폭력적 형태로만 자행되지는 않으며, 인종차별(Apartheid) 체제의 적용이나 주민에게 특정한 행동을 하도록 조직적인 압력을 가하는 것과 같이 외견상 비폭력적 형태를 취할 수도 있다. 답 X

12. **인도에 반하는 죄가 성립하기 위해서는 공격에 대한 인식이 존재할 필요가 없다.** [18 7급]

해설 인도에 반하는 죄가 성립되기 위해서는 범행자가 진행되는 "공격에 대한 인식을 가지고" 행위를 행하여야 한다. 특히 자신의 행위가 광범위하거나 체계적인 공격의 일부라는 사실을 인식하고 있어야 한다. 다만 개별 행위자가 국가나 조직이 취하는 공격의 모든 성격과 계획을 상세하게 알 필요는 없으며, 상황의 전반적 맥락을 이해하는 것으로 충분하다. 이러한 인식이 없으면 일반범죄나 전범이 될 가능성이 있다. 답 X

13. **전쟁범죄는 무력충돌에 관한 국제법을 중대하게 위반한 행위를 의미한다.** [21 7급]

해설 제8조의 목적상 전쟁범죄는 크게 네 범주, 즉 ⅰ) 1949년 8월 12일의 제네바협약의 중대한 위반행위, ⅱ) 이미 확립된 국제법의 틀 내에서, 국제적 무력충돌에 적용되는 법과 관습에 대한 기타 중대한 위반행위, ⅲ) 국제적 성격을 갖지 아니하는 무력충돌의 경우에 있어, 1949년 8월 12일의 4개 제네바협약의 공통 제3조의 중대한 위반, ⅳ) 이미 확립된 국제법의 틀 내에서 국제적 성격을 갖지 아니하는 무력충돌에 적용되는 법과 관습에 대한 기타 중대한 위반행위로 구분되어 있다. 답 O

14. **ICC의 관할 범죄에는 집단살해죄, 전쟁범죄, 인도에 반하는 죄, 침략범죄 등이 있으나 인도에 반하는 죄는 그 관할권 행사가 유예되었다.** [09·17 7급, 13 9급, 11 경찰]

해설 침략범죄에 대해서 관할권 행사가 유예되었으나, 2017년 제16차 당사국총회에서 2018.7.17.(로마규정 채택 20주년)부터 ICC가 침략범죄에 대한 재판관할권을 행사할 수 있도록 하는 결의가 컨센서스로 채택되었다.

답 X

15. 국제형사재판소(ICC)에 대하여 '로마규정(Rome Statute of the International Criminal Court)'이 발효된 2002년 이후에 행하여진 범죄에 대해서만 재판관할권을 가진다. [09·10·19 9급, 11·14 7급, 12 경찰]

해설 제11조. ICC는 로마규정이 발효한 후에 행하여진 범죄에 대하여만 재판권을 가진다. 그러나 어떤 국가가 로마 규정이 발효한 후에 당사국이 되는 경우에는 그 국가가 제12조 3항에 의거하여 문제의 범죄에 대해 ICC의 재판관할권을 수락한다는 선언을 하지 않으면, ICC는 로마규정이 그 국가에 대해 발효된 후에 행하여진 범죄에 대하여만 재판권을 행사할 수 있다.

답 O

16. 국제형사재판소(ICC)에 대하여 자연인에 대하여만 재판관할권이 있고 법인에 대하여는 재판관할권이 없다. [10 9급, 11·12·15·16 경찰, 07·17 7급]

해설 ICC의 인적관할권은 단지 개인에게만 미칠 뿐, 국가나 법인에게는 미치지 아니한다(제25조 1항).

답 O

17. 개인적으로 또는 다른 사람이 형사책임이 있는지 여부와는 관계없이 다른 사람과 공동으로 또는 다른 사람을 통하여 범죄를 범한 경우 개인이 형사책임을 진다. [22 7급]

해설 제25조 3항 가호

답 O

18. 범죄의 실행을 용이하게 할 목적으로 범행 수단의 제공을 포함하여 범죄실행의 착수를 방조, 교사 또는 조력한 경우 개인이 형사책임을 진다. [22 7급]

해설 제25조 3항 다호

답 O

19. 공동의 목적을 가지고 활동하는 집단이 범죄를 범하려는 의도를 인식하고 범죄실행의 착수에 고의적으로 기여한 경우 개인이 형사책임을 진다. [22 7급]

해설 제25조 3항 라호

답 O

20. 실질적인 조치에 의하여 범죄의 실행에 착수하였지만 범죄의 목적을 완전히 그리고 자발적으로 포기하여 범죄 미수에 그친 경우 개인이 형사책임을 진다. [22 7급]

해설 제25조 3항 바호 단서. 이를 중지미수라 한다.

답 X

21. 국가원수로서의 공적 지위는 형사책임을 면제시켜 주지 않는다. [15 경찰]

해설 이 규정은 공적 지위에 근거한 어떠한 차별 없이 모든 자에게 평등하게 적용된다. 특히 국가 원수 또는 정부 수반, 정부 또는 의회의 구성원, 선출된 대표자 또는 정부 공무원으로서의 공적 지위는 어떠한 경우에도 그 개인을 이 규정에 따른 형사책임으로부터 면제시켜 주지 아니하며, 또한 그 자체로서 자동적인 감형사유를 구성하지 아니한다(제27조 1항).

답 O

22. ICC의 관할대상 범죄를 저지른 개인이 국가원수 또는 정부수반인 경우 국가면제가 적용되어 이들에 대한 형사관할권을 행사할 수 없다. [11 7급, 19 9급]

해설 이점이 UN안전보장이사회의 결의로 설립된 재판소와 조약에 의하여 설립된 재판소가 구별되는 점이다. 즉 구유고전범재판소와 르완다전범재판소규정이 모든 국가에 대해 면제의 원용을 부정할 수 있었던 것은 UN의 보편성과 안전보장이사회의 결정이 모든 UN회원국들에 대해 구속력이 있기 때문이었다. 따라서 ICC규정은 제27조 2항에서 국내법 또는 국제법상으로 개인의 공적 지위에 따르는 면제나 특별한 절차규칙은 그 자에 대한 재판소의 관할권 행사를 방해하지 아니한다는 규정을 두었다. 다만 조약은 비당사국에게 구속력이 없으므로 ICC 비당사국의 국가원수라면 ICC 관할권 행사로부터 면제될 수 있다. 답 X

23. 국제형사재판소(ICC)에 대하여 범행 당시 18세 미만자에 대해서는 재판관할권을 가지지 아니한다. [10 9급, 13·17 7급]

해설 범죄행위 시 만 18세 미만의 자에 대해서는 ICC가 관할권을 가질 수 없다(제26조). 답 O

Ⅲ 관할권 행사의 전제요건

24. ICC 규정의 당사국이 된 국가는 이에 의하여 ICC의 관할범죄에 대하여 동 재판소의 관할권을 수락한다. [09 9급, 14 7급, 14·15 경찰]

해설 자동적 관할권이란 국가들이 ICC규정의 당사국이 되면 자동적으로 ICC관할대상범죄 모두에 대해 ICC의 관할권을 수락하는 것으로 본다는 것이다(제12조 1항). 답 O

25. ICC가 관할권을 행사하기 위해서는 범죄발생지국과 피고인의 국적국이 모두 ICC 규정의 당사국이어야 한다. [09 9급]

해설 국가가 보편관할권을 갖는다고 해서 국가간 조약에 의거하여 만들어진 국제기구도 당연히 보편관할권을 갖는다는 결론은 무리가 있다. 그러므로 미국은 "안전보장이사회가 UN헌장에 의거하여 행동하는 경우는 예외로 하되", "조약은 그 당사자가 아닌 국가들에 대해서는 의무를 창설할 수 없다."는 점을 지적하였다. 결국 본회의에서 한국과 영국이 제안한 절충안이 채택되었는데 그것이 제12조 2항이다. 따라서 "행위지국이나 행위자의 국적국" 중에서 하나 이상의 국가가 ICC규정의 당사국이거나 당해 범죄에 대한 ICC의 재판권을 수락하는 경우에는 ICC는 비당사국의 국민을 재판하거나 비당사국영토 내에서의 범죄행위를 재판할 수 있고, 이로써 사실상 비당사국을 구속하는 결과를 초래할 수 있게 되었다. 답 X

26. ICC규정의 당사국이 아닌 국가는 ICC의 관할권 행사를 수락하는 선언을 할 수 없다. [14 경찰]

해설 비당사국도 자국민이 처벌받는 것에 동의하면 관할권을 행사할 수 있다. 답 X

Ⅳ 관할권행사를 위한 제소

27. 기소의 주체는 ICC 설립규정 당사국에만 한정하고 있다. [07 7급, 16 경찰]

해설 제13조는 당사국, 안전보장이사회, 소추관을 기소의 주체로 규정하고 있다. 답 X

28. UN인권이사회는 국제형사재판소(ICC)가 관할권을 행사하게 할 수 있는 제소주체이다. [18 9급]

해설 제13조는 당사국, 안전보장이사회, 소추관을 기소의 주체로 규정하고 있다.

답 X

29. 안전보장이사회는 ICC의 관할범죄가 범하여진 것으로 보이는 사태를 ICC 소추관(prosecutor)에게 회부할 수 있다. [09 · 17 9급, 14 7급]

해설 국제연합 헌장 제7장에 따라 행동하는 안보리는 ICC 물적 대상범죄가 범해진 것으로 보이는 상황을 소추관에게 회부할 수 있다(실질사항). 안보리의 제소권을 인정하는 이유는 안보리가 국제평화와 안전의 유지를 위한 제1차적인 책임을 지고 있다는 점, 안보리에게 제소권이 인정되지 않으면 안보리가 국제형사재판소를 설치할 것이고, 이는 ICC의 실효성을 반감시킬 것이라는 점 때문이다. 다만 안보리가 제소하는 상황은 국제평화와 안전에 대한 위협, 평화의 파괴, 침략행위 등 UN헌장 제39조가 상정하는 상황을 포함하고 있어야 한다. 한편 안보리가 상황을 회부하는 경우는 범죄발생지국이나 피고인 국적국이 ICC 규정 당사국인지 여부와 독립적이다(제13조 나호 참조).

답 O

30. UN 안전보장이사회가 ICC에 관한 로마규정 비당사국 국적의 범인을 ICC에 회부하는 경우, 비당사국의 ICC 재판권 수락선언은 필요 없다. [16 7급]

해설 제13조에 따라 안전보장이사회의 회부가 있는 경우 ICC 비당사국 국적의 범인도 처벌할 수 있다.

답 O

31. 소추관은 재판소 관할범죄에 관한 정보에 근거하여 독자적으로 수사를 개시할 수 있다. [17 9급]

해설 소추관은 안보리 또는 ICC 규정 당사국에 의한 회부가 없더라도 독자적으로 관할대상범죄에 대해 수사를 개시할 수 있다. 소추관은 당사국 또는 안보리에 의한 제소의 경우와 달리 '상황'의 회부가 아닌 특정한 '범죄'에 대해 수사를 하게 된다. ICC 규정은 소추관의 권한남용을 통제하기 위한 제도적 장치를 두고 있는데, 소추관이 수사를 개시할만한 합리적인 근거가 있다고 결론을 내리는 경우 수집한 증빙자료를 송부하여 전심재판부의 허가를 구할 의무가 있다(제15조 3항). 전심재판부가 수사개시허가를 거절하는 경우 소추관은 다시 동일한 상황에 대해 새로운 사실이나 증거에 기초하여 다시 허가를 구할 수 있다(제15조 5항).

답 O

32. UN안전보장이사회가 UN헌장 제7장에 따라 채택하는 결의로 ICC에 수사 또는 기소의 연기를 요청하는 경우 12개월의 기간 동안은 ICC규정에 따른 어떠한 수사나 기소도 개시되거나 진행되지 아니한다. [14 경찰, 17 7급]

해설 안보리가 UN헌장 제7장에 의거하여 채택한 결의에서 수사나 소추의 연기를 요청한 경우에는, 그로부터 12개월의 기간 동안에는 어떤 수사나 소추도 개시되거나 진행될 수 없다. 그리고 이러한 요청은 동일조건 하에서 안보리에 의하여 계속 갱신될 수도 있다(제16조).

답 O

33. UN사무총장이 ICC에 사태를 회부할 수 있다. [12 경찰]

해설 당사국, 안전보장이사회, ICC 소추관이 기소의 주체이다.

답 X

Ⅴ ICC의 재판적격성

34. **ICC와 국내재판소간의 관계에 대해서는 이른바 '보충성의 원칙'이 도입되었다.** [11 7급]

해설 ICC는 국내법원을 보충하는 것이며 이를 대체하는 것이 아니므로 국제법상 중대한 범죄를 행한 자를 재판부에 회부할 제1차적 책임은 국내법원이 져야 하며, ICC는 국내법원이 이러한 기능을 제대로 수행하지 않을 때 보충적으로 관할권을 가진다(제17조). 답 O

35. **개별 국가는 ICC의 관할범죄에 대하여 보충적 관할권을 갖는다.** [21 7급]

해설 반대로 기술되어 있다. 답 X

36. **사건이 그 사건에 대하여 재판관할권을 가진 국가에 의해 수사 중인 경우는 국제형사재판소(ICC)가 재판관할권을 행사할 수 있는 경우에 해당한다.** [10 7급, 11·12 경찰, 19 9급]

해설 사건이 그 사건에 대하여 관할권을 가지는 국가에 의하여 수사되고 있거나 또는 기소된 경우 재판소는 사건의 재판적격성이 없다고 결정하여야 한다(제17조 1항). 답 X

37. **사건이 그 사건에 대하여 재판관할권을 가진 국가가 소추의사 또는 능력이 없어 관련자를 소추하지 않기로 결정한 경우는 국제형사재판소(ICC)가 재판관할권을 행사할 수 있는 경우에 해당한다.** [10 7급]

해설 제17조 1항 나호 단서. 답 O

38. **사건에 대해 재판관할권을 가지는 국가가 관련자를 보호할 목적으로 무죄판결을 내린 경우 재판적격성이 없다.** [13 경찰]

해설 제17조 참조. 답 X

39. **ICC규정은 특정인을 당사국이 사면(amnesty)한 경우에 ICC가 재판적격성을 가지는지에 대하여 명시적으로 규정하지 않는다.** [14 경찰]

해설 특정국이 처벌할 의사가 부재한 것인지 판단하는 절차적 요소에 관한 제17조 2항은 존재하나 사면이 있는 경우에 대한 명확한 규정은 없다. 제17조 2항은 ⅰ) 제5조에 규정된 재판소 관할범죄에 대한 형사책임으로부터 당해인을 보호할 목적으로 절차가 취해졌거나, 진행 중이거나 또는 국내적 결정이 내려진 경우, ⅱ) 상황에 비추어, 당해인을 처벌하려는 의도와 부합되지 않게 절차의 부당한 지연이 있었던 경우, ⅲ) 절차가 독립적이거나 공정하게 수행되지 않았거나 수행되지 않고 있으며, 정황에 비추어 당해인을 처벌하려는 의도와 부합되지 않는 방식으로 절차가 진행되었거나 또는 진행 중인 경우를 의사의 부재로 정의하고 있다. 위 요건의 판단은 결과가 아닌 절차적 요소들에 대한 것이다. 따라서 관련 형사 절차가 절차적으로 공정하였으며, 범죄자를 비호하기 위하여 구성된 것이 아니라면 불기소처분이나 무죄판결이 내려져도 당해국이 소추 및 처벌에 관한 진정한 의사를 가지고 있지 않았다고 할 수 없다. 의사의 부재는 그 판단이 어느 정도 주관적 기준에 근거할 수밖에 없으므로 입증이 용이하지 않은 측면이 있으며, 절차와 관련된 사법기관의 구성 등과 같은 객관적 증거를 통하여 당해 국가의 주관적 의도를 유추해 내야 한다. 답 O

40. **ICC에 의하여 유죄판결을 받은 자는 ICC규정에 따라서만 처벌될 수 있다.** [13 7급]

해설 누구도 재판소에 의하여 이미 유죄 또는 무죄판결을 받은 제5조에 규정된 범죄에 대하여 다른 재판소에서 재판 받지 아니한다(제20조 2항). 답 O

41. **관련자가 제소의 대상이 된 행위에 대하여 이미 독립·공정한 재판을 받은 경우는 국제형사재판소(ICC)가 재판관할권을 행사할 수 있는 경우에 해당한다.** [10·13 7급, 15 경찰]

해설 제20조 일사부재리가 적용된다. 답 X

42. **사건이 국제형사재판소에 의한 추가적인 행동을 정당화할 만큼 충분히 중대하지 않은 경우는 국제형사재판소(ICC)가 재판관할권을 행사할 수 있는 경우에 해당한다.** [10 7급]

해설 제17조 1항 라호. 답 X

Ⅵ 기타 주요내용

43. **ICJ는 15명, ICC는 18명의 재판관으로 구성된다.** [13 9급, 16 경찰]

해설 재판관은 임기 9년의 18명으로 구성되고, 당사국회의에서 선출된다. 재판관은 재선될 수 없다. 재판부는 헤이그에 소재한다. 답 O

44. **ICJ와 ICC 모두 재판관 선출에 지역적 안배를 하며 재판소장의 임기는 3년이다.** [13 9급]

해설 모든 선거에 있어서 선거인은 피선거인이 개인적으로 필요한 자격을 가져야 할뿐만 아니라 전체적으로 재판관단이 세계의 주요문명형태 및 주요법체계를 대표하여야 함에 유념한다(ICJ규정 제9조). 당사국들은 재판관의 선출에 있어서 재판소 구성원 내에서 다음의 필요성을 고려한다.(1) 세계의 주요 법체계의 대표성, (2) 공평한 지역적 대표성, (3) 여성 및 남성 재판관의 공정한 대표성(ICC규정 제36조 8항). 답 O

45. **ICJ와 ICC 모두 초대 재판관을 제외한 재판관의 임기는 9년이다.** [13 9급]

해설 ICJ규정 제13조 1항. ICC규정 제36조 9항. 답 O

46. **국제형사재판소 재판관은 국제연합 총회에서 비공개 투표를 통해 선출된다.** [17 9급]

해설 재판관은 임기 9년의 18명으로 구성되고, 당사국회의에서 선출된다. 재판관은 재선될 수 없다. 답 X

47. **국제형사재판소(ICC)규정은 동 규정에 대한 유보를 금지하고 있다.** [17 7급]

해설 로마규정에 대해서는 유보를 할 수 없다(제120조). 답 O

48. **ICC로마규정은 국제 범죄의 실효적인 처벌을 위해 ICC 관할 범죄에 대한 공소시효를 50년으로 규정하고, 집단살해죄에 대해서는 사형제도를 규정하고 있다.** [13·16 7급, 11·12·15 경찰, 17·19 9급]

해설 재판소에 의하여 유죄판결을 받은 자는 이 규정에 따라서만 처벌될 수 있다(제23조). 사형제도가 없고, 최고 30년을 초과하지 않는 유기징역이나 범죄의 중대성과 정황에 의하여 정당화될 때에는 무기징역을 부과할 수 있다. 자유형에 부가하여 벌금과 몰수를 명할 수 있다. 형벌의 집행은 재판소가 지정하는 국가에 의하여 이루어진다. 상소와 재심이 가능하다. 재판소의 관할범죄에 대하여는 어떠한 시효도 적용되지 아니한다(제29조).

답 X

49. 정치범불인도원칙은 국제형사법원(ICC)의 범죄인인도에도 적용된다. [12 7급]

해설 국제형사재판소의 관할대상 범죄는 정치범으로 인정받을 수 없는 유형이며, 공적지위에서 오는 면제도 인정되지 않는다.

답 X

Part. 2

국제경제법

2023대비
공무원국제법
기출지문

제1부

국제경제법과 WTO체제

제1장 국제경제법의 개념 및 법원

Ⅰ 국제경제관계의 특성과 법

Ⅱ 국제경제법의 의의

제2장 WTO체제 개관

제1절 세계무역기구의 국제법상 지위

Ⅰ WTO 체제의 성립

1. **GATT체제에서는 협정운영을 위한 일반적 국제기구가 존재하지 않았으나, WTO협정체제는 일반적 국제기구로서 세계무역기구를 창설하였다.** [11 9급]

해설 GATT는 잠정적용의정서(PPA)에 의해 임시적으로 시작된 국제협정이었으나, "체약 당사자들의 대표들은 공동 행동을 수반하는 이 협정의 규정을 실행하기 위한 목적으로 또한 일반적으로 이 협정의 운영을 원활하게 하고 이 협정의 목적을 증진할 목적으로 수시로 회합한다."는 제25조 1항을 활용하여 협정의 적용단계에서 사무국·총회·이사회 등이 조직되어 운영됨으로 사실상 국제기구로 작동하였다. 그러나 WTO는 'WTO설립협정' 그 자체로 창설된 법인격을 가진 국제기구이다. 답 O

2. **세계무역기구는 UN의 전문기구로서 UN 경제사회이사회와 업무제휴협정을 맺고 있다.** [10 9급]

해설 IMF와 IBRD는 UN의 전문기구이나, WTO는 아니다. 답 X

3. **GATT체제가 상품교역에 대한 규율에 중점을 둔 반면 WTO협정체제는 서비스, 지적재산권 및 무역관련 투자도 규율대상에 포함하였다.** [11·14 9급]

해설 GATT규칙은 상품무역에만 적용되었으며, 상품무역 중에서도 공산품을 중심으로 규율하고 있었다. WTO협정은 공산품, 농산물 등의 상품무역뿐만 아니라 무역관련 투자 및 GATS와 TRIPs를 통하여 서비스무역, 지적재산권무역까지도 규율하고 있다. 따라서 이제 양허표는 'GATT 1994'에 '상품무역 양허표'가 부속되어 있을 뿐만 아니라, 서비스무역에 관한 일반협정인 GATS에도 '서비스무역 양허표'가 부속되어 있다. 답 O

4. **WTO 회원국은 WTO협정과 동 부속서 등에 규정된 권리와 의무의 주체가 된다.** [12 9급]

해설 WTO는 가입방식에 있어 바로 '일괄채택방식(single undertaking)'을 취하여 WTO협정을 일괄적으로 수락하여야 하며, 조건부 가입은 인정되지 않는다. 따라서 우루과이라운드 다자간 무역협상의 결과를 구현한 최종의정서에 가입하면 부속서 3까지는 자동적으로 가입한 것이 된다. 답 O

5. **GATT체제에는 당사국간 무역분쟁해결을 위한 분쟁해결절차가 없었으나, WTO협정체제는 명료하고 신속한 분쟁해결절차를 규정하고 있다.** [11 9급]

해설 WTO는 부속서 2에서 분쟁해결양해를 두어 통일적 절차를 두고 있다. 이에 비해 GATT체제에서는 ① 분쟁해결에 관한 규정이 여러 곳에 분산되어 있었고, ② 분쟁해결을 위한 상설기구가 존재하지 않았다. 또한 ③ 패널의 설치나 보고서의 채택에 총의를 요구함으로써 분쟁절차가 비효율적이었고, ④ 분쟁해결결정을 담보할 만한 제도적 장치가 갖추어지지 않아 그 구속력 또한 미미하였다. 답 X

Ⅱ WTO법의 연원

6. WTO설립협정에는 동 협정이 부속된 다자간무역협정들이 포함된다. [13 경찰]

해설 부속서 1, 2 및 3에 포함된 협정 및 관련 법적 문서(다자간 무역협정)는 WTO협정의 '불가분의 일부'(integral part)를 구성하며, 모든 회원국에 대하여 구속력을 갖는다. WTO법의 연원으로서 마라케시 최종의정서, WTO설립협정과 그 부속서 1, 2, 3은 같은 일자에 체결된 불가분의 일부로서(integral part) 단일협정(single undertakings)이라는 특성을 가지고 있다. 답 O

7. WTO 설립협정은 UN헌장 제102조의 규정에 따라 등록된다. [18 9급]

해설 WTO설립협정 제16조 6항 답 O

8. GATT협정은 상품무역의 자유화를 추구하는 점에서 서비스무역의 자유화를 추구하는 GATS협정과 구별된다. [13 9급]

해설 GATT는 부속서 1A이고, GATS는 부속서 1B에 해당한다. 답 O

9. 부속서 1A는 13개의 상품무역에 관한 다자간 무역협정으로 구성되어 있다. [14 경찰]

해설 부속서 1A는 1994 GATT와 농업에 관한 협정, 위생 및 검역조치에 관한 협정, 섬유 및 의류에 관한 협정, 무역에 관한 기술장벽 협정 등 총 13개의 상품무역에 관한 다자간 무역협정을 포함한다. 1947 GATT는 1994 GATT와 법적으로 구분되고 1947 GATT 그 자체는 종료되었다. 하지만 1994 GATT는 1947 GATT를 포함한다. 따라서 1947 GATT 제Ⅰ조는 1994 GATT 제Ⅰ조가 된다. 답 O

10. '1947년 GATT'를 포함하는 '1994년 GATT'는 WTO협정체제의 일부를 구성한다. [11 9급]

해설 1994 GATT는 부속서1A에 포함되며, 1994GATT는 ① 1947GATT와, ② 1947년도 GATT하에서 발효한 법률문서들, ③ 7개의 새로운 양해, ④ 마라케쉬 의정서로 구성되어 있다. 답 O

11. 농업협정은 WTO의 모든 회원국들에게 의무적으로 적용되는 다자간 협정이다. [11 9급]

해설 부속서 1A에 포함된 다자간 무역협정이다. 답 O

12. 위생 및 검역협정은 WTO의 모든 회원국들에게 의무적으로 적용되는 다자간 협정이다. [11 9급]

해설 부속서 1A에 포함된 다자간 무역협정이다. 답 O

13. 기술장벽협정은 WTO의 모든 회원국들에게 의무적으로 적용되는 다자간 협정이다. [11 · 19 9급]

해설 부속서 1A에 포함된 다자간 무역협정이다. 답 O

14. 보조금 및 상계조치에 관한 협정은 세계무역기구(WTO)의 부속협정 중 WTO의 모든 회원국을 구속하는 협정이다. [08 · 19 9급]

해설 부속서 1A 상품무역에 관한 다자간 협정에 포함된 협정으로서 모든 회원국을 구속한다. 답 O

15. 관세평가협정은 다자간 무역협정에 해당한다. [19 9급]

해설 부속서 1A 상품무역에 관한 다자간 협정에 포함된 협정으로서 모든 회원국을 구속한다. 답 O

16. 무역관련 지적재산권에 관한 협정은 세계무역기구(WTO)의 부속협정 중 WTO의 모든 회원국을 구속하는 협정이다. [08 9급]

해설 부속서 1C로서 다자간 무역협정에 해당한다. 답 O

17. 부속서 1B는 서비스 무역에 관한 일반협정이다. [14 경찰]

해설 부속서 1B는 '서비스무역에 관한 일반협정'(General Agreement on Trade in Services, GATS)과 그 부속서로 구성된다. 답 O

18. 부속서 3은 무역정책검토제도이다. [14 경찰]

해설 부속서 3은 '무역정책검토제도'(Trade Policy Review Mechanism, TPRM)로 구성되어 각 회원국의 법과 약속을 정기적으로 검토하는 제도를 창설하고 있다. 답 O

19. 부속서 4는 모든 회원국에 의무적으로 적용되는 복수국간 무역협정이다. [14 경찰]

해설 부속서 4에 포함된 협정 및 관련 법적 문서(복수국간 무역협정)는 이를 수락한 회원국에 대하여 이 협정의 '일부'(part)를 구성하며, 이를 수락한 회원국에 대하여만 구속력을 가진다. 답 X

20. 정부조달에 관한 협정은 세계무역기구(WTO)의 부속협정 중 WTO의 모든 회원국을 구속하는 협정이다. [08 · 11 · 19 9급, 13 경찰]

해설 정부조달협정과 민간항공기협정은 부속서 4 복수국간 무역협정에 포함된다. 답 X

21. WTO 설립협정의 정본으로 인정되는 언어의 수는 국제사법재판소(ICJ)의 공용어보다 더 많다. [14 경찰]

해설 1994년 4월 15일 마라케쉬에서 동등하게 정본인 영어, 불어 및 스페인어로 각 한부씩 작성하였다. ICJ의 공용어는 영어와 불어이다. 답 O

Ⅲ WTO 협정 상호간의 관계

22. WTO 설립협정과 다자간무역협정이 상충하는 경우 상충의 범위 내에서 전자가 우선한다. [09 7급, 07 9급]

해설 WTO 설립협정상의 규정과 다자간 무역협정상의 규정이 상충하는 경우 상충의 범위 내에서 WTO 설립협정상의 규정이 우선 적용된다. 그 예로 의무면제와 관련하여 WTO 설립협정은 제9조 3항에서 회원국 3/4의 동의를 요하나, GATT 제25조 5항은 2/3 동의를 요하는 것을 들 수 있다. 답 O

Ⅳ 유보와 비적용

23. WTO 설립협정에 대하여는 유보를 할 수 없다. [18 9급]

해설 WTO 설립협정은 유보가 전면 금지되나, 다자간 무역협정은 각 협정에 규정된 범위 내에서는 허용된다. 복수국간 무역협정의 유보에 관해서는 각 협정에 의한다(제16조 5항). 답 O

Ⅴ WTO협정과 회원국 국내법과의 관계

24. WTO회원국은 WTO협정에 부속된 협정들에 규정된 의무에 자신의 법률, 규정 및 행정절차가 일치할 것을 보장할 의무를 진다. [11 · 13 경찰]

해설 WTO설립협정 제16조 4항. 답 O

25. 회원국은 WTO협정상의 의무를 면할 목적으로 국내법을 원용할 수 없다. [13 경찰]

해설 조약법 협약 제27조. 답 O

제2절 세계무역기구와 그 기관

Ⅰ WTO설립 및 법적 지위

26. 세계무역기구는 독립된 법인격(legal personality)을 갖는다. [09 · 10 9급, 16 경찰]

해설 세계무역기구는 법인격을 가지며, 각 회원국은 세계무역기구에 대하여 이 기구가 자신의 기능을 수행하는 데 필요한 법적 능력을 부여한다(WTO설립협정 제8조 1항). 답 O

27. 각 회원국은 세계무역기구에 대하여 이 기구가 자신의 기능을 수행하는데 필요한 특권과 면제를 부여한다. [09 · 10 · 21 9급, 14 경찰]

해설 각 회원국은 세계무역기구에 대하여 이 기구가 자신의 기능을 수행하는 데 필요한 특권과 면제를 부여한다.(WTO설립협정 제8조 2항). 답 O

28. 각 회원국은 세계무역기구의 회원국 대표에 대하여 이들이 세계무역기구와 관련하여 자신의 기능을 독자적으로 수행하는데 필요한 특권과 면제를 부여한다. [10 9급, 16 경찰]

해설 각 회원국은 또한 세계무역기구의 관리와 이 기구의 회원국 대표에 대하여도 이들이 세계무역기구와 관련하여 자신의 기능을 독자적으로 수행하는 데 필요한 특권과 면제를 부여한다(WTO설립협정 제8조 3항). 답 O

29. 회원국은 WTO 기구의 직원에게 외교관에 해당하는 특권과 면제를 부여해야 한다. [16 경찰]

해설 회원국이 세계무역기구, 이 기구의 관리 및 이 기구 회원국 대표에게 부여하는 특권과 면제는 1947년 11월 21일 국제연합총회에서 승인된 전문기구의 특권과 면제에 관한 협약에 규정된 특권과 면제와 유사하여야 한다(WTO설립협정 제8조 4항). 답 X

30. WTO는 본부협정을 체결할 수 있다. [16 경찰]

해설 WTO설립협정 제8조 4항. 답 O

31. WTO는 WTO 설립협정 및 다자간 무역협정의 이행, 관리, 운영을 촉진한다. [15 9급, 17 7급]

해설 WTO설립협정 제3조 1항. 답 O

32. WTO는 WTO 설립협정에 부속된 협정들에 관련된 다자간무역관계와 관련 회원국들 간의 협상의 장(forum)을 제공한다. [14·15 9급, 17 7급]

해설 WTO설립협정 제3조 2항. 답 O

33. WTO는 패널절차와 상소절차를 통하여 회원국 사이의 무역분쟁을 해결한다. [14 9급]

해설 WTO설립협정 제3조 3항. 답 O

34. WTO는 WTO 설립협정 부속서 3에 규정된 무역정책검토제도를 시행한다. [15 9급, 17 7급]

해설 WTO설립협정 제3조 4항. 답 O

35. WTO는 세계경제 정책 결정에 있어서 일관성 제고를 위하여 UN 경제사회이사회와 협력한다. [15 9급]

해설 세계무역기구는 세계경제 정책결정에 있어서의 일관성 제고를 위하여 적절히 국제통화기금과 국제부흥개발은행 및 관련 산하기구들과 협력한다(제3조 5항). 답 X

36. 보호무역의 달성은 WTO 기능에 해당한다. [17 7급]

해설 WTO 기본원칙은 자유무역의 달성이다. 답 X

Ⅱ WTO 구조와 기관

37. 각료회의는 모든 회원국들의 대표로 구성되며, 적어도 2년에 1회 이상 개최된다. [07 9급, 11 경찰]

해설 WTO설립협정 제4조 1항. 답 O

38. 각료회의는 모든 회원국 대표로 구성되며, 매년 1회 개최되어야 한다. [16 경찰]

해설 2년에 1회 이상이다. 답 X

39. **각료회의는 회원국의 요청으로 WTO 협정과 관련 다자간 무역협정의 의사결정요건에 따라 모든 사안에 대하여 결정을 내릴 권한을 갖는다.** [11 경찰]

해설 각료회의는 회원국이 요청하는 경우, 이 협정과 다자간 무역협정의 구체적인 의사결정 요건에 따라 다자간 무역협정의 모든 사항에 대하여 결정을 내릴 권한을 갖는 최고기관이다. 답 O

40. **각료회의와 일반이사회는 WTO협정의 해석을 채택할 독점적인 권한을 가지고 있다.** [21 9급]

해설 각료회의와 일반이사회는 WTO 설립협정과 MTA에 대한 해석 권한이 있다. 답 O

41. **각료회의는 예외적인 상황에서 회원국 3/4이상의 다수결에 따라 특정회원국에 대하여 협정상의 의무를 면제할 수 있다.** [09 7급, 11 경찰]

해설 예외적인 상황에서 'WTO설립협정이나 다자간무역협정이 회원국에게 부과하는 의무를' 면제하기로 하는 결정인 waiver의 부여여부는 각료회의의 결정사항으로 회원국 3/4 이상의 다수결에 의하여 결정한다. 답 O

42. **각료회의와 일반이사회는 WTO 설립협정과 다자간무역협정의 해석을 채택하는 독점적인 권한을 갖는다.** [09 · 17 9급, 11 경찰]

해설 각료회의와 일반이사회는 이 협정과 다자간무역협정의 해석을 채택하는 독점적인 권한을 갖는다(WTO 설립협정 제9조 2항). 해석의 채택여부에 대한 결정은 회원국 3/4 이상의 다수결에 의한다. 답 O

43. **일반이사회는 각료회의에서 선출되며 다자간무역협정의 모든 사항에 대해 결정을 내릴 권한을 갖는다.** [09 9급, 14 경찰]

해설 모든 회원국의 대표로 구성되며, 다자간무역협정의 모든 사항에 대해 결정을 내릴 권한은 각료회의에 있다. 답 X

44. **최고의사결정기관은 이사회이다.** [16 경찰]

해설 최고의사결정기관은 각료회의이다. 답 X

45. **일반이사회는 분쟁해결양해에 규정된 분쟁해결기구의 임무를 이행한다.** [09 9급, 14 경찰]

해설 제4조 3항. 일반이사회는 분쟁해결기구(DSB)와 무역정책검토기구(TPRB)로써의 임무를 이행하기 위해 적절히 개최된다. 일반이사회, 분쟁해결기구, 무역정책검토기구는 각각 독자적인 의장과 의사규칙을 둔다. 답 O

Ⅲ 회원가입과 탈퇴

46. **세계무역기구(WTO) 회원국의 지위에 대하여 국가만이 회원 자격을 가지며 독자적 관세영역은 회원국이 될 수 없다.** [07 · 12 · 18 · 21 9급]

해설 국가와 완전한 자치권을 보유한 독자적 관세영역이 가입자격이 있다(제12조 1항). 답 X

47. **GATT 1947의 체약국은 WTO의 회원국으로 간주된다.** [12 9급]

해설 1947 GATT 회원국이면서, 협정발효일(95.1.1) 현재 협정을 수락한 국가(제11조 1항)는 원회원국이다. 답 O

48. **WTO의 원회원국이 되기 위해서는 WTO협정 발표일 당시에 1947년 GATT의 체약당사국이며, WTO협정과 다자간무역협정을 수락하고, GATT 양허표와 GATS의 구체적 약속표를 부속해야 한다.** [11 경찰]

해설 이 협정 및 다자간무역협정을 수락하고, 자기나라의 양허 및 약속표가 1994년도 GATT에 부속되며 서비스무역에 관한 일반협정에 자기나라의 구체적 약속표가 부속된 국가로서 이 협정 발효일 당시 1947년도 GATT 체약당사자와 구주공동체는 세계무역기구의 원회원국이 된다(제11조 1항). 답 O

49. **WTO는 국제무역의 자유화를 위한 국제기구로서 1947년 GATT의 체약당사국과, WTO출범 이후 새로운 가입절차를 거친 국가에게만 회원국의 지위를 인정한다.** [11 경찰]

해설 국가와 완전한 자치권을 보유한 독자적 관세영역이 가입자격이 있다(제12조 1항). 답 X

50. **신규 회원국의 가입은 각료회의가 결정한다.** [09 7급, 12 9급]

해설 각료회의에서 2/3 다수결로 이루어진다(제12조 2항). 답 O

51. **WTO의 각료회의는 회원국의 총의(consensus)에 의하여 가입조건에 관한 합의를 승인한다.** [07 9급]

해설 2/3 다수결로 승인한다. 답 X

52. **회원국은 WTO 설립협정으로부터 탈퇴할 수 있다.** [16 경찰, 18 9급]

해설 회원국은 이 협정으로부터 탈퇴할 수 있다. 이러한 탈퇴는 이 협정 및 다자간무역협정에 대하여 적용되며, 서면 탈퇴통보가 세계무역기구 사무총장에게 접수된 날로부터 6월이 경과한 날 발효한다(WTO설립협정 제15조 1항). 답 O

53. **회원국의 탈퇴는 서면으로 탈퇴통고가 WTO 사무총장에게 접수된 날로부터 6개월이 경과된 날로부터 효력이 발생한다.** [09 7급, 11 경찰]

해설 회원국은 이 협정으로부터 탈퇴할 수 있다. 이러한 탈퇴는 이 협정 및 다자간무역협정에 대하여 적용되며, 서면 탈퇴통보가 세계무역기구 사무총장에게 접수된 날로부터 6월이 경과한 날 발효한다(제15조 1항). 답 O

Ⅳ 의사결정

54. **WTO는 원칙적으로 1947년 GATT체계에서 관행적으로 수행된 총의(consensus)에 따라 의사결정을 한다.** [11·16 경찰]

해설 GATT1947은 의사결정에 있어 표결에 대해서만 규정하였고 컨센서스(총의)는 단지 그 후 관행으로 확립되었다. 이에 반해 WTO에서는 GATT의 컨센서스의 관행을 명문화하였다. 답 O

55. 의사결정에서 어떤 참석 회원국도 공식적으로 제안에 반대하지 않으면 총의에 의하여 결정된 것으로 간주한다. [11 경찰]

해설 만장일치의 경우에는 어떤 문안에 관하여 적극적 합의가 존재하는 것이며, 그 동의는 투표를 통해 나타난다. 이에 반해, 총의는 일체의 공식적인 반대의 부재인 Consensus는 소극적 합의를 의미하여, 그러한 합의는 회의장에서 투표 없이 거수로 확인된다. 답 O

56. 총의에 의하여 의사결정이 이루어지지 않는 경우에는 달리 규정되지 않는 한, 정식 표결로 의사결정이 이루어진다. [11 경찰, 17·21 9급]

해설 컨센서스에 의해 의사결정을 할 수 없는 경우에 표결로 간다. 답 O

57. WTO 각 회원국은 각료회의와 일반이사회에서 국제교역량에 비례하여 투표권을 가진다. [17 9급]

해설 1국 1표이다. 답 X

58. 독립된 회원국 지위를 갖는 EC는 표결 시 WTO 회원국인 EC의 개별 회원국 수에 해당하는 표결권을 갖는다. [11 경찰]

해설 유럽연합(EU)이 투표권을 행사할 때는 WTO회원국인 EC회원국 수와 동일한 수의 투표권을 가지며, 유럽연합(EU)과 그 회원국의 투표수는 어떠한 경우에도 유럽연합 회원국 수를 초과할 수 없다. 답 O

59. 최혜국대우원칙 조항의 개정을 위해서는 WTO 회원국의 컨센서스(consensus)가 요구된다. [08 7급, 15 경찰, 16 9급]

해설 최혜국대우조항 개정(1994GATT 제1조, GATS 제2조 1항, TPRPs 제4조), WTO설립협정 제10조 개정절차조항 개정, WTO설립협정 제9조 의사결정조항 개정, 1994 GATT 제2조 관세양허 개정은 만장일치가 요구되는 경우이다. 답 X

60. GATT 1994 제3조(내국민대우)는 세계무역기구(WTO)의 모든 회원국이 수락한 경우에만 개정될 수 있는 조문에 해당한다. [16 9급, 15·16 경찰]

해설 최혜국대우원칙의 개정이 만장일치 동의를 요한다. 답 X

61. 의무면제(waiver) 부여는 역총의에 의한다. [15 경찰]

해설 예외적인 상황에서 'WTO설립협정이나 다자간무역협정이 회원국에게 부과하는 의무를' 면제하기로 하는 결정인 waiver의 부여여부는 각료회의의 결정사항으로 회원국 3/4 이상의 다수결에 의하여 결정한다. 답 X

62. 각료회의와 일반이사회에서의 의사결정은 WTO협정 또는 관련 다자간무역협정에서 달리 규정하지 않는 한, 원칙적으로 투표 과반수에 의하여 이루어진다. [11 경찰]

해설 이 협정 또는 다자간무역협정에 달리 규정되어 있는 경우를 제외하고는, 각료회의와 일반이사회의 결정은 투표과반수에 의한다(제9조 1항). 답 O

V 개정절차

제3장 분쟁해결제도

I ICJ와 DSU 비교

1. 강제관할권 확보의 측면에서는 WTO 분쟁해결절차가 ICJ절차 보다 강화되어 있다. [09 7급]

해설 ICJ는 임의관할이 원칙이나, 패널설치는 역총의가 적용되어 강제관할이다. 답 O

2. WTO 회원국간 무역분쟁이 발생하는 경우, 분쟁당사국 간 별도의 합의가 없어도 관할권이 성립한다. [08 7급]

해설 패널설치가 역총의에 의하므로 사실상 강제관할권이다. 답 O

3. 분쟁해결기구(DSB)의 일차적인 의사결정방법은 총의제이고 총의가 이루어지지 않는 경우 표결에 의한다. [09 9급]

해설 총의나 역총의에 의해 이루어진다. 답 X

4. ICJ는 단심절차인데 반해 WTO는 2심절차를 두고 있다. [08·09 7급, 10 9급, 16 경찰]

해설 ICJ는 재심이 허용되고 상소가 없는데 비해, DSU는 항소가 허용되고 재심이 없다. 답 O

	ICJ	DSU
비당사국 제소	○	×
관할권 성립	임의관할원칙, 예외적 강제관할	강제관할
물적 범위	모든 법적분쟁	부록1에 연결된 협정
재판부 국적	국적재판관 인정	패널은 원칙불가, 상소위원 허용
절차 공개 여부	심리공개, 평의 비공개, 판결 공개	협의, 주선·중개·조정, 상소심 비공개
단계별 시한제한	×	○
제3자 참가제도	○	○
의사결정 정족수	출석 재판관 과반수	총의제, 역총의제
선례구속의 원칙	부정. 명문규정 있음	부정. 명문 없음
불복수단	상소×, 재심○	상소○, 재심×
이행감독	헌장 제94조 2항 안보리	DSU 제21조, 제22조, DSB
일방적 보복조치	불허	불허

5. ICJ와 달리 WTO 분쟁해결절차에서는 결정시한이 정해져 있다. [16 경찰]

해설 ICJ는 단계별 시한이 정해져 있지 않다. 답 O

6. **ICJ의 심리(hearing)은 원칙적으로 공개되고, WTO 패널의 심의(deliberation)는 공개되지 않는다.** [16 경찰]

해설 ICJ의 심리는 공개가 원칙이고 비공개로 할 수도 있으나, 패널의 심의는 비공개이다. 답 O

7. **ICJ 재판관과 WTO 패널 및 상소기구 위원 모두 겸직이 허용되지 않는다.** [16 경찰]

해설 패널위원은 겸직이 허용된다. 정부인사뿐만 아니라 비정부인사도 패널위원으로 선정될 수 있지만 (제8조 1항), 그 자격은 국제무역법이나 국제무역정책에 관해 충분한 자격을 갖춘 전문가이어야 하며, 패널위원은 독립성과 충분히 다양한 배경 및 광범위한 경험이 확보될 수 있도록 선정되어야 한다. 답 X

8. **ICJ 재판관의 수는 WTO 상소기구(Appellate Body) 위원의 수 보다 적다.** [09 7급]

해설 ICJ의 재판관 수는 15인이나, 상설상소기구는 임기 4년의 7명의 위원으로 구성되어 있다. 단 한 사건은 3인의 상소위원이 담당한다. 답 X

9. **ICJ는 WTO와는 다르게 임시국적재판관(national ad hoc judge)제도를 두고 있다.** [09 7급]

해설 임시국적재판관(national ad hoc judge)제도는 패널절차나 상소절차에서 인정되지 않는다. 답 O

Ⅱ 부속서 2의 적용범위

10. **무역정책검토제도는 '분쟁해결절차 및 규칙에 관한 양해'(DSU)의 대상협정(covered agreements)에 포함된다.** [09 7급, 12 경찰]

해설 DSU 제1조 1항은 "이 양해의 규칙 및 절차는 이 양해의 부록 1에 연결된 협정(이하 "대상협정"이라 한다)의 협의 및 분쟁해결규정에 따라 제기된 분쟁에 적용된다." 부록 1에 연결된 협정이란, 세계무역기구 설립을 위한 협정, 부속서 1A의 상품무역에관한다자간협정, 부속서 1B의 서비스무역에관한일반협정, 부속서 1C의 무역관련지적재산권에관한협정, 부속서 2의 분쟁해결규칙및절차에관한양해, 부속서 4의 복수국간무역협정을 말하는데, 부속서 3의 무역정책검토제도는 대상협정이 아니다. 답 X

11. **포괄적경제동반자협정은 WTO 분쟁해결제도의 '대상이 되는 협정'에 해당되지 않는다.** [16 7급]

해설 DSU의 대상범위는 세계무역기구설립을 위한 협정, 부속서 1A의 상품무역에관한다자간협정, 부속서 1B의 서비스무역에관한일반협정, 부속서 1C의 무역관련지적재산권에관한협정, 부속서 2의 분쟁해결규칙및절차에관한양해, 부속서 4의 복수국간무역협정을 말하는데, 부속서 3의 무역정책검토제도는 대상협정이 아니다. 나아가 1994 GATT 제24조와 GATS 제5조에 의해 회원국 간에 체결된 지역무역협정(RTAs)은 WTO와 별개의 조약으로서 WTO법의 일부가 아니므로 WTO법의 연원으로 볼 수 없다. 답 O

Ⅲ 분쟁해결기관 및 제도

12. **협의, 주선, 조정, 중개 등 당사국의 합의에 의한 외교적 해결(화해지향적 해결)도 권장하고 있다.** [13 경찰]

해설 WTO의 기본적 분쟁해결절차(협의 및 주선·중개·조정과 패널절차, 항소절차)와 대체적 절차(중재절차)로

나뉜다. 패널·항소·중재절차는 사법적 분쟁해결제도이나, 협의 및 주선·중개·조정은 비사법적·화해지향적·외교적 분쟁해결제도이다. 답 O

Ⅳ 제소사유

13. 대상협정에 따라 부담해야 하는 의무에 대한 위반이 있는 경우, 이러한 행위는 일견 명백한 무효화 또는 침해를 구성하는 것으로 간주된다. [09 9급]

해설 DSU 제3조 8항. 답 O

14. 분쟁해결절차에서 비차별주의 위반에 대하여는 일반적으로 피소국이 입증책임을 진다. [17 9급]

해설 제소국이 피소국의 조치가 최혜국대우나 내국민대우원칙에 위반임을 입증하여야 하며, 피소국은 자신의 조치가 GATT 제20조에 의해 정당화됨을 입증하여야 한다. 답 X

15. 1994년도 GATT 제23조 제1항 (b)에 규정된 형태의 비위반제소의 경우 이익의 무효화 또는 침해의 입증책임은 제소국에게 있다. [15 7급]

해설 협정위반제소의 경우에는 DSU 제3조 8항에 의해 '이익의 무효화 또는 침해'가 추정되므로 제소국은 "피제소국의 대상조치가 WTO협정에 위반된다."는 점만을 입증하면 되지만, 비위반제소의 경우에는 '이익의 무효화 또는 침해'까지 입증해야 하므로 제소국은 "이른바 위 'Japan-Film Case'에서 설정된 요건들을 모두 입증하여야 한다."는 부담이 있다. 답 O

16. 1994년도 GATT 제23조 제1항 (b)에 규정된 형태의 비위반제소의 경우 피제소국은 패소하더라도 GATT/WTO 협정상의 어떤 구체적인 규정을 위반한 것이 아니기 때문에 대상조치를 철회할 의무는 없다. [15 7급]

해설 이익이 무효화 또는 침해되었다는 판정이 내려지는 경우 피소국은 문제된 조치를 철회할 의무는 없다. 단지 DSU 제26조 1항 (b)에 의해 '상호 만족할 만한 조정'을 행하도록 권고를 받을 뿐이다. 답 O

Ⅴ 분쟁해결절차

17. 협의요청 접수일로부터 60일 이내에 협의를 통한 분쟁해결에 실패하는 경우, 제소국은 패널의 설치를 요청할 수 있다. [13 7급]

해설 DSU 제4조 7항 1문. 답 O

18. 제소국은 협의를 요청한 후 60일 이전이라도 패널설치를 요구할 수 있다. [12 9급]

해설 60일 기간 중이라도 협의 당사자가 협의를 통한 분쟁해결에 실패했다고 공동으로 간주하는 경우 패널설치를 요청할 수 있다(제4조 7항 2문). 답 O

19. 패널설치 이후에는 주선, 중개, 조정절차를 이용할 수 없다. [12 9급]

해설 분쟁당사국은 언제든지 요청할 수 있고, 언제든지 개시되고, 종료될 수 있다. 다만 일단 개시되면 종료되어야 패널설치를 요청할 수 있다. 그러나 분쟁당사국들이 합의하는 경우 주선·중개·조정 절차는 패널과정 중에도 계속 될 수 있다. 답 X

20. 패널 설치에 대한 요청은 구두로 이루어지면, 그 법적 이유를 명시하여야 한다. [07 9급, 15 경찰]

해설 패널설치는 서면으로 요청된다. 이러한 요청은 협의가 개최되었는지 여부를 명시하고, 문제가 된 특정 조치를 명시하며, 문제를 분명하게 제시하는 데 충분한 제소의 법적 근거에 대한 간략한 요약문을 제시한다. 제소국이 표준위임사항과 상이한 위임사항을 갖는 패널의 설치를 요청하는 경우, 서면 요청서에는 제안하고자 하는 특별위임사항의 문안이 포함한다(DSU 제3조 2항). 답 X

21. 제소국의 일방적인 패널설치요청으로 패널이 설치된다. [12 9급]

해설 제6조 2항. 답 O

22. 패널설치는 모든 회원국이 반대하지 아니하는 한 자동적으로 설치된다. [12 9급, 15 경찰]

해설 패널설치는 역총의로 결정되기 때문에(제6조 1항) 설치를 요청하는 분쟁당사국의 의사가 사실상 결정한다. 이 점에서 패널은 항소와 함께 강제관할이라고 말해진다. 답 O

23. 패널은 분쟁당사자가 패널설치일로부터 10일 이내에 5인의 패널위원으로 구성하는 데 합의하지 아니하는 한, 3인의 패널위원으로 구성된다. [10·15 9급, 13 7급, 15 경찰]

해설 패널은 3인의 위원으로 구성된다. 다만, 분쟁당사자들은 패널 설치로부터 10일 내에 5인의 위원을 구성할 것을 합의할 수 있다(제8조 5항). 답 O

24. 패널은 일정한 자격을 갖춘 정부인사로 구성되며, 패널위원은 자국 정부의 대표로서 활동한다. [13 7급]

해설 정부인사뿐만 아니라 비정부인사도 패널위원으로 선정될 수 있고(제8조 1항), 패널위원은 정부대표나 기구대표가 아닌 개인자격으로 임무를 수행한다(제8조 9항). 답 X

25. 세계무역기구(WTO) 분쟁해결절차 중 패널 구성에 대하여 패널 위원은 정부 대표나 기구 대표가 아닌 개인 자격으로 임무를 수행한다. [15 7급, 11·15·16 경찰]

해설 제8조 9항. 답 O

26. 자기 나라 정부가 분쟁 당사자인 회원국의 국민은, 분쟁당사자가 달리 합의하지 아니하는 한, 그 분쟁을 담당하는 패널의 위원이 되지 아니한다. [15 7급]

해설 분쟁당사국인 회원국 국민 또는 패널에 참가한 제3자의 국민은 분쟁당사국이 달리 합의하지 않는 한, 그 분쟁을 담당하는 패널위원이 될 수 없다. 반면에 항소심에서는 이러한 제한이 없기 때문에 국적항소위원이 발생하게 된다(제8조 3항). 답 O

27. 패널 설치일로부터 20일 이내에 패널 위원 구성에 대해 합의하지 못하면 분쟁해결기구 의장이 패널 위원을 임명한다. [15 7급, 16 경찰]

해설 패널위원은 상소위원과는 달리 분쟁해결기구에 의해 임명되지 않는다. 사무국은 분쟁당사국에게 패널위원 후보를 제의한다. 분쟁당사국은 불가피한 경우를 제외하고는 동 후보자를 거부하여서는 안된다(제8조 6항). 패널 설치일로부터 20일 이내에 패널위원 구성에 대한 합의가 이루어지지 않는 경우, 사무총장은 일방분쟁 당사자의 요청에 따라 분쟁해결기구 의장 및 관련 위원회 또는 이사회의 의장과의 협의를 거쳐 패널위원을 임명한다(제8조 7항). 답 X

28. 사무총장이 직권으로 패널위원을 임명해야 하는 경우 분쟁해결기구의 장 등과 협의하여야 한다. [14 7급]

해설 제8조 7항. 답 O

29. 선진국 회원국과 개발도상국 회원국 간의 분쟁시 개발도상국회원국이 요청하는 경우, 패널 위원 중 적어도 1인은 개발도상국 회원국의 인사를 포함하여야 한다. [15 7급, 15 9급, 15 경찰]

해설 선진국회원국과 개도국회원국의 분쟁시 개도국회원국이 요청하는 경우, 패널위원 중 적어도 1인은 제3의 개도국 국민 중에서 선임하여야 한다(제8조 10항). 답 O

30. 패널은 분쟁당사자가 패널 설치로부터 20일 이내에 달리 합의하지 아니하는 한 표준위임 사항을 부여받는다. [15 경찰]

해설 패널설치 후 20일 이내에 분쟁당사국들에 의해 달리 합의되지 않는 한, 패널의 임무범위는 표준위임사항에 의한다(제7조 1항). 답 O

31. 패널보고서는 제공된 정보 및 행하여진 진술 내용에 비추어 분쟁 당사자의 참여하에 작성 된다. [11 경찰]

해설 패널보고서는 제공된 정보 및 행하여진 진술내용에 비추어 분쟁당사자의 참석없이 작성된다(제14조 2항). 답 X

32. 패널의 심의는 공개되지 아니하며, 패널보고서는 제공된 정보 및 행하여진 진술내용에 비추어 분쟁당사자의 참석없이 작성되고, 개별 패널위원이 패널보고서에서 표명한 의견은 익명으로 한다. [07·09·13·20 7급, 10·15 9급, 11 경찰]

해설 패널의 심의는 공개되지 아니한다(제14조 1항). 개별 패널 위원이 패널 보고서에서 표명한 의견은 익명으로 한다(제14조 3항). 답 O

33. 회원국에게 패널보고서를 검토할 충분한 시간을 주기 위하여 동 보고서는 회원국에게 배포된 날로부터 20일 이내에는 분쟁 해결기구에서 채택을 위한 심의의 대상이 되지 않는다. [16 경찰, 20 7급]

해설 제16조 1항. 답 O

34. 패널보고서에 이의가 있는 회원국은 적어도 동 보고서가 심의되는 회의가 개최되기 20일 이전에 회원국에게 배포되도록 자신의 이의를 설명하는 이유를 서면으로 제출한다. [16 경찰]

해설 패널보고서에 이의가 있는 회원국은 적어도 동 패널보고서가 심의되는 분쟁해결기구 회의가 개최되기 10일이전에 회원국에게 배포되도록 자신의 이의를 설명하는 이유를 서면으로 제출한다(제16조 2항). 답 X

35. **패널보고서는 역총의제(reverse consensus system)에 의해 채택된다.** [07·10 9급]

해설 제16조 4항. 답 O

36. **WTO 분쟁해결제도는 선례구속의 원칙을 인정한다.** [08 7급]

해설 ICJ와 같은 선례구속성 배제의 명문은 없으나 배제하고 있다. 답 X

37. **분쟁당사국 뿐만 아니라, 패널의 사안에 대한 실질적 이익을 갖고 있음을 분쟁해결기구에 통고한 제3국도 상소할 수 있다.** [15 7급, 16 경찰]

해설 분쟁당사자만이 패널보고서에 대하여 상소할 수 있으며 제3자는 상소할 수 없다. 제10조 제2항에 따라 사안에 대한 실질적인 이해관계가 있음을 분쟁해결기구에 통지한 제3자는 상소기구에 서면입장을 제출하고 상소기구에서 자신의 입장을 개진할 기회를 가질 수 있다(제17조 4항). 답 X

38. **상설상소기구(SAB)의 심리는 패널보고서에서 다루어진 법률문제 및 패널이 행한 법률해석에 국한된다.** [09·15 9급, 12·16 경찰, 14 7급]

해설 DSU 제17조 6항은 "항소는 패널보고서에서 다루어진 법률문제 및 패널이 행한 법률적 해석에 국한된다."라고 규정하고 있다. 즉 항소심은 법률심이다. 또한 원고가 패널에 부탁한 법률적 쟁점일지라도 패널이 다루지 아니하거나 해석을 제시하지 않았다면 항소심은 이를 다룰 수 없는 것이 원칙이다. 답 O

39. **패널에서의 변론 절차와 상소 절차는 공개회의로 진행된다.** [14 7급]

해설 패널과 상소심 모두 비공개이다. 답 X

40. **분쟁해결기구의 상소기관에 의한 보고서 채택은 역총의제를 적용하기 때문에 그 보고서는 사실상 자동적으로 채택된다고 할 수 있다.** [15 7급, 15 경찰]

해설 보고서가 회원국에게 배포된 후 30일 이내에 분쟁해결기구가 총의로 보고서를 채택하지 아니하기로 하지 않는 한 채택된다. 분쟁당사국은 보고서를 무조건 수락하여야 한다. 답 O

Ⅵ 이행절차

41. **패널 또는 상소기구는 조치가 대상협정에 일치하지 않는다고 결론짓는 경우, 관련 회원국에게 동 조치를 동 대상협정에 합치시키도록 권고하며, 자신의 권고에 추가하여 패널 또는 상소기구는 관련 회원국이 권고를 이행할 수 있는 방법을 제시할 수 있다.** [20 7급]

해설 DSU 제19조 1항 답 O

42. **DSB는 채택된 권고 또는 판정의 이행상황을 지속적으로 감시하고, 제3국을 제외한 분쟁당사국인 회원국은 권고 또는 판정이 채택된 후 언제라도 그 이행문제를 DSB에 제기할 수 있다.** [20 7급]

해설 모든 회원국은 권고 또는 판정이 채택된 후 언제라도 그 이행문제를 분쟁해결기구에 제기할 수 있다(DSU 제21조 6항).

답 X

43. 보상은 자발적인 성격을 띠며, 이를 행하는 경우 대상협정과 합치하여야 한다. [20 9급]

해설 보상은 자발적인 성격을 띠며, 이를 행하는 경우 대상협정과 합치하여야 한다(DSU 제22조 1항).

답 O

44. 보상 및 양허 또는 그 밖의 의무의 정지는 권고 및 판정이 합리적인 기간 내에 이행되지 않는 경우 취할 수 있는 잠정적인 조치이다. [09 · 20 9급, 14 7급]

해설 보상 및 양허 또는 그 밖의 의무의 정지는 권고 및 판정이 합리적인 기간 내에 이행되지 아니하는 경우 취할 수 있는 잠정적인 조치이다(제22조 1항).

답 O

45. 피제소국이 합리적인 이행기간까지 위반된 조치를 제거하지 못하는 경우 분쟁당사국들은 임시적 구제수단으로서 보상에 관하여 합의할 수 있다. [22 9급]

해설 관련 회원국이 제21조 제3항에 의거하여 확정된 합리적인 기간 내에 대상협정위반으로 판정이 난 조치를 동 협정에 합치시키지 아니하거나 달리 권고 및 판정을 이행하지 아니하는 경우, 동 회원국은 요청을 받는 경우 합리적인 기간이 종료되기 전에 분쟁해결절차에 호소한 분쟁당사자와 상호 수락할 수 있는 보상의 마련을 위하여 협상을 개시한다(DSU 제22조 2항).

답 O

46. 보복권한부여의 결정은 역총의로 이루어진다. [15 경찰, 20 9급]

해설 제2항에 규정된 상황이 발생할 때에 분쟁해결기구는 요청이 있는 경우, 분쟁해결기구가 컨센서스로 동 요청을 거부하기로 결정하지 아니하는 한, 합리적 기간의 종료로부터 30일 이내에 양허 또는 그 밖의 의무의 정지를 승인한다(제22조 6항).

답 O

47. 합리적인 이행기간이 종료된 날로부터 20일 이내에 보상에 관한 합의가 이루어지지 않으면 승소국은 분쟁해결기구(DSB)에 보복조치의 수권을 요청할 수 있다. [12 경찰, 22 9급]

해설 합리적인 기간이 종료된 날로부터 20일 이내에 만족할 만한 보상에 대하여 합의가 이루어지지 아니하는 경우, 분쟁해결절차에 호소한 분쟁당사자는 대상협정에 따른 양허 또는 그 밖의 의무를 관련 회원국에 대해 적용을 정지하기 위한 승인을 분쟁해결기구에 요청할 수 있다(DSU 제22조 2항).

답 O

48. WTO 분쟁해결기구(DSB)의 결정 및 권고를 이행하지 않는 피소국에 대하여 제소국(승소국)이 취할 수 있는 보복(retaliation)은 제소국이 피소국에 대하여 양허 또는 그 밖의 의무를 정지하는 방식으로만 이루어져야 한다. [11 7급]

해설 피소국이 DSB의 권고사항을 이행하지 않고, 당사국간에 보상조치에 대한 합의도 이루어지지 않는 경우, 제소국은 DSB에 보복조치로서 양허의 정지를 신청하게 된다. 우선 합리적인 기간 종료 후 20일 이내에 보상의 합의를 도출하도록 노력하고 상호 만족할 만한 보상의 합의에 이르지 못한 경우, 제소국은 DSB에 대상협정상의 양허나 다른 협정상의 양허의무의 정지를 요청할 수 있다(제22조 2항).

답 O

49. WTO 분쟁해결제도가 인정하고 있는 DSB에 의한 보복조치의 승인은 피소국의 WTO 협정 의무 위배에 근거한 처벌적 성격을 가지는 경제제재에 해당된다. [11 7급]

해설 처벌적 성격을 가지는 것이 아니라 권고 및 판정을 이행토록 하는 잠정적 조치이다. 답 X

50. 제소국은 동일한 분야에서 양허 또는 그 밖의 의무를 정지하는 것이 비현실적이거나 비효과적이라고 간주하는 경우, 동일 협정상의 다른 분야에서 양허의 정지를 추구할 수 있으며, 이것이 만족스럽지 않으면 교차보복까지도 허용된다. [10 · 11 7급, 22 9급]

해설 승소국은 DSU 제22조 3항에 의거 실제 분쟁에서 문제가 되었던 동일한 협정상의 동일한 분야의 양허나 그 밖의 의무의 정지를 추진하고, 이것이 비현실적이거나 효율적이지 못할 때는 동일한 협정상의 다른 분야의 양허나 그 밖의 의무를 정지해야 한다. 또한 위의 방법이 비현실적이고 효율적이지 못하며 상황이 충분히 심각하다고 간주되는 경우에 한하여, 다른 협정상의 양허나 그 밖의 의무의 정지를 통한 교차보복을 실행할 수 있다(DSU 제22조 3항). 답 O

51. 분쟁해결기구가 승인하는 양허 또는 그 밖의 의무의 정지의 수준은 무효화 또는 침해의 수준에 상응하여야 한다. [20 9급]

해설 분쟁해결기구가 승인하는 양허 또는 그 밖의 의무의 정지의 수준은 무효화 또는 침해의 수준에 상응한다(DSU 제22조 4항). 답 O

Ⅶ 중재절차

52. WTO 분쟁해결절차는 중재 등 다른 분쟁해결절차의 이용을 금지하여 WTO 분쟁해결절차의 통일성을 제고하였다. [14 9급]

해설 중재는 WTO체제의 기본적인 분쟁해결제도는 아니지만, 분쟁당사국들이 명확하게 정의한 문제들에 관한 일정한 분쟁의 해결을 용이하게 할 수 있다는 점에서 DSU는 분쟁당사국의 상호 합의하에 언제든지 중재의뢰를 허용하여 임의적 중재를 WTO체제 분쟁해결의 대체수단으로 활용하고 있다. 답 X

53. 제소국이 결정하는 보복수준에 대하여 피소국이 이의를 제기하는 경우, 동 사안은 중재에 회부된다. [11 7급, 22 9급]

해설 DSU 제22조 6항에 규정된 보복조치의 수준에 대한 이의절차로서의 중재는 강제절차이다. 답 O

Ⅷ 분쟁해결절차와 제3자

Ⅸ WTO의 분쟁해결절차의 특징

54. 세계무역기구(WTO) 분쟁해결제도에 대하여 패널절차의 각 단계별로 엄격한 시한을 설정하여 패널절차의 신속성 및 효율성을 도모하고 있다. [09 · 12 7급, 14 9급]

해설 WTO체제에서는 각 절차마다 일정한 소요시간이 정하여져 있고, 또한 consensus에 의하여서만 다음 절차로의 진행이 중단될 수 있으므로 매우 신속한 분쟁해결을 보장하고 있다. 답 O

55. **의사결정은 총의제(컨센서스)를 원칙으로 하며, 패널설치, 패널보고서 및 상소보고서 채택에 역(逆)컨센서스 제도가 도입되어 있다.** [12 7급, 13·16 경찰]

해설 WTO의 분쟁해결도 총의에 의함이 원칙이나, ① 패널의 설치 ② 패널보고서 채택 ③ 상소보고서 채택 ④ 보복조치의 승인 절차에 이른바 역총의제(Reverse consensus)를 도입하여, 이러한 절차가 진행됨에 있어서는 총의에 의하여 다음 절차로의 이행이 거부되지 않는 한, 분쟁해결절차는 사실상 자동적으로 계속 진행된다. 답 O

56. **독립된 패널에 의한 공평한 심리절차를 강화하고 상설항소제도를 도입하는 등 분쟁해결절차의 사법성, 공정성, 적정성을 강화하였다.** [12 7급, 12·13 경찰, 14 9급]

해설 분쟁당사국의 패널보고서 채택에 대한 거부권의 상실에 대한 보상으로 패널보고서에 대한 분쟁당사국의 상소권을 보장하기 위하여 상설 상소담당기관을 설치하였다. 따라서 WTO체제에서의 분쟁해결절차는 패널절차→상소절차라는 명확한 2심구조로 운영된다. 답 O

57. **WTO 분쟁해결절차는 판정의 이행을 보장하기 위한 제도가 체계적으로 정비되었다.** [14 9급]

해설 DSU에서는 보복조치의 권한부여를 역총의로 승인하도록 규정함에 따라 승소당사국은 패널권고안이 이행되지 아니하거나 상호간에 합리적인 분쟁해결에 도달하지 못한 경우, 패소당사국에 대하여 보복조치를 취할 수 있는 권한이 자동적으로 부여된다. 더욱이 분쟁과 직접 관련되지 않은 산업분야에 대해서까지 보복조치를 취할 수 있는 '교차보복(cross retaliation)'을 허용하여 DSB결정의 구속력을 강화시켜 보복조치의 실효성을 확보하고 있다. 답 O

58. **교차보복(cross-retaliation)조치의 불허용은 국제무역기구(WTO) 분쟁해결제도의 특징에 해당한다.** [12 7급]

해설 분쟁과 직접 관련되지 않은 산업분야에 대해서까지 보복조치를 취할 수 있는 '교차보복(cross retaliation)'을 허용하여 DSB결정의 구속력을 강화시켜 보복조치의 실효성을 확보하고 있다. 답 X

59. **협의 및 패널 절차에 있어 제3국(이해관련 회원국)의 참가를 보장하고 있고 개도국과 최빈개도국에 대한 특별절차를 별도로 규정하여 저개발국의 열악한 경제적 상황을 적절히 고려하게 함으로써 분쟁해결의 공정성을 제고하였다.** [09 7급, 13 경찰]

해설 DSU 제4조 11항에 의해 제3자는 DSB에 협의 참가 의사를 통보한 후, '협의요청을 받은 회원국'이 실질적인 이해관계에 대한 주장에 충분한 근거가 있다고 동의하는 경우에 한해, 협의에 동참할 수 있다. DSU 제10조에 의해 사안에 실질적인 이해관계를 갖고 있으며 자기나라의 이해관계를 분쟁해결기구에 통보한 제3자는 패널절차에서 의견을 진술하고 서면입장을 제출할 기회를 갖는다. 제3자의 서면입장은 분쟁당사자에게 전달되며, 패널보고서에 반영된다. 제3자는 패널절차의 대상인 조치가 대상협정에 따라 자국에 귀속된 이익을 무효화 또는 침해한다고 간주하는 경우에는 DSU에 따른 정상적인 분쟁해결절차에 호소할 수 있으며 이러한 분쟁은 가능할 경우에는 언제나 원패널에 회부된다. DSU는 WTO체제의 다른 대상협정들과 마찬가지로 '개발도상 회원국(developing country Members)'과 '최빈개도국 회원국(least-developed country Members)' 대하여 계속해서 특별하고 차별적인 대우를 부여하고 있다. 답 O

Part. 2

국제경제법

2023대비
공무원국제법
기출지문

제2부

개별 무역협정

제4장 다자간상품무역협정

제1절 GATT 1994

제1관 비차별주의

Ⅰ 서 설

1. **GATT협정은 국내시장에서 외국상품과 내국상품의 경쟁조건을 동등하게 하기 위하여 내국세 등의 부과와 국내법의 적용에 있어 동종의 국내상품보다 수입상품이 불리하지 않게 대우해야 하는 내국민대우원칙과 수입상품 간에 차별적 대우를 금지하는 최혜국대우원칙을 규정하고 있다.** [13 9급]

해설 GATT 제1조에서 최혜국대우, 제3조에서 내국민대우를 규정하고 있다. WTO체제의 궁극적인 목적인 국가 간의 자유무역 증진을 위하여 최혜국대우(MFN) 및 내국민대우(NT)라는 형태로 나타나는 비차별주의는 국제통상법체계를 지탱하는 가장 기본적인 원칙이다. 답 O

Ⅱ "같은 상품(like product)"의 정의

2. **1970년 '국경과세조정보고서' 이래로 GATT/WTO 패널은 제품의 물리적 특성이나 성질, 제품의 최종 소비용도 및 소비자의 기호나 습관 등을 모두 고려하여 동종상품인지 여부를 판단하였다.** [11 7급]

해설 1970년에 제시된 '국경과세 조정에 관한 작업단의 보고서'에서 시작된 BTA(the Border Tax Adjustment) Approach에 의하면 동종상품의 판단기준은 ① 제품의 물리적 특성이나 성질, ② 제품의 최종소비자 용도, ③ 상품의 관세분류, ④ 소비자의 기호 및 습관이라는 4가지 요소로 이루어진다. 그러나 그동안의 패널의 입장을 종합해 보면 주로 같은 상품 및 직접 경쟁 또는 대체상품 여부를 판정하는 기준은 제품의 물리적 성상, 최종용도 및 관세분류라는 세 가지 요소로 집약될 수 있으며, 이러한 입장은 GATT 및 WTO패널에 의해 상당히 일관성 있게 견지되어 오고 있음을 알 수 있다. 답 X

3. **WTO 패널 및 상소기구는 원칙적으로 시장기반설(Market-based Approach)을, 보완적으로 목적효과설(Aim and Effect Approach)을 고려하여 제품의 동종성 여부를 판정하였다.** [21 7급]

해설 WTO의 판례의 일관된 태도인 BTA방식에 따르면 문제의 상품 간에 GATT 제3조 제4항의 목적상 동종상품관계에 있는지에 관한 판단은 상품 자체의 '특성'에 근거하여 경쟁관계를 결정하는 것이고, 조치의 '목적'을 고려하지 않는다. 따라서 상품의 유전자변형과 같은 공정 및 생산방법에서의 차이가 상품의 '특성'에 영향을 주지 않거나, 인체유해성으로부터 인간의 생명 또는 건강을 보호하는 조치의 '목적'은 동종상품의 판단요소로서 인정되지 않는다. 답 X

Ⅲ 최혜국대우 원칙

4. 최혜국대우원칙은 관세뿐만 아니라 과징금의 부과방법에도 적용된다. [22 9급]

해설 GATT의 최혜국대우 의무는 '상품'에 대한 ① 수출입시의 관세 및 부과금, 수출입관련 관세 및 부과금, 수출입대금의 국제이체에 대한 관세 및 부과금, 이러한 관세 및 부과금의 징수방법과, ② 수출입과 관련한 각종규정 및 절차, 그리고 ③ 수입품에 대한 직·간접의 내국세 및 부과금, ④ 수입품의 국내 판매·구매·운송·유통·사용에 관한 국내법규나 요건이라는 광범위한 분야에 대하여 적용된다. 아울러 최혜국대우 의무는 수량제한 및 국영무역 부문에도 적용되며, 그 밖의 무역정책조치들에 대해서도 적용되며, 수입영역에만 적용되는 것이 아니고 수출영역에도 적용된다. 답 O

5. 최혜국대우원칙은 상품의 수입뿐만 아니라 수출에도 적용된다. [08 7급, 22 9급]

해설 GATT의 최혜국대우 의무는 '상품'에 대한 ① 수출입시의 관세 및 부과금, 수출입관련 관세 및 부과금, 수출입대금의 국제이체에 대한 관세 및 부과금, 이러한 관세 및 부과금의 징수방법과, ② 수출입과 관련한 각종규정 및 절차, 그리고 ③ 수입품에 대한 직·간접의 내국세 및 부과금, ④ 수입품의 국내 판매·구매·운송·유통·사용에 관한 국내법규나 요건이라는 광범위한 분야에 대하여 적용된다. 아울러 최혜국대우 의무는 수량제한 및 국영무역 부문에도 적용되며, 그 밖의 무역정책조치들에 대해서도 적용되며, 수입영역에만 적용되는 것이 아니고 수출영역에도 적용된다. 답 O

6. 최혜국대우원칙은 동종상품(like product)에 대하여 적용된다. [08 7급]

해설 GATT 제1조에 규정되어 있는 최혜국대우원칙은 "동종상품의 수출입과 관련하여 다른 국가에 부여한 최고대우조치를 모든 회원국에도 부과할 것을 요구하는 원칙"이다. 답 O

7. 최혜국대우는 동종제품에 대한 법률상의 차별뿐만 아니라, 사실상의 차별도 금지한다. [21 7급, 22 9급]

해설 법률상 차별뿐만 아니라 사실상 차별도 금지한다. 사실상의 차별이란 어떠한 조치의 실제 운용에 있어 an advantage를 some member의 some product에 부여함으로써, any advantage를 all other member의 any like product에 부여하지 않은 것을 말한다(Canada-Auto 사건). 사실상 차별은 문제의 조치의 구도, 조치 적용의 결과 등을 종합적이고 객관적으로 분석하여 판단하여야 한다. 답 O

8. 개발도상국으로부터 수입되는 물품에 대해서만 특혜 관세를 부여하는 것은 최혜국 대우 의무의 정당한 예외 사유이다. [14 7급]

해설 일반특혜관세제도인 GSP(General System of Tariff Preferences)를 운용하여 관세특혜 및 여타 비관세 분야에서의 특혜를 부여할 수 있다. 그러나 이러한 특혜부여는 선진국의 권한사항이지 의무사항이 아니다. 답 O

9. 자유무역협정 체약국에서 생산된 수입 물품에 대해서만 무관세대우를 부여하는 경우는 세계무역기구(WTO)협정에 따른 최혜국 대우 의무의 정당한 예외사유이다. [08 · 14 7급, 13 · 17 · 22 9급]

해설 GATT 제24조에 의하면, WTO회원국들이 자발적으로 자유무역지대(FTA)나 관세동맹(CU)을 형성하는 경우에는 최혜국대우원칙에 대한 예외가 인정되어, 동 지역에 속한 회원국끼리만 특혜를 주고 받는 것이 일정 조건하에 허용된다. 답 O

10. **국제평화와 안보의 유지 그리고 자국의 국가안보를 위해 필요한 경우는 세계무역기구(WTO)협정에 따른 최혜국 대우 의무의 정당한 예외사유이다.** [14 7급]

해설 국가의 안전보장 혹은 국제평화의 유지 문제에 대해서는 상품교역의 논리가 적용될 수 없음은 자명하다. 과거 NATO국가들이 對공산권수출통제위원회였던 COCOM의 틀 아래에서 적용하였던 공산권에 대한 국가안보 보호를 위한 수출제한들은 이제 GATT 제21조에 의거하여 정당화되어, 최혜국대우 의무의 구속을 받지 않게 되었다. 답 ○

Ⅳ 내국민대우 원칙

11. **내국민대우원칙은 최혜국대우원칙과 함께 GATT 1994의 양대 비차별원칙이다.** [16 경찰]

해설 공정한 경쟁조건의 보호를 위한 비차별원칙이라는 점에 공통점이 있다. 답 ○

12. **수입상품에 대하여 동종의 국산상품보다 불리한 대우를 하면 내국민대우원칙 위반이다.** [16 경찰]

해설 내국민대우원칙은 수입된 상품(imported goods)과 국내상품이 동종상품에 해당하면 내국세 또는 국내판매에 영향을 미치는 법률·규칙, 요건 등 국내 조치에 의해 수입상품을 국내상품보다 더 불리하게 대우하는 것을 금지한다는 것을 말한다. 답 ○

13. **내국민대우 원칙은 수입관세, 내국세, 내국과징금 및 국내법규 등의 조치와 관련하여 적용된다.** [17 9급]

해설 내국민대우원칙은 수입된 상품(imported goods)과 국내상품이 동종상품에 해당하면 내국세 또는 국내판매에 영향을 미치는 법률·규칙, 요건 등 국내 조치에 의해 수입상품을 국내상품보다 더 불리하게 대우하는 것을 금지한다는 것을 말한다. 이 점에서 내국민대우원칙은 관세와 같은 국경조치를 규율하는 것이 아니며, 관세양허품목이 아닌 경우에도 적용된다. 답 ×

14. **최혜국대우는 수입품들 간의 비차별이고 내국민대우는 수입품과 국산품에 대한 비차별을 의미한다.** [17 9급]

해설 답 ○

<table>
<tr><th colspan="2"></th><th>MFN</th><th>NT</th></tr>
<tr><td colspan="2">공통점</td><td colspan="2">공정한 경쟁조건의 보호를 위한 비차별원칙</td></tr>
<tr><td rowspan="3">적용범위</td><td>대 상</td><td>외국간 차별금지</td><td>수입품과 국산품간 차별금지</td></tr>
<tr><td>국경조치</td><td>○</td><td>×. 국경세조정 조치는 포함</td></tr>
<tr><td>국내조치</td><td>○</td><td>○</td></tr>
<tr><td colspan="2">차별개념</td><td>똑같은 대우</td><td>더 불리하지 않은 대우</td></tr>
</table>

15. **내국민대우원칙은 어떠한 법령, 요건 및 과세도 국내시장에서 국내제품과 동종의 수입제품 간의 경쟁조건을 수입제품에게 불리하게 수정하지 못하게 한다.** [13 경찰]

해설 내국민대우원칙은 수입된 상품(imported goods)과 국내상품이 동종상품에 해당하면 내국세 또는 국내판매에 영향을 미치는 법률·규칙, 요건 등 국내 조치에 의해 수입상품을 국내상품보다 더 불리하게 대우하는 것을 금지한다는 것을 말한다. 이 점에서 내국민대우원칙은 관세와 같은 국경조치를 규율하는 것이 아니며, 관세양허품목이 아닌 경우에도 적용된다. 답 O

16. 내국민대우는 동종의 국내제품에 부여하고 있는 대우를 동일하게 수입제품에 부여하는 것을 의미하므로 동종의 국내제품보다 수입제품에 대한 유리한 대우는 내국민대우 위반이 된다. [21 7급]

해설 내국민대우원칙은 수입상품을 국내상품보다 더 불리하지 않게 대우할 것이 요구되므로, 더 유리하게 대우하는 것은 내국민대우원칙의 위반이 아니다. 답 X

17. 내국민대우 원칙은 내국세 및 내국과징금에 대하여 국내제품과 직접적 경쟁관계에 있거나 대체가 가능한 수입제품까지 확대되어 적용된다. [13 경찰, 13·17 9급, 21 7급]

해설 GATT 제3조 2항은 수입국의 국내조치 중 상품에 대하여 부과되는 내국세(intenal tax) 또는 내국부과금(charges)에 관하여 내국민대우의무를 규정하고 있다. ⅰ) 차별적 내국세 금지(2항 1문) : WTO회원국의 상품이 다른 회원국에 수입될 경우 수입국 내의 동종의 국내상품에 부과된 조세 또는 기타 부과금을 초과하여 과세되지 않는다고 규정되어 있고, ⅱ) 보호적 내국세 금지(2항 2문) : 수입상품 또는 국내상품이라는 문구를 통해 이러한 재정조치에 있어서의 내국민대우 의무의 범위를 한층 넓혀, 직접경쟁하거나 대체하는 상품에 대해 1항에 규정된 원칙에 반하여 수입상품과 국내상품에 달리 과세할 수 없음을 선언하고 있다. 답 O

18. WTO의 내국민대우원칙은 WTO 회원국의 상품이 다른 회원국에 수입될 경우 수입국 내의 동종상품에 부과되는 조세 또는 기타 부과금을 초과하여(in excess of) 수입품에 대해 과세하지 말 것을 요구하고 있고, 수입품과 직접 경쟁 또는 대체상품에 대해서는 비슷하게 (similarly) 과세할 것을 요구하고 있다. [11 7급]

해설 GATT 제3조 2항은 수입국의 국내조치 중 상품에 대하여 부과되는 내국세(intenal tax) 또는 내국부과금(charges)에 관하여 내국민대우의무를 규정하고 있다. ① 차별적 내국세 금지(2항 1문) : WTO회원국의 상품이 다른 회원국에 수입될 경우 수입국 내의 동종의 국내상품에 부과된 조세 또는 기타 부과금을 초과하여 과세되지 않는다고 규정되어 있고, ② 보호적 내국세 금지(2항 2문) : 수입상품 또는 국내상품이라는 문구를 통해 이러한 재정조치에 있어서의 내국민대우 의무의 범위를 한층 넓혀, 직접경쟁하거나 대체하는 상품에 대해 1항에 규정된 원칙에 반하여 수입상품과 국내상품에 달리 과세할 수 없음을 선언하고 있다. 답 O

19. K국은 소주에 대해서는 30%의 세율을, 위스키에 대해서는 100%의 세율을 부과하고 있다. K국 내에서 소주는 K국 업체들에 의해 전량 제조되고, 위스키는 A국과 B국 업체들로부터 전량 수입되고 있다. K국, A국 및 B국은 모두 WTO 회원이다. A국과 B국이 K국을 WTO에 제소할 경우, WTO 협정상 의무위반의 근거 규정은 GATT 제3조상 내국민대우이다. [16 7급]

해설 외국간 차별은 없으며, 수입 위스키와 국산 소주는 직접경쟁하거나 대체하는 상품으로서 내국 간접세가 유사하지 않은 과세로 보여 제3조 2항 2문에 위반이다. 답 O

20. WTO의 내국민대우원칙은 수입품의 국내판매, 운송, 분배 등에 영향을 미치는 모든 법규 및 요건에 관하여 동종의 국내제품에 부여하고 있는 대우보다 불리하지 아니한 대우를 부여하여야 한다. [11 7급]

해설 다른 체약당사자의 영토내로 수입되는 체약당사자 영토의 상품은 그 국내 판매, 판매를 위한 제공,

구매, 운송, 유통 또는 사용에 영향을 미치는 모든 법률, 규칙, 요건에 관하여 국내원산의 동종상품에 부여되는 대우보다 불리하지 않은 대우를 부여받아야 한다(제3조 4항). 답 O

21. **내국민대우 원칙은 동종의 국내제품과 수입제품에 대한 법률상의 차별뿐만 아니라 사실상의 차별도 금지한다.** [13 경찰, 17 9급]

해설 제3조 4항의 위반이 성립하기 위해서는, ⅰ) 국내상품과 수입상품이 동종상품이며, ⅱ) 국내상품보다 수입상품에 대해 더 불리한 대우가 부여되어야 한다. 불리한 대우에는 법률상의 차별뿐만 아니라 사실상의 차별도 금지한다. 답 O

22. **WTO의 내국민대우원칙에 대하여 특정 제품의 혼합, 가공, 사용에 자국산 원료의 일정수량 또는 비율이 직접·간접으로 포함되어야 한다는 수량규제는 내국민대우원칙에 위배된다.** [11 7급]

해설 제3조 5항. 답 O

23. **내국민대우는 GATT 및 WTO협정의 기본원칙이지만, 이에 대한 일정한 예외가 허용된다.** [13 경찰]

해설 정부조달, 생산자에게 직접 지원되는 보조금, 스크린 쿼터, 일반적 예외, 안보상 예외 등의 예외가 인정된다. 답 O

24. **정부기관이 오직 정부 용도로 구입하는 제품을 국산품 우선으로 구입하는 행위는 내국민대우원칙의 예외로 인정되고 있다.** [16 경찰, 22 7급]

해설 이 조의 규정은 상업적 재판매 또는 상업적 판매를 위한 재화의 생산에 사용할 목적이 아닌, 정부기관에 의하여 정부의 목적을 위하여 구매되는 상품의 조달을 규율하는 법률, 규정 또는 요건에는 적용되지 아니한다(제3조 8항 a호). 답 O

25. **정부가 국내생산자에 한하여 현금 지급을 통해 보조금을 지급하는 행위는 내국민대우원칙의 예외로 인정되고 있다.** [22 7급]

해설 원칙적으로 국내 생산자에 대한 보조금을 지급하는 조치에는 내국민대우 의무가 적용되지 않는다(GATT 제3조 8항 b호). 다만 국내생산업자에 대한 직접적인 보조금의 지급을 허용하고 있는 것이지 세금환급이라든가 세금감면과 같은 간접적인 보조금을 허용하는 취지는 아니라고 보고 있다. 답 O

26. **세계무역기구(WTO) 회원 중에는 자국에서 제작된 영화필름에 대해서는 연간 최저 상영 일수를 규정하여 동 일수 이상의 기간 동안 의무 상영을 보장하도록 하는 소위 스크린쿼터를 시행하고 있다. WTO협정 상 이러한 스크린쿼터의 직접적인 허용근거는 GATT 제3조 제10항 상 내국민대우에 대한 예외이다.** [13·14·22 7급, 17 9급]

해설 영화필름 상영에 대한 양적 제한조치는 경제적 측면이나 국제무역에 관한 고려보다는 국내문화정책과 보다 밀접한 관계를 갖고 있기 때문에 내국민대우 조항의 예외사유의 하나로 규정하고 있다. 따라서 수입영화와 국산영화간의 차별조치를 일정한 조건에 따라 스크린쿼터의 형식으로 운영할 경우 내국민 대우 의무 위반이 아니다. 답 O

27. **정부가 국내에서 시행할 목적으로 인증 제도를 국산품에 유리하게 설정하는 행위는 내국민대우원칙의 예외로 인정되고 있다.** [22 7급]

해설 제3조 4항에 위반되는 조치이다. 답 X

제2관 시장접근의 원리

Ⅰ 시장 접근원리 개요

Ⅱ 수량제한금지의 원칙

28. **국내 판매에 영향을 주는 법령은 「관세와 무역에 관한 일반협정(GATT)」상 금지되는 수량제한조치에 해당한다.** [19 7급]

해설 제11조은 회원국의 조치로서 실제적으로 '수입 및 수출에 영향을 미치는 국경조치'를 규율대상으로 한다. 따라서 WTO 회원국인 A국이 일정 크기 이하의 바다가재의 경우 판매를 금지하는 법률을 제정하여 B국산 바다가재의 수입이 불가능해졌다면, 이러한 A국의 조치를 수량제한조치로 볼 수 있는지 문제되는데, 수량제한조치로 볼 수 없다. 왜냐하면 A국의 조치는 바다가재의 크기라는 물리적 특성에 따라 상품의 국내 판매를 금지한 것으로, 수입이 제한되는 결과는 국내판매금지의 사실상 결과에 불과하다. 따라서 제11조가 아닌 제1조나 제3조 4항의 문제에 해당한다. 답 X

29. **매년 자동 갱신되는 수입면허제도는 「관세와 무역에 관한 일반협정(GATT)」상 금지되는 수량제한조치에 해당한다.** [19 7급]

해설 1978년 EEC의 가공청과류의 최저수입가에 대한 분쟁 사건에서 패널은 자동적 수입허가제도는 GATT 제11조 1항의 범위에 해당하는 제한조치가 아니라고 판정한 바 있다. 답 X

30. **수출입할당과 수출입허가는 「관세와 무역에 관한 일반협정(GATT)」상 금지되는 수량제한조치에 해당한다.** [19 7급]

해설 1990년 EEC의 유지종자 사건에서 GATT 패널은 "GATT 총회는 제한적인 무역조치에 관한 GATT의 기본규정을 경쟁조건을 확립하는 규정으로서 일관되게 해석하였다. 그래서 수입쿼터는 외국으로부터의 수입을 실질적으로 방해하는지 여부와 관계없이 GATT 제11조 1항의 의미에 의하면 수입제한에 해당된다."고 결정하였다. 답 O

31. **수입쿼터의 설정은 금지되지만 수출쿼터를 통한 수량제한 조치는 허용된다.** [22 7급]

해설 다른 체약당사자 영토의 상품의 수입에 대하여 또는 다른 체약당사자 영토로 향하는 상품의 수출 또는 수출을 위한 판매에 대하여, 쿼터, 수입 또는 수출 허가 또는 그 밖의 조치 중 어느 것을 통하여 시행되는지를 불문하고, 관세, 조세 또는 그 밖의 과징금 이외의 어떠한 금지 또는 제한도 체약당사자에 의하여 설정되거나 유지되어서는 아니 된다(제11조 1항). 답 X

32. **최저수입가격제도는 「관세와 무역에 관한 일반협정(GATT)」상 금지되는 수량제한조치에 해당한다.** [19 7급]

해설 EEC의 토마토 농축물 등 청과류에 대한 최저수입가 및 수입증명서의 요구가 최혜국대우에 관한

제1조, 관세양허에 관한 제2조, 수출입관련 비용과 절차에 관한 제7조 및 수량제한의 일반적 금지에 관한 제11조에 위배된다는 미국의 주장에 대해, GATT 패널은 이러한 최저수입가제도도 제11조 1항에 규정된 수량제한금지원칙에 반하는 것이라고 하였다.

답 O

33. **현재 국내에서 공급이 과잉된 상품이 수입되고 있다는 사실은 1994년 관세와 무역에 관한 일반협정(GATT)상 수입 상품에 대하여 수량제한을 할 수 있는 경우에 해당한다.** [10 7급]

해설 국내시장을 안정시키기 위해 GATT 제11조 2항 c호에서 정부의 조치를 집행하는데 필요한 한도 내에서 수입제한을 허용하지만, 농산품과 수산품에 한한다.

답 X

34. **국내 농수산물 시장을 안정시키기 위한 조치는 「관세와 무역에 관한 일반협정(GATT)」상 금지되는 수량제한조치에 해당한다.** [19 · 22 7급]

해설 제11조 2항 c호.

답 X

35. **대외지불통화의 준비가 현저하게 감소하여 국제수지의 심각한 불균형을 초래한다는 것은 1994년 관세와 무역에 관한 일반협정(GATT)상 수입 상품에 대하여 수량제한을 할 수 있는 경우에 해당한다.** [10 7급]

해설 GATT는 "국제수지가 악화되는 경우를 GATT 의무 준수의 예외적 상황으로 보아 수량 또는 가액을 제한할 수 있다."는 내용을 제12조와 제18조 B에 규정하고 있다.

답 O

36. **제12조의 국제수지보호조치는 당사국이 일방적으로 실시할 수 있다.** [19 7급]

해설 GATT 제12조 4항의 체약 당사자단과 협의가 있어야 한다.

답 X

37. **제19조의 긴급수입제한조치는 당사국이 일방적으로 실시할 수 있다.** [19 7급]

해설 GATT 제19조 2항에 의해 조치를 취하기에 앞서 체약 당사자단에 통보 등의 조건을 갖추어야 한다.

답 X

Ⅲ 합법적 무역장벽으로서의 관세

38. **1994년 관세와 무역에 관한 일반협정(GATT)의 기본원칙으로 관세장벽의 강화, 비관세장벽의 철폐, 최혜국대우, 내국민대우를 들 수 있다.** [18 9급]

해설 WTO는 자유무역을 증진하기 위해 비관세장벽의 철폐와 관세양허를 통한 관세의 인하를 추구하고, 이러한 시장개방의 효과를 비차별적으로 부여하는 것을 원칙으로 하고 있다. 따라서 관세장벽의 강화는 기본원칙이 아니다.

답 X

39. **체약국이 수입품에 대해 자국의 양허세율보다 낮은 세율을 부과하는 경우 관세양허의무에 위반된다.** [22 7급]

해설 GATT의 체약국이 수입품에 대해 자국의 양허세율보다 높은 관세를 부과하게 되면 "수입품에 대해 관세양허표에 기재된 대우보다 불리하지 않은 대우를 부여해야 한다"는 GATT 제2조 1항 (a)의 의무를 위반하게 된다. 반면, 양허세율보다 같거나 낮은 세율을 부과하는 것은 관세양허표에 기재된 대우보다 불리한 대우가 아니므로 무방하다.

답 X

40. **반덤핑관세 및 상계관세는 관세양허의무의 범위에 포함된다.** [22 7급]

해설 반덤핑 및 상계관세는 수입관세로서가 아니라 각각 덤핑 및 보조금에 대한 상계조치로 부과되는 것으로, 해당 수입품에 대해 부과된 관세가 양허관세율을 초과하였는지를 판단할 때 합산되지 않는다.

답 X

제3관 GATT 제20조의 일반적 예외

Ⅰ 서 설

41. **미국-가솔린 사건에서 상소기구가 2단계분석법을 해석기준으로 제시한 이후, 2단계분석법은 WTO 패널 및 상소기구 보고서의 관행으로 확립되었다.** [21 7급]

해설 WTO회원국이 취한 조치가 WTO의 기본원칙에 어긋나는 경우에도 GATT 제20조에 의해 정당화될 수 있는지 여부를 검토함에 있어서, 먼저 ① 문제가 되는 조치의 목적이 GATT 제20조 (a)~(j)에 규정되어 있는 목적 중 하나에 해당하는지, 그에 해당할 경우 그 조치가 이러한 목적을 달성하기 위하여 필요한 조치인지 판단한 후(조치의 실체적 내용), 그 다음으로 ② 그 조치의 실시가 GATT 제20조 전문의 단서요건에 부합하는 방법으로 실행되었는지 여부(조치의 적용방식이라는 절차적 문제)를 검토한다. 미국-가솔린 사건에서 상소기구가 2단계분석법을 해석기준으로 제시한 이후, 2단계분석법은 WTO 패널 및 상소기구 보고서의 관행으로 확립되었다.

답 O

42. **GATT 제20조를 원용하는 국가는 그에 대한 입증책임을 부담한다.** [21 7급]

해설 GATT 제20조는 GATT의 원칙에 대한 예외이므로 그 입증책임은 이를 원용하는 국가에게 있다.

답 O

Ⅱ 구체적 예외 규정

43. **공중도덕에 유해한 상품이 수입되고 있다는 것은 1994년 관세와 무역에 관한 일반협정(GATT)상 수입 상품에 대하여 수량제한을 할 수 있는 경우에 해당한다.** [10 7급]

해설 GATT 제20조 (a)호는 어떤 회원국의 조치가 GATT의 자유무역 규정에 위반이 있어도, "공중도덕을 보호하기 위하여 필요한 조치"를 취하는 것을 허용한다. 따라서 오늘날 많은 WTO회원국들이 자국법에 의해 자국의 세관에게 음란물이나 국가안보에 부정적 영향을 미치는 물품을 압수할 수 있는 권한을 부여하고 있다.

답 O

44. **사람, 동물 또는 식물의 생명 또는 건강 보호를 위해 필요한 조치는 GATT 제20조의 일반적 예외에 해당한다.** [21 9급]

해설 GATT 제20조 b호

답 O

45. **금 또는 은의 수입 또는 수출에 대한 조치는 GATT 제20조의 일반적 예외에 해당한다.** [21 9급]

해설 GATT 제20조 c호

답 ○

46. **미술적 가치, 역사적 가치 또는 고고학적 가치가 있는 국보의 보호를 위하여 부과되는 조치는 GATT 제20조의 일반적 예외에 해당한다.** [21 9급]

해설 GATT 제20조 f호

답 ○

47. **'바다거북'을 보호하기 위하여 특별히 고안된 어업기구를 사용하지 않는 어로행위를 통해서 어획한 새우를 수입 금지시키는 취지의 국내법 제정은 GATT 제11조에 위반하여 허용되지 않는다.** [12 경찰]

해설 유한천연자원을 보호하기 위한 제20조 g호 요건을 갖추면 허용된다.

답 ×

48. **미국-새우 사건에서 상소기구는 GATT 제20조 (g)호에 규정되어 있는 유한천연자원에 생물자원이 포함되지 않는다고 판단하였다.** [21 7급]

해설 2001년 Shrimp/Turtle I 사건의 WTO 항소기구는 더 나아가 제20조 g호는 광물자원 또는 무생물 천연자원의 보존에 한정하여 적용되는 것은 아니라고 하였다. 재생가능성과 천연자원은 서로 배타적인 개념이 아니며 현대의 생명공학은 생물자원은 재생산과 고갈이 모두 가능하다는 것과 그러한 고갈은 경우에 따라서 인간의 행위로 인한 소모, 고갈 및 소멸로부터 결과한다는 것이 입증되고 있다고 지적하였다. 따라서 생물자원 역시 석유, 철광석 및 다른 무생물 자원과 마찬가지로 유한한 것이라고 결정하였다.

답 ×

49. **영화 필름의 상영에 대한 양적 제한 조치는 GATT 제20조의 일반적 예외에 해당한다.** [21 9급]

해설 GATT 제3조 제10항 상 내국민대우에 대한 예외이다.

답 ×

Ⅲ 전문(chapeau)의 단서조항의 준수여부 검토

50. **특정의 무역규제조치가 GATT 제20조 각 호의 예외에 해당하는 경우라도 자의적이거나 부당한 차별금지원칙과 위장된 무역제한금지원칙이 준수되어야 한다.** [21 7급]

해설 본 협정의 어떠한 규정도 체약국이 다음의 조치를 채택하거나 실시하는 것을 방해하는 것으로 해석되어서는 아니된다. 다만 그러한 조치를 동일한 조건하에 있는 국가 간에 임의적이며 불공평한 차별의 수단 또는 국제무역에 있어서의 위장된 제한을 과하는 방법으로 적용하지 아니할 것을 조건으로 한다(제20조 두문 단서).

답 ○

51. **특정 물품의 수입국이 자국 내 인간, 동식물의 생명 혹은 건강을 보호하기 위하여 마련한 상품 제조 규칙이라면 특정 수입품을 제한하는 효과가 발생하더라도 이는 국제법 위반이 아니다.** [12 경찰]

해설 인간 동식물의 생명 혹은 건강을 보호하기 위한 조치라고 모두 허용되는 것이 아니라 필요하고, GATT 제20조 두문 단서 요건을 갖추어야 한다.

답 ×

52. **국가가 건강보호를 위하여 수입제한조치를 취하는 경우에도 자의적인 조치는 금지된다.** [17 9급]

해설 제20조 b호의 공중보건을 위한 조치라 하더라도 그러한 조치를 동일한 조건하에 있는 국가간에 임의적이며 불공평한 차별의 수단 또는 국제무역에 있어서의 위장된 제한을 과하는 방법으로 적용하지 아니할 것을 조건으로 한다(동조 전문). 답 O

제4관 기타 일반적 예외

Ⅰ 안전보장 예외 : GATT 제21조

53. **국가안보를 위한 통상 규제는 세계무역기구(WTO)협정의 기본원칙에 대한 예외로서 인정된다.** [13 경찰]

해설 GATT 제21조 안보상 예외 답 O

54. **제20조에 근거한 수입 제한조치와 제21조에 근거한 수출 제한조치는 당사국이 일방적으로 실시할 수 있다.** [19 7급]

해설 일반적 예외와 안보상 예외는 국가의 정당한 주권행사이다. 답 O

Ⅱ 의무면제

55. **제25조제5항에 따른 의무면제는 당사국이 일방적으로 실시할 수 있다.** [19 7급]

해설 각료회의의 3/4 승인을 받아야 한다. 답 X

제5관 지역경제통합

Ⅰ 서 설

56. **최혜국대우원칙에 대한 예외로 인정된다.** [18 7급]

해설 GATT 제24조에 의하면, WTO회원국들이 자발적으로 자유무역지대(FTA)나 관세동맹(CU)을 형성하는 경우에는 최혜국대우원칙에 대한 예외가 인정되어, 동 지역에 속한 회원국끼리만 특혜를 주고 받는 것이 일정 조건하에 허용된다. 답 O

Ⅱ 지역경제통합의 종류

57. **지역무역협정에 대하여 GATT협정은 자유무역지역, 관세동맹, 공동시장을 지역무역협정의 종류로 명시하고 있다.** [13 9급]

해설 GATT 제24조 8항 (b)에 자유무역지대가 규정되어 있고, GATT 제24조 8항 (a)에 관세동맹이 규정되어 있으나, 공동시장인 CM에 대한 정확한 법적 정의는 결여 되어 있다. 답 X

58. 관세동맹(Customs Union)과 자유무역지대(Free Trade Area)의 차이점은 체약국들의 공동역외관세를 도입하느냐 여부에 있다. [12 경찰]

해설 1994 GATT 제24조 8항; FTA의 경우 역내국가간 관세 및 무역제한조치의 감축이나 완화, 철폐를 내용으로 한다. 역외국가에 대하여는 각 역내국이 개별적으로 관세를 부과할 수 있다. 그러나 CU(관세동맹)은 역내국가간에는 FTA와 동일하나 역외국가에 대해서는 공동관세를 부과한다. 답 O

59. 제3국에 대해, 자유무역지역 회원국은 단일한 관세를 부과해야 하지만 관세동맹 회원국은 상이한 관세를 유지할 수 있다. [18 7급]

해설 자유무역지대는 역내국가간 관세 및 무역제한조치의 감축이나 완화, 철폐를 기본내용으로 한다. 즉, 역내국가 상호간에 실질적으로 모든 상품의 흐름을 저지하는 관세, 쿼터 등의 무역제한을 제거하기 위하여 설정되는 것으로, 역내국가 간에는 관세장벽이 제거되지만 각 회원국은 여전히 제3국에 대하여 자신의 관세 높이를 설정할 자유를 갖는다. 그러나 관세동맹은 자유무역지대로부터 한 걸음 더 나아가, 그 구성영역들이 대외적으로 하나의 단위가 되어 제3국에 대해서도 동일한 관세 및 기타 무역제한을 적용한다. 즉, 공동대외관세(common external tariff)가 도입되기 때문에 제3국으로부터 역내로 수입되는 상품이 어느 회원국을 통해 들어오건 상관없이 관세가 동일한 세율로 부과된다. 답 X

Ⅲ 지역경제통합의 요건

60. 관세동맹 구성 영토 간의 실질적으로 모든 무역에 관하여 또는 적어도 동 영토를 원산지로 하는 상품의 실질적으로 모든 무역에 관하여 관세 및 그 밖의 제한적인 상거래 규정은 철폐된다. [20 9급]

해설 동 동맹 구성영토간의 실질적으로 모든 무역에 관하여 또는 적어도 동 영토를 원산지로 하는 상품의 실질적으로 모든 무역에 관하여 관세 및 그 밖의 제한적인 상거래 규정(필요한 경우 제11조, 제12조, 제13조, 제14조, 제15조 및 제20조 하에서 허용되는 것은 제외한다)은 철폐된다(GATT 제24조 8항 a호). 답 O

61. 자유무역지역으로 인정되기 위해서는 일정 기간 내에 역내 관세가 실질적으로 철폐되어야 한다. [18 7급]

해설 FTA나 관세동맹인 CU에 참여하려는 WTO회원국들은 GATT 제24조 8항에 따라 실질적으로 모든 무역에 관하여 관세 및 그 밖의 제한적인 상거래 규정을 철폐하여야 한다. 그렇다고 해서 이러한 모든 무역장벽을 즉시 철폐해야 하는 것은 아니다. 답 O

62. FTA체약국 간의 무역에 다하여는 즉시 관세를 철폐하도록 규정되어 있다. [12 경찰]

해설 1994 GATT 제24조 8항; 실질적으로 모든 무역장벽을 철폐하도록 규정하고 있으나, 즉각적인 관세 철폐를 규정하고 있지는 않다. 답 X

63. WTO 회원국은 FTA를 체결하면 WTO에 통보하여야 한다. [12 경찰]

해설 1994 GATT 제24조 7항 답 O

64. 관세동맹이나 자유무역지역, 또는 동 동맹이나 지역의 형성으로 이어지는 잠정협정에 참가하기로 결정하는 체약당사자는 신속히 체약당사자단에 통보해야 한다. [20 9급]

해설 관세동맹이나 자유무역지역, 또는 동 동맹이나 지역의 형성으로 이어지는 잠정협정에 참가하기로 결정하는 체약당사자는 신속히 체약당사자단에 통보하고, 체약당사자단이 적절하다고 인정하는 보고 및 권고를 체약당사자에게 할 수 있게 할 동 제의된 동맹 또는 지역에 관한 정보를 체약당사자단에게 이용가능하게 한다(GATT 제24조 7항 a호). 답 O

65. FTA체약국 상호간에는 실질적으로 모든 무역장벽을 철폐하도록 되어 있다. [12 경찰]

해설 FTA나 관세동맹인 CU에 참여하려는 WTO회원국들은 GATT 제24조 8항에 따라 실질적으로 모든 무역에 관하여 관세 및 그 밖의 제한적인 상거래 규정을 철폐하여야 한다. 그렇다고 해서 이러한 모든 무역장벽을 즉시 철폐해야 하는 것은 아니다. 답 O

66. 지역무역협정에 대하여 잠정협정의 경우 완전한 지역무역협정으로의 이행기간은 원칙적으로 10년 이내이다. [13 9급]

해설 FTA를 형성하는 데는 통상에 영향을 미치는 광범위한 국내규제와 통상정책에 대한 상당한 조정이 필요하다. 따라서 GATT 제24조 5항은 FTA에 대한 예외를 FTA를 형성하는 데 필요한 잠정협정에도 미친다고 규정하고 있다. GATT 제24조는 합리적 기간 내에 잠정협정을 FTA로 대체하여야 한다고 규정하고 있다. 합리적 기간에 대하여 논란이 있었으나 GATT 제24조에 대한 양해 제3조는 이 기간은 단지 예외적인 경우만 10년을 초과할 수 있다고 규정하여 해결하였다. 답 O

67. 지역무역협정의 체결 이후 역외국가에 대한 무역장벽을 체결전보다 높이거나 더 제한적이어서는 아니 된다. [12 경찰, 13 9급, 18 7급]

해설 GATT 제24조 5항 (b)에 의해 자유무역지대를 형성할 때에는 제3국과의 무역에 대해 적용되는 관세 및 기타 상거래 규정은 당해 자유무역지대 형성 전에 각 당사국에 의하여 부과되던 관세 및 기타 상거래규정보다 높거나 더욱 제한적이 되어서는 안된다. 답 O

68. 자유무역지역의 비당사자인 체약당사자와의 무역에 대하여 자유무역지역 창설 시에 부과되는 관세는 동 지역의 형성 이전에 구성영토에서 적용 가능한 관세 및 그 밖의 상거래규정의 일반적 수준보다 전반적으로 더 높거나 제한적이어서는 아니 된다. [20 9급]

해설 자유무역지역 또는 자유무역지역의 형성으로 이어지는 잠정협정에 관하여는, 각 구성영토에서 유지되고 또한 동 자유무역지역의 형성 또는 동 잠정협정의 채택 시에, 동 지역에 포함되지 않았거나 동 협정의 당사자가 아닌 체약당사자의 무역에 대하여 적용 가능한 관세 및 그 밖의 상거래 규정은 자유무역지역의 형성 또는 잠정협정 이전에 동일한 구성영토에서 존재하였던 상응하는 관세 또는 그 밖의 상거래 규정보다 더 높거나 더 제한적이어서는 아니된다(GATT 제24조 5항 b호). '일반적 수준보다 전반적으로 더 높거나 더 제한적이러서는 아니된다.'는 것은 관세동맹에 대한 설명이다. 답 X

69. 각 체약당사자는 자신의 영토 내의 지역 및 지방 정부와 당국에 의한 이 협정 규정의 준수를 확보하기 위해 자신에게 이용 가능할 수 있는 합리적인 조치를 취한다. [20 9급]

해설 각 체약 당사자는 자신의 영토 내의 지역 및 지방 정부와 당국에 의한 이 협정 규정의 준수를 확보하기 위하여 자신에게 이용 가능할 수 있는 합리적인 조치를 취한다(GATT 제24조 12항). 답 O

Ⅳ 분쟁해결

제2절 반덤핑 협정

Ⅰ 서 설

70. 덤핑행위는 불공정한 무역을 야기하지 아니하더라도 그 자체로서 위법하다. [08 9급]

해설 덤핑은 수입국의 소비자에게 이익이 되므로 용인될 수도 있다. 따라서 반덤핑관세를 부과하기 위하여는 ① 덤핑의 존재, ② 국내산업에 대한 피해가 야기되거나, 야기될 우려가 있거나, 또는 국내산업의 설립을 실질적으로 지연할 것, ③ 덤핑행위와 국내 산업에 대한 피해 사이에 인과관계의 존재라는 3가지 실체적 요건이 충족되어야 한다. 답 X

Ⅱ 덤핑행위에 대한 규율

Ⅲ 반덤핑조치의 실체적 요건

71. 덤핑은 동종의 물품을 수출국과 수입국에서 서로 다른 가격으로 판매하는 것으로서 정상가격보다 낮은 수출가격으로 판매하는 것이다. [08 9급]

해설 반덤핑협정 제2.1조는 어느 한 국가로부터 다른 국가로 수출된 상품의 수출가격이 정상가격보다 낮은 경우를 덤핑으로 정의한다. 정상가격은 수출국 내에서 소비를 위하여 판매되는 동종상품의 가격으로서 정상적 거래에서 형성되는 비교가능한 가격을 말한다. 수출가격은 수출상품에 대하여 지불한 또는 지불해야 할 가격을 말한다. 답 O

72. 정상가격의 결정은 수출국 내의 동종상품에 대한 통상거래상 행해지는 비교가능한(comparable) 국내 판매가격을 의미한다. [08 9급]

해설 반덤핑협정은 제2.1조와 제2.2조에서 정상가격을 ① 수출국 내에서의 동종상품의 가격, ② 제3국 수출가격, ③ 구성가격에 의하여 결정할 것을 규정하고 있다. 답 O

73. 비교가능한 국내 판매가격이 존재하지 않으면 상품의 생산비에 합리적인 판매관리비와 기타 비용 및 이윤을 가산한 구성가격을 정상가격으로 적용할 수 있다. [08 9급]

해설 AD협정 제2.2.2조는 종래 미국 등이 구성가격을 산정할 때 실제자료에 기초하지 아니하고 자의적으로 높은 일정비율을 적용하여 왔기 때문에 이를 막기 위해 도입된 장치이다. 구성가격이란 원산지국에서의 생산비용에 합리적인 금액의 관리비·판매비·일반비용·이윤을 합산한 가격을 말한다. 답 O

Ⅳ 반덤핑관세의 절차적 요건

제3절 보조금 및 상계조치협정

Ⅰ 서 설

74. **WTO 회원국은 자국산 특정 제품의 수출 실적에 비례해서 그 제품을 생산하는 자국 기업에 수출 장려 보조금을 줄 수 없다.** [19 9급]

해설 수출보조금은 금지보조금으로 협정발효후 3년 내에 철폐하여야 한다. 답 O

75. **WTO 회원국은 외국산 특정 제품을 수입하는 대신 국내상품을 사용하는 조건으로 자국 기업에 보조금을 지급할 수 없다.** [19 9급]

해설 수입대체보조금이란 수입부품 대신 국산부품을 사용하는 국내 생산업자에게 제공하는 정부의 보조금으로 금지보조금에 해당한다. 답 O

Ⅱ 보조금협정의 개요

Ⅲ 보조금의 구성요건

76. **보조금이 특정기업이나 산업군에 지급되었다는 특정성의 요건을 갖출 경우 상계관세의 대상이 된다.** [07 7급]

해설 보조금을 구성하기 위하여는 기본적으로 3가지 요건이 확인되어야 하는데, 구체적으로 ① 정부로부터 민간기업 또는 산업으로 재정적 자원의 이동이 있었는지(정부로부터의 재정적 기여 financial contribution by a government), ② 그러한 이동으로 인해 민간기업 또는 산업이 경제적 혜택을 향유하게 되었는지(경제적 혜택 benefit), ③ 그러한 혜택의 부여가 특정기업 또는 산업에 한정되어 있었는지(특정성 specificity)를 말한다. 금지보조금이나 조치가능 보조금에 직면하여 회원국이 WTO 분쟁해결기구에 제소하는 대신, 또는 제소와 함께 보조금을 교부받은 수입품목에 대하여 일방적인 상계조치 부과할 수 있다. 이러한 상계조치 중 대표적인 방법은 보조금의 혜택으로 생산되어 자국 내로 수입되는 외국상품에 대하여 보조금에 상응하는 추가관세를 부과하는 것이다. 이러한 추가관세를 상계관세라고 칭한다. 답 O

Ⅳ 보조금협정상 규제 대상 보조금의 구별

77. **WTO 회원국이 자국산 특정 제품에 보조금을 지급한 결과 다른 회원국의 생산 업계에 피해를 주는 경우 피해를 당한 국가는 WTO 분쟁해결기구(DSB)에 제소할 수 있다.** [19 9급]

해설 제7조에 따라 DSB에 제소하여 철폐시킬 수 있다. 답 O

78. **WTO 회원국이 자국산 특정 제품에 대한 보조금을 지급한 결과, 제3국에 수출하는 다른 회원국의 기업이 가격 경쟁을 유지하기 위해 특정 제품의 가격 인하를 해야 할 경우에 후자의 회원국은 상계조치만 취할 수 있다.** [19 9급]

해설 조치를 취하는 국가로 수입되는 것이 아니니 상계조치는 취할 수 없고 DSB에 제소하여 보조금 조치를 철폐시켜야 한다. 답 X

Ⅴ 상계관세 조사 및 부과

79. **WTO 회원국이 특정 기업에 보조금을 제공하는 경우, 그 기업의 상품을 수입하는 다른 회원국은 보조금의 효과를 상쇄하기 위하여 반덤핑조치를 취할 수 있다.** [14 9급]

해설 보조금을 교부받은 상품이 자국 시장으로 수입되어 국내 산업에 실질적 피해를 초래한 경우, 수입국인 WTO회원국은 자국 시장 보호를 위하여 이러한 수입상품에 대하여 개별적으로 '적절한 대응조치'를 취할 수 있다. 이러한 대응조치를 총괄하여 상계조치(countervailing measures)라고 통칭한다. 답 X

80. **보조금에 관해 상계관세부과를 위한 조사는 서면 또는 구두신청에 의해 개시된다.** [07 7급]

해설 상계관세조사는 먼저 WTO회원국 국내 관련 산업이 자국 조사당국에 청원서를 제출함으로써 시작된다. 경우에 따라서는 조사당국이 자신이 수집한 정보에 기초하여 청원서 없이 독자적으로 조사를 시작하는 소위 독자개시의 경우도 없지 않으나 대부분의 경우는 수입국 국내 관련 산업의 청원서로부터 상계관세 조사가 시작된다. 답 X

81. **상계관세는 원칙적으로 부과일로부터 5년 이내에 종료한다.** [07 7급]

해설 최종판정에서도 보조금 긍정판정이 내려지는 경우에 상계관세부과가 최종 확정되게 되며, 원칙적으로 이때부터 5년간 피조사국이 수출하는 동 상품에 대하여 부과된다. 답 O

제4절 세이프가드협정

Ⅰ 서 설

82. **WTO의 긴급수입제한(Safeguard) 제도는 WTO 규정을 위반한 불공정무역행위에 대해 발동하는 조치이다.** [13 9급]

해설 세이프가드조치는 공정하게 교역된 수입(공정무역관행)에 대해 규제를 부과할 수 있도록 허용되는 조치라는 점에서 덤핑이나 보조금과 같은 불공정한 무역관행에 대처하도록 허용되는 반덤핑조치나 상계조치와 구별된다. 답 X

Ⅱ 세이프가드협정의 성립 과정

83. **예측하지 못한 사태로 인하여 특정 상품이 자국의 동종상품 생산자에게 중대한 손해를 입힐 정도로 많이 수입되고 있다는 것은 1994년 관세와 무역에 관한 일반협정(GATT)상 수입 상품에 대하여 수량제한을 할 수 있는 경우에 해당한다.** [10 7급]

해설 GATT 제19조 특정상품의 수입에 대한 긴급조치. 답 O

84. **WTO의 설립 이전 수출자율규제(VER)나 시장질서유지협정(OMR)과 같은 회색지역조치(grey area measures)에 의존하던 관행을 없애고 GATT 제XIX조의 실효성을 제고하기 위하여 WTO의 긴급수입제한협정(Agreement on Safeguard)이 체결되었다.** [13 9급]

해설 체약국은 절차와 요건이 까다로운 긴급수입제한조치를 사용하지 않고, 이와 비슷한 '수출자율규제조치'나 '시장질서협정'등의 변형된 회색지대조치들을 많이 사용하였다. 이에 1973년 동경라운드에서 긴급수입제한조치에 대한 문제를 다루면서 동시에 회색지대조치의 폐지가 검토되었으나 주요 쟁점에 대한 협의를 이루지 못하였고, 1986년 UR협상의 의제로 상정되어 결국은 회색지대조치를 금지시키며 WTO긴급수입제한조치협정이 타결되었다. 답 O

Ⅲ 세이프가드조치의 실체적 발동요건

85. **수입의 증가가 국내 동종산업 또는 직접적으로 경쟁관계인 제품산업에 심각한 피해(serious injury)를 초래하거나 초래할 우려가 있어야 발동할 수 있다.** [13 9급]

해설 여기서 ① 심각한 피해(serious injury)는 국내 산업 생산입지에 전반적이고도 중대한 손상의 발생을 의미하고, ② 심각한 피해의 우려(threat of serious injury)라 함은 피해가 현재에는 발생하고 있지 않으나 심각한 피해가 발생할 것이 명백하고 급박한 것을 의미한다. 답 O

86. **'심각한 피해'는 국내 산업의 상태에 있어 중대하고 전반적인 손상을 의미하고 '심각한 피해의 우려'는 명백하게 임박한 심각한 피해의 우려를 의미한다.** [13 9급]

해설 제4조 1항. 답 O

Ⅳ SG조치를 발동하기 위해 요구되는 절차적 요건

Ⅴ SG조치의 적용

Ⅵ 보상 및 보복

Ⅶ 기타내용

제5절 농업협정

87. **농업에 관한 수출보조금에 대해서는 WTO의 '농업에 관한 협정(Agreement on Agriculture)'이 적용된다.** [07 7급]

해설 농업협정 제8조는 각 회원국은 농업협정에 합치하지 않은 방법으로 수출 보조금을 제공하지 않을 것을 약속한다고 규정하고 있다. 이어 제9조에서 수출보조금 약속이라는 표제하에 규율하고 있다. 답 O

제6절 위생 및 검역협정

88. **위생 및 식물위생조치는 모든 관련 법률, 법령, 규정, 요건 및 절차뿐만 아니라 최종제품 기준, 가공 및 생산방법, 시험, 조사 증명 및 승인절차 등도 포함한다.** [22 7급]

해설 부속서A 제1항에 의하면 SPS조치는 모든 관련 법률·법령·규정·요건 및 절차를 포함하며, 특히 ① 최종제품 기준, ② 가공 및 생산방법, ③ 시험·조사·증명 및 승인절차, ④ 동물 또는 식물의 수송 또는 수송 중 생존에 필요한 물질과 관련된 적절한 요건을 포함한 검역처리, ⑤ 관련 통계방법, ⑥ 표본추출절차 및 위험평가 방법에 관한 규정, ⑦ 식품안전과 직접적으로 관련되는 포장 및 상표부착을 포함한다. 이러한 부속서 A에 기술된 조치의 유형은 예시적인 것으로, 목적과의 관련성이 있다면 조치의 구체적 형식은 다양할 수 있다.

답 O

89. **WTO체제상 관련규범에 관하여 GATT와 SPS 협정 규정이 충돌하면 SPS 협정이 우선하여 적용된다.** [10 7급]

해설 GATT의 규정과 SPS협정의 규정이 충돌(conflict)하는 영역에 놓여 어느 한 협정을 배제해야 하는 경우에는 부속서 1A에 대한 해석상 주석에 의해 SPS협정이 적용된다.

답 O

90. **인간이나 동 · 식물의 생명 또는 건강을 보호하기 위해 필요한 위생검역조치를 취할 수 있는 회원국의 기본적 권리를 인정함과 동시에 '필요성 요건', '비차별원칙', '위장된 무역제한금지원칙', '과학적 증거요건' 등에 입각하여 위생검역조치를 취할 의무를 부과하였다.** [13 경찰]

해설

답 O

> **SPS협정 제2조[기본적인 권리 및 의무]**
>
> 2. 회원국은 위생 및 식물위생 조치가 인간, 동물 또는 식물의 생명 또는 건강을 보호하는데 필요한 범위 내에서만 적용되고, 과학적 원리에 근거하며 또한 충분한 과학적 증거 없이 유지되지 않도록 보장한다. 단, 제5조 제7항에 규정된 사항은 제외된다.
> 3. 회원국은 자기나라 영토와 다른 회원국 영토 간에 차별 적용하지 않는 것은 포함하여 자기 나라의 위생 및 식물위생 조치가 동일하거나 유사한 조건하에 있는 회원국들을 자의적이고 부당하게 차별하지 아니하도록 보장한다. 위생 및 식물위생 조치는 국제무역에 대한 위장된 제한을 구성하는 방법으로 적용되지 아니한다.

91. **위생검역협정상의 위생검역조치는 최종제품(final products)뿐만 아니라, 공정 및 생산방법(PPMs)에 대해서도 적용된다.** [13 경찰]

해설 부속서A 제1항에 의하면 SPS조치는 모든 관련 법률·법령·규정·요건 및 절차를 포함하며, 특히 ① 최종제품 기준, ② 가공 및 생산방법, ③ 시험·조사·증명 및 승인절차, ④ 동물 또는 식물의 수송 또는 수송 중 생존에 필요한 물질과 관련된 적절한 요건을 포함한 검역처리, ⑤ 관련 통계방법, ⑥ 표본추출절차 및 위험평가 방법에 관한 규정, ⑦ 식품안전과 직접적으로 관련되는 포장 및 상표부착을 포함한다. 이러한 부속서 A에 기술된 조치의 유형은 예시적인 것으로, 목적과의 관련성이 있다면 조치의 구체적 형식은 다양할 수 있다.

답 O

92. **위생 및 검역기준을 채택할 경우 관련 국제기구의 '표준, 지침, 권고'에 입각하도록 함으로써 국제표준과의 조화를 의무화 하고 있다.** [13 경찰]

해설 답 O

> SPS협정 제3조[조화]
> 1. 위생 및 식물위생 조치를 가능한 한 광범위하게 조화시키기 위하여 이 협정에 달리 규정된 경우 특히 제3항에 규정된 경우를 제외하고 회원국은 자기나라의 위생 또는 식물 위생조치를 국제기준, 지침 또는 권고가 있는 경우 이에 기초하도록 한다.
> 2. 관련 국제표준, 지침 또는 권고에 합치하는 위생 또는 식물위생 조치는 인간, 동물 또는 식물의 생명 또는 건강을 보호하는데 필요한 것으로 간주되며, 이 협정 및 1994년도 GATT의 관련 규정에 합치하는 것으로 추정된다.
> 3. 회원국은 과학적 정당성이 있거나, 회원국이 특정보호의 수준의 결과 제5조 제1항부터 제8항까지의 관련 규정에 따라 적절하다고 결정하는 경우 회원국은 관련 국제기준, 지침 또는 권고에 기초한 조치에 의하여 달성되는 위생 또는 식물위생 보호 수준보다 높은 보호를 초래하는 위생 또는 식물위생 조치를 도입 또는 유지할 수 있다.

93. **어떠한 경우에도 국제기준과 상이한 국내기준을 채택할 수 없다.** [13 경찰]

해설 회원국은 과학적 정당성이 있거나, 회원국이 특정보호의 수준의 결과 제5조 제1항부터 제8항까지의 관련 규정에 따라 적절하다고 결정하는 경우 회원국은 관련 국제기준, 지침 또는 권고에 기초한 조치에 의하여 달성되는 위생 또는 식물위생 보호 수준보다 높은 보호를 초래하는 위생 또는 식물위생 조치를 도입 또는 유지할 수 있다(제3조 3항). 답 X

94. **수출회원국이 자국이 취한 SPS조치가 수입회원국의 위생 및 식물위생 보호의 적정수준을 달성한다는 것을 동 수입회원국에게 객관적으로 증명하는 경우, 수입회원국은 자국의 위생 또는 식물위생 조치가 수출회원국의 조치와 다르더라도 이를 동등한 것으로 인정한다.** [22 7급]

해설 수출회원국이 자기나라의 조치가 수입회원국의 위생, 및 식물위생 보호의 적정수준을 달성한다는 것을 동 수입회원국에게 객관적으로 증명하는 경우, 회원국은 다른 위생 또는 식물위생 조치가 자기나라 또는 동일품목의 무역에 종사하는 다른 회원국이 사용하는 조치와 상이하더라도 이를 동등한 것으로 수락한다. 이 목적을 위하여 요청이 있는 경우, 감사, 시험 및 다른 관련 절차를 위하여 수입회원국에게 합리적인 접근이 부여된다(SPS협정 제4조 1항). 답 O

95. **과학적인 증거가 불충분한 경우에는 WTO 회원국은 건강상의 위험을 차단하기 위한 어떠한 잠정조치도 취할 수 없다.** [22 7급]

해설 관련 과학적 증거가 불충분한 경우, 회원국은 '관련국제기구'로 부터의 정보 및 '다른 회원국'이 적용하는 위생 또는 식물위생 조치에 관한 정보를 포함한 입수가능한 적절한 정보에 근거하여 잠정적으로 위생 또는 식물위생 조치를 채택할 수 있다. 이러한 상황에서, 회원국은 더욱 객관적인 위험평가를 위하여 필요한 추가정보를 수집하도록 노력하며, 이에 따라 합리적인 기간 내에 위생 또는 식물 위생 조치를 재검토한다(SPS협정 제5조 7항). 답 X

제7절 기술무역장벽협정

96. **SPS협정과 「무역에 대한 기술장벽에 관한 협정(TBT협정)」이 충돌하는 경우에는 상호 배타적으로 적용된다.** [22 7급]

해설 TBT협정은 제1.5조에서 상호간의 관계가 배타적 적용관계임을 명시하고 있다. 즉 SPS협정 부속서1에 정의되어 있는 SPS조치이면서 기술규정이기도 한 조치는 TBT협정이 아니라 SPS협정에 의거하여 분석되어야 한다. 따라서 ⅰ) 단순한 물고기의 명칭에 관한 기준은 TBT가 적용되며, ⅱ) 과일·쇠고기·비열처리 연어·유전자변형식품·가금육의 위험성에 관해서는 SPS가 적용된다. ⅲ) 만약 어떤 조치가 SPS조치와 TBT조치의 성격을 부분적으로 모두 가지고 있는 경우는 그 조치의 전체성을 판단하여 결정하여야 한다는 것이 2006년 *EC – Biotech Products* 패널의 결정이었다. 답 O

97. **기술규정은 사소한 성격의 개정 또는 추가뿐만 아니라 그에 대한 개정 및 그 규칙 또는 대상품목의 범위에 대하여 추가하는 것을 포함한다.** [20 7급]

해설 기술규정, 표준 및 적합판정절차에 대한 이 협정에서의 모든 언급은 사소한 성격의 개정 또는 추가를 제외하고는 그에 대한 개정 및 그 규칙 또는 대상 품목의 범위에 대한 모든 추가를 포함하는 것으로 해석된다(TBT 제1.6조). 답 X

98. **기술규정은 그 채택을 야기한 상황 또는 목적이 더 이상 존재하지 아니하거나, 변화된 상황 또는 목적이 무역에 덜 제한적인 방법으로 처리될 수 있는 경우에는 유지되지 아니하여야 한다.** [20 7급]

해설 어떤 기술규정을 채택하게 된 원인이 되는 상황이나 그 목적이 더 이상 존재하지 않을 경우, 혹은 상황이나 목적의 변화에 힘입어 보다 덜 무역 제한적인 방법으로 그 목적을 달성할 수 있을 경우 기존 기술규정은 마땅히 폐지되거나 변경되어야 한다(제2.3조). 답 O

99. **기술규정이 요구되고 관련 국제표준이 존재하거나 그 완성이 임박한 경우, 회원국은 예를 들어 근본적인 기후적 또는 지리적 요소나 근본적인 기술문제 때문에 그러한 국제표준 또는 국제표준의 관련부분이 추구된 정당한 목적을 달성하는데 비효과적이거나 부적절한 수단일 경우를 제외하고는 이러한 국제표준 또는 관련부분을 자기나라의 기술규정의 기초로서 사용한다.** [20 7급]

해설 TBT 제2.4조. WTO회원국은 관련 국제표준이 존재하는 경우에는 그에 기초하여 기술규정을 제정해야 한다. 따라서 각 중앙정부는 자국의 기술규정을 제정함에 있어 이미 존재하거나 또는 그 성립이 조만간 이루어질 국제표준 또는 관련부분을 자기나라의 기술규정의 기초로서 사용하여야 한다. 다만, 기후적 원인이나, 지리적인 요소 혹은 근본적인 기술적 문제 등으로 인하여 국제표준 또는 국제표준의 관련 부분이 당초 기술규정을 통해 달성하려고 하는 정당한 목적에 효과적이지 못하거나 부적절한 수단일 경우에는 이러한 의무로부터 면제된다. 답 O

100. **회원국은 비록 그밖의 회원국의 기술규정이 자기나라의 기술규정과 다를지라도 자기나라의 기술규정의 목적을 충분히 달성한다고 납득하는 경우 이러한 기술규정을 자기나라의 기술규정과 동등한 것으로 수용하는 것을 적극 고려한다.** [20 7급]

해설 TBT 제2.7조. 회원국은 타회원국의 기술규정이 자국의 기술규정과 다를지라도 자국의 기술규정의 목적을 충분히 달성할 수 있다면, 다른 회원국의 기술규정이 자국의 기술규정과 동등한 것으로 수용하는 것을 적극 고려해야 한다. 제2.7조 이러한 규정을 두고 있는 것은 회원국이 이미 서로 상이한 기술 규정을 갖고 있을 경우 자국의 기술규정을 버리고 공통된 국제표준을 채택하는 것이 사실상 힘들다는 판단에 따른 것으로, 동 조항의 취지는 회원국 간의 상호인정을 통해 기술규정의 조화에 필요한 비용과 시간을 줄여보려는 것으로 이해 할 수 있다. 현실적으로 볼 때 기술규정을 상호인정하는 것은 회원국 간의 기술수준의 차이 등을 고려할 때 쉽지 않으며, 따라서 실제 기술규정의 상호인정이 회원국 사이에서 광범위하게 이루어지는 예는 거의 없고, 특정 회원국 사이에서 아주 제한적으로 추진되고 있는 형편이다. 답 O

제8절 통상관련투자협정

101. 세계무역기구(WTO)에서 관할하는 무역관련투자조치협정은 상품무역과 관련된 투자조치에만 적용된다. [07 7급]

해설 TRIMs협정의 적용대상은 오로지 상품무역에 관련된 투자조치이므로(제1조) TRIMs협정은 "투자조치 중 상품교역에 직접적으로 영향을 줄 수 있는 투자조치"에 한하여 적용된다. 따라서 무역에 간접적으로 영향을 주는 조치, 기술이전의무, 외국인 지분참여제한제도 등은 제외되므로 TRIMs협정의 적용범위는 극히 제한적일 수 밖에 없다. 또한 종전 투자에 대한 조치도 TRIMs협정의 적용범위 밖에 놓인다. 답 O

102. 세계무역기구(WTO)에서 관할하는 무역관련투자조치협정에서 1994년 관세및무역에관한일반협정(GATT) 제20조(일반적 예외)와 제21조(국가안보예외)에 입각한 무역관련투자조치는 예외적으로 허용된다. [07 7급]

해설 TRIMs협정 제3조는 1994년도 GATT에 따른 모든 예외는 이 협정의 규정에 적절히 적용된다고 규정하고 있다. 답 O

103. 세계무역기구(WTO)에서 관할하는 무역관련투자조치협정에서 투명성원칙이 적용된다. [07 7급]

해설 TRIMs협정 제6조는 투명성 원칙을 규정하여 GATT 제10조(무역규제의 공표 및 시행)와 1979년 '통보, 협의, 분쟁해결 및 감시에 관한 양해' 및 1994년 통보절차에 관한 각료회의결정에 따른 투명성 및 통보의무를 이행한다. 답 O

104. 세계무역기구(WTO)에서 관할하는 무역관련투자조치협정은 개발도상국에 대한 우대규정이 없다. [07 7급]

해설 GATT 1994하에서 개도국들에게 허용되는 예외사항들은 TRIMs협정에도 적용된다. 따라서 개도국들의 경우 무역관련투자조치가 1994 GATT 제18조의 조건에 해당되는 경우 해당조치들을 계속해서 시행할 수 있다(제4조). 답 X

제9절 선적전 검사에 관한 협정

제10절 원산지규정협정

제11절 관세평가협정

제12절 수입허가절차협정

제5장 GATS와 TRIPs

제1절 부속서1B 서비스무역법

1. 서비스 분야의 반덤핑 행위에 대해서는 반덤핑관세를 부과할 수 없다. [10 7급]

해설 보조금과 관련해서는 GATS 제15조가 있지만, 반덤핑행위에 대해서는 규율이 없다. 답 O

제2절 부속서1C 무역관련 지적재산권법

2. WTO 협정은 지리적 표시에 관한 규정을 두고 있지 않다. [10 7급]

해설 지리적 표시제도는 보성 녹차, 보르도 포도주 등과 같이 특정지역의 우수 농산물과 그 가공품에 지역명 표시를 할 수 있도록 해 생산자와 소비자를 보호하는 제도이다. TRIPs 제22조는 상품의 품질이 생산지의 기후, 풍토 등과 밀접한 관련이 있을 경우 상품의 생산지를 알리는 표시를 허용하고 있다. 지리적 표시 자체가 상표로서 식별력을 갖고 있음을 인정하는 것으로 주로 포도주, 증류주, 생수, 커피, 치즈 등 농산물에 적용된다. 답 X

제6장 무역정책 검토제도

제7장 복수국간 무역협정

1. X국, Y국, Z국은 WTO 회원국이고, Y국과 Z국은 WTO 정부조달협정에 가입하였다. X국과 Y국은 각각 정부조달 설비자재구매입찰의 참여를 자국 기업으로 제한하여 Z국 기업의 입찰참여가 좌절되었다. 이에 대하여 X국은 GATT 제III조 위반이 아니다. [12 7급]

해설 정부조달협정은 복수국간 무역협정이므로 X국은 정부조달협정에 규율되지 않으며, 정부조달은 내국민대우의 예외이므로 X국은 GATT 제3조 위반은 아니나, 정부조달협정의 당사국인 Y국은 정부조달협정상 모든 가입국들은 타가입국의 조달공급자를 자국의 공급자들과 동등하게 대우해야 하며 특정 공급자에 대한 특별우대조치는 금지된다는 규정에 위반이다. 답 O

2. X국, Y국, Z국은 WTO 회원국이고, Y국과 Z국은 WTO 정부조달협정에 가입하였다. X국과 Y국은 각각 정부조달 설비자재구매입찰의 참여를 자국 기업으로 제한하여 Z국 기업의 입찰참여가 좌절되었다. 이에 대하여 Y국은 정부조달협정 위반이 아니다. [12 7급]

해설 Y국은 정부조달협정의 당사국으로 내국민대우위반이다. 답 X

지은이 **이종훈**

[약 력]

- 특허청 지식재산연수원 민사소송법 겸임교수
- 베리타스에듀 국립외교원 국제법 전임
- 메가공무원 외무영사직 국제법 대표 강사
- 법무법인 우리 자문위원
- 경북대, 고려대, 동아대, 충북대, 한양대 로스쿨 특강강사

[주요저서]

- 로스쿨 국제법(학연, 2018)
- 이종훈 국제법(학연, 2020)
- 국립외교원 수험국제법(학연, 2020)
- 국립외교원대비 국제법 사례연습(학연, 2020)
- 수험국제법(학연, 2021)

공무원 국제법 기출지문 OX

발행일 : 2022년 12월 23일
저 자 : 이 종 훈
발행인 : 이 인 규
발행처 : 도서출판 (주)학연
주 소 : 서울시 관악구 호암로 602, 7층
전 화 : 02-887-4203 팩 스 : 02-6008-1800
출판등록 : 2012.02.06. 제2012-13호
www.baracademy.co.kr / e-mail : baracademy@naver.com

저자와 협의하여
인지를 생략함

정가 : 30,000원 ISBN : 979-11-5824-817-8(13360)